悠悠我思

西索德语研究七十掠影

陈壮鹰　谢建文/主编

姜　锋/顾问

上海三联书店

序

　　上海外国语大学的前身是创办于 1949 年 11 月的上海俄文学校。1950 年 11 月,上海俄文学校更名为"华东人民革命大学附设外文专科学校",在增设英语班的同时,学校组建了东方语言文学系,设缅甸语、越南语和印尼语专业。至 1952 年 8 月,学校已设立俄、英、缅甸、越南和印尼五个语种的专业。1952 年 9 月,学校更名为"上海俄文专科学校"。之后,东方语言文学系并入北京大学东语系,学校遂只设俄语专业。1956 年,国务院批准上海俄文专科学校更名为"上海外国语学院",增设英语、德语和法语专业。1994 年,国家教委批准上海外国语学院更名为"上海外国语大学"。

　　上海外国语大学德语专业建立于 1956 年,与英语和法语专业共同组建西语系。1961 年,英语单独建系。德语、法语和西班牙语专业合并成立新的西语系。1964 年,德语和法语专业组建德法系。1981 年,德语专业单独建系。1995 年 6 月,德语、法语和西语三个专业合并为西方语学院。2005 年 6 月,因发展需要,学校撤去了西方语学院,德语专业恢复独立系级建制,并于 2007 年增设瑞典语专业。上外德语专业现由德语和瑞典语两个学科组成。为适应国家与地区深刻的社会经济发展变化形势和国际间经济、文化等方面日益强劲的交流与合作需求,在德语/英语双语培养模式之外,学校不断拓宽德语专业人才培养口径。1999 年,学校与德国拜罗伊特大学合作,在本科教育阶段设立"德语经济复合型专业",该项目于 2000 年 9 月正式启动。2019 年,上外德语专业开始实施德语/经济学双本科人才培养方案。此外,上外德语专业于 1979 年建立硕士学位点,并于 1998 年获批博士学位授予权,其后又在外国语言文学博士后流动站框架下招收博士后研究人员。因此,上外德语专业目前具备完整的本、硕、博人才培养体系。

　　在过去的近七十年间,经过一代代德语专业教师和相关外国专家的努力,上外德语专业培养了大批优秀的德语专业人才与德语/经济学复合型人才。截至 2019

年7月,上外德语专业毕业生为2920人。其中有专科生42人,本科生2675人(含瑞典语专业毕业生),硕士276人,博士65人,博士后1人。目前,在德语专业的在校学生中,本科生有322人(含瑞典语专业本科生15人),硕士生有49人,博士生有34人(含延期毕业博士生)。

上外德语专业系上海外国语大学"十一五"和"十二五"重点学科,教育部高等学校特色专业建设点,教育部高等学校外语专业教学指导委员会德语分委员会副主任和全国德语文学研究会副会长单位。此外,在外国语言文学学科框架下,上外德语专业列属上海市高峰高原学科(A类),并于2017年入选教育部、财政部和国家发改委确定的世界一流学科建设序列。2019年,上外德语专业入选国家一流专业建设点。同时,上海外国语大学的党建工作与学科建设和人才培养工作紧密结合,取得了良好实效,先后获得上海市多项党建工作奖励,德语专业学生党支部于2018年入选"全国党建工作样板支部",德语专业党总支于2019年入选"上海市党建标杆院系"和教育部"党建工作标杆院系"。

上外德语专业在德语文学研究、德语文学与哲学翻译、德语词典与教材编撰等方面取得突出成绩,在科研项目研究和对外人才培养与科研合作项目方面也在国内同类学科中名列前茅,乃中国德语研究之先锋,德语专门人才和复合型人才培养之重镇。

我们辑成、出版一个整体框架下的两部学术论文集——《悠悠我思——西索德语研究七十掠影》与《德音不忘——西索德语研究七十掠影》,意在精要展现前辈学者的科研成果、在岗德语和瑞典语教师的学术成绩与德语学科博士生的学习心得,从而在历史、现状和未来发展之间,在德语学科不同研究方向的深化乃至跨学科研究的拓展之间,约略呈现上外德语研究的历史风貌、彰显德语学科几代学人可贵的学术追求和博士生同学的学术努力,同时展示瑞典语学科独特的学术姿态,为德语一流专业、一流学科建设和德语与瑞典语一流专业人才培养贡献绵薄之力,并以此向上海外国语大学七十华诞献礼。

两部论文集的主标题——"悠悠我思"和"德音不忘"——分别采自《诗经》中的《国风·郑风·子衿》("青青子佩,悠悠我思")与《国风·郑风·有女同车》("彼美孟姜,德音不忘")。这两句话用在此处并不表相思之苦和艳羡之情,而是在字符层面借以托义,即借指在学术探求中的上下思索和回顾与瞻望中的思想印痕。两部论集分别辑录德语学科文学、语言学、翻译学、跨文化研究、区域和国别研究等类别的学术论文,同时兼收瑞典语学科和学生管理工作的少量文章。两书中的作者包括学科在编师资、荣退师长和部分博士生,论文主体系作者自采,小部分德语系荣退老教师的论文摘选自己由德语系编辑出版的四辑《日耳曼学论文集》。两卷论文集栏目相近,编辑体例整体一致,只在主题、视角与观点间求取差异性和丰富性。

《悠悠我思》一共收录21篇优秀论文于"文学研究"栏目,6篇优秀论文于"德语教学法与德国教育研究"栏目,3篇优秀论文于"语言学问题研究"栏目,11篇优秀论文于"跨文化交际与国别区域研究"栏目。"文学研究"栏目中的论文研究范围广博,既有对名家名篇、创作技巧的解读,又有对文学流派、文学翻译及传播的探讨;"德语教学法与德国教育研究"栏目中的论文涵盖实践与理念两个层面的思考探索;"语言学问题研究"栏目中的论文专注于具体语言学现象的剖析,并延展至对词典编纂问题的探讨;"跨文化交际与国别区域研究"栏目中的论文涉及近年来外国语言文学专业着力打造的新研究方向,其内容更是精彩纷呈,德语和瑞典语国家的历史、社会、文化、政治、经济等均成为学者们关注与研究的对象。

囿于论文集篇幅所限,我们撷萃上外德语系前辈学者、现任教师和部分优秀博士生之研究佳作,展示他们的渊深学养,树立典范。

陈壮鹰　谢建文

2019 年 10 月 18 日

目 录

文 学 研 究

德语教学法与德国教育研究

语言学问题研究

跨文化交际与国别区域研究

文学研究

在实践中追求
——《浮士德》简析

余匡复

摘　要　本文结合歌德创作《浮士德》的社会历史背景和歌德自身的经历,对《浮士德》的内容与主旨进行梳理。浮士德的追求和发展经历了知识悲剧、爱情悲剧、政治悲剧、海伦悲剧和事业悲剧五个阶段,最终他在对人类未来理想社会的预感中得到满足。《浮士德》强调实践,其展现了在实践中追求人类美好未来的精神,这对于今天的我们来说仍有教育意义。

关键词　《浮士德》　歌德　实践

　　《浮士德》是德国诗人歌德(1749—1832年)的主要作品,创作周期为1773年至1831年,前后历时五十八年。这五十八年正是欧洲资产阶级革命蓬勃兴起,封建制度垂死挣扎的时代。歌德自己说过,他经历了世界大事纷至沓来的方兴未艾之年代,而这是他创作中的得天独厚之处。正因为歌德经历了制度交替时代的种种历史事件,所以在诗体悲剧《浮士德》中,歌德才能反映出旧的封建关系之瓦解和新的资本主义制度之确立,也才能生动刻画出制度交替时代的种种矛盾。

　　由于长期的封建分裂状态使德国的资本主义发展受到重重阻碍,所以德国的资产阶级十分软弱,其还不具备夺取政权的力量。德国资产阶级的这种软弱状态很自然地决定了德国资产阶级文学作品的特点,即德国作家的作品缺乏同时代的法国作家(如博马舍、伏尔泰等)之作品所具有的那种政治尖锐性,从而其也就不可能起到直接为本国资产阶级夺取政权做舆论准备之作用。德国作家只能像梅林所说的那样,“在文学里创造资产阶级世界的理想图像”。《浮士德》就是歌德创造的一幅理想世界的图像。

　　当时的德国虽不具备资产阶级革命的条件,但法国大革命和启蒙运动却深刻

3

地影响了德国知识分子,迫使他们追求、怀疑和思考一些问题。《浮士德》所反映的正是这一点。浮士德的追求与对真理的探索体现了歌德的追求与探索,浮士德的理想也就是歌德的理想。所以,车尔尼雪夫斯基说:"谁若不能置身于歌德的《浮士德》所表现的那个追求和怀疑的时代,谁就会将《浮士德》看成是一部奇怪的作品。"①

在历史上,歌德经历了两种制度的交替;在文学史上,歌德则经历了两次大的文学运动,即十八世纪下半叶的启蒙运动和十九世纪初的浪漫主义运动。我们很难将《浮士德》准确地归入某一类作品。如果可以分类的话,笔者认为《浮士德》在创作手法和思想内容上更倾向于是一部浪漫主义作品。

《浮士德》取材于德国十六世纪的民间传说。传说中的浮士德和魔鬼订约二十四年,魔鬼在订约期间满足浮士德的一切要求,但浮士德在期满后就得死去,其死后的灵魂为魔鬼所有。魔鬼让浮士德在生时享尽当时基督教所不容许的人间乐趣(意在反对中世纪的禁欲主义),带他上天入地,并且共同探讨天堂、地狱、宇宙形成等科学问题(意在反对中世纪教会宣扬的蒙昧主义和愚民政策,反映新兴资产阶级的追求)。《浮士德》的一些情节(包括古代传说中的美女海伦的幽灵与浮士德结合等)即取自这一传说。

《浮士德》内容复杂,结构庞大,情节离奇。《浮士德》全剧共有 12111 个诗行,其是欧洲文学史上最长的诗体作品之一。《浮士德》全剧分上下两部,上半部不分幕,共二十五场,前有"献诗""舞台上的序幕"和"天上序幕"。

"献诗"主要表达歌德在与席勒订交后,在席勒的敦促下,决心继续创作中断多年的《浮士德》时的激动情绪。"舞台上的序幕"批评了当时剧坛的庸俗趣味,表明了歌德的艺术观。"天上序幕"则与《浮士德》的剧旨密切相关,它的中心思想贯串全剧,是理解《浮士德》的一个纲领。"天上序幕"的主要内容是上帝和魔鬼靡非斯特的对白,其中表达了两种截然不同的对人类及其前途的看法。"上帝"认为人类会在前进的道路上摸索、疑惑、犯错误,但人类最终不会迷失正途,前途光明;而靡非斯特认为人类必然日益堕落,前途黑暗,他还在上帝面前自夸有能力诱使人类堕落。上帝和靡非斯特将地上的浮士德老博士选定为他们打赌的对象,他们企图从浮士德身上证明自己见解的正确性。上帝之所以要和靡非斯特打赌,一方面是出于他对人类前途的乐观信念,另一方面是他下决心让魔鬼降临尘世,"以激发人们

① [俄]车尔尼雪夫斯基:《生活与美学》,周扬译,北京:人民文学出版社,1855 年,第 59 页。

的努力为能"。歌德认为,事物的发展(剧中体现为浮士德的发展和追求)需要靡非斯特这样的对立面。这是歌德对事物的发展所持有的一种辩证的观点。上帝和靡非斯特在"天上序幕"中的赌赛构成了整部《浮士德》的戏剧冲突之基础。

浮士德的追求和发展经历了五个阶段。从上半部第一场的"夜"到第四场的"书斋"是第一阶段——追求知识的阶段(知识悲剧)。悲剧开始于十六世纪的文艺复兴时期。老博士浮士德在中世纪幽暗的书斋里研究学问,他深感自己至今所知的学问均非真才实学,因此他"中宵倚案,烦恼齐天",在他的面前横亘着一个哈姆雷特式的问题。这里的"夜"意味着中世纪的黑夜,浮士德在"夜"中感到茫然,他的内心痛苦反映了十六世纪萌芽时期的资产阶级对中世纪那些繁琐的哲学、神学等伪科学的绝望,同时也体现了歌德对脱离实践地在书斋里追求真理和学问之否定。浮士德在书斋翻译《圣经》这件事在全剧中具有重要地位。经过几番修改,浮士德将《新约·约翰福音》的第一句从"泰初有道""泰初有心""泰初有力"改定为"泰初有为"(Im Anfang war die Tat)。"泰初有为"确切地反映了歌德世界观的根本思想。歌德认为,创造天地万物的乃是实践(Tat),人类的实践活动才是历史发展的基础。通过浮士德翻译《圣经》这件事,歌德否定了当时德国盛行的唯心主义哲学。

《浮士德》的第一次高潮出现在第四场的"书斋"。在这一场里,浮士德处于濒临绝望的境地。靡非斯特劝浮士德不要烦恼,跟他去享受人生乐趣,并表示愿做浮士德的伙伴和满足浮士德的任何愿望。但是,一旦浮士德对某一个刹那(这个"刹那"可以被理解为某种生活经历、某种生活享受、实现了某种愿望等)表示满足时,他便得立即死去。浮士德与靡非斯特的赌赛是上帝与靡非斯特在"天上序幕"中的赌赛之具体化。这两个赌赛的结局实质上回答了两个问题:(1)人类的发展前途如何?(2)若浮士德表示满足的"刹那"就是他追求的理想,那么人生的理想是什么,生活的意义又在哪里?这两个问题也可以被认为是《浮士德》的主题。

自此之后,靡非斯特和浮士德形影不离,这体现了事物发展对立面的两个不可分离的方面。读者在紧张地期待赌赛的胜负,这便是《浮士德》中强烈的戏剧悬念。在靡非斯特带领浮士德腾云驾雾地出发追求享乐之前,剧中出现了一个学生来向浮士德求教的插曲。靡非斯特假扮成浮士德,戏弄了这个天真的学生。"尊贵的朋友,一切的理论是灰色的,只有生活的金树郁郁葱葱。"这句列宁十分喜欢引用的名言,即出自靡非斯特对这个学生的规劝。这句名言嘲笑那些脱离实践的书呆子,并劝导他们到生活实践中去。歌德常常让靡非斯特说出许多饱含辩证思想的见解,并通过靡非斯特的口批评当时的教会、唯心主义哲学、反动浪漫主义文学、德国的鄙陋落后、资本剥削的罪恶、原始积累的残酷等,靡非斯特由此成为目光犀利、言谈机智、语气幽默的观察者,所以歌德说靡非斯特是他"本人气质"的一部分。

经过"莱比锡的欧北和酒馆"以及"魔女之厨"的过渡,直至上半部结束,是浮士德发展的第二阶段——爱情悲剧(甘泪卿悲剧)。我们可以将这一悲剧独立地看成是一部当时流行于德国社会的市民悲剧。

在"魔女之厨"里,浮士德返老还童,并在魔镜里看见了一个美丽绝伦的少女,他立即为之着迷,并提出了占有这个少女的愿望。这是靡非斯特为诱惑浮士德而布设的一个罗网。在魔鬼的导演下,浮士德来到了一个对于当时分裂的德国来说具有典型意义的偏僻小城,他在街头遇见了魔镜中的姑娘——市民女子甘泪卿。甘泪卿是欧洲文学画廊里最动人的妇女形象之一。甘泪卿出生于守旧的小市民家庭,她受着严格的封建礼教的束缚,单纯无知、纯朴可爱。在遇见浮士德之后,这位纯洁的姑娘勇敢无畏地越出严格的封建礼教的门槛,带着惊怯而又欣喜的心情与浮士德恋爱。可是,刚刚迈出这个门槛并开始自由呼吸的甘泪卿就立即遭到毁灭。这一段爱情经历是甘泪卿短暂的一生中最甜蜜又同时是最痛苦的回忆。与浮士德的恋爱为甘泪卿带来了一连串的不幸:为了不让母亲知道自己与浮士德的约会,她给了母亲过多的安眠药,以至于药死了自己的母亲;她的哥哥华伦亭又因为她而在与浮士德的决斗中丧生。华伦亭在奄奄一息时对甘泪卿的指责代表了当时的封建宗法势力和舆论对向往自由的年轻一代的谴责。封建宗法制度犹如天罗地网,可怜软弱的甘泪卿深知无力脱逃,所以她不得已地杀死了自己与浮士德的私生子。这一连串的事件都触犯了当时的礼教,甘泪卿被投进监狱,成了封建宗法制度的牺牲品。浮士德是个十分矛盾的人物。早在"城门之前",浮士德就说过:"有两种精神居住在我的心胸,一个要想同别一个分离! 一个沉溺在迷离的爱欲之中,执拗地固执着这个尘世,别一个猛烈地要离去凡尘,向那崇高的灵的境界飞驰。""甘泪卿悲剧"充分显示了浮士德的所谓"另一个灵魂"。浮士德深知自己有着远大的追求与理想,而与甘泪卿建立一个小家庭决非那个能令他满足的"刹那"。浮士德在剧中虽以贵族身份出场,但实际上他自始至终代表着上升时期的资产阶级,所以从另一方面来说,甘泪卿又是新兴资产阶级利己主义的牺牲品,这就是"甘泪卿悲剧"的全部社会意义。浮士德决定营救狱中的甘泪卿,这与其说是出于对她的爱情,不如说是出于对她命运的同情。但是,甘泪卿坚决拒绝越狱。甘泪卿不愿苟且偷生,她勇敢地选择死亡,以表示对社会的反抗。这是一个真正的英雄行动,所以当马克思的女儿问他最喜爱的女英雄是谁时,马克思回答说:"甘泪卿。"①

在发展的第二阶段,浮士德经历了爱情和官能的享乐,同时他内心也经受了极大的痛苦和苛责。但是,浮士德的追求并未停止,他还没有经历那使他满足的"刹那"。

从下半部起,浮士德从"小"世界进入了"大"世界,从较低的追求走向了较高的追求。可见,"甘泪卿悲剧"是浮士德发展的重要阶段,它促进了他的发展,从而使他产生了更高的追求。

下半部分为五幕。第一幕开始时,浮士德置身于大自然之中,他已忘却"监狱"一场中的凄惨。浮士德这时的一段独白与上半部开场的"夜"中的独白形成鲜明的对比。在"夜"中,浮士德充满绝望,但他在这里却感到"生命的脉膊鲜活地鼓动",感到"一种坚毅的决心,不断地向最高的存在飞跃"。可见,经过两个发展阶段之后,浮士德前进了。

假扮成弄臣的靡非斯特引导浮士德去紫金城朝觐国王,并帮助国王处理国事。这样,浮士德进入了他发展的第三阶段——为宫廷服务的阶段(政治悲剧)。这个封建宫廷可以被理解为当时德国分裂后的几百个封建小邦中的任何一个。在这一幕中,歌德尽情揭露了封建国王和诸侯的荒淫无耻。浮士德入宫这一经历使我们联想到歌德自己的一段历史:1775年,歌德曾应魏玛公爵卡尔·奥古斯特之邀,前去宫廷供职,帮助公爵处理朝政。但是,歌德所有的改革朝政之理想均未实现,反而荒废了自己近十年的光阴。歌德想通过为宫廷服务之方式改造社会的理想终成泡影。这是歌德自己经历的政治悲剧。在浮士德与靡非斯特解决了国王的财政困难之后,国王竟异想天开地要求浮士德再现古代传说中的美女海伦的幽灵。按照魔鬼的指点,浮士德冒着生命的危险,终于在宫中再现了海伦的幽灵,并且他被海伦的美深深吸引。这一方面意味着浮士德为美的象征和化身所吸引和征服,另一方面意味着浮士德对封建宫廷的厌恶和失望。从此,浮士德产生了新的追求,并进入了发展的第四阶段——追求美的理想的阶段(海伦悲剧)。这也同样使我们联想到歌德的自身经历。在魏玛宫廷失望地供职十年后,歌德曾化名避走到意大利研究古希腊罗马文化,以此进行美的追求。歌德试图通过为宫廷服务之方式改造社会的理想失败后,他企图用古典文艺来改造当时的社会。

---

① [德]马克思、恩格斯:《马克思恩格斯全集》(第33卷),中共中央马克思恩格斯列宁斯大林著作编译局编译,北京:人民出版社,2006年,第588页。

下半部第二幕的主要情节是浮士德为寻找海伦的亡魂而前去古希腊。浮士德在梦幻的古希腊国土上遇到了各种妖魔鬼怪，并最终探明了寻找海伦的道路。浮士德的真诚热烈的追求感动了冥王之妃，她答应为浮士德复活海伦的亡魂。在第二幕中，歌德用了大量篇幅探讨自然科学和生命的起源。歌德一生曾花费很多时间从事自然科学的研究。在科学上，歌德是进化论的先驱，达尔文也承认歌德是他"精神上的祖先"。第三幕的情节展开之地是古希腊的斯巴达，彼时特洛伊战争刚结束，海伦已被她的丈夫斯巴达国王梅耐劳斯夺回。靡非斯特成功地将海伦诱骗到浮士德的宫中。浮士德完成了与海伦的结合，海伦为浮士德生下一子并取名为欧福良。欧福良最终在学习飞行时堕崖而死。海伦见欧福良已死，驱体即消失，化成轻烟而去。浮士德追求海伦的理想（美的理想）最终幻灭。海伦象征着古典美的理想，其代表着古典希腊文化，而浮士德则代表着德国的浪漫文化。浮士德与海伦的结合意味着古典希腊文化和德国浪漫文化的结合。浮士德试图通过为宫廷服务之方式改造社会的计划失败后，他企图用这样的文艺来改造社会。在欧洲资产阶级上升时期，欧洲资产阶级文学曾一再面向古希腊罗马文化（如文艺复兴、古典主义等），其目的就是让资产阶级穿上古希腊罗马人的历史外衣，以此来表达本阶级的理想。海伦亡魂的消失说明用古希腊罗马文化与德国现实结合而成的文艺来改造德国社会的尝试之失败。正如歌德自己说过的，欧福良象征着他所钦佩的英国浪漫主义诗人拜伦。欧福良的堕崖而死意味着革命浪漫主义理想在德国的现实条件下无法实现，也意味着德国不能产生英国那样的革命浪漫主义文学。

浮士德虽经历了四个发展阶段，但他在每个阶段中的追求都未得到满足，而且这些追求还多少给他带来了一定的痛苦和失望。第四幕和第五幕是浮士德发展的最后阶段——创造事业的阶段。第四幕一开始，浮士德驾着浮云与靡非斯特在高山之巅讨论日后的计划。经过前述几个阶段的发展，靡非斯特已由上半部中的指挥者变成了被指挥者，由强大变为弱小，这体现了对立面的斗争中双方已向着对方转化。这一转化的根据是：浮士德的追求越崇高，目标越脱离自我，靡非斯特对浮士德就越软弱。浮士德在高山之巅说："有件大事牵引我。"浮士德要一片海岸边的土地，他战胜自然，向大海要良田。恰在这时，靡非斯特打听到浮士德曾服务过的那个封建小邦的诸侯之间发生了内讧，国王宝座岌岌可危。靡非斯特与浮士德借用魔法帮助国王平定了诸侯叛乱。为了感谢浮士德，国王赏赐他一块海滨土地。于是，浮士德进入了自己创造事业的阶段。这个事业就是建立资本主义生产关系，确立资本主义制度。浮士德建立理想事业的地方竟然来自封建国王的恩赐，足见当时德国资产阶级对封建力量的依附性。

第五幕的发生时间与第四幕间隔了许多年,浮士德这时已是个白发苍苍的老人了。浮士德与人民一同劳动,与大自然搏斗,使沧海变桑田,他们筑长堤、开良田、造花园、凿运河,到处是"绿油油的草场、牧地、森林、村庄",到处出现"繁华稠密的人烟"。浮士德的这一事业表示资本主义生产方式的确立,以及科学技术和生产力的发展。但是,歌德指出,资本主义是被建立在残酷剥削人民的基础之上的,不论是筑长堤还是开运河,其本质都是"以人为牲"的。浮士德是建立这一事业的首领,而靡非斯特是他的助手,他们分别代表了新兴资本主义制度的进步性和残酷性。通过靡非斯特的远航归来,歌德揭露了资本主义靠抢劫与殖民发家的罪恶。靡非斯特乘着"富丽的船,载着许多异邦的物品",他说道:"我们出发时只有两只,带回海港的却是二十只[……]有强权,自然就有了公道。[……]三位一体是走私、战斗、海盗[……]"马克思在《资本论》里谈到资本的原始积累时有过十分类似的描写。在第五幕中,歌德表明了他对资本主义的看法,即资本主义比封建主义先进,但它同时也给人民带来新的痛苦,它不是最终的理想社会。在第五幕中,一对老夫妇的住房及教堂象征着资本主义初建时期的自然经济残余及封建势力残余。靡非斯特烧死了这对老夫妇以及在他们家作客的旅人,并且焚毁了他们的住房及教堂。这一情节象征着在资本主义的建立过程中出现了歌德所反对的暴力形式。作为资本主义上升时期的人道主义者,浮士德(歌德)为资本主义发展过程中的非人道性和新的罪恶而忧愁。这种忧愁是新旧社会交替时代的观察敏锐之作家所常有的。因此,一个人格化的"忧愁"向浮士德袭来。尽管浮士德受着"忧愁"(悲观主义)的侵袭,但"忧愁"只能吹瞎他的眼睛,不能阻挡他的前进。通过一生的实践,浮士德彻底否定了将理想寄予来世和"彼岸"的宗教说教,浮士德在这时说出了他所追求的理想世界的图像:"这无疑是智慧的最后断案:'要每天每日去开拓生活和自由,然后才能实现自由与生活的享受。'[……]我愿意看见这样熙熙攘攘的人群,在自由的土地上住着自由的国民。我要呼唤对于这样的刹那[……]'你真美啊,请停留一下!'我在这样宏福的预感中,将这最高的一刹那享受。"

在说出"你真美啊,请停留一下"后,浮士德随即倒地身亡。浮士德并没有真的享受到那一"刹那",他只是在预感中喊出这句话。浮士德在被吹瞎双眼后描绘出的这一理想社会的图像之寓意是:在浮士德(歌德)生前的历史条件下,这样的理想社会是他所不能见到。浮士德的不死之灵终被天使带着向天上飞升,表示"上帝"和浮士德对靡非斯特的最后胜利。

　　根据浮士德的五个发展阶段，我们可以总结认为：浮士德从中世纪的繁琐哲学和伪科学中挣脱出来（知识悲剧）并探寻新的生活道路，在经历了爱情和官能的享乐（爱情悲剧），经过了为封建宫廷服务的阶段（政治悲剧），尝试了对古典艺术与古典美的理想之追求（海伦悲剧）后，他终于达到了一定范围内的经济控制及对大自然的改造（事业悲剧），最后他在人类未来的幸福理想社会的预感中得到满足。这一发展体现了从个人到社会，从不劳动到劳动的过程。这是一个不断在实践中认识生活意义的过程，是对立面（浮士德与靡非斯特）不断斗争的过程。整部《浮士德》从形式到内容都浸透着辩证精神。哲学史上公认歌德的辩证思想对黑格尔曾起过积极影响。

　　任何古典作家都有局限性，歌德也不例外。在《浮士德》中，歌德将人向光明之追求和人类社会之发展从社会中剥离了出来，似乎人只要在生活实践中力求精神和内心的自我完善，便能达到理想社会。歌德将历史的进步寄托在"理性"之上，这就是歌德的历史乐观主义之局限性。正因为歌德将人向光明追求从人民群众中分离了出来，因此我们始终看到歌德笔下的浮士德是一个孤立的人，是一个独来独往的追求者。

　　除了认识作用之外，《浮士德》至今对我们仍有教育意义。歌德对人类历史的乐观主义之遵循，对人类美好未来的深信，对事物发展的辩证观点之秉持，以及对在实践中追求真理之坚守，凡此种种皆可批判性地为后人所继承，其至今仍对我们有启发作用。

《浮士德》：歌德的人生自白

陈晓春

摘　要　《浮士德》是歌德倾注了毕生心血写成的宏篇巨著，它描写了主人公浮士德一生探索真理的痛苦经历。《浮士德》反映了从文艺复兴到十九世纪初的整个欧洲之历史，其中贯穿了光明与黑暗、进步与落后、科学与迷信等对立势力间的持续争斗。借助浮士德的抱负和追求，歌德表达了他对人类未来的伟大理想。

关键词　歌德　浮士德　古典主义　德国文学

《浮士德》确实是一部思想内涵极为丰富的作品。《浮士德》分上下两卷，歌德于 1773 年开始写作上卷，并于 1808 年将其出版；而下卷一直在歌德的脑海中酝酿，真到辞世前几年，歌德才继续开始写作下卷，其在 1832 年歌德临死前被创作完成，并在歌德死后才得到出版。《浮士德》的上卷写浮士德贪图在世间享乐，将灵魂出卖给恶魔，并借恶魔之助诱奸了一名乡间少女，随后又将她遗弃，少女愤而自杀，浮士德也变得悲观失望。《浮士德》的下卷写浮士德数十年后又落到那个恶魔的掌控之中，后来他和古希腊美人海伦结婚（据说是象征浪漫艺术与古典艺术的统一）并生下一个儿子（据说是象征英国诗人拜伦）。然而，浮士德和海伦的关系也终于破裂，于是他到海边去将海滩开垦成良田。由于做了这件好事，浮士德深感欣慰。地狱试图劫夺浮士德的灵魂，但天使们拯救了他，护卫他上了天。歌德一生著述甚多，但《浮士德》却是他最厚重的一部作品。虽然《浮士德》以基督教的犯罪和赎罪的观念为出发点，但其确实也表达了一个深刻的意义：若书生困守于书斋进行幻想，并贪图肉欲的满足，那么其灵魂就遭到毁灭；一旦书生跳出书斋转向实践行动，开拓新天地，为人类造福，其灵魂就获得拯救。

歌德之所以要创作《浮士德》这部悲剧，实在是因为幼时所受到的影响。年少时,歌德在法兰克福常看到演浮士德故事的木偶戏和通俗戏,但那时的木偶戏和通俗戏的内容浅薄,充满着滑稽戏的情趣。应该说,歌德在年轻时便为浮士德的故事所吸引。等到歌德长大后进入大学求学并获得许多体验之后,他才萌发出对浮士德的故事进行改编的念头。这里还要提及的是,在创作和理论上都获得很大成就的德国戏剧家和美学家莱辛有一本著作叫《关于当代文学的通信》,在其中的第17封信里,他在向德国的剧作家们提出莎士比亚戏剧是复兴德国戏剧最有力的样板的同时,也发表了他自己创作的表现浮士德的戏剧片断——《一场激动人心的严肃的浮士德剧》。在这场戏中,莱辛勾画出了一个"不带邪恶的浮士德",并描写了他对知识的追求。莱辛认为这种追求是一种高尚的行为,所以他设法让浮士德与上帝和解。这种新的理念增强了同时代的青年歌德的信心,也为他创作《浮士德》开辟了道路。①

研究者们认为,《浮士德》这部作品是歌德一生的"巨大自白",而且是他最完整、最全面、最生动的自白。歌德的《浮士德》结构庞大、内容复杂,他将自己八十年的全部生活和思想都倾注在了这部巨著里。《浮士德》具有极深刻的哲学内涵,其广泛反映了德国社会生活的各个方面。《浮士德》充分反映了歌德当时所处的社会的全部生活,尤其是第二部将从海伦直至拜伦的三千年历史,以及中世纪和现代人的思想情感,全部都包括了进去,可谓洋洋大观,令人眼花缭乱。然而,《浮士德》有时也节外生枝,令人丈二和尚摸不着头脑。

研究者们一致认为,《浮士德》下卷所展现的世界远比上卷丰富多彩。歌德自己也说:"我也是这样想。上卷几乎完全是主观的,全从一个焦躁的热情人生发出来的,这个人的半蒙昧状态也许会令人喜爱。至于下卷,却完全没有主观的东西,所显现的是一种较高、较广阔、较明朗肃穆的世界。谁要是没有四面探索过,没有一些人生经验,他对下卷就无法理解。"②

歌德的一生"很像浮士德,在生活进程中获得苦痛和快乐,但没有一个时辰可以使他真正满足"。确实,歌德最大的特点就是不断地进行新的追求。在身心俱疲后从莱比锡大学逃回故乡,数次从多个情人身边逃脱,从文学转入政治与科学,从西方到东方,这些变化其实就是歌德在"不断经历着各式各样人生形态的过程中重新发现自己"。浮士德的形象可以被看成是歌德最好的镜像,浮士德临终前的留言

---

① 余凤高:《说不尽的歌德》,载《中华读书报》,第200期。
② [德]爱克曼:《歌德谈话录》,北京:人民文学出版社,2000年,第228页。

代表着歌德生活的意义，即"在前进中他获得苦痛与幸福，他没有一瞬间能满足的"，而天使们的歌咏则表明了歌德追求不止的价值，即"唯有不断的努力者/我们可以解脱之"①！

在阅读《浮士德》时，普通读者往往感到自身知识有限，不能完全掌握其精髓。歌德学识渊博，其思想之间有多方面的联系，从而让读者在阅读时确实感到困难重重。歌德的写作也是天马行空、恣意挥洒。笔者的感觉是，在了解歌德一生的兴趣爱好、思想追求以及丰富经历之后，我们就能比较容易读懂和理解《浮士德》这部巨著。

一 崇尚英国戏剧，欣赏戏剧家莎士比亚和诗人拜伦

歌德在青年时代就深受莎士比亚的影响，此影响还得追溯到他在斯特拉斯堡攻读法律时的岁月。在抵达斯特拉斯堡后不久，歌德就与当时德国文化界的名人赫尔德相识，后者虽然仅仅比歌德年长 5 岁，但他早因《归于当代德国文学的断片》和《批评之林》这两部文学评论著作而誉满文坛，而歌德当时只是一个文学爱好者，是个名不见经传的无名小卒。赫尔德不仅向歌德介绍了德国文坛的面貌和发展趋向，还向其介绍了当时德国哲学家哈曼和法国哲学家卢梭的著作与美学思想。尤其要提及的是，赫尔德推荐歌德阅读《荷马史诗》和《莎士比亚戏剧》，而莎士比亚的戏剧对歌德的影响最为巨大和深远。歌德刚一接触莎士比亚，就为莎翁的戏剧所折服。从斯特拉斯堡大学毕业后，歌德曾撰文赞美莎士比亚，他说自己初次阅读莎士比亚的戏剧便为其所折服。歌德说他读了莎士比亚的一个剧本，便似一个盲人看见了天光，他认为莎士比亚是"说不尽的"。我们可以从两个方面来理解这个"说不尽"：一方面是指作家的思想具有深刻性、复杂性和矛盾性，其作品富有哲理性且内涵丰富；另一方面是指读者和评论家因所处时代、社会制度、生活背景和人生经历不同，他们对同一个作家或同一部作品会有不同的评论和看法。歌德认为，一向被奉为经典的"三整一律"是枷锁和牢笼。从中可以看出，歌德对莎士比亚的赞颂不仅针对其戏剧"说不尽的"丰富内涵，也针对其戏剧丰富多样的表现形式。莎士比亚对歌德的影响不仅体现在歌德剧本中的场景处理上，也体现在歌德作品的内容上。

---

① 叶隽：《在魔性与神性之间的浮士德精神》，载《中华读书报》，第 262 期。

歌德对英国的诗人、剧作家拜伦更是钟爱有加。1825年,歌德对爱克曼说:"如果我现在还担任魏玛剧院的监督,我就要把拜伦的《威尼斯的行政长官》拿出来上演。"这是为什么呢? 因为歌德钦佩拜伦的非凡才能。歌德曾说:"依我看,在我所说的创造才能方面,世间还没有人比拜伦更卓越。拜伦解开戏剧纠纷的方式总是出人意料,比人们所能想到的更高明。"①歌德又说:"他(拜伦)是一个天生的有大才能的人。我没有见过任何人比拜伦具有更大的真正的诗才。"②正是因为此种偏爱,所以在《浮士德》中,歌德才将浮士德与海伦结合所生的孩子取名为欧福里翁。这个欧福里翁其实就是歌德心目中的英国诗人拜伦。歌德对秘书爱克曼说:"欧福里翁并非凡人,乃是一种比喻人物,乃是诗的人格化,不受时间、地点、人物的束缚。"欧福里翁象征着拜伦的诗和他一生的命运。③

二 向往古希腊文化

歌德对希腊神话的了解,应该与其父亲的藏书有着很大的关系。歌德的父亲继承了一份殷实的遗产,从而使他有足够的资财去接受良好的教育,并且能够到国外去开阔眼界。歌德的父亲不仅在莱比锡大学获得了法学博士学位,还常去意大利和法国,因此他见多识广,有着极高的文化修养。学成归来后,歌德的父亲自感经纶满腹,他本想一展抱负,但与法兰克福市长女儿的婚姻,使他丢失了担任市议员的可能性。歌德的父亲一生没有担任公职,所以他将自己的全部精力放了对孩子的培养上。歌德家中的藏书约在两千册以上,这为小歌德博览群书和自我学习提供了很好的条件。10岁时,歌德已开始阅读《荷马史诗》《伊索寓言》等外国名著,此外他还读了十六世纪的德国民间故事等。

和席勒一样,歌德向往古代希腊文化,因为他认为古希腊文化是优秀的文化,德国文化应该向它看齐,他渴望能将古希腊文化移植到德国来。基于这一思想,歌德在《浮士德》中安排了浮士德追求希腊的海伦这一情节。在歌德看来,浮士德和海伦的结合象征着古希腊文化和德国文化的结合。这一结合虽然以海伦的离去而告终,浮士德依旧是孤单一人,但经过对古希腊文化的追求,浮士德的精神境界更

---

① [德]爱克曼:《歌德谈话录》,朱光潜译,北京:人民文学出版社,2000年,第60页。
② [德]爱克曼:《歌德谈话录》,朱光潜译,北京:人民文学出版社,2000年,第61页。
③ [德]歌德:《浮士德》,钱春绮译,上海:上海译文出版社,2011年,第542页。

为宽广,目标更为远大。正是在追求了海伦以后,浮士德才能制定出战胜海水、变沧海为桑田这一伟业的蓝图。歌德用这样的方式来肯定古典文化与优秀文化的精神作用和美学作用。正是"古典的"(即优秀的)文化促进了浮士德的精神发展,开阔了他的精神境界。浮士德"追求事业"的新目标正是他追求古希腊文化后的积极结果。"追求事业"意味着人的开阔的、崇高的精神境界,意味着积极向上的进取精神。①

三　对《圣经》和宗教信仰的另类理解

歌德本来对宗教具有坚定的信仰,可这种信仰却因一件事而动摇,那就是1755 年葡萄牙首都里斯本发生的大地震。这次地震使六万名居民死于非命。这件大事使歌德"恬静的幼稚心灵第一遭深深被震撼了"。因为在歌德看来,上帝应该是贤明而慈悲的,可他在地震时却"不问好人、坏人,把他们一概抛入死亡的深渊,显出绝不像一个慈悲的圣父的样子"。里斯本的大地震动摇了歌德的宗教信仰,他开始怀疑上帝的公正和仁慈。在歌德所处的十八世纪,宗教气息弥漫于整个欧洲大陆,但歌德却不是一个真正的宗教信徒,他是一个泛神论者。

歌德自己说:"浮士德得救的秘诀就在这几行诗里。浮士德身上有一种活力,使他日益高尚化和纯洁化,到临死,他就获得了上帝永恒之爱的拯救。这完全符合我们的宗教观念,我们单靠自己的努力还不能沐神福,还要加上神的恩宠才行。"②

歌德和席勒都继承了文艺复兴的传统,他们竭力宣扬回到希腊古典文化,即回到与基督教对立的异教文化。歌德实际上是个"异教徒"。当时,自然科学日趋繁荣,启蒙运动使唯物主义和无神论日占上风,而卡尔文和马丁·路德掀起的宗教改革又对罗马教庭和天主教造成了沉重的打击。于是,流行了一千多年的基督教开始瓦解。歌德是站在路德这一边的,但这不等于说他就是一个新教徒。歌德只是在表面上敷衍妥协,他实际上是不信基督教的。爱克曼和歌德相处九年之久,他对歌德的日常活动和言行进行了详细的记载,可他却从没有记载过歌德进教堂做礼拜。在歌德的文学作品中,违反基督教教义的地方很多。所以,歌德的《少年维特之烦恼》遭到旧教和新教的两面夹攻,意大利天主教僧侣以买下全部意大利文译本

---

① 余匡复:《歌德的精神世界》,上海:上海外语教育出版社,1999 年,第 288 页。
② [德]爱克曼:《歌德谈话录》,朱光潜译,北京:人民文学出版社,2000 年,第 240 页。

的方式来防止《少年维特之烦恼》流行,而英国新教的一位主教当歌德的面骂《少年维特之烦恼》是"一部极不道德的该受天谴的书"。

但是,歌德如果完全抛弃基督教,那么他也不会写出这么多杰作。在《浮士德》中,灵魂和恶魔、犯罪和赎罪之类的迷信都源自基督教。歌德自己也承认浮士德获得了上帝永恒之爱的拯救。但是,歌德又说灵魂升天不易处理,借助于基督教里的故事才比较容易避免抽象。可见,在歌德手里,基督教成为了一种材料和方便的法门,正如希腊文艺常借助于希腊神话一样,这种神话是家喻户晓的,也是容易为一般读者所接受的。所以,歌德要以下面这首诗作为结尾:

> 灵界的这位高贵的人
> 已脱离凶恶之手
> "凡是不断努力的人
> 我们能将他搭救。"
> 还有来自天上的爱
> 寄予莫大的关心
> 一群升天的受祝福者
> 全对他衷心欢迎。[①]

不过,歌德心目中的"上帝"并不是基督教的上帝,而是最高道德准则的体现,其是理性和自然的化身。

四 对炼丹术的妙处深信不疑

1765 年,歌德 16 岁,他应父命前往莱比锡大学就读法学。歌德在莱比锡大学待了三年,但其中有一年半的时间,他因患重病而被迫从莱比锡返回故乡法兰克福休养。这次生病主要有三个原因。第一个原因是尽管歌德学习还算勤奋,但他始终不能适应学校的教学环境。加上教授们照本宣科、观点陈腐,歌德感觉兴趣全无,于是他便在生活上放纵自己。歌德跟一帮富家子弟一同出入酒楼饭庄,他沉迷于酗酒作乐,不懂得自我节制。第二个原因是歌德与饭店老板的女儿凯特馨·舍

---

① [德]歌德:《浮士德》,钱春绮译,上海:上海译文出版社,2011 年,第 657 页。

恩科普夫(Käthchen Schönkopf)的恋情使他的情绪产生波动,有时快活得如生活在天堂,有时又一下子坠入痛苦的深渊。第三个原因是歌德受了卢梭"返回自然"的影响,不适当地尝试了当时青年中流行的冷水浴、睡硬床、盖薄被等生活方式。凡此种种精神和肉体上的折腾使歌德再也无法招架,以至于心力交瘁,身体状态每况愈下,最后竟出现严重吐血的情况,整个人徘徊在生和死之间。幸得朋友和同学的细心照料,歌德的身体才略见好转。回到家乡后,对歌德寄予厚望的父亲在看到儿子疾病缠身、萎靡不振的样子后,心中甚为不快。父子关系因此也变得紧张起来,这当然让歌德十分苦恼。但是,精神与健康的双重危机也让歌德有时间与机会去接触和钻研神学、神秘主义哲学以及中古治病的炼丹术。歌德对炼丹术之钻研是受了一个家庭医生的影响。那时,歌德患上了严重的肠胃病,他自感已不久于人世。父母为歌德请来一名医生,此人信奉炼丹术,他自制了一些药丸。按当时的法律,自制药品是非法的,但歌德的母亲也是病急乱投医,她恳求医生拿出他的药丸来。想不到,这确是灵丹妙药,服下去后竟药到病除,歌德的病真的渐渐好了。这不仅让歌德全家对这名医生十分钦佩,也让歌德对炼丹术产生了浓厚的兴趣。于是,在这名医生的言论和实践的影响之下,歌德开始阅读十五世纪的炼金术师瓦伦亭纳斯、十六世纪的瑞士名医和术士帕拉塞尔苏斯等人的著作。读了这些书后,歌德便在自己家顶楼的小书斋里布置了一个小的实验室,他购置了各种器皿、工具、风炉、玻璃管、蒸馏器等。歌德一边埋头研究那些神秘的著作,一边仿照古代炼丹术做实验,他企图揭开大自然的秘密,同时也想利用这些器具来炼制药丸,以医治自己的疾病。歌德的实验和研究对后来《浮士德》的写作有着极大的帮助。剧中的那位老博士在书斋中冥思苦想以及炼丹的情景,正是歌德的亲身写照。

五 情感经历贯穿创作的一生

综观歌德的一生,我们可以大胆地断言,歌德未曾有过幸福的婚姻,因为多个他所追求的女性,或是无疾而终,或是离他而去。可是,从另一个角度来说,正是对爱情和幸福婚姻的向往,促使歌德不断地去追求,去歌颂,去将这些心路历程转变为笔尖上的文字。路德维希在他的《歌德传》中说:"那些他所占有不了的女人把年轻的歌德变成了诗人;而一个轻易委身于他的姑娘,却被他抛弃。"①这个姑娘便是

---

① 余匡复:《歌德的精神世界》,上海:上海外语教育出版社,1999 年,第 16 页。

歌德在斯特拉斯堡大学读书时认识的离大学 10 公里的小镇塞逊海姆(Sessenheim)的牧师布里翁的次女弗里德丽克·布里翁(Friedrich Brion)。歌德抛弃弗里德丽克·布里翁的原因,是他感到在这样一个"世界的小角落"中,在这样一个几乎与世隔绝的穷乡僻壤中,在一个狭小的富有田园风光的氛围中生活一辈子并碌碌无为地度过一生,未免太过可怕。歌德是一个充满了创造活力和奋发追求的人啊!换句话说,22 岁的歌德还没有要和一个女子"白头偕老"的愿望和打算。不过,这段经历对于歌德来说是刻骨铭心的。因为,与心爱的姑娘诀别,这确实是矛盾又痛苦的。歌德的这种矛盾心情充分地表现在了《浮士德》第一部中的"森林与洞窟"这一场的浮士德的独白之中了。这一恋爱场面折射出青年歌德在斯特拉斯堡的爱情经历,即他与弗里德丽克·布里翁的情感。我们自然会将美丽纯朴的甘泪卿看成是歌德生活中的弗里德丽克。歌德将狠心抛弃心爱姑娘后的内心的负疚之情深深地注入了甘泪卿这一形象之中了。①

一般来说,人与人之间的沟通应该在相同的文化层次上,夫妻之间尤应如此。什么红袖添香、琴瑟甚笃,其实都是说夫妻双方只有具备共同的情趣和文化素养,才能互敬互爱、相得益彰。可是,歌德与平民女子克里斯蒂安的结合,却让他受尽了上流社会的白眼,人们对他进行攻击,处处使他难堪,任何上流社会的社交活动都不准他踏进一步。长时间的排斥使歌德只能隐居在家里。尤其是被歌德视为异性知己达十多年之久的冯·施泰因夫人也认为歌德与克里斯蒂安的结合是对她最大的侮辱,因而她不顾任何场合地攻击歌德。歌德此时的心情,想必不会是愉快的。尽管克里斯蒂安在歌德最孤独、最寂寞的时刻给了他爱情、幸福和一个家,可他们只能在那僻静的花园别墅里秘密同居。

歌德并非像我等凡人,他乃是非常人。不幸的婚姻给普通人带来的是消沉与痛苦,而对于歌德来说,这些都是创作的源泉。

六 宫廷经历丰富故事内容

《浮士德》的内容随着歌德自身阅历的丰富而丰富,随着歌德自身思想的深化而深化。如果说,在《浮士德》的第一部中,歌德只是将浮士德描写成在小世界里追求生活享受的人,那么在第二部中,歌德就是向读者展现了一个大世界,浮士德此

---

① 余匡复:《歌德的精神世界》,上海:上海外语教育出版社,1999 年,第 268 页。

时已是一个追求实践享受的人，一个享受精神之美的人，一个追求创造享受的人。《浮士德》的第二部主要是宫廷情节，并由宫廷情节派生出海伦情节。歌德熟知宫廷生活，因为他在魏玛宫廷任职多年。歌德在魏玛的经历为他第二部的写作提供了丰富的素材。可以这么说，只有经历了宫廷生活，歌德才能写出《浮士德》的第二部。只有在一生中遇到了如此众多的挫折但还在不断地追求的前提下，歌德才能写出浮士德的悲剧性。像浮士德一样，歌德一生都生活在狭隘的客观现实世界和崇高的主观精神世界的冲突之中，前者使他必须断念、克制、妥协、委曲求全，后者又使他孜孜不倦、积极向上、瞻望未来、朝气蓬勃。然而，正是后者促成了歌德的《浮士德》。

七　用母语表达思想

在斯特拉斯堡大学攻读法学是歌德的父亲之意愿。斯特拉斯堡是法兰西王国的一个重要城市，其与德国毗邻。由于历史原因，斯特拉斯堡中的德国居民数量众多，其向来被称为"法兰西王国的德裔臣民"。当时的德国社会崇尚法兰西文化，巴黎是众多国家效仿的榜样。歌德的父亲希望歌德获得博士学位后就到巴黎去，他认为儿子只有在那里才能成为人中俊杰，然后再返归故国、荣耀乡里。然而，事与愿违的是，刚到斯特拉斯堡的歌德就因自己的法语而遭到当地人的嘲笑，正如他刚到莱比锡就有人嘲弄他那法兰克福的土气乡音。其实，歌德从小就会法语，只是发音不纯正，因为他小时候喜欢模仿那些仆人、卫兵、牧师和演员们说法语的腔调，所以积习难改，这使歌德的法语有点不伦不类、怪腔怪调。在上流社会人士听来，这样的法语自然有些异样。当地人的嘲笑极大地伤害了歌德的自尊心，他下定决心，除非必要，不再说法语。歌德要用自己的母语——德语——来表达一切，以此证明这种语言是多么富有表现力。《浮士德》中极少使用法语词汇，这证实了歌德的这种喜好和立场。在同时代的作家中，使用法语者不乏其人，不使用法语在此情况下倒也成了歌德的语言特色之一吧。

八　结语

通过上文的论述，我们可以看到，在创作《浮士德》时，歌德将自己放了进去，他写了自己体验过、感受过、经历过的东西。在笔者看来，如果了解了歌德这一生的经历，感受了歌德的兴趣爱好，我们就能比较容易地读懂《浮士德》这部巨著。在此基础上，我们也能更好地将自己的阅读经验传授给我们的学生，以培养他们阅读歌德作品的兴趣，并消除他们看到歌德作品时的恐惧感，从而使学生中能够形成阅读德语文学作品的风气。当然，这对学生们的毕业论文写作也是有所帮助的。

歌德在中国

黄 艺

摘 要 歌德的作品在中国的传播始于清末洋务运动。截至民国时期,以辜鸿铭、马君武、郭沫若等为代表的译者已将不少歌德著作引入中国读书界,但歌德的大部分作品仍未得译介。1949 年后,中国对歌德的接受进程曾受到短暂的阻滞,但随着中国对外交流的不断扩大,中国各界对歌德作品的译介与研究已渐入佳境。本文将中国的歌德接受史分为五个阶段,并结合具体的社会语境与时代思潮,分析研究国人对歌德其人其作的关注重点之变迁及其缘由。

关键词 歌德接受史 辜鸿铭 郭沫若 《迷娘曲》 《少年维特之烦恼》《浮士德》

歌德的作品在中国的传播始于清末洋务运动,距今仅有一百多年。其间,随着国情和文坛风向的变化和起落,我国的文学发展终于迎来了现今百花齐放的局面。我们可以将中国的歌德接受史分为五个阶段:译介初期(1920 年以前)、五四运动之后的译介高潮(1920—1937 年)、抗日战争到新中国成立期间的余波(1937—1949 年)、新中国成立到"文革"时期的低迷(1949—1977 年)以及现代的繁荣期(1977 年至今)。

一 译介初期(1920 年以前)

清末,中华大地正处于"国破山河在"的危难之中。彼时,不少有识之士先后尝试引入西方的科学技术和思想文化,以期达到富国强兵之目的。但是,洋务运动、戊戌变法和辛亥革命皆相继宣告失败。尽管如此,西学东渐之势已起,爱国精英们借西道以强国体之心不灭。

　　"果次"（歌德）的大名最早出现在曾任驻德公使李凤苞于 1878 年 11 月 29 日所写的《使德日记》中，但这只是一次无心的偶然事件。^① 在中国文学史上，介绍歌德的第一人应是辜鸿铭，他先后在其英文译著《论语——引用歌德和其他西方作家举例说明的独特译文》（上海：别发洋行，1898 年）、英文著作《尊王篇》（上海：别发洋行，1901 年）和英文著作《春秋大义》（北京：北京每日新闻社，1915 年）中引译歌德等西方作家的他山之石来注解与支持孔子或自己的中式思想。^② 在 1910 年铅印出版的《张文襄幕府纪闻》中，辜鸿铭还汉译了德国名哲俄特的《自强不息箴》（即《浮士德》结尾处的那句天使们所唱的诗），以此来对应孔子之言^③。需要指出的是，保守派学者辜鸿铭是宣扬"中学为体，西学为用"的洋务运动的支持者，因此他译引歌德等西人之言的主要目的是证明其"异途同归，中西固无二道"的思想。从本质上说，辜鸿铭是抗拒西方思想传入的。

　　第一位汉译歌德作品者当属王国维，他在 1900 年夏天依据英译本翻译了德国物理学家海尔模墼尔兹的著作《势力不灭论》，此书内含《浮士德》摘译。王国维的译文如下："夫古代人民之开辟记，皆以为世界始於混沌及暗黑者也。梅斐司讬翻尔司 Mephistopheles（王国维夹注：德国大诗人哥台（Goethe）之著作 *Faust* 中所假设之魔鬼之名）之诗曰：'渺矣吾身，支中之支。原始之夜，厥幹在兹。厥幹伊何，曰闇而藏。一支豁然，发其耿光。高岩之光，竞於太虚。索其母夜，与其故居。'"^④但

---

① 1978 年 11 月 29 日，李凤苞在德国参加了美国公使美耶・台勒的葬礼。李凤苞从悼词中偶然得知了歌德，于是他便在日记中简要介绍了歌德，但他将重点放在了歌德的为官经历上。对此，钱钟书评道："事实上，歌德还是沾了美耶・台勒的光，台勒的去世才给他机会在李凤苞的日记里出现。假如翻译《浮士德》的台勒不是德国公使又不在那一年死掉，李凤苞在德国再待下去也未必会讲到歌德。假如歌德光是诗人而不是个官，只写了'《完舍》书'和'诗赋'，而不曾高居'相'位，荣获'宝星'，李凤苞引了'诔'词之外，也未必会特意再列他的履历［……］现任的中国官通过新死的美国官得知上代的德国官，官和官之间是有歌德自己所谓'选择亲和势'（Wahlverwandtschaften）的。"参见钱钟书：《汉译第一首英语诗〈人生颂〉及有关二三事》，载《国外文学》，1982 年第 1 期，第 18 页。
② 参见卫茂平：《德国文学汉译史考辩》，上海：上海外语教育出版社，2004 年，第 3 页。
③ 辜氏的原文为："唐棣之华，偏其反而。岂不尔思？室是远而。"子曰："未之思也，夫何远之有？!""余谓此章，即道不远人之义。"辜鸿铭部郎曾译德国名哲俄特的《自强不息箴》，其文曰："不趋不停，譬如星辰，进德修业，力行近仁。""卓彼西哲，其名俄特，异途同归，中西一辙。勖哉训辞，自强不息。可见道不远人，中西固无二道也。"参见辜鸿铭：《张文襄幕府记闻》，载《辜鸿铭文集》（上），黄兴涛等译，海口：海南出版社，1996 年，第 474 页。此处引自卫茂平：《德国文学汉译史考辩》，上海：上海外语教育出版社，2004 年，第 10—11 页。
④ 王国维的译文被编入《科学丛书》二集中，并于光绪癸卯年二月（约 1902 年三四月间）出版。参见周振鹤：《王国维在无意之中最早介绍了歌德名著〈浮士德〉》，载《背影是天蓝的：2007 笔会文萃》，上海：文汇出版社，2008 年，第 135—139 页。

是,需要指出的是,王国维的翻译亦是无意之举。

此后,苏玄瑛(曼殊)于日本出版的译诗集《潮音》(1911年)[①]、应时的《德诗汉译》(1914年1月)、马和(君武)的《马君武诗稿》(1914年6月)、周瘦鹃的《欧美名家短篇小说》(1917年)等分别对歌德的诗歌与小说进行了汉译。

在介绍歌德其人方面,上海作新社于1903年刊行了赵必振根据日文编本所撰写的《德意志文豪六大家列传》,其中就有《可特传》。此文详细介绍了歌德的生平、著作及其对德国文学的影响。[②] 1904年,王国维亦在《〈红楼梦〉评论》中提到《法斯特》(今译作《浮士德》),并评其精妙处在于对老博士之苦痛与其解脱之道的描写。[③] 盛赞歌德的还有鲁迅、应遥等人,他们称歌德为"日耳曼诗宗""德诗宗"(鲁迅语),并认为"其为人包罗万象""思想广大浩漫"(仲遥语)。[④]

在此阶段,歌德的译名比较混乱。尽管人们对歌德赞誉有加,但其名声仅限于狭小的学者圈内,且歌德著作的译文皆为文言文。学者对歌德作品的译介也大多仅凭着个人喜好与兴趣,或只是在自己的作品中顺便提及、浅尝辄止,并无人对歌德进行深入的了解和研究。而且,由于通德文的人才太过稀缺,所以歌德的许多著作是经英语、日语等转译成中文的,这导致有些译文并不十分准确。面对当时中国饱受列强压迫欺凌的屈辱形势,爱国知识精英们译介歌德的作品主要是为了开启民智、洋为中用,以解燃眉之急。因此,此阶段的中国还谈不上是真正从学术上认识了歌德。

二 五四运动之后的译介高潮(1920—1937年)

五四新文化运动大力推介外国的先进文化思想,先后成立的文学研究社和创造社引进了许多外国文学作品。经过前一段时期的酝酿与准备,再通过郭沫若等人的努力,歌德作品的译介也在此时达到了高潮。

---

① 苏玄瑛(曼殊)以四言文言文格式翻译了歌德的诗歌《沙恭达纶》,译文如下:"春华瑰丽,亦扬其芬;秋实盈衍,亦蕴其珍。悠悠天隅,恢恢地轮,彼美一人,沙恭达纶。"参见阿英:《关于歌德作品的初期中译》,载《人民日报》,1957年4月24日第7版。此处引自阿英:《阿英文集》,北京:生活·读书·新知三联书店,1981年,第754页。

② 参见阿英:《关于歌德作品的初期中译》,载《人民日报》,1957年4月24日第7版。此处引自阿英:《阿英文集》,北京:生活·读书·新知三联书店,1981年版,第754页。

③ 参见卫茂平:《德国文学汉译史考辩》,上海:上海外语教育出版社,2004年,第82—83页。

④ 参见杨武能:《歌德与中国》,北京:生活·读书·新知三联书店,1991年,第101—102页。

1920年，上海亚东图书馆出版了田汉、宗白华和郭沫若三人的通信集《三叶集》。在信中，三人对歌德的人生、创作、婚恋及文学史地位进行了热烈而详尽的探讨，并互勉要深入全面地研究与介绍歌德，他们打算"先把他（歌德）所有的一切名著杰作[……]全盘翻译过来[……]"①。《三叶集》的问世宣告了歌德译介高潮的到来。

1922年，上海泰东书局出版了郭沫若翻译的《少年维特之烦恼》（以下简称《维特》）全译本。由于《维特》贴合当时争取个性解放、反抗封建束缚的时代主题，所以读者的反响极其热烈，许多青年人将维特视为知己。当时的评论界也对郭译本评价甚高，称其为"活的文字，活的文学"②。此后15年间，《维特》共再版50多次，还先后出现黄鲁不（上海：创造社，1928年）、傅绍光（上海：世界书局，1931年）、罗牧（上海：北新书局，1931年）、达观生（上海：世界书局，1932年）、陈弢（上海：中学生书局，1934年）、钱天佑（上海：启明书局，1936年）等人的各种译本。"维特热"也深深影响了许地山、黄庐隐（黄英）、王以仁、向培良、郭沫若、蒋光慈、曹雪松、欧阳山、茅盾等一大批作家的文学创作，从而推动了中国新文学的发展。③

郭译本《维特》的成功引起了人们对歌德的极大关注，文坛上正式掀起第一个"歌德热潮"，并且此热潮在1932年的歌德一百周年忌辰之际达到顶峰。截至1936年，歌德的重要作品或节选的汉译成果包括：小说、散文作品类的有《少年维特之烦恼》《威廉·迈斯特的学习时代》《诗与真》《歌德谈话录》《释勒（席勒）与歌德通信集》；诗歌类的有《歌德名诗选》《中德四季晨昏杂咏》《赫尔曼和窦绿苔》《列那狐》；剧本类的有《浮士德》《史推拉》《克拉维歌》《兄妹》《哀格蒙特》《塔索》《铁手骑士葛兹》。歌德的这些作品先后被郭沫若、周学普、王光祈、成仿吾、陈铨、冯至、张传普（张威廉）、伍光建（君朔）、梁宗岱、张德润、汤元吉、俞敦培、胡仁源、陈天心等人翻译成中文。其中，有的作品还不止一个译本，如《浮士德》及其片段便陆续由张闻天（第一部最后一场"监狱"，1922年）、莫甦（全译本，1926年）、郭沫若（第一部，1928年）、张鹤群

① 郭沫若等：《三叶集》，上海：亚东图书馆，1920年，上海书店1982年影印，第75页。此处引自卫茂平：《德国文学汉译史考辨》，上海：上海外语教育出版社，2004年，第96页。
② 熊裕芳和黄人影评价说，郭先生翻译的《少年维特之烦恼》"也是令人满意的。可以说是活的文字、活的文学了。"此处参见王慧、孔令翠：《歌德在中国的译介与接受》，载《国外理论动态》，2010年10期，第86—90页。
③ 随着《少年维特之烦恼》的风靡，二十世纪二三十年代的中国文坛涌现出许多在构思、主题和基调方面与之类似的书信体小说。蔡元培在《三十五年来之中国新文化》中谈到外国文学译作对"五四"时期中国现代文学的影响时，便首以《少年维特之烦恼》作例。参见高平叔编：《蔡元培全集》（第六集），北京：中华书局，1988年，第90页。

(第一部中的"夜")、周学普(全译本,1935年)等人译成中文。1934年,伍蠡甫还在上海新生命书局出版了一部介绍《浮士德》主要内容的著作。①

另外,在1927年、1929年和1931年,戏剧《史推拉》还分别在北平、杭州与太原的舞台上演出过。1933年,太原五月剧社还演出了《克拉维歌》。② 1932年正值歌德逝世一百周年,上海纪念会场还上演了《葛慈·封·伯利欣根》的片段。③

在这一时期,不仅周作人、张传普、刘大杰④、余祥森、孙俍工、唐卢峰、顾凤成等人开始在各自所编的德国(欧洲)文学史、文学家辞典、名人列传等著作中对歌德及其作品进行评述,而且还出现了许多研究歌德的论文与专著。1922年是歌德逝世90周年,上海《时事新报》的"学灯"副刊于3月23日组织了纪念活动,专门刊登了西缔(郑振铎)的《歌德的死辰纪念》、愈之(胡愈之)的《从〈浮士德〉中所见的歌德人生观》、胡嘉的《我对于歌德忌辰的感想》、谢六逸的《哥德纪念杂感》以及冰心所撰写的纪念诗歌《向往》。同年8月至9月,《东方杂志》分3期连载了张闻天撰写的长文《哥德的浮士德》。张闻天从欧洲文化、精神背景、歌德本人的思想与经历等角度入手,强调了浮士德对人生的积极、执着之态度,并将其一生理解为一部个人的发展史。⑤ 张闻天在文末的一声叹息("唉,保守的,苟安的中国人呵!")则隐现了他写此文的用意,似乎除了学术考量外,文章还夹杂着作者对当时国人精神状态的恨铁不成钢之感。

1932年的歌德一百周年忌辰前后,中国的不少报刊杂志纷纷刊登文章,并开出纪念专号或特刊,而一些出版社也相继推出多部文集与传记,以此表达对一代文豪的尊崇和景仰。其中,尤以《新时代月刊》《北平晨报学园》《读书杂志》《大公报文学副刊》《清华周刊》《鞭策周刊》等最为活跃。⑥ 有趣的是,政治倾向不同的报刊杂志,所选文章也往往不同。比如,纯文学刊物《新时代》一如其"不谈政治,只论文章"的宗旨,登载的《歌德的生平及其著作》(魏以新)、《科学家的歌德》(毛一波)等

---

① 关于《浮士德》一书在此时的汉译实况,可参见卫茂平:《德国文学汉译史考辨》,上海:上海外语教育出版社,2004年,第67—69页。

② 参见希茨等:《影响中国的十大德国人物》,载《中国图书商报》,2007年8月28日。

③ 参见杨武能:《歌德与中国》,北京:生活·读书·新知三联书店,1991年,第124页。

④ 周作人在其《欧洲文学史》(北京:商务印书馆,1926年)中最早提及歌德,而张传普的《德国文学史大纲》(北京:中华书局,1926年)则是中国第一部德国文学史,张传普在书中将勾特(歌德)归为古典主义作家。与他人相比,刘大杰的《德国文学概论》(上海:北新书局,1928年)因其独特的理解和个性化的史观而具有很高的学术价值。在刘大杰的著作中,歌德受到了相当的重视。

⑤ 参见卫茂平:《德国文学汉译史考辨》,上海:上海外语教育出版社,2004年,第83页。

⑥ 参见杨武能:《歌德与中国》,北京:生活·读书·新知三联书店,1991年,第119页。

文都只是客观地对歌德其人其文进行介绍与探讨;而素有"左联外围期刊"之称的《文艺新闻》则刊登了《追忆歌德百年祭》一文,此文虽以赞颂为主,但其中也指出应对小资产阶级青年知识分子的"浪漫谛克"情怀保持警惕和进行清算。①

后来,这些数量庞大的文章在经过挑选后,被收录进各种文集之中。其中,比较重要的有陈淡如的《歌德论》(上海:乐华图书公司,1933 年)、宗白华和周辅成编写的《歌德之认识》(南京:中山书局,1933 年)、曾觉之译的《高特谈话录》(上海:世界书局,1935 年)②等。尤其是《歌德之认识》,此书共收论文 21 篇,分为翻译、研究和介绍三组。翻译部分展示了他国学者对歌德的理解;研究部分主要围绕歌德的思想、著作以及歌德与世界文化和文学的关系展开;介绍部分则以纪念歌德为主题。《歌德之认识》视野开阔、视角多元,不仅汇聚了各学科、各专业的重要学者,还收录了外国学者的研究成果,具有一定的学术价值。③

在此,笔者还想提一提由国立北平图书馆和德国研究会合编的《葛德纪念特刊》(天津《德华日报》,1932 年)。在这本 16 页的册子中,中文和德文各占一半,译文与中德名家学者的论文被汇聚于一体。这本小册子堪称中国早期译介歌德作品的重要资料之一。

传记方面的论著有柳无忌的《少年歌德》(上海:北新书局,1930 年)、黎青主的《哥德》(北京:商务印书馆,1930 年)、冯至的《歌德传》(1932 年前)④、张月超的《歌德评传》(上海:神州国光社,1933 年)、徐仲年的《歌德小传》(上海:女子书店,1933年)、陈西滢译的《少年歌德之创造》(A. Maurios 著,上海:新月书局,1937 年)等。

针对彼时正当红的《维特》一书,郭沫若的理解则颇具代表性,即"主情主义""泛神主义""对自然的赞美""对原始生活的景仰"以及"对小儿的崇拜"。郭译本《维特》中的"钟情""怀春"等关键词也成了当时《维特》研究乃至歌德研究的主题。

---

① 参见卫茂平:《德国文学汉译史考辨》,上海:上海外语教育出版社,2004 年,第 91—92 页。

② 《高特谈话录》实为 1932 年 5 月在德国法兰克福召开的纪念歌德一百周年忌辰的会议文集。

③ 编者将该书分为五个部分:1. 歌德的人生观与宇宙观(四篇文章);2. 歌德的人格与个性(三篇译文和一篇文章);3. 歌德的文艺(一篇译文和两篇文章);4. 歌德与世界(一篇译文和六篇文章);5. 歌德纪念(附录部分,两篇文章)。

④ 据顾正祥称,未见冯至此书。仅在 1932 年 3 月 22 日的《葛德纪念特刊》刊登的由郑寿麟撰写的《葛德与中国》(第 6 页)以及张月超于 1933 年出版的《歌德评传》(附录Ⅲ)中见过此书书讯,但均未注明出版地和出版年月。参见顾正祥:《歌德汉译与研究总目》,北京:中央编译出版社,2009 年,第 411 页。另外,河北教育出版社 1999 年版的《冯至全集》也未提及此书。但是,冯至曾译有"俾德曼"编的《歌德年谱》,此书的"译者前言"中有"1932 年 3 月,予客居柏林,适逢歌德逝世百年纪念"的字样。参见冯至:《冯至全集》(第十一卷),石家庄:河北教育出版社,1999 年,第 345 页。

"风流多情""爱情是其创作源泉""维特即是歌德"……,这些似乎就构成了那一代人眼中的歌德形象。①

"五四"时期,随着歌德作品——尤其是诗歌作品——的大量汉译本文之出现,文坛上还掀起了多场有关翻译的论争。论争的参与者甚广,几乎大多数当时的翻译主将(如郭沫若、成仿吾、梁俊青、孙铭传、郑正铎、徐志摩、素痴等)都发表过见解,甚至有的见解之言辞颇为激烈。②

总的来说,五四运动后的这股歌德热潮的席卷范围非常之广。究其缘由,主要在于歌德(尤其是"狂飙突进"时期的青年歌德)的思想契合了当时五四学人追求的张扬自我、个性解放、反对封建束缚等主张。但是,因受限于当时的翻译水平、理解能力、风气导向等因素,不少译文显得比较粗糙,或意译过于随性,或直译过于生硬,有时还有遗漏或删减。在论述方面,虽然独特的见解时有迸发,但大多或不够系统深入,或主观性过强,佳作不多。但是,无论如何,前辈学者们为歌德作品在中国的译介做出了很大的贡献。尤其值得一提的是,1932年的中国已处于多事之秋,内忧外患并存,而忧国忧民的仁人志士们此时还能如此煞费苦心地纪念歌德的一百周年忌辰,其心可贵。正如周辅成在《歌德之认识》的前言中所说的,"(这)证明我国人在物质困苦里还没失却对精神价值的钦慕"③。

三 抗日战争到新中国成立期间的余波(1937—1949年)

1937年,日本开始全面侵华,中华民族处于事关生死存亡的关键时刻,抗敌救国是第一要务。歌德热在中国开始降温。与前一时期相比,与歌德及其作品相关的译文和研究论文之数量都减少了。

这一时期的翻译作品大多为重译,如郭沫若译的《赫尔曼与窦绿苔》(重庆:文

---

① 参见卫茂平:《德国文学汉译史考辩》,上海:上海外语教育出版社,2004年,第75页以及第79—81页。

② 影响较大的翻译论争主要有三场。第一场主要围绕着郭译本《维特》。译文出版后,批评界的舆论也并非一面倒地都是赞扬。梁俊青便首先站出来"挑刺",其书评引发了轩然大波。这场笔战言辞激烈,以《文学》杂志为战场,时断时续地争论了12期,先后涉及了郭沫若、梁俊青、成仿吾、郑振铎等人。第二场的主战场为《文学旬刊》,郑振铎、万良浚、茅盾、郭沫若等人围绕翻译对象的选择问题打了一场笔仗。不同于前两场的剑拔弩张,第三场笔墨官司比较温和,徐志摩、胡适、朱家骅、成仿吾、李兖和等人的探讨从汉译追溯到汉译所据的译本选择,各抒己见。关于这些译坛笔战,可参见卫茂平:《德国文学汉译史考辩》,上海:上海外语教育出版社,2004年,第75—77页、第86—87页以及第87—91页。

③ 李长之:《歌德之认识》,载《新月》,4卷7号,1933年6月1日。此处引自唐金海等:《新文学的里程碑·评论卷》,上海:文汇出版社,1997年,第484页。

林出版社,1942 年)、《浮士德》的第二部(上海：群益出版社,1947 年)、梁宗岱的《浮士德(选译)》(载《时与潮文艺》第 5 期,1946 年)等。新译作品有杨丙辰的《亲和力》(北京：商务印书馆,1941 年)、刘盛亚的《少年游》(即《威廉·迈斯特的漫游时代》,重庆：群益出版社,1944 年)以及一些被收录在各式合集与杂志中的诗歌和叙事作品,如梁宗岱译的《默罕默德礼赞歌》(载《抗战文艺》第 6 卷第 1 期,1940年)、方闻译的《罗马哀歌》(被收入外国诗歌合集《罗马哀歌》,永安：点滴出版社,1944 年)、李长之译的《新的巴黎王子的故事》(即《新柏里斯》)和《新的鱼人梅露心的故事》(即《新美露西那》)(两文均被收录于《歌德童话》,成都：东方书社,1945年)、胡仲持的《带灯的人》(被收入《女性和童话》,香港：资源书局,1949 年)等。此时,还有人将目光投向了歌德的书信。1940 年,《中德学志》第 2 卷分 3 期刊载了张德润译的《释勒与歌德通信选集》中节选的 115 封信件。

值得一提的是,《威廉·迈斯特的学习时代》中的《迷娘曲》一诗自歌德的作品刚进入中国之时起便颇受译者喜爱。截至 1949 年,马君武、郁达夫、郭沫若、黎青主、张传普、梁宗岱、廖晓帆等人均翻译过《迷娘曲》。《迷娘曲》还曾被田汉改编成独幕剧《眉娘》(1928 年)。"九·一八事变"后,陈鲤庭等人又在此基础上将《迷娘曲》改编为宣传抗日的广场剧《放下你的鞭子》并使其在各地上演,此剧在国内外都引起极大的轰动,为我国动员抗日和争取国际支持造了势。

在歌德及其作品的研究方面,国难当前的形势使多愁善感的维特很难再引起国人的共鸣,仅商章孙在 1943 年的《时与潮文艺》创刊号上发表了《少年维特之烦恼考》一文。商章孙延续了前一时期对歌德的"风流多情"进行讨论之主题,试图从维特的经历中探寻歌德的恋爱经历。

此时,自强不息、努力奋斗的浮士德渐渐得到不少忧国忧民、内心苦闷的知识分子的赏识。1940 年,在《浮士德的精神》一文中,陈铨将浮士德精神概括为个人式的永不满足、努力奋斗、不顾一切和浪漫主义的激烈感情。[1] 简言之,浮士德精神就是一种个人主义的奋斗精神。在文末,陈铨还逐条对比并批判与之相反的中国传统价值观,指出在当时那种竞争、战乱的时代中,中国人唯有改变态度,向浮士德学习,方有前途。与前述的张闻天一样,陈铨也将浮士德精神解读为对独立的个体生命价值之肯定。

---

[1] 参见陈铨：《"浮士德的精神"》,载温儒敏、晓萍：《时代之波——战国策派文化论著辑要》,北京：中国广播电视出版社,1995 年,第 362—367 页。

　　与陈铨的借浮士德精神以鼓国人之士气不同,冯至在其 1948 年撰写的《〈浮士德〉里的魔》一文中独辟蹊径地研究了否定性力量——魔鬼梅菲斯特——并得出结论:"恶的反动势力对于一个孜孜不息的人是一个有力的刺激,使他更积极地努力。"①细品之下,冯至的这个结论也指涉了他自己在当时那种内忧外患、战乱动荡的年代中的精神状况。②

　　此时,还有学者注重浮士德精神的社会意义,并将其理解成"为人类服务,造福大众"。在《浮士德简论》(载《中国作家》第 1 卷第 1 期,1947 年)中,郭沫若就将《浮士德》结尾处的"开拓疆土"诠释为由自我中心主义到人民本位主义的发展③。这种"为人类服务"的理想主义阐释一方面与中国传统文化中的重群族与整体而轻个体之思想有关,另一方面也受到了"五四"时期广泛流传的马列主义新思想的影响。

　　关于《浮士德》的论文,还有樊澄译的《葛德论自著之浮士德》(北京:商务印书馆,1940 年)、李辰东的《〈浮士德〉第二部的雏形》(载《文艺月刊》9 月号,1941 年)、岳波的《读〈浮士德〉后记》(载《解放日报》,1942 年 1 月 7 日至 1 月 8 日)、李长之的《浮士德观念之演变》(载《德国的古典精神》,成都:东方书社,1943 年)、李辰冬译的《浮士德研究》(Henri Lichtenberg 著,重庆:商务印书馆,1945 年)、娄塘的《〈浮士德〉及其中译本》(载《文艺知识》第 1 集之二,1947 年)、巴金的《浮士德的路》(载《文艺春秋》第 8 卷第 2 期,1949 年)等。

　　这一时期还出现了一部国内学者公认的重量级专著——冯至的《歌德论述》(上海:正中书局,1948 年)。《歌德论述》收录了冯至于 1941 年至 1947 年间撰写的 6 篇论文。④ 尽管冯至自谦内容不够全面⑤,但与前人的研究相比,冯至的选题

① 冯至:《〈论歌德〉的回顾、说明和补充》,载《冯至学术论著自选集》,北京:北京师范学院出版社,1992 年,第 379—380 页。

② 冯至本人后来在其《〈论歌德〉的回顾、说明和补充》中回忆:那时候,一方面是爱国志士英勇抗敌,振奋人心;另一方面却是时局昏暗腐败,国民党制造分裂,前方还不时有失利消息传来。于是,虚无主义的悲观情绪便开始在一些人中滋生。在这种光明与黑暗斗争之时,冯至便诵读《浮士德》,并从中汲取力量。冯至将《浮士德》视为一部肯定精神与否定精神的斗争史。最后,终身奋斗的浮士德之灵魂升入天堂,这宣告了代表虚无主义者的魔鬼之失败。

③ 郭沫若:《浮士德》简论,载《中国作家》,第 1 卷第 1 期,1947 年 10 月 1 日。此处参见卫茂平:《德国文学汉译史考辩》,上海:上海外语教育出版社,2004 年,第 84 页。

④ 即《歌德与人的教育》《歌德〈维廉·麦斯特的学习时代〉》《〈浮士德〉里的魔》《从〈浮士德〉里的"人造人"略论歌德的自然哲学》《歌德的〈西东合集〉》以及《歌德的晚年》。

⑤ 冯至在《〈论歌德〉的回顾、说明和补充》中说:"这几篇关于歌德的文字,不是研究,只是叙述;不是创见,只求没有曲解和误解。它们都是由于某种机会而谈论歌德的一本书、几首诗,或是歌德创造的一个人物,因此也就不能把整个的歌德介绍给读者。"

更细致,论述更严谨。而且,冯至注重文本本身,善于挖掘细节,他对老年歌德有更深入的理解。[①]

在 1941 年至 1946 年中,冯至还在西南联大开设了"歌德""浮士德研究"与"浮士德与苏黎支"三门课程,并应邀做了一系列讲座。

"歌德热"在这一时期的消退可以归结于以下原因:客观上,由于中国时局动荡、国难当头,许多出版社和学人为避战火而不得不辗转迁徙,所以他们已无力再顾及歌德;主观上,对于大多数读者来说,在深重的民族危机前,为情自杀的维特式行为被认为是懦弱的,而《浮士德》一书本身艰涩难懂,加之当时动荡纷扰的环境,这些因素也决定了其不可能得到普及。此外,歌德对法国大革命的怀疑甚至反对,以及对德意志民族解放战争的事不关己、冷静中立的态度,都不再符合当时中华儿女的心境。因此,"歌德热"的退烧也是难免的。

四 新中国成立到"文革"时期的低迷(1949—1977 年)

新中国成立后,我国的外语文学译介有了新的发展。但是,由于意识形态等原因,歌德在中国的待遇大不如前。尤其是"文革"十年,歌德的作品在中国的译介工作更是跌落谷底。

在新中国成立后的 17 年中,大陆出版的歌德译作基本为旧译重版,分别是郭沫若的《少年维特之烦恼》(上海:激流书店,1949 年;上海:群艺出版社,1949 年)、《浮士德(上、下卷)》(上海:群益书社,1949 年;上海:新文艺出版社,1952 年)、《沫若译诗集》(北京:人民文学出版社,1957 年)、《赫尔曼和窦绿苔》(上海:新文艺出版社,1952 年;北京:人民文学出版社,1955 年),张荫麟的《浮士德》(北京:人民文学出版社,1955 年)以及零星散落于书刊中的诗歌。歌德作品的新译则更少,只有一些短篇、诗歌、节选、语录等被载于如《世界文学》(1959 年第 7 期)、《德国诗选》(上海:上海文艺出版社,1960 年)、《西方文论选(上、下卷)》(上海:上海文艺出版社,1963 年)、《古典文艺理论译丛》(北京:人民文学出版社,1964 年)等书刊中。关于歌德及其作品的评述、研究方面的文章也是数量寥寥,常散见于报刊杂志中,

---

[①] 叶隽认为,冯至的歌德观主要形成于 1940 年代,他在解放后只是在此基础上进行了增补扩充。1948 年出版的《歌德论述》很好地展现了冯至的歌德观之核心内容,即"人中之人"。参见叶隽:《德语文学研究与现代中国》,北京:北京大学出版社,2008 年,第 325—330 页。

如阿英的《关于歌德作品初期的中译》(载《人民日报》,1957年4月24日)、商承祖的《歌德的生平和创作道路》(载《南京大学学报》,1952年第2期)、董问樵的《从〈浮士德〉看歌德的文艺思想和世界观》(载《文汇报》,1961年10月18日)、朱光潜的《歌德的美学思想》(载《哲学研究》,1963年第3期)等。

在"文革"期间及其结束后的一段时期内,大陆的歌德作品的译介数量完全跌为零。彼时,不仅出版无路,连闭门研究都要冒很大的风险。红卫兵们四处抄家,许多文稿(如梁宗岱的《浮士德》译稿、钱春绮的《浮士德》译稿等)或被付之一炬,或变为纸浆,从而平添了许多憾事。[①]

与大陆不同,这三十余年间的港台地区的歌德作品之译介却十分活跃。仅以两部著作为例,当时港台地区出版的《少年维特之烦恼》共有9个译本,而《浮士德》有4个译本。[②] 在歌德及其作品的研究方面,港台地区共出版了3部辞书、4部文学史、6部专著以及多篇评述和论文。[③]

造成这三十余年的歌德作品在中国大陆地区的译介之低潮的原因主要是:大陆地区对欧美等西方阵营的文学持一种审慎和防卫的态度,并以社会主义文学话语标准对他国的文学作品进行选择与评判。在"文革"的十年间,译介外国文学更是被批判为"崇洋媚外"以及"兜售资本主义和修正主义"。歌德身上有"贵族家庭的出身"和"严重的资产阶级思想"之标签,再加上革命导师恩格斯对他做出过负面

---

① 参见杨武能:《歌德与中国》,北京:生活·读书·新知三联书店,1991年,第131页。

② 1949年至1977年,《少年维特之烦恼》先后有林千(台北:淡江书局,1956年)、东流新(台北:文光图书公司,1956年)、启民书局(台北:启民书局,1956年)、赖思柳(台南:经纬书局,1956年)、林俊千(香港:汇通书店,1963年)、李牧华(台北:文化图书公司,1968年)、赵家忠(台南:《综合月刊》,1968年)、吕津惠(高雄:大众书局,1969年)以及颜谨(台南:标准出版社,1971年)9个译本;《浮士德》有艾人(台北:敦煌书局,1967年)、吕津惠《浮士德与魔鬼》第一部,台北:五洲出版社,1968年)、曹开元(台北:五洲出版社,1969年)以及淦克超(台北:水牛出版社,1970年)4个译本。

③ 3部辞书分别是吴燕如的《文艺辞典》(台北:台北市复兴书局,1957年)和潘寿康的《世界文学名著辞典》(台北:志成出版社,1959年)及其香港版本(香港:东方文学社,1962年,香港版本增加了英、美、俄文学部分)。文学史有马斯编的《世界文学史话》(香港:进修出版社,1961年)、王杰夫的《德国文学史》(台北:五洲出版社,1964年)、宣诚编译的《德国文学史略》(台北:中央图书出版社,1970年)和李映萩编译的《德国文学入门》(台北:志文出版社,1975年)。专著类有艾艾的《歌德的恋爱故事》(高雄:艺术书局,1951年)、薛迈之的《歌德传记》(台北:经纬书局,1955年)、作家与作品丛书编辑部的《歌德》(香港:上海书局有限公司,1960年)、宗白华的《哥德研究》(台北:天文书局,1968年)、林致平的《歌德生平及其代表作》(台北:五洲出版社,1969年)以及翁古的《少年歌德与少年维特》(上海和香港,1971年)。评述和论文方面,台湾地区的《Jen Sheng》《东方杂志》《新时代》等杂志分别刊登了沈醒园的《歌德精神》、王家鸿的《东方杂志》、罗锦堂的《歌德与明代小说》等文,而《国魂》杂志更是在1970年至1977年中陆续分8期刊载了白华和痛华的8篇文章。

评价①，因此他自然是不受时局欢迎的，甚至是饱受批判的。而且，那时的研究过于重视作品的社会性、阶级性以及政治思想内涵，因此作品本身及其文学性和艺术性常常被忽略。此外，由于当时的中国大陆地区实行计划经济，可以出版外国文学作品的只有北京和上海的几家出版社，而且出版题目都是事先被规定好的，这也大大限制了歌德作品的译介。

五 "文革"后歌德译介的百花齐放（1977年至今）

"文革"结束后，歌德在中国的境遇大有改善。尤其是进入二十世纪九十年代后，随着改革开放的深入，歌德的作品在中国的译介也进入了百花齐放的繁荣期。因新时期译介歌德作品的书目与论文实在是浩如烟海，所以此处仅进行大致总结，择其要者说之。

译作方面，各色旧译、重译、新译迭出，题材、种类丰富多样。据统计，自1977年至今，在两岸三地出版的有关歌德的译作中，散文小说类约有275版，诗歌类（抒情诗与叙事诗）有230版，戏剧类有70版、书信集有8部（488封）。

目前看来，《少年维特之烦恼》与《浮士德》的译本数量仍然遥遥领先，可谓重印、再版、新译不断。此外，还有后起之秀《歌德谈话录》。自1978年至今，《歌德谈话录》共计已有二十余个中文译本。尤其是朱光潜选译的《歌德谈话录》（北京：人民文学出版社，1978年）由于节选精妙、译笔流畅，并附以点评注释，所以其甫一出版便反响热烈，绿原、程代熙等人先后撰文评价推荐。社会上也一度兴起了收集和援引歌德名言的风潮。朱光潜选译的《歌德谈话录》还被教育部选为中学生课外必读书目之一。新时期的学者还译介并出版了许多歌德的文艺论文、美学文章以及格言书目，从而使我们能更全面地了解歌德及其作品。

歌德的诗歌也是当代的一个翻译重点。据粗略统计，自1977年以来，公开发表译作的译者就约有258人，其中首推译坛"传奇"钱春绮。自二十世纪五十年代起，钱春绮便弃医从文，自此甘居陋室、潜心翻译。虽然钱春绮未出过国门，但他却精通德、日、英三语，并且识得法语。在歌德作品的译介方面，钱春绮可谓贡献杰

---

① 恩格斯对歌德的评价属于先扬后抑，先称其为"最伟大的德国人""奥林匹斯山上的宙斯""鄙视世界的天才"，然后又批评他是"谨小慎微、事事知足、胸襟狭隘的庸人"。那时，大家只强调负面评价部分，并据此斥责歌德是"资产阶级的代表""鄙俗气""保守性""反对革命"等。

出。1982年,上海译文出版社出版了钱春绮的《歌德诗集(上、下册)》,共计1060页,第一版的印数便达140000册。

1999年适逢歌德诞辰250周年,译界出版了歌德的3部重要译著,分别是上海译文出版社的《歌德文集》(6卷本)、北京人民文学出版社的《歌德文集》(10卷本)以及石家庄河北教育出版社的《歌德文集》(14卷本)。这3部文集不同程度地集中收罗了歌德主要作品的中译本。但是,令人遗憾的是,时至今日,中国仍未有一部真正意义上的歌德全集。

改革开放以来,我国在歌德研究方面取得的成果比以往所有阶段的成果之总和都要多,这些成果大多分布在不计其数的教科书、辞书、传记、文学史、论文集、专著以及报刊杂志中。总的来说,这些专著与论文的特点有四:数量多、范围广、视角宽、理解深。当代的歌德研究不仅仅局限于文艺学方面,还拓宽到了法学①、教育学②、生物学③、物理学④、音乐⑤、健康⑥等领域。当然,文艺学仍是歌德研究的重心,此领域主要有以下五个研究方向:

1. 歌德作品分析。此类研究的对象主要集中在歌德的诗歌、《浮士德》、《葛兹》、《少年维特之烦恼》、《威廉·迈斯特的学习时代》、《威廉·迈斯特的漫游时代》、《亲和力》、《诗与真》等一些已有中文译本的重要著作上。其中,针对《浮士德》开展的研究之数量最多。在研究方法上,各种视角与理论竞相争艳、百花齐放。

此处仍以《浮士德》和《维特》两著为例。新时代的《浮士德》研究分别从思想内容、社会文化意义、政治观点、哲学、美学、叙事学、心理分析、人性论等角度探讨与挖掘其多层次的含义。此外,针对浮士德与魔鬼这两个形象,各家也有不同的看法。⑦

① 如李文:《歌德写到的一段法院史》,载《人民法院报》,2011年2月25日第006版。
② 如树人:《歌德童年玩什么》,载《家教博览》,2003年第4期,第15页。
③ 如刘宏顺:《歌德与植物形态学》,载《生物学通报》,1992年12期,第23—24页。
④ 如方在庆:《歌德对牛顿光学理论的拒斥及其文化背景》,载《自然辩证法通讯》,1996年第5期,第41—46页。
⑤ 如不不:《黑色的遗产——诗与音乐的完美结合:诗剧〈浮士德〉里的"狂飙时代"民歌素质》,载《音乐与音响》,1979年第68期,第72—83页。
⑥ 如杨璞娜:《诗人歌德反对吸烟》,载《解放军健康》,1999年第4期,第25页。
⑦ 参见李先兰、代泳:《〈浮士德〉研究述评》,载《外国文学研究》,1993年第3期,第120—126页。这一时期研究《浮士德》的代表性论著主要包括:冯至的《论歌德》(两卷本,上海:上海文艺出版社,1986年),上卷是冯至在解放前出版的《歌德论述》,下卷收录冯至于解放后新撰的7篇文章,主要对歌德的一些作品进行了分析;董问樵的《浮士德研究》(上海:复旦大学出版社,1987年),此书分为上、下篇,上篇是作者对《浮士德》的分析与鉴赏,下篇则介绍了西方的研究成果;杨武能的《走进歌德》(石家庄:河北教育出版社,1999年),此书评析了歌德的多部作品,并将重点放在《浮士德》一书上,以期通过《浮士德》来理解歌德。

对《维特》一书的当代研究也运用了上述多元化的视角和理论,并且人们还纠正了"五四"时期只将《维特》理解为爱情小说的看法,充分注意到了其中反映的有关个人意志的表现与客观现实之间的矛盾。维特的自杀行为也不再被简单地视为软弱无能的表现,而是被解读成一种摆脱现实的束缚并实现自由发展的尝试。从本质上说,《维特》是一部具有悲剧色彩的社会小说。①

2. 歌德的文艺思想。这方面的论述主要关注歌德对文学创作、哲学、人生等的一些看法。例如,程代熙的《歌德谈文艺创作中的几个重要问题——读〈歌德谈话录〉》(载《文艺研究》,1979 年第 3 期)、《歌德谈艺术规律》(载《新港》,1980 年第 2 期)、杨思寰的《歌德谈美简论》(载《西北民族学院学报》,1983 年第 3 期)、杨庙平的《歌德文艺思想的二重性》(载《韩山师范学院学报》,1999 年第 1 期)等。

3. 歌德的生平与经历。歌德的传记也是新时代较热门的研究课题。例如,高中甫的《德国伟大的诗人——歌德》(北京:北京出版社,1981 年)、曹让庭和候浚吉的《溶于诗文的博学之才·歌德传》(上海:上海世界图书出版公司,1995)、李俊杰的《歌德传》(石家庄:花山文艺出版社,1998 年)、余匡复的《〈浮士德〉——歌德的精神自传》(上海:上海外语教育出版社,1999 年)等。

4. 歌德的接受史。在此领域,以下几家之论颇具特色,可以被视为代表。在《歌德与中国》(北京:生活·读书·新知三联书店,1991 年)一书中,杨武能从宏观的角度,按时代主题简略总结了 1982 年以前的歌德接受史。在《德语文学汉译史考辨:晚清和民国时期》(上海:上海外语教育出版社,2003 年)一书中,卫茂平从细处入手,以史料考辨的方式,对晚清民国时代的歌德译介史进行了全面详实的梳理与考订。同时,卫茂平还客观检点和分析了当时中国政治历史之变故、地域文化等因素对歌德的作品在中国的译介之影响,以及其中折射出的当时学者的审美趣味、文学眼光等方面的内容。在《德国文学研究与现代中国》(北京:北京大学出版社,2008 年)一书中,叶隽主要从方法论的角度出发,以冯至的研究为重点,简略回顾了 2000 年之前的歌德接受史,并对该领域之后的研究提出了一些建议。高中甫的《歌德接受史 1773—1945》(北京:社会科学文献出版社,1993 年)则在汉语语境中梳理了 1773 年至 1945 年的德国的歌德接受史。2011 年,叶隽接过高中甫的火炬,他在《东吴学术》(2011 年第 4 期)上发表了《战后六十年的歌德学(1945—2005)——歌德学术史研究》一文,此文亦叙亦评地续写了德国的歌德接受史。

---

① 参见范大灿:《德国文学史》(第 2 卷),南京:译林出版社,2006 年,第 243—247 页。

2009 年,中央编译出版社出版了顾正祥耗时七年完成的《歌德汉译与研究总目》(北京:中央编译出版社,2009 年)。这部四百多页的四开本大书以目录和索引的形式详尽收录了 2008 年以前的歌德的作品在中国的译介成果,此书为歌德研究的资料查阅工作提供了很大的方便。

5. 对歌德的比较文学研究。此领域的研究是多面向的,但主要有三条研究进路:(1) 歌德与文化、文学的关系。相关的专著有杨武能的《歌德与中国》,文章有赵乾龙的《歌德与东方文学》(载《外国文学研究》,1979 年第 3 期)、李雪涛和任仲伟的《歌德与中国诗》(载《联邦德国研究》,1990 年第 2 期)、丁俊的《歌德与阿拉伯伊斯兰文化》(载《西北民族学院学报(哲社版)》,2000 年第 3 期)、林笛的《歌德与木鱼书的〈花笺记〉》(载《东方丛刊》,2002 年第 4 期)等。(2) 歌德与学者、作家(尤其是郭沫若)的比较研究。相关的研究成果有杨波的《郭沫若与歌德美学思想探寻》(载《烟台大学学报(哲社版)》,1995 年第 3 期)、沈有珠的《孟子与歌德"性善论"的异同》(载《黔东南民族师范高等专科学校学报》,1996 年第 2 期)、杨青和曹书堂的《歌德与席勒早期创作方法的美学思想比较》(载《南都学坛》,2001 年第 1 期)等。(3) 作品的比较。相关的研究成果有郁蒂娜的《比较李白与歌德的一首诗》(载《联邦德国研究》,1988 年第 4 期)、萧风的《〈离骚〉与〈浮士德〉——中西文学伦理观之比较》(载《外语文学研究》,总 1988 年第 1—6 期合刊)等。

6. 对一些歌德的译介者及其译文、论著的评论。这些文章评述并研究了歌德译介史中一些卓有贡献的人物(如马君武、郭沫若、宗白华、梁宗岱、李长之、杨丙辰、冯至、陈铨、绿原等)及其作品。

此外,我国学界在 1982 年(歌德逝世 150 周年)、1999 年(歌德诞辰 250 周年)和 2009 年(歌德诞辰 260 周年)都分别召开了隆重的纪念会,为各家交流歌德研究中的心得体会提供了很好的平台。

总的来说,改革开放后,随着思想的解放、中西交流的日趋频繁以及中国德语教育体系的日渐完善,歌德的作品在我国的译介也呈现出井喷式的发展趋势,相关的译者、论者和出版机构不计其数,并且译介者的主体性与学术规范性越来越强,研究视域也越来越开阔。在数代学者的努力下,中国的歌德研究取得了极大的成绩。在此基础上,此领域的研究目前也开始呈现两极分化的态势:一方面,歌德作品不再局限于知识分子圈中,而是成为了老少咸宜的读物;另一方面,作为德语文学研究中的显学,学术界的歌德研究亦日趋全面、精深。随着时代的发展、新思路的出现、新理论的创立以及新材料的发掘,中国的歌德研究仍大有可为。

荷尔德林诗歌创作中的和谐思想

刘 媛

摘 要 德国诗人荷尔德林的诗歌创作包含着一种将诗与思统筹起来的和谐精神。本文分析了这一和谐精神在文化民族情结与万有唯一两个方面的体现,并尝试对荷尔德林的脍炙人口的诗歌《还乡——致亲人》进行解读,以品味诗人哲语般的诗歌创作风格,感悟诗歌语境中包含着的特殊的"返乡"情结。《还乡——致亲人》中的"一即万有"的泛神论思想克服了现代批判哲学二元论所造成的主客体分离的片面性,从而为荷尔德林的和谐观之发散奠定了基础。

关键词 和谐精神 返乡 民族情结 万有唯一

荷尔德林是十八世纪与十九世纪之交的著名德国诗人,"在他的作品里集聚了他那个时代精神生活的几乎所有方面,并且在所有这些方面,都达到了罕见的深邃,具备了极度的丰富,并且伸展得十分广远"[①]。荷尔德林的诗歌中蕴涵着丰盛的西方哲学、宗教和文化语境,他在品达和萨福的肩膀之上振兴哀歌、颂歌等古希腊诗体,与谢林、黑格尔等哲学家对话,阐发、辩驳康德与费希特的哲学思想。荷尔德林的作品中既存在着基督教虔敬派的影子,又充满了古希腊神话传说典故,这令其诗作之厚重感倍增。荷尔德林的独特句型、借代和象征的诗意性语言,使得他的诗歌充盈着神秘感,荷尔德林也因在诗歌中对诗人身份的重新定位和阐释而被誉为"诗人的诗人"。

荷尔德林将自己的个人命运与德意志民族的兴衰紧紧联系在一起,他意识到诗人肩负着的神圣历史使命,并为祖国和人民的前途担忧,具有先天下之忧而忧的

---

① 刘皓明:《荷尔德林后期诗歌》(评注 卷上),上海:华东师范大学出版社,2009年,第1页。

胸襟。荷尔德林的许多诗歌创作遥寄民族之思,承载了德国人的希望与失落。于生前并无甚盛名的荷尔德林之诗作,在诗人身后的二十世纪,又伴随着德国姗姗来迟的民族国家情怀而逐渐被诠释为经典。但是,在二战期间,如其他赞扬民族精神的作品一样,荷尔德林的诗歌也受到纳粹的利用,其被蓄意塑造成民族诗人的神话,以渲染民族主义思想。时至今日,经过历久弥新的经典重释,荷尔德林的诗歌在重新认识、精准界定和正确适度地弘扬民族精神方面更是光彩夺目。立足于我国的基本国情和社会主义初级阶段的客观现实,重读外国经典乃是值得被倡导的跨文化学习目标。正所谓"他山之石,可以攻玉",可引发人们持续反思的民族文化精神何其重要。品味荷尔德林诗歌的精髓之尝试,对我们弘扬中华民族自信心和承接大国崛起的愿景大有裨益。我们需要的是一个可以持续进行自居反思的民族文化精神。

由于受到三十年战争的重创,十八世纪的德国资本主义发展缓慢,其在政治上尚未形成实体国家,而仅仅是由三百多个大小公国与城市组成的政治体。1789年的法国大革命撼动了整个欧洲的君主制旧秩序,民族国家浪潮席卷欧洲各个国家,这场革命本身就是"民族主义创造民族"[①]的典范。与此同时,德意志各邦在通往民族国家和民主政治的道路上呈现出滞留不前的景象。启蒙运动在英国、法国等其他国家如火如荼地进行着,其在进入德国后,思想家与诗人辈出的场域内浮现出了关于人文主义、爱国主义和民族主义的探讨,但这些探讨实际上并未产生深远的影响,未到付诸行动的程度。随着"路德派"的复苏,宗教与封建保守势力上台,德国启蒙思想被杂糅进了许多宗教性元素。

法国大革命与拿破仑战争对荷尔德林的影响是巨大的。法国大革命爆发初期,就读于图宾根神学院的荷尔德林与同窗黑格尔、谢林都感到很振奋,他们期望启蒙思想所倡导的自由平等之精神能够实现。1790年至1793年,在充分体悟法国大革命改革社会的理想和为民族国家奋斗的热望之基础上,荷尔德林创作了《人性颂》《自由颂》等颂歌以表达自己对革命进步思想的热情。但是,随着革命走向暴政,以及拿破仑开始在欧洲进行侵略,荷尔德林更加热切地呼唤着走另一条实现理想的道路。在歌德呼唤超越民族的世界主义的同时,荷尔德林一步一个脚印地希冀将德意志民族精神重新凝聚起来。荷尔德林的诗歌中的特殊的"返乡"情结伴随着其整个创作生涯,其中表达的并非仅仅是因地域界限被打破而引发的对故乡的

---

① 〔英〕安东尼·史密斯:《民族主义:理论、意识形态、历史》,上海:上海人民出版社,2011年,第106页。

渴望,而是升华为一种精神世界的"归乡",这在荷尔德林的创作生涯后期则体现为一种精神趋向于和谐与宁静的境界。对这一归乡情结的分析,有助于我们打破地域界限,并在历史和现实的框架下,对荷尔德林的诗作中所蕴含的哲学思想内涵进行深度审视和挖掘。

在对法国大革命感到失望之余,荷尔德林将民族融合和统一看成是唯一出路,他借助于完美的希腊文化来主张万有和解的思想,从而在德国构建起立足于自然和整体泛神论思想基础之上的文化体系。荷尔德林相信人类可以在崇尚自然与整体的构想中,实现完美的历史演进,并完成孕育优秀文化的使命。

一　和谐观的体现——民族精神

荷尔德林的早期思想中不乏思辨性思维。在康德的"三大批判"逐一出版后,批判哲学体系蔚然成风,康德的思想在哲学领域掀起了"哥白尼革命",而荷尔德林深受其影响和鼓舞。1799 年,荷尔德林曾写信给自己的兄弟说:"对于我而言,康德就是我们民族的摩西,将我们从衰颓的古希腊引入他的自由而浑然物外的四边沙漠,聆听他取自圣山的福音。"[1]但是,荷尔德林却在不断涌现的创作灵感中发觉康德古典哲学的理念并不能与自己的诗歌信念完全契合,康德哲学是冷静理性的系统,其犹如枯燥而庞大的思想冰块,将艺术家的想象力和创作热情冰封。1795年,荷尔德林在作品《批判与存在》中指明了诗学思想的未来发展方向和可能的演进之路,他希望通过"存在"的回归来构建主客体的统一,从而克服费希特的自我与非我二者之间的分裂。荷尔德林希望超越康德与费希特的界限,以构建自己的诗意王国,并实现荷尔德林式的"返乡"理念。

在诗歌创作中,荷尔德林围绕故乡家国创作一个新的概念——"die Mutter Erde"(母地),其被用来指代实体的故乡,涵盖了故乡的地理空间与自然环境。与"母地"相对的"祖国"(Vaterland,德语直译为"父国"[2])概念则是一种精神层面的构建,其与通常所谓的"祖国"这一概念并不一致,其包含了政治、道德、文化等层面的意义,并呈现出对德意志民族的反思。"母地"的概念使地理层面的赞颂升华为

---

[1] Schmidt J. Grätz K(Hg.), *Sämtliche Werke und Briefe in drei Bänden*, Stuttgart, 1994, S. 331.

[2] 刘皓明将德语的"Vaterland"译为"父国",而非通俗地译为"祖国"。虽然这种译法不为大家所熟悉,但其却有助于我们理解荷尔德林笔下的祖国颂歌。

对祖国精神的构建,以及对德意志民族精神文化的反映。荷尔德林希望自己的民族和父国能够超越暴力革命,从而在精神上推动人类进步。荷尔德林心中的"父国"固然包含着法国大革命催生出的民族自觉之痕迹,但其也同时具有宗教色彩的人类理想,且始终伴有希腊古典时代的理想生活范式。

荷尔德林在从"民族"走向"祖国"的途中发现,德意志民族的秉性是"尤诺式的清醒",是"思"或"表达的清晰和理性",而古希腊民族的秉性则是阿波罗式的激情。荷尔德林深知仅靠伟大的思辨力并不能构建完整的人性,对于他而言,这一特有的"民族的"东西不足以让人性在文化和精神上取得长足的进步。受席勒的影响,荷尔德林也试图从古希腊文明中寻求构建完整人性之路径,他在创作中一再体现出对希腊文化的热衷。希腊人的人性体现为艺术魅力和智慧尊严之完美结合,希腊人同时进行诗与思的创造,两者的形式与内容相得益彰,理性和人性交汇融合,进而投射出更大、更宽广的整体。相较之下,荷尔德林更加清晰地分辨出自己民族与时代的问题。荷尔德林认为,希腊诸神身上都不缺乏完整的人性,而近代德意志人却深受社会等级区分、职业区分与思辨理性哲学之影响,他说:"我不能想象哪个民族比德国更支离破碎。你看到的是手艺人,但不是人;思想家,但不是人;牧师,但不是人;主子和奴才,少年和成人,但没有人。"①

在建立属于自己的新的理想王国之过程中,荷尔德林融合了希腊文化与基督文化,他借助希腊诸神,也借助基督的魅力。荷尔德林将耶稣视为希腊诸神消逝后的最后一个神,并在他的祖国赞歌中加入了诸多基督文化的印记。荷尔德林认为,宗教意义上的平等不仅意味着人人都具有相同的人性(亦即神性的本质,或者说我们都是一体的),也意味着每个人都是独一无二的统一体,是自在、自为的宇宙。变得深度物化的世界需要神性的降临,而导致人性衰败并使人们陷入异化、机械化、模式化生活状态的近代文明恰恰是荷尔德林所摒弃的不和谐之音。荷尔德林对古希腊诗风的追怀是全世界共同的精神财富,他与同时代的哲学界之对话更是值得钦佩。在诗歌创作中,荷尔德林并没有像席勒等人那样完全投身于希腊文化,并将其作为理想的模板进行复制,而是将德意志民族中的"表达的清晰性"这一优势与希腊文化中的"阿波罗式的激情"结合在一起。

荷尔德林所说的民族性是一种包容了希腊文化和德意志民族性格的复杂的新精神。但是,在国家社会主义盛行的时期,荷尔德林的作品却被歪曲和利用。德意

---

① 〔德〕荷尔德林:《许佩里翁》,载《荷尔德林文集》,戴晖译,北京:商务印书馆,2009 年,第 145 页。

志民族诚然是荷尔德林的创作之重要组成部分,但在政治热潮退却以后,人们小心翼翼地避免使用具有历史歧义的德意志性来框囿他的作品,而是明辨审思文学经典于本国民族乃至世界的真正价值所在,以重新诠释他的创作所体现的现代性。在此背景下,荷尔德林的诗作也向读者展示出格外丰富的内涵和人文主义精神。

二 和谐观的体现——"万有唯一"

> 作为令人欢欣的力量陪同奋斗的人,
> 而且在家乡的山脉之上,
> 以太时刻安歇、支配、生活着。
> 一个爱恋着的民族聚集在父亲以太的怀抱中,
> 与以往一样符合人之常情地快乐,
> 而且所有人共享一种精神。

以上是长诗《阿西佩拉古斯》(*Archipelagus*)[①]的片段,其开端展现了古希腊社会稳定阶段的原始面貌:众神时常光临人间,人类和谐相处,经济繁荣发展。在叙述了雅典沦陷以及雅典人与波斯人之间的萨拉米思海战事件之后,《阿西佩拉古斯》的第二部分则表现了雅典的迅速发展与昔日辉煌之重现。雅典民众汇聚起来,并结合成为顺从自然、和谐统一的团体。

> 可是,痛苦啊! 白昼变成黑夜,
> 我们这代人仿佛住在奥尔库斯深渊之中,
> 我们这代人没有神性。他们孤独地被束缚锻造在
> 自己的活动上,在喧闹的作坊里
> 只能听到那些噪音,未开化的任性者拼命多干
> 用粗壮的胳膊,毫不停歇地,
> 可是越来越徒劳无益,毫无收获,
> 就像复仇女神一样,依然是可怜人要费心力。

---

① Schmidt J. Grätz K(Hg.), *Sämtliche Werke und Briefe in drei Bänden*, Stuttgart, 1994, S. 256f.

以太(Äther)是古希腊哲学家设想出来的一种物质,其曾被假想为是电磁波的一种传播媒介。但是,事实上,没有任何观测证据能表明以太的存在,因此"以太论"为科学界所抛弃。这一来源于希腊泛神论的概念是荷尔德林作品中的常见意象,其是包含万有与联合万有的自然力量的总称,具有万有之神的特征,因此其常被尊称为"父亲"。荷尔德林仍禁不住希冀未来的人类社会能够领悟自然中的万有生命之神性,从而使神性成为万有和谐的基调,以重建像古希腊那样的文化和谐氛围。

> 希腊美好的春天时光!
>
> 当我们的秋天来临,当你们成熟,你们这些太古时代的英灵们!
>
> 你们重新返回来看看! 一年的时光快要结束!
>
> 那时的节日也包含着你们已经消逝的时光!

荷尔德林以"美好的春天时光"比喻希腊时期的韶华时光,而代表成熟和收获的夏天则是"我们"这些现代人将去迎接的时代;"你们"这些饱经轮回的古希腊诸神,请"重返"我们的时代,我们的时代也不过是像四季那样不断轮回。那么夏天呢? 炎炎夏日正代表着身陷水深火热之中的异化社会的人类,他们隐忍反思,终会等到秋天的到来。《阿西佩拉古斯》还包含着"万有亲缘论"和"万有同情论"的思想,两者都属于宇宙的万有和谐观,都强调宇宙万物的亲缘关系,并且两者之间存在着千丝万缕的内在联系。荷尔德林称以"阿西佩拉古斯"为代表的古希腊是父亲、神,其周围的岛屿是儿女。《阿西佩拉古斯》的最后一句暗示了群星与河流的关联。

《阿西佩拉古斯》在结尾处先进行了一番横向对比,其比较了雅典人和谐自然的群体和波斯人违抗自然的强制统一体。在比较之基础上,《阿西佩拉古斯》批判了波斯人与自然为敌的状态,赞扬了希腊人对身形的自然的崇敬,而后者的结局也是完满的。然后,镜头转向现代人的生活状态,但人类的生活却由于经济社会的进步和社会分工的细化而变得机械化,从而逐渐远离自然,并走向异化。荷尔德林批判现代社会分工将人的生活变得支离破碎,使人"孤独地被束缚锻造在自己的活动上,在喧闹的作坊里",终日与"噪音"为伴。这些都是和谐的反面,与希腊人那种在大自然中徜徉的心态判若云泥。在今与夕的对比之下,荷尔德林对古希腊的文化精神之热情与对现代人生活形态之怨怼形成了鲜明的反差。

在诗歌《返乡——致亲人》(*Heimkunft-An die Verwandten*①) 中，标题中的"返乡"所体现的与其说是地理层面的"故乡"，不如说是文化层面上的"故乡"。《返乡——致亲人》这首诗是荷尔德林于 1801 年春从瑞士博登湖返乡后所写的最后一首哀歌(Elegie)，也是献给祖国的颂歌。荷尔德林的这次"返乡"之举不仅是一次实地意义上的返乡，更是一次精神(主要体现为神性或诗性)意义上的返乡。

《返乡——致亲人》的第一诗节为"Drin in den Alpen ist's noch helle Nacht und die Wolke"。提到"Alpen"，读者可能会联想到诗歌首句描绘的阿尔卑斯山的景色，而黑夜与白天之间的过渡——"明亮的夜"——奠定了"返乡"的基调。荷尔德林穿越博登湖，回到施瓦本的家乡，映入我们眼帘的仿佛是对群山中萦绕着的晨曦的浪漫描述。《返乡——致亲人》的第二句说云彩"deckt drinnen das gähnende Tal"，这可能会令人产生逻辑上的费解，因为晨曦和云彩并不那么兼容。若将"Alpen"看作"Alp"的复数形式，那么我们翻阅字典就会发现，"Alp"的同义词"Alm"的含义是"高地山谷"，其夏日颇短，不适宜种田耕作，往往只能被当作牧场，而且它是被山岩隔开的一块封闭的地域。从这层意义出发，"Alp"也许具有比喻意义。高地山谷与低地山谷并非是相连的，荷尔德林笔下的高地山谷耸出云端，而云层覆盖的是低地山谷。《返乡——致亲人》展现的是三个层次的视界：低地山谷—高低山谷—山巅。高地山谷是一块中间地带，在最高处已然破晓之时，高地山谷仍被笼罩在"明亮的夜"之中，而低处的山谷则更是陷于深邃和昏沉之中。在破晓晨光中，高地山谷苏醒，并承接自山巅反射而来的光芒。

在古希腊神话故事里，最初的宇宙只是漆黑一团、无边无涯的混沌，而世界和不朽的众神正是从这片混沌中产生的。众神的居所就在光明的奥林匹斯山上，作为统治者的雷电之神宙斯拥有至高无上的权力，在他之下的众神统治着整个大地和天空。在众神所处的高地山谷和芸芸众生所在的低地山谷之间，云彩正"创作着喜悦的篇章"(Freudiges dichtend)。我们从"dichtend"一词可以看出，云朵象征着文学创作，由此我们能够联想到诗人的角色是神灵与普通大众之间的调和者。歌颂诗人的神圣职业也是荷尔德林诗歌创作的重要主题之一。荷尔德林希望借助文学创作这一神圣的职业来传达真、善、美等思想，从而唤醒并教育诗人，以使诗人最终成为人类的精神导师。

云朵覆盖着低地山谷，并阻隔在其与高地山谷之间，以防光亮过早到来。但

---

① Schmidt J. Grätz K(Hg.), *Sämtliche Werke und Briefe in drei Bänden*, Stuttgart, 1994, S. 291.

是,云彩也不能阻止一道光芒透过"冷杉树""生硬地"照射下来(Schroff durch Tannen herab glänzt und schwindet ein Strahl),而这束经过树叶过滤后的直射光芒正预示着新时代的来临,就如同法国大革命所带来的影响一样。这束光芒出现在第一诗节的末尾(Strahl),它姗姗来迟,不温暖也不明媚,而是给人生冷的感觉。这束光芒带来的光亮和自由还未发散开来,就已然"消逝"。但是,云朵与这束光芒不同,它吸收了所有光芒,并温柔地将之转化为喜悦之物,而非将其暴力地呈递给人间。这正体现了"返乡"的真谛。云朵从封闭的高地山谷那里获得馈赠,然后将其传递进苏醒的低地山谷——辽阔的故乡。

"Denn[……]drinnen zieht der Morgen herauf",晨曦的降临是来自内部的,而非外在的澄明,其是一种内在的反省。"Jetzt auch wachet und schaut in der Tiefe drinnen das Dörflein/Furchtlos, Hohem vertraut, unter den Gipfeln hinauf",低地山谷中的"小村庄"低进尘埃里,它象征着人类的居所,既无所畏惧,又熟悉高处的风云,总是望向山巅。"Wachstum ahnend, den schon wie Blitze, fallen die alten/Wasserquellen, der Grund unter den[……]",人们对即将如闪电般来临的水源有所知觉。荷尔德林在这里强调了他对高地山谷以及神之居所与事迹的明了。"Dennoch merket die Zeit des Gewittervogels und zwischen den Bergen[……]","Gewittervogel"象征着雷电之神宙斯,也象征着拥有倾泻文字之力量的诗人,而能够感知时代精神和众神之灵的诗人恰恰是此处所需要的传递者。在第一诗节中,"drin"和"drinnen"(内里)重复出现多次,这个词连接起了整个地域,可以说是诗句的核心。所有人都有神性的一面,所有的一切都杂糅在一起,成为一体,这体现了荷尔德林的万有亲缘论,他认为万事万物都有千丝万缕的关联。在第二诗节中,"宁寂"与"安静"奠定了总体基调,并与第一诗节中的光线运动形成对照,天气氛围也逐渐变得明朗欢悦起来。精致的和谐沉静体现在视角不再转换。第二诗节使用的"灿烂的""宁静的""和煦的""喜悦的""温柔的"等形容词构成了和谐的存在场域,而"生命""幸福""国家""心灵"等名词均属于这一场域。

第三诗节以"我同他说许多"作为开端,语言与事物由此开始产生联系。在形式上,第三诗节通过对开头出现的"许多"一词的重复来构造一种和谐之感。第三诗节的结尾两行出现了三次动词"仿佛",以实现从自然(鸟儿的鸣唱)到人(漫游者)的过渡,以及从人到人、人到上帝之类比。漫游者的道路是"美丽的小径",四周环绕着"鸟儿的鸣唱",自然是美好且与人为善的。但是,这种和谐似乎并不够完善,因为荷尔德林在结尾处多次使用"仿佛"一词,以表达一种不确证、不安定的感觉。在第四诗节中,"你所寻觅的,它就在近旁,你已然遇见"是荷尔德林经常阐释的一个主题,即存在于远方的切近。这是对立之和谐,其是德国唯心主义思想十分重要的旨意。正题与反题都服从于先天综合,但唯有先在人的精神当中有意识地形成对立,才能去领会其中的内涵。创作首先是一种自我反思。返乡的目标是往回走,而回到故乡的前提是之前已然离开。在陌生的远方存在着最根本的、最原始的和最本己的意指。

前四个诗节选用的词汇都与风景相关,从而营造出一种和谐友好的氛围。第五诗节以"迎接"(empfangen)作为开端,并且结合了下文提到的"漫游的时光"(die wandelnde Zeit)。这也是一次如朝圣者一般的回归心灵和精神世界之旅途,漫游者回到了自身的宁静。"你激发了我心中早已掌握的",精神生活在经历蜕变和成熟的洗礼。高处的山峰视野清明,其也是众神的居所。荷尔德林显然获得了高处的指引(großen Vater, in Höhen erfrischt),而"春日的庆典"可能象征着民族情结的复苏和诗人使命的觉醒。在第五诗节向第六诗节过渡之处,荷尔德林使用了"天使"(Engel)这一意象,并在第六诗节的开始处又一次重复了此意象。天使象征着尘世和神界之间的过渡。

《返乡——致亲人》这首哀歌描绘了既变动不居又相互关涉的自然的力量,并以此为开端,奠定了全诗的纯粹基调。从和谐而宁静的氛围进入到对故乡和出生之国度的英雄般的寻觅,并最终回归心灵的熟稔之地,这体现了恶与自然的和解、自然元素之间的包容,以及自我与他者的融合。对于荷尔德林来说,"故乡"并非是一个与德国(祖国)完全一致的概念,荷尔德林那秘奥的思考不能仅仅被诠释为民族精神。"返乡"更应被看成是一种内在的转折,其既意味着向本真的语言之存在的演变,也包含着对存在的担忧。

三 结束语

荷尔德林在《论宗教》中说道:"所有宗教从其本质上看都是诗艺的。"[1]荷尔德林将神理解为内在固有的世界之内在联系,"人们会处于各种思想方式的和谐整体

---

[1] Friedrich Hölderlin, *Über Religion*, in Friedrich Beißer (Hg.), *Friedrich Hölderlins Sämdliche Werke*, Vol. 4, Stuttgart, 1961, S. 281.

中,从而赋予自己的局限性以自由"①。荷尔德林强调诗艺在促进和谐方面的积极
作用,并倡导建立艺术宗教。荷尔德林希望实现自我与万有的统一以及主客体的
结合,从而在美学中消除主体与客体的分裂。荷尔德林在一首长诗中表达了自己
作为诗人的那种迫切的使命感:"如果人生纯属辛劳,人就会/仰天而问:难道我/
所求太多以至无法生存? 是的。只要良善/和纯真尚与人心为伴,他就会欣喜地拿
神性/来度测自己。神莫测而不可知? /神湛若青天? 我宁愿相信后者。/这是人的
尺规。/人充满劳绩,但还诗意地安居于大地之上。我真想证明,/就连璀璨的星空也
不比人纯洁,/人被称作神明的形象[……]"荷尔德林坚信神是人生存的根基,而诗人
是上帝与人间的传声筒。作为一个深深地热爱着自己民族的诗人,荷尔德林的伟大
之处在于,他领悟了存在的危险但没有逃避,他认为有能力将人类从这种危险中挽救
出来的英雄是诗歌和诗人。荷尔德林正是这样一生不息地吟唱着自己的内心世界,
书写着自己的欢乐与悲伤,他将个人命运与家国命运紧密联系在一起。荷尔德林的
诗歌经典如今早已超越了民族的界限,并得到了众多文学爱好者与研究者的认可。

---

① Ebd. , S. 279.

父亲为何不去刺杀暴君，却刺死自己的女儿

——评莱辛的《爱密丽亚·迦洛蒂》

王永慧

摘　要　市民悲剧《爱密丽亚·迦洛蒂》是莱辛的著名剧本之一，它诞生于1772年，并在同年首次被搬上舞台。《爱密丽亚·迦洛蒂》通过父亲欧多阿多和女儿爱密丽亚这两个形象，体现了当时德国资产阶级的道德观，并将主人公的悲剧根源隐藏在这种道德观之中，从而深刻地揭露了封建统治阶级腐朽没落的本质。《爱密丽亚·迦洛蒂》是德国新文学领域内第一批具有政治倾向性的作品中的一员。

关键词　《爱密丽亚·迦洛蒂》　莱辛　市民悲剧　资产阶级道德观

一　莱辛的时代

莱辛生于1729年，逝于1781年。莱辛出生在一个贫穷的牧师家庭，曾进入莱比锡大学学习。莱辛终身靠写作维持生活，但一生贫困，他不得不先后充当一个将军的秘书，并为一个公爵管理图书。在担任公爵的图书馆的管理员的这段时期里，莱辛创作了《爱密丽亚·迦洛蒂》。

在莱辛所处的时代，德国分裂成了三百多个小公国，每个君主都在模仿法国国王路易十四，他们都想像路易十四那样富有，那样至高无上。德国各邦国的君主都过着荒淫无耻的生活：他们盖起华丽的宫殿、花园、剧院、猎宫、逍遥宫等；他们掌握国家机器，包揽一切政治、军事、法律及财政大权；他们发动战争，买卖士兵，掠夺人民的钱财，而人民只能像服从上帝的使者那样服从他们。

十八世纪中叶的欧洲是开明的专制主义统治时期，也是封建主义生产方式向资本主义生产方式过渡的时期，国家和社会生活各领域均在进行改革，如在君主和

臣民的关系方面，弗里德里希二世自称是国家"头号公仆"。但是，"改革"实际上仍然过多地考虑到传统的统治阶级特权。因此，尽管启蒙运动已提出了"社会平等"和"政治自由"，但这些主张事实上都没有实现。

在分裂的德国，等级制度还在决定着国家秩序和社会生活，而正在兴起的市民阶级既想提高自己的社会地位，又不得不忍受等级制度带给他们的各种限制。市民阶级憎恨贵族的荒淫无耻、骄横跋扈，但他们又不敢起来反抗，因为他们地位的上升还得依附于公侯们。因此，德国尚未形成如法国和英国那样充分主张政治权利且富有自信心的资产阶级，这正显示了德国资产阶级的软弱。德国资产阶级在政治领域内不能取胜，于是他们试图在道德领域内得到补偿，因为他们感到自己在道德领域内具有优越性。于是，德国的市民悲剧应运而生，其反映了德国资产阶级在道德领域内战胜了封建贵族。

二 德国的市民悲剧

市民悲剧中的主人公不再是权贵，而是市民，"Bürger"（市民）的含义是"一个社团的负责任的成员，他是合人情的、人道的、个人的、家庭的"。最初的市民悲剧只反映家庭生活和道德观念，如一个人的世界不是由只有上帝知道的命运来决定的，一个人的灾难起源于人间，等等。尽管市民悲剧中有宗教思想，但其明确指出灾难的根源是人和人间。市民悲剧反映了人间的不幸及罪恶，并着重刻画人的性格。按莱辛的戏剧理论，悲剧主人公应代表一般的道德标准，其不应具有极端性，而应具有混合的复杂性格，他因自身犯下的一个错误而承受了灾难与不幸。舞台上反映的道德或罪恶均来源于观众所处的社会，因此剧情显得比较现实，悲剧也就更能打动观众的心，并引起他们的同情和恐惧。市民悲剧通过感动观众来达到它的目的，即让人在道德上有所升化。

十八世纪七十年代后，德国的市民悲剧进入了一个新的发展阶段，阶层的冲突因在《爱密丽亚·迦洛蒂》中被当作主题而显得更加突出，此剧不仅反映了以宫廷为代表的上层阶级与以臣民为代表的中层阶级之间的冲突，也反映了同一阶级内部的冲突。莱辛后期的作品、狂飙突进运动以及青年席勒的市民悲剧已发展成接近于当前那种控诉性的社会批判类型的戏剧。因此，《爱密丽亚·迦洛蒂》是德国新文学领域内第一批有政治倾向性的戏剧中的一员。

三 《爱密丽亚·迦洛蒂》的取材和构思

《爱密丽亚·迦洛蒂》是五幕市民悲剧,其于 1772 年 3 月 13 日在不伦瑞克执政公爵的生日庆典上首次被搬上舞台。以散文形式写成的《爱密丽亚·迦洛蒂》使用了一个常见的题材,即权贵强占民女,而这一题材可以被追溯到古代历史学家利维乌斯。公元前 449 年,暴君阿庇乌斯爱上了维吉尼娅,他滥用权力,将庄重的平民女孩从她未婚夫的手中夺走。为了挽救维吉尼娅的自由和贞操,她的父亲杀死了她,而这件事最后导致了整个统治机构的崩溃。

维吉尼娅这一题材在文学上常被使用,莱辛也多次对其进行摘录和翻译。1757 年,莱辛开始着手创作自己的剧本,他在写给尼可莱的信中提到:"我写的悲剧将完稿[……]这部悲剧的主人公是一个平民出身的女子维吉尼娅,剧本题为《爱密丽亚·迦洛蒂》。这个剧本去掉了古罗马的维吉尼娅故事中涉及到国家的一切有关政治的情节。一个父亲看待女儿的贞操重于生命,他为了保护女儿的贞操而把女儿杀死,这个女儿的命运本身就够悲惨的,它足以震撼人心,因此用不着再加上国家崩溃这样的政治内容了。"这个被莱辛称为披上现代外衣的古罗马的维吉尼娅故事的发生地被搬到了当时的意大利。尽管故事发生在意大利,但其却反映了德国当时的现实。

四 内容简介——宫廷的罪恶和平民的道德

莱辛将故事的发生地搬到了同时代的意大利的一个专制主义的小公国里。莱辛的剧本中的古阿斯达拉的亲王是一位毫无顾忌的专制暴君的典型代表,这影射了德国分裂的小公国中的专制暴君。古阿斯达拉的亲王是个粗暴、轻浮、沉湎于享受的人,他喜欢上了美丽、端庄的爱密丽亚·迦洛蒂,但爱密丽亚已与伯爵阿比阿尼订了婚。为了诱骗爱密丽亚,亲王听从了阴险狡诈的宠臣玛里奈利的诡计,他让化妆成强盗的仆人在爱密丽亚前去结婚的道路上杀死了阿比阿尼,并将爱密丽亚骗到亲王的逍遥宫里。爱密丽亚的父亲奥多阿多从被亲王遗弃的情妇奥尔齐娜的口中获悉了亲王的卑鄙意图,这激起了他对亲王的仇恨,于是他接过奥尔齐娜给他的匕首,决定去刺死那荒淫无耻的亲王,但最后亲王逃脱了惩罚,匕首却刺进了女儿的心脏。《爱密丽亚·迦洛蒂》暴露了德国资产阶级的软弱性,他们厌恶并痛恨封建统治阶级在道德上的堕落，但是他们没有勇气和力量与统治阶级展开面对面的斗争，而只能用市民道德来与之抗衡。《爱密丽亚·迦洛蒂》这部市民悲剧反映了市民阶级的道德战胜了宫廷的罪恶，即市民阶级在道德领域里战胜了贵族。

五　以杀死女儿来代替杀死暴君

亲王的情妇奥尔齐娜将实情告诉了奥多阿多，并将自己的匕首交给他，这么做的目的就是要他去杀死亲王。但是，奥多阿多不去刺杀亲王，却刺死了自己的女儿，难道他失去理智了吗？我们可以从代表资产阶级道德观的奥多阿多和爱密丽亚身上找到悲剧的根源。

（一）资产阶级道德的代表者奥多阿多

首先，我们要分析一下奥多阿多的性格。是什么使奥多阿多改变了刺杀暴君的主意？是什么促使奥多阿多去刺死自己的女儿？奥多阿多是否有个不可解决的矛盾？难道奥多阿多没有其他出路了吗？

莱辛在《汉堡剧评》第82节中写道："一个人可以是很好的，但却又有不止一个弱点，又可能不止一次地犯错误，从而遭到难以预测的不幸，这并不使我们对他反感，而是感到悲哀，并深表同情。"

奥多阿多代表着资产阶级的风俗和道德，即对君主要忠，要服从，要虔诚，要放弃个性。作为父亲，奥多阿多在家里代表着权威，他要维护家庭秩序，维护道德；作为臣民，奥多阿多要顺从君主；作为基督徒，奥多阿多要服从上帝的安排。我们在奥多阿多身上也看到了进步的一面，他有一定的性格，而有个性就意味着会有冲突，会陷入困境。

奥多阿多看到女儿落到了杀害伯爵阿比阿尼的亲王手里，并且女儿的贞操正受到亲王的威胁，而面对亲王的政治地位他又无可奈何。作为父亲，奥多阿多有义务救出女儿，但怎么救呢？奥多阿多能与亲王较量吗？亲王是个不受道德约束的专制暴君，而奥多阿多则恰好相反，他是个受资产阶级道德观约束的人。当然，奥多阿多尚有个性，每每想到女儿和被害的女婿时，他就对亲王的残暴和荒淫无耻感到愤怒。于是，奥多阿多产生了报仇的念头，他接过奥尔齐娜的匕首，并对她说："您会听到我的消息的。"但是，当奥多阿多一个人冷静下来时，资产阶级臣民和虔诚基督徒的顺从思想又战胜了造反思想，他说："没有什么比一个花白头发的老人还带着年轻人的冲动脑袋这件事更为可悲的了,我经常这样告诫自己,现在我却被人扯着走,被谁?被一个妒忌得发狂的女人。对罪恶者进行报复,这对被伤害的道德有何用处呢?"之后,资产阶级启蒙时期的宗教观又抬了头,宗教不允许人们自己掌握命运,因此在涉及到被害的阿比阿尼时,奥多阿多说:"你的事,我的儿子,我的儿子,你的事将由另一个将其作为他的事的人来处理。"奥多阿多当时只想带走女儿,以尽他父亲的责任,但这件事没被允许,于是他怒气冲冲地说:"规定我该干什么,不该干什么,谁想这样,谁可以这样,谁可以决定这一切?好,你将看到我可以干什么。"奥多阿多接下去又说:"不考虑法律的人与没有法律的人一样强大。"但是,资产阶级道德观在奥多阿多的脑海里还是比较根深蒂固的,而资产阶级的道德禁止他采用暴力来自救。奥多阿多再次企图带走女儿,但是避免冲突。由于玛里奈利的奸计,爱密丽亚被安置在声名狼藉的首相格利玛尔蒂的住宅里,接受所谓的保护。奥多阿多清楚,亲王是可以任意进入那所房子的,他找不到出路,于是他再次决定行动,他说:"特别保护,亲王、亲王。[……]啊,这正义是多么巧妙!"奥多阿多伸手去拿匕首,亲王这时狡黠地向他走去并让他控制自己。奥多阿多的手又缩了回来,甚至还说:"这是他的天使在说话。"这是指亲王的保护神,意思是"这是上帝的意志"。奥多阿多相信上帝,他将纯洁的女儿交给了上帝,他说:"谁让她无辜地掉进这深渊里,谁就把她再拉上来,这事不需要我的手,走吧!"

奥多阿多三次抛开了他的资产阶级道德观,但他三次都被拉了回来,这说明资产阶级道德观在他身上已根深蒂固。另外,神正论也使奥多阿多失去了反抗能力。因此,刺杀暴君的行动便这样被阻拦住了。

什么是资产阶级宗教世界观和神正论呢?圣徒保罗强调:"每个历史时期通过暴力所达到的统治都是上帝的意志。[……]如有人要反抗统治、违背上帝所要求的秩序,那会得到报应,因为统治者手里的剑不是白拿的,路德教也不允许反抗统治者。统治者毁了你的财产、你的妻子和你的孩子,但他毁不了你的灵魂。人间本身就是罪恶的深渊,上帝把我们送入人间,人间不是天堂,而是要随时准备遭受不幸。"加尔文虽允许处死暴君,但其范围也只限于有一定职位的人,他说:"只有人民行政机构才拥有这种暴力来节制君主的专制统治。"加尔文又说:"即使惩罚那些无节制的统治者是上帝的意志,我们也不能认为上帝把惩罚的事交给了我们,对于一个没有职位的个人来讲,他除了服从和忍受之外就别无选择。"

奥多阿多是个虔诚的基督徒,他一切服从上帝的安排,他要放弃个性,特别是要放弃暴力行为以及在危急中实行自救的权利。奥多阿多将君主统治看成是上帝的意志,但是他痛恨君主的罪恶。为了挽救女儿,奥多阿多曾三次出现造反的念头,但他三次都被资产阶级超验的宗教世界观征服。这里我们也可以看出德国资产阶级的软弱无能。

奥多阿多怎么又从谋杀君主转为刺死自己女儿的呢? 奥多阿多清楚,他女儿将成为荒淫无耻的暴君的牺牲品,女儿的贞洁对于他来说比女儿的生命还重要。奥多阿多认为自己无权杀死君主,但作为父亲,他又有义务保护女儿的贞操,因而他认为自己有权杀死女儿。这也体现了德国资产阶级软弱得宁愿自灭也不敢反抗的可悲性。当奥多阿多看到女儿朝他走来时,他说:"这事需要我的手,需要我的手。"奥多阿多认为是上帝的意志要他去杀死女儿。当然,最终还是女儿的一番话使奥多阿多下定了决心。

(二) 爱密丽亚——资产阶级道德观的自我牺牲品

爱密丽亚是个美丽、端庄的女孩,她受到严格的家庭教育和宗教教育,因此她的思想很正统。但是,另一方面,爱密丽亚年轻、单纯、毫无社会经验,她碰到什么事情就容易担惊受怕,而且她很内向,常常将想法深深地埋在心里。当一个浪荡贵族接近爱密丽亚时,她感到不知所措,特别是当那人道出他是至高无上的君主时,她感到惧怕,甚至回家后也没敢将此事告诉未婚夫阿比阿尼。直到最后,爱密丽亚才有时间仔细地回想这一连串的事情,从而意识到是她软弱的表现导致阿比阿尼被害,因此她感到自己对阿比阿尼的死是有罪的,并要她的父亲马上带她离开这宫殿。当爱密丽亚得知要离开父母并独自一人被安置到格里玛尔蒂的住宅去时,她无比恐慌,因为她曾在母亲的陪伴下在那儿待过一小时,而这一小时里的所见所闻使她的内心产生了不小的波动,几周严格的家庭教育和宗教教育才使她的内心重新平静下来。格里玛尔蒂那儿的经历与爱密丽亚所接受的教育是那么格格不入,这使她感到迷惑。爱密丽亚担心自己不够坚强,她同意父亲的看法,即在不道德的社交界里是不可能按资产阶级道德标准过日子的,只有在修道院或乡村住宅里,她的生活才不会受到这些贵族邪念的干扰。但是,这两条出路都因亲王的命令而不再具有可能性。爱密丽亚担心自己经受不了这种诱惑,她血管里流着青年人的血液,她有自己的感官,而这种诱惑又有这么大的威力,她承认抵御不了。爱密丽亚与父亲的最后几句对白是她真实感觉的流露。为了不违背资产阶级道德并保持自己的贞操,爱密丽亚请求父亲杀死自己,她将此事比喻为在暴风雨使玫瑰凋谢前先把玫瑰摘下来。这里我们可以发现资产阶级道德观在爱密丽亚身上的深刻影响,但同时我们也能感受到她对以自己的道德来抵御诱惑缺少自信心。爱密丽亚要求赴死，这既表现了她道德的崇高，也反映了资产阶级道德的软弱。

奥多阿多和爱密丽亚都是有复杂性格的人物，他们都因犯了某些错误而引发了悲剧。观众看完《爱密丽亚·迦洛蒂》后也会有复杂的感觉，他们一方面会赞美爱密丽亚的崇高品德，并因资产阶级在道德上的胜利而感到高兴，而另一方面也会因悲剧的发生而感到悲伤。莱辛的市民悲剧就是要在观众中引起恐惧与同情，以达到道德上的净化目的。

（三）故事结局的含意

很多人对《爱密丽亚·迦洛蒂》的结局不太满意，他们认为罪恶没有得到应有的惩罚，而无辜者却不得不去死。但是，当时的实际情况如何呢？海因利希·曼在莱辛逝世150周年的讲话中说："市民悲剧以市民悲惨的命运去感动观众，它甚至想刺激同时代人，就如莱辛的戏剧那样。但是，事实上一切依旧，这事实完全有权决定剧本的结局和它的道德［……］最多是他（指君主）把责任推给无耻的大臣，把宫廷大臣玛里奈利赶出宫廷一段时间，再多就不会有了，在实际生活中是不会有的，因此也不可能写在一个热爱事实的人的作品里。"

笔者认为此结局另有一层含意。奥多阿多最后对亲王说："我去监狱，我等待你当法官，然后我去那儿，在我们共同的法官面前等你。"奥多阿多将他所服从的上帝看成是最高的法官，他绝望地等待上帝给出公正的判决。这可怕的结局反映了当时德国资产阶级的软弱性，他们没有胆量和能力与贵族阶级对抗，因此只能在上帝面前向残暴的专制制度发起挑战。事实上，我们发现上帝也没有能力在人世间惩罚坏人并保佑好人。莱辛在奥多阿多的态度中是否也植入了对某些宗教教义的批判，包括对路德正统教教义的批判呢？

《爱密丽亚·迦洛蒂》思想深刻、结构严谨，剧中人物都有独特个性，它反映了十八世纪的德国社会现实，并且深刻地揭露了封建统治阶级腐朽没落的本质，它是德国文学中的一部杰出的市民悲剧。歌德在《文学创作和事实》一书中写道："莱辛的《爱密丽亚·迦洛蒂》这一剧本在对上层阶级的批判方面迈出了重要的一步，莱辛在此剧中深刻地揭露了上层人物的情欲和许多诡计。"莱辛的市民悲剧将德国文学推进到了一个全新的发展阶段。

从心灵黑洞走向现实荒原
——感受黑塞小说中创伤记忆的自我救赎

陈壮鹰

摘　要　本文试图通过对黑塞早、中、晚三个创作时期的代表小说《在轮下》、《荒原狼》和《玻璃球游戏》之解读,分析作家少年时期承受的创伤记忆是如何对文学创作行为产生深刻影响和作用的,并探究作家的灵魂成长与作品人物的成长之间的关联。

关键词　黑塞　创伤记忆　救赎

瑞士籍德语作家赫尔曼·黑塞(1877—1956年)被誉为"德国浪漫派的最后一位骑士"。黑塞热爱大自然,厌倦都市文明,他的文笔优美细腻,其作品的关注焦点多为作为社会个体的人之命运和个体心灵之拯救。黑塞擅长对人物内心进行勇敢而诚实的剖析,他的作品具有极高的心理审美价值。黑塞笔下的主人公大多具有孤独而顽强的性格,他们虽然在现实社会中屡屡碰壁,但始终不懈抗争,并且最终在历经心灵磨难之后,寻找到了内心与外部世界的和谐,从而获得了精神的升华。1946年,"由于他的富于灵感的作品具有遒劲的气势和洞察力,并且为崇高的人道主义理想和高尚风格提供了一个范例",所以黑塞被授予诺贝尔文学奖。

纵观中国当代的黑塞文学研究,人们往往从东西方哲学思想——尤其是印度哲学和中国老庄哲学——对黑塞的影响角度入手,对他的内心世界和创作动力进行探究,而忽视了另一个同样极其重要的视角,即黑塞那颗在少年时期饱受僵化教育体制摧残的心灵以及因受摧残而产生的延续一生的创伤记忆。

弗洛伊德曾认为,儿童时期和少年时期的经历是影响人格形成的重要因素,甚至是决定性因素。黯淡的少年时光和无法被抹去的精神创伤会伴随人的一生,从而影响人的性格和决定人的命运。

在文学创作中,少年时期的创伤记忆往往会成为作家的巨大创作动力,因为作家在文学创作中对少年创伤记忆的叙述决不是一种简单的回忆,而是其灵魂跟随着作品中的人物一起勇敢地直面曾经的惨痛岁月,并再次感受心灵的震撼和在对往事的回忆中获得心灵的凤凰涅槃,从而完成自我精神之救赎和对少年时代的心理创伤之疗救。

赫尔曼·黑塞就是倾毕生之心力地用作品来治疗与救赎少年时代的心理创伤之典型例证。少年时期的压抑创伤—成年时期的迷茫抗争—老年时期的灵魂救赎,这三部曲纵贯黑塞一生,亦投映在其作品里的人物之成长历程中。从一个十五六岁就辍学的少年到一名受全世界无数读者——特别是青少年读者——尊崇与爱戴的作家,黑塞走过的人生道路可谓坎坷曲折、危机重重。黑塞数次于濒临毁灭之际度过险境,并将人生道路走到底,就如他自己所言,他的人生是拿一部分生命换来的,而这些不同寻常的人生体验正是黑塞毕生的创作源泉。黑塞身后遗留下了近 40 部著作,这些作品在世界范围内产生了巨大影响,他被称为"永属于年轻一代的作家"。透过黑塞的早、中、晚期三部代表小说《在轮下》、《荒原狼》和《玻璃球游戏》,我们不难看出黑塞通过文学创作来完成创伤记忆之自我救赎的心路历程。

一 少年时期压抑的心灵黑洞——《在轮下》

赫尔曼·黑塞出生于德国西南部的小城卡尔夫的一个牧师家庭,他自幼在浓重的宗教气氛中长大。1891 年,黑塞通过了"邦试",考入毛尔布隆神学院。毛尔布隆神学院采用的压制和扼杀个性的虔信派教徒式的教育方法,让少年黑塞饱受折磨。由于不堪忍受经院教育的摧残,黑塞半年后逃离学校,他由此成为了世人眼中的"问题少年"。回到家的黑塞又遭遇了一场刻骨铭心的失恋,伤心欲绝的黑塞自杀未遂,他的父母为此曾经两度将他送进精神病院。黑塞难以适应社会的种种规则,他逐渐脱离了家庭和社会,并成为了一个游离于社会群体之外的边缘人。绝望、反抗和无能为力弥漫着黑塞的青少年时期。[1]

正是因为这段少年时期的创伤记忆,黑塞的心灵才会始终为失落与哀痛所占据着,他的创作也才会始终贯穿着孤独与抗争。因此,黑塞的诸多传世之作的问世和他少年时期的创伤记忆密不可分,他的作品屡屡显现出的少年记忆中的心灵黑

---

① Joseph Mileck, *Hermann Hesse-Dichter Sucher Bekenner*, München: Suhrkamp, 1979.

洞,承载着众多的人生苦难和创伤体验。黑塞的每一次创作历程,都是一段文学创作中的内心成长之旅,作家的灵魂与书中人物一起,在无限压抑的心灵黑洞中挣扎与抗争。在此过程中,新的自我取代了旧的自我,并在记忆的创伤中破茧而出,陪伴黑塞共同成长。

黑塞早期的代表作《在轮下》,便是根据他和弟弟汉斯少年时期最伤痛的一段记忆写成的。对于黑塞来说,毛尔布隆神学院的惨痛经历仿佛无法被抹去的阴霾,团团将他笼罩。事实上,《在轮下》的创作过程就是黑塞从那段回忆中解脱出来的救赎之旅。

早在《在轮下》出版前两年,黑塞便向自己同父异母的哥哥阐释写此书的缘由:"学校是我迄今为止唯一认真对待之对象,也是不时触动我的当代文化问题之处所。学校对我造成了许多伤害,据我所知,凡是比较重要的人物很少未受过类似的伤害。我在那里仅仅学会了拉丁语和说谎,因为不说谎便寸步难行——无论在卡尔夫小城或在文科中学——我们家的汉斯(黑塞的弟弟)便足以证明,因为他秉性真诚,而卡尔夫人几乎把他整死了。于是汉斯——自从他们在学校里毁了他之后——将会一辈子留在车轮之下。"①许多年后,黑塞的预感成真,一直生活在轮下的汉斯用一把小刀结束了自己的生命。毛尔布隆神学院铸就了黑塞的苦难与汉斯的悲剧,黑塞要愤怒地清算这样的学校,以此为饱受摧残的青春岁月默哀。

《在轮下》创作于1903年至1904年间,作品中主张的灵魂自由信念、对年轻人权利的捍卫以及对传统教育体制的反抗,使小说一经发表便产生巨大反响,并在此后数十年中不断引起青年人的思想共鸣。

小说题目《在轮下》(*Unterm Rad*)在德语里有两重含义:一是被碾死于车轮下,二是沉沦于道德下。肉体与精神的双重压迫,让死亡与压抑的阴影笼罩在毛尔布隆神学院的上空,也弥漫在两个小主人公汉斯与海尔纳的命运之中,更植根在作家黑塞的灵魂深处,并伴随其一生。

《在轮下》的主人公汉斯聪颖、温驯、乖巧、羸弱,他从小遵循校长、牧师和父亲的世俗观念,孤独寂寞地埋头读书,没有朋友,也没有快乐。在以优秀的成绩通过"邦试"后,汉斯进入毛尔布隆神学院学习。在学校的高压严管之下,汉斯更觉生活之无趣和学业之无聊。这时,一位名叫海尔纳的少年走进了汉斯的生活。海尔纳向往自由,反对学校的旧教育体制,并对世人追求功名之行为报以莫大的嘲笑,他

---

① 张佩芬:《黑塞研究》,上海:上海外语教育出版社,2006年,第73页。

深深影响着汉斯。当海尔纳逃出学校后,汉斯在学校中再也没有朋友,而且他对旧有的教育制度和人生价值体系也开始产生怀疑,从而失去了追求学业的动力。成绩不断下降的汉斯遭到了老师和同学的鄙视,而先天羸弱的体质使他无法承受此等精神重压,因此他被迫退学。回到故乡的汉斯在历经失恋的打击之后,失足溺死在河里。

作为一部自传体小说,黑塞将自己投映为《在轮中》的汉斯和海尔纳这一对性格相反却又相辅相成的朋友。汉斯是一个顺从和软弱的男孩,而海尔纳则象征着自由和勇敢。汉斯代表了黑塞的那个少年时期的旧我,他在毛尔布隆神学院中逐渐实现了蜕变,并最终破茧而出,飞出牢笼,化为了一个新的生命——海尔纳,黑塞由此完成了从旧我到新我的转变与成长。

黑塞本人当年亲身经历的种种苦闷一一体现在了汉斯身上,而汉斯最终倒在了"轮下",这是一个旧生命的可悲结局。黑塞对汉斯的命运表示了深切的同情,他用细腻的笔触刻画出了汉斯丰富的心理特征:忧柔、胆怯、迷惘、顺从、随波逐流,而这些性格弱点在很大程度上导致了汉斯的悲剧性结局。"他(汉斯)带着一张睡眠不足的脸,一双外圈发黑、疲惫不堪的眼睛,默默地像受人驱赶似的到处走动。"①黑塞认为,"学校当局和某些教师的野蛮的虚荣心把这个羸弱的孩子弄到了这步田地[⋯⋯]看上去这个男孩像是一朵盛开的花,突然遭到摧残,把他从一条愉快的道路上拽了下来"②。

庆幸的是,黑塞本人在现实中具有强大的反抗力量,他少年时代的名言就是:"哼,我就是要让上帝生气,别管住我!"黑塞将这种火一样燃烧的信念灌进了《在轮下》的另一位小主人公海尔纳的性格之中,并热情赞扬了海尔纳:"海尔纳凭借着一股汉斯自己所缺乏的魔术的才能,在天际遨游,在神仙般的自由与烈火般的热情中运动,鞋底长了翅膀似的腾空而起,凌驾于他和他一类人之上,宛如荷马诗中的天使。"③

海尔纳完全是黑塞本人的写照,"他有自己的思想和言论,他生活得更热情,更自由,他有稀奇古怪的苦恼,似乎蔑视整个周围环境。他懂得古代建筑之美,他在玩弄神秘莫测的绝技:用词句来反映自己的心灵,用幻想来建造一种独自的虚妄

---

① [瑞士]黑塞:《在轮下》,张佑中译,上海:上海译文出版社,2007年,第6页。
② 同上,第201页。
③ 同上,第91页。

的生活。他动荡不定，放纵任性，一天讲的笑话比汉斯一年讲的还多。他是悲观的，而且似乎在玩味自己的悲哀，把它当作外来的，异乎寻常的，绝妙的东西"①。海尔纳蔑视神学院的清规戒律，蔑视枯燥乏味的学校生活，蔑视周围同学的市井心态，蔑视当时社会中的功名诱惑，他在沉沦的世界中坚持着自身的信念，不抛弃，不放弃。最终，突破学校围墙之禁锢的海尔纳像一只小鸟般飞向自由，并完成了自己成为诗人的理想，从而享受到了梦想成真的胜利和快乐。

少年时期经历的创伤体验往往会给主体的心理带来一种强烈、持久、难以摆脱的痛苦，并成为其独特的创作动力。尽管黑塞在《在轮下》的创作过程中尽情抨击了当时腐朽的教育制度，充分祭奠了自己的少年苦难，并通过使自我重获新生之方式完成了一次灵魂的救赎，但我们从字里行间不难看出，黑塞仍然迷失在少年的心灵黑洞中无法自拔，这预示着他今后仍将在重重迷雾中寻求出路。正如黑塞于《在轮中》里所写的，"他那一叶轻舟才勉强脱离第一次船只遭难的危险，又遭到新的暴风雨的袭击陷入浅滩和令人粉身碎骨的暗礁的边缘，要通过这个险区，即使是被引导得最好的青年也找不到带路人，只得依靠自己的力量寻找出路和救助"②。

在逃出学校并长大后，海尔纳（黑塞）尽管如愿以偿地成为了诗人和作家，但他仍然没有逃出心灵黑洞的强大引力之左右，因为少年时期的那片笼罩着毛尔布隆神学院的压抑和窒息的阴影此时已扩展到整个社会，让人无处可逃。黑塞的灵魂之路也从毛尔布隆神学院转向了现实荒原，并走向无垠的黑暗。

二 成年时期迷惘的现实荒原——《荒原狼》

黑塞的迷失在他的旷世巨著《荒原狼》中再一次得到淋漓尽致的体现。《荒原狼》描写了"一只迷了路来到我们城里，来到家畜群中的荒原狼"③。透过荒诞的故事，我们在现实的荒原中同样能够遥望到黑塞心中的那个少年时期的心灵黑洞，从而探寻到黑塞的心灵成长之轨迹。

透过《荒原狼》一书出版者序中对主人公哈勒的描写，我们有理由相信，哈勒就是长大后的海尔纳。黑塞写道："我要从心理学的角度补充说明几句。我对荒原狼

---

① 〔瑞士〕黑塞：《在轮下》，张佑中译，上海：上海译文出版社，2007年，第82页。
② 〔瑞士〕黑塞：《在轮下》，张佑中译，上海：上海译文出版社，2007年，第163页。
③ 〔瑞士〕黑塞：《荒原狼》，赵登荣、倪诚恩等译，上海：上海译文出版社，2007年，第17页。

的经历所知不多，但我有充分的理由推测，他曾受过慈爱而严格的虔诚的父母和老师的教育，他们认为教育的基础就是摧毁学生的意志。但是，这位学生坚韧倔强，骄傲而有才气，他们没有能够摧毁他的个性和意志。"①在《荒原狼》的那本心理分析小册子上，黑塞再一次昭示："这个人在少年的时候也许很野，很不听话，毫无拘束。他的教育者企图彻底克服他身上的兽性，他们这样做却反而使他产生了幻想，以为自己确实是一只野兽，只是薄薄地披上了一层教育与人性的外衣罢了。"②

二十世纪二十年代，刚刚走出第一次世界大战的欧洲饱受战争创伤，百业萧条、经济低迷、危机四伏。在科学界、文化界和思想界之中，怀疑、悲观、绝望等负面情绪充斥着人们的内心。彼时，整个欧洲仿佛变成了毛尔布隆神学院，人们看不到希望和光明。黑塞曾经回忆说："我的第一次蜕变是在我立志当作家之后。此前的模范生黑塞从那之后就成了坏学生，他被处罚，被开除，做不成一样好事，而他的父母则为他操心操个没完——这一切只是由于他在这现实的或貌似现实的世界和他自己的心声之间看不到一个和解的可能。现在，在战争年代，一切又回来了。我已看到自己在和世界起着冲突，而原先我和它可说相处得不错。我又走上了背运，孤单无援，独自忍受着痛苦，我所说所想的一切，又不断地被攻击、被曲解。我又看到一道绝望的鸿沟，横亘在现实和我所期许的事物之间。"③进入中年的作家黑塞仿佛又坠入了心灵的黑洞，他继续以孤独者的身份向社会发起抗争。

黑塞的创作思维深受荣格的精神分析理论之影响，因此他的作品往往在社会大背景下反观自我和审视内心，在人性和精神领域里追寻"灵魂的回忆"，并且从内心深处发出警世性的呐喊。1937年，黑塞在回忆他的创作生涯时曾说："面对充满暴力和混乱的世界，我要向人的灵魂发出我作为诗人的呼吁，只能以我自己为例，描写我自己的存在与痛苦，从而希望得到志同道合者的理解，而被其他人蔑视。"④

《荒原狼》是黑塞中期创作生涯的代表作，亦是他创作生涯中的里程碑，该小说曾被二十世纪六十年代的美国嬉皮士一代的叛逆青年奉为圭臬。《荒原狼》的主人公哈勒是个作家，他对现代社会的生活方式心存向往又充满鄙视。这种矛盾的心态让哈勒有时一连几天都闭门不出，有时又对外面的世界跃跃欲试。窒息压抑的社会现状令哈勒精神恍惚，有时他甚至神游体外，呈现出另一种人格。此时，一本

① ［瑞士］黑塞：《荒原狼》，赵登荣、倪诚恩等译，上海：上海译文出版社，2007年，第10页。
② 同上，第22页。
③ 谢莹莹：《朝圣者之歌》，北京：中国广播电视出版社，2000年，第191页。
④ Hermann Hesse, *Gesammelte Briefe. Bd. 3*, Frankfurt am Main: Suhrkamp, 1986, S. 375.

名为《评荒原狼》的小书让哈勒如获至宝,他认为自己就是一只"人性"和"狼性"并存的荒原狼。在之后的聚会中,哈勒的反战言论又遭到持狭隘民族主义观点的与会者的斥责,这令他更为孤独。随后,哈勒与偶遇的酒吧女郎赫尔米娜经历了肉欲的欢乐,并且结识了音乐人帕博罗和姑娘玛丽亚。自此,哈勒在音乐和感官享受中忘却了一切烦恼和忧虑。但是,当看到赫尔米娜和帕博罗亲近时,哈勒便"狼性"大发,他因嫉妒而将赫尔米娜杀死。

《荒原狼》也是黑塞本人的生活经历和精神危机之写照。《荒原狼》的"出版者"在序中说:"我相信,它描写的内心活动也是以它确实经历过的一段生活为基础的。"①

在写作《荒原狼》时,黑塞和小说的主人公哈勒一样,都年近五十岁。一方面,黑塞的脑海中还烙刻着第一次世界大战的灾难,他的反战言论在现实中遭到人们的耻笑和蔑视,他眼睁睁地看着整个社会滑向战争的深渊却无能为力;另一方面,黑塞看到人的精神与灵魂随着现代文明的发展而受到损害,庸俗的人、逐利的人、虚伪的人以及结党营私的腐朽堕落之徒更是充盈于社会各界,他真切地感受到与现实格格不入的痛楚。狂徒在呼嚷,大地在燃烧,灾难与战争向人们逼近,加之家庭与个人生活的不幸——与第二任妻子离婚,这些都使黑塞饱受疾病折磨、精神濒临崩溃,他不得不定期接受心理治疗,而他的生活也是一片混乱。黑塞酗酒纵欲,以原始本能的满足来麻醉自己。在这一时期给朋友的信中,黑塞多次提到他几乎要自杀。②

小说《荒原狼》中的主人公哈勒就是这一时期的黑塞之翻版。哈勒和黑塞都有着丰富而细腻的内心世界,"第一眼他就给人这样的印象:仿佛他是一个举足轻重、不同寻常、才华非凡的人物,他眉宇之间闪耀着智慧的光芒,他那异常柔顺感人的神色反映了他内心生活非常有趣、极为动人,反映了他生性柔弱、多愁善感"③。怀着崇高正义感和人道主义精神的哈勒在现实社会中屡屡碰壁。当时社会上盛行的狭隘民族沙文主义和军国主义,令哈勒经常遭到诽谤和责骂;上层社会中的金钱权力与平庸渺小结伴而行之现状,令哈勒深恶痛绝;社会上道德沦丧、文化堕落,腐朽的臭味飘荡在大街小巷中的各色人等之间的景象,令哈勒迷惘无助。荒原狼与

---

① 〔瑞士〕黑塞:《荒原狼》,赵登荣、倪诚恩等译,上海:上海译文出版社,2007年,第21页。
② Bernhard Zeller, *Hermann Hesse*, Hamburg: Rowohlt Tb, 1963.
③ 〔瑞士〕黑塞:《荒原狼》,赵登荣、倪诚恩等译,上海:上海译文出版社,2007年,第7页。

这个社会格格不入。哈勒感到非常痛苦和孤独,他烦躁不安、无家可归,他说:"啊,在我们的世界[……]要找到神灵的痕迹是多么困难啊!在这个世界,我没有一丝快乐,在这样的世界,我怎能不做一只荒原狼,一个潦倒的隐世者。"①在《荒原狼》中,哈勒感到自己仿佛来自另一个星球,他时时刻刻处于某种巨大的分裂和痛苦之中。用哈勒自己的话来说,他身上有两种截然相反的东西在斗争着,即狼性和人性,而人性和狼性互不协调。当人性沉睡而狼性苏醒的时候,哈勒就走向堕落;当人性苏醒而狼性沉睡的时候,哈勒就会对自己的堕落和罪恶感到厌恶。人性和狼性的严重敌对使哈勒产生了孤独感和自杀倾向,就像他所说:"我倒要看看,一个人究竟能忍受多少苦难,一旦达到了可忍受的极限,我只要打开死亡的大门,就能逃之夭夭。"②

所有创伤——特别是少年时期所遭受的创伤——的受害者均有着丰富却可怕的失控性的想象,因此他们处于极度的焦虑之中,这就是人格解体的表现,其在黑塞的作品中时常出现

创伤记忆的片断之浮现很像电影中的蒙太奇手法,它们会闪回,但它们缺乏逻辑性,有时甚至会夹杂着错觉或幻觉。大家熟悉的情形是,一段痛苦的回忆——特别是有关生命受到威胁、亲人朋友的丧失、自己处于无助状态等经历(集中营综合症)的回忆——会反复以各种形式(画面、声音、味道、触觉等)闪回于受害者的头脑中。

《荒原狼》中的高潮是魔幻剧场这一幕,其堪称创伤记忆的集中体现,也是黑塞心灵救赎的诊疗室。在魔幻剧场中,黑塞将过去的创痛一幕幕赤裸裸地表现了出来:对以汽车为代表的工业社会的抗拒,对当代社会中的人性与狼性共生的厌恶,对爱情被背叛的妒忌与愤怒,与莫扎特神游之后产生的不解与失望……这些断裂的、残破的场景与故事,无不透露出从少年时期至成年时期都与黑塞形影不离的创伤记忆之压抑气息。

那一间间的小屋子,那一扇扇的小门,它们背后都隐藏着黑塞一生中的挣扎与绝望。

令人痛惜的是,在《荒原狼》中,黑塞一味沉浸在生活带给他的创痛中,他回忆痛苦、发泄痛苦、反抗痛苦,甚至在潜意识中品味痛苦,因而他心灵中的创伤阴影不

---

① [瑞士]黑塞:《荒原狼》,赵登荣、倪诚恩等译,上海:上海译文出版社,2007年,第8页。
② 同上,第31页。

能被扬弃,也无法被超越,这导致黑塞最终没有完成个体灵魂的自我救赎,而是仍然沉浸在无边的心灵黑洞中。

就像魔幻剧场中的那个人生棋盘,无论如何被摆布,这场人生游戏从一开局就走得混乱不堪,它因走错了方向而再也回不到正轨……

那么,带领黑塞飞出心灵黑洞并逃离现实荒原的诺亚方舟在何处呢?

三 老年时期灵魂的自我救赎——《玻璃球游戏》

其实,人类从出生开始就伴随着创伤。人们处理创伤的方法就是与外界——特别是与一个非我的客体——建立亲密而稳定的情感关系,以此发展和传递正面的、积极的、良性的想象,并逐渐培养出成熟的认知。如此,个体内心的创伤能得到治愈,其可以维持心理上的和谐,从而达到一种平衡。

就黑塞而言,《玻璃球游戏》中的美好而积极的教育王国和精神伊甸园"卡斯塔里",就是带领他治愈少年创伤和拯救自我,并最终达到心灵和谐平衡的那叶诺亚方舟。

《玻璃球游戏》创作于 1931 年至 1943 年间,这个时间段几乎与希特勒从上台到灭亡的历史进程保持了同步。黑塞在《玻璃球游戏》中的目标很明确:"一是构筑抗拒毒化以卫护我得以生存的精神空间,二是表达悖逆野蛮势力的精神思想。"[①]

为寻求对人类自有个体的内心困惑之解答,为尽力消除人类社会彼此之间的纷争,人们多年来持之以恒地试图用各种方式构建一个万物和谐的世界,如基督教中的伊甸园、东方佛教中的极乐世界以及柏拉图眼中的"理想国"。晚年的黑塞穷其毕生精神体验,构筑起了充满自由和快乐的心灵乌托邦"卡斯塔里",一切的冲突、压抑和烦扰都在"玻璃球游戏"所营造的高尚艺术科学氛围中烟消云散,从而达到和谐与完美。

"玻璃球游戏"是黑塞构想出的一种融科学、艺术、静修等于一体的,以人类历史上的全部文化内容与价值为对象的游戏,它涵盖了一切精神追求的极致。"玻璃球游戏"将精神宇宙集中归纳为思想体系,将文化艺术的生动美丽与严谨精确的科学的魔术般的力量结合了起来,其是人类所有知识和精神财富的总和。

生活在精神王国"卡斯塔里"的人都是从各地被挑选出来的精英分子,他们的

---

① 张佩芬:《黑塞研究》,上海:上海外语教育出版社,2006 年,第 269 页。

职责就是学习、掌握和传承"玻璃球游戏"。这些被挑选出来的人聪明、优秀、高尚，对世俗财富、荣誉和家庭生活不屑一顾，只是潜心研究艺术、科学和静修。在卡斯塔里，没有课堂的硬性灌输，没有师威的无边压抑，人们跟随心中的爱好和喜乐，徜徉在理想世界的花园中。

卡斯塔里这所精神伊甸园是黑塞为抗议当时社会的黑暗独裁而设的。更进一步，我们不难看出，卡斯塔里的种种快乐正对应着黑塞少年时期在毛尔布隆神学院受到的种种苦难与创痛。对于黑塞来说，《玻璃球游戏》的创作过程更是一种心理治疗的过程，是安抚内心痛苦和消融灵魂深处的积怨之手段。最终，克乃西特成为了"玻璃球游戏大师"，因此《玻璃球游戏》彻底弥补了黑塞在现实中的挫折感与失败感，从而完成了黑塞在理想王国中的自我救治。

就像黑塞众多作品中的人物一样，《玻璃球游戏》中的克乃西特并不满足于玻璃球大师的成就。虽然克乃西特历经了多年的象牙塔生活，但他意识到脱离现实的精神追求是空中楼阁，要追求心灵的最高境界就必须承认现实的存在，必须去体验人生，并且包容它和接纳它。关于这个思想，我们在《荒原狼》的最后一幕"魔幻剧场"结尾处的誓言中略见其貌："我总有一天会更好地学会玩这人生游戏。我总有一天会学会笑。帕博罗在等着我，莫扎特在等着我。"①

为了将精神世界的最高成就应用于世俗生活，为了探求真理与现实的融合，克乃西特放弃了"玻璃球游戏大师"的称号，并离开了卡斯塔里，他决心融入世俗世界。克乃西特来到他少年时代的朋友家中，当起了一名家庭教师，他将追寻美好未来、实现精神与现实完美融合的希望寄托于朋友的孩子小铁托的身上。

在《玻璃球游戏》的结尾，"玻璃球游戏大师"为救小铁托而淹死在河中。

针对大师的死，外界有很多评论，有说他是再一次失望后自杀，有说他为救一个孩子而死太不值得。但是，我们分明看到了基督的光环在大师的灵魂中闪耀，他牺牲自我，从而留下人类灵魂获得拯救的希望。黑塞曾在一封信中评述了克乃西特之死："因为他心里有些东西比聪明乖巧更重要，因为他决不能让这个难以赢取的男孩感到失望，因为他死后遗留下的那个男孩铁托，将一生铭记这场自我牺牲死亡所意味的警告和指导精神，他将会超越一切智慧长者的训诫说教。"②

卡斯塔里和毛尔布隆神学院，一个是天堂，一个是地狱；克乃西特和汉斯，一位

---

① ［瑞士］黑塞：《荒原狼》，赵登荣、倪诚恩等译，上海：上海译文出版社，2007年，第239页。
② ［瑞士］黑塞：《玻璃球游戏》，张佩芬译，上海：上海译文出版社，2007年，第288页。

是集高尚与美德于一身的大师,一位是性格懦弱并被腐朽僵化教育体制逼死的少年。汉斯失足溺死于河中,克乃西特以自我牺牲于河中之方式警训少年。相同的归宿完成了一个轮回,但这种相似性又远远超越了简单的复制。

四　结语

　　从《在轮下》到《荒原狼》,我们看到的是少年时期的心灵创伤之再现和迂回反复,而《玻璃球游戏》则试图治愈这种创伤。如果说《在轮下》描写的是记忆脉搏中燃烧着的反抗精神,《荒原狼》描写的是中年艺术家的精神危机,那么《玻璃球游戏》则向我们展示了一位睿智的老人打开心扉接纳世界,与世界和解,并透过一个美丽的精神乌托邦对少年时期的那段心灵创伤进行自我疗救的不懈努力。

　　黑塞作品中的生命灵魂从汉斯成长为海尔纳,再成长为中年哈勒,并最终成长为"玻璃球游戏大师"克乃西特。黑塞少年时期的创伤记忆是纵贯全局的一根红线,一切都因其而起。从最初黑暗压抑的毛尔布隆神学院到燃烧着地狱之火的可怕现实世界,再到恬静安逸、与世隔绝的精神伊甸园,内在心灵与外部现实之间的矛盾,精神理想与世俗客观之间的对立始终存在,而这一切最终都指向黑塞的内心,并投映在他作品中的人物身上。少年时期遭受的心灵创伤令黑塞与外部世界格格不入,孤独与抗争既贯穿黑塞的一生又伴随着他笔下的各个人物。最终,晚年的黑塞选择了包容与和解,并将实现美好未来的希望寄托于下一代。"玻璃球游戏大师"克乃西特之死看似悲剧,其实是黑塞安排主人公以如基督般牺牲肉身的方式,为仍然生活在荒原之中的世人付上赎价,从而引导世人走向更加智慧与高尚的新生活。由此,黑塞也最终走完了长达一生的创伤记忆的自我救赎之路,因为唯有创伤已获治愈的心灵,才能播撒希望的阳光。

试论席勒《审美教育书简》中的审美现代性批判

余 娟

摘 要 席勒在《审美教育书简》中继承了康德的《判断力批判》中的美学思想。席勒以对理性和自然的矛盾、个体和整体的对立以及人性分裂之批判为出发点,试图通过审美活动来解决内心的矛盾,并提出了第三种"游戏冲动"这种可以使人性达到完满的存在法则。

关键词 席勒 《审美教育书简》 现代性 审美批判

《审美教育书简》是席勒写给其资助者丹麦奥古斯腾堡公爵的二十七封信,"席勒从 1793 年夏天开始写作《审美教育书简》,并于 1795 年把它发表在《季节女神》上。这些书简成了现代性的审美批判的第一部纲领性文献。席勒用康德哲学概念来分析自身内部已经发生分裂的现代性,并设计了一套审美乌托邦,从而赋予艺术一种全面的社会-革命作用"①。席勒在信中反对启蒙的理性、感性与自然之对立,批判资产阶级人性分裂的现实异化状态,并试图通过审美教育手段实现人性的完整。

一 前言

在《现代性的后果》一书中,吉登斯这样定义现代性:"现代性指社会生活或组织模式,大约十七世纪出现在欧洲,并且在后来的岁月里,程度不同地在世界范围内产生着影响。"②从这个定义中,我们知晓了现代性的时间界限,即始于十七世

---

① [德]于尔根·哈贝马斯:《现代性的哲学话语》,曹卫东译,南京:译林出版社,2008 年,第 47 页。
② [英]安东尼·吉登斯:《现代性的后果》,田禾译,南京:译林出版社,2011 年,第 1 页。

纪。同时期的欧洲各国都处在轰轰烈烈的资产阶级革命之中,而英国和法国的资产阶级革命之影响最为深刻。英国自 1640 年资产阶级革命之时起开始发展,到 1789 年法国大革命时,其已经成为世界上最大的资本主义殖民国家,并且其工业革命的成果已经初步显现。当法国的 1789 年大革命正在如火如荼地开展时,德国仍是一个有着三百多个邦国的四分五裂的国家,其政治上实行封建割据,经济上发展缓慢,文化上则走向了以康德为代表的唯心主义。当同一时期的法国人民通过武装起义的形式推翻封建君主专制之时,德国的资产阶级和知识分子表现得十分软弱和矛盾。在法国大革命爆发之初,德国的资产阶级和知识分子也曾欢欣鼓舞。为了表示对法国大革命的拥护,谢林和黑格尔还曾经种下了一颗自由树。席勒也热烈拥护法国大革命,并于 1792 年获得法国国民议会颁发的荣誉公民证书。但是,随着革命的深入,德国的资产阶级和知识分子却又开始对革命感到恐惧。由于封建生产关系在德国仍居主导地位,所以德国资产阶级的主张具有明显的双重性,他们一方面赞同法国大革命推崇的自由平等和人权观念,另一方面又寄希望于在君主制范围内进行改革。康德的《判断力批判》发表于 1790 年,席勒在法国大革命上转变态度后,就转身投入对康德哲学的研究。席勒在《审美教育书简》的开篇第一封信中就写道:"下述主张大部分是以康德的原则为依据的。"①就是在这样的背景下,席勒通过对启蒙现代性的批判,期望借助审美现代性来实现使人性完整之目标。

二 审美判断的由来

笛卡尔的"我思故我在"开启了近代西方哲学的认识论转向。笛卡尔在《谈谈方法》的序言中写道:"感官只能得到个别的、片面的知觉,只有理性才能获得普遍的、必然的认识。"②在笛卡尔看来,感性是不可靠的,他确立了依靠理性来衡量观念真假之标准,并在此基础上提出了"天赋观念"的学说,即"凡是表明不完满的,在神那里都没有;凡是表明完满的,在神那里都有"③。笛卡尔的观点是二元论的认识论,他将上帝视为"绝对实体",而上帝创造了两个"相对实体",即灵魂和形体④。

① [德]席勒:《审美教育书简》,张玉能译,南京:译林出版社,2009 年,第 2 页。
② [法]笛卡尔:《谈谈方法》,王太庆译,北京:商务印书馆,2001 年,第 x 页。
③ 同上,第 29 页。
④ 同上,第 xvi 页。

在笛卡尔的理论中,认识的出发点不是人,人之所以能够认识世界,是因为上帝赋予了人这样的能力。

鲍姆嘉通于1750年出版了《美学》一书,书中第一次明确提出了"美学"这个概念并定义了美学的对象:"美学的对象就是感性认识的完善,这就是美;与此相反的就是感性认识的不完善,这就是丑。[……]美学是以美的方式去思维的艺术,是美的艺术理论。"①通过这样的定义,鲍姆嘉通将美学的对象明确地界定为感性认识,他认为美是感性认识的完善,人们应从主体审美能力的角度来理解审美问题。

康德接受了鲍姆嘉通的思想,并在此基础上又将人的认识能力划分为理解力、判断力和理性。在《纯粹理性批判》和《实践理性批判》中,康德已经对理解力和理性进行了探讨。在康德看来,"在知性和理性之间有一个中间环节,这个中间环节就是判断力"②。"判断力就是对愉快和不愉快情感的认识能力"③,"为了分辨某物是美的还是不美的,我们通过想象力而与主体及其愉快或不愉快的情感相联系。所以,鉴赏判断是感性的(审美的),主观的。"④通过《判断力批判》,康德确立了审美的普遍性并强调了主体的审美能力,从而凸显出作为主体的人在认识活动中的作用。此外,康德反对美与概念及现实利害之间的任何联系,而这成为了席勒美学思想的来源。

三 《审美教育书简》中的审美现代性批判

席勒在《审美教育书简》中继承了康德在《判断力批判》中的美学思想。席勒以对理性和自然的矛盾、个体和整体的对立以及人性分裂之批判为出发点,试图通过审美活动来解决内心的矛盾,并提出了第三种"游戏冲动"这种可以使人性达到完满的存在法则。

(一) 对理性的批判

在第二封信中,席勒写道:"实用是这个时代巨大的偶像,一切力量都要侍奉它,一切才能也都要尊崇它。[……]甚至哲学的研究精神也一点一点地从想象力

---

① [德]鲍姆嘉通:《鲍姆嘉通说美学》,高鹤文、祁详德编译,武汉:华中科技大学出版社,2018年,第26页。
② [德]康德:《三大批判合集》(下),邓晓芒译,北京:人民出版社,2009年,第227页。
③ 同上,第245页。
④ 同上,第249页。

那里争夺地盘,而科学的界限越扩张,艺术的界限也就越缩小。"①启蒙运动推崇将人的"理性"作为评判一切的标准,实用主义亦随着自然科学的深入发展而深入人心,甚至艺术界也尝试用自然科学的标准来评价作品。这一趋势在德国"狂飙突进"时期和早期浪漫主义时期备受推崇的"天才"一词中就已初见端倪。因为"天才"是天生为艺术立法的自然,所以艺术家追求的就不再是成为客体的一部分,而是无限接近自然的"天才"本身并成为主体。此处,席勒对理性、科学和艺术之间的关系进行了批判,他将理性的特点视为实用,而实用本身凭借科学的名义攻城略地,并成为衡量一切的标准,从而让艺术的发展空间变得逼仄。

马克斯·霍克海默和西奥多·阿道尔诺在《启蒙辩证法》中谈到"启蒙的理想就是要建立包罗万象的体系"②。启蒙运动试图唤醒人类独立利用理性判断去克服自然的不完善之能力,以将人类从恐惧和迷信中解放出来,并用知识消解宗教的权威范围,从而使人成为自然的主人。席勒在《审美教育书简》的第四封信中写道:"理性显然要求统一,可是自然却要求多样性,而人就被这两个立法机构同时要求着。"③从整体上看,这个包罗万象的体系是通过国家的形式完成统一的,那么当人作为其中一个组成部分出现时,按照霍布斯在《利维坦》中的论述,他们为了自我保存而达成妥协,以让渡出自己一部分权利的方式结成国家。但是,人是有意识的动物,人和人只有在相互比较之中才能意识到自己是谁,从而要求将自己同他人区别开来,而这种人和人之间的区别必然呈现出多样性的要求。于是,人就不得不在这种理性和自然的矛盾中生存。

(二) 个体和整体的对立

从德国文学的开路先锋莱辛的《拉奥孔》到古典时期的温克尔曼提出的"高贵的单纯,静穆的伟大",希腊艺术从来都被视为是艺术理念的典范,而席勒也继承了这样的观点,他在《审美教育书简》的第六封信中写道:"在希腊的国家里,每个个体都享有独立的生活,而一旦必要又能成为整体;[……]而现在,国家和教会、法律与习俗都分裂开来了,人永远被束缚在整体的一个个孤零零的小碎片上,人自己也就

---

① [德]席勒:《审美教育书简》,张玉能译,南京:译林出版社,2009 年,第 3 页。
② [德]马克斯·霍克海默、[德]西奥多·阿道尔诺:《启蒙辩证法》,渠敬东、曹卫东译,上海:上海人民出版社,2006 年,第 4 页。
③ [德]席勒:《审美教育书简》,张玉能译,南京:译林出版社,2009 年,第 8 页。

把自己培养成了碎片。"①席勒在这里直接将批判的矛头指向了国家这个曾经承诺为每个人提供安全和公平的机构。社会中的等级和职业之划分导致了个体和整体的分离，个体仅能在他的那片天地中发挥个人的天赋才能。那么，由于每个人的才能都是相互独立的，所以我们可以想象到，才能最终会变得对立，并且每个人在整体上都是不完整的。无论等级划分和职业分工从整体上给国家带来了多大好处，它都是以牺牲个体的完整性为代价的。职业分工越是细致，人的异化就越严重。在这种情况下，个人和国家就变得对立起来，而这个原本为了每个人的福祉而被建立起来的国家就站在了个人的对立面。借助国家这个主体，席勒对德国当时的社会政治和思想做出了尖锐的批判。

（三）人性的分裂

为什么国家不能保障人性的完整性？人性又是如何在历史进程中被割裂的呢？对此，席勒在《审美教育书简》的第十一封信中提出了"人格"和"状态"这两个概念。席勒"在人身上区分出固定不变的某种东西和不断变化的某种东西。席勒把固定不变的东西称为'人的人格'，把不断变化的东西称为'人的状态'"②。席勒认为，永恒存在属于具有神性的东西，那么"人格"和"状态"在有限本质的人身上必然是分开的。席勒接着又在《审美教育书简》的第十二封信中说人的天性受到两种相反力量的驱使，这两种力量"把我们身内的必然的东西转化成现实，以及使我们身外的现实的东西服从于必然性法则"③。席勒将这两种冲动称为"感性冲动"和"理性冲动"。感性冲动来自于人的物质存在，其受到时间的限制，并随着外部世界的变化而变化；理性冲动来自于人的绝对存在，其是在万千变化中保持住人的人格的自由存在。在这两种冲动的对立中，人性被割裂开。席勒认为，人性和自由相互联系，而自由又被建立在感性和理性相统一的基础之上。于是，席勒试图通过审美教育来消除理性和感性的对立，即通过"审美"来达到人性的完整。

马克斯·霍克海默和西奥多·阿道尔诺在《启蒙辩证法》的前言中说道："我们本来的计划，实际上是要揭示人类没有进入真正的人性状态，反而深深地陷入了野

---

① ［德］席勒：《审美教育书简》，张玉能译，南京：译林出版社，2009年，第14页。
② ［德］席勒：《审美教育书简》，张玉能译，南京：译林出版社，2009年，第32页。
③ 同上，第35页。

蛮状态的原因究竟何在。"①当启蒙运动使人类从宗教的束缚中挣脱出来之后,代表启蒙的理性又逐渐走上神坛,它追求效率、崇尚科技。当理性以普遍性的面貌出现在人们面前时,它将书写新的神话。我们可以看到,从通过神话进行审美,到将理性视为批判一切的标准,人类的人性在此过程中并未趋于完整,反而不断被异化。作为德国资产阶级思想的代表,席勒拒斥法国雅各宾派的暴力革命和恐怖统治,他试图通过非功利性的审美教育来实现人性的完整。

四 作为中介的"游戏冲动"

为了调和被割裂的感性和理性,席勒提出了"游戏"这个概念,并在他的《审美教育书简》的第十五封信中写道:"只有当人是完整意义上的人时,他才游戏;而只有当人在游戏时,他才是完整的人。"②席勒此处指的是令人愉快的、善的、美的游戏。"感性的人通过美被引向形式和思维,精神的人通过美被带回到质料并被归还给感性世界。"③因此,席勒将美视为人性的一个必要条件,并且他认为,人只有在审美状态中才能达到完整,而人类实现美的路径就是通过艺术创作和欣赏之形式走向美的游戏王国。

在《审美教育书简》中,席勒将审美游戏和艺术活动同人的全面发展联系起来,他试图通过艺术和审美来消解感性和理性之对立,并期望借助艺术的审美教育来实现对人性完整之探索。在今天看来,席勒的理论确实是具有跨越时代的意义的。

---

① ［德］马克斯·霍克海默、［德］西奥多·阿道尔诺:《启蒙辩证法》,渠敬东、曹卫东译,上海:上海人民出版社,2006 年,第 1 页。

② ［德］席勒:《审美教育书简》,张玉能译,南京:译林出版社,2009 年,第 48 页。

③ 同上,第 54 页。

窗之惑
——试论卡夫卡小说中的"窗"之隐喻

梁锡江

摘　要　从卡夫卡的早期作品开始，"窗"这一主题就作为一个多层次的隐喻反复出现在卡夫卡的短篇小说与长篇小说之中。"临窗凭眺"是自我存在的和谐与困境之隐喻，而"窗"本身是内与外关系之隐喻。窗内是主体对孤独与安全的需求，窗外是主体对理想化的外部世界的渴望。作为内与外联系的中介，"窗"直接体现了主体的存在状态与境遇。

关键词　窗　临窗凭眺　自我存在的和谐与困境　孤独　渴望

也许是作家的职业习惯，也许是孤独的个性使然，对外界异常敏感的卡夫卡对"观察"（Betrachtung）似乎情有独钟[①]。1908 年，卡夫卡在双月刊《许佩里昂》（*Hyperion*）上首次发表了 8 篇短篇作品，他为这 8 篇当时并未确定标题的短篇小说选择的总标题就是"Betrachtung"这样一个具有双重含义的词。[②] 1910 年，卡夫卡又将 5 篇短篇小说（其中 4 篇小说与 1908 年发表的短篇小说重合，不过都分别加了标题）发表在《波希米亚》（*Bohemia*）日报上，这次的总标题依然是《观察》，只不过德语用词换成了复数的"Betrachtungen"[③]。1912 年，在为自己的第一部小说集（上述两次发表的短篇均被收入此集，另外又增加了 9 篇未发表的短篇小说）确

[①] Paul Raabe, *Nachwort*, in Franz Kafka, *Sämtliche Erzählungen*, Frankfurt, 1970, S. 391 - 394.

[②] "Betrachtung"这个词在德语里既有"注视"的含义，也有"思考"的含义。

[③] 据马克斯·布罗德回忆，当时《波希米亚》文艺副刊的编辑保罗·韦格勒（Paul Wiegler）认为，总标题必须改为复数的"Betrachtungen"，以适应普遍的语言使用规范，而卡夫卡则对这种专横的行为表示很反感。参见 Hartmut Binder, *Kafka-Kommentar zu sämtlichen Erzählungen*, 3. Auflage, München, 1982, S. 86.

定总标题的时候,卡夫卡一如既往地选择了他偏爱的"Betrachtung"。在这部小说集收录的 18 篇作品里,叙述者(共有 15 篇的叙述者是第一人称的"我"或"我们")都是以一种边缘人的姿态游离于孤独与群体之间,他们惊讶于似乎熟悉而又实际陌生的世界,并以别具特色的视角对周遭的事物进行观察和描写,从而凸现出主体的困境与孤独以及存在的被异化感。这种边缘式的观察主题可以说贯穿整部小说集的始终。在这部小说集涉及的众多的观察主题之中,有一个很值得我们注意的现象,那就是"通过窗的观察"。据笔者统计,"窗"(Fenster)这个词一共在 7 篇小说中出现了 11 次。尤为重要的是,《观察》里专门收录了两篇主题涉及"窗"与"临窗凭眺"的小说,即《凭窗闲眺》①和《临街的窗子》,而且《凭窗闲眺》还三次被收录进《观察》之中,由此可见卡夫卡对该主题的重视。

从卡夫卡的早期作品开始,"窗"这一主题就作为一个多层次的隐喻反复出现在卡夫卡的短篇小说与长篇小说之中。"临窗凭眺"是自我存在的和谐与困境之隐喻,而窗子本身是内与外关系之隐喻。窗内是主体对孤独与安全的需求,窗外是主体对理想化的外部世界的渴望。作为内与外联系的中介,"窗"直接体现了主体的存在状态与境遇。

一 卡夫卡的窗

不管怎么样,在文学研究中,借助作者的生平或者援引作者对作品的阐述依然是最为常用的研究方式。虽然用卡夫卡来解释卡夫卡"难以把握作品的整体意义,难以承认作品的相对独立性,难以给读者以应有的权利;[……]削弱作品对读者的挑战,忽略读者对作品意义的开拓作用"②,但是将作者的经历及其创作过程视为理解作品的框架条件实际上还是十分必要的。毕竟了解卡夫卡本人的看法能够更好地帮助我们理解作为叙述元素的"窗"在小说中的作用与意义,而且熟悉作者经历本身也是读者视野的一个组成部分。正是基于同样的理由,笔者才可以放心地转述德国的实证派卡夫卡专家哈特穆特·宾德(Hartmut Binder)的观点:"卡夫卡

---

① 《凭窗闲眺》最早于 1908 年在《许佩里昂》上发表的时候是没有标题的,其于 1910 年在《波希米亚》上发表的时候的标题为《窗边》(Am Fenster)。1912 年,《窗边》在被收入小说集《观察》的时候,其标题被改成了现在的《凭窗闲眺》。参见 Paul Raabe, *Nachwort*, in Franz Kafka, *Sämtliche Erzählungen*, Frankfurt, 1970, S. 391 – 394.

② 王炳钧:《存在的彷徨——论弗兰茨·卡夫卡的〈一个乡村医生〉》,载《文野》,1995 年第 1 期,第 245 页。

个人十分喜欢从屋内眺望。1907 年以后，卡夫卡居住在尼克拉斯大街 (Niklasstrasse)36 号他父母的房子里，而上述的偏好就是在那里养成的。"①"在他房间那里，卡夫卡拥有非常开阔的视野。从那里可以望见一个广场、伏尔塔瓦河②、一座横跨河两岸的桥以及对面的河岸。"③在卡夫卡的日记里，我们可以读到很多描写临窗眺望的片段，一个比较典型的例子就是《判决》诞生的那个著名的夜晚："窗前的天色变蓝了，一辆车子驶过。两个男人在大桥上行走。"④在卡夫卡的早期作品中，我们也确实可以找到这段经历的痕迹：《凭窗闲眺》与《临街的窗子》自然不必说了；在《商人》和《不幸状态》中，我们也可以发现类似的端倪⑤；《判决》最开始的那段描写则干脆与卡夫卡当时的实际情况相吻合，即本德曼"将双肘支在书桌上，凝视着窗外的河水、桥和对岸绿色初绽的小山坡"⑥。另外，还有一个与《判决》相关的事实：卡夫卡在一封给女友菲丽丝·鲍威尔(Felice Bauer)的信⑦中透露，他原本要在《判决》中描写一场战争，其中的情节之一是一个年轻人透过自家的窗，看见一群人从桥上走过来。

很难说卡夫卡望向窗外的目光中到底夹杂着什么样的情感，与其说临窗眺望是他最为喜爱的动作，倒不如说这是他最为习惯的动作。卡夫卡一旦无事可做，他的眼睛就总会习惯性地望向窗外，这似乎已经成了他生命中不可缺少的一个部分。在给女友密伦娜(Milena)的一封信中，卡夫卡这样写道："在不给你写信的时候，便躺在我的靠背椅上，望着窗外。从这里可以看到的东西够多的了，因为对面的房子只有一层楼。我不是说，我在往外望时心情特别忧虑，不，一点也不，我只是不能制止自己向外望。"⑧从上面这段话中，我们还可以看出另外一层意思，即卡夫卡喜欢一个人躺在靠背椅上，他的眼前拥有开阔的视野，他可以将视线不受阻碍地投向外面的世界。这也从侧面反映了卡夫卡喜欢玩味孤独的个性，他在谈及自己的希望时说："一个大大的窗户，而我就坐在窗前的桌子前面，窗外是非常开阔的

① Hartmut Binder, *Kafka in neuer Sicht*, Stuttgart, 1976, S. 143.
② 这条河的德文名称应该是"Die Moldau"，捷克作曲家斯梅塔纳(Friedrich Smetana)有一首名曲就是这个名字，但是国内通常将其译作"伏尔塔瓦河"，这实际上是该河的捷克语名称"Vltava"。
③ Hartmut Binder, *Kafka-Kommentar zu sämtlichen Erzählungen*, 3. Auflage, München, 1982, S. 58.
④〔奥〕卡夫卡：《卡夫卡书信日记选》，叶廷芳、黎奇译，天津：百花文艺出版社，1991 年，第 33 页。
⑤ Franz Kafka, *Sämtliche Erzählungen*, h. g. von Paul Raabe, Frankfurt, 1970, S. 14.
⑥ Ebd, S. 23.
⑦ Franz Kafka, *Briefe an Felice und andere Korrespondenz aus der Verlobungszeit*, h. g. von Erich Heller und Jürgen Born, Frankfurt, 1976, S. 394.
⑧〔奥〕卡夫卡：《致密伦娜情书》，叶廷芳、黎奇译，北京：文化艺术出版社，2004 年，第 114 页。

空间。在夕阳西沉的时候,可以静静地睡在那里,而不必去担心光线与眺望的烦累,同时还可以不受外界的影响安静地呼吸。"①但是,卡夫卡自己也承认,这只是一个"无法实现的愿望"。一旦视线受到阻碍,卡夫卡就会感觉很不自在,因为这种习惯已经深入他的骨髓了:"假如没有开阔的视野,假如无法从窗子那里看见一大片蓝天以及远处的尖塔,假如眼前没有空旷的土地,没有这些我就会变成一个不幸的人,一个沮丧的人。"②另外一方面,对于卡夫卡而言,临窗远眺不仅是他闲暇寂寞时的消遣与习惯,同时也是他用来抚平内心激荡的镇静剂。1913 年 4月,卡夫卡在一封写给菲丽丝的信中说道:"我今天在外面幽暗的过道里洗手,突然,不知道为什么,我思念你的心情变得非常强烈。最后我不得不走到窗边,以为至少可以在灰色的天空那里寻找到一些慰藉。"③一旦卡夫卡处于某种激动的状态,他就总是通过窗来排遣和稳定情绪。当卡夫卡在某天半夜突然咯血的时候,他的反应恰好证明了这一点:"我站了起来——就像一切使人们激动的新鲜事那样,当然有点惶恐,我走到窗前,探出身去,然后走向盥洗台,在房间里来回走动,坐在床上——不停地咯血。"④

二 凭眺之隐喻:自我存在的和谐与困境

从象征学的角度来说,投向窗外的目光实际上有着表征沉思(die Kontemplation)或者渴望(die Sehnsucht)的功能⑤。关于渴望——特别是对外界的渴望——与窗的关系,笔者将在下一部分进行分析。对于卡夫卡的小说中的人物来说,窗首先是一个适合独自沉思的地方,他们可以进行饱含兴奋的遐思,也可以进行满怀忧郁的冥想。

当卡夫卡小说中的人物处于某种志得意满、满怀憧憬的状态时,他们做的事情当然是他们感觉最为舒适和放松的事情(这正好与人物的满足感相吻合),他们也最好是身处在一个能够衬托出自己心情的地方(广阔的空间以及对远景——特别是对天空——的眺望在意象上和人物的憧憬相关联)。于是,窗旁就成了他们玩味

---

① Kafka, *Briefe an Felice*, a. a. O., S. 574.

② Kafka, *Briefe an Felice*, a. a. O., S. 630f.

③ Ebd., S. 353.

④ [奥]卡夫卡:《致密伦娜情书》,叶廷芳、黎奇译,北京:文化艺术出版社,2004 年,第 115 页。

⑤ Manfred Lurker (Hg.), *Wörterbuch der Symbolik*, Stuttgart, 1979, S. 382.

幻想、自我陶醉的好场所(不可否认的是,这当然也与卡夫卡本人的习惯和爱好相关)。例如,《城堡》里的巴纳巴斯的父亲在消防队庆祝会之后以为自己有希望当选教练,于是"他谈论此事,就像他平常喜欢做的那样伸胳膊伸腿,坐在那儿把半张桌子都占了,他从打开的窗户仰望天空,满面春风,显得年轻而又满怀希望"①。同样,《判决》在一开始就叙述了格奥尔格·本德曼在"悠然自得"地"凝视着窗外的河水、桥和对岸绿色初绽的小山坡"②。卡夫卡本人对此的解释是:"那个朋友是父与子之间的联系,他是他们之间最大的共同点。独自坐在窗前时,格奥尔格喜不自胜地玩味着这一共同物,以为已经赢得了父亲,一切在他眼前都显得那么安宁,包括那一闪而逝的伤感。"③在《审判》中,K发现原来法院办公室竟然被设在出租公寓的阁楼上,这给他带来了"更多的安慰",他情不自禁地感慨自己处于何等优越的地位,因为"他在银行里单独享有一间宽敞的办公室,还设有会客厅,透过大玻璃窗,可以领略到城市广场上热闹非凡的景象"④。如果展开进一步的分析,那么我们就会注意到,上述人物在凭眺的时候,他们的内心愉快而又安逸,他们面临的生存危机还没有开始,人生与现实的冲突也还没有出现,所以他们的内心与自我在凭眺时都处于十分和谐的状态。巴纳巴斯的父亲自认为事业生涯的一个契机即将来临(有可能当选教练),所以他将全部心思都放在憧憬与遐想上了。与之类似,本德曼在那个春光明媚的上午开始写信的时候,他的人生也可以用"春风得意"来形容。本德曼接替了父亲的生意,获得了很大的成功,而且他还和一个富家小姐订了婚(订婚实际上标志着本德曼获得了世俗意义上的成功与幸福),所以他在给朋友的信中将自己称作一个"幸福的朋友"⑤。同时,通过那封信,本德曼也终于将长期郁结在心里的话倾诉出来,从而获得了一种如释重负的感觉。至于《审判》里那段关于约瑟夫·K透过玻璃窗领略广场上的景象的叙述,它实际上是K本人对美好的过去的回味,那时他还没有被捕,内心当然也还没有出现任何矛盾。但是,一旦人生的设想与现实出现矛盾,或者自我的存在与世界之间出现不可调和的冲突,内心的和谐就会被打破,自我就将面临分裂和异化,象征自我和谐的凭眺也就无法再进行下去。所以,在消防队通知巴纳巴斯的父亲说他的职务被解除了以后,人们就

① Franz Kafka, *Das Schloss*, h. g. von Max Brod, Frankfurt, 1983, S. 192.
② Kafka, *Sämtliche Erzählungen*, a. a. O., S. 23.
③ [奥]卡夫卡:《卡夫卡书信日记选》,叶廷芳、黎奇译,天津:百花文艺出版社,1991年,第35页。
④ Franz Kafka, *Der Prozess*, h. g. von Max Brod, Frankfurt, 1983, S. 55.
⑤ Kafka, *Sämtliche Erzählungen*, a. a. O., S. 26.

"再也没有见过他那样了"①。本德曼在写完那封向朋友摊牌的信之后,他原本十分坚定的信念在临窗遐想的过程中突然变得犹豫起来,他"手拿这封信,久久地坐在书桌旁,面向窗户。一位过路的熟人从街上跟本德曼打招呼,他也只是心不在焉地微微一笑"②,内心的矛盾驱使本德曼走向了父亲的房间。从自己阳光充足的房间(窗是打开的)走向父亲昏暗而又密不透风的房间(窗是关上的),这一行为一方面象征着自我和谐的不复存在,另一方面也象征着本德曼"转向良知存在的内心世界"③,他希望良知以权威的姿态(父亲的形象)来为自己矛盾的生存状态做出判断。

值得我们注意的是,"临窗凭眺"这一场景在《判决》中一共出现了两次:第一次是在本德曼刚刚写完那封信时,他内心的矛盾刚刚得到释放;第二次则是在经过了独自的遐想之后,本德曼的矛盾重新在内心郁结。这两次凭眺实际上分别代表了"临窗凭眺"的双重象征意义,即自我的和谐与困境。在主体面临矛盾与冲突、自我的和谐不复存在的时候,凭眺象征着的自我和谐的意义也就随之消失,但是凭眺却因此具备了另外一层象征意义,即表征自我的困境。利用凭眺来凸显主体困境的叙述手法在卡夫卡的小说中十分常见,而最能体现这一特点的作品当属《审判》。在未被逮捕之前,K"在银行里单独享有一间宽敞的办公室,还设有会客厅,透过大玻璃窗,可以领略到城市广场上热闹非凡的景象"④。但是,随着K被逮捕,他的存在受到了陌生世界的严重威胁,自我的和谐因此被打破,生命也出现了越来越逼仄的边缘感。来到法院办公室的K就像是自投罗网的鱼那样呼吸不到"自由的空气"⑤,周围的一切都在逼压着与环境格格不入的他。K想打开头顶的天窗透透气,却发现烟尘涌了进来,最后"虚弱得无法自理"的K只能在别人的搀扶下离开法院。一离开法院,K突然又变得容光焕发。⑥ K身体的这种强烈反应实际上就来自于那无处不在的"法"所造成的强大压迫感,K的自我正面临着前所未有的困境,他就像是《小寓言》里的老鼠一样"上天无路,入地无门"。这样的困境也同样反映在K凭眺时的视野上,他已经无法再像从前那样拥有一个开阔的视野,他的"视力范围"只能变得越来越局限。在法院之后的那一章,受到鞭手惊吓的K不得不停留在窗前

---

① Kafka, *Das Schloss*, a. a. O., S. 192.

② Kafka, *Sämtliche Erzählungen*, a. a. O., S. 26.

③ 韩瑞祥:《20世纪奥地利文学史》,青岛:青岛出版社,1998年,第38页。

④ Kafka, *Der Prozess*, a. a. O., S. 55.

⑤ Ebd., S. 65.

⑥ Ebd., S. 61 - 65.

稳定情绪,可是他看到的只是"一个小的四方庭院,四周全是办公室,所有的窗户都是黑洞洞的"①。在办公室里,从自己坐的位置望出去,K"只能看到马路对过一个小小的三角地带,一道光秃秃的住宅墙夹在两家商店的橱窗之间"②。随着时间的推移,始终对案件无法释怀的K的心理压力日益增大,于是在一个冬日的上午(冬天正是困境的譬喻),他终于"陷入精疲力尽的心境中,听凭千头万绪的念头在脑海里翻腾"③,于是他走到窗前,"望着窗外的广场。雪还在下,天还不见放晴。他就这样坐了很久,弄不清到底是什么事情使自己心烦意乱"④,银行的差使已经让K感到厌烦,"不想回到办公桌前",压抑的感觉驱使他打开窗户,但是与在法院办公室一样,迎接他的却是"弥漫着烟尘的雾气"和满屋子的"焦煤味"⑤。与凭眺的视野一样,K的生存空间也变得越来越狭窄。同样,在画家那里,K也只能遭遇到"污浊霉腐、几乎令人窒息的空气"⑥,而他"透过窗户望出去,一片雾蒙蒙的,除了能看见邻近白雪覆盖的屋顶外,远近什么也看不见"⑦。此外,那个与K有类似遭遇的商人布洛克身上也体现了同样的生存境遇,商人只能住在女佣的房间,里面"又矮又小,没有窗户"⑧。最后,K只能在一片黑暗当中"全然无力"地接受教堂神甫关于"法的门前"的寓言,他的那句"这里黑洞洞的,我一个人找不到路"⑨一语道破了他的存在状态。

值得一提的是,在《一份致某科学院的报告》里,我们遇到了另外一种情况:为了找寻出路,那只绰号为"红彼得"的猴子不得不通过常年的学习来达到变成人的目的。索科尔(Walter H. Sokel)认为,猴子的这一变形过程实际上是彻底放弃旧有的自我,并获得一个崭新的自我之过程⑩。因此,这一过程也是一个收获与损失参半的过程。一方面,猴子借此摆脱了束缚的笼子,并且获得了巨大的知识进步,

---

① Kafka, *Der Prozess*, a. a. O., S. 77.
② Kafka, *Der Prozess*, a. a. O., S. 80.
③ Ebd., S. 108.
④ Ebd., S. 114.
⑤ Ebd., S. 115.
⑥ Ebd., S. 138.
⑦ Kafka, *Der Prozess*, a. a. O., S. 124.
⑧ Ebd., S. 156.
⑨ Ebd., S. 188-189.
⑩ Walter H. Sokel, *Franz Kafka, Tragik und Ironie zur Struktur seiner Kunst*, Frankfurt, 1976, S. 370.

它承认自己"因此感到幸福"[①],而且在人类世界里,它感到"更舒服、更安全"[②];另一方面,猴子放弃了那种"伟大的面对四面八方的自由"[③],"给自己加上了约束"[④]。猴子自己也承认:"我本来可以通过天地之门返回过去,可是随着我不断被驱赶向前,这扇门也就变得日益低矮,日益狭窄;[……]从我的过去刮来的那股追随着我的狂风,渐渐减弱;如今,它不过是吹拂着我脚后跟的一丝凉风。风从远方的那个洞口吹来,当初我就是从那个洞口钻过来的,而如今它已变得很小。"[⑤]所以,当猴子凝视着窗外,并回首自己的发展道路时,它的存在就成了一种"既不抱怨也不志得意满"[⑥]的状态。

三 窗之隐喻:孤独的诱惑与困惑

熟悉卡夫卡作品的人都知道,他的绝大多数小说中的主人公都是以"单身汉"(Junggeselle)的形象出现的,而从根本上说,"单身汉"实际上就是与周围环境格格不入、无法融入社会、自我存在出现问题的边缘人。"单身汉"形象的一个最突出的特点就是对"安全感和孤独有着极为强烈的需要"[⑦]。一个典型的例子就是《变形记》里的格雷戈尔·萨姆沙。我们从萨姆沙母亲的口中得知:萨姆沙晚上从不外出,一天到晚只为工作奔忙,他也没有任何娱乐,做木工活就是他业余时间的唯一消遣。[⑧] 做木工活的一个成果就是萨姆沙屋内的那个镜框,镜框的画上画着一个"带着裘皮帽围着裘皮围巾的女士"[⑨],而这幅从画报上剪下来的画实际上暴露了萨姆沙对异性的贫乏情欲。事实上,萨姆沙虽然过着孤独的生活,但是他同时也渴望能够与外界接触,渴望能够与其他人建立真正的交往,而他本人对自己的实际状况也并不满意,所以他才会抱怨:"交往的人经常变换,相交时间不长,感情无法深入。"[⑩]因此,在未变形之前,萨姆沙特别喜欢在窗户旁边向外眺望,以此来获得那

---

① Kafka, *Sämtliche Erzählungen*, a. a. O., S. 154.

② Ebd., S. 147 – 148.

③ Ebd., S. 150.

④ Ebd., S. 147.

⑤ Kafka, *Sämtliche Erzählungen*, a. a. O., S. 147 – 148.

⑥ Ebd., S. 154.

⑦ Jürg Beat Honegger, *Das Phänomen der Angst bei Franz Kafka*, Berlin, 1975, S. 194.

⑧ Kafka, *Sämtliche Erzählungen*, a. a. O., S. 62.

⑨ Ebd., S. 56.

⑩ Ebd., S. 57.

种愉快而又自由的感受①,因为这一行为能够在一定程度上打破他孤独的封闭状态。虽然这里的窗象征着一种"内与外之间的联系"②,并且窗也为被困于孤独之中的萨姆沙提供了自由眺望的机会,但是从另一方面来说,窗同时也是这种孤独状态的保护伞,因为它在孤独者与外界之间设置了一个"界限",孤独者不可能与外面的世界有真正的接触。实际上,窗是在人物对孤独的需要与对外界的渴望之间建立了一种平衡。但是,我们必须认识到,在这个平衡当中,居于主导地位的仍然是"对孤独的需要",而这也是卡夫卡笔下"单身汉"们的生存基调,如卡夫卡的早期作品《临街的窗子》里面的人物虽然会"随着底下马车的喧闹声被拉入人类整体之中"③,但是人物的立足点却依然是窗边,他依然是一个旁观者,一个与人类整体保持着"距离"的局外人。所以,当窗建立起来的平衡被打破的时候,人物的必然选择就是退回到完全的孤独状态。在《变形记》里,打破这一平衡的正是令萨姆沙深深反感的他的职业生活。这个"累人的职业"驱赶萨姆沙"日复一日地奔波于旅途之中"④,他根本无法享受孤独带来的安静与安全。此外,萨姆沙的工作也让他无法与别人建立真正深入的交往,也无法与外界保持顺畅的联系。可以说,萨姆沙一直生活在个人与职业的巨大冲突中,他是"为了父母"才"强加克制"自己的内心感受的。⑤ 弗洛伊德的心理分析告诉我们,如果现实太令人痛苦,以至于不能忍受,那么被威胁的自我就会因为抵抗失效而投入潜意识的冲动的怀抱之中,从而达到脱离现实的目的。⑥ 潜意识促使萨姆沙幻化为甲虫,他完全摆脱了与人类生活的一切直接关联,并退回到完全的孤独状态,从而达到了逃避所有冲突与责任之目的。但是,在萨姆沙退到封闭的孤独状态的同时,他也放弃了与外界的联系,从而失去了自由发展自己的可能。开放而又广阔的外部世界离萨姆沙越来越远,他存在的轨迹越来越局限在他自身以及周围的狭小空间,也就是他的小房间,甚至他与家人的接触也变得越来越少。正因为如此,"象征与理想化的外界联系"的窗也就逐渐失去了作用。萨姆沙再也无法重新领略到从前眺望的那种"自由的感受"⑦,他的视力伴随着他的变形而变得越来越局限,他的存在方式也变得越来越衰弱。对

---

① Kafka, *Sämtliche Erzählungen*, a. a. O. S, S. 76.
② Manfred Lurker (Hg.), *Wörterbuch der Symbolik*, 2. erweiterte Auflage, Stuttgart, 1983, S. 189.
③ Kafka, *Sämtliche Erzählungen*, a. a. O., S. 18.
④ Ebd., S. 56.
⑤ Ebd., S. 57.
⑥ [奥]弗洛伊德:《精神分析引论新编》,高觉敷译,北京:商务印书馆,1987 年,第 10 页。
⑦ Kafka, *Sämtliche Erzählungen*, a. a. O., S. 76.

于萨姆沙而言,窗外所见的只是"一片灰蒙蒙的天地不分的荒漠"①,而这正是他整个存在状态越来越孤独,越来越逼仄,越来越局促的写照②。如果这种情况继续发展下去,那么萨姆沙就会变得和小说《地洞》里的那只掘地而居的动物一样,彻底离群索居,完全生活在自己局限的地洞里,以使自己对"安全感与孤独的需要"得到满足,而没有窗的地洞本身就象征着与外界联系的断绝。事实上,萨姆沙本人已经认识到,他正在"把那温暖的、摆着祖传家具的舒适房间改变成一个洞穴[……]他可以在那里四面八方不受干扰地爬行,[……]也会迅速而完全地忘记他做人的过去时光"③。但是,与《地洞》里的穴居动物不同的是,萨姆沙虽然外形变成了虫子,而且生活习性与存在方式也在慢慢改变,但是他的身上仍然保留着人的意识和价值观念以及对过去生活的回忆,而这也正是萨姆沙的不幸之处。萨姆沙的变形实际上是自我分裂的表征。正是自我分裂的两极之间造成的张力使萨姆沙根本无法达到通过变形来逃避一切的目的。相反,萨姆沙的变形正是新的冲突与矛盾的开始,而这也正是导致他后来的悲剧的根本原因。

在《变形记》中,作为与外界联系的另一条纽带的"门"却发挥着与"窗"完全不同的作用:如果说"窗"象征着孤独的主体与理想化的开放而又自由的外部世界的联系的话,那么"门"则是主体与现实世界之间的纽带。萨姆沙必须首先通过"门"才能开始他的职业生活和来到家庭的氛围当中。如果说房间内孤独的萨姆沙仅仅是一个赤裸裸的存在意义上的人的话,那么走向"门"也就意味着他准备去行使自己的社会职能。在变形之后,别人都听不懂萨姆沙的话(语言是社会交际的最基本工具),而且他费了九牛二虎之力才把房门打开④,这些都表明他正面临着社会职能丧失的危险。等萨姆沙满怀希望地以为"自己重又被纳入人类圈子"⑤,并且真的把门打开之后,迎接他的却是另外一番景象:全权代理的逃走标志着萨姆沙的职业生活之终结;母亲与妹妹的惊慌失措以及父亲的驱赶标志着他的家庭生活出现了危机;父亲最后那"解脱性的一脚"把他重新送回了自己的房间,同时门也被关

---

① Kafka, *Sämtliche Erzählungen*, a. a. O., S. 77.
② 格哈德·库尔茨(Gerhard Kurz)认为,窗之隐喻实际上是与"监狱"之存在隐喻(即生命是在存在的监狱中)相联系的。参见 Gerhard Kurz, *Traum-Schrecken*, *Kafkas literarische Existenzanalyse*, Stuttgart, 1980, S. 143。
③ Kafka, *Sämtliche Erzählungen*, a. a. O., S. 80.
④ Ebd., S. 64 - 65.
⑤ Kafka, *Sämtliche Erzählungen*, a. a. O., S. 64.

上了①，这正式标志着萨姆沙的"社会人"生涯已经不复存在，他被社会抛弃了。但是，正如我们前面所提到的，萨姆沙的悲剧就在于他的身上仍然保留着人的意识和价值观念以及对过去生活的回忆，所以他才会一而再、再而三地试图穿过那道"门"，以期重新回到家庭生活的怀抱，但是冷酷的现实却一再地让他失望：父亲的苹果将他打成了重伤②，而家人最后都对他感到厌烦，妹妹也认为他不再是哥哥，而只是一只"动物"，家人们一致同意要把他弄走。就在萨姆沙刚刚进入自己的房间之后，门就被从后面关上，还被锁了起来，他与家庭的关系也随着这道门的关闭而彻底断绝。在锁上门的同时，妹妹还对父母喊道："终于进去了！"③正是这句绝情绝义的话要了萨姆沙的命，他也"认为自己应该消失，这想法很可能比妹妹还坚决"④。萨姆沙竟然是在"满怀感动和爱意的对家人的回忆"⑤当中死去的，这可真是对冷漠的亲情与残酷的世界的莫大嘲讽。

作为内与外联系之纽带的"窗"和"门"体现的并不仅仅只是内部的主体与外界的联系，它们同时也体现了外界与内部世界的联系。在这一点上，"窗"和"门"也表达了不同的意义。作为一个一贯以"悖谬"作为基本美学模式的作家，卡夫卡眼中的门内世界与门外人不再是一种接纳与被接纳的关系，而是一种排斥与被排斥的矛盾关系。《法的门前》里的那个乡下人永远也无法走进那个原本为他而开的法律之门⑥；《回家》中的叙述者"我""在门外踟蹰越久，就越是陌生"，而"我"和门内厨房里的人都在保守着"自己的秘密"⑦。外界与内部之间真正的联系实际上是由"窗"来完成的。在《乡村大道上的孩子》中，孩子的伙伴是"跳过窗户栏杆"⑧来找叙述者"我"出去玩的；一个反面的例子是，《城堡》里的索提尼写给阿玛丽亚的信也是让人"从窗口递给她的"，而阿玛丽亚表示拒绝的方式也是"关上了窗户"⑨；在《一个乡村医生》中，当医生受病人母亲的引诱，将头贴在病人胸口

---

① Kafka, *Sämtliche Erzählungen*, a. a. O., S. 68 – 70.

② Ebd., S. 84.

③ Kafka, *Sämtliche Erzählungen*, a. a. O., S. 94 – 96.

④ Ebd., S. 96.

⑤ Ebd..

⑥ Kafka, *Der Prozess*, a. a. O., S. 182 – 183.

⑦ Ebd., S. 321.

⑧ Ebd., S. 7.

⑨ Kafka, *Das Schloss*, a. a. O., S. 183.

之时,那匹象征"生存的导向"①的马正是通过窗口向他发出警告②,以阻止他与死亡接触。

　　不论是窗内的人,还是窗外的人,"窗"对于他们来说始终都是最值得信赖的依靠,因为"窗"不仅象征着真正的联系,还象征着希望。或许约瑟夫·K 最后的遭遇能够给我们带来一点启示:"看到灯光一闪,那儿有一扇窗户打开了,一个人突然从窗户里探出身子,两只手臂伸得老远;他离得那么远,又那么高,看上去又模糊又瘦削。那是谁呢? 一个朋友? 一个好人? 一个有同情心的人? 一个愿意解人危难的人? 是一个人? 是所有的人? 还有救吗? [……]逻辑虽然是不可动摇的,但它阻挡不了一个求生的人抱有种种幻想。[……]他举起双手,张开十指。"③

---

① 王炳钧:《存在的彷徨——论弗兰茨·卡夫卡的〈一个乡村医生〉》,载《文野》,1995 年第 1 期,第 249 页。

② Kafka, *Sämtliche Erzählungen*, a. a. O. , S. 126.

③ Kafka, *Der Prozess*, a. a. O. , S. 194.

现实主义的范例
——贝歇尔长篇小说《告别》读后感

杨寿国

摘　要　德国无产阶级作家贝歇尔的长篇小说《告别》具有深刻的社会意义，它可以被看成是作者本人青年时代的传记。《告别》通过对一个统治阶级家庭的青少年的思想成长转变、同劳动群众的命运结合以及反对战争并投身革命之过程的描写，揭露了本世纪初前后的德国社会状况，反映了进步青年一代的觉醒。

关键词　贝歇尔　告别　德语文学　社会主义文学

约翰内斯·罗贝特·贝歇尔（Johannes Robert Becher）是当代德国最负盛名的无产阶级作家，他也是前民主德国社会主义现实主义文学的奠基人之一。贝歇尔于 1891 年出生在慕尼黑，他的父亲是农家子弟出身，后来成为忠于德皇、具有典型的旧巴伐利亚文职人员性格的大法官，但贝歇尔从小就对父亲的这种性格持反感之态度。贝歇尔年轻时先后在慕尼黑、柏林和耶拿攻读医学、哲学和文学史，他特别爱好文学，并很快开始写作。1911 年，贝歇尔创作出第一部诗集《奋斗者》，其中赞扬了德国著名戏剧家兼小说家海因里希·冯·克莱斯特。

贝歇尔的早期创作受本世纪初盛行于德国的表现主义之影响，他的作品中经常夹有自发的呐喊和晦涩难懂的革命口号，他以此来表达自己痛恨帝国主义战争和渴望过和平幸福的生活之愿望。第一次世界大战后期，贝歇尔受到俄国十月革命的影响，他的世界观发生了颠覆性的转变，从而投身工人运动。贝歇尔参加了德国独立社会民主党和斯巴达克团，并于 1919 年成为德共党员。1917 年，贝歇尔创作诗歌《德国诗人向俄罗斯苏维埃社会主义共和国致敬》来欢呼十月革命的胜利，并以诗歌作为武器，揭露和谴责了帝国主义阴谋扼杀社会主义苏俄的罪恶行径。贝歇尔的作品也日益富于现实主义战斗性和艺术性——力求明确易懂，为广大群

众喜闻乐见。贝歇尔于 1924 年创作出了他的著名诗歌《在列宁墓前》，并于 1926
年出版了第一部中篇小说《银行家跃马过战场》和长篇小说《催泪瓦斯或唯一正义
的战争》，他的作品在猛烈抨击帝国主义的同时，也号召全世界工人阶级发起反对
帝国主义的战争。前述两部小说使反动派惊恐万状并恼羞成怒，贝歇尔于 1927 年
因叛国罪被捕，但是由于公众和包括高尔基以及托马斯·曼在内的世界知名作家
的抗议，引起众怒的魏玛当局不久就将贝歇尔释放。1928 年，贝歇尔参加创建无
产阶级革命作家联盟的工作，并任第一书记。

1933 年 1 月，在法西斯攫取政权后，纳粹悍然剥夺了贝歇尔的公民权，并禁止
他发表作品。贝歇尔辗转流亡于奥地利、捷克、瑞士和法国，最终于 1935 年到达苏
联，并在苏联居住了 11 年之久。贝歇尔以反法西斯战士代表的身份，出席了 1935
年的巴黎国际作家保卫文化大会，并任德国版《国际文学》杂志主编。

1939 年 9 月，第二次世界大战全面爆发，贝歇尔在苏联积极投入反法西斯战
争。贝歇尔是"自由德国委员会"成员，他用作品揭露法西斯侵略战争的残酷性与
反动性，写出了《德国在呼唤》（1942 年）、《感谢斯大林格勒》（1943 年）等大量诗歌，
以此告诫德国士兵立即结束这场注定要失败的不义战争。

1945 年 5 月，希特勒法西斯败亡。之后，回到德国的贝歇尔全力参与经济恢
复和社会建设，他先后当选民主德国文化联盟主席，艺术科学院副院长、院长，作协
理事，并于 1949 年获民德国家奖。贝歇尔孜孜不倦地从事创作，他的政治思想和
艺术实践的生活经验日臻丰富，他的作品成就也因此达到了新的高峰。贝歇尔为
民主德国国歌作词，这使他于 1950 年再次获国家奖。1953 年，贝歇尔被授予列宁
国际奖金，并于次年任民德文化部长。贝歇尔还是一个不知疲倦的和平战士，他曾
被选为世界和平理事会理事。1958 年 10 月 11 日，贝歇尔在柏林病逝。

贝歇尔是个多产的作家，他的作品大部分是诗歌，他于 1935 年创作的十四行
诗《想念一切的人》曾备受海因里希·曼的赞扬，并被认为达到了艺术的完美。贝
歇尔的其他知名诗作有《追求幸福的人和七大重负》（1938 年）、《回乡》、《新德国民
歌》、《星星闪闪不停》（诗集）等。1940 年，贝歇尔于留苏期间写成了长篇小说《告
别》，并创作了歌剧《领袖像》（1946 年）。贝歇尔著有一系列文学理论作品和文章，
其中全面论述了社会主义文学，特别是诗歌创作理论、方法和美学观。

长篇小说《告别》可以被看成是作者本人青年时代的传记，书中以第一人称进
行自叙的主人公汉斯·彼得·加斯特尔的际遇，正是贝歇尔自身经历的写照。《告
别》通过对一个统治阶级家庭的青少年的思想成长转变、同劳动群众的命运结合以

及反对战争并投身革命之过程的描写，揭露了本世纪初前后的德国社会状况，反映了进步青年一代的觉醒。

汉斯·彼得·加斯特尔出生在一个生活优越、正派规矩的家庭。汉斯的父亲是农民出身，他通过自己的努力致仕。兢兢业业、尽职尽责地效忠皇上，这使汉斯的父亲当上了巴伐利亚首席检察官。汉斯的父亲青云直上，他成家立业，并在结婚后不久建立家谱。汉斯的父亲为能给家史写上光彩的一页而感到十分自豪。汉斯的父亲执意将儿子培养成继承己志、光耀门庭的人，他千方百计地不让这个独生嫡子受到社会的不良影响。

但是，汉斯与父亲的意愿和希望背道而驰。汉斯在学校里同一帮调皮捣蛋的少年交上朋友，他经常逃学、胡闹、逃避考试，他的学习成绩也一塌糊涂。汉斯在家里偷外祖母藏在旧式小柜中的金币，并喜欢同遭到父亲鄙视的克萨韦尔（父亲的好友博内特少校的马弁）待在一起，他甚至帮克萨韦尔铲马粪。汉斯看不惯父亲的举止和待人接物的方式。

早在孩提时代和念小学时，汉斯就从日常生活中觉察到父亲的虚伪。汉斯经常用好奇的眼光观察父母的一言一行并反复思考，最终他对这些言行产生了怀疑。汉斯越来越感觉到社会的不平等、不公正和资产阶级的傲慢。汉斯看到他的同学、缝衣匠的儿子哈廷格尔只能啃干面包，而他自己则能吃夹香肠的面包。汉斯的父亲和母亲经常手拉着手，相互昵称"贝蒂"和"海因里希"。有一天，汉斯突然发现，父母双双恶语相向、视同仇敌，父亲竟以死威吓母亲，而这仅仅是因为父亲在外出旅行期间没有收到母亲的信。汉斯暗地里管父亲叫"贪吃芦笋的大王"。

小汉斯特别感到刺耳的是，大人们见面时都改变腔调，"用假嗓音说话"。有一次，汉斯随父亲去老家乡下，他们路遇一名伐木工人，父亲用假嗓音称伐木工人为"你"，这是阿谀奉承以讨好伐木工人。伐木工人同样用假嗓音以"好心的老爷"和"您"作答，这使父亲感觉很舒服。在家里，汉斯发现母亲也用假嗓音和女佣克里斯蒂内说话。缝衣匠哈廷格尔在接待顾客——尤其是接待军官顾客——时，也用假嗓音说话，甚至连教师也不例外。汉斯心想："要是大家都不用假嗓音说话，不搞虚伪一套，说不定大家就要相互打起来，就要像俄国那样爆发一场革命［……］大家都在搞虚伪一套，自欺欺人［……］唯一的目的在于，蒙着眼睛混世度日。"

尽管父亲对汉斯严加管束，但汉斯还是三天两头去找克萨韦尔，他宁愿听克萨韦尔拉手风琴，也不愿待在家里听父亲、邮政总局局长诺伊贝特和少校博内特的三重奏。汉斯特别讨厌这组三重奏，讨厌"臭畜牲"（诺伊贝特），讨厌他们热烈地谈论

"裸体文化"。汉斯喜欢同克萨韦尔坐在一起，小口细嚼马弁的面包，并毫不掩饰地对马弁说："真好吃！克萨韦尔先生，干杯！"面包似乎比家里的珍肴美点可口得多。汉斯承认："在家里，再好吃的东西也有一股怪味，吃在嘴里，仿佛满口全是家里的晦气，使我倒胃口。我担心父亲会问学习成绩，芦笋汤里就带有这种恐惧。烤兔肉里搀杂着悄悄偷视的眼神。用调羹吃苹果酱，我也害怕一撒谎脸就会发红[……]每顿用餐我都要听一大堆气势汹汹的禁令：'注意！别大声咀嚼吞咽！''注意！别把台布弄脏！''注意！要用餐巾擦嘴！''注意！大口吃东西时不可以说话！'"一个小孩竟然连日常在家同父母进餐都不能自由自在！同法律顾问家的使女克吕欣接触也被汉斯的父亲视为有失身分，他禁止汉斯再这么做。所有这些都不可避免地促使汉斯讨厌家庭，特别是讨厌父亲。汉斯在家里得不到真正的幸福和慰藉。

然而，如果读者认为《告别》仅仅是描写了汉斯或加斯特尔的家庭生活，那未免就过于天真了。《告别》有着极其深刻的社会意义。主人公汉斯的青少年时代正好是上世纪初的那14年，即所谓的"金灿灿的威廉时代"。《告别》从不同的侧面清楚地反映了这个时代的社会现实。汉斯的个人命运、成长道路和人生抉择，都同这个时代的种种典型人物形象（如文职人员、军官、工人、学生、女侍者等）有着紧密的联系。

我们仍以汉斯的父亲为例。作为忠于皇帝和维护当时社会制度的官员，汉斯的父亲也意识到了时代的弊病，意识到了德国及整个世界的面貌将不可避免地发生"改变"。汉斯的父亲对社会民主党人恨之入骨，因此他谆谆告诫儿子切不可同社会民主党人来往。

乡间避暑期间，汉斯的父亲在参观宫殿古迹的途中和儿子谈论俄国爆发的革命以及"波将金号"铁甲舰。汉斯的父亲在新年之夜为战争欢呼，他断言只有战争才能消除德国社会的弊病，并使德国强盛。汉斯的父亲经常呼喊"德意志，德意志高于一切"，他把社会民主党人老哈廷格尔说成是个极端危险分子，是个一事无成、妒嫉别人成就和财产的懒汉，他告诉儿子："要是一切事情都按他（老哈廷格尔）的意思办，那就不会有皇上，那些美丽的宫殿就将化为灰烬[……]由于一向过分迁就，现在俄国爆发了革命[……]有一艘兵舰甚至哗变了[……]整个一艘兵舰。"汉斯的父亲认为，如果听信那些一味叫喊"改变"的人的话，那么德国有一天也会落到俄国的那种地步，因此他主张采取沙皇的做法，即不问情由地向暴动分子开火，向革命开火——他自己就亲手将一个因为偷窃10个马克而被人开枪击伤腹部的社会民主党人判处死刑。汉斯的父亲还极力告诫儿子："关键在于人应履行自己的职责,在于不可以按个人的好恶行动,我为国家效力,正因为国家是至高无上的,是道德观念的集中体现[……]因此我们全体文职人员都担负着重大责任[……]尤其是我们身为法官[……]我们负责主持正义[……]你明白吗?"当山路上出现一大堆蚂蚁时,汉斯的父亲感慨着启发儿子说:"瞧这些蚂蚁,它们只只都在履行自己的职责。一切都井然有序。"

可是,汉斯的实际表现却使父亲大失所望。在父亲心目中,汉斯已堕落成"不肖""顽固不化""不可救药"。尽管常被打骂,甚至一度被送进教养院,但汉斯依然故我,他对现实一点也不满意,一心只盼望"改变",他成日里梦想那艘"兵舰,整个一艘兵舰"。汉斯甚至公开宣布自己"早已不信上帝了"。当然,汉斯单靠自己是不可能找到一个能消除他怀疑的正确答案的。汉斯向每一个人请教,他向克萨韦尔和哈廷格尔请教,也向同学和克里斯蒂内请教。直到最后,几乎在战争爆发前夕,通过"小犹太"(富有的银行家的儿子勒文斯泰因)的启发,通过女友马格达以及他在施特芳尼咖啡馆结识的一些人的启发,汉斯才找到了一个正确方向。于是,汉斯开始认真考虑自己的态度和出路,开始认识到自己的梦想和美好愿望——"改变"——决不可能自然而然地成为现实。听父亲的话和屈从于现实社会,这些只会让自己的梦想归于破灭。同时,汉斯也开始将与他相契的所有人的身世际遇同社会和政治现实联系起来,并对此进行思考分析。就这样,汉斯在走向真理、走向社会主义的道路上迈出了决定性的一步。我们可以从汉斯与"小犹太"在英国公园瀑布旁的一段对话中看出这一点:

> "我不能再这样生活下去了[……]我都成了什么样的人啊!一筹莫展,完全一筹莫展。或者眼看着别人卑鄙无耻,或者眼看着自己卑鄙无耻。不行——我一个人力量太小,坚持不住,以我的力量做不到这一点[……]"汉斯说出自己的忧虑,急切问道:"我该怎么办呢?"
>
> "告诉我,你究竟生活在什么样的时代?"小犹太反问汉斯,"一个新的时代开始了!"
>
> "我早就盼望二十世纪开始,那阵子就盼望它开始,现在它终于已经开始了!你说呀!说呀!"

小犹太告诉汉斯,新的时代叫"社会主义",他说:"人活着不是光为自己。人是生活在一个人类社会里。我们生活在一起,相互之间却视为仇敌。我们的这种生活有它一定的规律。"至于父辈,小犹太说:"有一个真理,不管你是否接受得了。这个历史的真理是反对我们的。我们必须改变做法,不能再走我们父辈走过的道路[……]"

这次谈话以后,汉斯在家里不顾父亲盛怒地高唱《国际歌》,并在施特芳尼咖啡馆向顾客朗诵他写的诗:"我眼前看到整个一艘兵舰[……]"汉斯对一切——包括对自己文科高级中学毕业考试不及格的结果——都不在乎。而且,汉斯断绝了与同班同学、名门子弟菲克和弗利施拉格维持了四年的关系,他仍旧跟疏远了很长一段时间的哈廷格尔为友,两人比过去更加亲密。

第一次世界大战——皇上希望的战争——终于爆发了。面对这场世界性大杀戮,每个人都必须表明态度。这也是汉斯断然做出抉择的重要时刻:或者报名参加志愿军团,为不义战争而战,为皇上和帝国主义的利益卖命;或者置身事外,抵制战争。换言之,对于汉斯而言,要么听父亲的话,要么同父亲决裂,没有第三种可能。父亲问汉斯:"什么时候启程上战场?"汉斯明确地回答说:"我不参加战争。不,我不参加你们的战争,我已经做出决定。"

汉斯的父亲勃然大怒,他骂儿子是"瘪三、无赖、畜牲",声言"我不是你的爸爸",还威胁儿子:"离开德国! 我们两个当中的一个离开! 不是你,就是我!"《告别》的主人公汉斯在政治思想上已经觉醒,他自然不会让步。汉斯勇敢而坚定地离开了父母,离开了这个指望驱使他参加不义战争、充当杀人工具的家庭。

与描写这一时期的德国社会的其他作家的作品不同,贝歇尔的《告别》不仅剖析了第一次世界大战前几年的人物,还清楚地刻画了新与旧之间的斗争,刻意地描写了阶级矛盾和新的因素。汉斯·彼得·加斯特尔的道路及其内心的转变,构成了《告别》的乐观主义内涵。"告别"意味着觉醒的一代德国青年断然宣布,他们勇敢地同腐朽的社会制度决裂。汉斯在他的时代不是孤立的,他只是一个例子,只是许许多多逐渐转向革命的德国青年中的一个典型。贝歇尔在他本人所写的传记中写道:"直到1923年,我才开始认真学习马克思主义。"但是,前文提到的贝歇尔的那篇向俄罗斯苏维埃社会主义共和国致敬的诗却表明,他已从伟大的十月革命的历史变革中获得了启示和力量,并且坚定了自己的信念和立场。战争和胜利的道路、世界形势的发展以及贝歇尔一生的实践,都证明了他的"改变"和"告别"是正确的。

贝歇尔在《告别》中塑造了一系列典型人物的艺术形象,他借此反映了当时的社会和人们的思想。例如,汉斯的外祖母在遗嘱中表示,她不想死后睡在棺材中被埋葬,她希望自己的遗体被火化,骨灰被撒在风中。这表明汉斯的外祖母也预见到了世界和社会制度的改变之必然性。再如,教养院院长弗奇冠冕堂皇地宣称:"我们这儿教好学生不需要用体罚。"可是,在家长和外人看不见的时候,弗奇却抓住向他承认过错的学生并"揪他们的头发"。尽管如此,弗奇终究未能使汉斯"改邪归正"。此外,我们还看到形形色色的无政府主义者、种种鼓吹济世良方的人物、三十年战争的残酷、威廉时代政治的腐败、道德的堕落、教育的无能、反动沙文主义思想的泛滥以及社会民主党最终背叛国际并转而支持战争。

贝歇尔的《告别》使人不禁联想起中国伟大的古典主义作家曹雪芹(? —1763年或1764年)的不朽名著《红楼梦》(原名《石头记》)。诚然,两部作品涉及的具体时代背景、人物情节以及作品的规模和风格均完全不同,但在许多艺术手法上——特别是在表现的中心思想上——两部作品在某种程度上有相似之处。伟大的现实主义作家曹雪芹在《红楼梦》中刻画了一个贵族官僚大家庭的盛衰史,而这段历史实际上折射出作者本阶级的最高代表——清王朝(1616—1911年)的统治由全盛趋于没落的整个过程。

众所周知,《红楼梦》中的主人公是年轻的贾府公子宝玉,他堪称是小说中的那个时代的幸运儿。贾宝玉出生于世代簪缨的"钟鸣鼎食之家",父亲是朝廷命官,大姐是皇上的宠妃,他又是封建家庭的独苗嫡子。父母将全部希望寄托在宝玉身上,决心将他培养成知书达礼之人,希望他学而优则仕,从而成为贾氏家业的可靠继承人。但是,贾宝玉却不想听父亲的教诲和屈从于封建习俗,他从小就看不惯家庭内部的腐朽丑恶和周围环境的庸俗虚伪,他大胆地对传统思想表示怀疑。贾宝玉鄙视封建礼教和功名富贵,他渴望不受拘束地过自由自在的生活,他热衷于行他个人之所好。贾宝玉天资聪颖、善诗能文,但他却无意钻研"仕途经济",并且深恶"禄蠹"。贾宝玉讨厌王公贵族,讨厌受父亲尊敬的名儒学究和一味阿谀奉承的清客,他喜欢与天真纯洁的女孩子待在一起,乐于跟下人嬉戏,而且他同旧时中国社会地位最低下的艺人交往密切。贾宝玉不愿娶父母中意的、美丽贤淑的富商闺秀为妻,而一心钟情于同样具有叛逆性格、鄙夷世俗的孤苦少女林黛玉,并引她为知己。贾宝玉经常揭露家庭中的虚伪、伪善和欺骗,他一再做出被大人视为"辱没家门"的事来。尽管父亲动辄呵斥贾宝玉"孽种""不肖",并对他屡加责罚,甚至对他施以几番毒打,但贾宝玉始终不改我行我素的性格,且深信自己并无不是。最后,在贾府被查抄和本人的爱情梦想破灭的情况下,贾宝玉迫于父命去应考——求取功名的必经之路。这个终不悔改的宝玉,这个背负了父母全部希望的儿子,借此机会离家出走,遁入空门,一去不复返。

　　曹雪芹生活在距今两百多年以前的中国,当时的中国自然还没有社会主义,也没有先进的科学革命思想。《红楼梦》中的主人公对劳苦大众的态度也仅限于同情,缺乏真正的了解。但是,曹雪芹根据自己的家世和切身经历,塑造出了一个具有叛逆精神的青年的典型艺术形象,他用自己的方式谴责了戕害个性和人的尊严的封建社会制度,揭露了统治阶级的腐朽凶残和其内部的分崩离析,预言了这一不合理的社会制度的没落之不可避免性,反映了社会矛盾和阶级斗争。曹雪芹在《红楼梦》中的这种创作手法和创作思路与贝歇尔的《告别》可谓是异曲同工之,这是中德两国伟大的现实主义作家的不朽作品令读者感觉有相似之处的原因所在。

马丁·瓦尔泽小说《迸涌的流泉》中的方言运用与集体身份

李　益

摘　要　马丁·瓦尔泽是一位有家乡情结的作家。在以童年回忆为题材的自传体小说《迸涌的流泉》中，瓦尔泽主要运用方言来呈现家乡的概念。消逝中的方言不仅有着标准语言无可替代的精确性，而且其也是通往以往现实的重要途径，更是一种集体身份认同的载体。这种集体身份的认同感令人们与纳粹意识形态保持着距离，而这种认同感也是他们潜在的反抗形式。尽管方言限制了人们政治上的成熟，但其营造了乌托邦式的纯洁无瑕又完满美好的童年家乡。

关键词　方言　家乡　集体身份

可以说，德国当代作家马丁·瓦尔泽是一位家乡作家。瓦尔泽一生都与家乡博登湖地区联系紧密，并且这种联系对他的文学创作也有深远影响。瓦尔泽不但在博登湖畔的家乡瓦塞堡度过了童年，而且成为自由作家后的他又于1968年迁回了博登湖畔的小城于伯林根定居，于伯林根市还曾授予他博登湖文学奖。在电台采访中，瓦尔泽曾经透露自己对博登湖附近地区的历史、地理、民俗乃至植物都有长期的研究①，家乡渗透进了瓦尔泽灵魂的每一个角落。家乡是"给落后取的最美好的名字"，没有什么地方有比家乡更多的"羚羊毛、合唱团、祈祷治病者、明信片风景、舞刀弄棒、盛装表演团、挤奶小板凳、忏悔长凳、坦白学校"②。瓦尔泽的许多作品都以家乡博登湖地区为叙事背景，如他的代表作中篇小说《惊马奔逃》（*Ein*

---

① 参见德国西南广播二台于2007年3月5日播出的纪念瓦尔泽八十寿辰访谈节目。
② Martin Walser, *Heimatkunde*, in *Ansichten, Einsichten. Aufsätze zur Zeitgeschichte*, Frankfurt a. M. : Suhrkamp, 1997, S. 265.

fliehendes Pferd），长篇小说《半生》（*Halbzeit*）、《独角兽》（*Das Einhorn*）、《坠落》（*Der Sturz*），以及《超越爱情》（*Jenseits der Liebe*）、《捍卫童年》（*Die Verteidigung einer Kindheit*）等。因此，瓦尔泽被称为"博登湖畔的巴尔扎克"，人们将他与十九世纪的作家特奥多尔·冯塔纳相提并论，"马克勃兰登堡地区以及大不列颠相对于前者的意义，就是博登湖地区以及美国对于后者的意义"①。

　　自传体小说《迸涌的流泉》（*Ein springender Brunnen*，1998 年）是瓦尔泽晚年的一部重要作品。在这样一部以自己的童年和青年时代经历为素材的作品中，家乡更是一个不可或缺的主题。《迸涌的流泉》的情节在纵向上以主人公约翰的个人成长为主线，表现了约翰从拼读单词直至走上写作之路的人生发展历程，而在横向上则细致入微地再现了第三帝国时期的瓦尔泽的家乡德国南部的一个封闭村庄中的生活景象。主人公约翰虽然一直追寻着独立于众人的自我，但这种自我身份深深地扎根于他对家乡的认同感之中。家乡对于约翰来说是个近乎完美的乌托邦，在这里，"所有的事都比世上其他地方做得好"（190）②。在《迸涌的流泉》的"瓦塞堡奇迹"一章中，天使代替约翰写下的一篇堪称典范的作文之中心内容也是家乡：没有家乡的人是"一个可怜虫"，是"风中的一片树叶"，"人对家乡的要求没有止境"（223）。家乡永远是人们精神上的庇护所，其保护着童年的纯洁无辜。然而，与瓦尔泽的其他作品不同的是，《迸涌的流泉》并未花太多笔墨描写家乡博登湖畔典型的自然风物。与约翰成长的纵向线索中的那种用语言发展来表现自我成长的手法一样，《迸涌的流泉》中无处不在的家乡气息之呈现同样依靠的是语言，亦即对家乡方言的运用。在《迸涌的流泉》于 1998 年 8 月出版之前，巴登-符腾堡州的南德意志广播二台就播出了瓦尔泽朗读的这部小说，瓦尔泽的朗诵以盒带形式在小说印刷版面世后不久出版发行。1999 年夏，巴伐利亚广播二台再次播送了《迸涌的流泉》的朗读版，瓦尔泽也多次在巡回朗读会上朗读小说的片断。瓦尔泽对《迸涌的流泉》的印刷版和朗读版在文学市场的同时发行相当重视，而这种情况在他的其他作品上从未出现过。瓦尔泽曾表示，如果听众能通过听觉多少感受到一些阿莱曼方言的氛围，那么他们可以对《迸涌的流泉》有更真切和更感性的理解。《法兰克福汇报》文化记者洛塔尔·米勒（Lothar Müller）认为，"整部小说都由口头语言

---

① Stefan Neuhaus, *Martin Walser*, in *Metzler Autoren Lexikon*, Stuttgart, Weimar: J. B. Metzler, 2004, S. 770.

② 下文中的括号内的页码均指《迸涌的流泉》中译本（卫茂平译，上海：上海译文出版社，2005 年）中的页码。

翻译而成",瓦尔泽的书面德语"充满着博登湖畔村庄里的习语"。①

的确,最普通的村庄也有其独一无二之处,这种特点往往最直接地体现在人们使用的不同方言间的细微差别之中。方言在语言应用中最接近生活的底层,因此其能比标准语言更深入地接近现实,而且方言对许多日常概念的指称也比标准语言更加精确传神。在《迸涌的流泉》的后记(*Vorwort als Nachwort*)②中,瓦尔泽特意对方言和标准德语的关系进行了注释。标准德语的表达常常无法代替方言,它的一些缺陷只有方言词汇可以弥补。比如,约翰父亲对祖父说的一句话:"Ihr werdet Euch wundern,Vater,wie es Euch da ring wird um die Brust",这句话按现在的标准语言习惯应该说成"wie es Euch da *leicht* wird um die Brust",但是方言中的"ring"③一词却比"leicht"包含了更多的意思,其有"weit"(远远)以及"wohl"(小品词,表示可能的语气)之意,它的意义与名词"Ring"无关,而与"gering"一词有关。瓦尔泽引用了《格林德语辞典》(*Grimmes Deutsches Wörterbuch*)中的解释:自从十七世纪以来,"ring"一词很少被使用,但是作为形容词和副词,它仍在许多方言中被活跃地保留着。④ 瓦尔泽难以理解的是,为什么标准德语让这样的词汇消亡,并且无法提供一个等值的词。人们现在使用的"gering"这个词只能替代"ring"可以表达的很少一部分含义。瓦尔泽认为,阿莱曼方言尤其具有标准德语无法替代的——甚至是其他方言不具有的——精确性,即"一种针对事物关联内部不同现实程度的系统的敏感性"⑤,如比标准德语更加丰富细腻的虚拟形式。在瓦尔泽早年的数篇杂文中,他都谈到了方言和标准德语的距离感:

> 谁要是在方言中成长起来,多年来仅仅在书本和报纸中遇见不断发展的标准德语的语言,他就会永远感觉到这两种语言之间的距离。一个

① Lothar Müller, *Ein springender Brunnen. Martin Walsers neues Buch als Fortsetzungsroman in F. A. Z*, in FAZ, 12. 6,1998, S. 41.

② 中译本未译出这部分后记。

③ *DUDEN Deutsches Universalwörterbuch*, 5. Auflage, 2003:ring〈Adj.〉[mhd.(ge)ringe, gering](südd., schweiz. mundartl.):leicht zu bewältigen, mühelos. 意即"容易的,不难克服的"。

④ *Vorwort als Nachwort*, in *Ein springender Brunnen*, Frankfurt a. M.:Suhrkamp Taschenbuch Verlag, 1998, S. 409.

⑤ Martin Walser, *Zweierlei Füß. Über Hochdeutsch und Dialekt*, in ders.:*Ansichten, Einsichten. Aufsätze zur Zeitgeschichte*, S. 576.

对他来说是第一语言,另一个是第二语言。这不仅仅在政治词汇上。①

  然而,随着现代化进程的加速和影视媒体的普及,标准语言逐渐渗透到村庄生活中,并越来越多地改变与替代着方言,许多地区的方言正处在消亡的过程中。方言口音往往被认为是一个人缺乏教养、隶属于社会底层的标志。即便在村庄中,所有人都说方言的时代也如童年一样逐渐一去不返。作家的语言敏感性让瓦尔泽感到有责任逆向而行,他要去追忆这些濒死的语言。"与所有自然的东西一样,方言也会死去,当它的生存环境不再有利的时候。[……]那么,现在是时候为它们准备悼词了。"②

  但是,对过去的方言之运用并不只是出于保护一种语言文化遗产之目的。在语言随时代变迁的过程中,濒临消亡的语言和它存在的那个时代紧密联系在一起。瓦尔泽在关于方言的一篇散文中说:"我母亲那一代人和他们所处的环境是我的方言天然的地点。一个纯粹的死亡之国。以一种语言为形式的一段逝去岁月。"③方言是瓦尔泽童年的第一语言,它像一个容器,存储着那个时代的家乡的鲜活气息。因此,对方言的重新使用是一种回溯以往、追寻消逝的家乡的行为。方言不只是一种独特的语言形式,它也是通向以往现实的一种方式。④ 那些人们现在不再使用的词汇,仿佛是一种特定的频率,它们随时能激活人们对过去时代的回忆。这是瓦尔泽回忆以往的重要途径,他"经常以此作乐[……]唤起那些旧时的频率,让它们在头脑中振荡"⑤。于是,在《迸涌的流泉》这部自传体小说中,瓦尔泽时常通过方言来重现过去那些人和事,如约翰祖父常说的一句话:"但愿我去了美国(Wenn i bloß ge Amerika wär)!"

  方言是瓦尔泽回忆和重构以往经历的独特途径,曾经的家乡存在于一个语音的世界里。在叙事中,方言也是勾勒众多人物形象的手段。在村庄这个小社会中,每个人都以自己所操的方言来携带并向他人展示自己的过往。

---

① Martin Walser, *Bemerkung über unseren Dialekt*, in ders.: *Heimatkunde. Aufsätze und Reden*, Frankfurt a. M.: Suhrkamp, 1968, S. 35.

② *Vorwort als Nachwort*, in *Ein springender Brunnen*, S. 413.

③ Martin Walser, *Zweierlei Füß. Über Hochdeutsch und Dialekt*, in ders.: *Ansichten, Einsichten. Aufsätze zur Zeitgeschichte*, S. 576.

④ Jürgen Bongartz, *Der Heimatbegriff bei Martin Walser*, Diss. Köln, 1996, S. 146.

⑤ Martin Walser, *Zweierlei Füß. Über Hochdeutsch und Dialekt*, in ders.: *Ansichten, Einsichten. Aufsätze zur Zeitgeschichte*, S. 578.

暂住的、嫁到此地的、疏散到这里的、被什么风吹到这里的人，在这个
村庄的语音世界中，都带着自己的方言，仿佛房子的颜色、徽章、军队的旗
帜。这个村庄是独一无二的声音景观，这景观除了将时间的作用形象化
之外别无他用。①

《迸涌的流泉》中的很多人物的说话方式都标志着他们不可替代的身份。约翰
的父亲说的是在巴伐利亚实科中学学来的标准德语，在瓦尔泽看来，这是标准德语
对阿莱曼方言的殖民。约翰的母亲说的则是屈默斯威勒德语，"从不使用标准德语
词"(12)。从小对语言敏感的约翰常常通过说话方式来感知他人，他最喜欢路易斯
柔和的南蒂罗尔口音。方言与家乡有着天生不可更改的联系，"多伊尔林先生通过
他的继续来，继续来(Geh-weida-geh-zua)，不断地提醒人们，他出生在巴伐利亚的
莱西河畔"(33)。海关的哈普夫先生说弗兰肯-巴伐利亚方言，不操此地方言的汉
泽·路易斯模仿他说话的样子就显得很滑稽。赫尔默的赫尔米内只说标准德语，
"在读赫尔米内这个名字时，她自己，这个掌握标准德语和嗜好标准德语的人，非常
严格和毫无例外地把重音放在第一个音节上。这至少同赫尔米内鼻子左边被称为
肉赘的紫色小灯塔一样，属于她的本质"(112)。

在《迸涌的流泉》中，人们日常使用的方言里有很多习语。比如，米娜说："同样
的人说过，要是母鸡蹲得好，它就会一直刨地，直到它蹲不好。"(22)此外，习语还有
"要是这样的人还活着，那么席勒就得去死"(38)、"每把扫帚都得找到它的把手"
(274)等。这些习语的源头难以考证，一代代说方言的人们就是它们的集体作者。
习语往往表达着普遍的道理，其是村庄中的众人共有的现成语汇，某人使用这些习
语就意味着他与众人共同拥有着某种身份认同。从青年义务军返回家中的约翰在
碰上"公主"时，他就使用习语并以"公主"的口吻进行对话：

然后她开口："啊，痛苦可以舒解了。"而约翰说："阿德尔海德公主，您
好吗？"她没有回答，一直还在上下打量约翰，说："内行看门道，外行看热
闹。"然后又说："要是现在不发生什么事，约翰就对她来说太老了。"说着
笑开了。[……]然后说："嘿，你这个小子，腿抬起，爱在召唤，领袖需要士

---

① Martin Walser, *Zweierlei Füß. Über Hochdeutsch und Dialekt*, in ders.: *Ansichten, Einsichten. Aufsätze zur Zeitgeschichte*, S. 578.

兵。""阿,痛苦可以舒解了。"约翰以她的口吻说。［……］现在只缺少这么一句:"要是这样的人还活着,那么席勒就得去死。"然后她的名言差不多就用完了。［……］也许还有一些约翰已经忘了的名言。其实,别人说什么话,都是无关紧要的。(265)

在这里,习语的内容并不重要,对习语的使用表现了对话双方对这些相关联的意义之共同认知。只有这样,揶揄打趣的交流才可能实现。但是,生活在这个语言环境中的约翰并不喜欢或者说并不满足于用别人的现成语言,他一直在追寻自己的语言,"要是牵涉到姑娘或女人,有些词汇约翰无法忍受［……］他不会这样表达自己的意思。可约翰不愿被人称为'巴结',可他自己对此也缺少词汇。正因为如此,约翰写诗,并把它们交出"(274)。在这一点上,约翰与其他小伙伴们不同。约翰的好朋友阿道夫就热衷于使用从他父亲那里学来的习语,诸如"秘书和破布长在一个树墩上""在咬第一口时就该拿走女人的面包""谁什么都会,就什么也不会"等,这些由阿道夫引进的习语往往在小伙伴间快速流传开来,"有些句子和表达方式,一天后就出现在吉多或保尔或路德维希的嘴里,仿佛它们不是源自阿道夫,而是他们自己刚好使用的。［……］因为这类习语总由阿道夫引进,所以他在同龄人中间威望最高"(67)。小伙伴中的大部分人也都乐意接受这些习语,并将其作为自己的表达方式。大部分村民也是如此,他们并不追求专属于自己的、不同于大众的表达,而是满足于使用众人共同的习语。可见,村民们很少有约翰那样对独立的自我身份进行追求的欲望,方言和习语代表着的集体身份认同对他们的影响更大。

通过方言形成的集体身份认同感将操方言的人与操标准德语的人清楚地区分了开来。赫尔默的赫尔米内是村民中少有的说标准德语的人,她为村边别墅里的那些外来居民做擦洗的活,并将那些外来词汇带进村里,如"地下层,盗窃狂,偏头痛,彻底清理,心理学,绅士,等等,等等"(9)。赫尔默的赫尔米内是唯一为村民带来别墅世界信息的沟通者,这些只在标准德语中存在的词汇对于村民们来说是那么陌生,它们代表的外来者的别墅世界和村庄里的世界截然不同。方言与标准德语之间存在着天然的隔阂和距离。一贯操方言的人若使用标准语言,那么他们多少会陷入表达的困境,这并不完全是因为他们对标准语言掌握得不好,而是因为他们也许在标准德语里找不到与方言等值的词汇。语言传达的不仅是意义,更是使用者对意义的阐释;方言不是标准语言派生出的碎片,而是一种独立的语言,它是一种反映人们阐释世界时的特有思维方式的独立语言。① 在瓦尔泽的《迸涌的流泉》中,我们时常可以看到方言与标准语言之间的对立和游戏。约翰总能感受到两者之间的距离和差别:赫尔默的赫尔米内只说标准德语,她的兄弟却只说方言,"所以无法想象,他们互相用什么语言交流。最简单的想象方式是,赫尔米内和她的兄弟从不一起说话,或者他们拥有一种不依赖词语的语言"(110)。对于方言使用者来说,标准语言意味着一种陌生的、有距离的思维和表达方式。约翰的母亲只说方言,只有在说到"屁股"这个词时,约翰的母亲才会说"后面","这是她语言里唯一的一个标准德语词。每当母亲说出这个词,就显得有些压抑"(233)。屁股属于有着禁忌意味的身体部位,在约翰母亲的方言所包含的意义阐释中,这个词可能带有下流的意味,而标准德语里的"后面"则比较抽象,其带有中性、客观的意味。因此,约翰的母亲宁愿选择陌生的标准德语词汇,以避开表达的尴尬。汉泽·路易斯平时说任何话都用方言,当他偶尔转用标准德语说话时,"给人的感觉就是,为说每个字,他都特地站到了小讲台上,像是在进行演讲"(83)。

> "别担心,奥古斯塔(Kui Sorg, Augusta),"他说,"一个善于踉跄走路的人不那么容易摔倒(an guate Stolperer fallt it glei)。"[……]到了门边,他再次转身,举起手说,要是现在时兴不说你好,而是把手伸直,那他可就担心要遭罪了,因为他的前爪如此弯弯曲曲[……]然后又回到他的标准德语类型:"人民同志,我预见到了灾祸。"接着又回到自己的方言:"同样的人说,要是面临死亡,不要没有耐心(Der sell hot g'seet:No it hudla, wenn's a's Sterbe goht)。"(84)

值得注意的是,只有在以纳粹的口吻说"人民同志"这个政治词汇时,路易斯才会特意转换到标准德语。瓦尔泽曾分析过标准德语难以被译成方言的根源,即"方言比标准德语更依赖于实物"②,因此少有适合表达抽象意义的词汇。所以,作为一个地区的居民、一个国家的公民以及一个文化民族的成员,只说方言的人会对意识形态有着天生的憎恶。虽然纳粹政治力量逐渐渗透到了村庄生活中,但在路易

---

① Vgl. Jürgen Bongartz, *Der Heimatbegriff bei Martin Walser*, S. 305.

② Martin Walser, *Bemerkung über unseren Dialekt*, in *Ansichten, Einsichten. Aufsätze zur Zeitgeschichte*, S. 215.

斯等只会说方言的村民们的感觉中,那是一种属于标准德语的陌生的意识形态。村民们对标准德语缺乏像对母语方言那样的亲近感和认同感,因此这种外来语言代表着的意识形态之入侵始终难以得到村民们的真正认同。也就是说,家乡方言为人们形成了一道与纳粹政治意识形态保持距离的天然屏障。这一屏障也体现在,《迸涌的流泉》中的纳粹狂热分子在传播他们的纳粹意识形态时也无法使用方言,他们总是不自觉地转换成标准语言。在一次点名时,青年团领袖埃德蒙将有犹太血统的沃尔夫冈的自行车扔下田埂,他对集合的青年团宣布,根据上面的命令,他必须将沃尔夫冈清除出青年团。"自从埃德蒙·菲尔斯特当青年团领袖以来,他还从未在一次集合点名时说这样的标准德语。"(116)约翰在军中碰到的分队长许步施勒是党卫军成员,狂热的纳粹思想令他与说方言的父母已经隔膜得如同陌生人。"戈特弗里德·许布施勒当着他父母的面也说标准德语。约翰觉得惊讶,因为许布施勒的双亲不会说一个字的标准德语,他们也没做过这样的尝试。"许布施勒的母亲拿手提包的姿势透露出她内心的拘谨,她"似乎担心着,有人会把包夺走,她也不想让自己被儿子的标准德语搞糊涂。[……]想象着这个又瘦又小的尖鼻子女人得试图说标准德语,约翰几乎觉得有些伤心"(308)。在彻底接受纳粹意识形态的同时,许步施勒自然就放弃了方言,同时他也就放弃了父母和家乡——他宁愿听约翰讲话而不愿来看望他的父母亲讲话,更不愿听关于黑根斯威勒的小农庄的事。许步施勒与父母之间已经没有了"共同语言",他们共同的身份认同已经断裂,他已是一个背弃了家乡的没有根的人。瓦尔泽在这里似乎要表现出,纳粹政治意识是一种要求人们切断对传统精神家园的归属感的意识形态,而能与之对抗的是人们对家乡和传统文化的归属感。

但是,另一方面,方言缺少抽象意义词汇的特点又阻碍了人们发展独立的、有反思能力的自我。瓦尔特·本雅明在《叙事者奥斯卡·玛丽亚》(*Oskar Maria Graf als Erzähler*)①一文中认为,与重在表现个体的小说叙事方式比起来,史诗叙事重在描绘群像,倾向于削弱个体。瓦尔泽·本雅明认为,现代史诗中的个人的个体身份往往由集体身份决定,并且个人以一种被动的、不加反思的方式参与这一集体身份。小说《迸涌的流泉》兼具这两种叙事方式:一方面,其在纵向上与教育小说类似,突出表现了约翰的个人成长;另一方面,其在横向上则以史诗方式描绘了

① Walter Benjamin, *Oskar Maria Graf als Erzähler*, in ders.: *Gesammelte Schriften 3*, Frankfurt am Main: Suhrkamp, 1972, S. 309 - 311.

一幅村庄人物的群像。瓦塞堡村民对这种在方言传统基础上的集体身份认同的归属是被动的,他们在集体身份认同之外往往缺乏对独立的自我身份的追寻,我们可以在瓦尔泽对约翰的父亲和母亲所作的对比中看出这一点。《迸涌的流泉》第一章的中心事件是"母亲入党",即上世纪三十年代初,在村庄里的一些家庭由于经济危机而破产且纳粹势力逐渐蔓延之时,约翰的母亲为了维持家中旅店的经营而加入了纳粹党。关于纳粹党的一切,约翰的母亲都是从其他村民那里听说来的,"母亲说:'那个马克斯·布鲁格说现在只有希特勒能帮忙。'父亲说:'希特勒意味着战争。'"(48)约翰的父亲不说方言,他醉心于文学艺术以及神秘理论,他似乎不属于由这个村庄的大部分人构成的集体。约翰的父亲有着独立的自我,他有能力认识到纳粹代表着的危险。约翰的母亲则属于从来只说方言的村民中的一员,因此与大部分村民一样,她只能不加反思地将集体意识当成个人意识。"父亲说:'灾难叫希特勒。'母亲说:'马克斯·布鲁格没这么说。'父亲说:'是这个意思。'"(73)"母亲讲的当然不是同父亲一样的语言。母亲说一种与父亲不同的语言——屈默斯威勒德语。父亲说巴伐利亚实科中学德语[······]"(73)约翰的父亲和母亲说的不同语言代表了两人自我身份的不同构成,方言似乎是与缺少反思能力和政治上的不成熟状态相关联的。另外,约翰直到战后才从沃尔夫冈口中得知了"地方上一直存在着的反法西斯小组"(356)。1933年到1945年,纳粹在瓦塞堡对反法西斯人员进行了迫害。"属于这个小组的有普雷斯特勒夫人、吕腾博士、贝斯腾霍费尔教授、哈耶克-哈尔克等。都是住在别墅里的人。"(356)这些外来居住者的生活水平比村庄居民要高,他们多是商人或知识分子,都说标准德语。与说方言的村民相比,这些外来居住者对政治更有感知能力和反思能力。对于大部分村民而言,由于方言所包含的固有的集体认同的屏障作用之影响,他们对纳粹政治既不真正认同,也不具备自觉进行反思和抵制的觉悟,他们对纳粹的认识停留在相当肤浅的层面,而且对第三帝国发生的残暴屠杀等也几乎一无所知。方言保护了村民们的纯洁无瑕,也限制了他们政治心智上的成熟。

总的看来,瓦尔泽描绘的瓦塞堡村庄在第三帝国时期的基本情形就是受到作为外来势力的纳粹之入侵和占领。瓦尔泽在德国西南广播二台的访谈节目中这样说道:"村庄没有发展出一种纳粹语言。那是进口的。"在积极参加纳粹组织的村民中,除了布鲁格先生外,其他人几乎都是迁入的外来者。纳粹分子和反法西斯者主要都是住在村外的别墅区里的人。纳粹-社民党的地方小队长、船匠米恩先生就"不是这个地方、甚至不是这个教区的人"(75),并且他全家都信仰新教,而不是像瓦塞堡村庄里的人们那样信仰天主教。约翰的母亲必须用标准德语有些费力地和米恩先生说话,"她的标准德语是一种杂有陌生口音的方言"(75)。瓦塞堡的村民总是与这些纳粹地方头领保持着距离。汉泽·路易斯模仿新的地方小队长、海关的哈普夫先生的弗兰肯-巴伐利亚方言,并嘲弄他说话的样子。马戏团的小丑奥古斯特因为在表演中嘲弄那场决定奥地利是否加入德国的全民投票而在一天夜里被人殴打,约翰的哥哥约瑟夫本能地猜想这不会是瓦塞堡人干的,而是冲锋队的后备军所为。(222)在瓦尔泽笔下,纳粹是一种外在的敌对势力,他们根本不属于村庄居民这个集体。瓦塞堡村庄就是整个人类世界的代表,这个世界是当时的纳粹德国之反面。方言所代表的家乡——如同人的童年一样——永远是美好完满的乌托邦。

"我"在伊万和马利纳之间的双重生活
——论英格博格·巴赫曼的长篇小说《马利纳》

郑　霞

　　摘　要　本文考察了英格博格·巴赫曼的长篇小说《马利纳》所贯彻的以追求文学"新语言"——"没有新的语言就没有新的世界"——为鹄的语言批判的诗学宗旨。巴赫曼的语言批判的诗学理念在《马利纳》一书中得到了丰富而具体的表现。这首先体现于巴赫曼将语言批判、两性话语批判,以及社会、历史、文化批判相结合,以呈现和反思语言中的那些关乎女性主体认同的深层问题,并揭示男性话语主导权之下的女性主体危机的社会与文化的权力结构根源,而将语言批判用于权力批判正是巴赫曼创作的最终旨趣。在对深陷困境的女性主体进行剖析的过程中,巴赫曼将维特根斯坦的语言批判哲学应用于自身的文学实践。《马利纳》中交织着维特根斯坦早期与晚期的若干重要哲学思想。其中,在作家身份的女主人公"我"与情人伊万之间展开的国际象棋棋局及各种交流对话均可被视为是巴赫曼针对维特根斯坦的语言游戏理论而进行的生动形象的文学诠释,甚至可以说是对后者的(局部的)批判与超越。此外,本文还将揭示《马利纳》的标题人物"马利纳"所承载着的诸多维特根斯坦的哲学思想及其与女性主人公"我"之间存在着的、昭示着后者所面临的深刻的自我认同危机的"二重身"结构或曰"双性同体"结构。维特根斯坦的哲学元素在巴赫曼的文学语境中发生了意义的转向,由此丰富了文学语言的表现手段,赋予了文学语言以语义的增值,并且创造了文学的独特的认识论价值。在《马利纳》中,巴赫曼还通过对被视为"音乐语言批判者"的奥地利现代作曲家勋伯格的借鉴,支撑并强调了自身那源于奥地利现代派传统的语言批判及主体批判的思想立场。以《马利纳》中反复出现的歌曲《月迷皮埃罗》为代表的勋伯格的音乐美学有力地辅助了作家巴赫曼在性别差异的视角下对女性遭遇的语言与主体之双重危机的揭示。这一音乐–诗学构架及音乐哲学的语言批判无疑是巴赫曼独特的文学语言批判的有机组成部分,其革新并丰富了文学语言的表现力与审美价值,拓展了语言批判的反思空间。维也纳现代派在哲学、音乐、文学等各个范畴勾画出的语言与主体危机在巴赫曼的笔下表现为对一个面临表达与写作困境的、分裂的女性主体所遭受的创伤的极致刻画,以及对女性主体与其作家身份的追寻和寻而不得。

关键词 《马利纳》 语言批判 维特根斯坦语言哲学 女性(作家)主体危机棋戏 "双性同体"之"二重身"

一 概述——作为"死亡形式"的《马利纳》

作为奥地利作家英格博格·巴赫曼的《死亡形式》三部曲的第一部,长篇小说《马利纳》的出版时间是 1971 年。《马利纳》中超前的女性意识以及作品在形式上的探索性在当时的评论界引发了巨大的争议。批评者认为,《马利纳》是"一片混浊的汪洋"[1],作家"陷入了自身的主体意识而不可自拔"[2]。然而,随着时间的推移,《马利纳》的美学价值和现实意义得到了越来越多的肯定,其被认为是一部丰富和发展了现代小说的创作。

尽管评论界对由女性主义视角来解读小说《马利纳》是否合理这一问题持有不同的观点,但这一视角确实有其可取之处。因为,《马利纳》中的女性主人公"我"之命运以及穿插于小说叙述主框架中的"卡格兰公主传奇"里的公主之命运均是父权体制下的女性陷于失语状态的悲剧性存在的体现。无论如何,两性话语批判无疑是巴赫曼在《马利纳》一书中贯彻的鲜明的创作方针之一。

同样鲜明的是《马利纳》所承载的历史批判。对充斥着战争的历史进程的反思是贯穿巴赫曼创作始终的一大主题。奥地利作家托马斯·伯恩哈德(Thomas Bernhard,1931－1989 年)在评论巴赫曼时曾说,巴赫曼的整个一生都惊愕于世界

---

[1] 转引自[奥地利]英格博格·巴赫曼:《巴赫曼作品集》,韩瑞祥选编,北京:人民文学出版社,2006 年,编者前言第 16 页。

[2] Rudolf Hartung, *Dokument einer Lebenskrise*, in Christine Koschel und Inge von Weidenbaum (Hrsg.), *Kein objektives Urteil-Nur ein lebendiges. Texte zum Werk von Ingeborg Bachmann*, Piper Verlag, München,1989,S. 156.

与历史的进程,她始终在逃亡,并不惜在地狱中沉沦。① 在《马利纳》中,"卡格兰公主传奇"的背景便是战争、黑夜与逃亡。此外,在题为"第三个男人"的《马利纳》的第二章中,战争与逃亡同样是那些可怕的梦境中一再出现的情景。对于《马利纳》中的人物及巴赫曼本人而言,人在历史与现实中的存在始终迷失在浓郁的夜色之中:"漫长是黑夜[……]始终是黑夜。没有白昼。"②黑夜中的生存时刻受到来自"大熊星"的威胁,而巴赫曼对大熊星这"蓬乱的黑夜"③的"召唤"并不是对毁灭的渴求,而是诗人在洞察到生存之危难的时刻发出的警世呐喊。

在《马利纳》那由创伤与恐惧编制而成的语言暗码中,巴赫曼意欲展现无法磨灭的创伤经历与乌托邦构想之间的对立与冲突。《马利纳》中的"卡格兰公主传奇"之幻灭、女主人公"我"与情人伊万之间的幸福爱情之终结以及"我"最终于墙壁中消逝之"死亡形式",使整部作品被笼罩在一派沉郁、晦暗和肃杀的氛围之中。对乌托邦的强烈渴望与乌托邦幻想的破灭形成了尖锐的对立,童话中的乐土渗透着现实生存的严酷与可怖。在巴赫曼的诗集《召唤大熊星》的卷首诗《游戏已终局》中,童话梦幻的"游戏"就不得不以痛苦的形式"终局":

> 我亲爱的兄弟,何时我们做张木筏
> 泛流而下直达天际?
> 我亲爱的兄弟,不久负荷就会太大
> 我们将会葬身水底。
>
> 我亲爱的兄弟,我们在纸上
> 画上许多国家和条条铁轨。
> 小心,在这些黑线前方
> 你将被地雷高高炸飞。
> [……]④

---

① Vgl. Joachim Hoell, *Ingeborg Bachmann*, Deutscher Taschenbuch-Verlag, München, 2001, S. 153.

② Ingeborg Bachmann, *Curriculum Vitae*, in Christine Koschel, Inge von Weidenbaum und Clemens Münster (Hrsg.), *Ingeborg Bachmann. Werke in vier Bänden*, Piper Verlag, München, 1978, Band 1, S. 99 u. S. 102.

③ Ingeborg Bachmann, *Anrufung des Großen Bären*, in *Ingeborg Bachmann. Werke in vier Bänden*, Band 1, S. 95.

④ Ingeborg Bachmann, *Das Spiel ist aus*, in *Ingeborg Bachmann. Werke in vier Bänden*, Band 1, S. 82.

在《马利纳》中,巴赫曼也对语言问题进行了深刻的思考与独特的展现,她再一次将语言批判、历史批判和两性话语批判联系在了一起。在身为作家的小说女主人公"我"与一位记者的访谈①中,主人公说道:"我要向您透露一个可怕的秘密:语言是惩罚。所有的东西都必须进入语言,并且都必须根据其过错以及过错的程度重又在语言中消逝。"②在主人公的这一表述中,维特根斯坦的语言批判的哲学思想赫然在目。维特根斯坦说:"哲学是以我们的语言为手段为反对对我们的理智的蛊惑所进行的斗争。"③换言之,维特根斯坦欲以对语言的逻辑分析为手段,揭露因形而上学对语言的滥用而产生的哲学问题,并对这些问题进行诊断和治疗,以期最终在我们的语言使用中排除这些问题。在《马利纳》中,巴赫曼对维特根斯坦思想的借鉴与引申是相当醒目的,这很值得巴赫曼的研究者进行深入挖掘。

从上述的两性话语批判、历史批判和语言批判的视角出发,我们在下文中首先要仔细考察《马利纳》中的主人公"我"与伊万之间的棋局,我们将发现作品中的"下棋"这一母题与维特根斯坦的语言游戏理论的密切关系。随后,我们要考察"我"与伊万之间看似平庸的对白,尤其是两人间的电话交谈。就在这些被不厌其烦地记录下来的日常对话中,我们能看出巴赫曼那一如既往的语言批判策略。同时,这一语言批判显然是在性别差异的视角下展开的,这一点同样也适用于巴赫曼对主人公之间的下棋场景之描写。在《马利纳》中,巴赫曼在性别话语权力批判的视角下对女主人公"我"与伊万之间的爱情的刻画,体现了诸多维特根斯坦前后期的哲学思想。巴赫曼在此探讨了在男性话语权的主宰下的女性的声音抑或女性写作之合法地位的诗学问题。在《马利纳》中,巴赫曼的语言批判意识还体现在她对勋伯格音乐的借鉴之中。通过对《马利纳》一书援引的勋伯格的代表作《月迷皮埃罗》(Pierrotlunaire op. 21)中的若干乐句的阐释,我们会发现,这些音乐元素的功能在于传递巴赫曼那源于奥地利现代派传统的语言批判及主体批判思想。结合《马利纳》中的女主人公的作家身份,巴赫曼在其诗学的反思空间中不仅要揭示男性话语

① Vgl. Ingeborg Bachmann, *Malina*, in *Ingeborg Bachmann. Werke in vier Bänden*, Band 3, S. 88ff.
② Ebd. , S. 97. Vgl. auch Ingeborg Bachmann, *Rede zur Verleihung des Anton-Wildgans-Preises*, in *Ingeborg Bachmann. Werke in vier Bänden*, Band 4, S. 294ff. 巴赫曼在演讲的结尾处说道:"语言是惩罚。尽管如此,还要说最后一行话:并非死亡之词,你们语词。"这"最后一行话"正是巴赫曼的诗歌《你们语词》的结束语。(Vgl. Ingeborg Bachmann, *Ihr Worte*, in *Ingeborg Bachmann. Werke in vier Bänden*, Band 1, S. 163.)
③ [奥地利]维特根斯坦:《维特根斯坦全集》(第 8 卷),涂纪亮主编,河北:河北教育出版社,2003 年,第 67 页。

主导权之下的女性的主体危机，更要揭示女性作家的主体危机。此外，女主人公的自我认同危机还在另一个层面上得到了体现，即"我"与《马利纳》的标题人物马利纳的"二重身"结构或曰"双性同体"①结构。在本文的最后一个部分，我们将详细讨论马利纳这一人物所承载着的维特根斯坦的哲学思想。

二 棋之戏

在《马利纳》的第一章中，巴赫曼思考了这样一个问题，即一个女性的"我"为何无法实现以爱情的名义过一种"审美的生活"②的理想。巴赫曼对这一问题的思考与描写借助了维特根斯坦的语言游戏理论——尤其是维特根斯坦以棋戏论语言的类比手法——并将它移植于女性主义和社会批判的视野之中，这被集中展现在《马利纳》中的主人公之间的对弈场景中。可以说，《马利纳》中的若干"棋局"充分体现了巴赫曼对维特根斯坦哲学之极富创意的借鉴与改写。

巴赫曼赋予其作品中的国际象棋棋局以超越维特根斯坦哲学中的棋戏类比的语义象征，即从性别差异和两性关系的视角出发，考察男女双方的游戏实践，从而揭示了以博弈为表象的两性话语之争以及男性话语的主导地位。③ 女主人公"我"与伊万在棋盘上的较量不仅是棋艺之赛，也是语言之争，更是性别之战。但是，在巴赫曼笔下，这样的冲突并非显得剑拔弩张，而是隐现于其含蓄甚至是幽默的表现手法之中，不过立足于女性主义视角的研究却往往无视此种表现手法。

我们不妨以下面这段篇幅较大的引文为例，对男女主角间的棋戏进行一下解读：

> [……]如果他没有兴趣和我造句的话，他就摆开他的或我的棋盘，在他的或我的住所，逼着我和他下棋。[……]天哪，你的"象"是怎么走的呀？拜托你再想想这一步。你还没看出来我是怎么下棋的吗？[……]伊

---

① Christine Koschel und Inge von Weidenbaum（Hrsg.），*Ingeborg Bachmann：Wir müssen wahre Sätze finden. Gespräche und Interviews*，Piper Verlag München/Zürich，1983，S. 87.

② Inge Steutzger，*Zu einem Sprachspiel gehört eine ganze Kultur. Wittgenstein in der Prosa von Ingeborg Bachmann und Thomas Bernhard*，Rombach Verlag，Freiburg im Breisgau，2001，S. 167.

③ 维特根斯坦："一切都在语言中见分晓。"[奥地利]维特根斯坦：《维特根斯坦全集》（第4卷），涂纪亮主编，河北：河北教育出版社，2003年，第134页。译文有所改动。

万说,你下棋就是没有章法,你不会玩你的棋子,你的"后"又动不了了。我忍不住笑了,随后我又苦苦思索起关于我无法动弹的问题。伊万给我使了个眼色。你明白了吗? 不,你什么都没明白。你现在脑袋里又在想什么呀? 酸白菜、花椰菜、生菜,净是些蔬菜。啊,现在这个没头脑的、脑袋空空的小姐想让我分心,可是,我早就知道这一套,裙子从肩膀上滑了下去,可我不往那儿看,想想你的"象",有人的两条腿也已经露了半个小时了,一直露到膝盖上面,不过,这对你毫无用处,这就是你所谓的下棋,我的小姐,和我下棋可不是这种下法,啊,现在有人的表情很滑稽,这一点我也想到了,我们把"象"玩丢了,亲爱的小姐,我再给你一个建议,从这儿消失,从 E5 走到 D3,不过,那样的话,我的绅士风度就会消失殆尽。我把我的"象"朝他扔去,并且一个劲儿地笑着,的确,他棋下得比我好得多,不过,重要的是,我有时最终能和他下成和局。①

与热衷于下棋的伊万不同,女主人公对下棋这件事并没有浓厚的兴趣,她往往是被迫与伊万对局,就像棋盘上被困的"后"一样,爱情的束缚使她"无法动弹"②。女主人公的这种被动性也体现在她下棋时对伊万"言听计从"。套用维特根斯坦的话来说,这便是"命令以及按照命令行事"③的语言游戏。在国际象棋这一男性的世袭游戏领地,伊万显然代表了游戏规范,他主宰着棋局的走势。然而,面对伊万的指摘、奚落以及高高在上的指点,女主人公却总是以笑作答。"笑"并非全然意味着顺从,女主人公的"笑"未尝不是一种抗拒的姿态,哪怕只是一种柔弱的抗拒。事实上,"笑"的颠覆性力量④也在女主人公甩手掷棋的动作中得到了体现。

---

① Ingeborg Bachmann, *Malina*, in *Ingeborg Bachmann. Werke in vier Bänden*, Band 3, S. 46f.
② Ebd. , S. 46.
③ [奥地利]维特根斯坦:《维特根斯坦全集》(第 8 卷),涂纪亮主编,河北:河北教育出版社,2003 年,第 19 页。
④ 此外,在《马利纳》的另一个情节中,"笑"的颠覆性力量还体现为对道德礼教与陈规陋俗的讽刺。女主人公受邀聆听一场关于"索多玛的 120 天"的报告,她对此并无兴趣。因此,在听报告的过程中,女主人公恶作剧般地向一位陌生男子暗送秋波,不料却得到了对方热烈的回应。两人间"渎神的"眉来眼去与报告现场的严肃、虔诚的气氛形成了鲜明的对照。最终,女主人公"我"几乎抑制不住狂笑的念头,匆忙离场。(Vgl. Ingeborg Bachmann, *Malina*, in *Ingeborg Bachmann. Werke in vier Bänden*, Band 3, S. 78f.) 在巴赫曼的广播剧《曼哈顿的好上帝》中,"笑"的母题也作为一种颠覆性力量的象征反复出现。(Vgl. Ingeborg Bachmann, *Der gute Gott von Manhattan*, in *Ingeborg Bachmann. Werke in vier Bänden*, Band 1, S. 290f.)

男主人公虽然对女主人公的棋艺嗤之以鼻,但他还是乐于一次次摆开棋盘,与女主人公对垒。在力量悬殊的对弈中,女主人公"我"尽管屡屡俯首称臣,但有时也能与伊万打成平手,胜负难分。"我"往往不按常规思路走棋,由此招致伊万的训斥与指正,但"我"亦能欣然从命,并为棋盘上不时出现的相持局面而感到高兴。作为棋局的旁观者,我们并不认为女主人公是个拙劣的棋手。女主人公的那些看似莫名其妙的招数未尝不是对寻常的游戏规则的刻意违背,只是这种违背随即得到了伊万的纠正,因为,事实上,由伊万主导的下棋策略同时也对女性对手"我"的棋路提出了规范性的要求。在《马利纳》中,女主人公在尝试挑战棋戏规则的同时,也乐于接受以伊万为代表的棋戏规则的约束。对于女主人公来说,重要的是她偶尔能与伊万战成和局。由此看来,我们不妨可以说,女主人公虽并不着意于反抗男主人公的强势地位,但棋盘上的和局或多或少地暗示了她与男性游戏规范抗争的愿望,并且这种抗争的目的不是获胜,而是追求和解。

如果"棋盘似沙场,棋局如战争"的话,那么和棋也就承载了一种对和平的渴望。《马利纳》中的棋戏不仅是两性话语之争的隐喻,而且也是现实战争的象征。在巴赫曼的文学语言中,棋戏甚至与发生在中国国土上的战争产生了联系。在《马利纳》中,女主人公"我"在一次与伊万的棋局之后阅读起一本名为《红星照耀中国》的书。[1] 巴赫曼的这一构思为我们考察作品中的棋戏对战争之隐喻提供了直接的佐证。此外,另一个反复出现于《马利纳》中的能指符号是醒目的大写字母"战争与和平"[2],其也可被视为是对棋戏所作的概括性诠释,同时这一符号也对整篇小说的主题起到了画龙点睛的作用。女主人公向往和平,这不仅体现在棋盘的方寸之间,也不仅体现在现实的战场之上,更是体现在自我的身心之内。然而,马利纳却直言不讳地告诉女主人公,和平是不存在的:"马利纳:'没有战争与和平。'我:'那么又叫什么?'马利纳:'战争。'"[3]马利纳试图使女主人公形成这样的认识,即和平仅是战争的"短暂的中止"[4],并且人人自身就是战争:"你就是战争。你自己。[……]我们所有人都是,包括你。"[5]巴赫曼在一次访谈中更是明确地强调:"我们称

① Vgl. Ingeborg Bachmann, *Malina*, in *Ingeborg Bachmann. Werke in vier Bänden*, Band 3, S. 125.
② Ebd. , S. 184, S. 185 u. S. 225.
③ Ebd. , S. 185.
④ Ebd.
⑤ Ebd.

之为和平的东西是战争[……]战争,真正的战争,就是和平这一战争的爆发。"①在《马利纳》第二章的结尾,女主人公"我"彻底认可了马利纳的观点:"马利纳:'你将永远不会再说战争与和平了。'我:'永远不会了。始终都是战争。这里始终是暴力。这里始终是斗争。这是永恒的战争。'"②"永恒的战争"中只有永远的失败者,就像《马利纳》第三章中的女主人公在情人远去、爱情消亡之后与自己对局的情景那样,胜利者同时也是失败者。③

三 言之剧

对于女主人公而言,她与伊万的交往在一定程度上也是她学习日常语言游戏的过程。伊万代表了生活的现实,他是女主人公通往日常现实的桥梁,是介于女主人公与世界之间的"变压器"④:"我想着伊万。我想着爱情。想着来自现实的注射。想着现实的持留,就几个小时而已。想着下一次更强烈的注射。"⑤尤其在两人交往之初,女主人公就像信奉教条般地遵循着伊万的"原理",服从伊万的"训教":"对于我来说,最初的许多原理来自伊万。"⑥"我"与伊万之间的各种语言游戏便是由后者传授的一门生活之课,而女主人公却乐此不疲。

在《马利纳》中,男女主人公说出的各种类型的话语——和脑袋有关的话、打电话时说的话、下棋时说的话⑦、和"疲劳"有关的话⑧、关于"耐心"和"不耐心"的话⑨、关于缺少时间的话⑩等——令人不禁联想到维特根斯坦的语言哲学中的"语言游戏"和"家族相似性"。维特根斯坦强调游戏种类的丰富多样以及游戏之间的相似之处,其目的在于表明概念无法被精确定义,只能通过翔实的举例得到说明。在《马利纳》中,伊万就以夸张、风趣的方式玩了一次关于"举例"的语言游戏,以嘲笑

---

① Christine Koschel und Inge von Weidenbaum（Hrsg.）, *Ingeborg Bachmann：Wir müssen wahre Sätze finden. Gespräche und Interviews*, S. 70.

② Ingeborg Bachmann, *Malina*, in *Ingeborg Bachmann. Werke in vier Bänden*, Band 3, S. 236.

③ Ingeborg Bachmann, *Malina*, in *Ingeborg Bachmann. Werke in vier Bänden*, Band, S. 246.

④ Ebd., S. 285.

⑤ Ebd., S. 45.

⑥ Ebd., S. 41.

⑦ Vgl. ebd., S. 48.

⑧ Ingeborg Bachmann, *Malina*, in *Ingeborg Bachmann. Werke in vier Bänden*, Band 3, S. 73.

⑨ Ebd., S. 140.

⑩ Vgl. ebd., S. 253.

女主人公的口头禅"比如说"。① 在这番令人捧腹的笑谈中,伊万甚至以嬉笑的方式回顾了自己与女主人公一见钟情的邂逅,从而使得爱情的神秘气息荡然无存。

鉴于维特根斯坦对语言的日常使用实践之强调,我们不妨说,巴赫曼的写作方式恰恰是反其道而行之,她要揭示的正是日常的语言游戏在爱情的话语中是没有生命力的,其必然面临着枯竭的结局。《马利纳》中的主人公看似兴致盎然地说着各种在不少研究者读来味同嚼蜡的日常话语,但作为这些日常语言之游戏者的"我"其实清楚地知道:"关于情感我们还没有说过哪怕一句话,因为伊万不说这样的话,因为我不敢带头说这样的话,可是,我却在思考这些遥远的、缺失的语句,尽管我们有那么多不错的话语可说。"②显然,巴赫曼不惜以大量笔墨写下"庸俗"之言的真正意图,就是以日常语言游戏的丰富多样来映衬真正的爱情话语的寂然缺失。

在融入了女主人公"我"的审美诉求的爱情游戏中,日常的语言游戏难以为继。于是,主人公开始寻求其他的交流方式:"当我们停止说话转而成功地进行手势交流时,③对于我来说,一种神圣的仪式就代替了情感,并非空洞的过程,并非无关紧要的重复,而是作为重新充实的、庄严的程式之化身,满怀着我唯一真正所能的虔诚。"伊万对女主人公"我"说:"这就是你的宗教,的确是这样。"④作为众多有声语言种类之外的沉默的语言,手势不仅能实现交流,更能使人们抵达爱情的神圣之境。 显然,维特根斯坦前后期的哲学思想都有将手势视为爱情话语中的一种独特的语言游戏之观点。

仔细研读主人公的对话,我们不难发现,女主人公"我"与伊万之间的交流显然存在着障碍,并且充斥着误解,这尤其体现在两者的电话交谈之中。早在女主人公"我"与伊万交往之初,这一点就已经显露了端倪:"无论如何,我们好歹攻占了最初的一些语句,那是些愚蠢的句子的开头、只说了一半的话和句子的结尾,它们被彼此间的谅解的光环包围着[……]"⑤爱情的美丽光晕笼罩着男女主人公之间的支离破碎、支吾其词的言谈方式,而这种交流方式一直持续到两者关系的结束。女主

---

① Ingeborg Bachmann, *Malina*, in *Ingeborg Bachmann. Werke in vier Bänden*, Band 3, S. 40f.

② Ingeborg Bachmann, *Malina*, in *Ingeborg Bachmann. Werke in vier Bänden*, Band 3, S. 48.

③ 在一定程度上,肢体语言或无声语言取代常规语言或有声语言正是语言危机的一种体现。除手势外,作为一种肢体语言,眼神交流也频频出现于《马利纳》的"卡格兰公主传奇"之中。(Vgl. Ingeborg Bachmann, *Malina*, in *Ingeborg Bachmann. Werke in vier Bänden*, Band 3, S. 47 u. S. 68.)

④ Ingeborg Bachmann, *Malina*, in *Ingeborg Bachmann. Werke in vier Bänden*, Band 3, S. 48.

⑤ Ebd., S. 38.

人公"我"无奈地发现:"在我们彼此间有限的话语和我真正想对他说的话之间是一个真空,我想对他说所有的事,然而,却只是坐在这里[⋯⋯]"①

在《马利纳》中,女主人公"我"与伊万之间的许多电话通话②也可被视为是巴赫曼对维特根斯坦的语言游戏理论之文学演绎,这些电话两端的对白同样可以被置于性别权力游戏的视野下进行解读。巴赫曼在《马利纳》中注入的语言批判思想赋予了这些日常的交流以深刻的内涵。主人公在电话旁的交谈与他们在棋盘边的对垒同属于情人间的语言游戏。借助于若干电话对白,巴赫曼对关于女性的声音及女作家的身份之存在可能性——亦即对一种女性的表达方式之可能性——问题进行了思考,而这正是巴赫曼的后期小说创作的核心主题之一。

在《马利纳》中,女主人公与伊万的电话对白在形式上截然有别于女主人公与马利纳的交谈。前者没有任何关于说话者的提示,言谈内容也没有通过引号被标示出来,因此读者往往难以清楚地区分说话者究竟是女主人公"我"还是男主人公伊万。这种表面上的含混不清恰恰暗示了主人公之间的那种充斥着误解的交流。与此相反,女主人公"我"与马利纳的对话则一目了然。

女主人公与伊万的大部分电话对白是在爱情营造的那种令人陶醉的神秘气氛中进行的。不过,在爱情游戏临近尾声时,读者也能听出人物言语间的躲闪、无奈与怅惘。令批评者不解的是,在如此美妙的时刻,主人公之间的对话竟是那样"朴实无华"。事实上,在《马利纳》的庸语俗言背后,巴赫曼恰恰隐藏着自己语言批判的锋芒。我们不难发现,与对弈时的言谈一样,主人公之间的通话也是在男主人公的主导下进行的。女主人公"我"遵循并效仿伊万的言谈模式,而正是男性的语言主导权才使得情人之间的对话流于俗常。

在《马利纳》中,电话这一媒介对由男权主导的、传统的爱情语言的刻画起到了映衬作用。女主人公甚至对电话机顶礼膜拜,因为电话机是她与所爱之人保持联系的工具,它能代替爱人的现实在场。与情人的别离使女主人公惶惶不可终日,等待情人的来电成为她唯一的慰藉:"我跪在电话机前的地板上,[⋯⋯]就像一个穆

---

① Ingeborg Bachmann, *Malina*, in *Ingeborg Bachmann. Werke in vier Bänden*, Band 3, S. 49.
② 有研究者指出,巴赫曼在此明显借鉴了让·科克托(Jean Cocteau, 1889-1963年)的独幕剧兼独脚戏《人类的声音》(*La voix humaine*)(1930年首演)。《人类的声音》后经弗朗西斯·普朗克(Francis Poulenc, 1899-1963年)谱曲而成为歌剧(1959年首演)。《马利纳》中的电话对白对《人类的声音》中的台词多有援引。(Vgl. Inge Steutzger, S. 175f.)

109

斯林跪倒在地毯上,以额触地。[……]我的麦加,我的耶路撒冷!"①女主人公与电话机形影不离:"我始终都能看见那黑色的电话机,在看书时,在睡觉前,我把它放到床头。"②女主人公深陷情网,为情所困:"电话线又缠住了,我说着说着,忘记了自己,我把自己绕了进去,这都是因为和伊万打电话造成的。[……]电话线应该继续缠着。"③可叹的是,爱情竟是如此一个困局!棋盘上被封堵的"后"转而又为电话线所束缚。

电话机阻隔着同时也联系着通话的双方,只是这样的联系与交流显得障碍重重。这种障碍的外在表现便是电话信号不畅,电话中充斥着杂音的干扰,就像女主人公抱怨的那样,"电话里埋伏着隐患"④。从电话两端看似荒诞的语言游戏中渗透出一种压抑的严肃。情人的来电对于女主人公而言可谓性命攸关,这更为《马利纳》中的电话游戏增添了悲剧的色彩。女主人公自问:"伴着一台死了的电话机,我已经活了多久?[……]电话机活了。是伊万打来的。"⑤

四 情之困

在《马利纳》中,女主人公与伊万的爱情显然成了前者之存在的保障。在两人交往之初,女主人公对来自爱情的拯救充满信心。爱情被视为"世间最强大的力量",只是"这个世界患病了,它不想让这种健康的力量产生"⑥。不过,"因为伊万已经开始对我(女主人公)进行治疗,⑦所以这尘世间就不会再那么糟糕了"⑧。沉浸在当下的爱情之中,女主人公"我"俨然已体验到永恒的幸福:"他(伊万)最终将发现我究竟是怎么一回事,因为我们毕竟还有整整一生。也许不在将来,也许只在今

① Ingeborg Bachmann, *Malina*, in *Ingeborg Bachmann. Werke in vier Bänden*, Band 3, S. 43.
② Ebd. , S. 45.
③ Ebd.
④ Ingeborg Bachmann, *Malina*, in *Ingeborg Bachmann. Werke in vier Bänden*, Band 3, S. 42. 在《马利纳》的德语原文中,女主人公说的是"Tücken"(隐患),而电话另一头的伊万却将它听成"Mücken"(蚊子),这就是表现主人公之间的交流障碍的典型例证。
⑤ Ingeborg Bachmann, *Malina*, in *Ingeborg Bachmann. Werke in vier Bänden*, Band 3, S. 321. 此外,还可参见《马利纳》中的另一处文字:在一次通话时,伊万拒绝了女主人公的约会请求,他挂断了电话;在女主人公听来,电话被挂断的那一刻就好比射出了一发子弹,她甚至渴望爱情就此终结。(Vgl. ebd. , S. 44.)
⑥ Ingeborg Bachmann, *Malina*, in *Ingeborg Bachmann. Werke in vier Bänden*, Band 3, S. 37.
⑦ 巴赫曼欲以爱情治疗世界疾患的文学幻想,令人联想到维特根斯坦欲以语言的逻辑分析治疗哲学疾病的思想。
⑧ Ingeborg Bachmann, *Malina*, in *Ingeborg Bachmann. Werke in vier Bänden*, Band 3, S. 33.

天,可是,我们拥有生命,这一点是毫无疑问的。"①爱情不求有将来,但求在今昔;爱情使生命焕发生机,使生命在当下即成为永恒。然而,在现实的爱情游戏的进程中,女主人公却惶然预感到了爱情的衰亡:"我在伊万中活着。我无法在伊万后幸存。"②"我"没有为伊万写下那本"美的书",却写下了"死亡将会来临"③的警示之言。"那一天不会来临[……]再也没有诗歌[……]那将是终局。"④

在《马利纳》中,女主人公对爱情乌托邦的憧憬与她对乌托邦幻灭的忧惧交织在一起。在爱情被赋予如生命般珍贵之价值的同时,主人公对爱情之易逝与不可承受也有刻骨铭心的痛苦体验。虽然唯有伊万才是女主人公"我"的"欢愉和生命"⑤,但女主人公"我"却不能告诉他,"否则他也许会更快地离我(女主人公)而去"⑥,因为伊万害怕女主人公"我"爱他。⑦ 匈牙利巷6号与9号⑧之间是女主人公走向伊万的爱情之路,也是她的"受难之路"⑨。一句"维也纳在沉默"⑩如主旋律般萦绕着这个最终覆灭的爱情悲剧:"没有美的书,我再也不能写那本美的书了,很久之前我就停止思考这本书了,毫无原因,我再也想不起一句话。可是,我却又那么确信,肯定有那本美的书,我肯定能为伊万找到这本书。"⑪

女主人公对那本无法写就的"美的书"的确知,正如维特根斯坦对不可言说的神秘之物的确知。在《马利纳》中,女主人公"我"对伊万的爱情从第一刻起就仿佛是冥冥之中注定的那般神奇,仿佛是生命轮回中的卡格兰公主与黑衣拯救者在今世的重逢。⑫ 在回忆自己与伊万的邂逅时,女主人公说道:"我在刹那间认出了伊万,没有时间通过言谈靠近他,在说出任何一句话之前我就已经归属于他。"⑬与此

---

① Ingeborg Bachmann, *Malina*, in *Ingeborg Bachmann. Werke in vier Bänden*, Band 3, S. 48f.

② Ebd., S. 45.

③ Ebd., S. 79.

④ Ebd., S. 303.

⑤ Ingeborg Bachmann, *Malina*, in *Ingeborg Bachmann. Werke in vier Bänden*, Band 3, S. 279.

⑥ Ebd.

⑦ Vgl. ebd., S. 285.

⑧ 分别是《马利纳》中的女主人公"我"与伊万的住址。

⑨ Ingeborg Bachmann, *Malina*, in *Ingeborg Bachmann. Werke in vier Bänden*, Band 3, S. 173.

⑩ Ebd., S. 45 u. S. 173.

⑪ Ebd., S. 303.

⑫ 《马利纳》中的"卡格兰公主传奇"讲述的是在久远的年代,卡格兰公主从入侵的异族的铁蹄下逃跑并得到黑衣人拯救的故事。可以说,卡格兰公主与黑衣人的形象在一定程度上分别对应了《马利纳》中的女主人公"我"与情人伊万。

⑬ Ingeborg Bachmann, *Malina*, in *Ingeborg Bachmann. Werke in vier Bänden*, Band 3, S. 126f.

相对的是,女主人公说:"关于马利纳,我却考虑了许多年,我是那么地渴求他,以至于我们俩日后的共同生活也只是对某种本该始终如此却一再被阻挠的东西的确证而已。"①作为不可名状之神秘体验的爱情的朦胧也弥漫在女主人公"我"对情人的称谓之中。尽管女主人公"我"都用"你"来称呼伊万和马利纳,但是"这两个你之间因为一种不可测度、无法衡量的表达的强度而彼此不同"②。与女主人公"我"用以称呼马利纳的那个"明确"的"你"不同,女主人公用以称呼伊万的"你"是"不明确"的,正如女主人公自己所说:"它可以有不同的色彩,可以昏暗,可以明亮,可以变得矜持、温柔或迟疑,它有无限的表达尺度[……]然而,它却始终未曾以那种声音、以那种当我无法在伊万面前说出一句话时我在自己的内心所听到的表达方式被说出。有朝一日,我尽管无法在伊万面前,却能在心里圆满地说出这个'你'。那将是完美的'你'。③[……]我呼唤着伊万,[……]我用一种无人曾有的声音,那种星辰般的、恒星的声音,说出伊万这个名字,使它无所不在。"④就在这种由一个"你"传达出的声音的美学中,我们已然能够察觉到女性正面临渐趋失语的困境。美好的爱情话语只能在心中诉说,这不仅仅是因为神秘之物的不可言说,更是因为男性的话语强权对女性声音之合法地位的剥夺。《马利纳》中的"卡格兰公主传奇"几乎就是一出哑剧,黑衣人"叫公主沉默,示意她随他而往"⑤。

　　卡格兰公主最终跌落马下、倒在血泊中的悲惨结局⑥似乎也暗示了女性在由男性执导的哑剧中无力承担缄默的角色。在传统的、男性主导的两性游戏中,女性注定无法胜任这样的游戏。对于《马利纳》中的女主人公而言,"游戏"是一个由男性赋予其意义的词汇:"[……]我为什么说游戏?到底为什么?这不是我的词,这是伊万的词。"⑦女主人公"我"说:"我不要游戏。"伊万说:"可是没有游戏是不行的。"⑧是伊万"想要进行游戏"⑨,而女主人公"我"却"显然对游戏一窍不通"⑩,她不

---

① Ingeborg Bachmann, *Malina*, in *Ingeborg Bachmann. Werke in vier Bänden*, Band 3, S. 127.

② Ebd., S. 126.

③ Ingeborg Bachmann, *Malina*, in *Ingeborg Bachmann. Werke in vier Bänden*, Band 3, S. 127.

④ Ebd., S. 225.

⑤ Ebd., S. 64.

⑥ Vgl. Ingeborg Bachmann, *Malina*, in *Ingeborg Bachmann. Werke in vier Bänden*, Band 3, S. 70.

⑦ Ebd., S. 49.

⑧ Ebd., S. 85.

⑨ Ebd.

⑩ Ebd., S. 318.

会在男性面前进行表演①和伪装,但是她却"必须待在游戏里"②。因此,对于女主人公"我"而言,她与伊万之间的一切游戏——棋之戏也好,言之剧也罢——必将因陷于"情之困境"而终结:"游戏事实上结束了。"③擅长游戏的伊万和拙劣的游戏者女主人公"我"在同一个地方"过着两种不同的生活"④。女主人公"我""对游戏的一窍不通""沉默的凝视"以及"由言词的碎片所进行的表白"⑤使伊万的生活变得麻烦,而他想要的无非是简单而寻常的生活。女主人公和伊万似乎不属于同一个世界。伊万对女主人公"我"说:"你把我搁到那个地方使我无法呼吸,拜托你不要往那么高的地方去,不要再将任何人带到稀薄的空气里[……]"⑥伊万愿意踏实地踩在"粗糙的地面"上,以呼吸现实生活的气息。此处,字里行间流露出的维特根斯坦哲学的韵味不言自明。

因于情网的女主人公清楚地意识到:"女人注定要承受天生的不幸,那是由男人的疾病所造成的。"⑦巴赫曼在一次访谈中也强调了男人是"病人"⑧的观点。在《马利纳》中,这一性别话语批判在女主人公"我"与马利纳的一番畅谈中得到了彰显。女主人公"我"向马利纳谈起了自己对男性的观点:"其实,在每个男人身上我们都应该看到一种不可救药的病例⑨[……]可以说,男人对女人的整个观念都是病态的,而且是一种完全独特的病态,以至于男人根本不可能从他们的疾病中得到解救。关于女人,人们最多会说,她们或多或少被传染了,是她们自己招致了这些传染,由于她们对疾患的同情。"⑩

---

① 德语"spielen"一词除"游戏"之含义外,另有一常规词义"表演"。
② Ingeborg Bachmann, *Malina*, in *Ingeborg Bachmann. Werke in vier Bänden*, Band 3, S. 85.
③ Ebd., S. 84. 广播剧《曼哈顿的好上帝》中也上演了爱情的游戏:"现在,他们在进行游戏。表演爱情。"(Ingeborg Bachmann, *Der gute Gott von Manhattan*, in *Ingeborg Bachmann. Werke in vier Bänden*, Band 1, S. 292.)此外,巴赫曼早年还写有诗作《游戏已终局》。由此可见,"游戏"的概念在巴赫曼的脑海中已盘桓良久。
④ Ingeborg Bachmann, *Malina*, in *Ingeborg Bachmann. Werke in vier Bänden*, Band 3, S. 46.
⑤ Ebd., S. 318.
⑥ Ingeborg Bachmann, *Malina*, in *Ingeborg Bachmann. Werke in vier Bänden*, Band 3, S. 46.
⑦ Ebd., S. 272.
⑧ Ebd., S. 270. Vgl. auch Christine Koschel und Inge von Weidenbaum (Hrsg.), *Ingeborg Bachmann: Wir müssen wahre Sätze finden. Gespräche und Interviews*, S. 70.
⑨ Ebd., S. 268.
⑩ Ebd., S. 269.

五　迷失的皮埃罗：音乐之声的启示

巴赫曼视"音乐为人类所发明的最高层次的表达"①，她不时从音乐中获得灵感。音乐美学中的语言批判为巴赫曼的以追求"新语言"为鹄的文学创作提供了重要的启示。

在《音乐与文学》一文中，巴赫曼写道："音乐和语词一起，它们彼此鼓舞，它们是愤怒，是反抗，是爱，是忏悔。[……]它们引导着对自由的追求[……]它们有最强烈的意图，那就是产生影响。"②从音乐之声和文学之音中流淌出的是隽永的"人的声音"，那是"一种受缚的生灵的声音，它无法道尽遭受的苦难，无法唱尽高声与低音"③。尽管"人的声音"并非精确的乐器，但其却仍执意追求完美，因为"人的声音"里激荡着生命的力量。视"求真"为艺术使命的作家巴赫曼对"人的声音"寄予厚望："不该再将人的声音当成是一种工具了，而该把它预留给那样一种时刻，即文学和音乐分享真理之瞬间的时刻。"④在题为《写作的我》的"法兰克福诗学讲座"中，巴赫曼直指"我"的声音即"人的声音"。尽管"我"是"没有保证的我"，但"'我'将一如既往地代表人的声音奏响凯歌"⑤。

巴赫曼在《马利纳》中援引的乐句摘自阿诺尔德·勋伯格⑥的《月迷皮埃罗》

---

① Zitat nachHans Höller, *Ingeborg Bachmann*, Rowohlt Taschenbuch Verlag, Reinbek bei Hamburg, 1999, S. 85.

② Ingeborg Bachmann, *Musik und Dichtung*, in *Ingeborg Bachmann. Werke in vier Bänden*, Band 4, S. 61.

③ Ingeborg Bachmann, *Musik und Dichtung*, in *Ingeborg Bachmann. Werke in vier Bänden*, Band 4, S. 62.

④ Ingeborg Bachmann, *Musik und Dichtung*, in *Ingeborg Bachmann. Werke in vier Bänden*, Band 4, S. 62.

⑤ Ingeborg Bachmann, *Das schreibende Ich*, in *Ingeborg Bachmann. Werke in vier Bänden*, Band 4, S. 237.

⑥ 勋伯格是新维也纳乐派的"表现主义"的创始人，他的十二音音乐是十九世纪与二十世纪之交的现代派音乐语言中的伟大创新，其掀起了音乐史上的表现主义狂潮。在作曲技巧上一反传统的十二音技法音乐旨在寻求新的音乐原则与秩序，其完全无视传统的调性规律与和声功能，从而使无调性占据了绝对的统治地位。十二音音乐对调性中心的彻底否定促成了不谐和音的解放。这一音乐"新语言"绝非纯粹形式上的标新立异，其背后蕴藏着深刻的人文主义实质。在经济危机和世界大战接踵而来的年代，西方的精神危机和社会动荡的世纪末情感在作为特定时代之产物的表现主义音乐中得到宣泄。表现主义音乐主张通过艺术来揭示人类的心灵世界，其表达了一种在非人性的社会中受到压抑和扭曲的心灵所发出的不谐之音。对于勋伯格这样的渴望世界复归人性的艺术家而言，这种不谐之音正是对异化了的社会及其文化表示抗议的最贴切的方式。

(Pierrotlunaire op. 21①),这是一部具有典型的勋伯格风格的无调性作品。《月迷皮埃罗》这部离经叛道的作品是维也纳现代派音乐话语中的代表作,其标志着勋伯格对新的音乐表达形式的探索。在《马利纳》中,巴赫曼将诞生于奥地利这一共同的文化与历史母体的、根植于维也纳现代派土壤的勋伯格之音乐语言批判与维特根斯坦之语言哲学批判熔铸在一起。与维特根斯坦哲学一样,勋伯格的音乐美学也成为巴赫曼进行诗学语言批判的手段。巴赫曼巧妙地将勋伯格对音乐传统的拒斥、对现代主体之痛苦和恐惧的表达方式以及创新的"配乐说唱"(即半说半唱的音乐语言形式)与自己的语言批判融合在了一起。作为西方音乐史上的一个范例,勋伯格的《月迷皮埃罗》中的那种对传统音乐语言的反思恰好能服务于作家巴赫曼意欲突破与超越传统言说方式和语言秩序的尝试。在《马利纳》中,音乐语言的嵌入不仅丰富了文学语言的表现形式,也再一次揭示了巴赫曼的语言批判之宗旨,即倡导一种不断革新与改善的语言使用。在拓展文学创作空间的同时,巴赫曼对非文学话语的借鉴也印证了她自己对"文学"这一概念的定义:"文学是个向前敞开的、界线未知的王国。"②

在《马利纳》卷首,巴赫曼明确地告知读者,作品中的乐谱摘自勋伯格的配乐诗《月迷皮埃罗》。③ 关于《马利纳》中的勋伯格音乐元素的意义问题,研究界有多种解读方式,其中以立足于女性主义视角的阐释居多。④ 毋庸置疑,正如前文所述,《马利纳》中的勋伯格音乐所体现的语言批判思想及其所承载的关于诗学之功能的思考是不容被忽视的。除了对勋伯格音乐的明确指示外,巴赫曼还在《马利纳》中提及了莫扎特⑤的音乐,即其赞美诗《喜悦欢腾》⑥。莫扎特的《喜悦欢腾》在《马利纳》中以醒

---

① 又名《月光下的皮埃罗》。这是勋伯格于 1912 年创作的一部室内性声乐套曲,包含 21 首由乐队演奏和女声咏念合作的歌曲,歌词取自比利时象征派诗人阿尔伯特·吉罗(Albert Giraud, 1860–1929 年)的朦胧组诗(在原 50 首诗中选用了 21 首)。作为早期表现主义的代表作,《月迷皮埃罗》在观念上和形式上都展现了表现主义音乐的真实样貌。皮埃罗原是意大利喜剧中的丑角、失恋者和被人取笑的对象。在《月迷皮埃罗》中,皮埃罗吉罗诗人成为了精神和意志的代言人,作品反映的内容具有表现主义思潮特有的迷茫、恐惧、思维断裂、情绪扭曲等心理特征。勋伯格内心最深处的痛苦、孤独、绝望、恐惧等反常的精神状态在怪诞的音乐语言中表露无遗。

② Ingeborg Bachmann, *Literatur als Utopie*, in *Ingeborg Bachmann. Werke in vier Bänden*, Band 4, S. 258.

③ Vgl. Ingeborg Bachmann, *Malina*, in *Ingeborg Bachmann. Werke in vier Bänden*, Band 3, S. 10.

④ Vgl. Inge Steutzger, S. 184.

⑤ Vgl. Ingeborg Bachmann, *Malina*, in *Ingeborg Bachmann. Werke in vier Bänden*, Band 3, S. 27. 此处,巴赫曼明确地提到了莫扎特的名字。

⑥ 即创作于 1773 年的"exsultate jubilate"。

目的大写字母之形式被标示出来,并多次出现,①其不同寻常的意义可谓不言而喻。正是在与古典的莫扎特音乐的"同声"中,现代的勋伯格音乐才更为振聋发聩。

值得玩味的是,在《马利纳》中,《喜悦欢腾》这部赞美诗的名称最初出自伊万之口。伊万在女主人公的寓所发现了她的手稿,上面写着"死亡形式"与"埃及的黑暗"。伊万随即对女主人公说:"我不喜欢这些。[……]你的这个墓穴里的所有这些书是不会有人要的,为什么只有这样的书呢? 必定也有其他的书,它们肯定像《喜悦欢腾》那样,能让人兴高采烈,你不也经常兴高采烈吗? 为什么你不这么写?"②赞美诗《喜悦欢腾》的再次出现也与伊万有关。一个风和日丽的午后,伊万驱车载女主人公在维也纳兜风。女主人公沉浸在幸福之中。这种幸福的感觉如此强烈,宛如一曲赞美诗,这乐曲有各种各样的名称——"和伊万一起在维也纳穿行""幸福、幸福地和伊万在一起""幸福在维也纳""幸福的维也纳"③。然而,在幸福中"欢腾"的女主人公同时又感到自己"悬于深渊之上"④,因为伊万曾对她说:"你也许已经明白,我不爱任何人。"⑤可见,在"喜悦欢腾"的高潮中潜藏着覆灭之虞。

显然,在《马利纳》中,古典的莫扎特音乐所蕴含的象征意义与伊万这一形象密不可分。可以说,伊万代表了一个古典的世界。伊万之世界的古典性还在巴赫曼看似不经意的笔触中得到了旁证。《马利纳》提到,贝多芬曾在与伊万居住的匈牙利巷9号相邻的屋子里写下了他的《第九交响曲》。⑥ 与这一古典的世界相对而立的是一个位于匈牙利巷另一侧的现代的世界,即女主人公"我"与马利纳的寓所匈牙利巷6号。在这一音乐-诗学的结构布局中,伊万属于和谐的古典世界,女主人公"我"和马利纳则属于不和谐的现代世界。

与《喜悦欢腾》的明朗之境形成鲜明对照的是,《月迷皮埃罗》的音符与反复出现的阴森的"城市公园"的意象交织在一起。伊万没有去过这个距离匈牙利巷很近的公园,他对这座城市公园不感兴趣,城市公园仿佛是"伊万生活"与"马利纳世

① Vgl. Ingeborg Bachmann, *Malina*, in *Ingeborg Bachmann. Werke in vier Bänden*, Band 3, S. 54f. u. S. 58.

② Ingeborg Bachmann, *Malina*, in *Ingeborg Bachmann. Werke in vier Bänden*, Band 3, S. 54.

③ Ebd., S. 59. 此处引用的这些文字在《马利纳》的原文中均以大写字母形式被标示出来,与大写的莫扎特的赞美诗《喜悦欢腾》相映成趣。显然,巴赫曼在此着意渲染爱情的幸福。《马利纳》第一章的标题即为"幸福地和伊万在一起"。

④ Ingeborg Bachmann, *Malina*, in *Ingeborg Bachmann. Werke in vier Bänden*, Band 3, S. 58.

⑤ Ebd.

⑥ Vgl. ebd., S. 75.

界"①之间的前沿阵地。女主人公"我"敏锐地感到:"我们(伊万和我)与这个城市公园的关系是克制的、冷淡的,我再也回想不起童话岁月的任何东西。②[……]对于我来说,在这座城市公园的上方,曾有个苍白的皮埃罗尖声唱道:'啊,童话岁月的古老芬芳[……]'"③此处的歌者虽然是个男性的形象,但男性尖锐的高音又与女性的声音非常接近,④因此女主人公的这一想象暗示了巴赫曼意欲在为男性的声音所统治的世界里——包括音乐的世界里——寻找女性声音的立足之地。然而,这种努力看来是徒劳的,因为那宛如女声的尖锐的高音随时都有暗哑的可能,女性面临着"失音"——"失语"——的威胁。⑤

　　《月迷皮埃罗》与城市公园的密切关系尤其体现在《马利纳》行将结束前的一段文字中。女主人公与马利纳受邀参加一次朋友聚会,他们沉默寡言地离开喧闹的人群,来到了一架钢琴前。女主人公想起,在她和马利纳"开始真正交谈之前",马利纳为她弹奏的第一首曲子就是《月迷皮埃罗》。女主人公在钢琴上生疏地敲响了几个音符,马利纳随即流畅地弹奏了下去:"他(马利纳)真的弹了起来,一边说着一边唱着,只有我(女主人公)能听得清:'我抛开一切烦恼⑥,梦想着遥远的幸福世界,啊,童话岁月的古老芬芳[……]'"⑦此处,马利纳的歌声与演奏取代了女主人公的声音,这在一定程度上暗示了女主人公的声音即将归于沉寂。在辞别友人后的回家途中,女主人公和马利纳在夜色中穿过了城市公园。"公园里,阴森森、黑魆魆的大飞蛾在盘旋,一轮病月下,和弦的声音分外清晰,又是那用眼睛啜饮的葡萄酒,又是那睡莲轻舟,又是那乡愁,拙劣的模仿,残忍的行为,那归家前的小夜曲。"⑧

---

① Ingeborg Bachmann, *Malina*, in *Ingeborg Bachmann. Werke in vier Bänden*, Band 3, S. 284.

② Ebd., S. 16.

③ Ebd., S. 15. 这句歌词出自声乐套曲《月迷皮埃罗》中的第21首。

④ 事实上,勋伯格创作的声乐套曲《月迷皮埃罗》是由女声演绎的。

⑤ 在《马利纳》中,另一处文字也暗示了女性之"失语"的状况:"我愿这么紧紧地抓着把手在车里唱歌,假如我有声音的话[……]"(Ingeborg Bachmann, *Malina*, In *Ingeborg Bachmann. Werke in vier Bänden*, Band 3, S. 59.)。

⑥ 甚至在梦境中,女主人公"我"还在歌唱:"我抛开一切烦恼。"(Ingeborg Bachmann, *Malina*, in *Ingeborg Bachmann. Werke in vier Bänden*, Band 3, S. 217.)

⑦ Ingeborg Bachmann, *Malina*, in *Ingeborg Bachmann. Werke in vier Bänden*, Band 3, S. 319. 此处,马利纳的边说边唱正体现了勋伯格的"说唱"音乐之特色。

⑧ Ingeborg Bachmann, *Malina*, in *Ingeborg Bachmann. Werke in vier Bänden*, Band 3, S. 320. 在这段文字中,巴赫曼多处援引了配乐组诗《月迷皮埃罗》中的诗句及意象:用眼睛饮月光之酒(第1曲)、病月的哀叹(第7曲)、阴森的夜色(第8曲)、乡愁(第15曲)、残忍的行为(第16曲)、拙劣的摹仿(第17曲)、小夜曲(第19曲)及归家(第20曲)。

《月迷皮埃罗》的音符从马利纳的指尖汩汩流出，马利纳与这一音乐象征符号的关系由此可见一斑。在《马利纳》中，身为历史学家的马利纳代表了理性与认知力，他是秩序的化身。通过马利纳这一人物形象与《月迷皮埃罗》的关联，我们可以发现马利纳身上体现了勋伯格创作理念中的两大核心思想，即逻辑性与可理解性。表现主义音乐与理性主义并未被隔绝。不同于重视感性的传统音乐，表现主义音乐是非感性的。表现主义音乐摒弃了莫扎特式的音乐天才，其注重理性的技法与结构设计。尽管传统调性中的有序性从表面上看已经为无调性的无序性所破坏、所取代，但这并非意味着不存在从无序的世界中诞生出新的有序世界的希望。《马利纳》中的女主人公与马利纳的二重身结构以及这一结构最终由两极归于一极的情节设计，恰恰体现了无序中蕴含有序、由无序诞生有序的思想。如果伊万代表了一种旧秩序的话，那么马利纳就代表了一种新秩序，而女主人公"我"则在旧秩序瓦解与新秩序渺茫之时踽踽独行。彷徨在古典与现代之间的女主人公"我"呼唤道："需要我的双重生活，我的伊万生活和我的马利纳世界，我无法存在于伊万不存在的地方，同样，马利纳不在时，我也无法回家。"①

音乐中的《喜悦欢腾》之模式代表了诗学中的理想的爱情语言之模式，因此当《马利纳》中的《喜悦欢腾》的明朗、和谐之声为《月迷皮埃罗》的阴郁、不和谐之声所干扰、所覆盖时，乌托邦的诗学模式——"美的书"——也就让位于现实的昏暗与痛苦了，《死亡形式》由此成形。在女主人公的这两个并行却相悖的创作计划中，我们亦能体察女性"失语"之命运。"美的书"是一本拥有想象中的"美好结局"②的书，其中的一切都将蒙上《喜悦欢腾》那样的色彩。③ 女主人公的这一诗学构想在"卡格兰公主传奇"中得到了部分展现，只是《马利纳》中戛然而止的"卡格兰公主传奇"恰恰暗示了那本乌托邦幻想中的"美的书"注定只能成为断简残编。④ 与此相对的是，《死亡形式》一书却被逐步建构起来。在马利纳的诱导与激发下，女主人公逐渐克服内心强烈的抵触，清理起被深深埋藏于心间的纷乱而黑暗的记忆。这些记忆以可怕的梦境之形式构成了《马利纳》的整个第二章，这是"一本关于地狱的书"⑤。

---

① Ingeborg Bachmann, *Malina*, in *Ingeborg Bachmann. Werke in vier Bänden*, Band 3, S. 284.

② Ingeborg Bachmann, *Malina*, in *Ingeborg Bachmann. Werke in vier Bänden*, Band 3, S. 82.

③ Vgl. Ebd., S. 55.

④ 在一次关于《马利纳》的访谈中，巴赫曼说要以爱情"治疗世界""纯粹是幻想"。Vgl. Christine Koschel und Inge von Weidenbaum (Hrsg.), *Ingeborg Bachmann: Wir müssen wahre Sätze finden. Gespräche und Interviews*, S. 70.

⑤ Ingeborg Bachmann, *Malina*, in *Ingeborg Bachmann. Werke in vier Bänden*, Band 3, S. 177.

对此,巴赫曼如此说道:"那些梦境展现了这个时代发生的一切令人恐惧的事情。"①身为作家的女主人公试图在痛苦的挣扎中寻找一种富于表现力的语言来讲述自己的经历,而对于作家巴赫曼而言,借助梦境的表现手法正是一种有别于"陈词滥调"的美学新形式:"我不相信[……]人们可以用人人都会说的陈词滥调讲述在当今的世界发生的可怕的事情。[……]可是,在梦里我却知道该如何诉说。"②女主人公在噩梦中经历的地狱之行也代表着她自身逐渐消亡的过程,她最终在墙壁里遁形,而马利纳——她的男性的二重身——则代替了这个女性叙述主体的声音。

尽管以莫扎特为代表的古典美学在以勋伯格为代表的现代音乐中渐趋衰亡,但是人们对古典的和谐之境的向往是永远不会停止的。因此,《月迷皮埃罗》绝不是对《喜悦欢腾》的断然否定。月光下的皮埃罗和《马利纳》中的女主人公在内心存在百般冲突的状态下依然在吟唱:"我抛开一切烦恼,梦想着遥远的幸福世界,啊,童话岁月的古老芬芳[……]",主体对"遥远的幸福世界"的渴望正是基于主体在当下的迷失。在迷失中,主体——女性主体或人类主体——重建的希望若隐若现:"那一天将会来临③[……]女性的诗歌将被重新写就④[……]人类的双手将富有爱的才能,人类的诗歌将被重新写就。"⑤分裂的现代性主体生活在当下,却不断回首往昔。在这曲昔日的挽歌中,扭曲了的人声掩不住灵魂深处的心声。

综上所述,勋伯格的音乐美学有力地辅助了作家巴赫曼在《马利纳》中以性别差异的视角对女性所遭遇的主体与语言之双重危机进行揭示。这一往返于古典与现代之间的音乐哲学的语言批判构成了巴赫曼独特的文学语言批判的有机组成部分,从而革新并拓展了巴赫曼的文学语言之表现手段。尽管构建一种超越由男性主导的哲学、音乐以及文学传统的"人的声音"的乌托邦幻想最终破灭了,但是《马利纳》仍不失为一种对创新的、女性的写作方式所进行的成功尝试。在《马利纳》营造的语言批判的反思空间里,维也纳现代派的哲学与音乐范式因被置于新的历史情境而重获新生,巴赫曼也由此突破常规地确立了非传统的、独具一格的写作方

① Christine Koschel und Inge von Weidenbaum(Hrsg.), *Ingeborg Bachmann*:*Wir müssen wahre Sätze finden. Gespräche und Interviews*, S. 70.
② Ingeborg Bachmann, *Malina*, in *Ingeborg Bachmann. Werke in vier Bänden*, Band 3, S. 69f.
③ Ingeborg Bachmann, *Malina*, in *Ingeborg Bachmann. Werke in vier Bänden*, Band 3, S. 121, S. 136, S. 138 u. S. 140.
④ Ebd., S. 136.
⑤ Ebd., S. 138.

式。正如《马利纳》中的女主人公所言："我的那些租来的观点已经开始消失。"①

六 马利纳之谜：女主人公"我"的二重身

毋庸赘言，小说标题人物马利纳是《马利纳》这部作品的核心人物形象。然而，这一核心人物却是《马利纳》中最难解的谜团，令人猜测不绝。

《马利纳》的叙述主体女主人公"我"在引子部分对马利纳进行了如下介绍："［……］出于隐身的原因，A级国家公务员，就职于奥地利军事博物馆，主修历史，副修艺术史［……］"②正如女主人公"我"所介绍的那样，在《马利纳》中，马利纳自始至终都仿佛戴着一顶"隐身帽"。③

的确，就像《马利纳》所暗示的那样，马利纳是一个影子人，他是女主人公"我"的异性二重身。女主人公"我"明确地说道："马利纳和我，［……］我们是同一个［……］"④然而，这个"同体双性"的二重身结构在《马利纳》中却被塑造成了两极对立、"彼此相斥"⑤的模型："我们（马利纳和女主人公'我'）永远不可能理解彼此，我们就像白天和黑夜，他的窃窃私语、他的沉默、他的镇定的提问，是那么不近人情。"⑥

女主人公"我"显然对自身的"双性"结构有着神秘的体验，她自问："我是一个女人还是一体二形？倘若我并非完完全全是一个女人，那么我究竟是什么？"⑦可以说，身为作家的女主人公的这个问题也是女性作家巴赫曼心中的巨大困惑。我们似乎可以在《马利纳》中窥见这个问题的答案。有人在为女主人公占星算命时如此说道："［……］极度的分裂［……］那其实不是一个人的星象，而是两个彼此完全对立的人的星象，必然会面临持久的严峻考验［……］"⑧那是"男性的与女性的，理智与情感，创造与自我毁灭"的两极对立；作为对立的双方，"分裂的他"和"分裂的

---

① Ingeborg Bachmann, *Malina*, in *Ingeborg Bachmann. Werke in vier Bänden*, Band 3, S. 129.

② Ebd., S. 11.

③ Ebd., S. 300.

④ Ebd., S. 126.

⑤ Ingeborg Bachmann, *Malina*, in *Ingeborg Bachmann. Werke in vier Bänden*, Band 3, S. 129.

⑥ Ebd., S. 318.

⑦ Ebd., S. 278.

⑧ Ebd., S. 248.

她"并非彼此隔离,而是盘错交织,"几乎无法生存"①。与深陷主体危机的女主人公不同,马利纳这个男性的"分裂的他"容易为人们所忽视。在马利纳看来,倘若要同时驾驭情感与理智,那是"狂妄"②。然而,安于"沉默"、恪守理性的马利纳却能如维特根斯坦般淡然地生活在旁人的视野之外。承受着情感与理智冲突之苦的女主人公"我"对马利纳那"不近人情"的理性的存在发起了挑战。在女主人公看来,情感与理智的较量也是美或幸福与精神的对抗。女主人公"我"对马利纳说:"我从来没有对你说过,我从未感到幸福,从未,只在少数的瞬间,可是,我终究看到了美。你会问,这有什么用呢?这本身就足够了。[……]精神触动不了精神[……]对于你来说,美是次等的,可是,它却能触动精神。"③女主人公渴望的是血肉丰满的、灵动的美,而非冷峻的精神。不过,女主人公也承认自己需要"我的马利纳世界",她对马利纳所象征着的理性的精神世界有拒斥也有皈依。女主人公"我"明确地对马利纳说:"总有一天我会开始对你产生兴趣的,对你所做的、所想的、所感受的一切产生兴趣!"④此外,女主人公"我"非常确信地说:"那些最美好的书是马利纳送给我的,对此,我父亲永远不会原谅我[……]"⑤女性对精神的皈依在以"我的父亲"为代表的男权制度中显得障碍重重。女性无法真正地存在,因为在女主人公"我"看来,缺失了马利纳就是缺失了理性与精神的生活,生活就不成其为生活。马利纳问女主人公"我":"什么是生活?"女主人公"我"答道:"生活就是无法生活的东西。"马利纳进一步追问,女主人公"我"继而又说:"你和我能够合并在一起的东西,这就是生活。"⑥

显然,马利纳的存在意义似乎正在于帮助女主人公"我"真正地实现存在。在《马利纳》中,女主人公那种标志性的支离破碎的言谈方式昭示了她的语言危机、认识危机与主体危机。"我"承认:"我是一个彻头彻尾的废物,心醉神迷,不会理智地利用世界⑦[……]我对自己没有增加丝毫的了解,我没有走近自己分毫⑧[……]马

---

① Ingeborg Bachmann, *Malina*, in *Ingeborg Bachmann. Werke in vier Bänden*, Band 3, S. 248.

② Ebd. , S. 311.

③ Ebd. , S. 304.

④ Ebd. , S. 172.

⑤ Ebd. , S. 183f.

⑥ Ingeborg Bachmann, *Malina*, in *Ingeborg Bachmann. Werke in vier Bänden*, Band 3, S. 292.

⑦ Ebd. , S. 251.

⑧ Ebd. , S. 293.

利纳应该帮助我寻找我存在于此的理由。"①女主人公希望借助马利纳的理性来消除自身的混乱,这尤其体现于她在马利纳的帮助下回顾并克服种种噩梦经历。女主人公"我"的生活"由于马利纳而越来越好"②。在《马利纳》临近尾声时,马利纳也对女主人公"我"说:"你那里必须得清理一番了。否则,没有谁能在这样的混乱中找到方向。"③不过,马利纳所说的"清理"似乎也预示了女主人公最后的消亡。两极最终归于一极,女性的存在非但没有得到保障,反而被彻底取缔了。在《马利纳》中,被明确取缔的还有女性的写作权利,即女性作家的合法身份。在一场噩梦中,女主人公"我"被"我的父亲"投入监狱,于是她说道:"起初我希望,人们能善待我,至少能让我写点儿东西。[……]最后我才弄明白,我被禁止写东西。"④女主人公"我"最后还清楚地意识到了一个悖论,即她原本希望依靠马利纳来整理自己紊乱的记忆,但她最终却发现恰恰是马利纳干扰着她的回忆,她被禁止叙说,她说:"是马利纳不让我叙说的。"⑤于是,女主人公"我"断言:"有一天将只有马利纳那干巴巴的、明朗的、良好的声音存在,再也没有我在万分激动时所说的美好的话语。"⑥马利纳向"我"提出建议:"现在,你既不该前进也不该后退,而要学习换种方式进行斗争。这是你被获准的唯一的斗争方式。"⑦在笔者看来,既不前进也不后退的斗争方式便是维特根斯坦式的冷眼看世界,而马利纳对女主人公"我"发出的禁言令也类似于维特根斯坦的"沉默"律令。在《马利纳》中,马利纳这一人物形象体现着的诸多维特根斯坦之哲学思想无疑可为此提供明证。

作为女主人公"隐身"的二重身,马利纳不仅令读者费尽思量,也令女主人公"我"猜度万分。关于马利纳,女主人公"我""考虑了许多年"⑧,她对马利纳的本质有了日益清晰的了解。在女主人公"我"看来,马利纳的"平静"⑨"疏远"⑩以及对待一切事物的"没有激情的""同等的严肃"能"最好地说明他的特征",他也因此"属于

---

① Ingeborg Bachmann, *Malina*, in *Ingeborg Bachmann. Werke in vier Bänden*, Band 3, S. 251.

② Ebd., S. 192.

③ Ebd., S. 294.

④ Ebd., S. 228f.

⑤ Ebd., S. 265.

⑥ Ebd., S. 326.

⑦ Ebd., S. 312.

⑧ Ingeborg Bachmann, *Malina*, in *Ingeborg Bachmann. Werke in vier Bänden*, Band 3, S. 127.

⑨ Ebd., S. 235.

⑩ Ebd., S. 299.

少数的那些既没有朋友也没有敌人，同时又不孤芳自赏的人"①。在马利纳对待一切事物的同等态度中，我们似乎可以发现维特根斯坦的价值中性思想的影子。"马利纳冷静地看待改变与变化，因为他在任何地方都看不到好的或坏的，更谈不上什么更好的。显然，对于马利纳来说，世界就像它所是的那样，就像他所看到的那样。"②维特根斯坦说："世界是独立于我的意志的。"③无疑，马利纳也深谙此道。当女主人公悲叹生活的痛苦与不易时，马利纳为她指点迷津。女主人公"我"说："我被消灭了。[……]这说起来是多么容易啊[……]可是，要这么生活却是多么困难啊。"马利纳说："这不是说的，就是这么生活的。"④默然承受生活，这既是马利纳的"生活形式"，也是维特根斯坦的"生活形式"。因为，"谁要问为什么而生活，谁就承受几乎所有的生活方式"⑤。在《马利纳》中，马利纳正是以他在日常事务中的务实精神践行了这样的生活准则。面对陷于痛苦而无法自拔的女主人公"我"，马利纳劝诫道："你所愿的不再有效。在那正确的所在你不再有什么愿望。在那里你将完完全全是你，以至于你能放弃你的我。那将是第一个世界能为某人所治愈的所在。"⑥马利纳所说的"正确的所在"即为世界的边界，而"放弃自我"则意味着越过"我的世界的界限"。在马利纳和维特根斯坦看来，只要知道世界的界限位于何处，世界就能得到治疗，生活就能延续。马利纳与维特根斯坦在气质上相仿，在观念上相契，两者的相似程度令人感到惊异。就在女主人公"我"距离马利纳的真相越来越近时，真相却令她感到恐惧，马利纳的"泰然自若"使女主人公"我"绝望："在他面前，我有时感到害怕，因为，从他看人的目光中流露出那种最为博大的知，这是人在任何地方、在生命中的任何时刻都无法获得的知，是无法被传递给他人的知。他的倾听深深地伤害着我，因为，他似乎也一并听到了那所说出的话的背后所没有说出的东西。"⑦在可言说之物中，马利纳看到了对不可言说之物的暗示，他像维特根斯坦一样对此种暗示确"知"不疑。在《马利纳》的终局时刻，女主人公于墙中隐形，她由此似乎

① Ingeborg Bachmann, *Malina*, in *Ingeborg Bachmann. Werke in vier Bänden*, Band 3, S. 248.
② Ingeborg Bachmann, *Malina*, in *Ingeborg Bachmann. Werke in vier Bänden*, Band 3, S. 249f.
③ 参见[奥地利]维特根斯坦：《维特根斯坦全集》（第1卷），涂纪亮主编，河北：河北教育出版社，2003年，第260页。
④ Ingeborg Bachmann, *Malina*, in *Ingeborg Bachmann. Werke in vier Bänden*, Band 3, S. 232f.
⑤ Ingeborg Bachmann, *Malina*, in *Ingeborg Bachmann. Werke in vier Bänden*, Band 3, S. 215 u. S. 292.
⑥ Ebd., S. 313.
⑦ Ingeborg Bachmann, *Malina*, in *Ingeborg Bachmann. Werke in vier Bänden*, Band 3, S. 250.

也能如马利纳般冷眼旁观。马利纳曾对女主人公"我"说:"你将能旁观自身。"①马利纳预言了女主人公"我"的结局,他甚至对女主人公"我"直言道:"你将不再需要你自己。我也将不再需要你。"②同时,女主人公"我"也神秘地预知自己将为马利纳所取代,她对马利纳说:"你是在我之后来的,你不可能存在于我之前,只有在我之后你才是可以被想象的。"③于是,在女主人公"我""隐身"之后,她那原本"隐身"的男性二重身——马利纳登台亮相了。在墙中"隐身"正是女主人公"我"的"死亡形式"。

《马利纳》结束于女主人公的遗言"这是谋杀"④。这一"死亡形式"不仅昭示了以马利纳为代表的冷漠的理性对情感的扼杀——"我曾在伊万中活着,我在马利纳中死去"⑤——更揭露了女性在男权当道的体制性暴力下的失语处境和生存危机,因为"我说,故我在"⑥。匈牙利巷6号与9号之间是社会这个"最大的谋杀场"⑦的缩影,而一堵"墙"的隐喻也赫然彰显了作家巴赫曼的社会批判精神:"这是一堵很古老、很结实的墙,没有人能从里面掉出来,没有人能凿开它,它里面再也不会发出任何声响。"⑧"墙"是情感与理智间无法逾越的鸿沟,是两性间无法消融的隔阂,是女性最终的困境与归宿。一堵如坟墓般沉默的墙。在梦中,"被杀害的女儿们"⑨的幽灵飘荡在坟墓的上方。

---

① Ingeborg Bachmann, *Malina*, in *Ingeborg Bachmann. Werke in vier Bänden*, Band 3, S. 311.

② Ebd., S. 293.

③ Ebd., S. 247.

④ Ingeborg Bachmann, *Malina*, in *Ingeborg Bachmann. Werke in vier Bänden*, Band 3, S. 337.

⑤ Ingeborg Bachmann, *Das schreibende Ich*, in *Ingeborg Bachmann. Werke in vier Bänden*, Band 4, S. 335.

⑥ Ebd., S. 225.

⑦ Ingeborg Bachmann, *Malina*, in *Ingeborg Bachmann. Werke in vier Bänden*, Band 3, S. 276.

⑧ Ebd., S. 337.

⑨ Ebd., S. 175 u. S. 198.

记忆·遗忘·救赎

——解读克里斯塔·沃尔夫的自传体小说《天使之城或弗洛伊德博士的外衣》

张　帆

摘　要　克里斯塔·沃尔夫的自传体长篇小说《天使之城或弗洛伊德博士的外衣》以精神分析理论阐释了"记忆失误"系"本我"无意识所为,以此方式为遗忘自己曾是斯塔西"非正式线人"的事实辩解,从而回应公众的口诛笔伐。在"黑天使"的引领下,经历了"炼狱"的"自我"脱掉了"弗洛伊德博士的外衣",并最终战胜"本我"。"自我"通过"非认同记忆"来挣脱"工具化记忆"的羁绊,从而实现了自我的精神救赎。

关键词　《天使之城或弗洛伊德博士的外衣》　精神分析　黑天使

2010 年,德国文坛的"活化石"克里斯塔·沃尔夫(1929—　)出版了她人生的"最后一部大书"①《天使之城或弗洛伊德博士的外衣》(以下简称为《天使之城》),沃尔夫的这部自传体小说追忆了德国八十年来的风云变幻,回应了公众对作者曾任斯塔西"非正式线人"之事实的口诛笔伐和对以"国家诗人"身份写作的作者本人的道德质询,并探讨了包括德国人如何挣脱"工具化记忆"的羁绊和直面历史在内的诸多重大问题。因此,《天使之城》既是一部个性鲜明的个人记忆史,也是一部民族国家的反思史,其被誉为该年度的"德国文坛的头等大事"。

---

① 2010 年,81 岁高龄的克里斯塔·沃尔夫在柏林艺术学院举办的新书发布会上坦承,《天使之城或弗洛伊德博士的外衣》可能是她的"最后一部大书"。

一

  《天使之城》是一部极富自传体色彩的小说，更是克里斯塔·沃尔夫借助自传体模式写成的一纸"抗辩状"。"用小说写自传，让自我穿上他者的外衣"——尤其是"弗洛伊德博士的外衣"——可谓是沃尔夫的神来之笔，其为《天使之城》的行文和立意奠定了基调。这种处理方式的作用包括：第一，用"精神分析"探幽抉微、剖析"自我"、袒露心迹，从而直面心理危机；第二，将自我的历史罪恶感推卸给与生俱来的无意识的"本我"，从而消解了道德理想主义对"自我"的苛责；第三，"自我"可以内化人格修为和精神历练，并且能勇于脱掉"外衣"，从而在公众面前塑造道德理想化的"超我"。这样的叙述既可以过滤掉因"自我"的创伤性记忆而产生的梦魇之缠绕，又能缝补起遗留着的历史记忆空白，从而使向公众回应那段甚至连"自我"都难以理喻的"记忆失误"——忘记自己曾经的斯塔西"非正式线人"身份——变得合情合理。《天使之城》这部"大书"混合了游记、日记、独白、记忆碎片、梦境和虚构片段，全书时间交叠、人称交错。《天使之城》时而用第一人称"我"叙述现在，时而用第二人称"你"回忆过去，这种人称的交替是为了表明女主人公"我"非作者本人。但是，在读者看来，欲盖反而弥彰，《天使之城》中的女主人公"我"和现实中的沃尔夫过于具有"互文性"，以至于沃尔夫本人都不得不承认："在自我分析、历史事件叙述等方面，往往遵循真实事件，而其他个别情节是虚构的，其所占比例可能比人们想象得多。"①然而，用小说的语言和虚构想象的手法来重新组织自己的个人历史之尝试，具有亲历、回忆、朦胧、传奇的特征，且极具叙事空间的张力，这种做法反而使《天使之城》突破了"履历表"式的干瘪和无趣。《天使之城》以女主人公的戏剧性的、完整的人生超越了沃尔夫的现实的、平淡的人生，从而既激发了读者更大的阅读兴趣和期待，又在某种程度上提升了内容的真实性，正如菲力浦·勒热讷在《自传契约》中所言："只有虚构的东西才不撒谎，它开启了一扇关于一个人生活的暗门，他的未知的灵魂便神不知鬼不觉地从暗门溜了出来。"②因此，《天使之城》也是一部"自我"与"本我"搏斗，并最终实现"超越"的救赎小说。

---

① Volker Hager und Susanne Beyer, *Wir haben dieses Land geliebt*, in *Der Spiegel* 2010, Jg. 24, S. 135 – 138.

② ［法］菲力浦·勒热讷：《自传契约》，杨国政译，北京：生活·读书·新知三联书店，2001 年，第 241 页。

众所周知,作为坚定的社会主义信仰者,沃尔夫被前东德授予了"国家诗人"的最高殊荣,但她同时也是一名不屈不挠的持不同政见者,故前西德政府对沃尔夫亦青睐有加。沃尔夫可谓左右逢源、进退自如,她几乎收获了德语文坛的所有重要奖项和荣誉。但是,一次"令人费解的记忆失误"或曰"遗忘"却令沃尔夫身败名裂,这也是沃尔夫欲借《天使之城》进行辩解的核心理由所在,而"记忆失误的表面下隐藏的是复杂的内心世界和价值认知取向"①。正如莫里斯·哈布瓦赫在《论集体记忆》中所言,记忆分为"历史记忆"和"自传记忆",前者往往是仪式化和集体性的,其易受意识形态制掣,并取决于当下的理念、利益和期待。"兼并"东德后的新联邦德国利用"历史记忆"来鼓励和组织民众重揭斯塔西的记忆伤痕,此时的记忆已经被国家和媒体"工具化"为服务于现时政治需要的一种控制手段,任何溢出或遗忘"公共记忆"的"个人记忆"都将遭受质疑。"自传记忆"尽管也是被"外在唤起的",而且常常陷入"集体记忆"的社会装置和窠臼之中②,但"自传记忆"毕竟有别于"历史记忆",它通过福柯所谓的"非认同式记忆"来强调主体的"僭越式感性体验",以获得解读历史的"新话语"③。针对历史遗留文化和身份的惰性,尼采进一步呼唤"忘却的能力",以此摆脱过去的羁绊,"与肤浅之徒所想象的不同,遗忘并不仅仅是一种惰性力,遗忘是一种主动的、最严格意义上的积极的压抑能力"④。在尼采看来,只有当我们排斥了表象现实的干扰(如与斯塔西被动合作的"线人"身份),"意识才能营造反思意识的空间,而这正是新事物扎根所需要的空间"⑤。因此,积极遗忘正是"提高思想的排除和选择功能,以确保形成人的新心态和新心理结构"⑥。这既是《天使之城》的女主人公"我"抑或沃尔夫本人忘却"线人"身份的缘由,也是德国人卸下历史重负并为再创民族辉煌而奋斗的必然要求。

---

① Richard Kämmerlings, *Mein Schutzengel nimmt es mit jedem Raumschiff auf*, in *Frankfurter Allgemeine Zeitung*, 18. Juni 2010.

② [法]莫里斯·哈布瓦赫:《论集体记忆》,毕然、郭金华译,上海:上海人民出版社,2002 年,第 68—69 页。

③ Michel Foucault, *Language, Counter-Memory, Practice*, Basil Blackwell: Cornell University, 1977.

④ Friedrich Nietzsche, *The Will to Power*, New York, 1968, S. 57.

⑤ Ebd., S. 58.

⑥ 徐贲:《文化批评的记忆和遗忘》,载陶东风等主编:《文化研究》(第 1 辑),天津:天津社会科学院出版社,2000 年,第 118 页。

二

《天使之城》的女主人公"我"是一位原民主德国的女作家,她应美国西海岸"天使之城"①洛杉矶盖蒂中心之邀,以访问学者的身份造访美国。在《天使之城》的开篇,沃尔夫用寥寥几行文字叙述了女主人公刚刚踏上美国国土的情景。1992 年 9 月,女主人公"我"手持民主德国的蓝色护照抵达美国。机场工作人员翻了翻女主人公"我"的护照,然后露出了迷惑不解的表情。机场工作人员的困惑不在于护照过了期,而是它所属的那个国家已经不复存在。"'您确定这个国家存在吗?''是的。'我(女主人公)简短地答道,尽管我知道正确的答案应该是'不'。"②此时,柏林墙已被推倒三年,德国也已经统一两年,但女主人公似乎仍旧眷恋着那个已不复存在的国家,新身份下的她胸中跳动的仍是那颗希望尚存的心。可是,"这样真的值得吗"? (10)德国统一后,许多原东德人都经受着类似的因身份缺失和认同困顿而引发的内心煎熬。这段小插曲和设问就像一个谜题,其引领读者进入女主人公的记忆,并在一幕幕历史戏剧中寻找答案。

女主人公"我"每天穿梭于"天使之城",与来自世界各地的同事聚会聊天,他们谈论政治、哲学、艺术和生活,并一同为海上的落日所折服。日复一日,女主人公"我"逐渐接纳并沉迷于阳光、海水和棕榈映衬下的五彩斑斓的资本主义生活状态。追求享乐主义的"本我"和心怀社会主义理想记忆的"自我"缠斗在一起。美国的所见所闻逼迫着"自我"思忆人生的坎坷历程,女主人公的思绪再次回到了柏林墙的倒塌和民主德国的消亡。1989 年 11 月 4 日,女主人公"我"在柏林亚历山大广场慷慨激昂的演说犹如昨日般历历在目。有那么一刻,社会主义乌托邦似乎近在咫尺,历史仿佛可以如童话般完美收场,"能经历这个历史时刻,你会觉得一切都是值得的"。 (41)统一前的动荡结束后,变革并未停歇,社会主义愿景灰飞烟灭、化为笑谈,女主人公"我"也在公众的讨伐声中备受诽谤和指责。

直到有一天,一份未曾在女主人公"我"记忆中存在过的"线人档案"被曝光,更猛烈的责难如山呼海啸般袭来,女主人公对自身记忆真实性的质询和恐惑又加剧

---

① 1781年,西班牙远征队在美国西海岸建立了"天使女王圣玛丽亚的城镇"(简称为"天使之城"),这座城市的西班牙语音译即"洛杉矶"。

② Christa Wolf, *Stadt der Engel oder the overcoat of Dr. Freud*, Berlin, 2010, S. 10. (若未特别标注,本文所引文本均出自此书;为行文简洁,页码随文注出,不再另注。)

了其困窘的情势,由此一场痛苦而严峻的生存考验开始持续折磨着女主人公。朋友建议女主人公"我"移民洛杉矶,但她断然拒绝了这一"好意":"我会成为另外一个人吗?!会更聪明,更完美,没有过错吗?!"(71)女主人公"我"每天通过报纸和传真了解德国时局,她不愿放过任何蛛丝马迹。作为民主德国的拥趸和忠诚的社会主义者,"档案事件"令女主人公"我"难以释怀:"我完全不记得这件事,我知道这听上去多么令人难以置信。"(186)"本我"的无意识拒斥使羸弱的"自我"将尘封了多年的历史抛到了记忆的九霄云外,从而使这段回忆沉入了忘却的海洋。

在"天使之城"这座流亡者的天堂里,①女主人公"我"倾听流亡者的经历,寻访流亡者的足迹,沉浸于悠悠历史的飘渺遗踪。女主人公"我"询问身边的每一个人,以了解他们有没有彻底忘记过生命中非常重要的事,而他们告诉女主人公:"事情很简单:它对您来说不重要(272)[……]没有遗忘,我们就无法生活。"(205)女主人公"我"不断通过阅读、谈话、追忆和梦境闪回来厚描人生,一段段影像和独白在女主人公的脑海里循环往复,她以此来捡拾故我。当艺术家们从"毕尔曼事件"中察觉到"民主德国终结的征兆"并纷纷逃离时,女主人公"我"却毅然留了下来。女主人公"我"的同事、哲学家彼得·古特曼解释道:"你既想让人民爱你,又想让政府当局爱你。"(263)这正是女主人公最大的不幸和悲哀。在经历了反复自剖、精神几近分裂、身心濒临崩溃等"炼狱"般的经历后,理性的"自我"终于压倒了自发的"本我"。在"黑天使"②安吉丽娜的引领下,"自我"脱掉了"弗洛伊德博士的外衣",由此真相裸现、灵魂获赎,而女主人公"我"也在探索美国之旅后重获新生。《天使之城》中的梦境般的回忆与现实感触、自己的经历、他人的故事等交织在一起,"一个个事实连起来并不能得出现实。现实有许多层面和侧面,赤裸的事实只是它的表面现象"(257),于是记忆的片段逐渐拼贴出一幅日渐清晰的立体景象——"我们喜欢的不是国家当时的样子,而是它有可能变成的未来[……]那不只是幻象,而是一个新的社会构想,是我们迫切需要的另一个选择",那段经历就是"一条困难的认识之路"(258)。

---

① 二战期间,洛杉矶曾是德国诸多思想家、作家、艺术家和犹太学者的移民地与避难所,如布莱希特、福伊希特万格、托马斯·曼、海因里希·曼、汉斯·艾斯勒、阿诺德·舍恩贝格、布鲁诺·弗兰克、莱昂哈德·弗兰克、弗兰茨·韦弗尔、阿多诺、贝特霍尔德·菲尔特等均曾获得"天使之城"的庇护,而这些德国思想界的精英俨然将这座移民城市变成了"棕榈下的魏玛"。此处译自小说《天使之城或弗洛伊德博士的外衣》,第206—207页。

② 与温顺驯服的白色天使不同,桀骜不驯的黑色天使因反抗上帝而被贬谪人间,其与人类为邻,并引领人类的魂灵上升。

《天使之城》描写的"线人事件"几乎与沃尔夫本人的遭遇如出一辙。民主德国风雨飘摇,但沃尔夫的社会主义信念犹存,即使在被监视的岁月中,沃尔夫也从未萌生抛弃祖国的念头。沃尔夫在一次访谈中宣称:"这里需要我们[……]我们爱过那个国家。"[1]面对两德统一,沃尔夫等31位知识分子联名发出倡议《为了我们的国家》,他们代表民意呼吁保留独立的民主德国,[2]并主张在民主德国的土地上建立一个与联邦德国体制不同的社会。但是,沃尔夫旋即陷入"德国文学之争"的漩涡,她成为各派批判的靶子,进而被视为丧失知识分子操守、向国家权力献媚的投机分子"骑墙派"。沃尔夫曾缅怀逝去的社会主义乌托邦,她认为两德统一实为西部对东部的"殖民占领",而抨击"文学之争"则是对她个人赤裸裸的迫害。1992年,身心疲惫的沃尔夫以访问学者的身份前往"天使之城"——洛杉矶,以躲避舆论的抨击。但是,一波未平一波又起,沃尔夫被指认曾在1959年至1961年间担任过斯塔西的非正式雇员。一贯在书中探讨真实与忠诚、历史与责任、神话与乌托邦的"国家诗人",一夜之间沦为前东德国家安全局的秘密间谍,并被烙上"非正式合作者"的印记。沃尔夫百口莫辩,白纸黑字的秘密档案将她钉在了历史的耻辱柱上。然而,陷入绝境的沃尔夫不愿坐以待毙,她着手创作"自辩书"《天使之城》,并于1994年在柏林诵读了这部作品的部分手稿。在此后近二十年的时间里,沃尔夫在随笔、演讲和采访中屡次坦承自己遭受了严重的精神创伤和主体危机,但一切解释都无济于事。既便如此,知其不可而为之的沃尔夫不愿将遗憾和"污点"带入坟墓,步入耄耋之年的她终于坦然地面对过去、直面自我。

《天使之城》的女主人公"我"认为,与自己长期被监视、被迫害相比,自己的"线人"行为事实上并未给他人造成任何伤害和损失,对她的攻讦实际上是主流意识形态针对她的东德身份和社会主义信仰而施加的污蔑,以及媒体互相造势、劣性竞争的结果,这种攻击是国家为实现"记忆工具化"而利用舆论和新闻业"不求真理,只求卖点"的特点所为的恶行。面对咄咄逼人的德国女记者赖泽纲,女主人公表示:"我感到无言以对,孤立无援。对于她来说,她的问题比我的回答更重要,我所有的解释都毫无意义。"(230)"非正式合作者[……]就像法庭审判,道德上的死刑判

---

[1] Bruno Kammertöns, *Was war der Geschmack Ihrer Kindheit, Frau Wolf?*, in *Zeit-Magazin 2010*, Jg. 27. S. 27 - 28.

[2] H. 巴尔曼和C. H. R. 林克在《我们是人民:1989年10月7日至12月17日间的民主德国日志》中记载:1989年11月24日的一项民意测验显示,83%的被调查者赞同保留独立的民主德国;在1989年12月17日的又一次调查中,赞成的人数也仍然占被调查人数的73%。

决。"(201)尽管远在大洋彼岸,但女主人公"我"还是陷入了极度的精神危机,"脑海里一遍遍重复那个问题:我怎么能把它忘了呢? 我知道人们不会相信我。"(205)公众只会跟风起哄,不会追问女主人公"我"的遗忘只是普通的健忘,还是犯下了不可宽恕的道德过失。其实,女主人公"我"只是"最低限度"地与斯塔西短暂合作过,且是在迫不得已的情况下。

据历史资料显示,在沃尔夫参加的东德作协的 19 位最高委员中,竟有 12 人是斯塔西的线人,而民主德国每 160 人中就有一位全职的"斯塔西特工"。在柏林墙倒塌之前,大约每 6.5 个东德居民中,就有 1 人是告密者,其结果是:东德有 66%的人口受到斯塔西的监控。震惊之余,猜疑、失望、仇恨、幻灭等情绪蔓延开来。作为被曝光的线人,女主人公"我"遭受到的谴责与打击确实情有可原,但宣泄过后,公众是否也会一次次地集体陷入道德困境? 如果换位思考,面对特定环境下的无奈妥协,我们还能如此肆意抨击女主人公的行为吗? 与其煞有介事地指责线人女主人公"我"是道德过失,倒不如承认这是集体无意识的癫狂和人性的阴暗作祟,而后者对群体和个人道德的持久腐蚀力随时会引发下一个不可理喻的恶行。循着这样的思路,女主人公"我"有记忆痛苦过去的责任和义务吗? 斯塔西已经成为过去时,我们不应对其纠缠不放,斯塔西也不该被工具化为道德魔窟和阻碍自由灵魂重生的牢笼,这与马丁·瓦尔泽批评"奥斯威辛被工具化为道德的棍棒"①无异。事实上,纵使公众宽恕了作为"线人"以求自保的"本我",深具良知的"自我"也不能饶恕自己,"我(女主人公)正受到来自于自身的威胁"。(269)朋友们安慰道:"你没有伤害任何人。""不,"女主人公"我"反驳道,"我伤害了我自己!"(307)确切地说,是"本我"伤害了"自我"。

所以,个人的"记忆失误"便成为《天使之城》体验与思考资本主义世界和回顾民主德国经历这两个叙述中心之外的又一重要主题。沃尔夫将精神分析学家西格蒙德·弗洛伊德博士的外衣作为副标题,以表明自己的创作理念,即"小说所要阐释的不是某些事件,而是事件在个人身上的反映及其不知不觉地产生的影响"②。在弗洛伊德看来,自我的理性意识仅仅是精神活动中位于浅表的一小部分,其只代表人格的外在,而本我的无意识才是处于心理深层的精神主体。仅用理性意识解释人的精神活动是片面的,只有承认无意识在人的精神过程中起作用,才能全面合

---

① 详见马丁·瓦尔泽于 1998 年获德国书业和平奖时发表的演说。
② Hager, *Wir haben dieses Land geliebt*, a. a. O., S. 135 – 138.

理地解释人们的精神活动。因此，弗洛伊德宣称："意识的心理过程则仅仅是整个心灵的分离的部分和动作。"①受无意识支配的本我遵循"享乐原则"，其倾向于逃避痛苦，"我们整个的心理活动似乎都是在下决心去追求快乐而避免痛苦，而且自动地受唯乐原则的调节"。② 作为《天使之城》的核心意象，弗洛伊德博士的外衣掩藏着本我的赤裸记忆，其具有神奇的魔力，能"为处境困顿者提供温暖"(155)。弗洛伊德博士的外衣原本是女主人公"我"的朋友鲍布·赖斯从别处得到的礼物，但这件外衣后来离奇失踪，在寻找未果后，赖斯只得寄希望于这件外衣落到一个需要温暖和保护的人手中。听赖斯讲完这番话后，女主人公"我"脱口而出："明天我开始写一本书，题目叫作'天使之城或弗洛伊德博士的外衣'。"(155)或许是因为女主人公太需要这样一件外衣了。

写书自剖的过程是痛苦的，亲手揭开累累的疤痕并非易事。"如何继续？[……]常常质疑写作已经到达终点，我(女主人公)无法突破'你永远不要碰我'的限度。(192)[……]我想起弗洛伊德博士的外衣，希望它可以保护我。"(203)此时，外衣悄然出现在"我"的生活中，并呵护精神几近分裂的女主人公不受外界侵扰，"那是一件给你温暖，把你隐藏起来的外衣"(261)，它使人远遁尘世喧嚣和诘责，从而在皈依本我的过程中获得灵魂上的片刻安宁。可是，一旦"抓不住弗洛伊德博士外衣的衣角，我(女主人公)便感觉自己陷入了一个漩涡，处于危境之中。(236)[……]我吃下几片安眠药，入睡，失去知觉，体验着我如何死去"(237)。"自我"以死抗争，旨在脱掉掩饰"本我"的外衣，被驱赶到意识深处的记忆和"自我"渐渐浮现。在《天使之城》中，女主人公的个人危机在一个迷醉之夜达到高潮：女主人公"我"喝了几杯威士忌，任电话铃肆意地响着；耳边，弗洛伊德博士的外衣开始低语，女主人公"我"发现自己唱了起来，唱着"所有我知道的歌。我会很多歌，很多小节都会"(249)。民歌、儿歌、战争歌曲和教堂歌曲，一首接一首，情节由此被推向了高潮。危机的崩溃也是转折的开始，这一瞬间，"本我"溃败，整个生命在潜意识里的承载倾泻而出，"自我"得救了。当女主人公再次遇到丢了"弗洛伊德博士外衣"的赖斯时，赖斯问"外衣"怎么样，女主人公"我"说："那件外衣牢不可破，我很受用，但我想，我已经将他归还给你了。"(373)

剖析自我内心世界的告白和倾诉，无异于一次精神分析治疗。女主人公"我"

---

① [奥地利]西格蒙德·弗洛伊德：《精神分析引论》，高觉敷译，北京：商务印书馆，1988年，第8页。
② 同上，第285页。

写道："中断想要彻底认识自己的尝试，就会像中断了维持重病患者生命的治疗。"（233）这次写作"并没有摧毁自己，反而是一次自我救赎"（272）。正如克里斯塔·沃尔夫本人在接受《明镜》周刊的采访时坦承，写作是她的精神伙伴，她说："如果不像我书里那样'循着痛苦的踪迹'，我便无从创作。现在写作对于我来说就是自我反思，是对内心矛盾的分析。我写作是为了尽可能认识我自己，而这时人们是不会袒护自己的。"①《天使之城》中的女主人公既述说无所畏惧的"自我"，也不逃避怯懦的"本我"。沃尔夫审视历史、剖析自我的审慎和坦诚，既为她赢得了肯定和青睐，也招致了莫须有的怀疑和批评，就像有人评论认为，"沃尔夫将自己的那段经历一古脑儿地扔进遗忘的纸篓。但是，硬盘上的数据却无法被删除"②。

三

自传体小说的主旨不是回忆、安慰或忏悔，而是"复活"。女主人公"我"的美国之行还有一个重要且私密的目的，即为去世的女友艾玛揭开一位笔友的身份之谜，而线索只有女友遗赠的一卷信件，信件显示笔友名字的首字母是 L。神秘女人 L 是沃尔夫虚拟出来的一位理想女性，她坚强独立、珍惜爱情，但她不依附于爱情，而且她具有敏锐的观察力和顽强的批判精神。作为一条叙事主线，对 L 的寻找贯穿《天使之城》始终，而且正是 L 促使主人公"我"走上了回顾历史并探索自己政治身份之谜的道路。L 最终幻化为引领复活的"自我"走向"超我"的"天使"意象。

女主人公"我"梦见自己要淌过一片巨大的黑色水面，她充满恐惧地在及膝的水里走着，岸遥不可及。女主人公"我"无法逃脱、焦躁不安，她害怕起床、四肢僵硬。恶性组织在健康的体内蔓延，其欲将女主人公撕裂。醒来时，一个陌生的声音对女主人公"我"耳语道："天使之城。"（298）虽然女主人公"我"的哲学家朋友彼得·古特曼悲观地告诉她，并非所有"天使"都能拯救人类，如瓦尔特·本雅明所说的"历史的天使"（141），它回顾人类的灾难却束手无策，但女主人公"我"仍然相信"天使"，仍然相信基督教终将拯救人类。女主人公"我"来到洛杉矶第一卫理公会教堂参观，当听到布道人讲述宽恕罪行的奇迹时，她深受感动，甚至受了圣餐。自此，那个曾为自己打扫房间的黑人姑娘安吉丽娜神奇般地化作天使陪伴并帮助着

---

① Hager, *Wir haben dieses Land geliebt*, a. a. O., S. 135 - 138.

② Arno Widmann, *Wahrheit und Wahn*, in *Frankfurter Rundschau*, 14. Juni 2010.

女主人公"我",其成为女主人公寸步不离的"守护天使"。作为"自我"的镜像型人物,健康、乐观、内心执着的"黑天使"安吉丽娜是人类"一体两面"中的正面意象,其象征着女主人公"我"的疾病躯体中依然存活着的健康因子。"黑天使"安吉丽娜不仅减轻了女主人公"我"肉体的病痛,而且在梦境中陪伴女主人公"我"追忆往昔,并成为女主人公"我"的释梦者。"黑天使"安吉丽娜以精神分析学家的身份给女主人公"我"以鼓舞,她犹如附着在躯体上的精神卫士般护卫着女主人公"我"的灵魂。"安吉丽娜让我(女主人公)知道,不是所有一切都是必须要解释的。"(334)对于大众媒体的捕风捉影、造谣中伤,女主人公"我"根本不必庸人自扰般地进行无罪申辩。"黑天使"安吉丽娜看穿了女主人公"我"依赖"弗洛伊德博士的外衣"保护来逃避内心反省之苦,她时常以嘲讽的目光令女主人公无地自容,从而促使女主人公"我"在危机中重回反思自省的轨道。女主人公"我"对自我的认识也由此经历了一个从模糊到清晰的过程,并最终结束了在谵妄与理性之间游走的生存状态,"自我"危机也因此得到解除。"过去曾经重要的东西,现在失去了意义。〔……〕我(女主人公)知道,我们开始衰老,是多么脆弱。弗洛伊德博士的外衣上出现了裂缝。"(335)孱弱的内心终于破壳而出,女主人公开始直面自我、社会公众和历史事实:"我跟安吉丽娜说梦话,我感到她时刻在我身边,一种精神浮游在我们周围,那是安吉丽娜身上鲜活的献身精神〔……〕我们早已远离了这种精神,但是我现在明白了,弗洛伊德博士的外衣给予我,不是为别的,就是为了让我领悟这种精神。(398)〔……〕安吉丽娜,这位天使,是否是我痊愈的一部分?"(326)女主人公"我"对安吉丽娜说:"我将重新体验什么是快乐〔……〕我害怕自己甚至连这方面的记忆也会失去。"(326)病态的"自我"终于掌握了生命的主动权,并实现了对自我的世界观和人生观的洗礼。在《天使之城》的结尾处,"黑天使"安吉丽娜默默地带女主人公飞向天空,此情景像是在与这个世界告别。女主人公"我"俯视着世界,海湾的柔美线条、轻抚沙滩的大海、葱绿的山峦、成排的棕榈树……女主人公"我"将永远铭记这一切,她问安吉丽娜:"我们去哪里?"安吉丽娜回答说:"不知道。"(415)《天使之城》至此戛然而止。这是幻想式的突变,也许正如本雅明所说,救世主必会突然降临到历史中。事实上,这也反映了沃尔夫对待"档案事件"的态度变化过程,即矢口否认—痛苦反思—承认事实,但承认事实并非认罪,主观事实的无罪恰恰让道德的"自我"挣脱了"工具化记忆"的普遍有罪推论,也战胜了畏罪的"本我","自我"由此可以通过"非认同记忆"的方式勇敢地追求更高境界的"超我"。

从蓝色护照、斯塔西、弗洛伊德博士的外衣到黑天使,《天使之城》是一部用简洁凝重的笔触和迷惘惶恐的心声编织而成的记忆之书。女主人公对自我记忆的述说真实而不造作,《天使之城》留给读者的那种在无助中敢于直面历史、怀疑自己的人生态度是超越记忆的,这也许正是克里斯塔·沃尔夫的这部作品之意义所在。

触不到的美

——浅析《我与卡明斯基》和《阳光下》中的艺术家形象

李 雪

摘 要 当代重要德语作家丹尼尔·克尔曼在《我与卡明斯基》、《阳光下》等作品中塑造了一系列的艺术家形象:死去的大文豪彭瓦尔成为文学研究者克拉默触不到的毕生追求,卡明斯基的艺术成就在传记记者策尔纳那里不过是获取自身功名的跳板,伊万靠赝品获取名声,等等。但是,所有人的追求最后都落了空。克尔曼一方面讽刺和批判了当代"寄生虫"式的艺术产业,另一方面指出了艺术本身面临着的虚无化危机。

关键词 丹尼尔·克尔曼 艺术家形象 虚无化危机

《测量世界》(2005 年)的作者丹尼尔·克尔曼是最成功的当代德语作家之一,他的第五部作品——长篇小说《我与卡明斯基》于 2003 年问世,这部作品使克尔曼在德语文坛一夕成名,整个评论界欢呼庆祝这位特色鲜明、才华横溢的年轻作家的出场。文艺批评家奥佛曼评论认为,《我与卡明斯基》是克尔曼的"文学上的突破"[①]。《我与卡明斯基》充满幽默和讽刺,内容富有可读性,其鞭辟入里地批判了艺术和文化产业。事实上,早在 1998 年,克尔曼在短篇小说集《阳光下》里也写过一篇与《我与卡明斯基》同名的小说,这两部作品都讲述了主人公对一位曾经饱负盛名的前辈的寻访。这两部互为注释的作品,一方面讽刺了"寄生虫似的"(《阳》48)文艺研究评论产业,另一方面也共同阐述了一个主题,即艺术——或者说是美——的虚无。

《我与卡明斯基》的主人公是野心勃勃、以自我为中心到令人生厌的 31 岁的文

---

① Verene Auffermann, *Das Licht hinter der Sonnenbrille* in, *Literaturen* vom 2003, H. 4, S. 40f.

艺评论记者、传记作家策尔纳。在《我与卡明斯基》中，策尔纳前去拜访年迈的知名画家卡明斯基，他希望能争取到为卡明斯基撰写传记的资格，但他的真实目的却是希望后者的死能为自己带来事业上的突破。策尔纳费尽心思地接近卡明斯基，并以卡明斯基初恋情人之下落为诱饵，使其应允让自己为他作传。但是，卡明斯基却要求策尔纳带着他去找初恋情人。一路上，策尔纳被支使差遣，他出钱又出力，但他最后却得知卡明斯基早就接受了另一位记者的采访，策尔纳至此才知道自己被耍弄了。画家卡明斯基尽管已经垂垂老矣、声名不再，但他却俨然成了胜利者。《阳光下》的主人公是快 40 岁的大学讲师克拉默，他从少年时期就热爱着创作了系列小说《阳光下》的作家彭瓦尔，他将自己的整个人生都花在了对彭瓦尔的阅读和研究上，他的硕士论文、博士论文以及取得执教资格的论著都是关于彭瓦尔的。在出差途中，克拉默顺路前往彭瓦尔的故乡去寻访他的墓，希望能拍一幅照片作为自己著作的封面，而他却阴差阳错地走错了公墓，并在烈日下暴躁气馁。之后，克拉默又搭错了火车，在驶离的列车上，他意识到彭瓦尔胜利了。

　　《我与卡明斯基》和《阳光下》都以主人公在列车上醒来作为开端，以大海的场景作为结尾。在内容上，两部作品都讲述了研究者对年长的研究对象的拜访，并且都以主人公的失败而告终。而且——唯恐读者看不出这里的关联——两部作品中都有同一位人物串场：捷足先登于策尔纳的是记者汉斯·巴令，而这位成功的记者之所以能发迹，就是因为他无所不用其极地跟踪并接近彭瓦尔（如同策尔纳一样），并最后得到彭瓦尔的授权为之作传。克拉默与汉斯·巴令在会议上还有一面之缘。

　　两位主人公逐渐发现自己所处的现实并无意义，现实只是寄生在他者之上的破瓦残垣。两位主人公一生都在研究和评论着艺术、挖掘着美，但他们却无法真正接近艺术与美。《阳光下》里的克拉默更早地意识到了这一点。克拉默对大文豪彭瓦尔近乎痴迷的钻研和追随，绝不仅仅是因为他从中受益良多，更重要的原因是"他所居之城是灰暗的，同样灰暗的还有他的家庭，还有他所认识的所有人。人们去上班，回家，谈论汽车、政治和饭菜。他（克拉默）的同学们组装摩托，抽烟，起先是偷偷的，然后是公开的，他们津津乐道足球比分。前途种种营生多样，值得期待的啥都没有"（《阳》46）。对自己生活的不满让克拉默更加迷恋彭瓦尔笔下的世界，也使他对彭瓦尔本人的世界充满憧憬。当克拉默的列车抵达彭瓦尔的小城时，他觉得这个世界因为曾经进入过彭瓦尔的想象而充满着色彩和光芒。在这种色彩和光芒下，灰暗的克拉默几乎要"痛苦地叹息"。于是，这场对彭瓦尔的拜访就成了阴影下的克拉默试图走进阳光的努力，成了克拉默对有意义的现实的追寻之旅。但是，一切都提醒着克拉默，即使在彭瓦尔的世界里，他也是无法触碰到阳光的。克拉默看到的只是灰暗的庸常：车厢里的闷热、抽烟和香肠的气味、如影随形的风湿痛、烈日灼烧下的煎熬、粘在鞋上的狗屎……克拉默曾数次给彭瓦尔写信，但彭瓦尔都未回复，即使他每次都字斟句酌。克拉默曾经与彭瓦尔失之交臂。克拉默的一生乏善可陈，他的所有热情都用在了对彭瓦尔的研究上，但他却不能走进彭瓦尔的那片阳光。所有的过去似乎都成了可笑的徒然，这让现在失去了意义。最后，当克拉默意识到自己错过了赶到彭瓦尔墓前的机会时，他便知道了"他将永远无法站到那明亮的一边。[……]美是给别人的，不是为他准备的。无路可达"。

　　与克拉默相比，策尔纳更加野心勃勃，他与汉斯·巴令在事业上明争暗斗，他用尽手段探索与体验卡明斯基经历过的生活——为此他专门去了卡明斯基曾走失的盐矿并且居然真的迷失了几个小时——他傲慢自大地觉得每个女人都对他有意。但是，随着故事的推进，策尔纳越来越发现他身处于怎样的现实之中。当策尔纳为省钱而带卡明斯基来到女友的公寓过夜时，卡明斯基说："我有种感觉，我们身处的并非我的过去，而是您的。"（《我》131）可是，这过去有什么呢？爱情、广告、账单、稿费收据以及艺术展的邀请。除了冗务之外，策尔纳的爱情是失败的，次日归来的女友下了逐客令。艺术产业正是《我与卡明斯基》试图讽刺的对象：前往艺术展的策尔纳仅仅是为了炫耀同行的卡明斯基；主办人画廊老板社交手腕高超，而只有懂得经营的画家才有举办画展的机会；电视女编辑对艺术一无所知，美学教授知道的也比她多不了多少。策尔纳逐渐意识到自己所有的现实努力其实都是虚假的，于是当下也便失去了重要性——野心勃勃的策尔纳突然不再关心自己的传记事业了，甚至不希望卡明斯基快点死了。在离开女友的公寓后，策尔纳与卡明斯基驱车前往卡明斯基的初恋女友处，此时他意识到，"这一切，都是他的故事/过往①。他经历过这个故事/过往，我从未置身其中。[……]这是他的人生，那么我的呢？这是他的故事/过往，我有过吗"？于是，策尔纳无意识地脱口而出："但我总得去向哪儿吧。"（《我》153）现实失去了意义和方向。于是，就像卡明斯基所说的，"人总以为自己拥有生活，突然一切都没了。艺术毫无意义，一切都是幻象。而人们心知肚明，还必须照此继续"（《我》154）。意识到过往的虚无和未来的无方向之后，策尔纳在海边将公文包里的一切扔入大海。当然，策尔纳并未离开艺术行业，我们在《F》

---

① "Geschichte"这个德语词有"故事"和"历史/过往"两个含义。——作者注

里与变老的他重逢,他选择了"心知肚明,照此继续"。

那么,《我与卡明斯基》和《阳光下》中的以发现和创作为己任的功成名就的艺术家呢? 彭瓦尔已经去世,我们从汉斯·巴令创作的传记里能了解到彭瓦尔的一生可谓是跌宕多姿:他的童年和少年就像旧派小说里那样过着大家族生活,他的青年时代有风流韵事也有对存在的怀疑,他在自杀未遂后进行了三年的非洲之旅,其间经历种种冒险。此外,彭瓦尔的人生经历中还有中国(遥远的东方异国)之行、名流来往、拒绝诺奖等。彭瓦尔有过数次婚姻,其中一任妻子是著名女影星,还有一任妻子是个中国人。最后,年逾八十的彭瓦尔罹患重病,于是他饮弹自杀。这样多彩离奇的一生当然远远不同于克拉默的那种平庸灰暗的人生。但是,彭瓦尔已经死了,我们无从得知他对自己人生的意见。好在还有能与彭瓦尔形成对照的卡明斯基。在《我与卡明斯基》里,依旧是汉斯·巴令取得了卡明斯基的传记授权,策尔纳称汉斯·巴令的调研是"粗滥"的,而他自己处心积虑地展开的调查又有几分可靠性呢? 尽管策尔纳不遗余力地进行访问,然而"有那么多解释,一切都有那么多不同版本,最后,真相还是那个最平庸的。没人知道到底发生了什么,也没人能揣摩别人对自己的看法"(《我》51)。而且,卡明斯基本人的说辞都相互矛盾、前后不一。许多重要的事实已经消散在岁月里,当事人已经遗忘;还有一些重要的资料被有意销毁,这么做的目的就是为了防范"像策尔纳一样"的人。既然如此,那么汉斯·巴令的彭瓦尔传记又有多少可信度呢? 彭瓦尔对自己的艺术家的一生当真满意吗? 卡明斯基倒是有不同的看法,他的盛名早已是昨日黄花,如今几乎没多少人记得他。卡明斯基试图创作的自画像永远没有顺利完成,因为没有人能清晰地认识自己。目盲的卡明斯基也无从得知自己的女儿违抗了他的意愿,他的女儿偷偷保存了这个系列。卡明斯基自己觉得,自从初恋女友远走后,他已经没什么值得一活了,一切都结束了,随后的所有过往不过是假装自己还没死。活着的卡明斯基本人都无法准确地了解和清楚地描摹自己的生命,他也拒绝认可自己的艺术创作之意义。从卡明斯基的态度中,我们似乎可以诠释彭瓦尔的意见了。

《我与卡明斯基》和《阳光下》中都一再出现了蓝色以及大海的意象。彭瓦尔的家乡位于蔚蓝的海边,他的著名肖像的背景里也有海水的蓝色,而且他的墓在"蓝城"。当克拉默最后黯然离开时,大海在火车外熠熠生辉,仿若他永远无法靠近的彼岸。同样,策尔纳在意识到自己追求的一切都是虚无后,他也"惊讶地发现,自己期待着去看海"(IuK 153)。在《我与卡明斯基》的结尾,卡明斯基也想看海,于是两人驱车狂奔,他们甩掉了卡明斯基的女儿,直奔大海。策尔纳将公文包里的一切抛入海中。最后,卡明斯基独坐海岸,而策尔纳转身离开。涨潮了,浪花将策尔纳的脚印冲掉,毫无痕迹。艺术以及借"艺术"之名建立的整个艺术产业,都不过是海滩上的脚印,其会在某个时刻显露出谎言的本质。事实上,艺术创造者也面临着这样的危机,他们无法将自己从虚无中拯救出来。

克尔曼创作于 2009 年的小说《名声》里还有一位享有盛名的作家,他是《回复女修道院长》一文的主人公,名叫米盖尔·奥利斯妥·布兰寇斯。米盖尔正是马努埃尔·卡明斯基的昵称,他的初恋情人坚持称呼他为"米盖尔"。但是,彼时的这位米盖尔并未被遗忘,他的声名正如日中天,他还拥有天赋、健康和财富。然而,当米盖尔要回复女修道院长关于上帝和世界秩序的问题时,他突然意识到自己所有的艺术创作都是谎言,世界没有秩序,苦难没有意义。一瞬间,米盖尔决定举枪自杀,他要用死亡来嘲讽这个现实,那颗子弹也许会穿透他的头颅,并击中这个宇宙。

在克尔曼创作于 2013 年的作品《F》中,画家伊万发现自己天赋有限,于是他利用自己跟一位老年知名画家的同性伴侣关系来营造名声、创作赝品,而这位画家也为了声名而默认了伊万的这一行径。艺术在这里成为了彻头彻尾的欺诈和谎言,而整个艺术产业也不过是孳生在谎言基础上的虚无之花。

用卡明斯基的话来说,时间的彼岸就是"顿悟"。在卡明斯基讲述的佛教小故事里,放下对"一无所有"的执着,才是一切的开始(IuK 128),正如他的初恋情人特蕾莎这个"更聪明的那个人"所做的。当卡明斯基认为一切都结束了的时候,特蕾莎微笑着说,对于她来说,这才是一切的开始(IuK 163)。从这个意义上来看,《F》中的三兄弟的父亲——作家亚瑟——也是"更聪明的"那一个。亚瑟平静地接受了自己江郎才尽、声名不再的事实,他看些别人写的作品打发时间。直到这个时候,亚瑟才真正如同自己的姓氏那样,抵达了"安宁之地"(Friedland)。

在克尔曼的笔下,艺术产业不管是真心实意的追求、半真半假的经营还是欺瞒作伪的谎言,其本质都是明知故问的虚假。从根本上看,艺术本身的价值在虚无主义的危机中摇摇欲坠,艺术不再能通向崇高与救赎,连艺术家本人都无法继续欺骗自己。但是,克尔曼也并非一味鞭挞,正如他想表达的,"艺术只有承认自己的危机,才可能拥有新的开始"。

解开缠绕个性的纽扣
——论伊尔莎·艾兴格的经典广播剧《纽扣》

王羽桐

摘　要　伊尔莎·艾兴格的广播剧《纽扣》讲述了女主人公安（Ann）在一家纽扣工厂工作期间的种种怪异离奇、艰苦与诱惑并存的遭遇。通过文字游戏、隐喻等艺术表现手法，艾兴格将现实生活中的种种细节与不可想象的荒诞事件（变形）巧妙地结合在一起。《纽扣》反映了人在现代工业社会中丧失个性、逐步被物化的残酷现象，并对极权时代里的盲目或盲从的自弃行为进行了理性批判，从而重新引发了人们对极权体制的剥削本质之思考。《纽扣》唤醒了人自身潜藏的反抗意识，使人再度找回了丧失的个性并最终实现了自我解救。

关键词　伊尔莎·艾兴格　广播剧　纽扣

在百花齐放、人才辈出的战后德语文坛，奥地利女作家伊尔莎·艾兴格（Ilse Aichinger，1921—2016年）可谓独树一帜，她凭借感今怀昔、饱含哲思的寓言式叙述风格，成为享有"女卡夫卡"美誉的杰出女作家之代表。2016年11月11日，这位著作等身、创作成就颇受肯定的女作家与世长辞。在缅怀艾兴格之余，全世界众多读者选择回溯她的作品，以重温她用文字缔造的多彩世界。与此同时，文学评论家和媒体记者纷纷撰文追忆艾兴格，他们从不同角度对艾兴格作品的主题内容、语言风格和思想内涵进行了阐释与探讨，从而掀起了一阵评论热潮。

在长达五十多年的创作生涯中，艾兴格发表各类作品数十部，体裁涵盖诗歌、小说、广播剧、散文和对话。虽然艾兴格的小说最为引人关注，但艾兴格的广播剧因在其早期作品中占有重要地位而同样备受褒奖。1953年，艾兴格与广播剧大师君特·艾希（Günter Eich）结婚，她的第一部广播剧《纽扣》（*Knöpfe*）也于同年发表。《纽扣》的语言凝练生动，情节环环相扣，结构完整清晰，音乐伴奏与音响效果相得益彰,其一经播出,即引起强烈反响。虽然在战后的众多广播剧创作者中有海因里希·伯尔(Heinrich Böll)、英格博格·巴赫曼(Ingeborg Bachmann)、马丁·瓦尔泽(Martin Walser)等后来享誉世界文坛的著名作家,但《纽扣》的开创性和影响力与大师作品相比也毫不逊色。因此,《纽扣》成为奠定艾兴格广播剧作家身份的经典之作。

广播剧这种新兴的艺术形式诞生于二十世纪初,无线电广播当时在德国蓬勃发展。这种将语言表达、音乐伴奏和音响效果完美结合在一起的全新戏剧形式,以其独特的艺术魅力吸引了众多听众。尤其在二战后,整个德国社会经济萧条、物资匮乏,剧院、影院关闭,报纸、书籍稀缺,此时的广播剧几乎成为德国人精神文化生活的唯一给养,其伴随着德国人度过了那一段艰难岁月。因此,战后那段时期也就成为德语广播剧发展的黄金窗口期,德语广播剧的主题之丰富、形式之多样、数量之庞大,堪称整个广播剧发展史上的顶峰。

然而,在广播剧诞生初期,评论家将这种只能通过听觉来欣赏的特殊文学形式称为"懒人"书籍,他们甚至认为其地位仅仅相当于是书籍文学的劣等附属品①。直至四七社作家纷纷发表广播剧,并在年度聚会上朗读他们新近创作的广播剧剧本,广播文学才收获迟到的关注与认可。如今,广播剧已被视为一种独立的文学类型,并在文学史上占据一席之地。

在《纽扣》中,艾兴格运用隐喻、文字游戏等写作手法,讲述了女主人公安(Ann)在一家纽扣工厂工作期间的种种怪异离奇、艰苦与诱惑并存的遭遇。然而,看似荒诞的情节背后实则潜藏着艾兴格对人在现代工业社会人中丧失个性之现象的犀利批判,饱含着艾兴格对人的生存意义之深入思考,其为读者留下了丰富的释读空间。

一　文字游戏作为精神上自我解放的媒介

广播剧《纽扣》讲述的故事发生在一个经济萧条、失业率极高的工业化时代,几个年轻女工每天在一家生产装饰扣的工厂里重复进行着单一的工作,即对各类纽扣按其名称进行分类整理。为了生计,女工们不仅需要忍受酷热狭小的工作空间,还时常需要无报酬地加班至深夜,甚至短暂的休假对于她们来说都是奢侈的愿望。

---

① 参见 Stefan Köhler, *Hörspiel und Hörbuch*, Marburg, 2005, S. 8.

此外,凌驾于女工之上的工厂负责人比尔(Bill)和杰克(Jack)通过物质与情感上的双重引诱和威胁之方式不断给女工们施加压力,以使她们甘愿屈从于这种剥削和压迫,并最终逐渐习惯和适应这种工作模式与工作环境。与两位同事琼(Jean)和罗西(Rosie)的麻木与天真不同,主人公安仍然保有批判思维和反抗意识。面对负责人的威逼利诱,安与她的朋友约翰(John)毫不迟疑地直言拒绝。尽管未来尚未可知,前途也一片迷茫,但在经历了同事琼突然失踪并最后被加工成以其名字命名的纽扣之后,安和约翰就深知一旦接受这种看似稳定且能带来生活所需收入的工作,他们就将失去个性并沦为被剥削的对象。安和约翰当然不屑于此,他们选择以文字游戏作为武器,去揭下负责人的丑恶面具。

> 比尔:在我们这里,您有工作,安。而且是不繁重的工作。您已经熟悉了这份工作,所有的一切对您来说都很熟悉。周末您就可以拿到您的工资。您是安全的。
>
> 安:我知道,最后在抽屉里(是很安全的)。
>
> 比尔:在我们这里,您是有保障的,安!
>
> 安:因为我对您来说是有保障的。像琼一样。
>
> 比尔:如果您现在走了,您就会永远离开。
>
> 安:(声音从远处传来)我走了,比尔![①]

负责人企图用物质和情感的双重保障来说服安留下并继续工作,对话中出现的"安全""保障"和"走"这些词汇的多种含义恰好符合负责人的承诺的双重含义。在面对这种物质与情感的双重诱惑时,安冷静地揭露出"安全"即是"逮捕"的隐喻,这一回复可谓是一语中的。安不仅给予负责人的阴险伎俩以一记致命的回击,更重要的是,她成功地将自己从恐惧权威、害怕失业的精神负担中解放了出来,这是一次彻底的精神上的自我解放,而这种自我解放正是通过"对屈从的语言进行游戏式的颠覆"[②]来实现的。

---

① Ilse Aichinger, *Auckland. Hörspiele. Taschenbuchausgabe in acht Bänden*, hrsg. von Richard Reichensperger, Frankfurt am Main, 1991, S. 67.

② Heidy Margrit Müller, *Verwandlung und Entwandlung. Zur Dialektik der Selbstaufhebung in Knöpfe und zu Keiner Stunde*, in Heidy Margrit Müller (Hg.), *Verschwiegenes Wortspiel. Kommentare zu den Werken Ilse Aichingers*, Bielefeld, 1999, S. 122.

同样,安的朋友约翰也用相同的策略在负责人比尔试图敲诈他时给予了他有力的回击。

> 比尔:说得更准确一些:您的前途捏在我的手里(Ich trage Ihre Aussichten in meiner Tasche①)。
>
> 约翰:这听起来不太好,远处景色(Die Aussichten)对我来说太漆黑了。
>
> 比尔:我几乎可以断言,港口的远景还要更加漆黑。据我听说——
>
> 约翰:您让港口成为我的忧虑,您的包是您的忧虑。
>
> 比尔:您的合同在我手上。
>
> 约翰:让您看看,比尔! 这必须是您装纽扣的同一个包。还有一点,比尔,我更喜欢安在我的身边,而不是我的包里。②

约翰明知"Aussichten"和"Tasche"这两个词的引申含义,但他却假装自己只理解其字面含义,并且他通过谚语"etwas in die eigene Tasche stecken"(谋取私利、捞进赚头)的影射作用,表明自己早已识破比尔利用他想去港口工作的愿望来威胁他的非正当企图。约翰说的最后一句话更加清楚地显示,他已看穿了工厂引诱女工陷入圈套的惯用伎俩。为了有利可图,工厂甚至可以将女工们的头脑(Köpfe)和身体(Körper)都加工成纽扣(Knöpfe),恰如琼的遭遇。约翰不能容许琼的悲剧在安的身上重演,更不能放纵剥削者任意改变和扭曲女工们的个性,因此他的最后一句话正是对这个异化世界的强烈反叛。

在本部分引用的两段简短的对话片段中,文字游戏撼动了原本存在着的上司与下属之间的不平等权力关系,并尝试重新对其进行定义。游戏式地使用某些语言表达的多义性和解读隐喻的多个意义层面,这成为弱势群体反对权力篡夺、与剥削压迫进行斗争的有力武器。正如评论家海蒂·穆勒(Heidy Müller)所言:"从别人有目的的压迫中振奋精神,保护自己不被破坏性地对付,从这种意义上来说,文字游戏作为

---

① 德语中的"etwas in jds. Tasche tragen"意为"某物在某人的手上"。单词"Aussichten"的本意为"远处景色",引申义为"前途"。

② Ilse Aichinger, *Auckland. Hörspiele. Taschenbuchausgabe in acht Bänden*, hrsg. von Richard Reichensperger, Frankfurt am Main, 1991, S. 71f.

颠覆性的媒介被用于自我解放。"①在《纽扣》中,通过理性的认知和机智的语言交锋,安使自己逃脱了"被变形"的厄运,并从生存困境中解放了个性,从而成功地完成了自我救赎。我们从中可以发现,艾兴格深谙语言交流所能产生的潜在的有利结果,她巧妙地进行语言多义性的建构,以使语言的强大力量跃然纸上。

二 批判与反抗——自我解救的唯一途径

说到广播剧《纽扣》中最令人感到惊奇甚至是有些不可思议的情节,当数女工琼离奇失踪几天后突然以同名纽扣的形式出现在她原来的同事面前,并等待着被她们分类。然而,这一"变形"看似突然却并非毫无征兆,看似荒诞却不失合理性。其实,这个情节恰好体现出艾兴格在结构设计上的独具匠心,以及她对现代工业社会中的芸芸众生个性丧失现象之理性批判。

尽管艾兴格只是对剧中人物进行了粗略勾画,但其精心设置的对话场景、努力营造的紧张氛围等,都使一个个完整鲜活的人物形象呼之欲出。因此,我们不难挖掘出琼"变形"的原因。在《纽扣》中,女工们的唯一工作对象——纽扣——全部是以女孩的名字命名的。由此可见,琼的"变形"只是其中一个缩影。那么,女工们为何成为"可被操控的"对象?她们为何毫不反抗,而甘愿让自己成为一个商业化产品呢?恐惧是重要原因之一。在一个经济不景气、失业率居高不下的社会环境中,女工们的最大恐惧来源于失业,她们害怕失去生活的保障。所以,女工们甘愿忍受艰苦的工作环境,甘愿不计报酬地牺牲本该属于自己的业余时间,甘愿不加质疑地服从上司的一切指令。在《纽扣》中,这种对权威的极端畏惧被展现得淋漓尽致。女工们在工作房间内时常能听到墙外奇怪的声响,琼未曾请假却几天不来上班,工厂里新制作的纽扣样式竟然被命名为琼……女工们对这一切古怪离奇的事件的发生无动于衷,她们的态度极其冷漠麻木。其实,这正是女工们长久以来地迎合上司、取悦上司、屈从权威的结果。上司比尔和杰克时常以监督工作为名,向女工们传递失业讯息,并向她们灌输"只有在这家纽扣工厂工作,生活才会有保障"的思想。不仅如此,比尔和杰克还以解雇为筹码,阻止女工们对任何事情提出质疑。久

① Heidy Margrit Müller, *Verwandlung und Entwandlung. Zur Dialektik der Selbstaufhebung in Knöpfe und zu Keiner Stunde*, in Heidy Margrit Müller (Hg.), *Verschwiegenes Wortspiel. Kommentare zu den Werken Ilse Aichingers*, Bielefeld, 1999, S. 123.

而久之,这种渗透式的欺骗手段对女工们的身体和精神均起到了控制作用:她们对工厂里发生的一切不闻不问,并对一切感到习惯与适应,最后甚至开始向上司表达爱慕(琼对比尔,罗西对杰克)。上司卑鄙地利用女工们天真单纯的情感,以进一步达到将女工们牢牢捆绑在工厂里的目的。可见,由恐惧到习惯,由屈从到好感,情感上的依赖阻碍了女性进行理性的思考与批判性的反抗。安正是清楚地看到了这一点,所以她设法改变现状和尝试解救自己,以避免琼的悲剧在自己身上重演。听到墙后传来的奇怪声响时,安一再追问声响的来源;听到周末加班的消息时,安提出了质疑,而非盲目地接受;为了争取短暂的休假,安不惜挑战上司的权威;为了找回失踪的同事,安四处奔波,她尝试着去收集所有"琼"纽扣;为了重塑个性,尽管前途一片未知,安仍旧果断地拒绝了上司的续约合同。这种毅然决然的反抗不正是安以释放个性能量的方式进行自我解救的最佳印证吗?

安、琼和罗西生活在一个极权主义的体制下,个体利益在其中受到残酷迫害,个人的生存价值被严重贬低,物质凌驾于人之上。剥削者用尽手段让女工们丧失思考能力,使她们完全屈从、泄气,以最终实现物化她们的目的。在失踪前一天,琼对着手中的纽扣喃喃自语道:"它们的确很漂亮。与其他纽扣不一样,它们闪闪发光。当我拿着它们时,我时常想,我可以像压水果一样在我的手指间压着它们,但是它们很硬。[……]非常特殊的舒适感,如此平滑且丰满。"①此后不久,"纽扣似乎有了生命。而琼成了纽扣"②。可见,为了生产出一个更具吸引力的纽扣,琼宁愿牺牲自己。在达格玛·洛伦茨(Dagmar C. G. Lorenz)看来,自身被利用,从而转化成物质产品,这是"最大的牺牲"③。从这一层面来看,琼的"变形"并非源于被迫,而是她因长期屈从而丧失个性后所产生的顺应行为。确切地说,这是一种"自弃"行为,而这种自弃才是人性最大的悲哀。安和琼截然相反的经历体现出,在一个只允许统一价值存在的社会,个体让自己完全适应外部环境要比确保自己保持一段批判距离容易得多,即抛弃个性比反抗权威轻松得多。其实,艾兴格是想借用这一悖论来重新引起人们对极权体制剥削本质的思考,让人们对极权时代里的盲目或盲从的自弃行为进行理性的批判,从而唤醒人自身潜藏着的反抗意识,进而使人再度找回丧失的个性并最终实现自我解救。

---

① Ilse Aichinger, *Auckland. Hörspiele. Taschenbuchausgabe in acht Bänden*, hrsg. von Richard Reichensperger, Frankfurt am Main, 1991, S. 24.

② Ebd. .

③ Dagmar C. G. Lorenz, *Ilse Aichinger*, Königstein, 1981, S. 90.

三 自救还是他救？

在尚未因周遭环境的压迫与侵害而完全丧失个性时，安就找到了重新获取生存意义的出路——逃离。因为唯有逃离现实环境，安才能真正卸下禁锢在自己身上的枷锁，并彻底隔绝周遭环境的进一步侵蚀。安之所以能够成功逃离以实现自救，除了相对较短的供职时间外，与男友约翰的接触和交流在其中起到了至关重要的作用。如果没有约翰在她迷茫时传授的经验智慧、在她犹豫时给予的坚定支持、在她身处危险时提供的全力帮助，安的人生也许会是另一种全然不同的结局。因此，从另一个侧面来看，安的解放也是一种"他救"的结果。

反观琼和罗西，她们独自居住，从未提及亲戚，工作之外也似乎没有熟人和朋友。琼和罗西仅有的人际交往仅限于同事之间、自己与上司之间，她们就连宝贵的情感也一并寄托在了上司身上。琼和罗西的生活如此单一，以至于工作场所和私人生活完全融合在一起，工作中的例行事务成为她们行动的全部。由此看来，琼和罗西惧怕失业并非仅仅因为怕失去经济上的保障，更重要的是，失去工作对于她们来说就意味着同时失去了自己的私人生活。将个体完全束缚在一个固定的环境中，并切断其与外界的一切联系，以使其被彻底孤立化为易于受到操控的傀儡，剥削者的险恶用心由此可见一斑。

既然安能因约翰的救助而重新获得自由，那么安能否以一己之力再去解救同事，以使她们也能通过"他救"重获新生呢？艾兴格给出的答案是否定的。直至剧本结尾，琼和罗西的命运也毫无将会发生改变的预兆。琼和罗西的生存困境实则是由她们自身的无知与自我责任感的缺失共同造成的。琼和罗西夜以继日地全身心投入纽扣分类工作，而这种单一、无需任何智慧的纯体力劳动在她们看来远远不止是收入来源这么简单，这份工作更是她们全部生活的重心，因此她们乐在其中，尤其在听到周围有人被解雇的消息时，她们因还能工作而心中充满着幸福感。更为荒诞的是，琼和罗西竟然常常对新产品的质量感到骄傲。然而，这莫名的骄傲感从何而来？产品从研发设计到投入生产，从上市销售到被穿在客人身上以最终实现其装饰功能，其中各种繁琐细致的工序琼和罗西都未曾参与，更未从中获益（她们的周薪连一颗纽扣都买不起①）。

---

① 安曾说："其中一颗纽扣的价钱都超过我的周薪。"参见 Ilse Aichinger, *Auckland. Hörspiele. Taschenbuchausgabe in acht Bänden*, hrsg. von Richard Reichensperger, Frankfurt am Main, 1991, S. 14.

因此,这种"骄傲"是对女工们视野狭窄、无知自满的有力反讽。女工们如此低估自己的潜能,如此心甘情愿地满足现状,如此"不求知"(Nichtwissenwollen)、"不作为"(nichthandeln)①,这种态度导致为追求个人幸福而必需承担的各种责任之缺失,我们不免哀其不幸、怒其不争、憾其无为。个体对命运的无条件屈从,很可能使得社会弊端长久地延续下去,任何个人都无法拯救,再加上女工们本身也并不团结,所以安的努力失败了,她最终只能自救。

《纽扣》呈现出的资本主义社会中的个人的前途希望渺茫。艾兴格以安的经历为例,向我们提供了一个成功摆脱困境的范本:自救的愿望尤其重要,他救在自救的基础上起作用。在自救的基础上,个体才能解开缠绕个性的扣环,从而实现独立个性之重塑。从个体角度出发,这也不失为艾兴格为社会弊端开出的一剂良方。

在《纽扣》这部剧作中,每个人物的活动均与"纽扣"息息相关。无论是整理纽扣的女工们,还是变形成为纽扣的琼,她们被纽扣牢牢扣住的不仅仅是身体。事实上,那些色泽鲜艳、形状各异的纽扣正是缠绕在人的个性上的一道道枷锁,它们让人屈从于命运、沦为被物化的牺牲品。因此,以《纽扣》作为这部广播剧的剧名可谓相当恰当且意味深长,艾兴格的匠心巧思也得到了充分的体现。

作为艾兴格广播剧的代表作,《纽扣》集合了特色鲜明的艾兴格式的艺术表现手法(如文字游戏、隐喻等),其将现实生活中的种种细节与不可想象的荒诞事件巧妙地结合在一起,再现了社会的残酷现实,以此启发个体唤醒潜藏着的反抗意识,并重新思考生存问题。"在接下来的数十年里,这部广播剧很有可能仍保持其现实性和吸引力。"②这是评论家海蒂·穆勒在世纪之交对《纽扣》这部剧作的肯定与褒奖。的确,《纽扣》对现实社会与生存本身的追问和思考是如此精辟、深刻且历久弥新!

---

① Ilse Aichinger, *Auckland. Hörspiele. Taschenbuchausgabe in acht Bänden*, hrsg. von Richard Reichensperger, Frankfurt am Main, 1991, S. 92.

② Heidy Margrit Müller, *Verwandlung und Entwandlung. Zur Dialektik der Selbstaufhebung in Knöpfe und zu Keiner Stunde*, in Heidy Margrit Müller (Hg.), *Verschwiegenes Wortspiel. Kommentare zu den Werken Ilse Aichingers*, Bielefeld, 1999, S. 121.

《世界文学》(1953—2008年) 中的德语翻译文学初探

陈虹嫣

摘　要　创刊于1953年的《世界文学》(前身为《译文》)是中华人民共和国成立后的第一份专门译介外国文学的刊物。五十多年来,《世界文学》致力于外国文学的译介,其在中国翻译文学史上占有举足轻重的地位。有鉴于此,本文选取《世界文学》(1953—2008年)作为研究对象,并将德语翻译文学视为一个整体,旨在通过描述性译学的研究方法,全面展现德语汉译作品在《世界文学》中的译介状态,进而揭示其成因及嬗变过程。另外,通过对《世界文学》中的德语翻译文学之梳理,我们也可以对新中国的汉译德语文学之发展轨迹有一个粗略的了解。

关键词　德语文学　《世界文学》(1953—2008年)　翻译研究

一　引言

　　《世界文学》是由中华全国文学工作者协会(中国作家协会的前身)在新中国成立后创办的第一份专门译介外国文学的刊物,其创刊于1953年7月,曾用名为《译文》。以"译文"作为刊名是为了纪念鲁迅先生,并继承他上世纪三十年代创办的《译文》杂志之传统,新创办的《译文》的首任主编由茅盾担任。1959年,《译文》开始发表中国学者撰写的评论并更名为《世界文学》。1964年,《世界文学》改由中国科学院外国文学研究所(即现在的中国社会科学院外国文学研究所)主办。1966年,《世界文学》改为双月刊。"文革"期间,《世界文学》一度停办。1978年10月,在内部试发行一年后,《世界文学》正式对外发行。不管是在"文革"前的十七年间还是在1977年复刊后,《世界文学》都向中国读者推介了一大批对于当时的国人来说相当陌生的外国作家及作品,从而在中国人民的精神生活中以及在外国文学的研究工作中发挥了举足轻重的作用。有鉴于此,本文以《世界文学》作为立足点和切入点,并将德语翻译文学视为一个整体,旨在运用翻译研究学派的描述性译学理论,以及通过第一手资料的收集和实证研究,全面展现德语文学在《世界文学》中的译介状况,进而揭示其成因和嬗变过程。由于《世界文学》几乎与新中国同步发展,而且不少单行本译著在出版发行之前会由出版单位选译一些章节在《世界文学》上发表,相关书评也会在《世界文学》上刊载,因此汉译德语文学的演变轨迹可以在《世界文学》中得到充分的体现。通过《世界文学》这个窗口,我们可以对新中国的汉译德语文学之发展轨迹有一个粗略的了解。

二 《世界文学》中的翻译文学概述

(一)"文革"前的《世界文学》中的外国文学作品之整体译介态势

新中国于 1949 年成立之后,建立在马列主义理论基础之上的社会主义政治意识形态得到强化。具体到文艺工作,"文艺为政治服务"和"文艺为工农兵服务"的"二为"方针,以及"政治标准第一,艺术标准第二"的考量标准,成为了文学艺术活动——包括文学翻译工作——的主导思想。在此大背景下,"文革"前的《世界文学》站在了国家意识形态的立场之上,其将文学翻译工作视为建设社会主义新文化和开展对外文化交流的重要组成部分之一。在办刊宗旨方面,此时的《世界文学》特别强调刊物的教化与政治功能。①

在政治先行的指导思想下,《世界文学》中的文学翻译作品几乎成为了中国外交政策的"风向标"。二十世纪五十年代初,中国在政治、社会、文化生活等各个领域均采取了向苏联"一边倒"的政策,于是《世界文学》中的翻译文学也出现了向苏俄文学倾斜的局面。特别是在创刊的头五年,《世界文学》中的苏俄文学作品数量一路飙升,从最初的 32 篇上升至 1957 年的 72 篇,可谓在刊物中占据了绝对优势。然而,到了二十世纪五十年代末至二十世纪六十年代初,随着中苏关系的日益紧

---

① 关于刊物的政治和教化功能,茅盾先生在《译文》的发刊词中写道:"[……]我国人民[……]要求从文艺作品上更亲切地感受到苏联和人民民主国家的劳动人民在建设他们的美好生活及从事创造性劳动时所表现出的奋发和喜悦,也要求从文艺作品上更真切地看到资本主义国家的和殖民地半殖民地的人民如何勇敢坚定地为和平与民主而斗争。"具体参见茅盾:《发刊词》,载《译文》,1953 年第 1 期(总第 1 期),第 2 页。

张乃至破裂,苏俄文学逐渐遭到排斥。此时,加强与亚非拉第三世界国家的交往成为了中国外交政策的重头戏。于是,扮演着"亲善大使"①角色的《世界文学》开始大量翻译亚非拉国家的文学作品,以促进中国与这些国家的文化交流与政治交往。在被迫休刊的前一年,《世界文学》中的亚非拉国家的文学作品数量已突破百篇。

与"大红大紫"的苏俄文学和亚非拉国家的文学相比,欧美资本主义国家的文学作品在中国被边缘化。除了极个别的欧美现代派作家的作品在"双百"方针被提出之后得到了一定的译介外,通常能够得到译介的都是具有"人民性"和"革命性"的欧美古典文学作品,以及"优秀的"和"进步的"现当代文学作品,前者如惠特曼、莎士比亚、巴尔扎克、席勒等,后者如小林多喜二、杜波伊斯、伯尔等。

这一时期的汉译德语文学作品数量相对有限。在国家政治意识形态的管理与规范下,德语文学作品的翻译与主流意识形态保持一致。二十世纪五十年代,我国主要译介了原民主德国的社会主义现实主义的文学作品,以及十九世纪的批判现实主义和德国古典主义的文学作品。至于德国的其他现当代作家(如茨威格、伯尔等),他们的作品虽然也得到了译介,但数量有限,且解读模式单一。进入二十世纪六十年代后,德语文学作品的翻译数量明显下滑,这一方面和中国国内掀起的"大跃进"运动以及在此基础上形成的文化革命潮流有关,另一方面也在一定程度上反映出,自中苏关系破裂之后,中国和民主德国的外交关系也渐渐疏远。

(二) 1977 年复刊后的《世界文学》中的外国文学作品之译介特点

1966 年开始的"文革"使《世界文学》陷入了"停顿",其在十余年间没有发表任何外国文学作品。1977 年 9 月,随着"文革"的结束和拨乱反正工作的开展,《世界文学》得以复刊,并在试刊一年之后正式向普通读者发行。重新起步的《世界文学》在"新时期"伊始基本延续了二十世纪六十年代的翻译规范,即"热情推荐亚非拉国家的进步文学作品,介绍和评论欧美各国的现代文学,揭露和批判帝国主义、修正主义文学的反动思潮,特别是苏修领导集团的文艺政策及其恶果"②。以《世界文学》1977 年内刊第 1 期为例,该期主要译载了朝鲜、巴勒斯坦、莫桑比克、南非等亚非国家反映当前现实且富有战斗性的小说和诗歌,并且还编发了一些日本无

---

① 王有贵:《共和国首 30 年外国文学期刊在特别环境下的作用》,载《中华读书报》,2006 年 4 月 5 日。
② 《世界文学》编辑部:《编后记》,载《世界文学》,1977 年内刊第 1 期,第 319 页。

产阶级作家的作品。在古典文学方面,《世界文学》1977 年内刊第 1 期选登了巴尔扎克的两篇小说。《世界文学》1977 年内刊第 1 期尤为引人注目的还有由王金陵翻译的鲍·瓦西里耶夫的《这儿的黎明静悄悄……》及其评论文章,这些作品契合了当时批判"为社会帝国主义效劳"的"修正主义文学"之需要。尽管是反面教材,但是对《这里的黎明静悄悄……》之翻译打破了苏联文学近二十年来在中国文坛的沉寂,其在文学翻译史上具有不容被忽视的意义。

与此同时,在国家为现当代文学"正名"之后,《世界文学》积极译介欧美现当代文学作品,并在正式复刊的第一年里就译载了奥地利作家卡夫卡的小说《变形记》、美国作家索尔·贝娄的《赛姆勒先生的行星》、英国作家哈·品特的剧本《生日晚会》,以及包括西·棱茨、纳·霍桑和艾·巴·辛格在内的众多欧美当代作家的作品。除此之外,人们还读到了像《荒诞派戏剧评述》《结构主义文学理论评述》等由中国学者撰写的介绍外国现代文学流派的论文,这些论文大大拓展了中国读者的视野。整个二十世纪八十年代,《世界文学》在译介欧美现当代文学方面可谓一马当先,其先后引进并介绍了荒诞派、意识流、存在主义、结构主义、新小说派等各种西方文学流派,众多的诺贝尔文学奖获得者在尚未获奖之前就已在《世界文学》上亮相,如品特、西蒙、格拉斯等。这一时期也是《世界文学》的黄金时期,其最高发行量可达每期 30 万册左右。

进入二十世纪九十年代后,随着改革开放的继续深化,人们的视野不断得到拓展,思想意识形态与价值取向日趋多元化。就外国文学作品的译介而言,开放化与多元化的趋势更加明显,这首先体现为作品来源国家的增加和主题范围的扩大。除了英、美、法、日等国家外,《世界文学》加大了对北欧、大洋洲、加拿大、以色列、加勒比海地区等以前几乎没有接触或者接触较少的国家及地区的文学作品的译介力度,为读者真正呈现出一幅"世界文学"的图景。其次,作品择取中的开放性也体现为《世界文学》和诸多外国文化机构开展合作以共同完成选题策划,如"加拿大文学专辑"(1988 年第 2 期)、"加拿大当代英语文学专辑"(1994 年第 5 期)、"以色列当代文学专辑"(1994 年第 6 期)和"英国当代青年作家作品小辑"(2003 年第 3 期)。在这些合作中,《世界文学》和歌德学院于二十世纪九十年代共同举办的八届德语文学翻译比赛占有特殊地位,下文还将对此展开论述。

截至 2008 年,《世界文学》已走过了 55 个年头,共出版 321 期。在新中国的外国文学作品的翻译和传播过程中,《世界文学》发挥了并且仍在继续发挥着重要作用,它的存在与成长是一个重要的"良性标志"①,因为它不仅梳理出了"一部中国对外国文学的接受史,同时也折射出中国社会的变迁史。"②

表 1 《世界文学》中的外国文学作品的主要来源国及数量统计(1953—2008 年)③

国家 年份	苏俄	英美	法	日	德	东欧 国家	亚非拉 国家和地区	其他
1953	32	5	8	1	1	18	15	2
1954	45	10	4	1	2	21	6	8
1955	62	12	13	8	10	23	11	10
1956	50	14	10	8	16	21	31	7
1957	72	17	15	7	8	12	39	12
1958	64	13	18	20	8	17	63	10
1961	20	6	10	8	4	9	26	14
1959	29	16	10	8	12	26	57	24
1960	33	14	9	20	8	18	77	16
1962	11	9	6	9	6	12	33	24
1963	6	18	3	11	4	2	73	20
1964	0	7	5	13	2	16	103	4
1977—1978 (内刊)	5	5	4	6	5	11	25	4
1978—1979	6	18	5	3	8	6	15	10
1980	7	20	10	4	11	8	13	13
1981	4	20	14	3	12	4	10	12
1982	6	20	7	4	5	1	11	5

---

① 王蒙:《祝福和感谢》,载《世界文学》,2003 年第 4 期(总第 289 期),第 25 页。

② 何云波:《换一种眼光看世界》,载《世界文学》,2005 年第 3 期(总第 300 期),第 142 页。

③ 本表系根据每年总目录统计而成,如总目录缺失,则根据当年期刊的每期目录进行统计,因此以如"印度童话六篇""诗三首"等形式或以连载形式出现的作品仅按一次计算。翻译文学指涉从源语国文字翻译成汉语的小说、诗歌、散文、剧本、书简、讽刺小品、童话、作家研究、文艺论文等,不包括由中国译介者或编辑书写的补白、国外书讯、作家小传、世界文艺动态、书评、作家研究等。此处的"德"包括了原民主德国、联邦德国、奥地利和瑞士德语地区。"东欧国家"包括阿尔巴尼亚、波兰、捷克(捷克斯洛伐克)、匈牙利、保加利亚、罗马尼亚、南斯拉夫等国家。"亚非拉地区"不包括日本,对亚非拉地区的文学作品之译介在二十世纪五十年代末至二十世纪六十年代初据绝对主导地位,因此本表将其作为一个集合进行考察。"其他"指不在前七项考察对象范围内的国家和地区,如希腊、西班牙、意大利、瑞典、加拿大、澳大利亚等。

年份 \ 国家	苏俄	英美	法	日	德	东欧国家	亚非拉国家和地区	其他
1983	7	6	10	4	11	2	8	15
1984	9	17	10	3	2	5	7	5
1985	8	11	13	3	3	5	11	12
1986	9	18	8	6	11	4	14	16
1987	9	21	3	1	6	4	10	5
1988	6	19	6	6	11	5	15	30
1989	6	11	6	1	5	3	15	9
1990	4	8	3	8	11	0	2	10
1991	10	5	13	6	0	4	12	11
1992	2	11	7	7	7	2	8	48
1993	10	12	5	9	8	5	14	9
1994	4	14	3	8	2	7	21	23
1995	4	8	11	16	13	5	16	14
1996	3	16	9	9	9	10	2	55
1997	8	11	5	6	12	13	8	8
1998	8	22	3	11	10	6	11	22
1999	4	12	8	21	23	3	18	13
2000	2	13	9	14	8	8	7	17
2001	5	21	20	11	14	8	9	10
2002	4	24	14	7	3	11	12	5
2003	4	36	10	5	17	12	30	6
2004	10	24	6	2	7	19	18	5
2005	7	35	22	3	9	6	0	11
2006	3	30	9	9	15	5	3	21
2007	15	17	16	10	9	2	3	15
2008	10	16	4	5	2	1	8	17

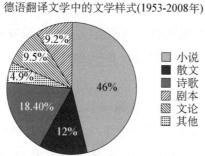

图1 汉译德语文学作品中的文学样式(1953—2008年)①

三 《世界文学》对德语文学作品之译介

(一)1953—1966年：以现代的社会主义文学为主旋律的德语文学作品之译介

冯至先生的《略谈德国现代文学的介绍》一文认为,德国文学在历史上经历了三个繁盛期——中世纪的诗歌文学、古典文学以及现代的社会主义文学——并且在这三者之中,现代的社会主义文学对中国当代社会主义文学具有相当重要的借鉴意义,这是因为"它和我们之间有共同的问题和共同的命运,因为大家都是向着一个共同的目标奋斗"②。冯至先生此处所谓的"共同的问题、命运和目标"是很清楚的,即鉴于中国和原民主德国都是彼时刚成立不久的社会主义国家,故双方在维护社会主义国家的主权及建设社会主义的新文化方面有许多可以相互沟通、学习和借鉴之处。因此,现代的社会主义文学在中国与原民主德国交好期间不仅收获了极高的评价,而且也构成了新中国成立后的汉译德语文学作品的主旋律,其数量占到了该时期的汉译德语文学作品总量的50%左右。

以题材为标准,得到译介的作品主要可被分为以下五大类:一是反映社会主义建设和社会变革以及展现人们在新制度下的思想斗争和思想转变的作品,如

---

① 1953年至2008年间,《世界文学》共翻译德语小说(中短篇小说居多)160篇,这一数量占全部德语翻译作品数量的46%。继小说之后,德语诗歌也得到了较多的译介,其数量约占全部翻译作品数量的1/5。其他如散文、剧本、日记、书信、报告文学、谈话录等文学体裁在翻译中也均有所涉及,其数量约占全部翻译作品数量的25%;对文学理论的翻译略显单薄,占比仅为10%不到。
② 冯至:《略谈德国现代文学的介绍》,载《世界文学》,1959年第9期(总第75期),第80页。

《译文》1954 年 11 月号和 12 月号上刊载的由黄贤俊翻译的弗·沃尔夫创作于 1950 年的六幕喜剧《女村长安娜》，该剧反映了女村长安娜在变化了的社会环境中带领村民建设新生活的决心以及以身作则的努力①；二是歌颂革命胜利与捍卫和平的作品，在《译文》上首次出现的汉译德语诗歌《鸽子的飞翔》就体现了诗人对和平即将到来的信念②；三是反法西斯作品和反战作品，其中较为著名的有弗兰茨·费曼的中篇小说《弟兄们》（高年生译，1959 年 6 月号）③；四是揭露西方资本主义罪恶的作品，斯蒂芬·海姆的《自由经济》（高年生、郭鼎生译，1958 年 3 月号）和哈拉特·霍赛尔的电视剧剧本《白血》（叶逢植译，1959 年 10—11 月号）在这一方面具有较为突出的表现；五是歌颂无产阶级革命领袖或其他兄弟国家的社会主义建设的作品。特别是在中国和原民主德国的文学交流正常化时期，不少德国作家曾前来中国进行访问交流并以中国为素材进行了文学创作。1959 年，正值中华人民共和国成立 10 周年之际，《世界文学》选登了各国作家创作的歌颂新中国建设的作品，其在德语文学作品方面选译了乌塞的《石景山巡礼》（姚保琮译）和魏森堡的广播剧《扬子江》（杜文堂译）。④

　　除了翻译这些可以被纳入"社会主义现实主义"创作体系⑤的文学作品外，《世界文学》还翻译了包括席勒、海涅、克莱斯特、歌德、维尔特和莱辛在内的德国古典文学作家的作品，其数量约占同期汉译德语文学作品数量的 1/3。这里特别要指出的是，前三位文学巨匠——席勒、海涅和克莱斯特——分别是世界和平理事会在 1955 年、1956 年和 1961 年评选出的世界文化名人之一。在纪念"世界文化名人"的框架下，频频出现的文学翻译高潮再次证明了政治与文学的"合谋"关系。另外值得一提的是，被恩格斯誉为"第一个也是最重要的一个德国无产阶级诗人"⑥的

---

① 类似作品还有由纪琨翻译的尤瑞依·布莱昌的小说《林中一夜》（1955 年 10 月号）、由张威廉翻译的卡坦丽娜·康默尔的《只有这一条路》（1956 年 4 月号）、由柯青翻译的葛尔哈特·贝恩却的《一套咖啡具》（1960 年 5 月号）、由高年生翻译的艾尔文·斯特里马特的《新人新事》（1959 年 10 月号）等。

② 参见［德］斯蒂芬·赫姆林：《鸽子的飞翔》，黄贤俊译，载《译文》，1953 年第 10 期（总第 4 期），第 44 页。

③ 反法西斯作品还有安娜·西格斯的《已故少女们的郊游》（张佩芬译，1957 年 5 月号）、由张威廉翻译的布雷德尔的短篇小说《沉默的村庄》（1954 年 7 月号）等。

④ 其他相关作品还有艾利希·魏纳特的《苏维埃联邦，敬礼！》（廖尚果译，1956 年 11 月号）、约翰尼斯·贝希尔的《暴风雨——卡尔·马克思》（廖尚果译，1955 年 10 月号）、马克斯·切默林的《在列宁面前》（李文天译，1960 年 4 月号）等。

⑤ 前民主德国政府在 1952 年正式号召广大作家学习社会主义现实主义的创作方法，而中国也在 1953 年将社会主义现实主义确立为过渡时期文艺创作和批评的最高准则。

⑥ ［德］恩格斯：《论乔治·维尔特》，张佩芬译，载《译文》，1956 年第 8 期（总第 38 期），第 140—141 页。

维尔特在德语文学史上并未占据什么重要位置,中国读者对他也较为陌生,但是原民主德国政府对这位英年早逝的诗人推崇备至,并对其诗歌中表现出的"人民性"和"革命性"赞赏有加。因此,《维尔特作品全集》的出版自然引起了中国德语界的关注和重视,其不久便被引入中国。①

在(批判)现实主义作家中,作品被翻译成中文的有高·凯勒、托马斯·曼、亨利希·曼、弗·格利尔巴彻、康·斐·梅耶和特·斯笃姆。在这六人中,除了凯勒和托马斯·曼之外,其余几位皆是在二十世纪六十年代才陆续出现在《世界文学》中的。这种情况表明,当中国和原民主德国的外交与文化交流关系开始出现裂痕时,德语翻译界的重点就发生了转移,他们更多地转向批判现实主义文学,并希望从中挖掘出反映底层小人物悲惨命运、表现广大人民美好情感和生活风貌、揭示人民群众的历史推动作用以及揭露封建社会的黑暗野蛮和资本主义社会的不合理性的题材。《世界文学》译载的亨利希·曼的《格利琴》(金尼译,1962 年 1—2 月号)、格利尔巴彻的《老乐师》(傅惟慈译,1962 年 12 月号)、梅耶的《普劳图斯在修女院中》(杨武能译,1963 年 2 月号)和斯笃姆的《一片绿叶》(1964 年 3 月号)无一不满足了上述选题要求。另外,作者本人的政治立场和态度也是一条重要的衡量标准。例如,亨利希·曼被称为"坚定的反法西斯和平战士和正直的人道主义者"②,其弟托马斯·曼更是因为积极参与呼吁自由与民主的政治活动并反对核武器而被誉为"历史判决的宣判者"③和"带来光明的未来的信使"④。

此外,少量的德语现当代作家(如茨威格和伯尔)的作品也得到了译介,这首先是由于他们取得了苏联的认同和肯定,且作品的译文也多译自俄语。⑤ 而且,从选题上看,得到译介的茨威格和伯尔的作品主要反映了资本主义社会中的个人命运之多舛和悲惨,因而这些作品成为了社会主义批判资本主义的有效资源。

---

① 《译文》1956 年 8 月号推出了"维尔特纪念专辑"。"文革"期间,维尔特也是唯一获得进入中国的"通行证"的德语作家。参见 Zhang Yushu, Ein Jahrhundert Rezeption der deutschen Literatur in China, Zeitschrift für Literaturwissenschaft und Linguistik, 127(2002), S. 88。
② [德]亨利希·曼:《格利琴》,金尼译,载《世界文学》,1962 年第 1—2 期(总第 103—104 期),第 150 页。
③ 凌宜:《关于托马斯·曼和〈布登勃洛克一家〉》,载《世界文学》,1961 年第 5 期(总第 95 期),第 111 页。
④ [德]列昂·孚希特万格:《托马斯·曼》,一愚译,载《译文》,1956 年第 9 期(总第 39 期),第 97 页。
⑤ 如茨威格被高尔基誉为"一个真正的艺术家"(1957 年 9 月号),而在由莫蒂廖娃撰写的《西方现实主义作家》(1956 年 4 月号)一文中,伯尔也被认为是"极有才能"的,是应该"得到最密切的好的注意的"。

（二）1977—1984 年："十七年经典"的延续与"现代派"①的挺进

在作为内部刊物发行的六期《世界文学》里,共有五位德语作家的作品被译载,他们分别是维尔特、茨威格、伯尔、托马斯·曼和莱辛。显而易见,在政治领域依旧青黄不接的二十世纪七十年代末期,为了避免政治风险,刚刚复苏的外国文学研究领域在翻译对象的选择上仍然比较保守谨慎,即首先翻译那些得到过中国政治意识形态认同的具有革命性和批判性的作家之作品。上述五位作家显然符合这一规范性要求,因此他们能够成为首批入选作家绝非偶然,而是历史文化语境下的必然。

在《世界文学》正式复刊后,政治意识形态优先的翻译规范依然发挥着主导作用。除了上述五位作家外,迪伦马特、海涅、列·弗希特万格、安·西格斯、斯·海姆、歌德、施笃姆等人的作品也在这一时期先后得到译介。这些作家在原有的翻译话语系统内大多占有一席之地,这样的翻译行为基本不会为译者带来责难或风险。与此同时,以对卡夫卡的作品之译介为发端,《世界文学》为越来越多的德语"现代派"作家打开了大门,西·棱茨、格拉斯、巴赫曼、马·弗里施、卡内蒂等人的作品被相继刊载在《世界文学》上。限于篇幅,本文仅以卡夫卡及其《变形记》(1979 年第 1期)为例,简要说明二十世纪七八十年代的针对"现代派"作家的作品之翻译策略。

在《变形记》的"译者前言"里,译者李文俊首先从作品的社会认识价值层面入手,阐述了《变形记》在帮助读者认识"现代资本主义社会若干带本质性的问题"——带有普遍性的人的"异化"、人的灾难感和孤独感等问题②——方面的作用,并对该作品表示肯定。卡夫卡尖锐而深刻地刻画了他所处的那个时代的病症,

---

① "现代派"是中国文艺界在"文革"后频繁使用的一个概念,其被用来指称西方那些与现实主义背道而驰的文艺流派,包括象征主义、表现主义、超现实主义、意识流、未来主义、存在主义、荒诞派、抽象派、印象派、新小说派、"垮掉的一代"、黑色幽默、新感觉派、魔幻现实主义等文艺流派。参见何望贤编选:《西方现代派文学问题论争集》,北京:人民文学出版社,1984 年。另可参见袁可嘉等主编:《外国现代派作品选》,上海:上海文艺出版社,1980 年;陈焘宇、何永康主编:《外国现代派小说概观》,南京:江苏人民出版社,1985 年。目前,也有一些学者指出,这样一种指称未免因过于宽泛而有失准确性与清晰性,而且其还将一批现实主义作家也划入了现代主义的阵营,或者将二战后崛起的后现代主义作家或者将不属于任何文学运动的作家都划入了"现代派"的范畴(参见王宁:《现实主义、现代主义和后现代主义》,载《二十世纪西方文学比较研究》,北京:人民文学出版社,2000 年)。但是,鉴于"现代派"一词在二十世纪七八十年代的外国文学作品之译介过程中所承载的特殊历史含义,本文在此也使用这一概念。可以说,"现代派"是"十七年"翻译文学传统中形成的"文学经典"的对立物。

② 参见[奥]卡夫卡:《变形记》,李文俊译,载《世界文学》,1979 年第 1 期(总第 142 期),第 191—192 页。

因此李文俊借用英国诗人 W. H. 奥登的评价,将卡夫卡与在中国文坛被奉为西方经典大家的但丁、莎士比亚与歌德等同起来,从而论证了卡夫卡在世界文学史上的地位。但是,卡夫卡的那顶"颓废作家"的帽子并没有被完全摘去,李文俊又指出,"卡夫卡的世界观是悲观厌世的,他对社会的反映也不是完整、全面的[······]一般地说,不能给读者以通常欣赏艺术作品时应得到的美学上的享受"①。这样一种既肯定又批判的"一分为二"的态度,在翻译其余几位作家作品的译者身上也多有体现。在译介这些作家的作品时,译者或编者一般会在"前言"或"现代作家小传"中强调作品"对西方资本主义社会'黑暗、腐朽'的揭露和批判意义,突出其现实主义意蕴"②,并从美学层面将"现代派文学用种种方法归结、还原为现实主义与浪漫主义"③。针对那些较难被纳入现实主义框架的文学作品,译者或编者往往采取"既译介又批判的方式,以对翻译对象的批判来掩饰自己与主流文学观不相符的具有超前性的审美倾向"④。

尽管有些"犹抱琵琶半遮面",但是"现代派"作品还是借助各种阐释方式和传播策略进入了中国读者的视野。尽管在对"现代派"的认识上,中国学者各持己见、争论不断,但他们在有一点上仍存在共识,即针对"现代派","我们固不必盲目模仿,也不必盲目排斥,应当至少为开阔眼界而加以研究"⑤。这句话颇为中肯地道出了一代译者和研究者的心声。经历过"苏联模式"和"文革"的文学界和思想界已然充分认识到盲目模仿与盲目排斥的无穷隐患,因此很少有人否定为了"开阔眼界而加以研究"的必要性。在这样的背景下,德语现当代文学作品开始在《世界文学》上得到大量译介。

(三) 1985—1989 年: 打开译介德语现当代文学作品的新局面

二十世纪七十年代末至二十世纪八十年代初,在译介"现代派"作品时,译者往往突出作品的认识功能,或者试图在译本与被奉为正统的现实主义传统之间建立某种联系,以维护译介的合法性。这样一种翻译规范在 1985 年以后可能还在或隐

---

① 参见[奥]卡夫卡:《变形记》,李文俊译,载《世界文学》,1979 年第 1 期(总第 142 期),第 192 页。
② 查明建、谢天振:《中国 20 世纪外国文学翻译史》(下卷),武汉:湖北教育出版社,2007 年,第 768 页。
③ 严锋:《传播与策略——西方现代派文学在新时期初期的译介》,载《中国比较文学》,1994 年第 1 期,第 135 页。
④ 查明建、谢天振:《中国 20 世纪外国文学翻译史》(下卷),武汉:湖北教育出版社,2007,第 769 页。
⑤ 绿原:《现代奥地利诗选》的译者前言,载《世界文学》,1981 年第 6 期(总第 159 期),第 34 页。

或现地发挥着某种作用,但其已不再是主流。就《世界文学》中的德语文学作品而言,上述翻译规范的显性作用的影子还留存于 1985 年第 1 期的那篇由包智星选译的克·沃尔夫发表于 1983 年的极具影响力和轰动效应的小说《卡珊德拉》之中。在"前言"中,译者包智星给出了一个颇具现实意义的解读可能性,他将《卡珊德拉》视为当代"反战"文学的成功范例,①并认为作家沃尔夫本人是一位"勇于面对现实、正视现实、关心人类前途的严肃的现实主义作家"②。将沃尔夫归为现实主义作家的结论表明,包智星当时考量作家作品的主要标尺依然是作品的主题是否贴近现实与反映现实,并且他自觉地将作品主题与重大社会历史事件和社会问题联系起来,进而在此基础上对《卡珊德拉》进行解读。但是,在强调作品的思想内容和现实意义的同时,包智星在"前言"中也提醒读者要注意《卡珊德拉》中出现的大量蒙太奇、意识流等与传统小说迥然不同的技巧,这也表明人们的审美目光正日益回归文学本身,并对外国文学的新视角、新方法和新风格开始有了进一步的思考。

继沃尔夫之后,译者或编者试图将某位作家纳入现实主义作家之列进行阐释的努力便从我们的视野中消失了。1987 年,"君特·格拉斯作品小辑"的推出标志着德语现当代文学作品的译介进入到了一个新局面。在此之前,格拉斯由于其个人的政治见解问题以及荒诞不经的创作风格而在《世界文学》中只获得了零星的译介,③而此次由《猫与鼠》、访谈录、评论和版画构成的小辑则将一个较为完整的格拉斯展现在中国读者面前。尽管编者对格拉斯的某些政治见解并不完全赞同,但他们还是比较客观地将格拉斯呈现在了读者面前(见《君·格拉斯访问记》),从而真正做到了让读者从中做出自己的判断。④ 由此开始,国内对格拉斯作品的译介活动开始大规模开展。

在二十世纪八十年代中后期,国内的文化语境大大推动了纪实类文学作品的翻译活动。二十世纪七十年代末至整个二十世纪八十年代,中国的报告文学进入

---

① [德]克·沃尔夫:《卡珊德拉》,包智星译,载《世界文学》,1985 年第 1 期(总第 178 期),第 24—27 页。另可见张黎:《民主德国当代文学述评》,载《世界文学》,1985 年第 1 期(总第 178 期),第 262 页。

② 包智星:《克里斯塔·沃尔夫》,载《世界文学》,1985 年第 1 期(总第 178 期),第 66 页。

③ 1980 年第 3 期的《左撇子》(胡其鼎译)和 1986 年第 4 期的《对〈铁皮鼓〉的回顾或作为可疑证人的作者》(宁瑛译),后者删减较多。

④ 新中国前三十年的翻译文学往往带有意识形态色彩浓重的导读文字以规约读者的解读方向,"文革"结束后至二十世纪八十年代中期,这种现象仍屡见不鲜。在《世界文学》1987 年第 1 期的《读者·译作者·编者》里,编者提出将"逐渐介绍一些颇多争议,然而较有影响的外国作家",并"附之以有关的文学资料、创作谈、评论文章等。读者可以从中做出自己的判断"。这应该说是一个大进步,表明文学解读方式开始向多样化、多元化迈进。

了高潮迭起的辉煌时期,并且其最终被承认为是一种独立文体。1988 年,报告文学作品数量极其众多,以至于该年被称为"报告文学年"。报告文学的异军突起也引起了外国文学研究者的重视,同期的《世界文学》中的报告文学作品数量要远远多于其他时期。在德语作家中,被称为联邦德国"第一报告文学作家"的君·瓦尔拉夫的《最底层》和《头条新闻》分别被译载于《世界文学》1987 年第 3 期和 1989 年第 6 期。这两部作品皆是瓦尔拉夫以乔装打扮的方式完成的,其"不入虎穴,焉得虎子"的精神与方法显然为中国报告文学作家提供了一块"可以攻玉"的"他山之石"。同期,同属纪实类文学的传记文学也出现了一种前所未有的景气风潮。在此背景下,《世界文学》在选题上也向传记文学倾斜,并在 1986 年第 2 期上推出"外国传记文学专辑"。这一辑的特色是自传与他传兼备,这种编排方式在国内不太常见,可谓是别具一格。就文体而言,"主要成就还是传记文学"①的茨威格的诗体特写——《崇高的一刹那》和《奥古斯特·罗丹》(绿原译)就更是"新鲜"②了。另外,美国当代著名传记作家欧文·斯通(Irving Stone)创作的关于弗洛伊德的传记小说——《心灵的激情》也值得一提。由于弗洛伊德的精神分析学说在新中国成立后属于被批判的对象,因此他的名字在新中国成立后的前三十年内为众人所避讳,更不要提为这样一个"反面人物"立传了。从这个角度来说,《世界文学》刊载有关弗洛伊德的传记作品之做法,实乃极富魄力之举。按照作家刘宾雁的说法,这应该是中国国内首次译介有关弗洛伊德的传记。③

(四) 1990—1998 年:文学翻译比赛作为一种特殊的译介形式

自 1990 年起,《世界文学》中的德语翻译文学出现了一种不同于其他国家的文学之特色,即以由歌德学院北京分院和《世界文学》编辑部联合举办的文学翻译比赛为契机,每年(1991 年除外)推出一位德语作家的专辑。这一做法不仅推动了德语文学作品的译介,而且也为发现和培养德语翻译人才做出了积极贡献。可以说,德语文学翻译比赛既是《世界文学》扩大国际合作的有价值的新尝试,也是德语文学作品译介史中的一件大事。

---

① [奥]茨威格:《诗体特写二则》,绿原译载《世界文学》,1986 年第 2 期(总第 185 期),第 61 页。
② 刘宾雁:《关于人的书——读〈世界文学〉外国传记文学专辑札记》,载《世界文学》,1986 年第 2 期(总第 185 期),第 215 页。
③ 参见刘宾雁:《关于人的书——读〈世界文学〉外国传记文学专辑札记》,载《世界文学》,1986 年第 2 期(总第 185 期),第 214 页。

不过，根据笔者搜集到的资料来看，德语文学作品翻译比赛最初并不是被当成一个连续性的系列活动来进行设计策划的，它最初的构想是举办一届"黑塞作品翻译讲习班"，而参加讲习班的前提条件是参加翻译比赛，译文优秀者方能获得参加讲习班的资格。活动的倡议者和组织者是 1988 年在北京成立的歌德学院北京分院，歌德学院北京分院的第一任院长——米歇尔·康-阿克曼发挥了重要的推动作用。① 阿克曼先生对该倡议的支持既和他的个人翻译实践有关，也和歌德学院推广自身影响力的深层动机密不可分。作为当时唯一一家"帝国主义"的文化机构，歌德学院在 1993 年之前直接开展文化交流活动的可能性并不大，其职能主要限于德语语言的培训与教学，而就某种意义而言，翻译和语言的联系最直接、最密切，人们大可将翻译看成是两种语言之间的文字转换而忽略其文化意义，翻译比赛便可顺理成章地被纳入促进语言教学的目标体系而摆脱跨国文化工作与政治之间"剪不断，理还乱"的复杂关系。歌德学院的倡议得到了《世界文学》的支持，而他们更看重黑塞的政治立场：黑塞不只是一位普通作家，他更是一位提倡东西方文化互相吸收、互相补充的国际人道主义者。②

《世界文学》和歌德学院首度合作非常愉快，后续翻译比赛因而得以开展。1991 年第 2 期上的启事"歌德学院北京分院和本刊编辑部举办海·密勒（现译为赫·米勒）作品翻译竞赛"预告了德语文学作品翻译比赛梅开二度。虽然比赛结果在 1991 年 10 月就已揭晓，但是优秀译文直到 1992 年第 1 期才被刊发，这致使1991 年的《世界文学》出现了汉译德语文学作品数量为零的状况，这在《世界文学》55 年的办刊历史上还是第一次。1992 年，第三届德语文学作品翻译比赛和研讨会如期举行，该活动作为一个大型的系列文化交流活动的身份才算真正被确立下来。

从 1990 年至 1998 年，德语文学作品翻译比赛历时 9 年，举办八届，几乎贯穿整个二十世纪九十年代。作为中德文化交流史上不容被忽视的一个里程碑，其意义也是显而易见的。首先，从宏观层面来看，翻译比赛为加深中德两国之间的了解、推动中德文化交流做出了积极贡献。其次，就翻译比赛的成果而言，它推动了当代德语文学作品在中国的翻译、评论和传播。德语文学作品翻译比赛译介了黑

---

① 参见《世界文学》编辑部："德国作家赫·黑塞作品专辑"，载《世界文学》，1990 年第 4 期（总第 211 期），第 117—119 页。
② 时任《世界文学》主编的李文俊参加了黑塞作品翻译讲习班的开幕式并指出，黑塞作品所体现的人道主义情怀是此次翻译比赛能够顺利举办的重要原因之一。参见《世界文学》编辑部："德国作家赫·黑塞作品专辑"，载《世界文学》，1990 年第 4 期（总第 211 期），第 118 页。

塞、博·施特劳斯、赫·米勒、乌·贝尔凯维奇、莫·马隆、贡·维斯泼尔、冈特库纳尔特、英·巴赫曼、艾·傅立特、内·萨克斯、布莱希特、君·艾希、尤·贝克尔等人的作品,从而使一些不为中国学界所了解的德语作家进入中国①,并让中国普通读者能够认识他们。这些德语作家的作品译介之发端被锁定在二十世纪九十年代的某个时刻,而不是在他们获得像诺贝尔文学奖等世界级大奖之后(如赫·米勒),这令今天的中国翻译界也多少感到些许宽慰。再次,翻译比赛发现和培养了青年译者,促进了德语文学翻译事业的发展。这次翻译比赛引起了德语学习者和翻译爱好者的广泛兴趣,参赛者最多时可达七八十名。有些译者坚持不懈,数次参加翻译比赛,他们通过比赛的锤炼提升了自己对文学作品的整体把握及翻译水平。这里特别值得一提的是前五届翻译比赛的一个重要组成部分——为期三天的翻译研讨会。研讨会邀请中德学者、专家和参加比赛的优秀译者共同参与,就作家作品和翻译的具体细节问题展开讨论,这有助于年轻译者较全面地认识与了解作家以及把握作品的主题,而逐页、逐段、逐句、逐字式地分析和讨论过程更是让译者获益匪浅。②

(五)1999—2008 年:德语文学的"多元景观"

自二十世纪九十年代以来,中国社会逐渐进入一个比较稳定、平和、开放、宽容和多元的发展期,二十世纪五六十年代那种在意识形态领域强行实现一体化的运作机制在经济建设占据政治生活中心的新环境下逐步失效,取而代之的是"潜在的多元化情境"③。在多元共生的文化形态下,外国文学作品的译介逐渐完成了从政治需求向文学追求的转变与回归,那种"追求人性的解放和直面复杂的人生"的文学作品更多地得到译者的青睐,而文学性和审美价值也成为译者择取作品的重要标准。这一时期,文学翻译进一步呈现出开放性和多元性的特点。

---

① 如谈到作为第四届翻译比赛的评委会成员之一的乌拉·贝尔凯维奇时,北京大学的马文韬教授坦言,"知道得不多,是参加这次翻译比赛的评选工作才知道她的名字,读到她的作品"。马文韬:《〈亲和力〉的新故事——乌拉·贝尔凯维奇和她的小说〈嗨,雯蒂〉》,载《世界文学》,1994 年第 2 期(总第 233 期),第 133 页。

② 详情参见张佩芬:《"在最遥远、最陌生的地方发现一个故乡"——从两届翻译竞赛想到的文学翻译问题》,载《世界文学》,1992 年第 1 期(总第 220 期),第 222—226 页;劳人:《语已多,情未了,梦魂欲断苍茫——〈嗨,雯蒂〉讨论纪要》,载《世界文学》,1994 年第 2 期(总第 233 期),第 129—131 页;张佩芬:《"文学家之梦"的延续和新生——五届翻译比赛回溯》,载《世界文学》,1995 年第 3 期(总第 240 期),第 188—192 页;马文韬:《写在修改之后》,载《世界文学》,1998 年第 5 期(总第 260 期),第 92—93 页。

③ 陈晓明:《表意的焦虑:历史祛魅与当代文学变革》,北京:中央编译出版社,2002 年,第 129 页。

具体到《世界文学》中的汉译德语文学作品,其"多元景观"首先表现为得到译介的德语作家之作品——特别是第一次在《世界文学》上被译介的作家之作品——的数量已远远超出了前几个阶段。据统计,在这十年间,《世界文学》共译载了60位德语作家的作品,包括歌德、里尔克、茨威格、马·弗里施、克·沃尔夫、格拉斯、保·策兰、马·瓦尔泽、罗·穆齐尔、托马斯·曼、彼·汉德克、赫·米勒、弗·迈吕克和迪伦马特在内的共13位德语作家曾经在《世界文学》上被正式介绍,而其余47位德语作家则是首次出现在刊物上。

通过对这60位德语作家的考察,我们不难发现,具有坚实的创作基础且创作形式多样而内涵丰富的作家之作品得到了较多的译介机会。这显然秉承了《世界文学》一贯的编辑方针,即译介在国际文坛上获得一定认可度和知名度的作家之作品,而诺贝尔文学奖和各种德语文学奖项在其中发挥了重要的价值标杆作用。于是,1999年和2004年的诺贝尔文学奖得主——格拉斯和耶利内克当仁不让地成为了次年《世界文学》的封面人物。同时,每年德语文学领域的最高奖项毕希纳奖的得主也一直是《世界文学》中的"世界文艺动态"版块报道的核心内容之一。除了跟踪报道之外,一些毕希纳奖获得者(如福·布劳恩、弗·迈吕克等)的作品也被翻译过来以飨读者。在作品的选择上,《世界文学》有时是选取最新作品,从而体现跟踪译介的特点(如1999年第4期上的《母亲的情人》(朱刘华译)为瑞士德语作家乌·维德默尔的新作),有时则是选取体现作家美学思想或创作特色的代表作,这些作品具有一定的经典意义(如2001年第6期刊载的由宁瑛翻译的布劳恩的诗歌)。

在德语当代文学的大"拼盘"中,德国的各大文化机构积极行动以挖掘优秀作者,那些出生于二十世纪六七十年代的新生代作家正以前所未有的速度进入中国读者的视野,而这一作家群体也构成了《世界文学》的译介重点之一。2006年和2007年,德国新生代作家代表团两度访华。为配合德国新生代作家的访华之行,《世界文学》在2006年第6期推出了"德国新生代作家作品选",其中编发了朱丽·泽、尤·海尔曼、英·舒尔策、伊·特罗亚诺夫、托·黑特彻和雅·海因共六位作家的作品。在所有的新生代作家中,有一颗明星最为璀璨耀眼,她就是1970年出生于柏林的尤·海尔曼。自1998年出版短篇小说集《夏屋,以后……》之后,尤·海尔曼便得到德国文学评论界和媒体的推崇与追捧,而她在中国文学界也大获好评。《世界文学》的编委李永平称尤·海尔曼的小说"质地精纯,篇篇可诵",并认为她的短篇小说代表了"近年来德国短篇小说的最高水平"①。评价如此之高,也难怪在二十一世纪的《世界文学》中,尤·海尔曼是出现频率最高的德语作家之一(作品翻译 3 次 4 篇,评论 2 次,世界文艺动态 1 次),而且她也可能是迄今为止唯一一位只凭借一部作品就在《世界文学》上获得一席之地的德语作家。

除了积极译介当代德语文学的领军人物的作品,《世界文学》在作家作品的译介上还力求反映德语文学的发展与走向,因此诸多二十世纪上半叶的现代作家的作品也得到了不同程度的译介,如前述的里尔克、茨威格、托马斯·曼和黑塞,以及一些表现主义的作家,如格·特拉克尔、戈·贝恩和奥·叶林内克等,这在一定程度上弥补了表现主义文学作品在新中国译介得不充分的情况。在古典文学作品的译介方面,《世界文学》在 1999 年歌德诞辰 250 周年之际推出了纪念专辑。该专辑以歌德的十七首十四行体、剧体叙事诗《流浪人》、里尔克撰写的有关《流浪人》的解读文章以及茨威格的评论《论歌德的诗》组成,视角独特。对于现有的歌德作品之译介成果来说,该专辑不啻是一种"锦上添花"。

综上所述,在这十年间,二十世纪德语文坛的重要人物之作品在《世界文学》中都得到了不同程度的译介,且《世界文学》在译介作家作品时也注意到了文学样式的多样化,其不仅大量译介了德语小说(尤其是短篇小说),而且其他文学样式(如诗歌、剧本、散文、随笔等)也得到了精彩的呈现。《世界文学》更是积极挖掘新题材和新形式,以期丰富现有的译介成果,并形成德语翻译文学的"多元景观"。

四 小结

在 55 年的发展历程中,《世界文学》共译介了近 200 位德语作家的作品,而二十世纪现当代作家的作品构成了译介的主体。虽然《世界文学》也译介了一些十九世纪的古典主义或批判现实主义作家的作品,但这些作品的总体趋势是逐渐衰微。在作品得到译介的现当代作家中,"文革"前占主体地位的是原民主德国的坚持社会主义现实主义创作的作家,但一些革命的进步作家以及能够被阐释进社会主义文学话语系统的作家之作品也得到了一定程度的译介。在复刊后的最初一段时期内,《世界文学》固然是有意识地向现实主义作家倾斜,但与此同时,它还是颇具开创性地译介了包括卡夫卡和格拉斯在内的一些文学大家的作品。此后,基于德语

---

① 李永平:《德国短篇小说的复兴》,载《世界文学》,2003 年第 5 期(总第 290 期),第 302 页。

文学研究的新态势以及国内文学发展的新需求,《世界文学》译介了包括克·沃尔夫、君·瓦尔拉夫、博·施特劳斯、赫·米勒、得·汉德克、罗·施耐德尔、尤·海尔曼、彼·斯塔姆等人在内的当时尚不为国人所熟知的德语当代作家的作品。在对当代作家的作品进行跟踪译介的同时,《世界文学》在"新时期"还译介了不少现代作家的作品,特别是表现主义作家的作品。表现主义文学起源于德国,其对德语现代主义文学的发展产生了深刻影响,因此理应在文学翻译活动中占据一席之地,但在新中国成立之初的十七年内,表现主义文学作品因被贬抑为颓废没落的文学形式而根本得不到译介,这一局面在"新时期"内得到了根本改变。就文学体裁而言,小说——尤其是短篇小说——的译介成果丰硕;继小说之后,诗歌的译介数量也相当可观;除此之外,散文、剧本、书简、传记、文论等形式的作品也得到了不同程度的译介,从而在读者面前呈现出多姿多彩的德语文学拼盘。就译介内容和主题而言,在"文革"前,汉译德语文学作品的主题重在赞扬社会主义建设,以及对资本主义和资产阶级进行揭露与批判;在二十世纪七十年代末至二十世纪八十年代上半期,文学翻译界依然比较保守谨慎,上述主题得到延续;随着政治意识形态的相对弱化以及学术界思想解放的深化,那些积极探索人性奥秘和人生真谛,从而深刻揭示出人物的独特心理话语和精神世界并反映现代人生存困境的主题开始日益受到译介者和研究者的重视。

浅析中篇小说在德语文学史中的发展历程

孙 瑜

摘 要 "中篇小说"(Novelle)这一概念最早出现于十三世纪的亚平宁平原，自其在德语文学史上被承认为一种全新的文学模式到获得完整定义，其间经历了漫长的一个半世纪。本文以时间为轴，梳理中篇小说于十八世纪到十九世纪中叶在德语文学中的发展历程，并概括归纳中篇小说的固有特征以及其在浪漫主义文学和毕德迈尔文学中的体现。

关键词 中篇小说 阿达尔贝特·施蒂夫特 毕德迈尔

对于当代的读者来说，"Novelle"是一种常见的文学类别。然而，与诗歌或戏剧相比，"Novelle"的出现要晚得多。自"Novelle"正式出现到其内涵被补充完整，其间经历了漫长的一个半世纪。

在汉语中，"Novelle"这一德语文学形式被约定俗成地翻译为"中篇小说"。这一翻译直截了当地体现了"Novelle"的意指，即"中等长度的叙事小说"(Erzählung mittlerer Länge)①，但其却远远不足以表达这个德语词所包含的信息。作为一个外来词，德语中的"Novelle"之词源是法语单词"nouvelle"和意大利语单词"Novella"，两者均来源于普罗旺斯语"novela"，而该词可以再往前被追溯到意大利语单词"novus"，其意思是"新鲜的事"。② 在基督教统治下的中世纪，文学的形式与内容必须一一对应，如"传奇故事"(die Legenden)只能被用于歌颂圣人传说，而"押

---

① Vgl. Bernhard v. Arx, *Novellistisches Dasein. Spielraum einer Gattung in der Geothezeit*, Zürich, 1953, S. 7 – 9.

② Wolfgang Rath, *Die Novelle-Konzept und Geschichte*, Göttingen, 2008, S. 57.

韵故事诗"(Lai)则专门被用来传颂流行的奇迹故事。中世纪末期,欧洲的文明化程度越来越高,人们的自我意识得到强化,社会生活的各个领域萌生出了要求解放、要求突破陈规的诉求。在这样的历史文化背景下,一批打破传统规则并跨越于各种文学类别间的新的文学创作样式渐渐出现,它们在当时就被称为"Novelle",即某种全新的、不符合常规的文学形式。目前已知的最早的中篇小说集是于公元1300年左右诞生于佛罗伦萨或威尼斯的《新手集》(Il Novellino),[①]该书收入了大量光怪陆离、前后矛盾的短小故事,尤其是其跳出了历史和常识思维的框架,对一些大家熟知的历史人物进行了大胆的想象和再创作。在《新手集》中,苏格拉底成了来自罗马的哲学家,而自恋的纳西西斯则被塑造成了骑士形象。[②] 当然,尽管类似的文学创作以其大胆创新的内容与形式引起了一定的关注,但它们始终只是些拿不上台面的粗野之作,在文学史中也很少被提及。直到薄伽丘和他的《十日谈》的出现,中篇小说才迎来了流派历史上的第一个高潮,无怪弗里德里希·施莱格尔将薄伽丘称为"中篇小说的父亲与创始人"[③],而《十日谈》也成为日后的中篇小说研究中最为人津津乐道且被援引得最多的范例。《十日谈》中的故事发生在1348年大瘟疫肆虐时期的佛罗伦萨。为逃避疫情,十名青年男女躲到了远离尘嚣的乡间别墅。在这样一个游离于现实灾难与世俗规则之外的乌托邦中,青年们建立了一个自己的小社会,他们每天挑选一名成员承担领导之责,并且日复一日地讲述自己的见闻故事,以此度过了十天。[④]《十日谈》中的100个故事体现了薄伽丘对自我忠诚和丰富的内心世界之追求,也表达了他对中世纪骑士团和无比庄严的教会之反感。[⑤] 这种——用现在的语言来说——非常惊世骇俗、激进新颖的思想使《十日谈》成为了以力求表现新意和打破常规为特征的中篇小说之开端。

当中篇小说在亚平宁及伊比利亚盛行之时,德语文学仍常年为诗歌和叙事史诗所垄断。人们普遍承认诗歌的高贵,而轻视叙事作品。直到启蒙运动兴起,长篇小说的地位才渐渐被人们认可。但是,研究表明,即使在这样一片缺乏叙事作品的贫瘠土地上,中篇小说也早已萌芽,十七世纪时出现的"报刊故事"

---

① Wolfgang Rath, *Die Novelle-Konzept und Geschichte*, Göttingen, 2008, S. 60.

② Vgl. Ebd. S. 60 – 61.

③ Friedrich Schlegel, *Nachricht von den poetischen Werken des Johannes Boccaccio* (1801.), in Josef Kunz, *Novelle*, Darmstadt, 1973, S. 40.

④ [意]薄伽丘:《十日谈》,钱鸿嘉译,南京:译林出版社,1993年。

⑤ Wolfgang Rath, *Die Novelle-Konzept und Geschichte*, Göttingen, 2008, S. 67.

(Pressegeschiche)已经基本具备中篇小说所独有的"真实与闻所未闻"的前提条件了。①

到了十八世纪,德语文学领域仍然没有出现明确的"中篇小说"概念。当时,除了戏剧、诗歌以及长篇小说之外,较短的叙事文学形式主要包括道德小说(Moralerzählung)、哲 学 小 说 (philosophische Erzählung)、侦 探 小 说(Kriminalerzählung)、仙女童话(Feenmärchen)等,但是在这些文学形式所表现的现实世界与想象世界之间,存在着一条不可逾越的界限。② 在上述文学类别中,道德小说的主人公在误入歧途后往往会被灌输某种真知灼见从而回归理性,这种形式上非常清晰的"转折点"使其成为日后中篇小说的一个雏形。十八世纪末,随着读者群人数的迅速扩大,文学期刊和杂志展现出光明的市场前景和勃勃生机,人们对精简短小的叙事作品的需求也与日俱增,中篇小说这一新颖的文学形式渐渐进入了人们的视野。维兰德(Christoph Martin Wieland)是最早明确地引入中篇小说概念的德语作家之一。1764 年,在为自己的长篇小说《自然战胜狂热的幻想或罗沙瓦的堂·西尔维奥历险记》(*Der Sieg der Natur über die Schwärmerei oder die Abenteuer des Don Sylvio von Rosalva*)撰写脚注时,维兰德这样定义中篇小说:"它是一种叙事的形式,它与长篇小说的区别在于其故事构划的简单性以及情节的局限性,或者说两者就像小型的戏剧与宏伟的悲剧或喜剧间的关系。西班牙人和意大利人写了不计其数的中篇小说。"③但是,我们从这段定义中不难看出,维兰德并没有给予这种"小型长篇小说"④太多的关注,他只是侧重描述了中篇小说具有"简单"这个特点。除此之外,维兰德既没有对中篇小说的篇幅进行说明,也没有真正点出中篇小说能够独立于其他文学类别的原因何在。之后,有不少作家尝试着写下了一些初具中篇小说外观的作品,包括恩格尔(Johann Jakob Engel)、麦斯纳(Gottlieb Meßner)以及席勒(Friedrich Schiller)。这些作家试图通过中篇小说来探寻外部事物与人物内心反馈之间的相互作用,他们笔下的人物不再是外部影响的被动接受者,而是可以凭借内心对外部世界进行解读之方式反向影响外部世界的自在主

---

① Wolfgang Rath, *Die Novelle-Konzept und Geschichte*, Göttingen, 2008, S. 81.

② Vgl. Manfred Schunicht, *Die deutsche Novelle im Überblick*, in Winfried Freund, *Deutsche Novellen, Von der Klassik bis zur Gegenwart*, München, 1998, S. 324 – 326.

③ Christoph Martin Wieland, *Die Abenteuer des Don Sylvio von Rosalva. Erster Teil*, in Josef Kunz, *Novelle*, Darmstadt, 1973, S. 27.

④ Ebd. S. 27.

体。这种外在与内心的交互作用是当时的作家所具有的现代性,也是他们的作品虽然很大程度上依然带有道德小说(Moralerzählung)的痕迹,但也可以被理解为中篇小说的原因。在德语文学史上,第一个提出较为明确的中篇小说之定义的人是歌德。歌德于 1797 年创作的《德意志流亡者对话集》(*Unterhaltungen deutscher Ausgewanderten*)为日后德语文学中的中篇小说之形式定下了基准,此准则一直被沿用至今。在一段神职人员与露易丝的对话中,歌德这样说道:"是什么给了一件事以魅力? 并非它的重大,它的影响,而是它的新意。只有新意显得至关重要,因为它单独便可唤起人们的惊叹,煽动人们的想象,轻触人们的感情,最终使人们的理解归于安宁。"[①]此处,歌德将唯一的重心摆在了"新意"上,而"新意"一方面与"Novelle"一词的词源学意义相吻合,另一方面又为后人的中篇小说创作设立了出发点。从这个意义上说,歌德的《德意志流亡者对话集》的确是创设了一个规范、经典的德语中篇小说范本,其成为日后作家参考的准绳和评论家援引的经典。那么,何为歌德所谓的"新意"? 首先,"新意"指的当然是事件本身的"新闻"价值;其次,歌德对新鲜事件本身也进行了严格限制,即它并非"重大历史",也非"千载难遇的世界事件",更不是"一千零一夜式的轻率跳跃",而是"许多人们在公开场合讲述的个人故事[……]这些故事有的以其充满智慧的转折令我们振奋,有的在某刻向我们展示人性的自然与内在的隐秘,而有些则以其古怪滑稽博众一笑"[②]。此处,歌德进一步细化了中篇小说的定义,即中篇小说有别于历史小说,也不同于奇闻怪谈,而是现实的、个人的,且必须是有社会性的事件。然而,中篇小说的创新并非易事,当作家面临着新意之源泉逐渐干涸这一难题时,中篇小说的创作应该从何处着手? 在中篇小说的起源地意大利,人们一味寻求夺人眼球的新奇事,一旦题材枯竭,作家们便挖掘些伤风败俗、淫荡猥亵之事。德意志的诗人们则另辟蹊径,浪漫主义作家们从幻想中汲取创新的灵感,"寓言、童话与传奇故事可以通过艺术与编排变成中篇小说"[③]。特别是从蒂克的《金发的埃科贝尔特》(*der blonde Eckbert*)与《鲁能山》(*der Runenberg*)开始,前文所述的那种现实与虚幻之间的严格界限被慢慢逾越,"将童话式的、奇幻的故事与人们熟悉的现实结合起来,这是对十八世纪的某些起决定性

---

① Johann Wolfgang von Goethe, *Unterhaltungen deutscher Ausgewanderten*, in Josef Kunz, *Novelle*, Darmstadt, 1973, S. 29.

② Vgl. Johann Wolfgang von Goethe, *Unterhaltungen deutscher Ausgewanderten*, in Josef Kunz, *Novelle*, Darmstadt, 1973, S. 30.

③ Friedrich Schlegel, *Literary Notebooks 1797 - 1801*, in Josef Kunz, *Novelle*, *Darmstadt*, 1973, S. 36.

的因素的坚定拒绝"①。作家们在浪漫主义时期的尝试对于德语中篇小说的发展来说可谓是至关重要。首先,中篇小说的取材风格走上了一条延续至今的岔路,其抛弃了现实的、社会的大环境,转而拥抱神奇的、乖张魔幻的情景。其次,正是从早期浪漫主义开始,人们才渐渐理解并熟悉作为一种新的文学方式出现的"中篇小说"之概念。② 进入十九世纪后,作为一个专有名词,中篇小说被人们理解为是报纸期刊上的轶事,即专栏中的那些以寥寥数语进行报道的新鲜趣事。1820 年以后,"Novelle"一词不再仅仅是从罗曼语文学中被翻译过来的一个对应概念,而是作为一个有真正实意的名词被收入在百科词条内。③ 1822 年,在《德意志民族中篇小说宝藏》(*Novellenschatz des deutschen Volkes*)一书的前言中,路德维希·普斯特库亨(Ludwig Pustkuchen)第一次对中篇小说做了专题性的研究,其被认为是中篇小说研究史中的开先河之举。④ 1827 年,在歌德与埃克曼的那次著名的对话中,前者以塞万提斯为依据,给出了中篇小说的著名定义:"中篇小说难道不就是发生的从未听说过的事件(eine unerhörte Begebenheit)?"⑤这一定义为中篇小说的新意加上了着重号。虽然中篇小说在读者中渐渐流行开来,但当时的文学评论界却始终对中篇小说这种文学形式颇有微词,他们的疑虑主要在于中篇小说无法提供一个纯净的模式(reine Form),所以他们担心在与戏剧或者诗歌这样的经典形式的对抗中,中篇小说无法捍卫自身的"高贵"。此外,十九世纪二十年代后的毕德迈尔风格的中篇小说尤其关注社会生活,其关注小人物、小角色、小事件,甚至关注闹剧,这也使中篇小说丧失了阳春白雪式的艺术格调。当时的中篇小说作家身上——无论是施蒂夫特还是格里奥帕策尔——都带有一种时代赋予的谦卑与谨慎,因此他们对中篇小说的文学影响亦不敢有什么奢求,他们只能一边进行着中篇小说的创作,一边指望着更高的文学成就。在《研习集》(*Studien*)的前言中,施蒂夫特这样写道:"笔者对在此呈现的作品的文学性并不敢有所奢求,笔者的心愿只

① Manfred Schunicht, *Die deutsche Novelle im Überblick*, in Winfried Freund, *Deutsche Novellen*, *Von der Klassik bis zur Gegenwart*, München, 1998, S. 327.

② Manfred Schunicht, *Die deutsche Novelle im Überblick*, in Winfried Freund, *Deutsche Novellen*, *Von der Klassik bis zur Gegenwart*, München, 1998, S. 326.

③ Vgl. A. Paul Thorn, *Einige Worte über die Novelle*, in *Wiener Zeitschrift für Kunst*, *Literatur*, *Theater und Mode*, 12. Jhg. 1827. 3 Quart, Nr. 103, S. 848.

④ Rolf Schröder, *Novelle und Novellentheorie in der frühen Biedermeierzeit*, Tübingen, 1970, S. 92.

⑤ Johann Peter Eckermann, *Gespräche mit Goethe in den letzten Jahren seines Lebens*, in Josef Kunz, *Novelle*, Darmstadt, 1973, S. 34.

是能为那些如我所想所感的个别读者带来一些欢快的时刻，也许这些时刻还会继续发挥影响，为促进某种道德的美好尽上绵薄之力，若能如此，那么这些页章的目的也已达到，即便被遗忘也已无憾。"①

　　小作家依靠中篇小说写作获得微薄的收入，以此维持游离于社会之外的自己那一方"作家"的净土，而大家们则视中篇小说写作为其宏大计划之间的喘息，如歌德的《中篇小说》(Novelle)成书于《威廉·迈斯特》(Wilhelm Meister)的创作中期，这部中篇小说并不受歌德本人重视，他只是将之看成是自己在创作之余信手拈来的即兴之作。但是，正是由于中篇小说形式松散，且尚无统一的纲领性文件作为参考，所以人们创作起来反而更觉自由，更敢创新，也更有试验精神和试验空间。中篇小说的创作往往无需一个既定的想法，作家们可以天马行空地进行写作，中篇小说中的前后矛盾之处也可获得多于其他文学形式的宽容。失败的长篇小说被稍加修改就可以成为一部可供出版的中篇小说，而中篇小说一旦突破了框架，其就可以被扩充为一部长篇小说。饱受诟病的"无原则性"(Gesetzlosigkeit)反过来推动了中篇小说在十九世纪前半叶的迅速发展。总而言之，当时的中篇小说虽然已经初具作为独立文学形式的影响力，但其仍然十分不成熟。无论从形式上、结构上还是主题上看，中篇小说都是彻底的杂交形式(Mischform)。半个世纪后，现实主义作家们强烈反对这种不彻底的形式，并力求一个纯粹而高贵的形式和封闭的结构。现实主义作家的批判矛头主要指向浪漫主义时期的作品以及毕德迈尔风格的中篇小说作家，他们认为后者在一些次要的因素上做了太多不必要的停留，并混淆了各种文学类别。在发表于1859年的中篇小说《在国家剧院》(auf dem Staatshof)的评语中，施笃姆对中篇小说的理想形式做出了直切要害的解释："我只能说一样，即发生了什么，而不是它是怎样发生的，我也不知道它的结局如何，不知道它是蓄意而为或只是一个巧合事件，以至于导致了这样的结局。"②这便是一个结构清晰、线索明确的中篇小说的纯粹形式。小说只关注发生的事件，它的开始与结尾却隐于暗处、不被提及。盛行于毕德迈尔文学中的类型间的混杂应该被严格区分，作家应该从摇摆于各种形式间的风格中提炼出一个"安静、清晰的文体。多余的页数（如人物的内省、布道式的警告、纯粹插入式的风俗画等）应该被删除"③。同样，普遍

---

① Adalbert Stifter, *Studien*, München, 1979, S. 7.

② Theodor Storm, *Sämtliche Werke Bd. 1*, Hrsg. v. Peter Goldamemer, 4. aufl, Berlin, Weimar, 1978, S. 586.

③ Friedrich Sengle, *Biedermeierzeit Band III*, Stuttgart, 1980, S. 1054.

存在于毕德迈尔风格的中篇小说中的对情节的怠慢，以及对田园牧歌或乡野风光的大篇幅描写，也为严格自律的现实主义诗人们所厌弃。海泽（Paul Heyse）就曾点名批评过施蒂夫特及其作品，认为他长篇累牍的描写是文学界"渐成气候的恶习，过多的自然刻画扼死了情节［……］施蒂夫特的例子就已经产生了灾难性的影响"①。需要强调的是，现实主义对中篇小说提出的纲领性要求，在中篇小说的文学地位之上升方面起到了关键性的作用。因此，十九世纪前五十年只能算是中篇小说的蛰伏期，到了该世纪后半叶，中篇小说才真正进入了黄金时代。

中篇小说的文学地位在十九世纪下半叶达到了巅峰。作为一个相对"年轻"又争议不断的文学类别，中篇小说的定义并非是先验的，而是通过与其他文学形式的比较与概括才逐渐被雕琢出来的。只有看到了中篇小说与传统文学的异同，我们才能站在一个较为客观与全面的立场上来归纳出一个比较普遍的中篇小说之定义，或者是为中篇小说塑造一个"理想化的典范"。作为叙事文学的类别之一，中篇小说与诗歌的关系是比较疏远的，但是其与同样相对偏重情节的戏剧（Drama）与叙事文学（Epik）有着千丝万缕的联系。

---

① Paul Heyse，*Jugenderinnerungen und Bekenntnisse*，in Josef Kunz，*Novelle*，Darmstadt 1973，S. 78.

理想化的礼仪之邦

——启蒙时期德语文坛的"中国"形象考辨

马佳欣

中国最早同西方有深入接触是在十八世纪。如果说十六世纪和十七世纪的欧洲人对"中国"的关注还仅属于精英阶层的猎奇欣赏,那么十八世纪的欧洲人对中国的关注则体现为受大众阶层追捧的"中国热潮"。

上述变化自然有其深刻的社会历史背景:首先,作为英、荷、葡、西等海上霸主以殖民主义式的海外贸易之手段牟取暴利的主要载体,精巧的中国工艺美术品和别致的中国园林艺术早在十八世纪初就已红遍欧洲大陆。对"中国货"的收藏也逐渐从王公贵族们的专利变成许多寻常百姓家的嗜好。艺术家们则独具慧眼,他们从中国瓷器那淡雅剔透的质地和闪光丝绸那轻灵飘逸的色调里找到了洛可可艺术与古代中国文化之间的某些绝妙的契合点,如纤巧、雅致等。"中国风尚"(Chinoiserie)一时风靡欧洲。

其次,在中国传教的耶稣会士撰写的有关中国的著作也在欧洲的"中国热"之兴起方面起到了推波助澜的作用。耶稣会士的这些著作大多将中国描写成一个理想化的礼仪之邦,一块"宁静和谐、公正有序"的王道乐土。这一点颇能激发出欧洲人对"中国"的想象和向往。

最后,随着中西方交往的日益深入,第一批通晓汉语言文字的西方学者也开始致力于中国古代文化典籍的翻译工作。"四书"、"五经"、《诗经》、先秦诸子散文等中国传统典籍的外语译本相继问世。这些经典著作的输出使中国文化终于真正走入了欧洲文化之林。彼时,以法国理性主义和英国经验哲学为起点的"启蒙运动"正在欧洲蓬勃兴起,"儒家中国"的形象激起了那些崇尚"理性与知识"、热衷于"道德学说和实践哲学"的启蒙思想家们的极大兴趣。启蒙思想家们悉心研读儒家经典,并从中提炼有益的精神营养,以构筑起自己的理性王国,他们将"中国"作为批评时政与改良国家的参照系和寄托理想的"乌托邦"。

在这样的社会大背景下,启蒙运动时期的文学家们也顺时代潮流而动,他们努力寻求迎合时代特点的文学题材并在此基础上进行创作。一批浸润着中国儒家思想精华的文学作品纷至沓来,人们在这些作品中不难寻觅到"理想中国"的影子。

讲到启蒙时期德语文坛的"中国"形象,我们必须从那位"认识中国的先行者"——莱布尼茨(Gottfried Wilhelm Leibniz,1646-1716年)谈起。莱布尼茨是一位集哲学家、法学家和自然科学家身份于一体的天才人物,他不仅发明了微积分,并制定了二进位制数字系统,从而对现代数学和计算机理论做出卓越贡献,而且他在逻辑学、物理学、地质学、哲学、宗教等众多知识领域内也都颇有建树。尤其可贵的是,莱布尼茨还积极并卓有成效地向西方介绍与传播中国文化。和那些同时代的抱持欧洲文化优越论的启蒙哲人相比,莱布尼茨对"中国"的态度可谓诚意公正、卓尔不群。

莱布尼茨少年早慧,机缘和兴趣使他同中国结下了不解之缘。通过阅读耶稣会士的著作,莱布尼茨了解了中国,并且积累了许多自然、地理、历史、哲学、宗教、民俗等方面的知识,成为"启蒙时期认识中国文化对西方文化发展重要性的第一人"①。虽然莱布尼茨一生都未到过中国,但他却通过博览群书和与来华的耶稣会士交谈及通信之方式,获取了有关中国的宝贵的第一手资料。小到植物生长、人参中药,大到伦理道德、哲学宗教,莱布尼茨对与中国有关的各种知识可谓熟稔于心。莱布尼茨还是欧洲第一位深入研究孔子的儒家学说并取得较大成就者。由莱布尼茨编辑出版的拉丁语书信报告文集《中国近事》(*Novissima Sinica*)可以说是一部介绍中国文化的百科全书式的作品。在《中国近事》的序言中,莱布尼茨真诚地写道:

> 全人类最伟大的文化和最发达的文明今天仿佛汇集到了我们大陆的两端,即汇集在欧洲和位于地球另一端的东方的欧洲——支那(人们这样称呼它)。我相信,这是命运的特殊安排。大概是天意使得这两个文明程度最高的(同时又是地域相隔最为遥远的)民族携起手来,逐渐使位于它们两者之间的各个民族都过上一种更加合乎理性的生活。[……]
>
> [……]中国这一文明古国与欧洲相比,面积相当,但人口数量则已超

---

① 参见[德]利奇温:《十八世纪中国与欧洲文化的接触》,朱杰勤译,北京:商务印书馆,1962年,第69页。

过。在许多方面,他们与我们不分轩轾,在几乎"对等的较量"中,我们时而超过他们,时而为他们所超过。[……]我们双方各自都具备通过相互交流使对方受益的技能[……]谁人过去曾经想到,地球上还存在着这么一个民族,它比我们这个自以为在所有方面都教养有素的民族更加具有道德修养?自从我们认识中国人之后,便在他们身上发现了这点。如果说我们在手工艺技能上与之相比不分上下,而在思辨科学方面要略胜一筹的话,那么在实践哲学方面,即在生活与人类实际方面的伦理以及治国学说方面,我们实在是相形见绌了。承认这点几乎令我感到惭愧。[……]①

莱布尼茨撰写此文的时间是 1697 年,那时正值欧洲第一次工业革命方兴未艾。面对欧洲历史上前所未有的技术进步和知识拓展,启蒙思想家们大都毫不犹豫地将欧洲文化置于先进的人类文明之最前端。这些启蒙思想家们沿用了希罗多德定则,他们认为"理性和知识之光"独独照临在欧罗巴的土地上,而世界其他民族的文化则是一派"蒙昧野蛮模样"。在这样的社会背景下,能抛弃傲慢与偏见,并以公正客观的口气评说中国文化的莱布尼茨可谓同时具备大智和大勇,他的理论是对"欧洲文化中心论"的一种有力反驳。莱布尼茨认为,在中西文化的交往过程中,西方不应只是施教者和给予者,还应该是受教者和接受者,中西方应该建立平等的文化交流关系。为此,莱布尼茨在那篇序言中还大胆地断言:

> 鉴于我们道德急剧衰败的现实,我认为,由中国派教士来教我们自然神学(natürliche Theologie)的运用与实践,就像我们派教士去教他们由神启示的神学(die geoffenbarte Theologie)那样,是有必要的。[……]如果不是因为基督教给我们以上帝的启示,使得我们在超出人的可能性之外的这一方面超过他们的话,假使推举一位智者来裁定哪个民族最杰出,而不是裁定哪个女神最貌美,那么他将会把金苹果交给中国人。②

莱布尼茨一生都在孜孜不倦地研究中国,他著名的《论中国人的自然神学》完

---

① 引自夏瑞春编:《德国思想家论中国》,南京:江苏人民出版社,1989 年,第 3—5 页。
② 同上,第 9 页。

成于他逝世（1716 年 11 月 14 日）前的几个月。在莱布尼茨去世后，很多德国思想家和文学家都以他的研究成果为基础，从不同的视角和价值取向探讨中国和中国文化，德国的文化思想界也悄然掀起一股"中国热潮"。

莱布尼茨的知音克里斯蒂安·沃尔夫（Christian Wolff，1679—1754 年）是另一位热情地为中国喝彩的德国人。沃尔夫既是莱布尼茨的弟子，也是启蒙时期著名的唯心主义哲学家。对这位学贯中西、著作等身的饱学之士，文学史家的评论却不无调侃："他以陈词滥调竟然占据德国大学教席领袖位置三十年之久，并且还尝试对莱布尼茨的哲学理论进行蹩脚的修改。"[1]然而，从中德文化交流史的角度看，沃尔夫在推动中国文化在德国的传播方面所做的贡献实在是可圈可点、出类拔群。

1721 年，任哈勒大学数学教授的沃尔夫升任副校长，他以"中国的实践哲学"作为其就职演说的题目，他高度赞扬中国人的伦理道德和社会秩序，甚至将孔子同耶稣基督相提并论："如果我们将他（孔子）看成是上帝派给我们的一位先知和先生的话，那么中国人崇尚他的程度不亚于犹太人之于摩西，土耳其人之于穆罕默德，我们之于耶稣基督。"[2]沃尔夫的这一尊孔宣言一时掀起了轩然大波，他被天主教徒视为大逆不道和鼓吹异端之徒。当时的普鲁士国王弗里德里希·威廉一世勒令沃尔夫二十四小时之内离开哈勒市，否则他就将沃尔夫处以绞刑。

这件轶事轰动了整个欧洲大陆，一时被传为笑谈，法国的启蒙思想家伏尔泰在他的《哲学辞典》中还曾专门撰文叙述此事。然而，这个故事最终竟还有一个圆满的结局：1740 年，威廉一世的儿子弗里德里希·威廉大帝继位，他马上为沃尔夫平反昭雪，而且还用四驾马车的礼遇将沃尔夫接回了哈勒市。沃尔夫因此声名大噪。

这位威廉大帝之所以如此厚待沃尔夫，一个重要的原因就是他也是个"中国迷"，而且他的中国知识很多都来自于沃尔夫撰写的有关中国的著作。波茨坦的"无忧宫"里耸立的中国茶馆虽然建筑风格不伦不类，但现代人还是能从中依稀看见威廉大帝当年的中国情结。威廉大帝还曾经模仿法国启蒙运动思想家孟德斯鸠的《波斯人信札》之风格写过一篇与中国有关的书信体小说，名叫《中国皇帝的使臣菲希胡发自欧洲的报道》（*Relation de Phihihu，émissaire de l'empereur de la Chine en Europe-Traduit du Chinois*，1760 年）。威廉大帝的这篇小说以中国人

---

① W. Grabert, *Geschichte der Deutschen Literatur*, München: Bayerischer Schulbuch-Verlag, 1953, S. 153.

② Ebd, S. 31.

的视角和口吻抨击了天主教的腐败堕落,用这位普鲁士国王自己的话说,他写作此文意在"向那个为我们敌人的卫士祈神赐福,向披着宗教外衣庇护谋杀国王的凶手的教皇猛击一掌"[①],而且"针对教皇的这种卑劣行径发出愤怒的呐喊"[②]。

威廉大帝的这篇小说篇幅不长,是由一位名叫菲希胡的中国使臣发给中国皇帝的六封书简组成的,每封书简看似都是菲希胡在向中国皇帝娓娓讲述他在欧洲的所见所闻,但细读之下,我们会发现,威廉大帝实际是在借"中国使臣"之口隐讳地揭露和批判天主教与罗马教皇的种种罪行。"中国"在威廉大帝的这篇小说中完全是一个同"堕落的欧洲"相对应的正面形象,即一个在贤明君主治理下"盛行着温文尔雅的社会风尚"[③]的理想国度,而孔子则以德操高尚的圣人形象出现,他与"荒淫残忍、不可一世"的罗马教皇形成鲜明的对比。除此之外,威廉大帝的这篇小说未有太多深入论及"中国"的地方,评论部分也给人浅尝辄止、浮光掠影之感。威廉大帝似乎无意对中国文化多加评点,他只是志在利用"中国"使他这篇抨击罗马教廷的檄文更加鞭辟入里和情趣盎然。为了使他的这篇小说带有更多诙谐与调侃的味道,威廉大帝在行文中也不时穿插进"中国使臣"对中西方文化差异的夸张议论,比如在第五封书简的结尾,菲希胡是这样向中国皇帝抒发他的欧洲之行的观感的:

> 您瞧,至高无上的皇帝,欧洲的所有东西与亚洲是多么的不同。宗教、政府、习俗和政治,我对所有的一切都感到惊讶。许多事情对我来说简直不可理解。我还不肯定,是我孤陋寡闻呢,还是这里的习俗中真有那么多稀奇古怪的东西存在,而对本地人来说,因为习以为常,所以见怪不怪了。欧洲人的思维方式与我们的主要区别在于他们常常使自己完全沉浸在他们视之为理性的那种想象之中,而有幸身为您奴仆的我们则对人类健全的理智和智慧的准则信守不渝。[④]

既然是借"中国使臣"之口批判欧洲弊政,威廉大帝自然想用主人公菲希胡时

---

① 参见[德]古斯塔夫·贝托尔特·福尔茨编:《威廉大帝著作选德译版》(第三卷),柏林:1913年,第153页,译文引自夏瑞春编:《德国思想家论中国》,南京:江苏人民出版社,1989年,第46页。
② 参见[德]古斯塔夫·贝托尔特·福尔茨编:《威廉大帝著作选德译版》(第三卷),柏林:1913年,第153页,译文引自夏瑞春编:《德国思想家论中国》,南京:江苏人民出版社,1989年,第46页。
③ 参见夏瑞春编:《德国思想家论中国》,南京:江苏人民出版社,1989年,第51页。
④ 同上,第58页。

时处处发出的感慨来晓喻世人自己的政治理想,聪明的读者对这一点自然应是一清二楚的,但读者同时却应发现了威廉大帝在人物塑造上的重大漏洞,即那位"中国使臣"竟然具备一种同自己身份背景迥然相异的纯西方式的思维方式。比如,威廉大帝的这篇小说的开头就有一段菲希胡和神甫的对话:

> "[……]难道我们对所有的灵魂不拥有宗教审判权吗? 国王们既然有灵魂,那么[……]"——"哦,"我喊道,"您的这种想法在北京是行不通的。我们至高无上的帝王也有灵魂,可他们坚信,他们是属于他们自己的,他们只对天有禀报的义务"——"这正是与教会格格不入的那些人的异端邪说。"神甫答道。——"何为异端?"我问。——"所有与我们不同想法的那些人的观点。"对此,我不得不反驳。我对他要求每个人与他想法一致感到可笑,因为天在创造我们的时候,就赋予我们每个人各自不同的容貌,不同的秉性以及看待事物的不同方法。如果要求人们在道德上一致,那是很难办到的。[①]

从这段对话中,我们很容易解析出威廉大帝对宗教裁判所的迫害异端之行为的隐讳指斥,而且他似乎还在呼唤一种以人为本的自我意识和自主意识,以及一种个人的独立、自由、权利和价值。这正是当时欧洲启蒙思想家极力张扬的以"个人主义"为基础的理性思辨、天赋人权和民主观念。然而,威廉大帝忽略了说出此话的人乃是捍卫中国文化几千年以来的"大一统"和"一元论"的"中国使臣"。让一位对皇帝忠心耿耿、唯命是从的臣子去宣扬同中国儒家道德规范背道而驰的民主政治观念,这实在让人匪夷所思,也足以体现威廉大帝对中国文化了解不深,因此其在行文中不免顾此失彼。尽管威廉大帝因受启蒙思潮的影响而知道中国人的灵魂属于天(不同于西方的灵魂归于上帝),但他对中国儒家"于君臣用'忠',父子用'孝',夫妻用'顺从'那完全扼杀人的独立人格和人权意识"[②]的伦理道德却显然不甚了了。"理想中国"的形象看来只是这位威廉皇帝用来抨击时弊的一件道具而已。

另一部以曲笔方式利用"中国"来针砭时弊的书信体小说《奉钦命周游世界的

---

① 参见夏瑞春编:《德国思想家论中国》,南京:江苏人民出版社,1989年,第49页。
② 参见刘再复、林岗:《传统与中国人》,北京:生活·读书·新知三联书店,1988年,第102页。

中国人》(1721 年)是启蒙运动时期的文学家法斯曼(David F. Fassmann，1683 - 1744 年)的作品。法斯曼的这篇小说其实比威廉大帝的《中国皇帝的使臣菲希胡发自欧洲的报道》要早发表近四十年，但其引起的轰动效应却远不及后者，而且其缺少真正的文学价值。法斯曼的这篇小说讲述的是一个奉旨到访欧洲的中国人对欧洲的观感，他的言辞之间不乏对世风时政的讥讽。但是，法斯曼似乎更多地着墨于与"理想中国"有关的风物掌故和奇闻异趣，如他在书中细解了"中国"二字的真正含义，并细致地描摹了中国的自然地理、建筑风貌、风土人情等。对"中国知识"的关注反映了法斯曼本身的性情和智识，法斯曼曾是在威廉一世身边讲笑话的弄臣，所以他涉猎广泛、博闻强识，而欧洲宫廷里弥漫着的"中国热潮"也一定为他的中国题材的作品创作提供了极好的素材资源。

除了上述两部以"理想中国"为样板批评时政的书信体小说外，启蒙时期的德语文坛还流行着一种所谓的"道德小品"，其通过有关中国的故事或寓言来劝喻世人修身养德。其中，最著名的是普费弗尔(Gottlieb Konrad Pfeffel)创作的《寓言与故事》，书中有多首宣扬中国儒家传统孝悌观念的教喻诗(或称行孝诗)，如《母亲与女儿》《兄弟——一个中国传说》《贺连》等。这些诗歌大多是改编自《孝经》中的"二十四孝"故事，我们由此可以看出当时儒家经典——尤其是《孝经》——在欧洲受到的关注和青睐程度。

在《孝经》于 1711 年由比利时耶稣会士卫方济译成拉丁文出版发行后，欧洲的启蒙学者都纷纷投身于这部典籍的研究工作。启蒙思想家们首先发现了中国人崇尚的"孝"与《圣经》教义的不谋而合之处，如《旧约·出埃及记》中有"当孝敬父母"，《旧约·利未记》中有"你们个人都当孝敬父母"，而《新约·以弗所书》中也有"你们做儿女的，要在主里听从父母"这样的警句。于是，从"孝"字出发，启蒙思想家们以不同的视角去理解和接受儒家的伦理道德与教育思想并使其为己所用，普费弗尔的"行孝诗"可被视为当时儒家思想的影响在启蒙运动文学上的反映，其大有启迪民智之功。

随着启蒙思想家对中国儒家思想研究的不断深入，一批心怀天下、立志改良社会的文学家在他们的作品中引入了对儒家精神的某些深层内涵的探讨和价值评判。于是，同样关注"中国"的所谓"国事小说"在德语文坛中走红。

维兰德(Christoph Martin Wieland，1733 - 1813 年)创作的长篇对话体小说《金镜》(Der goldene Spiegel，1772 年)是"国事小说"中的经典之作，也是启蒙运动时期将"理想中国"形象演绎到登峰造极之境的文学作品。《金境》以《天方夜谭》似的讲故事形式推进情节的发展,讲述了一个虚构的谢西安帝国由衰败到复兴再到没落的历史。《金境》塑造了一位仁主梯芳的形象,他以"勤政爱民""礼治""恕道"等深合儒家精神的治国方略使谢西安帝国重新走向了繁荣。《金境》向读者提出这样一个问题,即如何使一位王子成为贤明的君主? 通过梯芳由王子成长为贤君的过程,维兰德深入探讨了儒家教育原则的合理性问题,而且他还极力宣扬儒家哲学对实践性的重视。

《金境》涉及了许多关于中国的内容,如维兰德在前言中就埋下伏笔,他交待此书是由一位名叫祥夫子的中国人翻译出版的。这种化名手法在文学创作中不乏先例,但以中国人作为抒发己见的代言人之做法却足见维兰德对中国文化的欣赏和推崇。在讲述谢西安帝国历史的过程中,维兰德时时都在向读者呈现一幅令当时欧洲人心驰神往的"理想中国"图景。但是,有趣的是,《金境》并没有明示那个被一再颂扬的理想君主国就是中国,正如查尔纳在他的《至古典主义德国文学中的中国》一书中所言:"我们时时能感受中国的样本,但却无法确证它。"①

在《金境》中,还有一个引人注目的"中国题材",即梯芳儿时为何大难不死。《金境》讲述了梯芳的叔叔刚一继位就杀掉了他所有的兄弟,而且兄弟们的子嗣也要被根除殆尽。当时年仅七岁的梯芳被其父手下的忠臣成吉思汗以牺牲自己亲生骨肉的代价解救了下来。

在解析这一情节的过程中,很多学者都认定维兰德借用了中国元杂剧《赵氏孤儿》中的"存孤弃儿"的题材。《赵氏孤儿》是在十八世纪"中国热"的风潮下被引进欧洲的,其最早于1731 年被法国耶稣会士马若瑟节译成法文,并于1735 年被公开发表于杜哈尔德编著的《中国祥志》。一经问世,译本便立刻引来许多醉心于东方文化的启蒙作家的关注。《赵氏孤儿》使启蒙作家对不同于欧洲传统的道德价值观产生了浓厚兴趣,也激发出他们新的审美情趣和创作灵感。启蒙作家们纷纷以《赵氏孤儿》为蓝本,争相创作类似题材的作品。作为德国启蒙文坛上的活跃人物,维兰德当然也不甘人后地将这一题材融入自己的创作中,而这在客观上起到了为中国伦理道德和儒家文化举纲张目的作用。

另一位关注"中国"的"国事小说"作家是哈勒尔(Albrecht von Haller,1708 - 1777 年)。尽管哈勒尔在启蒙文坛中的名气远不如维兰德,但两部以"理想中国"

---

① Horst von Tscharner, *China in der deutschen Dichtung bis zur Klassik*, München: E. Reinhardt, 1939, S. 59.

为模本的小说《乌松》(1771年)和《阿尔弗雷德——盎格鲁萨克逊的国王》(1773年)却也足以令他彪炳中德文学交流史的史册。难能可贵的是,除了在作品中对"理想中国"进行描摹和赞美外,哈勒尔还以冷峻的分析为基础,发出了不同于其他作家的批评之声。

首先,在《乌松》中,哈勒尔探讨了东方国家的开明专制主义和西方国家的民主主义两者之间的差异,他得出的结论用作品人物的话说就是"东方国家的专制统治贬抑人民的性情[……]鞭笞不是法律的权杖"①,其对专制君主制合理性的质疑可谓一目了然。其次,哈勒尔对中国人的国民弱点提出了尖锐的批评,在《阿尔弗雷德——盎格鲁萨克逊的国王》中,哈勒尔指出,中国没有世袭贵族,中国人不知贵族为何物,加之长期的专制统治导致他们个性怯懦、毫无反抗精神,他们只知道服从领袖意志,并屈服于卑鄙的惩罚,而且他们荣誉心泯灭、安于现状,只贪图肉体和感官快乐,等等。另外,哈勒尔时常让他作品中的主人公在欧洲先进的科技水平面前发出自惭形秽的惊呼,如那位成吉思汗的后人乌松就曾慨叹道:"欧洲的大炮可比中国的好得多。"②而且,哈勒尔还对中国的方块字表现出不屑:"欧洲的字母可以千百次地使用,但在中国,那些雕版字牌却不能进行新的组合。"③

哈勒尔对中国的批评与当时文学作品中的那些几乎千篇一律的对"理想中国"之描摹和赞美形成了强烈的反差。尽管哈勒尔在其作品中并不吝惜对中国和中国精神的溢美之辞,但建立在独特视角和冷静分析基础上的"中国批评"却显得更为醒目和发人深思。虽然哈勒尔的中国观有时失之偏颇并不乏自相矛盾之处,从而让谙熟中国文化的读者一眼便洞悉其对中国文化的无知与误解,并本能地产生拒斥心态和民族优越感,然而对中国民族个性的犀利剖析却充分显示了哈勒尔的敏锐思维,正如美国学者史景迁在《文化类同与文化利用》一书中提出的精辟论点:"对另一种文化的最敏感的洞察有时竟是出于无知的缘故。"④试想中国的儒生和士大夫阶层如果能早一些拨开"身在此山中"的迷雾,并领悟哈勒尔洞见到的中国国民性之弱点,那么他们就能早一些摆脱自以为是和自欺欺人的"天朝心态",从而

---

① Horst von Tscharner, *China in der deutschen Dichtung bis zur Klassik*, München: E. Reinhardt, 1939, S. 56 – 57.

② Horst von Tscharner, *China in der deutschen Dichtung bis zur Klassik*, München: E. Reinhardt, 1939, S. 56.

③ Ebd.

④ [美]史景迁:《文化类同与文化利用》,廖世奇、彭小樵译,北京:北京大学出版社,1990年,第13页。

切实地完成社会革新与改良,而"理想中国"的形象或许也就不会如此迅速地随欧洲的崛起而灰飞烟灭。

综上所述,在经历了被骑士文学和巴洛克文学利用为渲染其异域情调的工具之过程后,走到启蒙时代的"中国"形象已成为被广泛认同和赞扬的理想化形象。启蒙作家或利用"理想中国"抨击时弊,或通过宣扬儒家精神来为开启民智和改良社会出谋划策。此外,更有一些启蒙作家被中国文学题材所暗含的文化意蕴和审美情趣深深打动,他们纷纷将"中国题材"引入自己的作品,从而使"中国热潮"在启蒙文坛进一步弥漫开来。随着启蒙作家对中国文化的关注、了解和研究程度的加深,他们不再一味地鼓吹理想化的"中国",而是逐渐在作品中融入了客观理性的思考。在赞扬"中国"形象之余,启蒙作家们也多了几分冷峻的批判目光,这似乎正是进入古典时期的德语文学将要掀起"中国"批评之先兆。

审美与历史： 文学史悖论与文学史撰写

别柯兵

摘　要　面对"审美"与"历史"难以融通的困境，姚斯集各家之长，以"读者"为中介，构建了试图调和审美与历史的文学史哲学。史腊斐的文学史撰写便是姚斯理论的成功实践。理论和实践之结合呼唤着中国日耳曼学界早日出现一部以读者接受为中心的文学史作品。

关键词　姚斯　影响史　文学史撰写

一　文学史悖论和姚斯的文学史哲学

在《接受学研究概论》一文中，冈特·格里姆（Gunter Grimm）这样阐述走向接受美学的三条道路："倘若一条道路是通过对读者产生的效果而从文学社会学到接受美学研究的，那么另一条道路则是通过解释学，在文学领域里则专指通过对艺术作品的理解（确切说是解释）而到接受学研究。［……］通向接受学研究的第三条道路开始自文学史。"①以格里姆的这段言论为标准，接受美学理论家姚斯（Hans Robert Jauß）的研究确实十分具有开创性。姚斯看到了文学史悖论的存在，并从这三条路的交汇处出发，构建了一套新的文学史哲学。

在姚斯之前，文学史的研究模式大致分为两种，即客观主义模式和主观主义模式。客观主义模式的做法是将作品按年代编排，但这种文学史的写法却并不令人

---

① ［德］冈特·格里姆：《接受学研究概论》，载刘小枫选编：《接受美学译文集》，北京：生活·读书·新知三联书店，1989年，第85—86页。

满意，正如有学者指出，这种客观主义的文学史写法"很快就会因为无法让人综览而完全失效"①，其短板在于"对文学的美学价值无法加以评论"②；主观主义的撰写模式则是"预设一个超时间的完美理想，这一理想贯穿于历史的全程，文学的历史显示因而分解演绎成不同的过程，在某一阶段达到巅峰后走向衰落，直至某个臆想的末日"③。总之，客观主义和主观主义都没能很好地处理"文学史悖论"这个问题。所谓的文学史悖论，简言之，就是文学史作者在处理审美和历史这两极时面临的困境。如果说真正的美是永恒的、超时间的，那么我们如何能将具有审美价值的文学作品写入历史？如果强调共时和历时这样的时效元素，那么我们又何以展现出作品中那纯粹而永恒的美感？在《〈政治经济学批判〉导言》中，马克思关于希腊艺术的一段论述可以被视为是上述文学史悖论的形象表征："困难不在理解希腊艺术和史诗同一定社会发展形式结合在一起。困难的是，它们何以仍然能够给我们以艺术享受，而且就某方面说还是一种规范和高不可及的范本。"④显然，马克思也发现，希腊艺术在被呈现时需要应对"社会发展形式""艺术享受"以及"规范和高不可及的范本"这三者之间的矛盾。如果说艺术作品难免被打上其诞生之年代的烙印，那么我们又如何解释某件艺术作品依然能打动后世的欣赏者，并成为后世创作的典范之原因呢？此处，"时代印迹"和"永恒之美"的对立，给叙述者带来了很大困难。

姚斯就是要解决这一悖论，他试图将审美和历史这两极联通，从而打造出一部真正意义上的文学史。姚斯既想避免客观主义堆积史料的窠臼，也欲剔除主观主义天生的臆想成分。在看似无法沟通的两极之间，姚斯找到了一个完美的中介——读者。在姚斯看来，读者既具有审美特征，又展现出历史特性，"其美学含义在于这样一个事实，即读者初次接受一部作品时会对照已读作品来检验它的美学价值。其历史含义在于，第一个读者的理解将在一代又一代的接受链条中被维持和丰富"⑤。姚斯为文学史撰写找到了"读者"这个切入点，从而开辟了一个全新的维度，即建立以读者接受为中心的影响史或效果史。在找到切入点之后，姚斯更进

---

① 王丽丽：《历史、交流、反应——接受美学的理论递嬗》，北京：北京大学出版社，2014 年，第 4 页。

② 同上。

③ 同上。

④ 同上。

⑤ ［德］汉斯·罗伯特·姚斯：《文学史作为向文论的挑战》，载胡经之、张首映主编：《西方二十世纪文论选》（第 3 卷，读者系统），北京：中国社会科学出版社，1989 年，第 153 页。

一步,他从伽达默尔的诠释学中吸收了"效果史"这一重要概念。"带着固有局限性的解释者对历史真实所作的理解,就是历史对他们产生的影响和效果。正视历史真实所携带的这种效果,就是效果史意识。"①以此为基点,姚斯认为文学史的意义载体在于不断迭代的读者,"仅当作品的连续不仅是通过生产主体而且也是通过消费主体——通过作者与读者的相互作用——来传递的时候,文学艺术才获得一个具有过程特性的历史"②。只有通过读者的阅读,具有美学意义的作品方能获得历史生命。借助于一代又一代读者以阅读之方式构建出的接受和影响链条,文学史各阶段的演进过程才能够被清晰彰显。这种效果史通过作品和读者视野的不断交互来实现,并依循"新作品—打破读者旧视野—读者建立新视野—新视野普遍化为旧视野—又出现新作品"的模式不断前进。③ 姚斯以读者为中心构建出的文学史哲学也得到了日耳曼学学者的认可,因为只有当文学史的撰写者本人就是一个极具慧眼且拥有丰富的文学文本经验(包括文本阅读和解释经验)的读者时,文学史的基础才有可能真正扎实起来。④ 换句话说,一部从"作品对读者影响史"角度出发的文学史作品才符合姚斯在文学史撰写上的创见,只有这样的作品才能消弭历史和审美的沟壑,从而构建出真正意义上的文学史。

这样一部以姚斯文学史哲学为撰写原则的作品是否存在?作为接受美学理论的奠基人,姚斯虽然为文学史撰写的范式转换构建了理论框架,但在文学史撰写实践方面,他的研究仍存在空白,这有待后来者去填补。

二 海因茨·史腊斐的文学史撰写实践

在汗牛充栋的文学史作品之中,斯图加特大学日耳曼学系荣休教授海因茨·史腊斐(Heinz Schlaffer)于 2002 年出版的《德意志文学简史》(Die kurze Geschichte der deutschen Literatur)可谓独树一帜。

《德意志文学简史》的德文版共 157 页(科隆阿纳康达出版社,2013 年),中文

---

① 王丽丽:《历史、交流、反应——接受美学的理论递嬗》,北京:北京大学出版社,2014 年,第 6 页。
② [德]汉斯·罗伯特·姚斯:《文学史作为向文论的挑战》,载胡经之、张首映主编:《西方二十世纪文论选》(第 3 卷,读者系统),北京:中国社会科学出版社,1989 年,第 148 页。
③ 王丽丽:《历史、交流、反应——接受美学的理论递嬗》,北京:北京大学出版社,2014 年,第 7 页。
④ 参见谢建文:《专业读者视角下的文学史期待》,载《日耳曼学论文集》(第四辑),上海:上海外语教育出版社,2014 年,第 211 页。

版共 146 页（北京大学出版社，2013 年）。与厚重的大部头文学史作品相比，《德意志文学简史》的体量已体现出史腊斐的立意，即要和那些以翔实史料见长的文学史著述相区别。除了篇幅，史腊斐的行文思路也别具匠心。《德意志文学简史》共分5 章，分别为"引言——德意志""失败的开端""功业始成——18 世纪""发展、复兴和终结"和"结语——文学的历史"。

纵观全书，史腊斐始终紧扣"读者"和"影响"这两大关键词。在体例上，"仅选取社会史、教育史、思想史上对德意志文学产生过深远影响的时段"；在内容上，"仅关注留存于后世文学记忆中的文学"①。在此，史腊斐的创作原则一览无余，即沿着两条"影响史"线路行进：一条是各类思潮对"德意志文学的影响史"，另一条是"留存于后世文学记忆的作品"，也就是"得到历代读者阅读的德意志文学作品的影响史"。

依循着上述两条线索，史腊斐分别处理了"究竟应该怎样书写一部德意志文学史"和"德意志文学史上到底有哪些作品留存在文学记忆之中"这两大问题。

针对第一个问题，史腊斐用了一章的篇幅进行论述，并得出如下结论："研究的很多，阅读的很少。如果把民族文学理解为使用该语言发表作品的总和，德意志文学史当然连篇累牍、漫无边际；但是如果把民族文学理解为活跃于文学记忆中的文学作品及其相互之间的脉络与关联，一部德意志文学史必然是一目了然、短小精悍的。"②由此可见，在撰写过程中，史腊斐十分看重作品对历代读者的影响，他要做的是写出"留存在文学记忆"中的作品并呈现其脉络与关联。同时，"一目了然、短小精悍"也隐晦地体现出史腊斐本人对德意志文学的评价：影响深远、历久弥新的德语文学作品可以说是凤毛麟角。在史腊斐看来，德意志文学的发展经历了一段漫长的蛰伏期③，其直到十八世纪才迎来突破，并且在 1770 年到 1830 年间达到第一次高峰④。在经历了十九世纪的徘徊不前之后，德意志文学在 1900 年到 1950 年间迎来了第二次高潮，自此德意志文学便逐渐走向终结。⑤ 史腊斐之所以有信心对看似"漫长"的德意志文学之发展做出如此判断，其依凭有两个：其一，以读者为中心的判断标准，即对作品价值高低之评价应以这部文学创作是否得到读者的阅

---

① ［德］海因茨·史腊斐：《德意志文学简史》，胡蔚译，北京：北京大学出版社，2013 年，第 12 页。
② 同上。
③ 同上。
④ 同上，第 16 页。
⑤ 同上，第 16 页。

读并产生广泛影响为标准。那些无人问津的作品（如中古德语文学、中世纪盛期的宫廷史诗、中世纪晚期的说教文学、十六世纪的愚人书、十七世纪的巴洛克悲剧等）因为失去了读者而沦为图书馆书架上蒙尘的文献，将这些文本作为研究的对象的学者所做的工作只是"考古发掘和迁葬工程"①。这和给予姚斯重要启发的卡尔·科赛克（Karel Kosik）的言论不谋而合："只要作品产生影响，作品就活着。［……］作品是作品并且作为一部作品而存在的理由是，它要求解释并且在多种意义上发挥影响。"②在史腊斐眼中，丧失了生命力的作品显然不具备进入他这本文学史的资格，因为这样的作品既不具备超时间的美学价值，也注定被时间无情地湮没。其二，作为读者的撰写者本人的丰富阅读经验和卓越审美眼光。

在解释了"德意志文学史到底有多长"之后，史腊斐用了三章的篇幅来呈现"德意志文学史上最优秀的作品有哪些"，其甄选标准依然是作者和读者的互动影响之强弱。此处，史腊斐坦言，如今仍能够不断得到读者阅读并产生影响的文学作品只来自于德国文学发展史中的两个时期，一个是以歌德和席勒为代表的古典时期，另一个是以托马斯·曼、霍夫曼斯塔尔等"出生于 1900 年之前，又几乎都去世于 1950 年之前"的作家为代表的"最优秀的德意志作家"③所处的二十世纪。除此之外，其他时期的文学作品对后世读者的影响可以说是乏善可陈。正因为如此，史腊斐判定，中古德语文学创作、中世纪文学和巴洛克文学可谓德意志文学发展史上"失败的开端"。二十世纪在托马斯·曼等人回光返照似地使其再度达到类似于歌德与席勒开创的德意志文学高峰之后，德意志文学又陷入长期沉寂，史腊斐将这种现象评价为短暂复兴之后又陷入终结，因为到二十世纪中期，"德意志文学的确出现了质量下滑"④。这虽然只是史腊斐的一家之言，但此番评论却体现出他作为一名读者的审美品味。

在《德意志文学简史》的结尾处，史腊斐再次提及文学史家的责任："文学作品不计其数，文学史家必须选出那些有价值或者应该有流传价值的作品。［……］指导《德意志文学简史》写作的原则只有一条，就是区分优劣，这是所有文学史写作必

---

① ［德］海因茨·史腊斐：《德意志文学简史》，胡蔚译，北京：北京大学出版社，2013 年，第 12 页。
② ［德］汉斯·罗伯特·姚斯：《文学史作为向文论的挑战》，载胡经之、张首映主编《西方二十世纪文论选》（第 3 卷，读者系统），北京：中国社会科学出版社，1989 年，第 147 页。
③ ［德］海因茨·史腊斐：《德意志文学简史》，胡蔚译，北京：北京大学出版社，2013 年，第 123 页。
④ 同上，第 124 页。

须遵循的原则。"①换句话说，一部文学史若只是罗列史料而没有对审美价值高低之评判，则其意义大小也值得商榷。在《德意志文学简史》的结尾处，史腊斐也点出了这部文学史的旨归："这本《德意志文学简史》之所以如此短小，也是为了留给读者更充裕的时间去阅读文学，它们才是本书存在的意义。"②简言之，脱离文本阅读和审美体验的文学研究活动不过是空中楼阁，其注定行而不远。

综上，史腊斐的《德意志文学简史》既体现了作者自身的审美品味，也兼顾到了德意志精神以及文学创作发展的历史因素，其与姚斯的"以读者接受为中心"之文学史哲学原则十分契合。不论是姚斯的理论还是史腊斐的实践，它们其实都在提醒世人要回归文本阅读本身，毕竟获得精神教养才是文学研究的真谛。

三　中国德语文学史的撰写：成绩与期待

依照国内日耳曼学学者的观点，中国日耳曼学界的文学史作品（尤其是 1949年以后出版的文学史）的成绩值得肯定。在国内的德语文学史作品中，既有篇幅宏大的德语文学通史（如范大灿主持编写的五卷本《德国文学史》），也有主旨明确的国别文学史（如余匡复所著《德国文学史》和《战后瑞士德语文学史》、顾瑞卿所著《瑞士当代文学》等）。在国内出版的德语文学史著作或德语文学史译著中，既有吴涵志（Karl-Heinz Wüst）编写的《德国文学简史》，也有从英文转译而来的《纳粹德国文学史》和《联邦德国文学史》。③ 针对上述著述和译作，国内学界已有公允的评价④，此处不再赘言。

如果以姚斯的文学史哲学去观察这些文学史著作，我们可以说这些作品基本上还是沿循着客观主义的撰写原则，即罗列作家与作品并介绍其时代背景。遗憾的是，这些作品都未能"充分调动撰写主体的研究眼光和能力，有杂糅、拼接或部分直接翻译对象国文学史的现象"⑤，而一部"结合自身文化语境，充分考虑接受对象，在研究对象、范畴的选择上，在研究框架和线路的设计上，有自觉的比较意识、

① ［德］海因茨·史腊斐：《德意志文学简史》，胡蔚译，北京：北京大学出版社，2013 年，第 144 页。
② 同上，第 146 页。
③ 谢建文：《专业读者视角下的文学史期待》，载《日耳曼学论文集》（第四辑），上海：上海外语教育出版社，2014 年，第 208 页。
④ 同上。
⑤ 谢建文：《专业读者视角下的文学史期待》，载《日耳曼学论文集》（第四辑），上海：上海外语教育出版社，2014 年，第 211 页。

明确的价值立场,强化外国文学史研究和撰写过程中的自主性"①,彰显中国日耳曼学学者自身阅读经验和审美趣味的文学史创作,迄今依然缺席。

　　据统计,新中国成立后,从 1950 年设立北京外国语学校德文组开始,截至 2004 年,全国范围内共有 3753 名德语本科生、166 名硕士生、33 名博士生②,中国的德语专业迅速发展。时至今日,我国德语专业日益壮大,从事日耳曼学研究的人员日益增多,我们相信,一部既体现中国日耳曼学学者的审美眼光,又体现新时代特色的德语文学史作品,也许很快就会出现。

---

① 谢建文:《专业读者视角下的文学史期待》,载《日耳曼学论文集》(第四辑),上海:上海外语教育出版社,2014 年,第 211 页。
② 魏育青:《中国德语专业教育史要》,载《中国日耳曼学:管窥与偶得》,上海:复旦大学出版社,2015 年,第 394 页。

基于版权保护的获诺奖德语文学作品在中国的传播

胡　丹

摘　要　诺贝尔文学奖如今已成为世界上最具影响力的文学奖项。作家一旦获诺贝尔文学奖，其作品将会立即被传播到世界各国，其名字也会被永远地载入世界文学的历史之中。进入二十一世纪之后，每年 10 月的诺贝尔文学奖得主的揭晓都会引来全世界人民的瞩目。本文选取获得诺贝尔文学奖的德语作家作为研究对象，将焦点聚集在最近十年获得该奖项的三位作家身上，并从版权引进的角度进行论述，探讨他们的作品在中国传播时呈现出的特点以及带来的一些问题，以求为全世界文学作品在中国的传播提供参考。

关键词　诺贝尔文学奖　版权保护　文学传播

一　引言

2012 年 10 月 11 日，北京时间 19 点，瑞典文学院公布了当年诺贝尔文学奖得主，中国作家莫言问鼎该奖项，成为首位获得诺贝尔文学奖的中国内地作家。次日，各大实体书店不约而同地推出了莫言作品专架，其中囊括了莫言自进行创作以来的所有作品，包括"长篇小说十一部，中篇小说二十余部，短片小说八十余篇"。2012 年 10 月 13 日，各大报纸、网站、电视新闻节目等媒体均不同程度地报道了莫言作品被抢购一空的新闻。不仅实体书店多年来积压的库存被瞬间秒杀，就连各大网络书店的存货也被慕名而来的读者一扫而光。诺贝尔文学奖在中国的图书销售市场上最大程度地展现了它点石成金的魔力。事实上，在外国文学作品译介领域，诺贝尔文学奖已经逐渐成为出版社进行选题策划时的重要考量因素。最近十余年间,有三位德语作家荣膺诺贝尔文学奖。本文试图以获得诺贝尔文学奖的德语作家的作品在内地的译介为研究对象,将焦点聚集在最近十年获得该奖项的三位作家身上,从一个侧面阐明版权引进对译介模式的影响。

二 版权保护下的获诺奖德语作家的作品之译介

1990 年 9 月 7 日,第七届全国人民代表大会常务委员会第十五次会议通过《中华人民共和国著作权法》。1992 年 7 月 1 日,中国决定加入《保护文学和艺术作品伯尔尼公约》,并于 10 月 5 日成为该公约第 93 个成员国。1992 年 7 月 30 日,中国加入《世界版权公约》。1998 年 9 月,中国版权保护中心成立。2001 年 10 月 27 日,新修订的《中华人民共和国著作权法》颁布,中国的版权保护基本实现与国际社会同步。2001 年 12 月 11 日,中国加入世界贸易组织,成为第 143 个成员国,并签订了一系列与知识产权有关的协定。中国承诺于 2002 年开放图书零售市场,并于 2003 年底开放图书批发市场。

加入国际公约以及国内一系列法律法规的完善,对外国文学作品的译介有着重大的意义。在此之前,若中国的出版社想要出版译作,那么其只需要购买一本原作并签下一名译者就行了,这就很容易出现几家出版社同时推出同一作品的不同译本的现象。仅就获得诺贝尔文学奖的德语作家的作品而言,一书多译并同时出版的现象亦屡见不鲜:上海译文出版社(张佑中译)与人民文学出版社(潘子立译)于 1983 年分别出版了黑塞的小说《在轮下》(人民文学出版社的书名为《轮下》);1986 年,上海译文出版社(赵登荣、倪诚恩译)与漓江出版社(李世隆、刘泽珪译)分别出版了黑塞的小说《荒原狼》;湖南人民出版社(1985 年望宁译)、外国文学出版社(1986 年,章国锋、舒昌善、李士勋译)和漓江出版社(1986 年,钱文彩译)分别出版了卡内蒂的小说《迷惘》。但是,在此之后,随着各种面向中国市场的版权贸易组织的逐渐发展,以上现象将很难再次出现。对于二十一世纪获得诺贝尔文学奖的两位德语女作家而言,版权则成为了她们的作品获得译介的决定性因素。

1998 年,一家名叫"海格立斯贸易文化发展有限公司(德国)"的公司在德国法院正式注册,这一以版权代理为主要业务的公司在德国出版社与中国出版社的交流和沟通中发挥了巨大的作用,如公司负责人蔡鸿君所言:"对于德国出版社,我们拥有尽快将他们的图书安排在中国大陆或者中国台湾出版的畅通渠道,而预付款的支付、样书的寄送、年度的版税结算、版权合同的延长等,历来是令外国出版社头痛费神的事,德国出版社不可能为此花费很多人力和财力,他们更愿意委托代理人,当然这也和国外版权贸易的习惯有关。中国大陆和中国台湾的出版社绝大部分没有懂德文的编辑,即使有,也不可能像我们这样拥有得天独厚的优势,至少有三点是其他人所没有的:常驻德国、了解德国最新出版资讯以及与许多出版社建立稳定的合作关系。虽然现在从因特网上可以迅速了解很多出版情况,但是网上只有已经出版的书的资讯,而我们则定期收到出版社下个出版季度的新书介绍。因此,经常会出现书还没有出版,我们就已经将中文版权卖掉的情况。"①

随即,蔡鸿君的公司便将格拉斯的《但泽三部曲》的中文版权转让给漓江出版社。漓江出版社于1999年4月便出全了《但泽三部曲》。其中,《铁皮鼓》使用了上海译文出版社的胡其鼎的译本(1990年),《猫与鼠》使用了漓江出版社的1991年的译本,只有《狗年月》为新译。在《但泽三部曲》完成出版之时,格拉斯还未获得诺贝尔文学奖。

格拉斯作品的出版只是蔡鸿君公司的牛刀小试。对2004年获诺贝尔文学奖的耶利内克和2009年获诺贝尔文学奖的赫塔·米勒的作品之译介则真正显示出这一版权代理公司在信息交流中的垄断地位。2004年10月7日,瑞典当地时间13点(北京时间19点),瑞典文学院宣布将该年度的诺贝尔文学奖授予耶利内克,耶利内克也由此成为第一位获得该奖项的奥地利作家。在中国,不仅各种渠道对耶利内克的介绍可谓是快、全、广,而且耶利内克作品的简体中文版的授权更是以闪电般的速度完成的。耶利内克的获奖消息发布时,蔡鸿君正在德国参加一年一度的法兰克福书展。当天晚上,蔡鸿君收到两家中国大陆的出版社的传真和电邮。随后,陆续又有多家出版社加入竞争。2004年10月8日,蔡鸿君与拥有耶利内克德文版权的出版社谈妥了版权代理事宜,并决定在一年之内要出齐耶利内克的主要作品。从这一点可以看出,蔡鸿君对诺贝尔文学奖的轰动效应以及该效应的暂时性有着极为清醒的认识。为了实现这一目标,蔡鸿君认为,单靠一两家出版社是不行的,需要由几家出版社共同分工协作,这一做法不仅能够加快出版速度,还能够使出版社之间形成唱和,以起到宣传的效果,从而进一步提高耶利内克的知名度和煽起读者阅读的热情。当晚,蔡鸿君即复信十余家有意出版耶利内克作品的中国出版社,请它们各自将英文简介以及出版过的外国文学作品寄过来。只待法兰克福书展结束,蔡鸿君便可动手安排版权购买事宜。法兰克福书展结束之后,蔡鸿

---

① 蔡鸿君:《中国版权代理德国创业记》,载《中国图书商报》,第22期。

君便与国内出版社商谈如何实现分工合作，以期尽快出版耶利内克的作品。蔡鸿君着重申明了版权购买的原则："我们希望争取和三到四家出版社达成最后的协作意向。不是某一家独家出版耶利内克的作品，也不是谁报价高就给谁，好几个出版社根据各自特点出版耶利内克不同作品，并不是竞争，相反倒会互相推动，也可以对作家的整个创作给予更全面的展现。"①经过八天的磋商，2004 年 10 月 19 日，耶利内克作品的简体中文版权最终被五家出版机构"瓜分"。从 2004 年 10 月 7 日耶利内克获诺贝尔文学奖算起，整个授权过程历时仅 12 天。

对于中国的出版社来说，最戏剧性的莫过于北京十月文艺出版社在购买《钢琴教师》一书版权时的"得而复失、失而复得"之过程了。早在 1999 年，北京十月文艺出版社就购得了《钢琴教师》的简体中文独家版权并委托社科院外文所的宁瑛和北京第二外国语大学的教师郑华汉译介此书。两位译者将书译完并交到出版社之后，译稿就一直处于压箱底的状态。耶利内克获诺贝尔文学奖的消息传来之时，北京十月文艺出版社感到异常兴奋，其想要在第一时间推出《钢琴教师》。然而，北京十月文艺出版社一翻合同才发现，合同规定若出版社于 2004 年 6 月之前不出版该书译本，则授权失效。于是，北京十月文艺出版社的副总编辑急忙联系蔡鸿君，准备重新签署《钢琴教师》的出版合同。由于已经有了译稿，并且之前已经签署过版权合同，北京十月文艺出版社有了"先来"的优势地位，再加上第一时间的沟通与努力，北京十月文艺出版社终于在 2004 年 10 月 19 日重新获得了《钢琴教师》的简体中文版权。随后，北京十月文艺出版社迅速组织力量，只花了两个月时间便于 2004 年 12 月 23 日召开新书首发式，《钢琴教师》也成为最先出版的耶利内克作品中译本。2004 年 12 月 20 日，刚刚出库的 3 万册《钢琴教师》在 12 月 23 日的首发式上全部售罄，北京十月文艺出版社第二天紧急加印的 2 万册不仅再次售罄，而且还留下 1 万多册的缺货量，出版社只得又加印 2 万册。发行的第一周，《钢琴教师》的销量就达 7 万册，并且登上了各种图书销售排行榜，其一度挤入北京地区的文学类图书销售排行榜的前六名。

五年之后，当面对 2009 年的诺贝尔文学奖得主赫塔·米勒作品的译介问题时，蔡鸿君决定摒弃数家出版社分别出版不同作品的方法，而且他决定出版米勒作品的全集而不是选集。一共有 27 家出版社参与了竞争。2009 年 11 月，凤凰联动与译林出版社获得米勒全集的简体中文版权，它们将米勒的 14 部作品整合为 4 部

---

① 蔡鸿君：《耶利内克如何来到中国》（上），载《外国文学动态》，2006 年第 1 期。

长篇小说、1 部中篇小说集、1 部短篇小说集、3 部散文集以及 1 部诗集。后来,译林出版社与凤凰联动在出版分类上产生矛盾,译林出版社最终决定退出。凤凰联动随即发布消息,称其计划于 2010 年 6 月单独推出米勒作品全集,可是凤凰联动没能遵守这一承诺。2010 年 10 月 12 日,时值米勒获奖一周年之际,《米勒作品全集》才与中国大陆的读者会面。

三　版权引进带来的问题

格拉斯于 1999 年获诺贝尔文学奖之后,上海译文出版社迅速组织力量译介格拉斯的作品。在花费了六年时间之后,上海译文出版社终于在 2005 年推出《格拉斯文集》。与 2006 年的《托马斯·曼文集》和 2007 年的《黑塞文集》相比,《格拉斯文集》有一个很大的不同:托马斯·曼和黑塞的文集只是汇集之前业已出版多年的单行本后的水到渠成之作,而《格拉斯文集》的推出则明显带有仓促的感觉,十卷本的文集有五卷为新译。

在引进耶利内克和米勒的作品时,出版社的译介速度得到了进一步的提升,译介规模也得到了进一步的扩充。整个 2005 年和 2010 年的德语文学作品译介工作均以耶利内克和米勒为中心。潮水一般地来,又潮水一般地退去。抛开这两年不谈,耶利内克和米勒的作品之后再也没有任何一部被译介成中文出版。耶利内克 2006 年的新剧本《关于野兽》、2007 年的小说新作《嫉妒》、2008 年的新剧本《雷希尼茨(色欲天使)》、2009 年的新剧本《一位商人的契约》以及两本诗集《丽莎的影子》和《终结》已经难以唤起中国出版社和译者的兴趣。虽然凤凰联动曾经表示将争取买下米勒 2010 年的最新作品《假人还在行动》的版权,但迄今为止,该书仍未出版。

除此之外,蔡鸿君事先规划好的出版耶利内克作品的工作也没有完全按照计划完成。事实证明,蔡鸿君将耶利内克作品的出版时间限定在一年之内还是过于乐观了一些。实际上,耶利内克作品的出版热潮只袭卷了不到一年的时间。五家出版社共同出版耶利内克作品的设想之实施过程也并不令人满意。蔡鸿君说:"(北京十月文艺出版社的)韩敬群先生还非常有勇气地选择了耶利内克篇幅最长、被誉为'扛鼎之作'的小说《死者的孩子》,并委托北京大学的王燕生教授领衔翻译。"[1]但是,《死者的孩子》直到今天都没有出版,该书的版权合同恐怕也如同《钢

---

[1] 蔡鸿君:《耶利内克如何来到中国》(下),载《外国文学动态》,2006 年第 2 期。

琴教师》最初的版权合同一般，早已失效。除此之外，"蔡鸿君所列的剧本出版计划中的四个'散文长剧'也只翻译了两部，《一出体育剧》和《发电站》无出版方认购"①。

除了执行情况不尽如人意之外，这五家出版社出版的耶利内克作品是否具有代表性也是一个有争议的话题。虽然蔡鸿君在选取作品时注意到了对体裁多样性的兼顾，并且平衡了小说、散文和戏剧之间的比例，但耶利内克的第一部长篇小说《布克利特》未能入选却是一个不小的遗憾。

译介速度的加快带来的是读者对译本质量的担忧。迄今为止，学界鲜有对译本质量的研究与评价，所以我们还不能断言快速就一定意味着低质。但是，通过一些译介活动，我们可以看出译介一部文学作品往往是一件费时费力的事情。

在中国首版于1990年的格拉斯的巨著《铁皮鼓》使用的是上海译文出版社的版本，译者胡其鼎早在1978年便读到这部小说，并得到了英译本。1979年，格拉斯以联邦德国驻华大使客人的身份来到中国。在北京举行《鲽鱼》片断朗诵会时，格拉斯遇见了正在译介此书的胡其鼎。忆及此事，胡其鼎说："格拉斯说，他在几个地方都遇到了《铁皮鼓》的中译者，言下之意是：不知哪一个是真的。我承诺后有些悔不当初，由于职业关系，我没有整段时间来啃这样的大部头书，巴不得有谁抢在前面译出此书免了我这份苦差。到一九八七年我才译完交稿。"②也就是说，从动笔到译完《铁皮鼓》，胡其鼎共花费了八九年时间。最让译者头疼的，是一些独具特色的口语表述和文化生活背景知识。这些东西对于那个时代生活在但泽地区的人来说是司空见惯、无须解释的共同语言和成长背景，但对于中国的译者和读者来说，这些内容有可能就是地地道道的天书。正如胡其鼎所言："《铁皮鼓》里雅语很少，非常口语化，俚语不少。翻译的时候最让我头痛的是奥斯卡家开的殖民地商品店（食品杂货店）里的商品名称，有的只写出货物的牌子，却不知道是什么东西。我由此想到，做翻译工作必须知识面要广。这部小说时间跨度为五十多年，涉及许多历史事件，如但泽（今波兰的格但斯克）的历史变迁、盟军诺曼底登陆、德国反希特勒的地下运动等。小说里还写到玩施卡特牌。我的一位好朋友专门从德国给我带来一副施卡特牌和一本怎样玩这种牌的书，现在成了翻译这部小说的纪念品。"③以上这段文字道出了译者八九年的心血究竟花费在了什

---

① 姚金：《2001—2009年诺贝尔文学奖作品在中国的译介》，载《外国文学动态》，2010年第6期。

② ［德］格拉斯：《铁皮鼓》，胡其鼎译，桂林：漓江出版社，1998年，中译本序。

③ 胡其鼎：《〈铁皮鼓〉翻译随想》，载《一本书和一个世界》，北京：昆仑出版社，2005年，第211—214页。

么地方。

比胡其鼎花费八年时间译介《铁皮鼓》更具传奇性的是杨武能花费二十年时间译介另外一位获奖作家托马斯·曼的长篇小说《魔山》的经历。1983 年,杨武能应漓江出版社的约请接受了译介《魔山》的任务。之后,因为赴德国深造,杨武能不得不暂时放下译介工作。回国后,为了尽快完成《魔山》的翻译工作,杨武能便约请了另外三位学者共同参与。1990 年,《魔山》的中译本面世。杨武能回忆道:"有不少朋友和同行表示遗憾:这样一部为数不多的名家杰作我竟只译了一半而不一气呵成,致使前后风格明显地欠和谐统一,露出了不少的破绽。"①尽管杨武能因将重心转为译介歌德的作品而在此后告别了对托马斯·曼的研究,并且上海译文出版社也于1991 年出版了钱鸿嘉的另一个《魔山》的全译本,但杨武能始终没有忘记独自译介《魔山》的夙愿,于是他于 2004 年起重新开始做这项工作。2006 年,杨武能的译本由北京燕山出版社、中国戏剧出版社、中国书籍出版社和作家出版社分别出版,此时距离杨武能最初接受《魔山》译介工作的那一天已 23 年。

四 结论

在格拉斯获诺贝尔文学奖之前,译介德语获奖作家的作品并不是一件非做不可的事情。但是,到了二十世纪末的时候,诺贝尔文学奖开始左右中国的外国文学作品译介领域。这些获奖作家的作品之译介呈现出越来越快、越来越多、越来越全的趋势,德语文学作品的译介也不能独善其身。从格拉斯起,对诺贝尔文学奖获奖作家的作品进行译介就成了一种真正意义上的群众自发运动。这种绝对没有幕后操纵者的运动式译介代替了之前渐进式的先单行本后文集的逐渐积累型的译介模式。在耶利内克和米勒的作品传播工作中,最成功之处便是兼顾了这两位作家的各种体裁之作品,而不是将译介对象仅仅局限于小说和散文。在译介耶利内克之前,小说和散文是最受青睐的体裁,而戏剧和诗歌则很少获得关注。擅长诗歌的施皮特勒(1919 年获诺贝尔文学奖)和奈丽·萨克斯(1966 年获诺贝尔文学奖)以及擅长戏剧的霍普特曼(1912 年获诺贝尔文学奖)均未能引起中国各家出版社的足够重视。但是,此种求全、求快的做法随即带来了读者对文学作品传播质量的担

---

① 杨武能:《我译〈魔山〉二十年》,载《一本书和一个世界》(第二集),北京:昆仑出版社,2008 年,第 186—190 页。

忧。与托马斯·曼和格拉斯相比,来自奥地利的耶利内克和来自罗马尼亚的米勒在获诺贝尔文学奖之前即便对于中国的德语文学研究界来说也属默默无闻之辈,她们的生活环境对于国内的引入者来说更是陌生。因此,这种急风骤雨式的传播所带来的读者对作品译介质量的担忧也并非完全没有道理。

Brechts Rezeption auf der chinesischen Bühne[①]

殷　瑜

摘　要　布莱希特在中国的接受史开始于上个世纪二十年代。二十世纪五十年代末,《大胆妈妈和她的孩子们》在中国的首演掀起了第一轮"布莱希特研究热潮"。"文革"后,始于 1979 年的第二轮"布莱希特热"一直持续到二十世纪九十年代才渐渐平息,多部布莱希特的戏剧在此期间被搬上中国舞台,并取得了令人瞩目的成绩。以沙叶新、高行健、徐晓钟等人为代表的新时期戏剧家们展开戏剧实验,运用自己从布莱希特的戏剧理论中找到的方法进行戏剧形式的革新,他们的戏剧或多或少地反映出一些布莱希特的戏剧之特征,但其中又融入了他们自己在探索过程中的思考。

关键词　布莱希特热　接受　戏剧形式　实验　探索

In China geriet Brecht 1929 zum ersten Mal in den Blick. In der Zeitschrift *Beixin* (Nr. 13) wurde eine Übersetzung mit dem Titel *die gegenwärtige deutsche Bühne* veröffentlicht, deren Originaltext aus der Literaturbeilage von *The Times* (April. 1929) kam und von Herrn Zhao Jingshen[②] aus der englischen Sprache ins Chinesische übersetzt war. Später wurde dieser Artikel als ein Kapitel mit dem Titel *das moderne deutsche Theater* in ein von Zhao herausgegebenes Buch *Überblick über die moderne Weltliteratur*[③] aufgenommen, in dem der Verfasser feststellte, dass die Epoche des Expressionismus in Deutschland schon vorbei und

---

① Mit der chinesischen Bühne wird hier die Theaterbühne auf dem chinesischen Festland nach der Gründung der Volksrepublik China gemeint.

② Zhao Jingshen (1902 – 1985), chinesischer Dramaturg, Übersetzer und Pädagoge.

③ Das Buch erschien 1930 durch Shanghai Modern Publishing House.

der neue Realismus entstanden sei. Außerdem hat der Verfasser den chinesischen Lesern den jungen Bertolt Brecht vorgestellt und dessen 1922 veröffentlichtes Theaterstück *Trommeln in der Nacht* rezensiert. „Die Handlungen vom 1. und 2. Akt sind interessant und die Figuren hat der Dramatiker auch gut erfunden ··· aber das ganze Theaterstück zeigt eine lockere Struktur, also typisch expressionistisch ··· Meiner Meinung nach kann Brecht wegen seiner dichterischen Begabung und Phantasie eine gute Zukunft haben ...“ so Zhao. [1] Danach wurden mehrere Ausschnitte aus Brechts verschiedenen Theaterstücken ins Chinesische übersetzt und die Übersetzungen erschienen vor allem in den Zeitungen und Zeitschriften, die unter der Kontrolle der Kommunistischen Partei Chinas standen. Z.B. wurden die übersetzten Ausschnitte aus dem Theaterstück *Furcht und Elend des Dritten Reiches* mit der Anmerkung „ kurze antifaschistische Bühnenstücke" in der Xinhua-Tageszeitung publiziert.

Nach der Gründung der Volksrepublik China wurde die Begeisterung von Brecht (das sogenannte Brecht-Fieber) zweimal hervorgerufen. Mitte der 1950er Jahre kam der berühmte japanische Regisseur Koreya Senda nach China zu Besuch und wurde vom Dramatiker Herrn Tian Han empfangen, der sich gerade im Kulturministerium mit der Reform der chinesischen Oper beschäftigte. Koreya Senda fragte im Gespräch mit Tian nach der Brecht-Aufnahme in China. „Die Chinesen haben keine Ahnung von Brecht," [2] so Koreya Senda. Sein Wort regte die chinesischen Dramatiker an, sich mit diesem weltberühmten deutschen Dramatiker zu beschäftigen. Wie allen bekannt, wurde Brecht und sein literarisches Schaffen vom Marxismus tief beeinflusst. In China wurde er vor allem als weltbekannter marxistischer Schriftsteller eingeführt. Auf seine politischen Standpun-kte und seine antifaschistische Aktion legten die Chinesen großen Wert. Herr Feng Zhi [3] schrieb im Nachwort von *Brechts*

---

[1] Vgl. Yu Yifang, *Brecht yanjiu zai zhongguo: 1929 – 1998* (Brechtforschung in China: 1929 – 1998), in *Deguo yanju* (Deutschlandstudien), 1998, Nr. 4, S. 49. (Alle aus chinesischer Sekundärliteratur zitierten Abschnitte oder Sätze in der vorliegenden Arbeit sind von der Verfasserin ins Deutsche übersetzt.)

[2] Yu Kuangfu, *Brecht lun* (Über Brecht), Shanghai: Shanghai Foreign Language Education Press, 2002, S. 3.

[3] Feng Zhi (1905 – 1993), berühmter chinesischer Dichter und Germanist.

ausgewählte Werke:

1954 kam der westdeutsche Schriftsteller Günter Weisenborn nach China zu Besuch und schrieb später in seiner Reisebeschreibung über sein Gespräch mit Präsident Mao Zedong. Weißenburg hat Mao vorgeschlagen, Brechts Werke ins Chinesische übersetzen zu lassen. Wir denken, dieser Vorschlag hat doch einen Sinn. Brecht ist nicht nur ein erstklassiger moderner deutscher Dramatiker und Dichter, sondern auch ein Freund des chinesischen Volks. Seit dreißig Jahren schenkt er immer große Aufmerksamkeit auf die Revolution in China, die von der Kommunistischen Partei Chinas geführt wird. Übrigens hat Brecht aus den chinesischen Revolutionsgeschichten Stoff zum literarischen Schaffen genommen. Die chinesische Oper inspirierte ihn zu seinen Theatertheorien und er übersetzte auch mehrere chinesische alte Gedichte ins Deutsche. [1]

Auf Initiative der chinesischen Regierung wurden zwischen 1956 und 1957 Brechts Gedichte und drei Theaterstücke[2] übersetzt. Das 10-jährige Jubiläum für die Aufnahme diplomatischer Beziehungen zwischen China und der ehemaligen DDR war ein guter Anlass für das erste Brechtfieber.

Seitdem das westliche Sprechtheater vor hundert Jahren nach China kam, dominierte bis zum Ende der 1950er Jahre immer das realistische Drama auf der chinesischen Bühne, das darauf zielt, einen Wie-im-Leben-Stil auf der Bühne anzustreben. Die Vierte Wand trennt die Bühne und das Publikum, um auf der Bühne eine wirklichkeitstreue Illusion zu schaffen. In den 30er-Jahren begannen die chinesischen Dramatiker wie Zhang Min, Zheng Junli, Jiao Juyin usw. zuerst Ibsens Theaterstücke zu inszenieren und später Stanislawskis theatralische

---

[1] Feng Zhi, *Brecht xuanji* (Ausgewählte Werke von Brecht), Beijing: Verlag der Volksliteratur, 1959, S. 325 – 326.

[2] Drei übersetzte Theaterstücke von Brecht sind *Mutter Courage und ihre Kinder*, *Herr Puntila und sein Knecht Matti*, *Die Gewehre der Frau Carrar*.

Gesichtspunkte in die Praxis umzusetzen. Kurz nach der Gründung der Volksrepublik China wurde die chinesische Theaterbühne weiter von Stanislawskis System besetzt. Aber die eintönige Sprechtheaterform auf der damaligen chinesischen Bühne führte dazu, dass die Dramatiker nur den Stanislawski-Stil kannten und ihn für die einzige (realistische) Schauspielkunst hielten. Vor diesem Hintergrund konnte das Drama des sogenannten Sozialistischen Realismus, das eigentlich sehr durch Formalismus geprägt war, allmählich die reale Welt nicht mehr wirklichkeitstreu wiedergeben. Das chinesische Theater schien in ein Dilemma geraten zu sein. Ende der 1950er Jahre verschlechterten sich die Beziehungen zwischen der ehemaligen Sowjetunion und China. Vor diesem politischen Hintergrund gingen die chinesischen Dramatiker einerseits vorsichtig mit Stanislawskis Theorien um. Andererseits brauchten sie dringend eine neue Theaterform, durch die Stanislawski ersetzt werden konnte. 1959 brachte der Regisseur Huang Zuolin zum ersten Mal Brechts Theaterstück *Mutter courage und ihre Kinder* auf die chinesische Bühne, was als ein Geschenk für das 10-jährige Jubiläum für die Aufnahme diplomatischer Beziehungen zwischen China und der ehemaligen DDR galt. Um die Inszenierung bekannt zu machen, wurden Brecht und sein Theater durch einige Artikel in wichtigen Zeitungen und Zeitschriften vorgestellt, z. B. *Über den deutschen Dramatiker Brecht-eine Rede vor der Probe „ Mutter Courage und ihre Kinder "* durch das *Volkskunstheater Shanghai*[1] und *Tiefe Gedanken und eigenartiger Stil-über „ Mutter Courage und ihre Kinder"*.[2] Aber die Inszenierung hatte keinen Erfolg. Das chinesische Publikum kam mit Neugier ins Theater, aber konnte diesen fremden Theaterstil nicht akzeptieren. Die Vorstellungen waren schlecht besucht und Huang hat dem Verfremdungseffekt die Schuld an der Ablehnung durch das chinesische Publikum gegeben.

---

[1] Huang Zuolin, *Guanyu deguo xiju yishujia Brecht* (Über den deutschen Dramatiker Brecht), in *Xiju yanjiu* (Theaterforschung), 1959, Nr. 6.

[2] Da Chun, *Shensui de sixiang, dute de fengge-tan deguo mingju „dadan mama"* (Tiefe Gedanken und eigenartiger Stil-über *Mutter Courage und ihre Kinder*), in *Jiefang ribao* (Befreiungszeitung). 07. Okt, 1959, S. 7.

Im ersten Brecht-Fieber konzentrierte man sich vor allem auf die politischen Standpunkte von Brecht und seine Zuneigung für China. Aber Huang Zuolin begann schon darüber nachzudenken, ob der Verfremdungseffekt das Publikum aus dem Theater vertrieben hatte. Huang hielt im März 1962 einen Vortrag *Über meine Ansichten zum Theater* auf dem Forum über Sprechtheater, Oper und Kindertheater in Guangzhou, der am 25. April in der Volkszeitung veröffentlicht wurde. Der Vortrag führte dazu, dass der chinesische Theaterkreis landesweit heftig über die verschiedenen Theaterformen diskutierte. Huang hat darauf hingewiesen, dass man vor allem seine Aufmerksamkeit auf Brechts Theaterstücke und Theatertheorien richten sollte, statt zu viel Wert auf Brechts politische Einstellungen zu legen. Im Vortrag analysierte er die Gemeinsamkeiten und Unterschiede zwischen Brecht, Mei Lanfang (Star der Peking-Oper) und Stanislawski und betonte zwischenzeitlich besonders Mei Lanfangs Einfluss auf Brecht, was natürlich die damaligen chinesischen Dramatiker sehr motivierte. Huang meinte, während Brecht sich gegen das illusorische Theater der damaligen europäischen Konvention wehrt, gibt es von vornherein bei Meis Musiktheateraufführungen keine Vierte Wand. Jedoch liegt der große Unterschied darin, dass Brecht ein episches Theater hervorbringt, während Mei das ästhetische Prinzip *Xieyi* (das Wesen ohne Berücksichtigung von Details darstellen) oder Ideographie als inneres Stilmerkmal vertritt. Dieses ästhetische Prinzip des *Xieyi* zeigt sich auf vier Ebenen, nämlich der Ebene des Lebens, der Bewegung, der Sprache und des Tanzes bzw. Bühnenbildes. Übrigens bemerkte Huang auch die Besonderheiten an Brechts Theaterform. „Brecht verwendete eine eigenartige Technik beim Verfassen des Theaterstücks, nämlich die Historisierung des Alltagslebens. Das ist vielleicht eines der wichtigsten Merkmale von seinem Theater..."[1]

Das chinesische Theater wurde in der Kulturrevolution durch eine kleine Zahl rein politischer Modelopern ersetzt. Brecht als Dramatiker aus dem Westen wurde inzwischen völlig verboten. Huang Zuolin und andere Dramatiker, die sich für

---

[1] Huang Zuolin, *Daoyan de hua* (Die Worte des Regisseurs), Shanghai: Kultur- und Kunstverlag Shanghai, 1979, S. 281 – 282.

Brecht interessierten und mit ihm auch viel beschäftigten, wurden als Anhänger von Brecht ins Gefängnis geworfen und für mehrere Jahre eingesperrt. Erst Ende der 1970er Jahre erlebte das chinesische Theater einen Aufschwung. Viele westliche Theaterstücke, darunter auch Bertolt Brecht, wurden erfolgreich inszeniert. 1979 begann das zweite Brecht-Fieber und dauerte bis zu den 90er-Jahren. Vor allem wurden mehr Brecht-Theaterstücke und Bücher über seine Theatertheorien bzw. Brechtforschungsliteratur ins Chinesische übersetzt. Chinesische Dramatiker und Germanisten begannen auch, anhand zahlreicher Forschungsmaterialien sich mit Brecht auseinanderzusetzen. Ab 1979 wurden mehrere Theaterstücke von Brecht in China inszeniert: *Mann ist mann*, *die Ausnahme und die Regel*, *der Jasager / der Neinsager usw*. Darunter erzielte die Inszenierung von *das Leben des Galilei* unheimlich große Erfolge. Neunzig Aufführungen waren ausverkauft. Während der dreistündigen Vorstellung schauten alle Zuschauer konzentriert zu und nach dem Ende erhielten die Darsteller stürmischen Applaus. Übrigens, ein Symposium über *das Leben des Galilei* wurde als ein wichtiges Programm für die Feier des 30. Nationalfeiertages der Volksrepublik China veranstaltet. Die Teilnehmer kamen begeistert zu Wort: „Die Inszenierung von Brechts *das Leben des Galilei* ist ein großartiges Ereignis, das auf die ganze Gesellschaft einen tiefen Einfluss ausgeübt hat und das literarische Schaffen in China fördern wird. Sie hat die Kulturpolitik von Präsident Mao verfolgt, nämlich ausländische Kultur dient China. " [1]Der große Erfolg lag vielleicht daran, dass die Regisseurin Chen Yu nicht viel Wert auf den Verfremdungseffekt legte, sondern vor allem die tiefen Gedanken dieses Theaterstücks betonte. Z.B., der Inhalt über Galileis Verrat wurde zum Teil weggelassen, was dazu führte, dass die Zuschauer die Selbstbezichtigung Galileis nicht verstanden. Und die Tränen liefen dem Darsteller von Galilei über die Wangen, was natürlich den epischen Darstellungsprinzipien von Brecht nicht entsprach. Das alles zeigt, dass Brechts episches Theater für den damaligen

---

[1] Ding Haipeng, *Yanjiu Brecht xiju*, *kaizhan wenyi zhengming* (Brecht-Forschung zur Bereicherung der Literatur und Kunst), in *Guangming ribao* (Guangming-Tageszeitung), 02. Jun. 1979, S. 3.

chinesischen Theaterkreis und die chinesischen Zuschauer eine fremde Kunstform war.

Seit den 80er-Jahren gelingt es manchen chinesischen Dramatikern, formale und inhaltliche Klischees aufzubrechen und auch in der Wahl darstellerischer Mittel größere Gestaltungsvielfalt bis hin zu experimentellen Formen zu erreichen. Mit vielen inzwischen anerkan-nten Dramatikern des modernen chinesischen Sprechtheaters (z. B. Sha Yeh-hsin, Kao Hsing-chien, Xu Xiaozhong usw.) sucht das chinesische Theater nach seinem eigenen Weg. Auf diesem Weg ist Brechts Einfluss keinesfalls auszuschließen.

Sha Ye-hsin arbeitete im Volkskunsttheater Shanghai, als er 1963 sein Studium an der Theaterhochschule Shanghai abgeschlossen hatte. Ab Juni 1985 leitete er das Theater. Sein Vorgänger ist der Dramatiker Huang Zuolin, der Ende der fünfziger Jahre schon begann, sich aktiv mit Brecht auseinanderzusetzen. Huang erinnerte sich daran, „Xiao Sha (Sha Ye-hsin) hat einen Monat lang bei mir gewohnt, während 1978 *das Leben des Galilei* geprobt wurde. "[1] In der Zwischenzeit dachte Sha gerade über die Konzeption des Theaterstücks *Bürgermeister Chen Yi* nach. 1980 verfasste er das Theaterstück, das keine abgeschlossene Haupthandlung aufweist. Ein Jahr später brachte er es auf die Bühne. Die Premiere erregte großes Aufsehen. Sha wollte durch zehn Fragmente ein Panorama vom Helden zeigen, die voneinander unabhängig sind. Zwar fehlt im Stück eine Haupthandlung, aber alles spielt rund um die Hauptfigur, nämlich Bürgermeister Chen Yi. Strukturell sieht das Theaterstück wie kandierte Früchte am Spieß[2] aus und durch die Hauptfigur sind die zehn kleinen Geschichten über ihn miteinander verbunden. Das ganze Theaterstück ist nach der Darstellungsform des epischen Theaters strukturiert. Bei der Inszenierung hing ein halber Vorhang über der Bühne und jeder Szene wurden noch Bilder und wörtliche Erläuterungen angefügt, um den Verfremdungseffekt

---

[1] Huang Zuolin, *Yige qinfen de chuangzuozhe-Sha Ye-hsin* (Ein fleißiger Verfasser-Sha Ye-hsin), in *Sha Ye-hsin de bizi-rensheng yu yishu* (Sha Ye-hsins Nase-Leben und Kunst), Shanghai: Verlag der Shanghai-Akademie der Sozialwissenschaften, 1993, S. 1.

[2] Eine Spezialität aus Peking.

zu verstärken. Sha hat später in einem Artikel zugegeben, dass er damals von Brecht inspiriert wurde:

[...]wenn man keine geeignete Darstellungsform für so viele einzelne Handlungen finden kann, wird das Theaterstück durcheinandergebracht. In diesem Augenblick dachte ich an Brechts *Furcht und Elend des Dritten Reiches*. Das Theater besteht aus vierundzwanzig Szenen, die kürzeste dauert zwei bis drei Minuten, die längste etwa eine halbe Stunde. Die Handlungen aller Szenen sind nicht kontinuierlich, die Rollen von jeder Szene treten nicht wiederholend auf. Zwischen Szenen sieht man auch keinen Zusammenhang, durch einen Polizeiwagen von der Gestapo werden sie aufgefädelt. Die Vorteile dieser Struktur liegen darin, dass viele Rollen und Handlungen im Theater enthalten sind, damit umfangreiche gesellschaftliche Verhältnisse auf der Bühne präsentiert werden. Diese Struktur ist geeignet für mein Theaterstück *Bürgermeister Chen Yi*, in dem auch viele Rollen auftreten und viele kleine Geschichten vorgespielt werden. Aber mein Theaterstück hat eine Hauptrolle, ist also unterschiedlich zu Brechts *Furcht und Elend des Dritten Reiches*. Übrigens, wenn zwischen Szenen kein Zusammenhang besteht, entspricht das nicht dem ästhetischen Geschmack des chinesischen Publikums. So habe ich die Struktur geändert. Zwar hat das Theater keine Haupthandlung, aber Chen Yi als Hauptrolle fädelt alle Szenen auf. Und am Ende jeder Szene wird die folgende Szene durch ein paar Worte oder ein Detail vorausgedeutet. In der letzten Szene werden alle Handlungen der vorherigen Szenen zusammenfassend erwähnt. Durch solche Änderungen erwarte ich, jede Szene kann getrennt wie ein Opernpotpourri vorgespielt werden, zusammengesetzt bilden sie dann eine harmonische Einheit. ①

---

① Sha Ye-hsin, „*Chenyi shizhang*" *chuangzuo suixiang* (Einige Gedanken über das Drama *Bürgermeister Chen Yi*), in *Wenhui bao* (Wenhui-Zeitung), 01. August 1981.

Nach der Premiere richteten viele Dramatiker und Theaterkritiker große Aufmerksamkeit darauf. Diejenigen, die das Theaterstück anerkannten, meinten, dass der Verfasser das Ganze aus zehn Einzelgeschichten zusammenstellte, was ein anerkennenswerter Versuch und in Bezug auf die Theaterform ein Durchbruch war. Die Kritiker meinten, es fehlte eine Haupthandlung und die Einzelgeschichten sahen wie Bruchstücke aus. Übrigens, es gab keine andere Kunstfigur, die Bürgermeister Chen Yi gleichzusetzen war. Der Brecht-Forscher Lin Kehuan schrieb eine Kritik *Schönheitsfehler—einige Vorschläge für das Drama „Bürgermeister Chen Yi"*. „Manche Kritiker haben hingewiesen, die Blume ist doch schön rot, aber die beigelegten Laubblätter sind nicht grün genug. Der Verfasser gab diese Schwäche zu, aber erklärte, sie wurde durch die besondere Struktur des Theaterstücks verursacht. Ich denke, wenn die Laubblätter nicht grün sind, sieht die einzelne Blume auch nicht schön aus. Das Problem ist nicht durch die Struktur verursacht..."[1] so Lin. Er widerlegte die Behauptung, dass die Brechtsche Theaterform daran schuld war. „ Brechts Theaterform ist nicht handelnd, sondern erzählt durch mehrere selbstständige Szenen, die miteinander zu einem Ganzen verbunden werden können. Die Nebenrollen dienen dem erzählenden Konzept. Der Stückschreiber wollte einerseits durch die epische Theaterform das Publikum zum Nachdenken bewegen. Andererseits wünschte er sich noch eine abgeschlossene Handlung. Das konnte er natürlich nicht schaffen."[2] Sha machte einen guten Versuch durch dieses Theaterstück und es fand auch starkes Echo unter den chinesischen Dramatikern. Nach der Inszenierung hat der Chinesische Dramatikerverein mehrmals Symposien veranstaltet, um über die Erfolge und Misserfolge dieses Theaterstücks zu diskutieren.

---

[1] Lin Kehuan, *Meizhong buzu-dui huaju „Chenyi shizhang" de jidian yijian* (Schönheitsfehler-einige Vorschläge für das Drama *Bürgermeister Chen Yi*), in *Zhongguo xiju* (Chinesisches Theater), 1980, Nr. 11, S. 20.

[2] Lin Kehuan, *Meizhong buzu-dui huaju „Chenyi shizhang" de jidian yijian* (Schönheitsfehler-einige Vorschläge für das Drama *Bürgermeister Chen Yi*), in *Zhongguo xiju* (Chinesisches Theater), 1980, Nr. 11, S. 20.

In Brechts Theater wird dem Publikum ein auktorialer Erzähler präsentiert, der das Geschehen auf der Bühne kommentiert. Am Anfang eines anderen Theaterstücks von Sha Ye-hsin *Wenn ich echt wäre* kommt der Theaterleiter Herr Zhao auf die Bühne und sagt direkt zum Publikum: „Liebe Zuschauer, zwar ist es schon Zeit, mit der Aufführung zu beginnen, aber zwei Leiter und eine wichtige Persönlichkeit sind noch nicht da. Wir müssen noch einen Moment warten. Ich bitte um Ihre Entschuldigung."[1] Außer dem Erzähler, der keine Rolle darstellt, sondern nur das Geschehen kommentiert, treten die Darsteller zeitweilig aus ihrer Rolle heraus und kommentieren oder kommunizieren direkt mit dem Publikum. Z. B. kommentiert Herr Zhang Xiaoli am Ende aufgeregt: „ Nur ich habe betrogen? Nein, alle haben dabei mitgemacht! "[2] Das zeitweilige Heraustreten der Darsteller aus der Rolle verstärkt die dramatische Wirkung des Theaterstücks und durch solche Brüche wird die Distanz zum Geschehen erzeugt und die Wand zwischen Bühne und Publikum wird gebrochen. Was die Bühnenbilder betrifft, sieht man auch Brechts Einfluss auf Sha. Dieser hat in der Regieanweisung für das Theaterstück *Jesus-Konfuzius-Lennon von Beatles* gesagt: „ Nicht alle Bühnenfiguren müssen von den Schauspielern dargestellt werden. Irrelevante Rollen ohne Rollentexte können durch Holz, Plastik oder Karton angedeutet werden. "[3] Dadurch wird die Illusion auf der Bühne zerstört und die Phantasie der Zuschauer gleichzeitig aktiviert.

Kao Hsing-chien als Dramatiker der Avantgarde begann Anfang der 1980er Jahre zu versuchen, westliche Theatertheorien mit der traditionellen chinesischen Musikschauspielkunst zu verbinden. Im Artikel *Ich und Brecht* hat er so geschrieben: „Bei ihm (Brecht) habe ich erfahren, Drama kann auch erzählend präsentiert werden ⋯ was die Struktur von Ibsen bricht. Also Theaterstücke können auf eine andere Weise geschaffen werden ⋯ Seitdem Drama die erzählende Form wiederhat, die im Theater vorhanden war aber lange verloren ist, stehen

---

[1] Sha Ye-hsin, *Jiaru wo shi zhende* (Wenn ich echt wäre), in *Yesu-Kongzi-pitoushi Lienong* (Jesus-Konfuzius-Lennon von Beatles), Shanghai: Kultur- und Kunstverlag Shanghai, 1989, S. 4.

[2] Ebd. , S. 69.

[3] Ebd. , S. 344 – 345.

wir Dramatiker vor mehr Möglichkeiten. Man kann versuchen, die Elemente der Prosa und Epik ins Drama einzuführen. "[1] 1983 wurde seine Komödie *Busstation* vom Beijing-Volkskunsttheater in einem kleinen Kreis inszeniert. Die Rollenspielenden waren gleichzeitig Geschichtserzähler und Kommentierende, was zur Trennung der Rollen und Darsteller führte. Es war den Zuschauern klar, was sie anschauten, wurde gespielt und präsentierte nicht das reale Leben. Die Bühnenillusion ist inzwischen verschwunden. Das experimentelle Theater war nach der Premiere kontrovers und später sogar verboten. Der Grund lag natürlich nicht in seiner epischen Form, sondern vor allem in seinen Themen. Eigentlich wollte der Dramatiker ausdrücken, dass man nicht passiv warten, sondern sich aktiv durchsetzen soll. Aber wegen der Darstellungsform herrschte eine pessimistische Stimmung im Theater, was natürlich einen negativen Eindruck machte. Trotz des Misserfolgs der Inszenierung wurde in diesem Theaterstück das Verhältnis zwischen Schauspielern und Zuschauern verändert und die beiden Seiten näherten sich, was bewirkte, dass die Schauspieler natürlich spielten. 1985 brachte Kao das Theater *Der wilde Mann* auf die Bühne, in dem die Handlung aus mehreren Erzählperspektiven präsentiert wurde. Die Darsteller redeten über die Umweltprobleme, gleichzeitig spielten sie auch die Rollen vom Theater. Ein Zauberer sang ein Lied über die Schöpfungsgeschichte in der uralten Zeit. Der Ökologe im Theater und der Darsteller des Ökologen wechselten sich ab, d. h. , die Rollen und die Darsteller dieser Rollen traten getrennt und verbunden auf. Außerdem wurden bei der Inszenierung verschiedene Kunstformen wie Tanz, Musik, Maske, Pantomime usw. verwendet. Man kann deutlich sehen, dass Kao unter dem Einfluss von Brecht verschiedene Darstellungsformen auf die Bühne brachte, was das moderne chinesische Sprechtheater bunt machte. Sein Ziel besteht darin, dass man dadurch die eintönige Theaterstruktur durchbrechen und den erzählenden Charakter des modernen Theaters betonen kann. Leider wurden die Zuschauer nicht von solchen neuen Darstellungsformen ins Theater gezogen. Sie konnten diese sogenannten

---

[1] Kao Hsing-chien, *Wo yu Brecht* (Ich und Brecht), in *Dangdai wenyi sichao* (Kunstströmung der Gegenwart), 1986, Nr. 4, S. 93 – 94.

experimentellen Theater der Avantgardisten nicht verstehen, was die Distanz zwischen dem Publikum und der Bühne vergrößerte. Das Avantgarde-Theater, das sich vor allem mit der Veränderung der Darstellungsweise des Theaters beschäftigte, kann nur im kleinen Kreis inszeniert werden. Die meisten Theaterzuschauer halten Distanz davon, weil sie gar nicht verstehen können. Das weicht natürlich von Brechts Zweck ab. Wie kann das Theater die Zuschauer erziehen oder zum Nachdenken führen, wenn sie es nicht gern ansehen oder nicht verstehen können. Ist das moderne Theater nur eine Kunst für einen kleinen Kreis?

Kao als Dramatheoretiker, Stückschreiber und Regisseur hat zugegeben, dass Brecht eine entscheidende Rolle spielte, als er Experimente auf der chinesischen Bühne durchführte. Aber er machte keine Nachahmung, sondern schuf sein eigenartiges Darstellungssystem. Statt Brecht völlig aufzunehmen, ging Kao zurück zu der traditionellen chinesischen Schauspielkunst. „Wenn man die Darstellungsform der chinesischen Oper betrachtet, kann man zwischen Darsteller und Zuschauer einen Übergangsraum finden, d. h. der Darsteller macht körperlich und psychisch Vorbereitungen, bevor er sich in die Rolle hineinversetzt. Er befreit sich vom Alltagsleben, konzentriert sich und ist jederzeit bereit, die ihm zugeteilte Rolle darzustellen. Ich nenne diese Übergangsphase den Zustand des neutralen Darstellers. Jeder Darsteller soll gut mit dem Verhältnis zwischen Ich, dem neutralen Darsteller und der Rolle umgehen können. "[1] Kaos Theorie basiert auf Brecht, aber entwickelt Brechts Darstellungssystem weiter. Mindestens hat er dem Darsteller deutliche Anweisungen gegeben. Übrigens, Kao entschied sich nicht für Vernunft, sondern für Gefühl. Sowohl die traditionelle Schauspielkunst als auch das alte griechische Theater legt großen Wert darauf, dass das Publikum durch die dargestellten Rollen beeinflusst wird. Kao hofft, dass durch gefühlsvolle Dialoge zwischen den Zuschauern und Rollen eine richtige Kommunikation entsteht.

Was die Funktion des Theaters betrifft, ist Kao nicht für Brecht. Brecht

---

[1] Kao Hsing-chien, *Juzuofa yu zhongxing yanyuan* (Play-Making und der neutrale Darsteller), in *Meiyou zhuyi* (Ohne Ismus), Hongkong: Tiandi-Bücherverlag, 2000, S. 257.

betont die Erziehungsfunktion des Theaters und zielt darauf, die Zuschauer zum Nachdenken, Beurteilen und Erkennen zu treiben. Diese Aufgabe soll der Darsteller bei der Aufführung erfüllen. Kao meint, Theater hat keine Pflicht, die Zuschauer zu erziehen. Die Schauspielkunst habe mit der politischen Propaganda nichts zu tun. „Die Zuschauer gehen ins Theater. Wozu denn? Nicht um zu pilgern oder erzogen zu werden. Das Theater ist einfach ein künstlerisches Spiel in der Öffentlichkeit, an dem man mit Vergnügen teilnehmen kann. Der Unterschied zum Kinderspiel liegt darin, dass im Theater die Erwachsenen das Theaterspiel ästhetisch erleben. "[1] Kao strebt eine reine Theaterkunst an und lehnt die Erziehungsfunktion des Theaters ab.

Xu Xiaozhong verband im Theaterstück *Geschichten in Sangshuping* die epische Darstellungsform mit der dramatischen. Übrigens fügte er noch die Elemente der traditionellen chinesischen Oper hinzu und nahm den Geschmack des chinesischen Publikums nicht leicht. Dieses Theaterstück wurde nach drei Novellen von Zhu Xiaoping bearbeitet und hatte keine zentrale Handlung, sondern konzentrierte sich auf die Darstellung der verschiedenen Rollen. Das ganze Theater war weder in Akten noch in Szenen aufgeteilt, sondern bestand aus mehreren Abschnitten, die miteinander keine enge Verbindung hatten. In jedem Abschnitt kamen einige Hauptrollen auf die Bühne und die Nebenrollen traten ab und zu auf. Der Teamleiter Li Jindou war die einzige zentrale Rolle des ganzen Theaters, die entweder auf der Bühne oder hinter der Bühne in jedem Abschnitt vorkam. Diese Struktur präsentierte die Figuren oder Handlungen auf eine natürliche Weise und das Theater verfügte dadurch über einen dokumentarischen Charakter. Der Chor erzählte die Geschichten und kommentierte das Geschehen auf der Bühne. Der Verfremdungseffekt wurde durch die Einordnung der Abschnitte realisiert. Z. B. , der Fremde Wang Zhike und der Einheimische Huozi sind beide während der Jagd gestorben. Aber die Einheimischen in Sangshuping hatten völlig unterschiedliche Einstellungen zu ihrem Tod. Sie

---

[1] Kao Hsing-chien, *Dui yizhong xiandai xiju de zhuiqiu* (Ein modernes Theater anstreben), Beijing: Verlag des chinesischen Theaters, 1988, S. 213 – 214.

nahmen nicht an Wangs Tod teil, aber regten sich extrem über den Tod von Huozi auf. Der Regisseur ließ diese zwei Szenen aufeinander spielen und hoffte, der starke Kontrast überraschte die Zuschauer und führte sie deswegen zum Nachdenken. In einzelnen Abschnitten verfolgte der Dramatiker trotz der Verwendung der epischen Darstellungstechniken die Prinzipien des Realismus. Die Darsteller wurden aufgefordert, sich in ihre Rollen einzufühlen. Xu bestand darauf, die Elemente des epischen Theaters und des Stanislawski-Theaters gut zu verbinden. Einerseits konnten die Zuschauer über das Geschehen auf der Bühne nachdenken, andererseits wurde der ästhetische Geschmack des Publikums respektiert. Xu meinte, das Publikum sollte auf das Schicksal der Rollen aufmerksam gemacht werden. Diese Aufmerksamkeit oder die Aufregung der Zuschauer über das Schicksal der Rollen konnte auch zum vernünftigen Nachdenken führen. Vernunft und Gefühl waren nicht widersprüchlich und die Vernunft sollte nicht völlig von Gefühlen getrennt werden. Die Zuschauer waren verpflichtet, das Verhältnis zwischen den Darstellern und den Rollen gut zu verstehen. „Die Darsteller fühlen sich manchmal in die Rollen ein, manchmal halten sie Distanz von den Rollen und kommentieren die von ihnen dargestellten Rollen... Und bei der Darstellung sollen sie ihre Kommentare zu den Rollen aufweisen. "[1] In Bezug auf die Illusion auf der Bühne verwendete Xu zwei Methoden: Einerseits versuchte er, die Illusion zu brechen, andererseits schaffte er eine neue Assoziation. „In chinesischen Opern wird die Illusion abgeschafft, aber gleichzeitig aktivieren sie die poetischen und bildhaften Vorstellungen der Zuschauer... Nicht das reale Leben wird auf der Bühne gezeigt, sondern die poetische Szene präsentiert sich durch die Phantasie der Zuschauer. Das kann sowohl zum philosophischen Nachdenken als auch zur Aufregung über die Ästhetik führen. "[2]

In der Spätzeit bezeichnete Brecht sein Theater als dialektisches Theater, in

① Xu Xiaozhong, *Zai jianrong yu jiehe zhong shanbian* (*shang*) (Wandlungen in Verbindung und Kombination) (Teil I.), in *Zhongguo xiju* (Chinesisches Theater), 1988, Nr. 4, S. 15.

② Xu Xiaozhong, *Zai jianrong yu jiehe zhong shanbian* (*xia*) (Wandlungen in Verbindung und Kombination) (Teil II.), in *Zhongguo xiju* (Chinesisches Theater), 1988, Nr. 5, S. 41.

dem nicht nur die Merkmale des epischen Theaters sondern auch die des aristotelischen Theaters sowie die des Stanislawskis-Theaters erkennbar sind. Brechts Frau Helene Weigel war die Darstellerin der Heldin in mehreren Brechtschen Theaterstücken. Sie hat beim Chinabesuch auch erwähnt, dass Brecht bei der Regie auch Stanislawski berücksichtigte und verwendete.

Xu Xiaozhong war Rektor der Zentralen Schauspielkunsthochschule und Vizevorsitzender des Vereins der chinesischen Dramatiker. Anfang der 60er-Jahre ging er in die ehemalige Sowjetunion, um Stanislawskis System zu studieren. Anfang der 80er-Jahre begann er, sich an Brecht zu wenden. Nach der Inszenierung *Geschichten in Sangshuping* wurde Xu in China als Vertreter des modernen Theaters angesehen. „Das Verständnis des realistischen Theaters soll umfangreich sein … und es wurzelt im vielfältigen realen Leben. Realismus und Expressionismus, Prosa, Epik und Drama, Gefühl und Vernunft können miteinander gemixt werden, "① so Xu. Stanislawski, Brecht und traditionelle chinesische Schauspielkunst finden ihre Spuren in Xus Theater. Im Mittelpunkt von Xus Theater stehen nach wie vor die Schauspieler. „Die Bühnenbilder werden immer reicher und die Regietechnik entwickelt sich weiter. Aber das wichtigste am Theater bleibt die Vorstellung des Schauspielers. Ich halte das für eine Schöpfung auf der Bühne. "② Xu legt großen Wert auf den künstlerischen Wert des Theaters. Unter dem Einfluss von Brecht betont er auch die Vernunft und die Verfremdung. „ Wir möchten auf der Bühne eine Illusion schaffen, aber gleichzeitig schaffen wir sie auch ab. Einfühlung und Verfremdung, durch beide Elemente ist mein Theater gekennzeichnet. "③

Brechts Rezeption in China ist nicht unproblematisch. Die Begeisterung von ihm in den 1950er Jahren rief die Inszenierung seines Theaterstücks *Mutter*

---

① Xu Xiaozhong, *Xijujie yinggai zuo shuyu ta yinggai zuo de shi* (Theaterkreis hat seine Aufgabe), in *Xiju bao* (Theater-Zeitung), 1985, Nr. 6.

② Xu Xiaozhong, *Huaju „ Sangshuping jishi " shiyan baogao* (Berichte über Experimental-theater *Geschichten in Sangshuping*), in *Xu Xiaozhong daoyan yishu yanjiu* (Untersuchung zur Regie von Xu Xiaozhong), Beijing: Verlag des chinesischen Theaters, 1991, S. 418.

③ Xu Xiaozhong, *Peer Gynt de daoyan gousi* (Gedanken über die Regie für *Peer Gynt*), in *Xiju xuexi* (Theater-Studium), 1983, Nr. 4.

Courage und ihre Kinder durch den Dramatiker Huang Zuolin hervor, die aber keinen Erfolg hatte. Huang dachte über den Misserfolg nach und begann Brechts Theatertheorien zu studieren und versuchte, einen Zusammenhang zwischen Brecht, Mei Lanfang und Stanislawski zu finden. Nach der Kulturrevolution begann das zweite Brecht-Fieber mit der Inszenierung von Brechts Theaterstück *das Leben des Galilei*, die im Gegensatz zu *Mutter Courage* große Erfolge erzielte. Besonders erwähnenswert wäre, dass Brecht ab den 1980er Jahren auf Zuneigung unter den modernen chinesischen Dramatikern stieß. Unter Brechts Einfluss verfassten und inszenierten mehrere chinesische Dramatiker ihre eigenen experimentellen Theaterstücke, Sha Ye-hsin, Kao Hsing-chien und Xu Xiaozhong sind ihre Vertreter. Sie rezipierten Brecht, übernahmen wieder Stanislawski und die traditionelle chinesische Schauspielkunst und versuchten, verschiedene Theaterdarstellungssysteme zu mixen, um eine neue moderne Theaterform chinesischen Stils zu schaffen.

Medialität der Emotionalität
Zur Liebesbriefepisode im „Willehalm von Orlens"

谢　娟

摘　要　本文通过对中古德语诗人鲁道夫的《维勒海姆》中的"伊丽哭灵"选段的详细分析,比较了封建宫廷文化具有代表性的公共领域与私人领域中出现的情感表达模式的差别,考察了情感表达所具有的社会性别属性,以及社会角色的转化与时间空间转换之间的特定关系,从而深入探讨了封建宫廷文化个体的身份构建。

关键词　公共领域　情感表达模式　社会性别属性　身份构建

1　Forschungspositionen

Die Signifikanz des Briefwechsels zwischen Willehalm und Amelie über den Boten Pitipas ist nicht nur durch Illustrierung von vier der insgesamt fünf Szenen der Münchner Handschrift[①] und durch dessen offenkundigen Einfluss auf die Briefszene im 'Wilhelm von Österreich' Johanns von Würzburg unter Beweis gestellt, sondern auch in der 'Willehalm'-Forschung mit außergewöhnlicher Einigkeit anerkannt worden.[②] Brackert

---

① Cgm 63, siehe die Beschreibung bei Elisabeth Klemm, *Die illuminierten Handschriften des 13. Jahrhunderts deutscher Herkunft in der Bayerischen Staatsbibliothek. Textband* (Katalog der illuminierten Handschriften der Bayerischen Staatsbibliothek in München 4), Wiesbaden, 1998, Nr. 217 (S. 239 – 243).

② Vgl. Helmut Brackert, *Da stuont daz minne wol gezam. Minnebriefe im späthöfischen Roman*, in: ZfdPh 93 (1974), S. 1 – 18; Franziska Wenzel, *Situationen höfischer Kommunik-ation. Studien zu Rudolfs von Ems 'Willehalm von Orlens'* (Mikrokosmos 57), Frankfurt a. M. u. a., 2000, hier, S. 124 – 134; Christoph Huber, *Minne als Brief: Zum Ausdruck von Intimität im nachklassischen höfischen Roman* (Rudolf von Ems: 'Willehalm von Orlens'; Johann von Würzburg: 'Wilhelm von Österreich'), in (转下页)

betrachtete den ersten Briefwechsel in der deutschen Epik im Kontext der Formalisierungs- und Stilisierungsentwicklung des Liebesbriefs in späten mittelhochdeutschen Epen und versuchte, die Inhaltsleere der Briefe anhand deren Zusammenhänge mit dem Szenenmuster[1] und dem Briefmuster[2] der Brieftradition durch Rudolfs Neuerung der Form und des Stils statt des Inhalts zu rechtfertigen, und stellte fest, dass die Kunstfertigkeit des Schreibenden der Vergewisserung der Tugendhaftigkeit des anderen diene. Von der höfischen Kommunikation ging Franziska Wenzel aus und bezeichnete den Briefverkehr als eine der öffentlichen Interaktionsform der Turniere gegenüberstehende Interaktionsform der heimlichen Minne, die über den Boten, ein „optisches, akustisches und taktiles Medium", zustande komme (S. 128). Die Briefe hätten die Funktion, den jeweils anderen zu vergegenwärtigen, und der Bote sei „das zeit- und raumüberbrückende Sinneswerkzeug beider Interaktanten" (ebd.). Darüber hinaus differenzierte Wenzel die Repräsen-tation in Stellvertretung, in symbolische und in körperliche Vergegenwärtigung des Minnepartners. Auf der Basis der Wenzelschen Arbeit stellte Huber den Briefverkehr im Spannungsfeld zwischen Oralität und Literarität dar, in Abgrenzung zu anderen Diskursen (Urkunde, Rechtsdiskurs) und im Kontext des Liebesdiskurses des Romans, und stellte seinen „mündlichen Charakter", die „Züge von intimen personalen Absprachen" und die Zugehörigkeit zu denselben stilistischen Liebesdiskursen „ der sprachlich ornamentierten Mündlichkeit" des Minne-Romans fest (S. 13). Anhand zahlreicher Textbeispiele versuchte Besse in ihrem Aufsatz die Entwicklung der Briefkultur

---

（接上页）*Schrift und Liebe in der Kultur des Mittelalters* 2008, hg. von Mirelle Schneyder, Berlin/New York, 2008, S. 125 - 145; und Maria Besse, *Schreiben-Lesen-Emotionen: das Medium 'Brief' in der älteren Literatur*, in *Fürstliche Frauentexte in Mittelalter und Früher Neuzeit*, hg. von Wolfgang Haubrichs (LiLi 159), Stuttgart, 2010, S. 113 - 148.

[1] Brackert, *Da stuont daz minne wol gezam*, a. a. O. , S. 3: „Ein Bote kommt, zuweilen in Begleitung, mit einem Brief. Er wird mit höfischen Anstand empfangen, in ein separates Gemach geführt und bringt einen Gruß vor oder eine Botschaft. Erst dann übergibt er den Brief, oft auch noch ein Geschenk; der Brief, dessen Inhalt dem Boten unbekannt ist, wird vom Empfänger in Gegenwart des Überbringers gelesen. Die Lektüre stimmt den Empfänger, je nach Inhalt, fröhlich oder traurig".

[2] Ebd. , „Ein Gruß eröffnet den Brief, daran schließt sich eine *triuwe*- oder *dienest*-Versicherung, dem folgt ein Lobpreis auf die *tugent* oder (seltener) speziell auf die Schönheit des Empfängers, dann eine meist nur kurz und ganz allgemein gehaltene Bitte und endlich als Abschluß wieder eine *triuwe*- oder *dienst*-Versicherung".

mit dem Schwerpunkt auf der Emotion darzustellen; mit dem Textbeispiel des Klagebriefs Amelies an Willehalm stellte Besse das Schreiben als „Mittel gegen Liebeskummer" dar (S. 129). Damit ist der Briefzyklus aus verschiedenen Perspektiven untersucht worden, aus formellen und funktionalen Hinsichten, aus den gattungsgeschichtlichen Zusammenhängen, aus der Perspektiven der Emotionalität[1], und insbesondere aus dem medialen Aspekt der höfischen Kommunikation[2]. Hier gilt besonderes Interesse der Medialisierung der Liebeskommunikation, wie der Briefwechsel in der Liebeskonzeption im Spannungsverhältnis zwischen Öffentlichkeit und Heimlichkeit, Mündlichkeit und Schriftlichkeit stilisiert und funktionalisiert wird.

Es handelt sich um drei Briefzyklen und insgesamt fünf hochliterarisierte Liebesbriefe, die Willehalm während seiner Turnierzeit auf dem Festland mit der in England zurückgebliebenen Minnedame Amelie über ihren Boten in Heimlichkeit wechselt. In der vorliegenden Arbeit gehe ich spezifisch auf die mündliche Abmachung der Minnedame und des Ritters über die künftig Distanz bewältigenden Kommunikationsmöglichkeiten und den im Rahmen eines Sperberturniers verorteten Briefzyklus ein. Aufgrund der Verschränkung der Turnier- und der Briefhandlung kann jeder Brief nicht ohne Rücksicht auf das jeweilige Turnier betrachtet werden. Allerdings würde der untersuchte Textumfang allzu groß, wenn alle drei Turniere

---

[1] Ausführlich ist der Forschungsstand dokumentiert bei: *Codierungen von Emotionen im Mittelalter / Emotions and Sensibilities in the Middle Ages*, hg. v. C. Stephen Jaeger, Ingrid Kasten, Berlin, New York, 2003 (Trends in Medieval Philology 1); Jutta Eming, *Emotion und Expression. Untersuchungen zu deutschen und französischen Liebes- und Abenteuerromanen des 12. bis 16. Jahrhunderts*, Berlin, New York, 2006 (Quellen und Forschungen zur Literatur- und Kulturgeschichte 39); Elke Koch, *Trauer und Identität. Inszenierungen von Emotionen in der deutschen Literatur des Mittelalters*, Berlin, New York, 2006 (Trends in Medieval Philology 8); Rüdiger Schnell, *Historische Emotionsforschung. Eine mediävistische Standortbestimmung*, in FMSt 38(2004), S. 173 – 276.

[2] Die mediävistische Germanistik hat sich dank der aktuellen Errungenschaften aus der Geschichtswissenschaft mit den verschiedensten medialen Formen der Kommunikation befasst. Stellvertretend seien genannt die Arbeiten Horst Wenzels, *Gespräche*, ders., *Visualisierungsstrategien* sowie ders., *Hören und Sehen*. Mehr zum Thema „Medialität und Minnepfand": Ulrich Hoffmann, *Griffel, Ring und andere ding. Fetischisierung und Medialisierung der Liebe in Floris-Romanen des Mittelalters und der Frühen Neuzeit*, in *Dingkulturen. Objekte in Literatur, Kunst und Gesellschaft der Vormoderne*. Hrsg. von Anna Mühlherr u. a. Unter Mitarbeit von Ulrich Hoffmann. Berlin/Boston, 2016 (Literatur-Theorie-Geschichte. 9), S. 358 – 388.

und Briefzyklen einem *close reading* unterzogen würden. Die Wahl des zweiten Briefzyklus und Turniers ist einerseits auf die Vollständigkeit der Brief- und Turnierhandlung, andererseits auf die Spezifik der ausgesuchten Textpassage, und zwar die Kontrastierung der öffentlichen *minne* mit der heimlichen, zurückzuführen, welche für die hier angekündigte Fragestellung zentrale Bedeutung hat.

2 Gespräch, Bote und Rubinspange-*face-to-face*-Kommunikation in der Mündlichkeit

Willehalms Rückkehr nach Brabant, um sich durch die Schwertleite ritterfähig machen zu lassen, wird durch Amelie angespornt. Auch den Briefwechsel initiiert die Minnedame. So wird nicht nur die Verbundenheit des Ritterdienstes mit dem Minnedienst von Anfang an einsichtig, sondern auch der Einschluss des Ritterdienstes in den Frauendienst. Denkt man zudem an den Bildungscharakter von Willehalms England-Aufenthalt und die Verankerung der Minneentstehung in der Bildungsreise, ist der Minnedienst wiederum durch Lehrhaftigkeit geprägt.

Die Heimlichkeit der Liebesbeziehung bzw. des Briefwechsels wird schon durch die Charakterisierung des organisatorischen Gesprächs Amelies und Willehalms vor dem Abschied hervorgehoben: *Si* [Amelie] *sprach hainlichen zů im* [Willehalm] (v. 5437). Interesse verdient die Parallelisierung der Gesellschaftlichkeit des Frauendienstes mit der Privatheit des Minneverhältnisses. Die öffentliche 'Partnerschaft' oder Spielkameradschaft Amelies und Willehalms wird *in geselleclicher cúr* (v. 5434) durch das Berühren mit der Hand manifestiert (*Amalye an siner hant*, v. 5435) und von der Hofgesellschaft ohne weiteres akzeptiert. Die Intimsphäre wird jedoch statt durch die körperliche Nähe im höfischen Kontext durch die Öffnung einer vor den anderen verschlossenen heimlichen Situation gekennzeichnet.

Im Gespräch kündigt Amelie den ausgewählten Boten an und gibt dem abreisenden Helden eine Rubinspange als Liebespfand. Gewichtet werden dabei die Qualifikation und die Funktion des Boten und die Liebessymbolik der Rubinspange.

Amelie annonciert ihren *garzun* (v. 5439) und das *hoveliche knehtelin* (v. 5434) Pitipas, der *mit zühten zühtic* ist (v. 5440) und *wol gůte rede kan* (v. 5445), als Boten, wodurch dessen enge Verbindung mit der Minnedame und seine Qualifikation durch seine höfischen Eigenschaften begreiflich gemacht werden. Schon der Name des Boten signalisiert seine Höfischkeit, denn die 'kleinen Schritte' gelten als höfische Bewegungsform und verraten andererseits ihre Funktion: Piti-pas soll nämlich die Distanz zwischen den Geliebten verringern. Diese Funktion wird gleichzeitig durch die Worte der Auftraggeberin beglaubigt. [1] Im Vergleich zur räumliche Entfernung überwindenden Funktion des Boten wird das Liebespfand als Memorialzeichen kenntlich, das die zeitliche Distanz zwischen der Vergangenheit und der Gegenwart zu überbrücken vermag. [2] Die Liebessymbolik der Rubinspange wird dadurch unterstrichen, dass die Minnedame betont, dass die Spange unmittelbar ihre *blossen hut* berührt hat und der Ritter sie bei sich tragen soll, wie sie es getan hat (v. 5447 – 5454), womit die Dimension als Berührungsreliquie hervorgehoben wird. Demzufolge wird die Körpernähe von der vorherigen höfischen Repräsentationsdimension in die jetzigen Diskurse der erotischen Intimität transformiert. Die Rubinspange besitzt aus dieser Perspektive nicht nur wegen der "*pars pro toto*-Relation" Vergegenwärtigungsfunktion, [3] sondern symbolisiert auch die gegenseitige Minne: Der Rubin gilt im Mittelalter als Edelstein der Liebe, der aufgrund seiner Farbe, die oft mit dem roten Mund des Geliebten konnotiert ist, zur Metonymie der Liebe[4] wird, mittels welcher die Geliebten sich 'erhöhen' können: *Und heb hohen můt durch mich, / Won den han ŏch ich durch dich*, v. 5453f.

Aus der heimlichen *face-to-face*-Kommunikation wird eine über verschiedene Formen (wie die Rede des Boten, das Memorialzeichen und nicht zuletzt die

---

[1] „Der Bote wird als Mittler (Medium) besonders beglaubigt durch bedeutende Zeichen oder (und) durch die Worte seines Auftraggebers"(Wenzel, *Hören und Sehen*, a. a. O. , S. 257).

[2] Wenzel, *Situationen höfischer Kommunikation*, a. a. O. S. 124.

[3] Ebd.

[4] Rubin hat sowohl die Farbe der Liebe, Rot, als auch die Qualität der Liebe, ausführlicher siehe Ulrich Engelen, *Die Edelsteine in der deutschen Dichtung des 12. und 13. Jahrhunderts*, München, 1978, S. 324 – 332.

Briefe) vermittelte Kommunikation bestimmt und abgeleitet, welche durch die Vernetzung von Mündlichkeit und Schriftlichkeit, Materialität und Körperlichkeit von hoher Komplexität ist. Exemplarisch wird zugleich die Parallelisierung bzw. der Kontrast der Öffentlichkeit und der Heimlichkeit durch die Entfaltung einer privaten Situation in der höfischen Gesellschaftlichkeit, deren Spannung für die folgende Liebeskommunikation zwar sinnstiftend, aber nicht unproblematisch ist.

3 Turnier , Kuss und Briefe-Liebeskommunikation in der Schriftlichkeit

Das Sperberturnier und die mit der Turnierhandlung verschachtelte Briefszene liefern aufschlussreiche Ansätze für die Entzifferung des Frauendiensts im Spannungsfeld zwischen Öffentlichkeit und Heimlichkeit. Die in der höfischen Literatur normalerweise voneinander ausgeschlossenen Geltungsbereiche Öffentlichkeit und Heimlichkeit werden nämlich bei der Darstellung der höfischen *minne* parallel nacheinander gezeigt, wobei sich die beiden durch das übergeordnete Dienstmodell bzw. dessen Ausdrucksweise unabwendbar miteinander überschneiden, vor allem in den verschriftlichten Liebesbriefen, wo man nicht nur über Liebe kommuniziert, sondern über die Gesellschaftlichkeit der *minne* reflektiert und versucht, nicht zuletzt die heimliche oder intime Liebe mittels der öffentlichen Diskurse zu thematisieren.

3a. Turnier-*minne* in der Öffentlichkeit 1

Es geht im zweiten Turnier um einen Sperber-Wettkampf nach der *mære Ekken*s[1], die das Publikum entweder *vernomen* (Mündlichkeit) oder *gelesen* (Schriftlichkeit) hat (v. 7100). Rudolfs Text bietet eine detaillierte Vorstellung des Ablaufs des Sperberturniers (v. 7100 – 7148), wobei vor allem die Gesellschaftlichkeit des Ereignisses ausgeführt wird: Mobilisiert werden nicht nur die *werde ritterschaft* suchenden besten Ritter *von den landen*, sondern auch

---

[1] V. 7102. Ob es sich hier um Hartmanns von Aue 'Erec' handelt, dafür liefert der Text keinen weiteren Hinweis.

die schönsten *vrôwen übers lant* (v. 7140, 7152, 7112/14). Die Schönste von ihnen wird wiederum als Königin (v. 7123) und *rihter* (v. 7124) annonciert, die während der Turnierzeit *minne reht* ausspricht (v. 7126) und dem im Turnierkampf ausgezeichneten Ritter in der Öffentlichkeit die Preise verleiht-den Sperber, der für die Tapferkeit steht, und einen Kuss, der die *minne* symbolisiert. Das Turnier gewinnt starken juristischen Charakter durch die Minnerechtsprechung, die rechtlich mit der Lehnsverleihung durch den Herrn vergleichbar ist (*Als da man rehte lehen reht / Vor ainem herren machet sleht* v. 7127f.), und durch die formalisierte Preisverleihung (v. 7136 – 7148). Das Ritter-Dame-Verhältnis im Ritterkampf wird dadurch veranschaulicht, dass die sich in der Regel in der Kemenate befindende Damengesellschaft in einen am Feld extra für das Sperberturnier aufgebauten *palais* untergebracht ist und einerseits von dort unmittelbar den Kampf verfolgt, andererseits sich in der 'Schutzzone' davon distanzieren kann. Dabei wird die Rolle der Dame als das mitwirkende Schauen-und-beschaut-werden-Objekt evident, das durch Rudolfs wiederholte Wahl des Reimes (*vrôwen / schôwen* v. 6229f., 7427f., 7969f. etc.) vertextlicht und verklanglicht wird, wobei sich der Bedeutungspol, je nach Kontext, mal auf das Schauobjekt (v. 6229f. [1]; 7119f.), mal auf das Beschaute (v. 5797f. [2]) fixieren lässt.

Auf *den selben lieben wan* (v. 7149) und aufgrund des *spârwer*s (v. 7150) kommen die besten Ritter aus aller Welt mit festlicher Ausstattung, darunter auch Willehalm. Interessanterweise findet hier vor dem Turnierkampf und der Ermittlung des besten Ritters noch eine Art Wettbewerb um die Position als schönste Dame statt. Das *Oliuieres kint von Ploys*, das sich [a] *n schône, an zuht, an prise* (v. 7183, 7181) auszeichnet, bekommt den ersten Preis unter beinahe tausend Damen (v. 7188) und wird zur Königin und Richterin ausgewählt. Willehalm gelingt es, sein Zelt dem Damenpalast *gelegenlichenste* (v. 7208)

---

[1] Hier möchte Pitipas, Amelie vertretend, Willehalms Turnier verfolgen, in diesem Sinne ist Pitipas nicht nur "optisches Sinneswerkzeug Amelies" (Wenzel, *Situationen höfischer Kommunikation*, a. a. O., S. 127), sondern vertritt leiblich Amelie (Huber, Minne als Brief, a. a. O., S. 130) und erfüllt ihre Rolle.

[2] 'Da bi! halt us! la schôwen/Die ritterschaft, die vrôwan!' (v. 5797f.).

aufzustellen. Die räumliche Nähe zur Damengesellschaft ermöglicht die beste Sicht (*da man aller beste sach*, v. 7209) und suggeriert gleichermaßen das beste 'Beschaut-Werden'. Das Sensationelle der Veranstaltung bezeugt eine lange Anwesenheitsliste von Prominenten (v. 7217 – 7268), darunter wird als erster Avenis, der König von Spanien, genannt, der durch hohe Herkunft und hohes Ansehen (v. 7222f.) hervorragt und dessen Rolle als Nebenbuhler latent vorweggenommen wird. Insgesamt versammeln sich zweitausend Ritter *nach gewinne* und *dur werde minne* (v. 7277f.). Die Hervorhebung der großen Anzahl von Rittern und Damen manifestiert nochmals die Ereignishaftigkeit des Turnierkampfs. Dabei werden aber die Rollen der Geschlechter und das zwischengeschlechtliche Verhältnis durch die Gruppierung der Ritter und der Damen (die Besten und die Schönsten, Kämpfer und Richterin) pauschalisiert und vergesellschaftlicht. Anzumerken ist, dass der Wettbewerb um die Schönste nicht zu einer Absonderung eines Einzelnen aus der Gruppe führt, sondern es wird eine Vertreterin der kollektiven Werte ausgesucht. Hingegen zielt die Teilnahme eines Ritters am Turnier auf Auszeichnung ab, die eine Aussonderung aus der Gemeinschaft zur Folge hat; danach erhält der Sieger den Preis, der für das höchste Ansehen über den anderen Rittern steht, von der schönsten Dame, einer Verkörperung aller schönsten und tugendhaften *vrouwen*.

Während der *vesperie* ziehen die Ritter vor das Frauenpalais, um zu *tiostieren* (v. 7330/7333). So kommen Willehalm, *der degen ellenthaft* und Avenis, *der edel kúnic* zusammen und beschließen, sich miteinander zum *Stechen* zu treffen, so dass *menic frôwe* ihre jeweilige Heldentat *siht* (v. 7353 – 7381). Zur Schau gestellt werden Willehalms silberner *hernasch*, reiches *wapenclait*, sein golden verzierter Schild mit zahlreichen Löwen darauf-das Symbol für seine drei Lehensländer *Hanegou*, *Orlens* und *Brabant*-, der aufgebundene Helm und großes *ged ôn* aus schönen goldenen Schellen (v. 7391 – 7411). Willehalms Erscheinung wird durch die Metallfarben, Silber und vor allem Gold, glanzvoll (*vil rilichen schin*, v. 7398; *richen schin*, v. 7409) und durch das an ihm hängende Schellenzeug klangvoll, wodurch seine Ritter- und Herrscherqualität nicht nur sichtbar, sondern auch hörbar gemacht wird. Die Tjost zwischen

Willehalm und Avenis wird doppelt beschaut, von den anderen Rittern in einer langen und weiten Runde und von den *vrŏwen* (v. 7421 – 7427). Der Zweikampf folgt dem traditionellen Darstellungsmuster und endet rasant, als Avenis zu Boden fällt. Dem doppelten Beschaut-Werden folgt eine Doppelung der Anerkennung, die durch einen melodischen Zwischenruf[①] hörbar gemacht wird. Der König Gerion lässt sich nicht davon überzeugen und provoziert eine neue Tjost mit dem Sieger, die ähnlich verläuft und ebenso ausgeht. Die scheinbare Wiederholung des Kampfs dient der Bestätigung und der Steigerung der Ehre des Kampfsiegers. Allerdings ist es keine reine Wiederholung, weil zwischen dem Sieger und Herausforderer ein Gespräch vor der Tjost eingeschoben wird, worin die Ritter ihre Motivationen zum Kampf darstellen: Gerion ist es unerträglich, dass die großen Ritter wie Avenis vom 'Kindritter' Willehalm (Mit kindes krefte, v. 7474) besiegt werden, während Willehalm auf ritters pris und die liebú vrŏwe min verweist (v. 7490f.). Aus dieser Perspektive ist eine Entsprechung von Willehalms Motivation und dem Ziel des Turniers in Poys zu beobachten, obgleich sich die liebú vrŏwe offenkundig nicht mit der Minneträgerin hier, also der vrŏwe königin, identifizieren lässt. So wird zugleich eine vorprogrammierte Weichenstellung im Frauendienst unverkennbar, dem die Gesellschaftlichkeit selbstverständlich zugeschrieben wird und worüber problemlos in der Öffentlichkeit kommuniziert wird, sobald die Dienstminne nicht konkretisiert wird und modellhaft bleibt. Währenddessen ist eine Konkretisierung der minne eines Ritters zu einer Dame der Heimlichkeit verhaftet und wird deswegen vor der Öffentlichkeit verborgen gehalten.

3b. Amelies Brief-*minne* in der Heimlichkeit 1

Nach Willehalms ehrenvollem Sieg im Vorkampf wird ein Festessen in Willehalms Herberge veranstaltet. Pitipas ist unterdessen mit dem zweiten Liebesbrief von Amelie eingetroffen. Willehalms Einführung des Boten ins

---

① 'Ay ere úber ere, /Wie dirre tugende richer man/Gewerben wol nach eren kan! /Hie hat sin ritterlichú kraft/Bejagt den pris an ritterschaft/Das im die nu prises jehent/Die werden pris ze rehte spehent! /So hat der helt unverzaget/Umb úns mit gebender hant bejaget/Das wir gemainen pris im geben. /Ay sŭzer Got, nu las in leben/Und fŭge ime werdes lobes lon!' (v. 7458 – 7469).

pavelun，［a］n aine hainliche stat（v. 7546f.），markiert die Transformation von der Öffentlichkeit in die Heimlichkeit. Willehalm fragt in der „mimetischen Zweisamkeit"[①] nach dem Zustand der Minnedame. Der Bote verweist auf die Botschaft，nämlich den Brief，und erkennt seine Unterordnung unter die Botschaft an，[②] sodass eine Hierarchisierung der Schriftlichkeit über die Mündlichkeit zu beobachten ist.

'Wie gehabt min vrŏwe sich? '-

'Herre，wol und nie so wol.

Dirre brief iu sagen sol

Ir dienst me danne ich

Mit rede kunne gevlizen mich

Gûtes unde übergûtes

Und minnecliches mûtes. '（v. 7550 – 7556）

Anschließend wird der Brief vor dem Boten vorgelesen. Der Brief folgt zwar formell dem Muster，geht aber auch auf die Geschehnisse in der Handlung ein，und zwar reflexiv. Nach dem zeremoniellen Gruß（v. 7559 – 7573）lobt Amelie rückblickend Willehalms große Leistung im letzten Turnier in *Kombarzi* （v. 7574 – 7579），die sie anscheinend über Pitipas erfahren hat，wodurch die Repräsentationsfunktion des Boten aufscheint. Amelie interpretiert ihrerseits Willehalms Auszeichnung im Turnier als Minnedienst（v. 7577），für die Leser besitzt das eine Vergegenwärtigungsfunktion von Willehalms Ritterlichkeit. Amelie bringt die Wirkung von Willehalms Sieg auf sich selbst zum Ausdruck：Allem Leiden und *ungemûte* ist sie entzogen；in ihrem Herzen bleibt nur *sâlde* （v. 7584/7586），die Willehalm durch seine Heldentaten auf sich gezogen hat. [③]

---

① Damit ist eine Nachahmung der Situation der Zweisamkeit von Willehalm und Amelie am englischen Hof gemeint.

② Die Hervorhebung der Rolle der Botschaft ist wohl auf Rudolfs Innovation zurückzuführen，dass er anstatt der traditionellen oralen Botschaft dem Brief mehr Bedeutung beimisst，vgl. Huber，*Minne als Brief*，a. a. O. ，S. 130.

③ 'Do wart ich alles laides vri/Und lie das ungemûte nider/Und wûhs in hohem mûte sider/Und gaste in minem herzen mich/Der sâlden das dú sâld an dich/Nach wunsche in richer werdekait/Hat aller sâlde vlis an dich gelait' （v. 7580 – 7586）.

Daraufhin werden ihr Lesen von Willehalms Brief und Pitipas Auskunft über das aktuelle Turnier (v. 7587 – 7590) erwähnt, wodurch eine Synchronisierung von Vergangenheit und Gegenwart in Gang gesetzt wird, die den räumlichen Abstand der Briefkommunikation indiziert.

Über das Sperberturnier freut sich Amelie *herzecliche* (v. 7597), Willehalm nimmt nämlich als ihr Ritter daran teil. Sie wünscht, er möge den Preis gewinnen und Kuss und Sperber erhalten, was von den anderen gesehen werden könnte, weil sie die Preisverleihung durch die Königin der Frauen als Lohn für Willehalms Minnedienst an ihr bezeichnet:

> Das dir der pris geschehe
>
> Das man dir gåben såhe
>
> Den kus, den sperwer uf die hant.
>
> Wirt dir alsolher pris genant,
>
> Des bin ich herzecliche vro
>
> Und gan dirs wol. geschiht ez so
>
> Das ich ez niht engelten sol,
>
> So gan ich dir der eren wol
>
> Und ir von der si dir geschiht (v. 7593 – 7601)

So kommt nicht nur eine Überlappung der heimlichen *minne* mit der gesellschaftlichen, sondern zugleich auch eine Selbstidentifizierung Amelies mit der Königin der *vr öwen* zum Ausdruck. Dazu tritt die Legitimierung der personalen Emotion durch das apersonale Dienstmodell, dessen Anforderung der Gegenseitigkeit jedoch Amelies Sorge auslöst: Der Gewinn der Preise (Sperber und Kuss) rechtfertigt nämlich den Anspruch der Königin auf den Preisträger (*Ich gan ir aber fürbas niht / Das si dekainen pris an dir / Bejage der gen dir werre mir*, v. 7602 – 7604)[1]. In der schriftlichen Auseinandersetzung mit der *minne* im Spannungsverhältnis von Heimlichkeit und Öffentlichkeit erkennt Amelie zwar am Anfang den Unterschied und versucht sogar auf der Basis des allgemeinen Dienstmodells über ihre

---

[1] Christoph Huber interpretiert dieselben Verse auf eine andere Weise und sieht darin einen Ausdruck von Amelies eigenem "Minne-Rechtsanspruch" (Huber, *Minne als Brief*, a. a. O. , S. 131).

eigene Emotion zu reflektieren, gerät aber im Gedankenverlauf in die Komplikation der Thematik. Letztendlich kann sie sich wiederum nur auf die modellhafte Treueversicherung berufen (*Geselle min, wis ståte/An mir, als ich e båte*, v. 7605f.). Am Ende des zweiten Liebesbriefs wird wie im ersten der Rückkehrtermin nach dem Sommer (v. 6315) bzw. vor dem Winter (v. 7608) angesprochen, somit auch die Aussicht auf eine Wiedervereinigung gestellt.

3c. Kuss-*minne* in der Öffentlichkeit 2

Über den Brief bzw. das Lesen des Briefs freut sich der Held. Er verlässt offenbar das *pavelun* und kümmert sich wieder um seine Gesellschaft[①]. *Sin herberge was fröden vol*, und dort findet man zahlreiche *kurzewile* (v. 7622f.). *Kúnege, fúrsten über al/H üben alle grossen schal* (v. 7625f.)-freudige Repräsentation durch Klänge. Willehalm bewährt sich abermals durch den unvergleichbaren *schal* seiner Gäste und die Nachhaltigkeit des Freudepflegens (v. 7627 - 7633). Die Freude, die Willehalm an der heimlichen *minne* findet, befördert wegen der Entsprechung zur gesellschaftlichen Stimmung einen beinahe unmerklichen Raumwechsel, indem sie sich an die gesellschaftliche Freude knüpft. Obwohl die heimliche *minne* aus dem Öffentlichen ausgeblendet wird und nichttransformierbar bzw. nichtkommunizierbar mit der gesellschaftlichen ist, scheint eine Kontinuität der erzeugten Emotion der *fröde* die Inkompatibilität der Geltungsbereiche zu mindern. So ist eine Intensivierung der gesellschaftlichen Freude durch die heimliche *minne* zu beobachten.

Der Massenkampf am folgenden Tag ist heftiger (v. 7638 - 7740), der ausgezeichnete Ritter demgemäß auch tapferer:

> Die ellenthaften rittherschaft
> Stöbete der herre gůt
> Rehte als ain gervalke tůt
> Vil clainer vogelline (v. 7732 - 7735).

---

① Do der tugentricher man/Den brief gelas und das er dran/Vant, do fröte sich der degen. /Er gie von dan und hiez do plegen/Siner gesellescheft wol (v. 7617 - 7621).

Der um den Sperber kämpfende Ritter wird im Erzählerkommentar als ein *valke* bezeichnet (v. 7734), der für Tapferkeit steht und zugleich tapfer ist. Die Profilierung der Einzigartigkeit des Helden erfolgt nicht nur metaphorisch, sondern auch intertextuell: *Gahmuret vor Kanvolais / Nie bejagte so hohen pris* (v. 7826f.). Willehalms Ehre übertrifft deswegen nicht nur auf der Handlungsebene alle anderen Turnierteilnehmer, sondern den Vater des berühmten Artus-Ritters Parzival in der Literaturwelt, wobei Rudolfs Versuch, das Vorbild Wolfram zu überbieten, hier intertextuell markiert wird, wodurch aber zugleich die Traditionalität der Darstellungsstrategie zur Schau gestellt wird.

Eine institutionalisierte Preisverleihung, die wiederum in Ratsversammlung, Verkündigung und Übergabe unterteilt ist, treibt die Überhöhung Willehalms als tapferer Minneritter schließlich auf die Spitze. Zunächst versammeln sich Könige und Fürsten mit großem Aufwand auf dem Feld. Die höfischen Damen beraten darüber, *Wen si den vr öwen kurtois / Zem besten ritter geben da* (v. 7846f.), und entscheiden sich *ane widerstrit* für den Fürsten von Brabant. Es folgt eine Verkündigung durch eine *wise* (v. 7863) Botin der *vröwan künegin* (v. 7936), die, begleitet von zwanzig Jungherren[1], durchs Gemenge bis zu Willehalm reitet, wobei die Gesellschaftlichkeit der Bekanntgabe durch die genaue Darstellung des Gemenges[2] deutlich gemacht wird. Vor Willehalm enthüllt die Botin mit *schönen wizzen* (v. 7874) vorerst ihre Rolle als Botin der Frauenkönigin und annonciert dann die Entscheidung, dass Willehalm *an dirre zit* als der beste ritter anerkannt (v. 7879f.) und daher ihm der Sperber von der Hand der Königin übergeben werde. Letztlich richtet die Botin die Bitte der Königin aus, Willehalm möge *dur ir liebú kraft* (v. 7889) aus seiner Begleitung heraus aufs Feld gehen. Auf diese Bitte antwortet Willehalm: 'das sol sin / Durch die lieben vröwen min!' (v. 7895f.). Die Bezeichnung die lieben vr öwen min ist nun im Kontext der Öffentlichkeit auf die Frauenkönigin ausgerichtet. Die Verbindlichkeit der Entscheidung wird zuerst durch die wiederholte Anwesenheit der Hofgesellschaft (sowohl bei der

---

[1] Mit zwainzic juncherren dar / Kam do mit lobelichen sitten / Ain vröwe an den rinc geriten, / Dú was mit wibes hoveshait / Schöne, hoves und gemait (v. 7852 – 7856).

[2] Der hies man schone wichen / Die armen und die richen. / Baide alten und die jungen / Allenthalb z ů drungen / Das si hortent dú mâre / Was disú rede wâre (v. 7857 – 7862).

Ratsversammlung der Damengesellschaft als auch bei der Verkündigung)①, danach durch die Betonung der Bekanntheit des Ereignisses (Disú mære wais si wol, v. 7882) und der Gerechtigkeit der Entscheidung② in der Rede der Botin zur Schau gestellt. Willehalm reitet dann mit großer Schar zum Palast und wird uf dem höfe durch die vrŏwan empfangen, und zwar [m]innecliche sûze/Mit mångem werden grûze (v. 7904 – 7910). Von dort reiten alle, darunter auch diu stolze kúnegin (v. 7927) aufs Feld vor Willehalms Zelt. Die Königin eröffnet die Zeremonie der Übergabe mit einer Rede, in der sie zunächst ihre Rolle als [d]irre vrŏwan kúnegin (v. 7934) offenbart, die die Übergabe in der Öffentlichkeit legitimiert.③ Es kommt zudem eine Interaktion zwischen der Minnekönigin und dem Publikum dadurch zustande, dass sie das Publikum auffordert: '[...] nu solt ir/Den besten ritter zaigen mir' (v. 7941f.). Mit unisoner Stimme sagen alle, der beste, [d]as wåre der furste von Brabant (v. 7947). Durch diese Interaktion, die anschließend durch einen Dialog④ Bestätigung findet, wird der autorisierten Entscheidung gesellschaftliche Anerkennung beigemessen. Erst dann setzt die Minnekönigim Willehalm den Sperber auf die Hand und küsst ihn mit ihrem roten Mund.⑤ Der Kuss ist kein "Affektausdruck"⑥, sondern stellt repräsentative Öffentlichkeit her⑦ und symbolisiert die gesellschaftliche

---

① Mornent do der fúrste enbas/Und grosser gastunge sich geflais, /Mit fúrsteclichem schalle/Kúnge und die fúrsten alle/Samenten sich gar uf ain velt (v. 7837 – 7841); Kúnge und fúrsten waren hie/Mit rate, als ich han vernomen, /Gar úber ain ir dinges komen/Nach ritters rehte wider in (v. 7868 – 7871).

② Nu hant ir die vrŏwan das/Ze reht ertailet sunder has (v. 7883f.); Das si úch alhie gewer/Des si úch ze rehte sol wern (v. 7892f.).

③ Die hant an disen stunden/Mir ze rehte funden/Das ich den lasse sehen/Dem wir alle prises jehen (v. 7937 – 7940).

④ Do sprach dú kúneginne zehant/ 'So sol öch er den spårwåre han!' / 'Ja benamen, das sol ergan', / Sprachent die hohsten von der schar (v. 7948 – 7951).

⑤ Die schöne unwandelbåre/Und saste in den spårwåre/Uf sine hant. ir mundel rot/Im sûzes kússen bot (v. 7953 – 7956).

⑥ „Der Kuß [...] ist nicht Affektausdruck, sondern er bezeichnet die Rechtmäßigkeit des Handelns, [...] durch ihn wird auch jene soziale Ordnung, [die] in der Minne und Gewalt in kontrollierbare Formen gelenkt [ist], sinnlich zur Anschauung gebracht", Wenzel, *Situationen höfischer Kommunikation*, a. a. O. , S. 134.

⑦ Klaus Schreiner, „*Er küsse mich mit dem Kuß seines Mundes*" (*Osculetur me osculo oris sui*, Cant 1,1). *Metaphorik, kommunikative und herrschaftliche Funktionen einer symbolischen Handlung*, in *Höfische Repräsentation: das Zeremoniell und die Zeichen*, hg. von Hedda Ragotzky und Horst Wenzel, Tübingen 1990, S. 89 – 132, hier S. 131; Schreiner übernimmt den Begriff von Habermas.

Anerkennung. Durch die repräsentierte gesellschaftliche minne wird die geläufige Denkformel (der Beste und die Schönste) der mittelalterlichen Literatur im Rahmen des Sperberturniers typisiert bzw. konkretisiert, aber auch, wie oben analysiert, institutionalisiert und instrumentalisiert. So verliert die minne in der Öffentlichkeit an Gültigkeit, sobald das Turnier zu Ende geht, während die in den wiederholten Turnieren immer wieder bewiesene ritterliche Tüchtigkeit des Helden ihre Kulmination erreicht und die minne in der Heimlichkeit durch den tougenlichen Briefverkehr aufrechterhalten wird.

3d. Willehalms Antwortschreiben-*minne* in der Heimlichkeit 2

Nicht nur das Gespräch mit dem Boten, das Lesen des Briefes, sondern auch das Schreiben findet in den ersten zwei Briefzyklen ohne Ausnahme in der Heimlichkeit statt, die entweder durch das Adverb *allaine* (v. 6251,8016) oder die Betonung des Rückzugs in eine andere getrennte Räumlichkeit (*in aine kamer allaine dan*, v. 6832; *Vůrt er in in das pavelun/An aine hainliche stat*, v. 7546f.) dargestellt wird. Demgemäß ist sowohl die übertragene *minne* als auch das Medium von Heimlichkeit geprägt. Nach der Preisverleihungszeremonie und der Verkündigung des nächsten Turniers geht Willehalm [a] *llaine* mit Pitipas [s] *under in ain pavelun* (v. 8015/8018) und schreibt einen Brief an Amelie. Betont wird wie bei der letzten Antwort die Eigenhändigkeit des Schreibens von Absender(in) zu Empfänger(in),[1] was 'Intimität' signalisiert. Rudolfs Intimitäts-Begriff im 'Willehalm' deutet zwar auf die Situation der Intimsphäre hin, wird aber zugleich durch die Repräsentativität des Erzählens mit dem starken Bezug auf Öffentlichkeit geprägt. Daher soll der Begriff nicht ohne Vorbehalt benutzt werden. Man könnte von einer 'öffentlichen Intimität' oder 'demonstrativen Intimität' sprechen.

Obwohl die Privatheit durch den Akt von Willehalms Briefschreiben in der Kammer und die Intimität durch die Eigenhändigkeit bzw. Persönlichkeit des Schreibvorgangs

---

[1] Do schrab er mit siner hant/Ainen brief gen Engellant/Der clarun und der sûzen (v. 6835 – 6837); Der ellethafte wigant/Schrab ainen brief mit siner hant/Der sûzen Amalien, /Siner trut amien, /Den solt ir bringen Pitipas (v. 8019 – 8023).

abgebildet werden, kehrt das Geschriebene in die Kommunikationsdiskurse der höfischen *minne* zurück, die zwar die Liebe des Schreibenden zu vermitteln haben, aber die Individualität des Liebesgefühls durch die entindividualisierte Formalisierung ausblenden. In dieser Hinsicht kommt es hier auf 'öffentliche Emotionalität' bzw. 'demonstrative Intimität' an.

Auszug aus dem 1. Brief: Lieb, alles liebes blûmen schin Der sinne und in dem herzen min, Lieb, mines liebes wunnen kranz, Lieb, miner vrôden sunnen glanz, (v. 6277 – 6280)	Auszug aus dem 2. Brief: Lieb nach mines herzen gir, Lieb vor allem liebe mir, Lieb, miner wunne an wer, An dir ist alles des ich ger (v. 7559 – 7562)
Auszug aus der 1. Antwort: Fröwe, aller tugende an spiegel glas, Ain cron, ain blûme, an adamas Wiplicher gûte, An zuht, an hoh gemûte (v. 6847 – 6852)	Auszug aus der 2. Antwort: Din tugent, din werdiu gûte Krônent min gemûte, Din zuht und din sûzer grûz Tût mir ungemûtes bûz. (v. 8033 – 8036)

Eine Identifizierung des Liebesdiskurses mit dem normgebenden höfischen Diskurs ist laut der angeführten Beispiele in der Formalisierung und Stilisierung gegeben, welche Rudolf im Prolog, Erzählerkommentar und Minneexkurs entfaltet, die „die stilistischen Register einer sprachlich ornamentierten Mündlichkeit"[1] in Erscheinung bringen. Allerdings überbietet sich die Ornamentierung gerade in den Liebesbriefen, wodurch eine Übersteigerung der Vorbildlichkeit beider Protagonisten in der verschriftlichten Liebeskommunikation im Rahmen der höfischen Kommunikation zustande kommt.

Hinter diesen rhetorischen Kulissen werden allerdings Themen angesprochen, die im Brief des anderen problematisiert werden, wodurch sich die Geliebten über die räumliche Ferne miteinander verständigen. Auf diese Weise kann der Brief als eine Hälfte eines Dialogs verstanden werden. Beispielsweise bestätigt Willehalm

---

① Huber, *Minne als Brief*, a. a. O. , S. 133.

im diesmaligen Rückschreiben erneut sein Dienstverhältnis gegenüber Amelie. ①
Die von Amelie im letzten Brief auf den Minnepartner bezogene sâlde wird hier
nunmehr ihr zugeschrieben. Die große Wirkung ihrer sâlde verstärkt die Macht
seiner Tugenden (Diner sâlden maisterschaft/Beldet miner tugende kraft, v.
8043f.) und führt direkt zu seinem Preisgewinn, so dass die erzielte ritterliche
Leistung der Lehre durch den Frauendienst attribuiert wird (Sus han ich al min
ere/Von diner sâlden lere; v. 8047f.). Auf Amelies Sorge reagierend, bringt
Willehalm folgende Bitte und auch Begründung vor:

> Nu wil ich, liebu vrŏwe min,
>
> Dich biten das du lassist sin
>
> Gen mir alles zwivels wanc,
>
> Wan min sin und min gedanc
>
> Stâtecliche sint bi dir
>
> Und du naht und tac bi mir
>
> In minem herzen tŏgen.
>
> Mines herzenŏgen
>
> Sehent dich zallen ziten an
>
> Sit das ich kúnde din gewan.
>
> Din vil sûzú minne
>
> Ist in minem sinne
>
> Besigelt und in stâter kraft
>
> Vesteclichen wol behaft. (v. 8049 – 8062)

[A] lles zwivels wanc bezieht sich offensichtlich auf Amelies Zweifel an Willehalms
Beständigkeit in Hinblick auf seine gesellschaftliche minne zur Königin der vrouwen im
Sperberturnier. Darauf antwortet Willehalm mit einer Treueversicherung, die durch ein
herztauschartiges Beieinandersein und das Anschauen der Minnepartnerin durch die
Herzensaugen ins Bild gerückt wird, wobei die Metapher der Dame im Herzen bzw.

---

① 'Swas ich mit ritterschefte han, /Fröwe min, dur dich getan, /Das lerte gar din sâlde mich' (v. 8037 –
8039).

das Ansehen der Dame durch das Herzensauge① aufgegriffen wird. Am Schluss steht wiederum der Ausblick auf das Wiedersehen.

4 Bote, Gespräch und Brief-Mündlichkeit neben der Schriftlichkeit

Alle drei Briefzyklen werden aus dem *minneclich* [*en*] Empfang des Boten, dem Lesen des Liebesbriefs und dem Antwortschreiben konstituiert. Die letzten zwei finden in Anwesenheit des Boten statt. Vor dem Lesen des Briefs führt der Empfänger routinemäßig ein Gespräch mit dem Boten, mittels welchem sich der Ritter nach dem Zustand der Minnedame erkundigt.

Vor dem 1. Brief	Vor dem 2. Brief	Vor dem 3. Brief
'Wie gehapt min vrowe sich?'	'Wie gehabt min vr öwe sich?'	'wie tût die vrôwe min?'
Vor dem 1. Brief	Vor dem 2. Brief	Vor dem 3. Brief
'Ja, si ist hovis unde clar, Tugentrich, g ût und wis, Ir zuht, ir lob, ir ere, ir pris Zieret lobeliche Die welt allû riche, So verre ist ir pris bekant. [...]' (v. 6252 – 6263)	'Herre, wol und nie so wol. Dirre brief iu sagen sol Ir dienst me danne ich Mit rede kunne gevlizen mich Gûtes unde úbergûtes Und minnecliches mûtes. ' (v. 7550 – 7556)	'Das si sâlic mûsse sin! Si lebt und ist gesunt als e, Doch wart ir herzen nie so we, Do ich si nu jungest sach: Solte si das ungemach In dem ich si clagende lie Do ich nu jungest von ir gie, Dulden aine kurze stunt, Si ware tot oder ungesunt. ' (v. 8535 – 8544)

Obwohl der Bote im zweiten Gespräch, wie oben analysiert, dem Brief mehr

---

① Vgl. Xenja von Ertzdorff-Kupffer, *Die Dame im Herzen und das Herz bei der Dame. Zur Verwendung des Begriffs 'Herz' in der höfischen Liebeslyrik des 12. und 13. Jahrhunderts*, in dies. , *Spiel der Interpretation*, *Gesammelte Aufsätze zur Literatur des Mittelalters und der Frühen Neuzeit* (GAG 597), Göppingen, 1996, S. 71 – 111; Fr. Wenzel meint daher zum Antwortbrief Willehalms: "Die geistige Anwesenheit der Dame wird im Brief räumlich konkretisiert" (*Situationen höfischer Kommunikation*, a. a. O. , S. 130).

Bedeutung beimisst, demonstriert er zugleich mit dem Hinweis auf seine Redegewandtheit die eigene Überlegenheit in der mündlichen Übertragung der Liebesbotschaft gegenüber der Schriftlichkeit des Briefs. Der Bote berichtet beispielsweise im Gespräch vor dem Lesen des ersten Briefs von der Vervollkommnung der Tugenden der Minnedame, die durch bestimmte Korrespondenzen mit dem Ehrgewinn des Ritters im ersten Turnierkampf parallelisiert ist. Die Unentbehrlichkeit des Boten wird im Gespräch vor dem Lesen des dritten Briefs bezeugt: Er geht in Hinblick auf die kritische Situation[1] auf diese Tatsache ein und erteilt dem Empfänger die Auskunft, die im Brief nicht inbegriffen ist.

Die Vertretungsfunktion der Minnedame durch ihren Boten wird durch die Rekonstruktion des Minnedienstes im ersten Briefzyklus zur Anschauung gebracht. Nach dem Lesen des ersten Liebesbriefes wird die unterbrochene Turnierhandlung in Kombarzi wieder aufgenommen, jedoch in Anwesenheit des Boten der Minnedame. Statt den Befehl des Herrn anzunehmen ('frúnt Pitipas, /Belip! la schaffen din gemach, /Unz das ich kome!' v. 6324 – 6326), macht Pitipas mit großer Höflichkeit einen eigenen Vorschlag ('Nain, vil lieber herre min, /Mac es geschehen, so wil ich sin/Bi iu', v. 6327 – 6329), was zwar seinem Status als garzûn nicht entspricht, aber durch den Verweis auf die vrôwe gerechtfertigt wird ('da mac ich schŏwen/Swas ir miner vrŏwen/Hie gedinent oder hie gedien welt', v. 6329 – 6331). Demzufolge kann Willehalm seine Bitte auch nicht abschlagen und antwortet: 'Das ist mir liep, ich bin es vro' (v. 6333). Dabei wird Pitipas einerseits mit der Hervorhebung des schŏwens als „optisches Sinneswerkzeug Amelies"[2] funktionalisiert, andererseits wird die geläufige Konstellation des Minnedienstes durch die Vertretung der Minnedame nachgebildet. Die Vertretungsfunktion bewirkt folgerichtig eine Statuserhöhung des Boten, der das Turnier nicht zu Fuß wie im Botendienst (v. 6237, 8352 und 7540) verfolgt, sondern auf einem pferit (v. 6334).

---

[1] Die Situation wird kritisch, weil der König von England zum Zweck der Versöhnung Amelie mit dem König von Spanien verehelichen möchte. Die Prinzessin schreibt auf Rat Pitipas' einen Brief, in dem jedoch nicht auf den Vermählungsplan und die vorgesehene Hochzeit eingegangen wird, sondern ausschließlich von Leid und Schmerz die Rede ist, die sie wegen des Abschieds von ihm erleiden muss.

[2] R. Wenzel, *Situationen höfischer Kommunikation*, a. a. O. , S. 127.

Die Repräsentanz der Minnedame im Institut des Boten und insbesondere im Medium des Briefs wird durch Willehalms Verneigung vor dem ersten Liebesbrief veranschaulicht und durch den Erzählerkommentar bestätigt: *Do naic der hohgem ûte man, /Der schrift und ôch der vrôwen sin* (v. 6268f.). Der Brief kann deshalb als „Substitut seiner Dame"[1] und als „,Verlängerung' ihres Körpers"[2] betrachtet werden. Amelies erster Brief wird zudem durch *ain fingerlin/ Tiure unde claine/Mit ainem edeln staine/Besigelt* (v. 6270 – 73). Die demonstrative Körperbewegung des Helden und die Besiegelung der Liebesbotschaft durch das Treue-Wahrzeichen fördern die Affektübertragung, die dem hochliterarisierten Brieftext anscheinend entzogen ist.

5   Zusammenfassung

Wenn man von einem Liebesbrief spricht, denkt man sofort an Subjektivität und Intimität[3]. Allerdings sind Authentizität und Unmittelbarkeit der Liebesbriefe hier gerade zweifelhaft, da ihnen im Grunde genommen, wie Brackert in seiner Untersuchung feststellte, ein Briefmuster zugrunde liegt, auch die Szenen sind von Formelhaftigkeit geprägt. Trotzdem ist die Frage nach der Emotionalität von Belang, weil die Minnedame in der Turnierhandlung (v. 5595 – 8114) nur in den Briefen präsent ist und die Liebe durch die Liebesbriefe eine Intensivierung erfährt.

Die ,demonstrative Intimität' ist vor allem in den Medien geprägt, in der Rubinspange, die Amelies bloße Haut berührt und die sie Willehalm als Liebespfand übergibt; im Ring mit dem Edelstein, mittels welchem Amelie den Brief besiegelt; insbesondere im Boten, der nicht nur die Liebesbotschaft überbringt, sondern den

---

[1] Franziska Wenzel stützt diese These auf die Belege von Horst Wenzel (Ebd.); ferner Horst Wenzel, *Hören und Sehen*, a. a. O., S. 258.

[2] Fr. Wenzel, *Situationen höfischer Kommunikation*, a. a. O., S. 127.

[3] Anzumerken ist, dass minne der heutigen Liebe nicht gleichgestellt werden kann. Vgl. Burghart Wachinger, *Was ist Minne*, in PBB 111, S. 252 – 267, wieder in der *Lieder und Liederbücher: Gesammelte Aufsätze zur mittelhochdeutschen Lyrik*, Berlin [u. a.], 2011, S. 25 – 38.

Liebespartner vertritt① und auch als solcher wahrgenommen wird; in der Materialität des Briefs, in dem nicht nur über Liebe kommuniziert, sondern die Minnedame präsent gehalten wird, und in Amelies Tränenspuren, die auf dem dritten Brief zu sehen sind②. Im Kontrast dazu ist der Kuss der Minnekönigin kein Signum der Emotionalität bzw. Intimität, weil er als Preis rein gesellschaftlich vereinbart und in absoluter Öffentlichkeit durchgeführt wird. Demnach lässt sich die Schlussfolgerung ziehen, dass die Spannung von Öffentlichkeit und Heimlichkeit in die Betrachtung von Rudolfs Liebeskonzeption einbezogen werden soll und muss. Die im Briefverkehr Willehalms und Amelies eingesetzten verschiedenen Medien sind folglich von der Heimlichkeit geprägt: die Rubinspange, der Ring, die Tränen, der Brief und sogar der Bote, der sich zwar problemlos in der Öffentlichkeit aufhalten kann, sich aber hauptsächlich in der Heimlichkeit bewegt oder durchweg die Sphäre der Vertraulichkeit mit sich zieht, sodass seine Ankunft jedes Mal die Transformation von Öffentlichkeit in Heimlichkeit markiert.

Das Spannungsverhältnis von Öffentlichkeit und Heimlichkeit wird darüber hinaus in den Aufbau der Handlung hineingespiegelt. So ist die Platzierung des Liebesbriefs unmittelbar vor dem Turnier nicht ohne Intention, so auch des Antwortschreibens am Ende jeder Turnierreise. In den wiederholten Akten-Turnier [Empfang, Lesen], Turnier [Antwortschreiben] -wird nämlich die Liebe verwirklicht und die Einheitsformel des Liebespaares ins Bild gerückt, wobei nicht nur die Minnedame als Absenderin und Empfängerin der Briefe indirekt ihre Auftritte in der Turnierhandlung erhält, sondern eine wechselseitige Interaktion von Ritter- und Frauendienst durch die Verschränkung der Turnier- und Briefhandlung zur Verwirklichung kommt. Die Liebesbotschaft der Minnedame verstärkt die Tapferkeit, und der steigende Ritterruhm intensiviert die *minne*. In dieser Hinsicht wird die literarische Struktur als Medium der Liebe eingesetzt.

---

① Pitipas schaut für Amelie Willehalms Kampf in Kombarzi an; Amelie behält während Willehalms Exil in Norwegen Pitipas in ihrer Nähe.

② Der vröwen jamer was so groz/Das si wainende begoz/Den brief mit ir trähene da (v. 8287 – 8289).

Resümierend lässt sich feststellen, dass die Liebe nicht nur durch die Medien vermittelt, sondern den Medien gleichgestellt werden kann: Liebe ist Medium. So kann man wohl von Medialitäten der Emotionalität sprechen.

德语教学法与德国教育研究

水平测试的命题、评改和反馈机理探讨

陆维娟

摘 要 1987 年，我国制定了高校德语专业基础阶段的教学大纲；1989 年 10 月，德语水平测试在全国德语专业的本科二、三、四年级学生中全面展开。德语水平测试不仅成为考核学生外语水平的必要手段，也成为教师评估教学质量、反思教学方式的重要依据。本文从试题设计原则、命题编制过程和试题结构比例入手，对水平测试的命题过程进行剖析，并以 1989 年德语水平测试的相关数据为例，探讨水平测试的评改和反馈机理，进而提出水平测试的命题应综合考虑信度、效度、难度和区分度四个方面，以力求实现水平测试的科学化、现代化与标准化。

关键词 水平测试 命题 评改 反馈

一

教育需要评价，没有评价的教育是盲目的教育，而考试则是教育评价的一种方法。考试既是评定学业成绩、进行教学诊断、取得教学信息反馈的主要方法，也是教育行政部门进行教育评估和质量管理的重要手段。随着新技术革命的迅速发展和教育改革的深入，学校的职能也随之发生变化。相应地，考试的内容、方法、组织管理形式等也应该有所改变，现代考试制度便在此背景下发展了起来。自本世纪二三十年代以来，西方诸国——特别是英、美等国——在考试设计和考试管理方面都有很大的进步，有的国家还设立了研究考试与组织考试的专门机构。我国虽有几千年的考试历史，但由于我们长期对考试的科学性不够重视,所以我国的考试研究大大落后于其他国家。几乎每个成年人都曾在考场上"身经百战",教师在一年之中也要多次出题考查学生,但我们的教育工作者较少对考试进行科学分析,更缺乏足够的理论指导。近几年,考试的科学研究逐渐受到我国教育界的重视,考试学成了一门独立学科,其致力于研究和探索如何促使我国的考试工作更加科学化、现代化和标准化,以跟上一些先进国家的步伐。例如,我们已经在探索与研究如何使高校招生考试和高等教育自学考试逐步实现现代化与标准化。除此以外,水平测试在我国也越来越受到重视。在外语测试方面,我国于1985年开展了全国德语基础阶段终点水平测试,之后又开展了好几次全国德语基础阶段终点水平测试。在高校德语专业基础阶段的教学大纲于1987年被制定完成后,我国于1989年10月在全国德语专业的本科二、三、四年级学生中全面开展了水平测试。上海外国语大学从1987年起在各系的本科一、二、三年级学生中也全面实行了水平测试,且今后还将继续实行。水平测试既是考核学生语言水平的有效方法,也是评估教学质量和检查教学大纲执行情况的重要手段。为了使水平测试的质量不断提高,并逐步实现科学化、现代化和标准化,笔者认为对过去的历次水平测试的命题、评估等进行一定的探讨是非常有意义的。

二

(一) 水平测试的设计原则

考试工作(不论何种考试)一般包括三大环节,即考试的设计、命题和评改。其中,考试的设计是首要环节。考试设计就是规定考试目标、考试内容和考试标准,决定考试的方法和类型(怎么考),以及编制命题计划(考什么),所以考试设计的方法是依考试的性质而定的。比如,成绩考试的目的主要是检查学生对学过的知识的掌握情况,此类考试的内容应全是书本上学过的知识,所以教学内容就是考试内容,教学目标就是考试标准。再比如,高考属于选拔性考试,其作用是区分考生的优劣并以考试分数为大学挑选新生提供参考,所以高考主要考查考生应掌握的基础知识和考生的学习能力。回到水平测试,其主要是考查学生运用语言的能力,并判断学生能否达到教学大纲的要求。所以,不同类型的考试有不同的设计方法,而考试设计是命题的依据。

（二）命题过程

命题是考试工作的重要组成部分。水平测试既然是考查学生运用语言的能力，那么其着眼点就是考生的水平是否达到教学大纲的要求，所以水平测试必须包括教学大纲中的各项教学目标，全面涉及听、说、读、写各方面的语言技能指标。所以，水平测试的题量应尽可能大一些，知识点的覆盖面要尽可能广一些，题目难易度的分布要尽可能合理一些，这样才能使实际的考核结果更有代表性。美国教育家布卢姆（R. S. Bloom）于1956年提出了"教育目标分类学认知领域主要分类"，他将认知活动的教育目标从低级到高级划分成六类：知识、了解、应用、分析、综合、评价。也就是说，教育目标既要考虑到基础知识的掌握，又要考虑到分析问题和解决问题的能力。布卢姆建立的是一种有效的学习水平分类系统，其分类方法已为多数教育专家所接受（当然，在运用这一理论时，我们也不用过分拘泥于布卢姆划分出的六种类别，我们也可结合实际需要进行一些变化）。许多考试（如英语的"双向方格表"）就是按布卢姆的方法被设计出来的。

英语水平考试(EPT)双向方格表

	知识	理解	应用	分析	综合	项目数	百分比	得分数	时间
语法	10		10			20	12.5		20分
词汇	20					20	12.5		20分
阅读		40				40	25		40分
综合填充				20		20	12.5		20分
听力		35				35	21.9		30分
写作					25	25	15.6		30分
总计	30	75	10	20	25	160	100		160分

（指多少时间完成）

我们在1987年7月编制的水平测试题（对象是1986级学生）就是参照了布卢姆的分类法，其中设有听力理解、阅读理解、语法、词汇基础知识、运用技能等具体项目。

241

	知识	理解	应用	分析	综合	项目数	得分数	百分比	时间
听力		11				11	22P	15.7%	10′
听写		√					15P	10.7%	20′
基础知识技能 语法	11		17			28 ⎫	32P	22.8%	30′
词汇	18					18 ⎭			
选择题				30		30	15P ⎫	17.9%	35′
综合填空				20		20	10P ⎭		
阅读		7				7	21P	15%	25′
看图作文					√		25P	17.9%	30′
总计	29	18	17	50	√	114	140P	100%	150′

$$150′ + 15′ = 165′$$

1985年全国基础阶段终点水平测试分布图

项目	得分数
阅读	30P
听力	20P
正字法	10P
词汇	30P
句子	20P
文章	10P
写文章 ⎱ (邀请15P) (简历15P)	30P
翻译	20P
总计	170P

1989年10月对87级学生全国性基础阶段终点测试分布图

项目	得分数	时间	百分比
听写	15P	20′	15%
听力	15P	30′	15%
阅读	20P	50′	20%
词句章	40P	45′	40%
⎡ 选择题	10P		
填词	10P		
词组变从句	5P		
⎣ Close Test	15P		
写（信）	10P	30′	10%
总计	100P	175′	100%

1989年10月1988级学生（即已学完二级并进入三级学习）的水平测试分布图

项目	得分数
听写	10P
听力	20P
阅读	20P
词句章：	
选择题	15P
填空	20P
填空（一封信）	15P
总计	100P

（三）试题的组合

水平测试要求题量大、知识点覆盖面广、难易度分配合理，因此水平测试的试题类型以客观性试题以主，以主观性试题为辅。此处的主观和客观是从评卷角度进行区分的：只有唯一的正确答案，且不论由谁评卷都只能给出同一个分数的试题就是客观性试题，如选择题、填充题等；有非唯一的正确答案，且评卷老师须凭主观经验给分的试题就是主观性试题，如作文题、问答题、翻译题等。主观性试题是传统试题，所以采用主观性试题的考试被称为"传统考法"，而采用客观性试题的考试被称为"现代考法"。主观性试题的知识覆盖面小，而且阅卷评分标准常常因人而异，因此其信度和效度往往不够高。但是，我们也不能完全摒弃传统考法，它也有优点与长处，即其不仅能检测出学生学习的深度与广度，而且能反映出考生的材料组织能力和文字表达能力。此外，主观性试题也比较容易被修订。所以，主客观试题应该根据实际需要，取长补短地被结合起来使用。一般来说，初级水平测试的主客观题比例可为 1∶4(学业成绩考试的主客观题比例可为 1∶3)，而高级选拔考试(如研究生考试等)的主客观题比例可为 1∶2 或 1∶1。1989 年 10 月的全国性水平测试全为客观性试题；1987 年 7 月，上海外国语大学针对本科二年级学生设计的水平测试中的主观性试题的占比为 17.9%；1985 年的全国性基础阶段终点水平测试中的主客观试题比例为 1∶3；1989 年 10 月的全国性基础阶段终点测试中的主观试题占比仅为 10%。通过实践中的总结、改进和提高，主观性试题的占比从 1985 年的 35.3%变为 1989 年的 10%，这是水平测试逐渐趋向科学化、现代化和标准化的体现。1989 年 1 月，全国德语专业四级水平测试中设有汉译德、德译汉以及写作三种主观性试题。尽管翻译题有一定的评分标准，但主观题的评分总体上很难做到客观合理。在 30 份抽样考卷中，本校评分和大纲组评分之间的差距极大，分数差在 10—25 分的试卷占 23.33%，在 5—9 分的试卷占 30%，两者共占 53.33%。作文项目的评分更困难。大纲组有写作评分标准，而且由专家一人抽样评阅各校已评阅过的 21 份考卷，结果专家评分和各校评分之间的分数差为 10—26 分的试卷占 42.86%，为 5—9 分的试卷占 14.28%，两者共占 57.14%。有鉴于此，全国性水平测试对主客观试题的比例进行了调整。

三

上文简述了水平测试试题的设计原则、命题编制过程和结构比例,但三个阶段工作的圆满完成还有赖于一系列的内在科学数据之制约,这一系列科学指标是信度、效度、难度和区分度。

1. 信度——考试的信度实际上就是考试的客观性和考试结果的准确性之体现。通过测验结果来估计信度的方法大致上有三类:①稳定系数。它由一组被试者的首次测验分数与隔些时候的再次测验分数间的相关系数来表示。相关系数的大小能反映试卷信度的高低。②等值系数。它通过两个假定相等的复份测验之间的一致性来计算两个平行测验分数的相关性。③内在一致性系数。它是指一个测验所包含的各个试题上的成绩的一致性,即测验内部的一致性。笔者曾对 1987 年7 月的水平测试卷进行过分析。从统计结果看,考试成绩呈正态分布或近似正态分布,这说明试卷设计得比较成功。除此以外,试卷中的大部分大题(如听力、阅读理解、选择题、综合填空、基础知识技能等)成绩的中位数和平均分接近,众数数值和中位数接近,这也能说明这份试卷是有一定信度的。

大题 题目	应得分	最高分	最低分	平均分	中位数	众数数值	失分率
听力	22P	22	12	18	18	20	19%
听写	15P	14	0	7	7	0	58%
选择题	15P	14	7	11	11	10.5	27%
综合填空	10P	8.5	4	6	6	5.5	37%
阅读理解	21P	21	6	15	15	18	27%
看图作文	25P	23	3	16	18	20	36%

试卷的标准差为 11.9,频数分布图呈正态次数分布,即靠近平均值的分数出现的次数最多,频数沿左右两端方向平滑地减少。

(实考人数 27 人,平均分 68 分,最高分 87 分,高低分差 41 分,标准差 11.9)

分数段:80—89 分　　5 人

　　　　　70—79 分　　10 人

60—69 分　6 人

50—59 分　4 人

40—49 分　2 人

总之,提高信度的方法有以下几种:

(1) 增加试题数量,扩大试题覆盖面。因题量增大,所以实际的考核结果更有代表性,并且测试误差会更少;

(2) 提高试题的区分能力,以准确反映不同水平考生的分数差异;

(3) 尽量消除测试中的干扰因素,以减少随机误差;

(4) 提高评卷的客观性与准确性。

2. 效度——对于考试来说,最重要的指标是它的效度。效度反映了某项考试实现其既定目标的成功程度,即该项考试是否已达到了大纲的要求。如果没有效度,那么一项考试就毫无价值可言。通过比较同一组考生在两次考试中所得成绩的相关系数,我们可以检测出某项考试的效度。

$$r = \frac{\sum_{i=1}^{n}(X_i - \overline{X})(Y_i - \overline{Y})}{S_x \cdot S_y}$$

X_i＝第 i 个学生在水平测试中的分数

$\overline{X}$＝n 个学生在水平测试中的平均分

S_x＝n 个学生在水平测试中的标准差

Y_i＝第 i 个学生在期末考试中的分数

$\overline{Y}$＝n 个学生在期末考试中的平均分

S_y＝n 个学生在期末考试中的标准差

考试的效度系数一般在 0.40—0.70 之间。从实现预定的考试目标的角度来说,效度值太低的考试是没有实际意义的,过难或过易的考试都无效度可言。

考试的信度和效度是衡量考试质量的基本指标,所以提高考试的信度和效度便成为了考试研究和考试工作的出发点和着眼点。

3. 试题的难度——试题的难度值即考生在某道题目上的失分率,其计算方法是:

$$q = 1 - \frac{\overline{x}}{x_{\max}}$$

$\bar{x}$ ＝一组考生在该题上的平均得分

x_{max} ＝该题的满分

一般来说,失分率在 25％—30％是正常的。下面,我们通过上海外国语大学 1987 级和 1988 级学生在 1989 年 10 月的水平测试中的成绩,看看试卷的试题难度如何。

1987 级学生			
项目	总平均分	满分	失分率
听写	7.85	15	47.7％
听力	9.85	15	34％
阅读	14.94	20	25％
词句章	26.12	40	35％
写作	5.69	10	43％
1988 级学生			
项目	总平均分	满分	失分率
听写	4.71	10	53％
听力	18.5	20	7.5％
词句章	40.25	50	19.5％
阅读	18.35	20	8％

从 1987 级的测试成绩来看,听写和写作的失分率较高,其余几项的失分率处于正常范围。从 1988 级的测试成绩来看,听写的失分率较高,听力和阅读的失分率偏低,那么听力和阅读是否偏易了?

在水平测试中,上海外国语大学德语专业 1987 级和 1988 级的学生在听写上的失分率均偏高,这是什么原因? 是测试题难、学生水平差,还是有其他客观因素?

调查显示,听写的失分率偏高确实是由一些客观因素导致的。首先,学生平时的听写练习只是在教室内听老师口述,而极少在听音室借助于录音进行,所以学生因不习惯而产生了心理上的焦虑。其次,在全国测试时,1987 级的听写是快速两遍,慢速一遍,而我们平时很少对学生进行这种训练,因此学生的焦虑心理又加重了。此外,对于 1988 级的学生来说,听写这一项要求则完全超出了教学大纲的规

定范围。教学大纲中对"写"的要求是 20 分钟内听写无生词和新的语法现象、90
词左右的短文,共听四遍,错误不超过 10%。但是,水平测试却要求 1988 级的学生
听写只听两遍,这远远超过了大纲要求,甚至比四级的要求还高,学生当然会更焦
虑。过度的焦虑给测试带来了误差。这一现象不仅仅出现在上海外国语大学的学
生身上,全国的听力平均分显示:1987 级的平均分比我校低 2.17 分,即全国平均
分为 5.68 分,失分率为 62%;1988 级的平均分为 2.73 分,比我校低 1.98 分,失分
率为 73%。

写作项失分率高可能一方面是学生的综合运用能力较弱,另一方面是主观性
测试题不易判卷。

1988 级的阅读和听力的失分率仅为 8% 和 7.5%。是否测试题太容易?或学
生对这些测试题太熟悉了?学生对听力测试题确实是很熟悉的,因为听力材料均
出自 *Deutsch als Fremdsprache*。学生在图书馆能借到书,也能借到录音带。学
生对阅读中的两篇短文也是较熟悉的,有的同学可能在课堂上或课后早已接触过。
所以,学生在听力和阅读上的得分高也很正常。不仅上海外国语大学如此,全国的
平均分也与我校相差无几,失分率也只在 10% 左右,这说明听力和阅读的测试题
太容易了,从而影响了该试卷的信度和效度。试题的难度还应通过对每一小题进
行评估来确定,计算公式为:

$$P(难度) = \frac{R}{N} \times 100\%$$

R 为答对该题的人数

N 为全体人数

P 值越大,难度越低;反之,P 值越小,难度越大。难度太低或难度太大的题目
都必须由试卷设计者进行修改或删去。一般情况下,试卷的绝大多数题目的难度
为 0.20—0.50,难度低于 0.20 或难度在 0.60—0.80 的试题数量不宜超过总试题
数的 30%。对每一小题的难度评估之结果应被制作成试题卡并妥善存储。

4. 试题的区分度——区分度是反映试题区分能力大小的指标。试题的区分
能力,就是被用于考试的试题使水平高的考生得高分,水平低的考生得低分的倾向
力。难度与区分度有密切关系,中等难度(0.30—0.60)的试题应具有较高的区分
度。区分度越高,试题对信度的贡献就越大,试题的质量也就越好。通过比较考生
在该题上的得分与考生在包括该题的试卷上所得总分的相关系数,我们可以测算

出某道试题的区分度,计算公式为:

$$D = \frac{\sum_{i}^{n} = 1(YX_i - \overline{X})(Y_i - \overline{Y})}{nS_xS_y}$$

$X_i = $ 第 i 个考生在该题上的得分

$\overline{X} = n$ 个考生在该题上的平均分

$S_x = n$ 个考生在该题上的得分的标准差

$Y_i = $ 第 i 个考生的总分

$\overline{Y} = n$ 个考生的平均分

$S_y = n$ 个考生的试卷总分的标准差

在 1989 年 10 月的全国水平测试中,阅读题的区分度为 0.66,此区分度数值较高,这说明该题质量较好,信度也较高。

四

对试卷和考试工作进行科学分析,这是测试后的一项重要且富有意义的工作,其能使今后的考试工作逐步实现科学化、现代化与标准化。除上文的一些分析外,考试的反馈功能也同样值得我们关注,即诊断学生质量和反馈教学信息,以此改进教材、教法,并提高教学质量。

1. 学生质量的诊断:测试结果被反馈给学生后,学生能明确自己在语言运用能力方面的薄弱环节,从而明确目标,以使自己达到教学大纲的要求。

2. 教学信息的反馈:比如,通过对 1989 年 10 月的水平测试之结果的分析,我们可以知道本系的哪个年级的哪一项是强项,哪一项是弱项。针对强项,我们应总结经验、发扬巩固,以保持这方面的优势;针对弱项,我们应分析原因,不仅要找客观因素,更要找主观因素,从而为改进这方面的教学工作而努力。

3. 教材与教法的改进:水平测试结果有时也能反映出学生的成绩与教材之间的关联,以及与教师的教学法之间的关联。我们要找到症结所在,不断改进教学方式和提高教学质量。

4. 向教育行政部门进行反馈:借助于考试结果,管理部门能更了解教学活动情况,从而进一步加强组织管理和抓好质量管理,并为全校教学质量的不断提高树立明确的努力目标。

五

基于上文的论述,笔者提出以下几点看法:

1. 组建题库乃当务之急,各方应明确组建题库的必要性和重要性。为了不断完善和深化针对水平测试(对其他性质的考试也适用)的研究,考试组织者必须设立试题档案。每一道试题都应被制作成试题卡片,并接受四度(即信度、效度、难度和区别度)分析,四度分析的结果应被记录在卡。除试题外,试题卡上还应备有答案、题型说明、预计难度、满分评分规定等。这样不仅可以减少重复劳动,还可以统一考试标准,各次考试的结果也能具有一定程度的可比性。经过多次使用、多次修改的试题能使试卷的质量得到保证。题库的题量要大,因此题库的设计工作不可能一蹴而就,考试组织者要不断地对题库进行修改、更新和淘汰。正如桂诗春同志在《题库建设讲话》(载《现代外语》,1989 年第 4 期)中所说:"题库建设是一次理论性强、实际意义重大的基本建设。[……]题库不是一些题目的简单集合,而是一些经过特殊处理的、具有较大信息位的题目的科学组合。一个题库的好坏取决于它的组织的科学严密性、内容的广泛性、对考生能力的预测性、使用的经济可行性,等等。"

2. 利用计算机来编制水平测试的分级软件,以尽可能增加试题的随机性和评改的客观性,从而提高考试的科学性程度。

3. 我们已有全国统一的教学大纲,那么明确的分级水平考纲也应尽快被制度出来。若有学生(如附中学生)在进入大学后即通过了四级水平测试,那么其就可以直接进入本科三年级进行学习;若学生在进入大学后不能通过四级水平测试而只能通过两级水平测试,则其便进入本科二年级学习,这样有据可依。

4. 笔者认为,考试组织者应实现水平测试与学业成绩考试的分流,因为两者的考试要求不同,考试内容不同,考试标准不同,考试的方法和类型也不同。

德语硕士研究生学位论文指导检视

谢建文

摘 要 研究生学位论文是指导教师和相关学生间的学术契约。除了规范与责任之外,过程化的学术训练必不可少。其中,对几个在带有专业个性的同时又具备普遍意义的问题之处理方式,直接关涉学位论文质量和研究生人才培养质量。首先,这些问题与作为学习和学术主体的学生相关,如理论态度、知识准备、时间规划等;其次,这些问题与论文的呈现效果相关,如选题、文献调研、理论方法、写作语言、论文技术规范等;最后,以上问题几乎都与指导教师的责任意识和过程性介入密切相关。不可或缺的多项要素共同发挥作用,为研究生学位论文的完成和质量提供某种保障。

关键词 德语硕士学位论文 培养问题 培养质量

近些年,笔者参与了近百篇校外硕士学位论文的评审、盲审、预盲审和答辩工作,论文来源涉及上海、南京、西安、武汉等地的高校。这些论文主要为学术型硕士学位论文,但专业硕士学位论文最近几年也多了起来。在笔者审读的论文中,文学方向与翻译学研究方向的选题最多,语言学与文化研究范畴内的选题也偶有学生会涉及。同时,笔者也参加上海外国语大学德语系德语学科点上近五十篇硕士学位论文的答辩工作。

在审阅和评判校内外的硕士学位论文时,笔者的心态相对轻松,主要是精神压力较小。在此过程中所获得的认识与经验,有益于笔者个人学养的提升。更重要的是,笔者可以学习他人的相关经验,并将其带入硕士研究生学位论文的指导过程中。

2007年至2017年间,在笔者指导的硕士研究生中,已毕业人数为40人左右。

其中,多个学生的学位论文获得上海外国语大学研究生优秀论文评选资格,1篇论文获得"上海市研究生优秀成果奖"(2016年)。目前,笔者正在指导的硕士学位论文有将近10篇。

回忆起近年来的硕士学位论文指导工作,笔者的感受是苦乐参半。但是,整体看来,笔者最大的体会是压力与关切。

在指导者与被指导者之间,一对基本矛盾无处不在。

硕士学位论文有刚性要求,其学术性与创新性自有规范,但在它应有的样子和可能有的样貌之间,据笔者观察,常常存在着相当大的差距。作为指导教师,笔者深感责任在肩。怎样有效地让自己指导的学生努力去克服这种差距,从而顺利乃至出色地完成论文写作? 这成为了笔者必须去思考的一个问题。

按照论文指导的基本流程,笔者主要关注这么几个问题:理论入门与知识准备问题、选题意义问题、文献调研与理论方法问题、论文写作语言问题、论文写作的技术规范以及论文之外的问题。

下面,笔者以文学方面的硕士学位论文指导为例来展开讨论。

一 理论入门与知识准备问题

不同的硕士研究生的知识结构具有很大的差异性。外语类的研究生以女生居多,据笔者也许根本不正确的观察,相当多的学生在学习上有一个共同点,即对理论知识的学习和方法论上的训练感到困惑,甚至有排斥心理。所以,针对此问题,笔者采取了以下措施:第一,笔者在课堂上提请学生们高度重视大学四年的语言训练与研究生阶段的理论知识学习和训练间的差异及不同功能,要求他们以开放的心态面对理论学习,并通过相关的课程组合来解决理论入门的问题,以激发他们寻找自己的兴趣点和与其研究方向相联系的理论切入点。其中,笔者主要强调的是学生应主动接纳理论训练与提高自身的理论认识。第二,笔者为学生开列相关书单。针对文学方向的研究生,笔者主要推荐他们阅读如下作品:(1) 文学史方面的著作,其中包括德语文学通史、断代史或类别史,以及外国文学史和中国文学通史,这些作品能让学生建立一个关于文学发展的坐标系,从而在作家作品和流派的定位与选择中辨识自己的方向,进而尝试确定自己的研究框架和对象;(2) 西方哲学史、思想史或文化史方面的著作,这些作品能让学生了解德语文学发生与发展的思想和文化语境;(3) 比较文学教程,这些作品能给予学生某些方法上的启迪;

(4) 文学理论引论或特定的文学理论专著，这些作品能与研究生课程形成合力，从而将学生的文学理论思维引向特定的方向并使之深化。

在推荐书目之外，笔者更强调研究生应根据自己的知识结构特点来补足与完善自身的研究体系，并结合自己的兴趣点和可能的发力点来挑选文本，尤其是德语文学文本。研究生应深入、系统地展开阅读，使自己真正潜入文本，让文本尽可能充分地敞开，并随手记下自己阅读时的感受、联想、判断、分析等，这些素材将成为学生日后的研究之基础。文本的阅读极为重要，这是向本源靠拢的一种努力，是一项基础性工作。我们是在中国研究德国文学乃至外国文学，虽然现在资讯很发达，出国交流或学习的机会也较多，但我们的基本语境还是在中国。我们的骨子里也许有源自于我们语言背景的深刻而独特的东西，其可以被带进研究之中，但是在面对外语文本时，毋庸讳言，文化背景和文学传统的差异性还是会导致很多理解与把握上的难题。不过，正因为如此，我们才需要在文本研读上下特别的功夫。而且，文本是我们在研究时首先可以信赖和有可能让我们心存底气的关键因素。文本不容忽视！笔者还向学生们强调，研究所涉的核心文本必须是外语原文，相关的译本固然可以被用作参考，但我们常常会发现，译本往往因多种因素之影响而并不那么可靠。最重要的是，只有和原文直接对接，源语文本中的无限可能性才有可能向我们敞开。

二　选题意义问题

在笔者看来，硕士学位论文的成功与价值很大程度上取决于选题是否恰当与贴切。针对文学方向的选题，笔者常和学生们讨论三个问题：(1) 选题是否在德语文学研究中有价值，也就是说，对于德语文学中的相关理论问题、相关作家或主题乃至流派和特定现象来说，该选题有无新意或拓展意义；(2) 在促进中国德语文学研究与教学工作方面，以及在推动中德两国间深层次的文化和思想交流方面，该选题是否有积极作用；(3) 选题是否具有可操作性，能否小题大做、精深开掘。

确保选题成功的前提条件有两个：(1) 选题人是否具备比较充分的文学文本阅读经验和收集与读解相关研究文献的能力；(2) 在知识结构和理论方法上，论文指导教师是否能与选题人就特定的选题产生交流与形成呼应，并且保持密切跟进的状态。

在笔者指导完成的硕士论文中，文学论文共计 26 篇，内容大部分是结合具体作品进行文本分析,且全部以现当代作家为研究对象。笔者往往建议学生们不要选择那些特别经典的研究对象,因为这些选题不太容易出新意,除非这个学生是高才。这样或许能避开一个陷阱,即一个被做得烂熟的题目可能以无知或者装腔作势的形式被庄严地呈现出来。

三 文献调研与理论方法问题

众所周知,和其他学位论文一样,硕士学位论文通常也包括文献调研、理论方法描述、研究对象分析等几个主体部分。

针对文献调研,笔者一般在入学时就会向学生说明其意义和方法。在学生们准备写作论文时,笔者会再次提示和强调哪些文献地和文献来源是可资利用的。例如,上外图书馆多语种阅览室、上外德语系图书室、德意志学术交流中心专家图书室、奥地利学术交流中心、复旦大学图书室、上海图书馆、德意志学术交流中心北京办事处网站、德国几个著名的文学网站和文学研究网站、比较稳定的一些著名电子数据库和网络数据资源等均在笔者的推荐之列。笔者会向学生说明,文献收集固然可以突击,但最好还是有一个长期积累的过程。这就要求研究生要做文献收集的有心人,要善于收集文献,要早定研究方向与主题。在一般收集的基础上,学生应利用一切可以利用的资源,建立起自己的硕士学位论文资料库。

文献调研后的工作便是对相关文献进行梳理和分析。笔者的心得与认识是,文献梳理和分析之结果要被充分体现在论文的文献调研部分中,研究者应基于以往的研究基础和自己对拟研究文本的读解经验,提出有意义的问题。这个问题意识极为重要。很多研究生往往不那么清楚或在论文表述中未能清晰有力地说明自己在拟撰写的论文中到底要解决什么问题以及这个核心问题到底在何种意义上可以被确立,这就要求指导教师的强有力介入,指导教师很可能需要就相关问题一再地与学生进行讨论与分析。

针对理论方法描述,笔者一般提醒同学们注意四个问题:(1) 准备采用的理论视角或方法是否符合拟研究文学文本的内在要求,换言之,此理论视角或方法是否与文学文本有某种契合度或呼应之处,其不应是某种被强行植入文本的分析手段;(2) 在文学文本既有的研究体系中,拟采用的理论方法是否具有特定性和个性;(3) 意欲采用的理论方法是否已真正为研究者所理解与掌握;(4) 切忌为了装点论文门面而使用某个理论,要避免理论描述和文本分析两张皮,理论与文本一定要融为一体。文本分析中的理论运用之理想方式应当如河滩上的水之于沙子,理论应像水一样处在作为沙子的文本分析之间或之下,而不是之上,否则理论就盖过了文本分析,除非研究者应用理论之目的是为了发展这一理论或建立另一个新的理论。

硕士论文中的文本分析是论文的主体,所以笔者一般要求学生至少安排两至三个章节来撰写此内容。内容要合理而匀称地分布在不同章节间。论文的意义结构应是多层次而又主线分明的;论文的研究内容应是准确无误而又恰当妥帖的;论文的观点表达应是鲜明凸出的,也就是说,论文应当清晰而集中地表达出观点,且不应采取断言式的表达方式。论文应以足够的论据来充分地论证核心观点,而且要充分体现写作者自己的见解与认识。在方法层面上,论文的写作技巧应与其所用的理论相呼应,且必要时应兼顾文本的内在关系与外在关系,写作者应适时地综合采用多种文本分析技术。总之,写作者应充分掌握各种文类分析的基本技术。

针对论文的结论部分,笔者特别提醒学生应准确归纳论文的重要问题、处理方式与核心观点,并用简练、有力的语言将论文的结论表达出来。

四 论文写作的语言问题

德语专业的硕士研究生绝大部分都是在就读大学本科时才开始学习德语的,可是对于一门新语言的学习者来说,四年何其短暂! 现实的就业与应试问题更使学生们的实际语言学习时间被进一步压缩。除了个体学养上的差异性外,硕士研究生的本科学校的培养质量也存在差异,因此在语言表现能力上也是差别明显。尤其是学生们在大学本科期间的学术训练普遍不足,他们除了在理论方法等问题上存在很大缺失外,学术语言的运用也存在较大问题。

德语专业的硕士研究生的惯例是用德语写作,所以语言能力和学术能力的欠缺所导致的问题就痛苦地压在研究生身上,进而又连带性地压在相关导师身上。

举一个例子,一名研究生的论文在盲审中得到 80 多分,这个结果应当说还是可以接受的。但是,在论文的修改过程中,这个学生就遇到一个非常棘手的问题,即德语表达的汉化问题。这个学生对概念表达、句式、句子衔接和语法现象方面的规范性不够了解,对中、德两种思维和语言间的差异性不够熟悉,于是他就按照汉语的思维与表达习惯,比较机械地以翻译的方式来写作论文,从而造成了诸多不合德语学位论文要求的表达错误。

就像论文写作会涉及到的其他问题一样,语言问题也是个冰冻三尺的问题。

所以,指导教师虽然可以示范性地帮助学生修改论文,甚至可以和学生一起逐字逐句地大段修改论文,但导师真正能改变的东西并不太多,关键还是学生自己的态度和动机,学生应自己主动积累阅读量与学术训练量。毕竟,在攻读硕士学位的若干年内,首先要被训练的主体还是研究生自己。如果说事先有什么解决方案,那就是指导教师平时应要求学生多读专业书籍,多揣摩研究对象,并尽可能贴近基本学术规范地多做学术训练。同时,导师要定期和同学分享学习心得。在可能的情况下,指导教师尚可借目前正渐次劲吹的国际化办学东风和双一流建设机遇,将学生送到对象语言国去进行深造,从而使学生得到收集资料和参加学术讨论的便利。"行万里路"能使学生在"行"的层面反观、检验和深化自己的所学与所研。

五 论文写作的技术规范

这方面的问题比较好解决,因为我们有成文的相关规定或格式,指导教师只要督促学生按要求完成即可。尽管如此,笔者还是会并非多此一举地提示学生注意论文外在结构与内容组成部分的完整性与规范性,脚注或尾注与参考文献标注之间的联系性与相似性,中文与德文乃至德文与英文间的标注格式和标点符号的差异性,引证和标注格式的统一性,等等。

六 论文之外的其他问题

论文之外的问题本不应被划入论文写作范畴之内,但其偏偏又与论文的进度、质量、答辩日期等有着密不可分的关系。目前,德语专业的硕士研究生差不多是女生一统天下,这一现象的好处是显而易见的,但其引发的问题也不容被忽视。有的学生因在职攻读硕士而压力过大,从而影响了论文进度;有的学生因为婚恋或者生育,而难以全身心地投入论文的写作;甚至有的学生因为懈怠或社会兼职较多,而严重影响了论文的进度和质量。

针对前两种情况,笔者一般会提醒这些学生要遵循学校的相关规定办事,在合理的延长期内完成学位论文。针对最后一种情况,笔者认为,这样的学生不太能得到宽恕。

试举一例。这又是一篇参加盲审的论文,成绩是 60 多分,这个结果颇不能令人满意。之前,因为论文的篇幅和质量问题,笔者已让这位学生在临近论文提交答辩的最后期限时撤回了答辩申请,并要求他多花一年时间来修改论文,但修改的结果仍然相当不理想。笔者曾犹豫是否再次否决该生的答辩申请,但按照现行的学籍管理规定,两次否决就意味着他没有了答辩机会,而他又反复强调自己的生活压力很大。不过,笔者事后得知,在攻读研究生期间,这位学生成了某培训机构颇为活跃的语言培训师。所幸这位学生的论文勉强得了个合格的分数。然而,细思此事,笔者仍然心有余悸。从学术研究和人才培养角度来看,其实导师还是应排除人情因素的干扰,拦住这样的论文。

零散地谈到这里,笔者还想到了一个有关学风建设与学术道德规范的问题。笔者一般会提醒学生们主观上要反对抄袭,客观上要通过一定的技术措施来确保自己能逃脱抄袭之嫌疑。在向本科生宣讲科学道德问题时,笔者曾归纳了三句口号,具体是:

(1) 切实遵守科学道德和学术规范;

(2) 增强自省意识;

(3) 从我做起,从现在做起。

总的来说,研究生学位论文应当是研究生学习成果和研究生指导成效的集中体现。在笔者看来,为了调动研究生的主观能动性和充分发挥其客观潜能与聪明才智,为了使指导教师能充分履行其职能以帮助学生创作出合格甚至优秀的论文,我们可以采取如下措施:

(1) 加强研究生教学秩序、课程质量建设和学位论文质量的过程性管理工作;

(2) 针对外语学院学科特点,强化跨学科的学习与研究平台;

(3) 大力开展多类别的学术活动,鼓励学生申报各类研究基金奖学金,支持学生参加相关学术会议,号召学生参与导师课题研究,督促学生积极发表有质量的学术论文;

(4) 深化与国外高水平大学及研究机构合作开展的人才培养工作,拓宽合作渠道,创新合作方式,将更多优质的智力资源、思想资源和研究资源吸引过来;

(5) 将更多的优秀研究生派到语言文化对象国去,让他们不断磨砺和培养自己的研究能力与创新能力。

孔子的教育思想在外语教学中的应用

朱路得

摘　要　孔子是我国古代伟大的教育家,他在长期的教学实践中积累了丰富的教育经验。在总结自己经验的基础上,孔子提出了一些教育与教学的思想和原则,阐明了教育与教学过程中产生的一些问题和解决这些问题的方法。这些教学思想与原则成为了我国教育学的宝贵财富,我们应分析研究这些丰富的遗产,并批判性地继承一些有价值的东西,以指导我们的教学实践,从而做到"古为今用"。在孔子所处那个时代固然没有外语教学,我国的外语教学距今也只有一百多年的历史,且它在不同时期受到各种外语教学法流派的影响,但是在长期的实践中,我国的外语教师选择性地运用了一些外国的教学理论,并使其与中国传统的教育思想和原则相结合,从而创造了许多好的教学方法,所以我们能在中国的国土上培养出大批优秀的外语人才。本文主要探讨了如何用孔子的一些教学原则解释外语教学实践过程中出现的现象、总结外语教学的规律和指导外语教学工作。

孔子的教学思想相当丰富,本文仅就他的学与思的结合、启发式教学和因材施教这几个方面对现代外语教学的指导作用进行阐述。

关键词　孔子　外语教学　德语教学

一　学与思相结合以及外语教学的综合法

关于学习方法,孔子提出的一个重要原则就是"学而思"。所谓"学而不思则罔,思而不学则殆"(《为政》),这句话是指光学习却不思考就不会有心得,就会迷失方向,而光思考却不学习就会陷于疑难重重的困境,问题就得不到解决。孔子强调的"学"是指从"多闻"和"多见"中获得感性方面的知识。但是,孔子认为"学"不能仅仅停留在感性认识上,学习者要重视思维活动,要对自身所获得的感性知识进行思考并予以分析、整理、引申和归纳,从而将其提高到理论层面。

学与思究竟应当怎样实现结合呢? 孔子认为,学习者应当在"学"的基础上进行思考,所以他说:"吾尝终日不食,终夜不寝以思,无益,不如学也。"(《卫灵公》)可见,学习者首先要掌握足够的材料,这样才能更好地进行思索。孔子根据自己的学习经验总结出来的这句话是符合学习的客观规律的。

孔子的学思并重思想对外语教学也具有重要的意义。回顾外语教学的历史,由于社会、政治、经济的发展,外语教学界形成了两大派别,产生了两种对立的理论。一派是唯理主义,其主张"形式教育",并将教学的目的定为锻炼学生的思维能力。但是,唯理主义语言理论认为,语言是逻辑的表达,而学习语言就是认识语言的逻辑关系,这反映在课堂教学上就是"注入式"的"老师讲,学生听",这种模式使用的教学方法是"演绎法",教和学的主要手段是翻译,结果是外语课变成了知识传授课。这种理论的实质是"只思不学",依照此理论培养出来的学生只会死记硬背,只能用外语语法规则逐字逐句地阅读原文,他们不会听,也不会讲,不能运用语言进行交际。另一派是实证主义,和唯理论相反,它片面强调语言实践,否定语言的规则。实证主义认为,学习语言主要是指通过实践习得语言,教师的任务只是教会学生用语言进行交际,至于语言规则则并不重要。用这样的理论培养出来的学生的语言学习将仅仅停留在感性认识上,其不能上升到理论认识层面,学生实际上是"只学不思"。

在我国外语教学的历史上,唯理主义和实证主义这两种理论反复论争,呈现"钟摆式的运动"。二十世纪五十年代以前,唯理主义一直占上风,而实证主义自二十世纪六十年代起才开始占优势,但是我国外语教学界从未出现过唯理主义或实证主义一统天下的局面。这是因为,实践证明,两种理论都有片面性与局限性,最好的选择就是将两种理论结合起来,即理论与实践相结合。具体来说,我们应该将语言习惯的形成与认识语言的规律、归纳法与演绎法、培养听说能力与读写能力等分别结合起来,从而在教学中充分贯彻语言理论和语言实践相结合的原则,以切实体现上述两种截然对立的理论的调和与折衷。

目前,外语教学界出现了一种普遍倾向,即对各种教学法流派采取折衷态度,外语教学工作者吸取各种流派的合理部分,然后进行综合性的运用。例如,二十世纪七十年代的"交际法"之崛起,使各国教学法家奢谈"交际能力",语法的准确性因此几乎降到了最低点。但是,外语教学界近期又开始重新强调语法的重要性和地位。学者们认为,在培养学生交际能力时,教师既要重视语言的功能,又不能忽略语言的正确性,这种做法也包含了两种理论的折衷。

在外语教学中,博采众长的做法既符合孔子的学与思相结合之理论,也符合外语教学的规律。正是在这种思想的指导下,我国的外语教学才能发展得卓有成效的,并成功培养了一大批既懂语言理论又能进行语言实践的外语人才。由此可以看出,孔子的"学而思"的原则确实可以被应用于外语教学。

二 孔子的启发式教学在外语教学中的应用

孔子提出的启发式教学的理论与实践也有可供现代外语教学借鉴之处。孔子在长期的教学实践中认识到,如果教师想让学生获得广大博深的学问,那么他就必须依靠学生好学、乐学的态度,以及学生的自觉思考,于是他提出了"不愤不启,不悱不发,举一隅,不以三隅反,则不复也"(《述而》)的论断,即当学生欲知而不知,想说又说不出时,他们心理上就产生了"愤"与"悱"。孔子认为,教师应该在学生达到这样的境界时再对其进行启发,如此才能收到良好的效果。孔子还要求学生在受到启发后自己进行积极思维,从而做到举一反三,并以此培养独立思考能力。

孔子提出的"愤"和"悱"是学生产生学习主动性和积极性的前提,而这种积极性又是教学成功的先决条件。在外语教学中,教学质量的高低取决于很多因素,如教师的水平、学生的素质和学习积极性、教材、教学方法、教学条件等。但是,在诸多因素中,学生的学习积极性最为关键,其是内在的因素。如果没有内因的作用,那么其他的因素就都不能起作用。

什么是学习积极性呢? 首先是学生应该有学习的需要或兴趣,其次是学生有满足这种欲望的动力。"学习动机是一种状态,在这种状态下能感觉到一种动力,这种动力可以重建平衡并引导学习。"(Zimmermann, 1970,S. 61)具体来说,我们的学生很想用外语进行交际,但是他们不能听和说,于是他们在心理上处于"愤"和"悱"的状态,从而产生了学习外语的强烈愿望并力图达到这个目的,以摆脱"愤"和"悱"的处境,进而重建心理上的平衡。在上面这种机制的作用下,学生自然就会有学习的积极性。"大多数人的学习积极性是习得的。"(River, 1964,S. 81)正因为学习积极性是可以习得的,所以教师就有责任调动学生的学习积极性,并努力使这种积极性保持下去,而学习积极性的调动之成败关键取决于教学方法的优劣。"可以直接和一瞬间影响学习积极性变量的是教学方法。"(Heckhausen，1970，S. 194)也就是说，教学方法的好坏直接影响学生的学习积极性，并决定教学的成败。

在教学方式上，孔子创造的启发式教学方法是很值得我们的外语教学界研究、继承和发扬的。以下笔者从三个方面来谈谈孔子是如何进行启发式教学的。

（一）联系学生生活中最感兴趣的问题进行讨论式的教学

课堂讨论是启发学生思维的一种方法，孔子常用讨论形式进行教学。孔子有几个学生的学习成绩很好，并且他们希望能有机会登上政治舞台，于是孔子就利用了学生的这种心理，他提出讨论问题说："平时你们常有怀才不遇的说法，如果你真的遇到了知己，他让你掌权，那么你将怎样办呢？"显然，这个问题是切合学生实际需求且带有启发性的，于是学生们纷纷阐发自己的意见。

孔子的问题为讨论创造了一种情景，这种情景既是来源于学生的生活的，也是学生感兴趣的，所以学生有话可讲，讨论便可以顺利进行。笔者由此联想到我们的外语教学也经常使用讨论的方式，因为这是学生运用语言进行交际的好机会，但是我们的课堂讨论并不总是很顺利的，有时成功，有时失败，讨论效果的好坏关键在于教师提出的问题和创造的语言情景是否能引起学生的兴趣，是否结合了学生的实际需求。例如，在学习完"德国的节日"一课之后，教师提了两个问题让学生讨论，一个是"为什么世界上许多国家庆祝圣诞节的方式是如此相似"，另一个是"中国是怎样庆祝春节的"。在讨论第一个题目时，学生无话可讲，这是因为他们对西方国家的历史和文化背景知道得甚少，而学生们在第二个问题上就发表了许多意见，来自不同省市的学生都谈到了自己家乡庆祝春节时的风俗，讨论的气氛十分热烈。由此可见，讨论是一种很好的教学方式，但是我们必须像孔子那样，从学生的思想情况和生活环境出发来命题。

（二）孔子的问答式教学是以学生为中心的教学

孔子经常使用对话或谈话方式进行教学，他不仅自己提问题，而且常常鼓励学生发问。据《论语》记载，孔子的学生提出了一百多个不同的问题，如"问仁""问礼""问政""问孝""问知""问士"等。孔子要求学生对学问保持一种"如之何？如之何？"的研究精神。这种问答式教学使学生成为教师的谈话伙伴，由此改变了"教师一人讲，学生台下听"的局面，其把教师控制课堂转变为师生共同参与教学，从而调动了学生的学习主动性。

在问答式教学中,孔子非常讲求民主。面对那些学生给出的超过老师见解的回答,孔子会公开表示要向该学生学习,如他曾称赞子夏"起予者商也"(《论语·八佾》),即启发我的是子夏啊!这种既将学生视为受教育者,又将学生视为教育者的做法,正是现代外语教学理论所提倡的以学生为中心的教学原则。

"交际法的新特点是在外语教学中把学生当作交际的伙伴。"(Christ & Lohmann)传统的教学模式是教师垄断一切,教师规定谁发言和讲多少,教师控制发言的顺序,教师能预料学生提出的问题。"交际的语言课被当作社会成员协调一致的行为,当作伙伴之间的交往,虽说他们的语言水平参差不齐,但他们是完全平等的。"(Rea,S.108)交际法的外语教学要求师生关系对称,教师将学生视为平等的伙伴,学生可以不受拘束地发表意见、提出要求和进行批评,师生共同决定上课的内容和程序,这些和孔子的问答式教学有异曲同工之处。当然,从现代外语教学的要求来看,孔子的这种问答式教学有一定的局限性,它仅实现了教师跟全班学生的单向交往,而缺乏学生之间的相互交往。

(三)孔子的"叩竭法"有利于培养学生独立解决问题的能力

孔子在教学中运用的"叩竭法"也是一种启发性的教学法。"吾有知乎哉?无知也。有鄙夫问于我,空空如也,我叩其两端而竭焉。"(《论语·子罕篇》)这就是说,当有人向孔子提出问题时,孔子并不立即表示自己知道得很多或马上说出一大套理论,而是首先从提问者的疑难出发,让提问者将自己的意见说出,然后就着问题,孔子从正反两面进行反诘,以弄清问题的性质和内容,最后孔子让提问者自己觉悟到必然有一个合理的答案,从而很自然地引出结论。这种方法的特点就是,针对受教者提出的问题,教者故意不立即给出正面的解答,也不马上得出结论,而是用一些补充性的问题来反问受教者,以激发其进一步思考,最后教者再引出结论。这种富有启发性的谈话法有助于培养学生的独立思考能力和深入钻研精神。我们在外语教学中也是这样做的,如在课文讲练过程中,学生会提出内容上和语言上的问题,教师应该像孔子那样"循循然善诱人",提出诸如"为什么""怎么样""是何缘故""有何根据"之类的问题,让学生各尽其才地在教师指导下寻找许多不同的解答。虽然学生有时会感到困难,但这是培养学生独立思维和提升学生创造迁移能力的优良方法。

以下举两个例子说明我们是如何在外语教学中使用"叩竭法"的。在处理"联邦德国交通"一课时,学生对句子中的一个词组不能理解:

Im allgemeinen hat man auf deutschen Autobahnen <u>mit zum Teil bis acht</u> <u>Spuren</u> freie Fahrt.

（一般来说,在德国高速公路上开车不限速度,部分公路有八个车道。）

教师通过下列问题,从远到近、步步深入地让学生自己进行回答,待这些问题都被解答出来后,学生的疑问也就迎刃而解了。

Was ist eine Spur in Chinesisch?

（"Spur"的中文意义是什么?）

Wieviele Spuren hat der Wangpu-Tunnel?

（黄浦江隧道有几个车道?）

Wieviele Spuren hat die Autobahn in Beijing?

（北京的高速公路有几个车道?）

Wieviele Spuren haben die Autobahnen im allgemeinen?

（一般的高速公路有几个车道?）

Glauben Sie, dass alle Autobahnen in der BR acht spuren haben.

（你是否认为联邦德国所有的高速公路都有八个车道?）

又如,在学习"德国妇女"一课时,学生不能理解以下句子:

Der Haushalt enthält noch große Reserven für die Freizeit der Frau und damit Möglichkeiten für einen erfreulicheren Familienalltag.

（家务——它蕴藏着妇女闲暇时间的极大潜力,并有可能使家庭生活过得更加愉快。）

教师从正反两方面发问,让学生自己寻找答案。

Was bedeutet Reserve?

（潜力意味着什么?）

Was bedeutet Reserve für die Freizeit?

（闲暇时间的潜力意味着什么?）

Wie verbringen die Frauen den größten Teil ihrer Freizeit?

（妇女们如何度过她们大部分的闲暇时间?）

Wie kann die Frau mehr Freizeit gewinnen?

（妇女怎样可以赢得更多的闲暇时间?）

Was bedeutet, der Haushalt enthält noch große Reserven für die Freizeit?

（家务蕴藏着闲暇时间的极大潜力是什么意思?）

Was machen die Frau und die Familie, wenn die mehr Freizeit haben?

（妇女和家庭如果有了更多的闲暇时间,他们做些什么?）

Ist das nicht erfreulich für das Familienleben?

（这对于家庭生活来说不是很快乐吗?）

教师用这些"旁敲侧击"的方法有步骤地诱导学生学习,引导着他们走,而不是牵着他们走,这有利于培养他们独立解决问题的能力。

三 孔子的因材施教理念和开放性外语教学计划

在孔子的教学与教育方法中,比较重要的一个理念是"教人,各因其材。"（《论语·先进》）这个理念被后人称为"因材施教"。关于孔子的因材施教法,《论语》里有诸多记载。例如,子路和冉有都提出"闻斯行诸"（听到就干起来吗?）这个问题,但孔子的回答就不一样,原因是"求也退,故进之由也兼之（好胜人）,故退之。"（冉求平日做事退缩,所以我给他壮胆,仲由的胆量却有两个人的大,勇于作为,所以我要压压他。）因材施教法是孔子对教学经验的可贵总结,其反映了教学工作的规律性。从外语教学的实际情况看,因材施教既可以提高教学质量,也有利于培养高、精、尖的外语人才。那么,我们如何在外语教学中实现因材施教呢?

德语专业学生都是从零开始学习德语的,但是学生的自然素质不同,能力和学习动力（兴趣、需要、动机、情绪、意志、情感等）方面也有差异,因此在经过一个阶段的学习后,成绩肯定会有高有低。为了既能使学得较好的学生"吃"得更多些,也能使学习较困难的学生更好地消化学习内容,我们建议制订开放性的教学计划。传统的教学计划是一个封闭式的培养计划,计划中的课程被排得满满的,既不许减,也不能加,且该计划对同专业的所有学生"一视同仁"。一个专业一套计划,计划在学生入学以前就已经被制订好,四年不变。显然,这种培养计划无法适应形势的变化,不利于生动活泼地培养各类人才,更无益于优秀人才的成长。改变这一状况的有效办法就是将教学计划制订成开放式的。

所谓开放式计划,即教研室按中等水平制订一套基本计划,并且在计划中留下较大余地,以便根据新的形势加开一些新的课程,学生可以根据自己的特点和兴趣选修一些课程。根据学生的个别差异,选修科目可多可少,教师根据每个学生的实际情况进行指导。选修课程可以跨系或跨专业,学生只要修满应有的学时或学分即可。针对少数有特殊智能、成绩优异的学生,教研室可制订单独培养计划,以对其进行重点培养;针对智力差的学生,教研室可酌情放宽要求,并制订降格培养计划。这种对不同的学生采取适合其特点的培养计划之做法将大大调动学生的积极性,也有利于"开拓型"人才的脱颖而出。

孔子的教育思想当然不限于上文所述的这几个,本文仅就其几个主要的教学原则对我国外语教学的指导意义进行粗浅的探讨。笔者希望在总结中国外语教学经验和探讨符合中国国情的外语教学法时,我国的外语教学界能正确对待古代中国的文化教育遗产,并做到古为今用,从而实现自身的发展和提升。

德国职业教育与高等教育的现状与发展：
竞争与趋同、融通与交叉

摘　要　德国的高等教育与职业教育是两个独立的教育体系。近年来，随着大学入学人数的不断增加、人口发展趋势对教育的影响以及就业市场对劳动力素质要求的变化，职业教育与高等教育对自身角色之理解发生了变化，两者显示出趋同和竞争的倾向，两者之间的关系需要被重新定义。十分现实的议题是如何促进职业教育与高等教育之间的融通性，即如何为有职业资质者打开进入高等教育之门以及如何为大学辍学者进入职业教育创造可能性。职业教育与高等教育的交叉形式——双元制大学也发展迅速。新的整合发展设想也已出现，而未来的重要发展方向将是在德国职业资格框架下将不同教育进程的学习结果模块化，从而在更大程度上实现职业教育与高等教育的等值。

关键词　职业教育　高等教育　关系　融通　交叉

一　背景与外部因素

（一）职业教育与高等教育的分立

众所周知，德国的教育体系主要由中小学教育、职业教育和高等教育三大领域组成。德国的职业教育与高等教育之间一直存在着清晰的分野，两者分属于并立的两个教育领域，且在教学文化、组织形式和文凭制度上都自成体系、各自不同。

这两条教育道路的分流趋势在教育发展历程的早期阶段就出现了，这也是德国教育体制的鲜明特色之一。在德国，小学四年之后，学生将选择不同的中学。在

265

以文理中学为代表的学校就读并最终通过中学毕业考试（Abitur）的学生将走上大学之路，而以其他方式完成中学学业的学生将接受职业教育。二十世纪七十年代的教育学者皮希特（Georg Picht）对德国的"教育灾难"提出警告，在进行了一系列的教育改革后，德国的教育体制才稍稍更加开放灵活，获得中学毕业文凭后的"第二条教育道路"也才正式被确立①，其他获得大学入学资格的方法也逐步出现，如"限定专业的"大学入学资格，以及德国政府应用技术大学出现后设立的应用技术大学入学资格。在德国，获得大学入学资格的人数不断增加，到2000年时已有约80％—85％的学生拥有大学入学资格，60％的毕业生拥有应用技术大学入学资格。尽管这些途径在严格规定下为没有中学毕业文凭（Abitur）的中学毕业生打开了一些通向学术教育的道路，但职业教育与高等教育之间的分隔依旧存在，两者之间缺乏桥梁，双方的学分转换也难以实现。几十年来，德国教育界一直在提"高等教育与职业教育的等值"，这一口号实际上也默认了职业教育与高等教育的分立局面。德国的高等教育与职业教育之分立主要是为了适应就业体系的不同要求：胜任"知识型工作"的人员所需要的系统的理论性知识由大学传授，而胜任"专业工作"的人员所需要的行为导向性知识与能力则由以双元制为主的职业教育传授。

（二）大学入学人数不断上升

随着获得高校入学资格的中学毕业生数量的不断增加，德国的大学入学率也水涨船高。在接受普通教育之后，年轻人在教育上越来越偏向于高等教育而不是职业教育。二十世纪六十年代，德国同龄人中的大学学习者的比例不到10％，而这一比例于1995年时已超过25％，2012年时则已超过50％。②2012年，德国同龄人中拥有大学入学资格者的比例上升到52.5％，大学入学者的比例为54.6％，大学毕业生比例为30.9％。2013年，德国的大学入学人数首次超过参加双元制职业教育的人数，而职业教育方面的参与人数则停滞不前。2000年至2013年间，德国新进入双元制体系的人数减少了约15％。相对于职业教育而言，高等教育的吸引

---

① "Zweiter Bildungsweg"指在义务教育之后，未能通过中学毕业考试这"第一条道路"进入大学的青年学生可以通过"晚间文理中学"和"大学预科"的方式进入大学学习。

② Autorengruppe Bildungsberichterstattung, *Bildung in Deutschland* 2014. *Ein indikatorengestützter Bericht mit einer Analyse zur Bildung von Menschen mit Behinderungen*, Bielefeld: W. Bertelsmann Verlag, 2014, S. 124.

力似乎更大。从未来薪酬、发展可能性、工作条件和职业稳定性来看，经过大学学习者的发展前景要优于接受职业教育者。[①]

从国际上来看，德国接受高等教育的人数占同龄人的比例相对较低。过去几十年中，OECD 国家的大学入学率都在不断提高，而德国的大学入学率属于较晚才开始提高的。[②] 与其他国家相比，德国有其特定的教育局面，即从事专业性要求较高的职业的人员（如机械电气师、金融服务人员等）由职业教育培养，而此类人员在其他 OECD 国家则是由大学培养的。对于德国来说，近年来的大学吸引力不断提高之趋势必然会给其职业教育带来消极影响，一些要求较高的培训型职业越来越面临着难以吸引优质生源的困境。职业教育与高等教育二者分立的状态越来越受到考验。

(三) 人口发展的影响

从人口发展趋势来看，到 2020 年，德国的总人口将从 8170 万减少到 7990 万，即减少为目前人口数的 97.9%。18 岁到 20 岁的年轻人口——准备进入职业教育或大学的年轻人——将从如今的 926000 人减少到 2020 年的 743000 人，即减少为目前人数的 80.3%。[③] 在德国的高等教育领域，入学率的增长将弥补人口减少所带来的影响。按现在的趋势预计，从 2010 年到 2030 年，进入劳动市场的德国大学毕业生人数将从 3200 万增加到 4900 万。但是，对于德国的职业教育领域而言，大学入学率的增长和该年龄段人口的减少将导致选择职业教育的中学毕业生人数的减少。从 2010 年到 2030 年，职业培训为德国输送的专业劳动者人数预计将从 1150 万滑落到 700 万。也就是说，到 2030 年，德国受过高等教育的人数将比现在增加 1/4，受过职业培训的人数则将减少 1/5。[④]

职业教育所受到的冲击不仅体现在人数上，也体现在质量上。双元制职业培

---

① Martin Baethge/Christian Kerst/Michael Leszczensky/Markus Wieck, *Zur neuen Konstellation zwischen Hochschulbildung und Berufsausbildung*, Forum Hochschule 3/2014, Hannover: DZHW, 2014, S. 50.

② OECD, Bildung auf einen Blick — OECD-Indikatoren, Bielefeld: W. Bertelsmann Verlag, 2011, S. 391.

③ Dieter Euler/Eckart Severing, *Durchlässigkeit zwischen beruflicher und akademischer Bildung. Daten, Fakten und offene Fragen*, Hintergründe kennen, 2015, S. 13. -URL: www. bertelsmann-stiftung. de/ fileadmin/files/BSt/Publikationen/GrauePublikationen/LL _ GP _ Durchlaessigkeit _ Hintergrund _ final _ 150622. pdf (Stand: 28. 01. 2016).

④ Helmrich Robert/Gerd Zika/Michael Kalinowski/Marc Ingo Wolter, *Engpässe auf dem Arbeitsmarkt: Geändertes Bildungs- und Erwerbsverhalten mildert Fachkräftemangel*, BIBB-Report 18: Bonn, 2012, S. 4. URL: https://www. bibb. de/dokumente/pdf/a12_bibbreport_2012_18. pdf (Stand: 28. 01. 2016).

训并不太能接受资质较弱的学生(如中学辍学生)。由于对培训职位的需求增大和企业培训岗位较少,企业的挑选标准以及职业本身的要求不断提升,企业普遍不愿在较弱的培训生身上花费培训成本。因此,我们已经可以预计参与职业培训的企业数量将进一步下滑。2013 年,德国企业对职业培训的参与度为 21.3%,该比例跌至 1999 年以来的最低点。[①] 这一趋势将导致受过职业教育的有职业资格者在 2030 年之后的德国劳动力市场上遭遇瓶颈,而职业资质层面的岗位在 2035 年时将有一半处于空缺状态。

(四)就业市场用人要求的变化

近年来,德国就业市场对劳动者的要求也发生了改变。过去,人们普遍认为,双元制职业培训的优势是其培养出的劳动者能力高度符合现代工作组织形式以及中等专业劳动力层面的要求。但是,近年来,德国企业界的工作划分和组织形式已普遍发生很大变化,大多数职业对认知能力的要求不断提高。[②] 事实上,德国的工业职业近年来正在减少,而知识密集型服务业的比例则不断增加(如护理和卫生行业),从业者的学术化程度对其职业生涯的升值影响很大。双元制培训体系的基础是工业和手工业传统,其与这些有较高资质要求的服务行业的关联性不如高等教育或职业学校那么高,其在认知和理论能力的培养方面也不及普通中学和高等教育。长此以往,德国的职业教育的吸引力将会减弱。

人们过去的设想是,职业教育与高等教育为不同的劳动力市场培养人才。但是,对于如今的德国企业来说,越来越多的职业可以同时通过职业培训和高等教育来获得劳动力。在德国的许多大企业中,较为复杂的专业工作不再专属于受过职业教育的有职业资格者,而是越来越多地由拥有学士学位的大学毕业生来承担。当然,自"博洛尼亚改革"算起,学士学位毕业生进入劳动力市场的时间还很短,相对于有职业资格者来说,其替代性还未可知。但是,我们可以认为,过去那种不同教育路径对应不同职业领域的清晰界分正在日渐模糊。此外,德国企业在选择雇员时也越来越更看重文凭和考试成绩以外的能力,职业生涯的前景与原先所受教

---

① BIBB, Datenreport zum Berufsbildungsbericht 2014, Bonn: Bundesinstitut für Berufsbildung, 2014, S. 9. URL: https://www.bibb.de/dokumente/pdf/BIBB_Datenreport_2014.pdf (Stand: 28.01.2016).

② Autorengruppe Bildungsberichterstattung, *Bildung für Deutschland 2010. Ein indikatorengestützter Bericht mit einer Analyse zu Perspektiven des Bildungswesens im demografischen Wandel*, Bielefeld: W. Bertelsmann Verlag, 2010, S. 163.

育专业的关系越来越小，而与工作头几年的业绩关系越来越大。^① 这样看来，由企业培训为主的职业教育和比例相对不高的高等教育两者分立所构成的传统德国教育模式的长久性便成了一个问题。

基于大学入学率上升、人口减少以及就业市场需求变化这些发展趋势，德国 2014 年的教育报告提出了重新定义职业教育与高等教育之间关系的必要性。[2]

二 职业教育与高等教育的角色理解与自身发展：趋同与竞争

(一) 职业教育：从"专业导向"到"行为导向"

德国的职业教育之基石是上世纪上半叶发展起来并由手工业行规所确定的手工业学徒职业及工业学徒职业，其核心是德国的"职业方案"(Berufskonzept)及由该方案直接承认的培训职业。1969 年颁布的《职业教育法》从国家层面确立了德国职业教育的构型，其内容包括强调职业教育的专业关联、以培训职位作为终身职业的定位、培训内容和职业资格的标准化、企业和学校作为学习场所等。但是，到了上世纪八十年代，"职业方案"的专业导向被批评为缺乏活力和弹性。从工业社会学和劳动组织学的视角看，过强的专业导向阻碍了个体的发展。德国职业教育开始了最初的"去专业化"改革浪潮。在工会和雇主的推动下，德国职业教育的新方向是以"独立行动的人格"为目标，即要有能力对职业中的各种任务独立进行计划、执行和控制，这一新纲领与德国社会对职业的新理解相关。基于德国经济和企业界的巨大变化，将培训职业当作终身职业的可能性已越来越小，职业培训应被理解为伴随职业生涯进行的终身学习进程的初始阶段。二十世纪九十年代中期，随着 IT 行业等新型应用领域的职业教育之建立，德国的职业培训也在结构和内容上得到了发展和丰富，其融入了方法学的研究成果以及与社会和个人相关的能力，在专业理念上增加了职业行为能力的元素，同时扩展了完全行为的理念。2005 年，《职业教育法》被修订，"职业行为能力"被确定为职业教育的主导目标。2006 年，

① Ute Hippach-Schneider/Tanja Weigel, *Gründe und Motive für die Rekrutierung von qualifizierten Fachkräften-Fallstudien aus Deutschland*, England und der Schweiz, in Eckart Severing/Ulrich Teichler, *Akademisierung der Berufswelt?*, Bielefeld: W. Bertelsmann Verlag, 2013, S. 167-187.
② Autorengruppe Bildungsberichterstattung, *Bildung in Deutschland* 2014. *Ein indikatorengestützter Bericht mit einer Analyse zur Bildung von Menschen mit Behinderungen*, Bielefeld: W. Bertelsmann Verlag, 2014, S. 12.

德国资格框架(DQR)的颁布对于职业教育来说也有重大意义：未来职业教育的构型无论是教育主体(Berufsbilder)还是进修规则都将是连续的、以能力为导向的，职业教育的目标将是让个体有进行广泛职业行为的能力，或者说是专业、个人和社会能力的融合。

（二）高等教育：职业化倾向与垂直分化

长期以来，在洪堡大学理念的传统影响下，德国高等教育的目标是造就学生的学术和科学素质，而学生掌握的知识如何在职业中被直接使用并不是其关注的目标。但是，在"博洛尼亚改革"的进程下，德国的专业课程设置更加以毕业生在工作市场的"就业能力"为导向，学士(Bachelor)和硕士(Master)两级文凭实际上也带有职业资格的意味：学士学位课程培养科学基础、方法能力以及与职业相关的素质，而硕士则被区分为"侧重应用导向"和"侧重研究导向"两种学位类型。学士学位被理解为初始的"职业资格文凭"。高等教育从此更关注职业训练，而通过科学来培养学生以及通过科学进行社会化之理念则退居其次。[1]

过去二十年来，德国高校的垂直分化也日益显著，不同的高校类型正在形成。随着"精英计划"的推行，德国的大学被分为"精英大学"和"普通大学"。精英大学试图强化其科研倾向，也有少数私立大学努力追随顶尖大学的脚步；而许多私立大学则依照着另一种模式发展，即着重构建职业行为导向的专业课程，这类专业课程在课程和时间上与较高要求的职业教育并没有明显差别，但由于这类课程能授予学士学位，所以其在中学毕业生眼里十分有吸引力。这种趋同和分化的倾向在德国的应用科学大学层面也体现得很明显：一方面，一些应用科学大学努力获得博士学位授予权或强化其在科研领域的成就；另一方面，越来越多的应用科学大学密切结合地区经济，并在此基础上与行业协会或企业合作推出一些相当专门化的专业课程。德国的继续教育领域也是如此，一些企业教育机构或专科学校也正从进修培训领域转向高等教育领域，而一些应用科学大学和部分综合性大学则开始设立职业继续教育的专业课程。可以说，在偏向应用的教育领域，德国目前存在着"职业教育学术化，学术教育职业化"的倾向。这种近年来才在德国出现的倾向，其他一些欧洲国家其实早已有之。在挪威，综合性大学可以授予职业继续教育文凭

---

[1] Dieter Lenz, *Hochschulstudium: Humboldt aufpoliert-Kann ein Studium Bildung und Ausbildung zugleich sein? Ja!*, in Die ZEIT, 16. März 2012.

甚至职业博士学位。在丹麦和英国，这种职业教育与继续教育重叠的机构也不少见。总之，德国的高校体系已因内部分化而逐渐形成理论研究导向和职业行为导向两种类型，后者与较高要求的职业教育之间并无显著区别。

在"博洛尼亚改革"所导致的职业化倾向和垂直分化之影响下，德国的高等教育与职业教育之间的清晰分界正日渐消解，两者在一定程度上显示出趋同的倾向。德国教育界甚至认为，职业教育的发展只是在数字上有所缩减，在体系上有了以行动和能力为导向的新定位，而高等教育对自身角色之理解正在一定程度上发生着本质性变化，促进个体难以衡量和定义的"就业能力"越来越成为其核心目标，而对个体的科学研究要求则越来越退后。①

在这种趋同发展的形势下，德国的高等教育与职业教育形成了一定程度上的竞争关系。除了生源获得上的竞争，德国的高等教育与职业教育在对应的劳动力市场的重叠领域之中也形成了竞争关系。面对许多高要求的商业或技术职业，在传统的双元制职业培训之外，德国企业也开始注重较早地与大学生——包括双元制大学的学生——建立联系。由于高校享有自治权，其在设立新专业课程方面所受限制较少、灵活性较大，所以大企业可以与高校合作，并根据自身需求设立以特定职业或地区经济特色为导向的专业课程；而职业教育则有一系列标准化要求，灵活性不及高校。

尽管职业教育与高等教育之间的交叉地带正在扩大，且两者在很多方面的共性也越来越多，但若想形成能整合两者的改革战略，德国政府还有不少决策上的壁垒需要打破。

三　促进职业教育与高等教育之间的融通性

（一）为有职业资格者打开通向高校的"第三条道路"

在国际教育比较中，我们可以从不同分区之间的分界、学习者在不同分区之间转换的灵活性以及受到怎样的限制和促进来对教育体系做出区分。德国的教育体制属于分界十分清晰、选择性较强的类型，因此要求提高不同教育分区之间的融通

---

① Irmgard Frank/Michael Heister/Günter Walden, *Berufsbildung und Hochschulbildung. Durchlässigkeit und Verzahnung als bildungspolitische Herausforderungen-bisherige Entwicklungen und aktuelle Herausforderungen*, Bielefeld: W. Bertelsmann Verlag, 2015, S. 14.

性之呼声一直很高。原因之一在于，由于人口发展等因素，德国的社会经济发展需要充分挖掘劳动市场上现有人力资源的天赋和潜力；原因之二在于，受教育者应有更多对所选教育道路进行更改或实现其他发展机会之可能性。德国的职业教育和高等教育之间的融通性（Durchlässigkeit）主要指促进"有职业资格者"（即通过职业教育获得职业资格，但没有大学入学资格的人群）以类似同等学力的形式进入高等教育体系。融通性的内涵包括两个方面：一是进入相关教育进程的可能性，即没有高校入学资格的职业教育毕业生能否进入高校学习；二是个人在此前的教育进程或职业实践中获得的知识和能力能否得到换算，如学生在商业职业培训中获得的会计或计算机知识能否在其进入大学学习计算机或企业经济学时被折算成学分，从而缩短其学习期限。

早在二十世纪六七十年代，当时的"德国教育委员会"（Deutscher Bildungsrat）就提出要提高融通性，其特别指出委员会在第二级阶段（Sekundarstufe）要促进普通教育与职业教育融为一体。德国联邦与各州委员会（Bund-Länder-Kommission）的"以职业教育为重点的阶梯计划"（Stufenplan zu Schwerpunkten der beruflichen Bildung）提出要建设高校之外的第三级能给予职业资格的教育进程，经济、技术和自然科学领域应被视为首要对象，但这一计划未能实现。2010 年，联邦职业教育研究所（BIBB）提出了提高职业教育与高等教育融通性的建议，其核心内容是提高"有职业资格者"以同等学力进入大学的可能性。

具有实质性意义的转折点是，德国各州教育部长联席会议（Kultusministerkonferenz）于 2009 年颁布了"无高校入学权的有职业资格者进入大学的通道"（Hochschulzugang für beruflich qualifizierte Bewerber ohne schulische Hochschulzugangsberechtigung），这项统一标准从法律角度为提高职业教育和高等教育的融通性指明了方向，其核心内容包括：（1）国家认可的职业培训毕业生有三年工作经验并经过能力认定或在试读大学后，可获得与其职业相关专业的大学入学资格；（2）参加过职业继续教育培训（Aufstiegsfortbildung）并获文凭的有职业资格者，有进入大学学习的可能性；（3）参加过职业继续教育培训（Aufstiegsfortbildung）、未获文凭的有职业资格者，可获得限定专业的大学入学机会之可能。德国各州之间互相认可这种大学入学资格。"有职业资格者"既不是在中学系统中获得了普遍或限定专业的有大学入学资格者，也不是完全没有大学入学资格者，这一类非传统学生进入高等教育的途径被称为"第三条道路"。上述决议被颁布实施后，到 2012 年，通过"第三条道路"进入大学的这类非传统学生的入学比例提高了 1/3，人数为 12300 人。不过，从绝对人数上看，这类人群还相当边缘化，他们在全德国的大学入学人数中的比例从 1995 年的 1% 上升到 2012 年的 2.6%，其中 43% 的学生超过 30 岁。

在德国高校方面，传统学生人数的迅速增长已经使高校面临巨大的财政和管理挑战，为"有职业资格者"提供相关专业课程在很多高校看来还只是边缘任务。但是，在德国联邦和各州的教育决策层看来，他们未来将更大程度地为这类有职业资格的非传统学生打开高校之门。通过"第三条道路"进入高校的德国学生往往面临各种实际问题，最大的困难在于从职场到学术教育的转换。面对大学传授的学术理论和专业内容，学生在职场获得的经验和能力难有用武之地。大学学习以知识理论结构为导向，而来自职场的有职业资格者则更习惯于归纳式的和以具体问题为导向的思维方式。为了解决入学者的各种现实问题和探索提高融通性的具体实践措施，德国已有两个试点项目正在进行之中：一是联邦教研部的先锋动议 ANKOM，该项目的第一阶段已完成，由 11 个地区承担的不同具体项目旨在探索职业教育中所获能力的换算方式，正在进行中的第二阶段的 20 个项目则旨在探索针对相关入学者的信息咨询方案、导师及辅导人员的配备、设置与职业生涯同时进行或融入职业生涯的大学专业课程等问题；二是联邦与各州举行的竞赛"开放的高校"（Offene Hochschulen），其核心也是为相关的非传统入学者提供个性化的学分换算规则，并建立透明的信息和咨询架构，从而为学生创造良好的学习条件。

（二）为有职业资格者提供学术继续教育

根据 1999 年的德国高校框架法改革，尽管学术继续教育属于高校的法定任务，但其长期以来在高校备受冷落。一般来说，继续教育是在职课程，并且其在组织、课程和教学法上都有特殊要求。继续教育有很高的指导需求，其与基本大学授课形式有很大区别。

近年来，德国的一些大学管理团队已经在积极建立学术继续教育，此类继续教育主要面向有学术学位和继续教育愿望的群体，这种限制在未来可能会被打破。在考虑继续教育时，相对于职业进修文凭而言，许多有职业资质者会更偏好通过大学文凭来更新自己的学历。尤其在一些对认知水平要求较高、基础培训阶段逐渐学术化的行业（如卫生和护理行业），职业进修专业课程的参与人数不断下降，学术继续教育更受欢迎。目前，一些私立或公立应用技术大学和高校已开始专注于远程教育，它们根据 2009 年的高校校长会议决议将此前的职业经验换算为学分，以此为有职业资质者提供学术文凭。此类专业课程能让身在职场的有职业资格者也可以跟上学术化的潮流,因此它们相当受欢迎。

(三) 为大学辍学者打开通向职业教育的道路

除了职业教育到高等教育这个方向的融通性,从高等教育到职业教育这个方向的融通性也是德国的教育决策层重视和热议的未来发展趋势。德国的高等教育辍学率较高,学士阶段约有 28% 的学生不能完成学业。[①] 随着德国高校入学人数的不断攀升,大学辍学者人数也不断增加。除了减少大学辍学率之外,德国政府还不断促进这些未获学术文凭的学生进入职业教育,从而进一步为培养专业劳动力奠定基础,这对于个人、经济界和社会而言都有重要意义。目前,在德国的每年125000 个大学辍学者中,约 20% 的人进入了职业教育。[②] 这些促进项目当前主要集中在亚琛、柏林和维尔茨堡,它们尚仅具有地区性意义。[③]

四　职业教育与高等教育的交叉：双元制大学

比职业教育与高等教育之间的融通性更进一步的,是各种职业教育与高等教育的交叉与结合形式。由于德国拥有高校入学资格的人数不断增加,这类人群在新签订职业培训合同的职业培训生中的比例也不断增加,从 1995 年的 15.5% 增长到2012 年的 24%。对于这些有大学入学资格的中学毕业生来说,只有他们十分感兴趣的职业领域或与大学学习相结合的职业培训才有足够的吸引力。2012 年,在德国的那些拥有大学入学资格的职业培训生中,一半人任职于金融服务(16%)、工业和商业(19%),以及新媒体、信息和交流职业(14%)这几个领域。[④] 在这些有大学入学资格的培训生中,相当一部分人对职业培训之后的或与职业培训相结合的高等学习有很大的兴趣和需求。职业教育与大学教育的结合可以是相继的或一体的。

---

① Ulrich Heublein/Johanna Richter/Robert Schmelzer/Dieter Sommer, *Die Entwicklung der Studienabbruchquoten an den deutschen Hochschulen. Statistische Berechnungen auf der Basis des Absolventenjahrgangs* 2012, Bielefeld: W. Bertelsmann, 2013, S. 3.

② Ebd.

③ Wissenschaftsrat, *Empfehlungen zur Gestaltung des Verhältnisses von beruflicher und akademischer Bildung. Darmstadt*, 2014, S. 10. URL: http://www.wissenschaftsrat.de/download/archiv/3818-14. pdf (Stand: 24. 1. 2016).

④ Autorengruppe Bildungsberichterstattung, *Bildung in Deutschland* 2014. *Ein indikatorengestützter Bericht mit einer Analyse zur Bildung von Menschen mit Behinderungen*, Bielefeld: W. Bertelsmann Verlag, 2014, S. 108.

在职业教育与高等教育的交错形式中，双元制大学特别有吸引力。德国的双元制大学主要由应用技术大学开设，并通过高校与企业之合作，将学术教育和职业实践教育结合起来。德国的双元制大学形式多样，高校和企业的学习场所合作在课程和组织形式上存在着不同方式，有着不同强度，具体要求通常由企业或行业协会与高校商定，其可灵活地适应企业的现实要求。德国的双元制大学中的专业课程大致被划分为两类：一类是整合了职业培训的双元制专业课程（ausbildungsintegrierende duale Studiengänge），其属于职业首次培训专业课程，此类课程的入学前提是相当于有应用科学大学或大学的入学资格以及与企业的培训合同，学生在毕业时可同时获得学士学位的学术文凭和培训职业的结业证书；另一类是整合了实习的双元制专业课程（praxisintegrierende duale Studiengänge），此类课程的入学前提是有应用科学大学或大学入学资格以及与企业的合同（如工作合同、实习合同或志愿者合同），学生在毕业时只能获得学术学位，但与一般专业课程相比，此类课程更强调学生在企业学习场所的实习过程。德国的双元制大学的主要生源是成绩较好的中学毕业生，因此双元制大学并不是有职业资格者获得学术文凭的途径。[1]

德国的双元制大学的前身是二十世纪七十年代的职业学院（Berufsakademie）。尽管在学生人数及专业课程总数上，德国的双元制专业课程还处于边缘地位（专业课程数占6%，学生数占3.3%），但近年来其规模不断扩大，增长势头明显（2009年至2011年，德国的双元制专业课程数增加了20%，学位数增加了21%）。[2] 对供求双方所进行的调查亦显示出德国的双元制专业课程之继续扩张趋势：2011年，50%的德国企业的双元制专业课程需求进一步增加，1/4的德国企业计划未来参与双元制专业课程。[3] 不过，研究人员也不无担忧，即德国的双元制大学的蓬勃发展也可能会使职业教育进一步失去拥有高校入学资格的年轻人。

五　未来的发展方向

德国的许多研究机构和学者建议政府继续提高职业教育与高等教育之间的融

---

[1] Wissenschaftsrat, *Empfehlungen zur Entwicklung des dualen Studiums*, Mainz, 2013, S. 13. URL: http://www.wissenschaftsrat.de/download/archiv/3479-13.pdf (Stand: 28.01.2016).

[2] BIBB, *Datenreport zum Berufsbildungsbericht*, Bonn: Bundesinstitut für Berufsbildung, 2012, S. 249. URL: https://www.bibb.de/dokumente/pdf/BIBB_Datenreport_2014.pdf (Stand: 28.01.2016)

[3] Jochen Goeser/Martin Isenmann, *Ausbildung-Plus-Betriebsumfrage* 2011, Bonn: Bundesinstitut für Berufsbildung, 2012, S. 18.

通性，从而增加学生在接受完职业教育之后进入大学学习——非传统学生由"第三条道路"进入大学——的可能性。同时，德国政府也要为大学退学者进入职业教育提供相应的学分换算服务，以实现"无缝衔接"。德国联邦职业教育研究所(BIBB)建议，政府应扩大有职业资格而无高校入学资格者进入高校学习的机会，应扩展学生在职业生涯中所获之能力被换算为大学学分的可能性，甚至应让有足够教育经历和工作经历者可以直接进入大学学习硕士课程。[①] 德国的科学委员会(Wissenschaftsrat)建议，在德国各州教育部长联席会议于2009年颁布的换算决议之基础上，政府应进一步取消对有职业资格者进入大学学习的限制性规定(如需有三年工作经验，否则只能进入限定专业学习，等等)。[②] 此外，也有研究提出，德国政府应为非传统学生适应大学的学习文化提供支持，其应致力于建立职业教育与高等教育的相近专业之间的学分转换机制，并扩展学生在职业培训期间就能获得高校入学资格的可能性。[③]

发展德国的职业教育与高等教育的融通性之出发点，仍是将两者视为两个可互为替代的领域。为了平衡职业教育与高等教育长期以来的分立传统，德国的研究机构建议应进一步发展职业教育与高等教育的交叉形式，其中占重要地位的就是双元制大学。在现有的双元制大学之外，德国也有研究机构提出整合和构建两者重叠领域的新模式，如"整合大学课程的职业培训"模型，其包括两年的基础阶段职业培训和大学课程相交错的学习计划以及之后的三种可能性：(1) 继续接受职业培训以获得职业培训文凭；(2) 进入大学并获得大学文凭；(3) 参与整合了大学学习的职业培训，最后获得双重文凭。有兴趣的年轻人可以在职业培训中熟悉各种可能性，从而做出更合理的个人选择。[④] 当然，这一构想还没有实现。

① BIBB, *Empfehlung des Hauptausschusses des BIBB zur Förderung von Durchlässigkeit zwischen beruflicher und hochschulischer Bildung*, Nr. 139, vom 15. 12. 2010. URL: https://www. bibb. de/dokumente/pdf/HA139. pdf (Stand: 28. 01. 2016).

② Wissenschaftsrat, *Empfehlungen zur Gestaltung des Verhältnisses von beruflicher und akademischer Bildung*. Darmstadt, 2014, S. 20. URL: http://www. wissenschaftsrat. de/download/archiv/3818-14. pdf (Stand: 24. 1. 2016).

③ Dieter Euler/Eckart Severing, *Durchlässigkeit zwischen beruflicher und akademischer Bildung. Daten, Fakten und offene Fragen, Hintergründe kennen*, 2015, S. 35. -URL: www. bertelsmann-stiftung. de/fileadmin/files/BSt/Publikationen/GrauePublikationen/LL _ GP _ Durchlaessigkeit _ Hintergrund _ final _ 150622. pdf (Stand: 24. 06. 2015).

④ Dieter Euler/Eckart Severing, *Durchlässigkeit zwischen beruflicher und akademischer Bildung. Politische Forderungen der Initiative „Chance Ausbildung"*, 2015, S. 12 - 16. URL: https://www. bibb. de/dokumente/pdf/a_3_3_durchlaessigkeit_Position_150622. pdf (Stand: 24. 06. 2015).

无论是促进职业教育与高等教育的融通性，还是发展两个教育体系的交叉形式，德国未来的整合和改革框架都将提出更宽广的个人资质特征（该特征既包括职业行为导向，也包括理论反思导向的能力），并将全部教育进程模块化（包括职业教育和高等教育的全部学士与硕士课程），以便让学习者以个体需求为导向选择适合的教育。于 2007 年起草并于 2013 年正式颁布的德国职业资格框架（DQR）就是这一改革的根本推动力。在欧洲职业资格框架下（EQR），德国职业资格框架的目标是使以普通教育、职业教育和高等教育为三大支柱的整个德国学历和资格体系更透明、融通，并推动学生在德国所获之能力在欧洲范围内能够被认可。德国的这一资格体系以矩阵形式对各项能力进行了描述和分级，其不以投入因素——学习时间、学习地点和学习环境——为导向，而是以学习结果为导向。在这一资格体系中，职业教育与学术教育的特定文凭可以被放在同一水平线上来衡量，如学士学位（Bachelor）等值于师傅资格（Meister），更进一步的职业继续教育文凭则等同于硕士学位（Master）。

六　结语

与美国、瑞典、日本等国相比，德国的教育体制有其独特性，特别是其职业教育源自于特定的传统。在全球化时代，为了使德国的职业教育和高等教育既能适应新的社会经济形势，又能保持传统优势和特色，合理配置社会资源和人力资源是一个必须被考虑的问题。鉴于德国教育领域不断被细分以及职业教育与高等教育之间不断接近的趋势，两者之间的互补性和合作潜力得到彰显。提高职业教育的吸引力以满足经济界对专业劳动力的需求，从而让受教育者实现更好的个人前景，这是德国教育界未来的重要课题。尽管不少相关动议、纲要、改革和竞赛项目已经在德国启动，但德国政府消除职业教育与高等教育之间的壁垒之努力才刚刚开始。德国的职业教育与高等教育之间的融通性和交叉整合模式之发展完善不是短期之内就能够实现的，职业教育与高等教育的等值也还有很长的一段路要走。事实上，德国的职业教育与高等教育之间的等值性水平之提升也是一个值得我们深入思考和讨论的问题。

以企业创新为导向的德国职业继续教育管理

苗晓丹

摘 要 在人类社会步入知识经济时代后,经济领域的创新程度直接取决于知识和技术方面的创新能力。因此,相比于传统的生产要素,高水平的专业化劳动力更为重要。受产业结构和就业结构变化的影响,德国制造业企业对高技能员工的依赖度明显加强,其借助高技能员工来提升创新能力和竞争力。为了满足对高技能人才的需求,作为人力资源开发主要工具的职业继续教育对提升德国企业的创新能力起着至关重要的作用。因此,以提升企业创新能力为导向的职业继续教育管理尤为重要,而明确各方职业继续教育参与者的利益和责任则是管理过程中的核心问题。

关键词 创新 职业继续教育 德国 人力资源管理

在我国,"创新"目前已成为引领产业结构升级和推动制造业迈向中高端水平的原动力。无论是以对现有技术进行改进和实施渐进式开发为主要创新形式的非研发密集型产业,还是以产品创新为主要形式的研发密集型产业,它们的产业竞争力之提升都既需要"物化"的技术,又离不开"人化"的技能,两者缺一不可,相得益彰。在此背景下,被视为生产力基本要素的人力资本——更确切地说是劳动力所接受的教育和拥有的技能——在"创新"方面发挥着重要的作用。因此,在当今和未来,对人力资本这一生产要素进行分析是创新研究的一项非常重要的任务。随着市场竞争环境的日益激烈以及知识更新速度的不断加快,员工的职业继续教育已经成为人力资源开发的重要工具,其被用于保障企业创新能力和竞争优势。在产业结构调整的过程中,作为德国的核心竞争力之一的制造业更加依赖高技术员工,其致力于对员工开展以提升企业创新能力为导向的职业继续教育。

因此,对德国此方面的内容进行研究可为我国解决经济结构转型升级中所面临的专业人才培养问题提供参考和借鉴。

一 知识经济时代下的创新理论之发展

随着人类社会由工业经济时代转向知识经济时代,创新理论也因应着社会经济特征的变化而不断发展。以工业经济为时代背景,奥地利经济学家熊彼特开创了创新理论,其被誉为"创新理论的鼻祖"。在 1912 年出版的《经济发展理论》一书中,熊彼特将创新定义为:"创新就是生产函数的变动,而这种函数是不能分解为无限小的步骤的,你可以把许多邮车加起来,加到你想要的地步,但这样做,你仍然无法得到一条铁路。"创新在此被理解为建立一种新的生产函数,即把一种从来没有过的关于生产要素和生产条件的"新组合"引入生产体系。在熊彼特看来,这种"新组合"可被划分为以下五种类型:一是采用一种新产品或一种产品的新特征(即产品创新);二是采用新的生产方法(即过程创新);三是开辟新市场;四是利用新的原材料或半制成品的供应来源;五是实现新的工业组织形式(即组织结构创新)。[1]在上述定义的基础上,熊彼特的创新理论之基本观点可以被归纳为:经济发展的原因可归结于对"新组合"的执行,即只有实现"新组合"才有发展。此外,"创造性地破坏"以及"企业家精神"也被熊彼特归纳为创新的主要特征:只有"创造性地破坏"经济循环的惯性轨道,并推动经济从内部进行革命性的结构破坏,才会有经济"发展"这一质的飞跃[2];创新的主要动力来自于"企业家精神",企业家是以实现"新组合"为基本职能的人,其从事"创造性破坏"的工作动机主要来源于"个人实现"的心理,即企业家精神[3]。熊彼特的上述创新理论带有明显的工业经济特征,无论是从创新的定义来看,还是从"创造性地破坏"这一创新特征来看,此理论都是以将物质资本视为主导性生产要素这一前提条件为出发点的。但是,将创新动力投射到与人力资本相关的"企业家精神"上的做法——对于知识经济时代下的创新理论之发展来说——具有重要的指导意义。

在人类社会因现代化水平不断提高而步入知识经济时代后,教育、文化和研发

---

① Josef A. Schumpeter, *Theorie der wirtschaftlichen Entwicklung*, Berlin: Dunker und Humboldt, 1964, S. 100 - 102.

② Josef A. Schumpeter, *Konjunkturzyklen*, Göttingen: Vandenhoeck und Ruprecht, 1961, S. 110.

③ Josef A. Schumpeter, *Theorie der wirtschaftlichen Entwicklung*, Berlin: Dunker und Humboldt, 1964, S. 128.

成为先导性部门，知识和高素质的人力资源上升为最重要的生产资料。知识经济学的代表人物之一是美国经济学家罗默，他将知识积累视为经济发展的一个内生因素；而知识经济学的另一位代表人物卢卡斯则对罗默的观点进行了补充，他认为知识积累体现在专业化的、以劳动者技能为表现形式的人力资本上[①]。随着专家学者对知识经济认知的不断完善，"知识"已成为一个被拓展过的概念，它包括事实方面的知识、原理和规律方面的知识、操作的能力以及对社会关系的认知[②]。知识和创造力驱动了创意的产生，并使之转化为能构成市场份额的产品、服务或工艺，创新过程随之完成。除了知识的创造和传播，创新的另一个影响因素是产品、服务和工艺的复杂性，尤其是伴随这种复杂性而产生的劳动力分工。劳动力分工使得特定领域下的知识使用之专业化程度不断加深；在达到一定经济规模后，劳动力分工会产生降低经济成本的效果，从而使经济活动更有效率。无论是知识的创造和传播，还是劳动力分工的专业化，它们都与从事创新活动的人密不可分，都是由"人力"创造出新产品或改良产品及工艺形式，以此实现发展新的市场、提高市场份额和降低成本之目标。理论研究和发达国家的发展实践均表明，决定创新的主要因素是知识和技术创新程度，而创新程度又直接取决于知识和技术方面的创新能力。在经济领域的创新研究中，创新能力一直被视为企业保持长期竞争优势的一个关键因素。尤其是在信息技术革命所引起的全球化产业重组的背景下，若企业想保持可持续性发展，那么其仅考虑传统的生产要素是远远不够的，获取新知识、新技术以及高水平的专业化劳动力更为重要。因此，有关人力资本开发及使用的研究，已然成为创新研究的一项重要任务。

二　德国制造业对高素质劳动力的需求

近十年来，大部分工业化国家——尤其是以创新为导向的经济体——中的依靠廉价劳动力和价格优势的产业所占的比例明显降低，而以创新为导向的产业所占的比例有所升高。这种自身结构的变化导致产业的人才需求也发生了变化，高素质的人才更受欢迎。受就业市场需求的影响，高素质人才的供应量在大部分工

① 曹东、封期康：《罗默新增长理论的特点及应用》，载《中南民族学院学报》（自然科学版），1999年第1期，第72—75页。
② *Organisation for Economic Co-operation and Development. the Knowledge-based Economy*，Paris：Head of Publications Service，S. 12.

业化国家中有所上升,从而促进了上述产业的结构性变化。

德国学者对 1996 年至 2006 年间的德国劳动力就业结构所进行的研究表明,服务业的就业人员比例呈上升态势,而这直接导致了制造业的就业人员比例的下降。根据 2006 年的数据,约 22%的德国劳动力从事制造业,其中约 58% 的人从事非研发密集型制造业,约 42% 的人从事研发密集型制造业。从人才结构来看,德国的高技能员工在劳动力中所占的比例从 1996 年的 23% 上升到 2006 年的 25%。在这些数据的基础上,我们利用偏离份额分析法下的三个指标来解读德国高技能员工的就业变化,其中的趋势效应和结构效应指标反映了产业就业结构的发展和人才需求的关系,而强化效应(产业内效应)指标反映了在不受因高技能劳动力需求而引起的整体效应和结构效应影响的前提下,特定产业在高技能员工需求方面的变化。分析结果表明,德国各产业对高技能员工的需求整体呈增长态势,结构效应在制造业出现极高的负值,在服务业则出现极高的正值——这说明高技能人才正在从制造业跨产业地转移向服务业。德国制造业的强化效应出现极高的正值,这说明制造业内部对高技能劳动力的需求上升。德国的研发密集型制造业的强化效应值为 6.38,而非研发密集型制造业的强化效应值为 0.80,这说明德国制造业下的研发密集型产业和非研发密集型产业对高技能员工的需求均在不断增加,并且这一变化在研发密集型产业中表现得尤为突出(见表 1)。[①]

我们通过以上的分析结果可以看出,尽管德国企业对高技能员工的需求存在从制造业转移到服务业的结构性变化趋势,但是德国制造业越来越依赖于高技能员工来维持与提高其创新能力和竞争力。如何满足产业升级所带来的对高技能人才的需求？如何解决现存的大量低技能劳动者与日益减少的劳动密集型岗位之间的矛盾？近些年,发达国家和发展中国家都将职业继续教育视为教育改革的重要组成部分。伴随着市场竞争环境的日益激烈以及知识更新速度的不断加快,以融入企业经济活动为特征的职业继续教育已经成为开发和使用人力资源的重要工具,其被用来解决产业结构升级所带来的劳动者素质提高过程中的各项问题,从而保障企业的竞争优势和创新能力。[②]

---

① R. Frietsch/P. Neuhäusler, *The Development of Qualification and Employment Structures in Non-R&D-Intensive Industry Sectors — The Case of Germany*, in O. Som/E. Kirner, *Low-tech Innovation — Competitiveness of the German Manufacturing Sector*, Heidelberg: Springer, 2015, S. 67-78.

② 应郁平:《浅析继续教育在知识经济中的地位和作用》,载《继续教育》,1999 年第 2 期,第 44—46 页。

表 1　2001—2006 年德国高技能员工在不同产业的就业变化

产业	总数	趋势效应	结构效应	强化效应
商业经济	8.59	1.65	-0.43	7.37
制造业	-0.75	1.65	-7.42	5.02
研发密集型制造业	3.79	1.65	-4.24	6.38
非研发密集型制造业	-7.83	1.65	-10.28	0.80
服务业	10.39	1.65	5.07	3.67
非商业经济	2.45	1.65	1.47	-0.67

三　德国职业继续教育的内容

德国的《2001 年职业教育报告》指出,"在信息社会和知识社会,面对经济全球化的背景,职业继续教育是未来社会和经济的钥匙"。从终身学习的角度看,本文所指的职业继续教育属于职后教育类型中的职业教育,而非职前教育类型中的职业教育。德国注重职前类型职业教育与职后类型职业教育的衔接,并在前者的基础上建立并完善了职业继续教育体系。从政策制定者的角度来看,作为一种政策工具,职业继续教育涉及劳动力市场政策、就业政策、区域经济促进政策等。从企业的角度来看,职业继续教育是一种人力资源的组织和开发工具。因此,在德国50%以上的职业继续教育由企业承担,其他的承担机构还包括商业化的教育机构、行业协会、业余学校等。

本文所指的德国职业继续教育是指德文中的"berufliche Fortbildung"。按《联邦职业教育法》的规定,德国的职业教育被划分为中等职业教育预备、中等职业教育、职业继续教育以及职业转行教育。职业继续教育是指,在职人员为了满足工作需要、加深和提高专业技能以及完善知识结构而参加的后续性进修。根据不同的教育目的,职业继续教育可被划分为适应型进修和晋升型进修两种类型。适应型进修以适应不断变化的工作条件与内容为出发点,如以怎样借助互联网来适应通讯技术的发展为内容的培训。晋升型进修的目的是让受教育者获得、调整和扩展职业行为能力,从而使其职业上的晋升成为可能。晋升型进修的内容主要包括以下几个方面:学习同行的从业经验;结合企业经济活动的所有环节,扩展在职前教育阶段已获得的生产技术性知识和技能;培养企业管理能力;接受相邻职业领域下的相关培训。在一般情况下,晋升型进修以受教育者接受过中等职业教育及拥有从业经验为前提,其以获得师傅证书或技师证书为目标。[①]

职业继续教育不仅能够加强企业的竞争力,而且可以促进员工自身的职业能力,其是对人力资源进行投资的一种形式,不同的投资动机会使职业继续教育的主要受益方和责任方有所不同(见表 2)。根据教育动机(投资动机)的不同,职业继续教育可被划分为三种类型。第一种类型是对于企业发展来说具有必要性的职业继续教育,其直接关系到具体的企业流程(如为适应新技术而进行的培训),企业可根据相应的受益情况来决定是否由员工承担部分此类培训教育费用。第二种类型是对于企业发展来说具有针对性的职业继续教育,其间接关系到企业流程(如资格培训),此类教育的主要受益者一般是员工。以上两种类型的企业内部的职业继续教育主要是短期的,参加者以技术和销售人员、领导人员以及技术工人为主,其目的是通过培训拓展和深化业务能力之方式以实现晋升与适应新任务之目标,体现了企业的人力资源规划和开发政策。第三种类型是以个人发展为动机的职业继续教育,其主要目标是提高个人能力、学历等,形式有脱产、半脱产、远程学习等,此类教育的费用及相关责任均由个人自行承担。职业继续教育的这种分类方式体现了以工作流程、企业诉求和员工需求为导向的继续教育战略,并强调了员工参与继续教育的个人责任。因此,在实际操作中,企业、员工、继续教育市场以及相关政策制定者各自的利益和责任必须被明确厘定,如此在多方参与的前提下,各主体才能遵循以需求为导向的教育原则,从而为职业继续教育的设计及实施搭建出完整的框架条件。[②]

表 2　职业继续教育的主要受益方与责任方(按教育动机划分)

职业继续教育类型	主要受益方	主要责任方
对于企业发展来说具有必要性的职业继续教育	企业	企业
对于企业发展来说具有针对性的职业继续教育	企业/员工	企业/员工
以个人发展为动机的职业继续教育	员工	员工

---

① B. Schulte-Bories, *Vorteil*, *Bedeutung und Nutzen der betrieblichen Ausbildung*, in A. Becker et al (Hg.), *Berufsbildung und Mitarbeiterführung*, München: BLV Buchverlag, 2013, S. 17.

② 徐朔:《德国继续教育的现状和发展趋势》,载《教育研究》,2003 年第 2 期,第 61—64 页。

四 管理路径——参与方责任机制

早在 1997 年,德国工业巨头博世公司就指出,"影响企业创新和地区创新的越来越重要的一个因素就是员工的职业能力。因此,在教育及研发上的投入是经济发展的前提"。随着知识经济时代的到来,企业外部环境发展的动态性愈发突出,这就愈发要求企业员工的知识、工作方式和工作能力应不断地适应外部环境的变化趋势与状况。只有通过学习和不断地满足经济发展对就业者提出的新要求,劳动者才能实现自身在就业岗位上的转变。因此,强调以工作岗位为主要学习场所,以在职人员为培养目标,以培养实践能力为学习内容的职业继续教育自然而然就成为企业打造自身创新能力的关键。据德国经济研究对职业继续教育所进行的定期调查发现:2006 年,德国 84% 的制造业企业开展了企业内部的职业继续教育,其中约 70% 的企业利用了基于工作岗位的自我调控式学习的形式,约 74% 的企业利用了信息讲座的形式,约 70% 的企业利用了内部及外部学习讲座的形式。大部分德国企业的内部职业继续教育是在工作时间内进行的,并且约 79% 的受教育时间是在工作时间内,这大大降低了员工参加职业继续教育的时间成本。德国企业每年投入职业继续教育的平均费用达 1053 欧元/人,其中的直接费用为 418 欧元(如措施费用)、间接费用为 635 欧元(如停工费用),德国企业每年的职业继续教育总投入达 270 亿欧元。[①] 作为德国最有竞争力的产业分支,制造业下的机械制造业在职业继续教育上的投入远远高于其他产业。2006 年,德国联邦职业教育与培训研究院(BIBB)对机械制造业从业人员所进行的问卷调查显示,83% 的受访企业提供了继续教育措施,约 60% 的从业人员在过去的两年中接受了一项或多项继续教育,40% 的从业人员具有参加职业继续教育的意愿,他们的教育需求所涉及的领域如下:[②]

---

① R. Weiß, *Weiterbildung*:*Qualitätsicherung und Nachfrageorientierung*, in *Institut der deutschen Wirtschaft Köln*:*Bildungsfinanzierung und Bildungsregulierung in Deutschland*, Köln:Deutscher Instituts-Verlag, 2006, S. 227 - 267.

② *Institut für Sozialwissenschaftliche Forschung München. Handout zur Abschlusstagung im Projekt matchING. Know-How sichern-trotz Krise.*

表 3 德国机械制造业从业人员的职业继续教育需求

占受访人员的百分比	教育需求所涉领域
65%	技术
60%	计算机知识及应用
44%	语言知识及应用
32%	手工业知识及应用
33%	项目管理知识及应用

2005 年至 2006 年,德国机械制造业在职业继续教育上的人均投入达 2000 欧元,由德国机械制造业企业组织与开展的职业继续教育次数远高于联邦范围内的平均水平。由此可见,德国制造业企业在职业继续教育上的投入力度是相当大的。那么,如何以提升企业创新能力为目的来设计和实施多方参与背景下的职业继续教育呢?各个参与方应承担什么样的责任?下文将通过对德国联邦雇主联盟协会(Bundesvereinigung der Deutschen Arbeitgeberverbände)开发的旨在提升制造业企业竞争能力的职业继续教育管理方案之分析来探讨上述问题。①

(一)企业在职业继续教育中的责任

现代企业管理学认为,员工的工作能力与创新能力是企业竞争力的构成要素,高素质的员工是企业价值的重要组成部分,人力资源在企业资产的评估方面起着越来越重要的作用。因此,企业也更加意识到职业继续教育在人力资源开发方面的重要作用。为了避免不确定因素对职业继续教育决策与实施所造成的负面影响,企业应围绕着其个性化的目标,以技术、组织构架和人口结构为导向,将作为人力资源开发工具的职业继续教育嵌入到企业的总战略框架之中,并对其进行长期的、持续的规划。以这种可持续发展的战略思想为指导,企业应自主决定开展职业继续教育的形式、规模与内容,并对开发需求不间断地进行分析预判,从而最终使人力资源开发的内容既能满足企业发展目标,又能满足员工个人的职业目标。这种由企业自己量身定制的职业继续教育内容,要比跨企业的培训机构所规划的内

---

① T. Nackmayr, *Berufliche Weiterbildung : Schlüssel zu Wettbewerbsfähigkeit und Beschäftigungsfähigkeit*, in K. Schmidt et al (Hrsg.), *Gestaltungsfeld Arbeit und Innovation*, München: Rudolf Haufe Verlag, 2009, S. 449 - 468.

容更贴近企业自身需求。另外，只有对职业继续教育进行长期性的规划，企业才能保障员工创新能力的更新升级。如果劳资合同对企业职业继续教育的事项做出了规定，那么此类合同条款可被视为企业设计与实施职业继续教育的内部制度框架。

人力资源的开发是影响市场营销和人事激励机制的重要因素，同时也是获得高素质后备专业人才的重要途径。除了人力资源部门以外，企业领导在人力资源开发中也要发挥战略性中心指导者的角色，其应熟知员工的工作任务与能力状况，分析继续教育的需求与可能性，并在人力资源部门提供的建议与开发工具的基础上，指导企业内部的职业继续教育。一个可持续发展的人力资源开发离不开员工的参与，因此继续教育的目标和要求应对员工保持透明，从而使员工认清自己能从继续教育中享受到的利益与获得的机会，并在内生动因的驱使下，主动承担职业继续教育的责任，以真正实现企业主人翁的地位。

随着德国人口老龄化趋势及全球化进程的加速，内外部环境的急速变化使德国企业不得不寻求高效利用有限的人力资源和提高员工创新能力的途径。在应对挑战的过程中，德国企业积攒了丰富的实践经验。例如，德国的中小企业之间以及中小企业与大企业之间共享基础设施和人力资源，并通过多种方式加强人力资源管理与企业职业继续教育方面的经验交流。针对中小企业的德国人力资源管理联盟就是由专业的公共关系经理和人力资源管理者组成的为其盟下的成员企业服务的专业机构。面对着劳动力人口储备不足的严峻形势，德国企业逐步认清了年长员工的经验在提升年轻员工创新能力方面的价值，并通过常规性与系统化的交流机制来实现经验的传承。

（二）员工在职业继续教育中的责任

适应外界变化的速度——尤其是转化新知识的速度——在巩固企业市场竞争地位的工作中起着决定性作用。只有当员工主动参与到企业的持续改进过程之中，企业才可能加速实现新知识的转化，从而提高自身的竞争能力。然而，常规性的职业继续教育与上述思路相悖。通常情况下，无论是内部的职业培训还是外部的职业培训，其内容多数都是由继续教育机构独立确定，如训练哪种能力、怎样创设所需的教育技术、如何将教学法应用于课程之中等。这种常规性的职业教育设计思路忽略了企业员工内生动力的激励效果。在日益激烈的竞争环境中，员工只有不断地学习并掌握有助于持续改善工作效果的信息，才能满足自身生存与发展的内在需求，从而增强个人职业竞争力。员工本身是最了解自身工作过程，并能充分优化工作过程的"专家"。因此,员工应参与到职业继续教育的设计过程之中,其可以提出相应的继续教育需求与设想。作为服务企业的咨询机构,位于企业外部的职业继续教育机构应在这种以优化工作过程为导向的职业继续教育中扮演推动者的角色。在德国,由超过 400 家企业共同发起的"自负其责"倡议是迄今为止德国经济界围绕就业话题而发起的最大的集中性行动。在"自负其责"倡议的激励下,德意志银行与路德维希哈芬大学精诚合作,共同为参加此倡议的企业进行项目推介,它们的目的是促进人们对"就自身职业能力自负其责"这一社会意识的认知,并提供相应的职业规划工具(如自我测试、职业能力训练等),而这些项目的主要受益人正是在职员工、待业人员以及二次就业人员。

在企业并非职业继续教育受益者的情况下,员工带薪脱产参加职业继续教育违背了教育成本分摊原则,这使作为雇主的企业要承受更大的成本压力。但是,由于员工享有受教育的权利,所以德国有些联邦州的州职业继续教育法允许有期限的带薪职业继续教育。在员工和企业均为职业继续教育受益者的情况下,员工应承担职业继续教育的部分费用,这也意味着其承担职业继续教育的责任。在德国,员工分摊职业继续教育费用的主要途径有以下几种:第一,员工可根据劳资合同或企业其他的相关规定,放弃其部分报酬或者放弃享受部分带薪假期,这些时间可以与员工参加职业继续教育的时间相抵消,以此来支付职业继续教育费用。第二,员工也可以分摊直接费用,但职业继续教育的间接成本往往高于直接成本,所以用带薪假期来抵扣职业继续教育费用仍然是最为普遍的做法。第三,在员工离职的情况下,根据劳资合同中的付还条款,雇主有权要求雇员偿还已发生的费用。但是,若解聘由企业提出或者企业为继续教育的主要受益者,则此付还条款无效。德国联邦劳资法庭允许企业主张职业继续教育费用的付还,其条件是员工是此类教育的极大受益者且教育时间较长。

(三) 继续教育机构在职业继续教育中的责任

在客户至上的原则下,德国的职业继续教育机构的定位是职业继续教育的服务者,其根据客户的需求来制定个性化的服务,并从个人及企业的需求、自身条件、目标等出发,提供教育产品的设计方面的咨询服务。例如,由德国巴伐利亚州钢铁及电气企业联盟发起的职业继续教育中心为巴伐利亚州钢铁及电气企业提供专业化的职业继续教育管理,为所属企业的人力资源部门提供人力资源开发的信息与培训课程。由多个地区性雇主联盟组成的南威斯特法伦雇主协会开展的"战略性人力资源开发项目"旨在为公司的战略性人力资源设计与开发提供服务,具体的服务形式包括研讨课、岗位训练等。除此之外,德国的职业继续教育机构还要利用现代化的学习媒体,并借助个性化的学习方案(如通过网络社交平台和数据库),以促进学员个体之间的知识交流。

另外,教育系统的衔接性使得学术教育所涉的对象范围更为广泛,对入职人员开展的学术教育也被视为是继续教育的一部分,这类继续教育的教育对象不仅包括已接受过学术教育的大学毕业生,还包括那些只接受过职业教育的入职人员。在一个可持续发展的职业继续教育框架内,德国高校不仅承担着开展普通学术教育的任务,还负有法律所规定的提供继续教育的义务,其通过提供与职业相融合的教育产品来满足就业市场——企业和员工——的需求。这种为企业量身定制的教育产品加强了高校与企业的合作关系,并能最终实现企业、员工和高校三方均受益的目的,而法律框架保障了高校在开发此类教育产品时的自由度和空间。

像其他产品和服务一样,质量在职业继续教育产品与服务成功占据市场并赢得客户方面也发挥着中心作用。转化知识的能力——将所学的知识应用于实践的能力——决定着职业继续教育的成功与否,其被视为衡量教育产品与服务的质量之标尺。从企业角度来看,衡量继续教育成功与否的标准在于其是否提高了生产效率,是否保障了企业的竞争能力;从员工个体的角度来看,衡量继续教育成功与否的标准则是员工自己能否获得及增加其职业能力和就业机会。从维护客户利益的角度出发,职业继续教育产品的设计与开发都应以质量保障和提升为目标。因此,职业继续教育服务者要从客户需求出发,并且应确保其所提供的产品及服务的质量。在此过程中,职业继续教育服务者要加强质量管理上的竞争意识,不断促进教育产品的多样性与教育市场的透明性,并持续地对教育产品进行改进。

(四) 政策制定者在职业继续教育中的责任

一个灵活的职业继续教育体系应随时能对教育市场需求的变化做出反应,其应以受教育者的需求为导向。因此,政策制定者应减少对继续教育市场规范性的干预,并致力于构建促进性的政策框架,如促进就业的政策、用以加强受教育动机的个人所得税与社会保障政策等。除此之外,政府可以设立教育奖金和实施教育信贷措施,以强化职业继续教育作为人力资本投资手段的定位。德国联邦政府于2008 年引入的继续教育奖金就是实施以需求为导向的继续教育战略的具体措施,其也是德国政府重视继续教育的象征,而此类措施对低教育程度人群和低收入人群的涉及程度也是目前德国政府日益关注的问题。

对于没有接受过高等教育的职业资格者来说,开放而透明的高校录取机制是教育体制内部衔接工作的重要组成部分。德国高校为此要开发一套透明的录取标准与录取流程,并设计出以需求为导向的专业课程。针对由此引发的成绩和能力的双向核算问题——一方面是如何在高校的教育措施中对已有的能力进行折算,另一方面是高等教育中途辍学者的成绩如何被折算到职业教育之中——政策制定者应制定相应的资格框架,以为此问题提供指导。

为了促进继续教育的多样性,政策应支持学习形式的创新研究与尝试。为了加强德国职业继续教育机构在国际教育市场上的吸引力,德国政府采取了相应的支持性措施,如为职业继续教育机构提供相关的市场机会和市场准入信息等。这些措施既为德国的职业继续教育机构打开了市场,也拓宽了其在客户服务的经验及行动方面的视野。

Das Germanistikstudium in China in der Expansion
Eine Problembetrachtung

王　蔚

摘　要　在过去的三十年间,我国的高等教育完成了从精英教育到大众教育的快速转型,德语专业数量成倍增长。然而,高速发展的表象下却隐藏着棘手的问题。本文就我国德语专业发展过程中所呈现出的典型问题展开讨论,并尝试回答"高等教育到底应该培养通才还是专才""高速增长是否导致人才培养的浪费""评价机制如何体现现代高等教育的目标"等问题。

关键词　德语专业　增长　问题

1　Einleitung

Das chinesische Germanistikstudium hat eine Geschichte von mehr als 100 Jahren zurückgelegt. Sein Ursprung geht zurück auf das Deutsche Seminar an der Yanjing Universität zurück, das von dem bekannten Erzieher und Denker CAI Yuanpei Anfang des letzten Jahrhunderts gegründet wurde. Deutsche Literatur war damals ein eigenständiges Fach von 13 Fächern an der Yanjing Universität. Aus dem Deutschen Seminar an der Yanjing Universität entwickelte sich die Deutsche Fakultät der Peking Universität, die lange Zeit als Vorreiter des chinesischen Germanistikstudiums anerkannt wurde. [1] Das chinesische Germanistikstudium blieb

---

[1] Wei Yuqing, *Entwicklungstrend der germanistischen Fächer*, in Bericht über die Entwicklung der fremdsprachlichen Fächer in China (1978 – 2008), Shanghai, 2008, S. 387.

bis in die 80er Jahre des letzten Jahrhunderts ein kleines Fach, das von einer übersichtlichen Gruppe von Studenten und Dozenten belegt und betrieben wurde.

Seit den letzten dreißig Jahren hat die chinesische Germanistik eine sprunghafte Entwicklung erlebt. Die Zahl der germanistischen Fakultäten stieg in den letzten zehn Jahren mit einer erstaunlichen Geschwindigkeit. Nach offizieller Statistik hatte die Volksrepublik China in den Universitäten und Hochschulen auf dem Festland im Januar 2009 zweiundachtzig germanistische Fächer, während 1984 nur einundzwanzig in der zentralen Erziehungskommission registriert waren. [1] Die expandierten Fächer werden zum großen Teil vom Staat finanziert, nur vierzehn werden von privaten Mitteln unterstützt. [2] Diese Fakten belegen, dass die chinesische Hochschulbildung in relativ kurzem Zeitraum den Übergang von Elitenbildung zur Massenbildung vollendet hat. [3]

Diese rapide Expansion des Germanistikstudiums in China lässt sich auch an der Zahl der Studenten, die an der Prüfung für das Grundstudium der Germanistik (PGG) teilnehmen, ablesen. Diese Prüfung ist die wichtigste einheitliche Staatsprüfung für den Abschluss des Grundstudiums, deren Leistung in ganz China anerkannt ist. Fast alle germanistischen Fächer in China legen großen Wert auf diese Prüfung, um sich die Bildungsqualität der Fächer landesweit bestätigen zu lassen. Die Diagramme 1 und 2 verdeutlichen, wie viele germanistische Fakultäten und Studenten von 1989 bis 2012 an der PGG teilnahmen und in welch hoher Geschwindigkeit sich die Zahl der PGG-Teilnehmer von 1989 bis 2012 erhöht hat. [4]

Das Diagramm 1 zeigt, dass sich die Zahl der Fakultäten, die an der PGG in

[1] Der Artikel bechränkt sich auf die Entwicklung der germanistischen Fächer auf dem chinesischen Festland, d. h., die germanistischen Fächer in Hongkong, Macao und Taiwan werden in diesem Artikel nicht als Forschungsgegenstand betrachtet.
[2] Jia Wenjian/Wei Yuqing, *Forschungsberichte über die Bachelor-Majors in der chinesischen Germanistik*, Peking, 2011.
[3] Das chinesische Hochschulwesen hat in den fünfziger Jahren letzten Jahrhunderts das russische Modell adaptiert. Hochschulbildung diente damals zur Elitenbildung.
[4] Die Daten von 1989 bis 2008 stammen aus dem *Bericht über die Entwicklung der fremdsprachlichen Fächer in China* (*1978 - 2008*), Shanghai, 2008, S. 417. Die Daten von 2009 bis 2012 stammen aus der aktuellen Statistik von der Beratungskommisson für germanistischen Fächer in China.

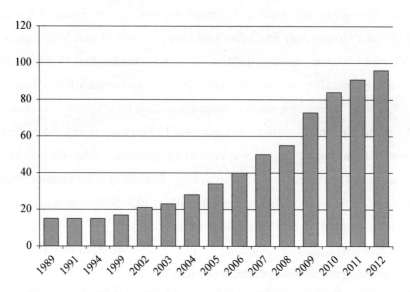

Diagramm 1   Zahl der Fakultäten, die an der PGG in China teilnehmen

China teilnehmen, zwischen 1989 und 2012 von 15 bis 96 erhöht hat. Die Zahl der Fakultäten bleibt von 1989 bis 1994 stets bei 15 und erhöht sich seit 1994 mit einem Durchschnittswachstum von 16, 96%. Von 2008 bis 2009 beträgt die Zuwachsrate 32,7%. 2012 nehmen bereits 96 germanistische Fakultäten an der PGG teil, mehr als Sechsfache der Zahl im Jahr 1989. Eine ähnliche Entwicklungstendenz ist dem Diagramm 2 zu entnehmen. Die Teilnehmerzahl an der PGG in China beträgt im Zeitraum zwischen 1989 und 1994 etwa 260. Von 1994 bis 2008 erhöht sie sich rapid. Auffällig erhöht sie sich von 2003 bis 2004 und von 2008 bis 2009 jeweils um 49,3% bzw. 58,5%. 2012 erreicht sie den höchsten Punkt mit 4,691, mehr als 18mal die Teilnehmerzahl von 1989.

Das chinesische Germanistikstudium hat als Ergebnis der schnellen Entwicklung des chinesischen Hochschulwesens somit in den letzten zwanzig Jahren ein Gedeihen und Blühen erlebt. Doch hat diese rasante Entwicklung zugleich ernsthafte Probleme mit sich gebracht.

2   Allgemeinbildung oder Speziellbildung?

Es gibt eine heftige Diskussion darüber, ob das germanistische Studium in

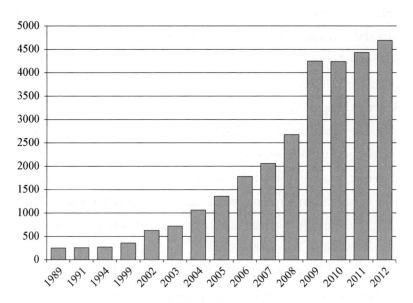

Diagramm 2   Teilnehmerzahl an der PGG in China

China zur Bildung einer allseitig entwickelnden Person oder zur Ausbildung spezieller Fachkräfte dienen soll. Um dies zu verstehen, ist der historische Hintergrund der Fremdsprachenhochschulen in China zu untersuchen, denn die Fremdsprachenhochschulen in China sind von der Geschichte der chinesischen Revolution stark geprägt.

Die gegenwärtigen multidisziplinären Fremdsprachenhochschulen wurden aus Fremdspracheninstituten entwickelt. Der Vorgänger der ältesten Fremdsprachenhochschule in China, heute als *Beijing Foreign Studies University* (BFSU) bekannt, war die russische Brigade der Dritten Abteilung des antijapanischen Militär-und Politinstituts der chinesischen Bevölkerung. Sie wurde 1941 in der Wiege der Kommunistischen Partei Chinas (KPCh) Yan An gegründet. Nach der Gründung der Volksrepublik China im Jahr 1949 wurde die *Yan'an Fremdsprachenschule* mit der *Hochschule für auswärtige Angelegenheiten* kombiniert und wurde unter der Leitung des chinesischen Außenministeriums zum *Fremdspracheninstitut Beijing*. Auf Anforderungen des Erziehungskommitees im Jahr 1994 änderte das Institut seinen Namen in *Beijing Foreign Studies University* (BFSU).

Die Schwester-Universität von BFSU, heute als *Shanghai International Studies University* (SISU) bekannt, hat einen ähnlichen Ursprung wie BFSU. Der Vorgänger von der SISU war die im Dezember 1949 gegründete russische Sprachen-Fachschule, die der revolutionären Volkshochschule Ostchinas angeschlossen war. Die Absolventen dieser Fachschule waren hauptsächlich Dolmetscher, Übersetzer und Lehrkräfte der russischen Sprache. Ein Jahr später wurde die Englische Abteilung gegründet und die Fachschule änderte ihren Namen in *Revolutionäre Volkshochschule Ostchinas* mit angeschlossener Fremdsprachenfachschule. 1956 wurde die Deutsch-Französische Abteilung eingerichtet und aus der Fremdsprachenfachschule wurde das Fremdspracheninstitut Shanghai. Im gleichen Jahr wie die BFSU bekam das Institut seinen jetzigen Namen: *Shanghai International Studies University*.

Der historische Hintergrund belegt, dass das Ziel der beiden wichtigsten Fremdspracheninstitute die Ausbildung spezieller Fremdsprachenfachkräfte war. Seit der Gründung der verschiedenen Fakultäten herrschte die aus der ehemaligen Sowjetunion adaptierte elitäre Bildungsweise. Mit der gebildeten Elite waren spezielle Fachkräfte gemeint, die im damals abgeschlossen China das besondere Privileg hatten, mit diesen Fremdsprachen ihren Beitrag zum Aufbau ihres Vaterlandes zu leisten. Dieses Muster hatte wiederum für den Staat den Vorteil, seine beschränkte Erziehungsinvestition auf eine relative kleine Gruppe zu konzentrieren.

Das Germanistikstudium an den beiden Fremdsprachenuniversitäten orientierte sich seit der Gründung bis Anfang des neuen Jahrhunderts an dem Muster der Spezialbildung. Es hatte den Vorzug, dass die Absolventen auf dem damaligen Arbeitsmarkt sehr gefragt waren. Diese Fachkräfte verfügten über ein relativ großes Spektrum von Sprachkenntnissen und Fertigkeiten. Sie waren den Dolmetsch- und Übersetzungsaufgaben gewachsen.

Der weltweite Globalisierungprozess seitdem hat in der chinesischen Gesellschaft große Veränderung hervorgerufen. Mit der raschen Entwicklung der Wissenschaft und Technik nahm der internationale Kontakt ständig zu. Menschen, die in ihrer Berufstätigkeit Fremdsprachen als Werkzeuge gebrauchen, gibt es dabei mehr als Menschen, die Fremdsprachen als ein spezielles Fach nutzen. Im

Laufe der Modernisierung und Globalisierung werden auf dem Arbeitsmarkt Arbeitskräfte verlangt, die sowohl spezielle Fachkenntnisse als auch reiches Sprachvermögen haben, mit anderen Worten, also Übersetzer, die multidisziplinär gebildet sind. Die nach dem alten Bildungsmuster ausgebildeten Arbeitskräfte konnten und können diesen Bedarf nicht mehr befriedigen. Studenten der fremdsprachlichen Fächer haben zumeist nur geringe oder keine Kenntnisse über außersprachliche Fächer wie Handeln, Technik usw. — Studenten der außersprachlichen Fächer haben keine Kenntnisse über fremdsprachliche Kommunikation. Es wurde eine Tatsache, dass Absolventen der Fremdsprachenhochschulen sich nach dem Studienabschluss mit einem anderen außersprachlichen Fach beschäftigen mussten. Absolventen, die sich das ganze Leben lang mit Fremdsprachen als Hauptfach beschäftigen, stellen eine kleine Minderheit dar. Nur Hochschuldozenten und Professoren an den Universitäten sowie Intelektheller an den Forschungsinstituten setzen sich das ganze Leben lang mit Sprach- und Literaturwissenschaft auseinander.

Die Realität stellte neue und große Herausforderungen an das Germanistikstudium. Die deutschen Fakultäten wurden mit der Reform ihrer Bildungsziele sowie des Curriculums konfrontiert. Die Umfragen ergaben, dass 41,2% der befragten Studenten meinten, es sei dringend, das bestehende Curriculum zu reformieren. 40,8% der befragten Studenten meinten, dass Lehre und Forschung den Anforderungen des Arbeitsmarktes gerecht werden sollten. Die Reform des Curriculums sei der Kernpunkt der Bildungsreform, da das frühe Bildungsmuster den Anforderungen der gegenwärtigen Gesellschaft nicht mehr entspreche. [1] Die Diskussion darüber, ob das germanistische Studium in China der Bildung allseitig zu entwickelnder Person oder der Ausbildung spezieller Fachkräfte diente, wurde immer heftiger. Einige germanistische Fakultäten ergriffen Maßnahmen, das Curriculum zu reformieren. Diese Fakultäten sind Vorreiter der Bildungsreform und sehen den wichtigsten Ansatz in der Reform des Curriculums für das Germanistikstudium.

[1] Wei Yuqing, *Entwicklungstrend der germanistischen Fächer*, a. a. O. , S. 409.

Die deutsche Fakultät der BFSU hat zum Beispiel beim Aufbau des Curriculums mehrperspektivische Versuche durchgeführt. Sie begrenzte ihr Curriculum nicht einseitig auf die Sprachwissenschaft und Literaturwissenschaft, sondern führte die Wirtschaftswissenschaft in das neue Curriculum ein. Eine Serie von Wirtschaftsfächern wie z. B. *Wirtschaftsdeutsch*, *Wirtschaft in Deutschland* wurde angeboten. Diese Lehrveranstaltungen werden alle in deutscher Sprache angeboten. Die Studenten benutzen somit die deutsche Sprache, um sich Kenntnisse in anderen Fächern zu bewerben. Die Fakultät der BFSU verfolgt die Absicht, hochqualifizierte Fachkräfte für den wirtschaftlichen Austausch mit deutschsprachigen Ländern auszubilden. An der International Business School, Law School sowie anderen Insitituten werden nun allseitig qualifizierte Fachkräfte herangebildet, die sowohl über Sprachkenntnisse als auch über Fachkenntnisse auf dem Gebiet von Wirtschaft und Außenhandel verfügen.

Ähnlich wie die BFSU haben viele andere germanistische Fakultäten in China in den letzten zehn Jahren gorße oder kleine Reformen durchgeführt, indem sie das spezielle Ein-Fach-Bildungsmuster zum kombinierten Mehr-Fach-Bildungsmuster umwandeln. Die Deutsche Fakultät der SISU hat ihr germanistisches Studium mit Wirtschaft kombiniert. Die germanistische Fakultät der Qingdao-Universität hat interkulturelle Germanistik eingeführt. D. h.: Studenten der germanistischen Fakultäten können Wirtschaftswissenschaft, Rechtswissenschaft sowie Außenbeziehungen als zweites Fach wählen. Wenn sie alle obligatorischen Studienleistungen innerhalb von vier Jahren erzielen, können sie beim Studienabschluss ein Doppel-Diplom bekommen.

Es läßt sich allgemein sagen, dass seit den letzten zehn Jahren im chinesischen Germanistikstudium die Tendenz herrscht, an allen Fakultäten die Allgemeinbildung zu bekräftigen. Aus historischen Gründen ist es für die germanistischen Fakultäten schwierig, ihr Bildungsmuster zu einem idealen Stand umzuformen. Der Grund liegt in den folgendesn Aspekten:

Erstens: Es mangelt den germanistischen Fakultäten an Lehrkräften, die sowohl für das germanistische Fach als auch für andere Fächer qualifiziert sind. Die Lehrkräfte im mittleren Alter hatten sich während ihrer Studienzeit und späterer Lehrtätigkeit ausschließlich mit der Literaturwissenschaft und

Sprachwissenschaft beschäftigt. Es ist für sie unmöglich, sich innerhalb kurzer Zeit für weitere Fächer zu qualifizieren. Doktoren, die in Deutschland in Wirtschaftsfächern oder anderen Fächern promoviert sind, sind an den germanistischen Fakultäten in China sehr gefragt. Sie sind für die deutsche Sprache auch in anderen Fächern jenseits der Germanistik qualifiziert. Diese Rückkehrer müssen sich allerdings in das chinesische Universitätsleben einleben.

Zweitens: Das chinesische Germanistikstudium lässt sich nicht mit dem in Deutschland vergleichen. Da chinesische Studenten vor dem Studium überhaupt keine deutschen Sprachkenntnisse haben, sind die Lehrveranstaltungen in den ersten beiden Jahren stark durch die Sprachausbildung gekennzeichnet. Eine solide Grundlage für die weitere Ausbildung im Hauptstudium soll durch ein zweijähriges Grundstudium geschaffen werden. Es ist für chinesische Studenten zeitaufwendig, die deutsche Sprache zu beherrschen, weil sie im Vergleich zum Chinesischen in einer weitentfernten Sprachfamilie liegt und sehr unterschiedlich ist.

Nach dem früheren Bildungsmuster konzentrieren sich die Studenten während des vierjährigen Studiums nur auf die germanistische Fachrichtung. So hatten sie während des Studiums mehr Zeit, die Grundlage ihrer Sprachkompetenz aufzubauen. Nach dem neuen Muster müssen sie weitere Lehrveranstaltungen in anderen Fachrichtungen belegen, womit eine Ablenkung von der Germanistik verbunden ist. Die Folge ist, dass die Studenten einerseits die deutsche Sprache nur zu einem Minimum beherrschen, andererseits die berufsbezogenen Kenntnisse nicht für ihre spätere Berufstätigkeit ausreichen.

Diese Schwäche der Studenten hat nach Meinung vieler Pädagogen und Dozenten mit dem „Mischmasch-Stil" sowie dem „Fastfood-Stil" des Studienmusters zu tun. Will man in kurzer Zeit alles erreichen, muss man selbstverständlich seine Erwartungen reduzieren, so sehen es die Kritiker der Bildungsreform.

Es gibt bislang keine gültige Lösung dafür, in welche Richtung die Bildungsreform weitergehen wird. Es steht jedoch fest, dass die germanistischen Fakultäten in China einen langen Weg zu bewältigen haben, um der weiterlaufenden Modernisierung und Globalisierung gerecht zu werden.

3　Expansion oder Verschwendung?

Die Zahl der germanistischen Fächer steigt rapid, sodass große Kluft zwischen dem gewünschten Bildungsziel und dem Bedürfnis der Gesellschaft besteht. Dies führt zu einer riesigen Verschwendung der Bildungsresourcen. Die quantitative Expansion der Studentenzahlen führt zum Rückgang der Bildungsqualität. Professoren und Dozenten beschweren sich in den letzten Jahren häufiger über mangelnde Sprachkenntnisse und Fertigkeiten ihrer Studenten. Experten im Fach Hochschulbildung zeigen großes Besorgnis darüber, dass ihre Studenten den Berufsanforderungen nicht gewachsen sind. Entsprechende Folgen sind bereits zu erkennen: Einerseits mangelt es der hinsichtlich Fortschritt galoppierenden Gesellschaft an hochqualifizierten Fachkräften, andererseits herrscht eine große Kluft zwischen dem Bildungsziel und dem Bedürfnis der Gesellschaft. Das Ergebnis ist eine riesige Verschwendung der Bildungsresourcen. Die Hauptfrage ist: Wie lässt sich die Bildungsqualität verbessern? Inwiefern sollen die alten, traditionellen germanistischen Fakultäten mit den neu gegründeten Fakultäten koordiniert zusammenarbeiten? Welche speziellen Eigenschaften sollen die jeweiligen germanistischen Fächer haben? Dies sind Fragen, mit denen die germanistischen Fakultäten in China gegenwärtig konfrontiert sind.

Die Statistik der Absolventen der Deutschen Fakultät der SISU im Jahr 2012 diene uns als ein Beispiel. [1]

An dem obigen Schaubild ist zu erkennen, dass nur 45% der Absolventen der Deutschen Fakultät der SISU nach dem Studienabschluss direkt in die Arbeit gehen. 39% der Absolventen lassen sich nach dem Studium im Ausland weiterbilden, während 7% der Absolventen im Heimatland eine Fortbildung zu einem höherem akademischen Grad wählen. Der Anteil der Absolventen, die sich nach dem Studium weiterbilden wollen, ist um einen Prozentsatz höher als der der Berufstätigen. 9% der Absolventen finden nach

---

[1] Die Daten stammen aus der aktuellsten Statistik des zuständigen Büros für Arbeitszuweisung der Deutschen Fakultät der Shanghai International Studies University.

vorläufig keine
Arbeitsstelle
9%

Arbeitstätigkeit
45%

Auslands-
studium
39%

inländische
Fortbildung
7%

Entwicklung der Absolventen der Deutschen Fakultät der SISU im Jahr 2012

dem Abschluss vorläufig keine geeignete Arbeitsstelle.

Da viele Studenten nach dem Germanistikstudium keine zufriedenstellende Arbeitsstelle finden, gibt es immer mehr Studenten mit dem Wunsch, nach dem Studienabschluss-manche haben ihn nach dem Grundstudium erworben-zur Weiterbildung ins Ausland zu fahren. Master-Abschluss und Diplomzeugnis werden zu weiteren Zielen ihrer akademischen Laufbahn. Insofern gilt das germanistische Studium im Heimatland zu einem gewissen Grad als Vorbereitungsphase für das Auslandsstudium. Für Elitestudenten ist das Auslandsstudium besonders attraktiv, weil es einen internationalen Blickwinkel ermöglicht.

Das Fremdsprachenstudium wird somit allmählich zum Vorbereitungskurs für das Auslandsstudium. Germanistikstudenten beschränken ihr anschließendes Studium nicht nur auf den deutschsprachigen Raum, einige bevorzugen das Studium in Amerika und England, da es ihrer Meinung nach attraktiver ist und bessere Berufschancen bietet. Experten machen sich große Sorgen um die Auswanderung der Fachkräfte, weil ein großer Teil von ihnen gute Berufschancen im Ausland hat und nicht in ihr Heimatland zurückkehrt.

Statistiken haben auch gezeigt, dass immer weniger Absolventen des Germanistikstudiums in ihrem Berufsleben mit der deutschen Sprache sowie Kultur zu tun haben. Viele beschäftigen sich nach dem Studienabschluss mit einem völlig anderen Fach. Ob man im Beruf die gelernten Kenntnisse gebrauchen kann, spielt eine geringere Rolle als früher. Man achtet viel deutlicher auf das Einkommensniveau in dem Beruf. So stehen Staatsbanken, Auslandsbanken und Staatsorgane auf dem ersten Platz der Berufswahl. Der Studienabschluss gilt den Absolventen als Sprungbrett in ein gutes Berufsfeld. Die meisten Studenten verlieren die Leidenschaft, in ihrem Fach zu forschen und sich weiterzubilden. Man kann die Dinge natürlich auch anders sehen. Vor dreißig Jahren war ein Auslandsstudium unerreichbar für die Durchschnittsfamilie. Nur Kinder der Parteikader hatten das Privileg, im Ausland zu studieren. Doch heutzutage können immer mehr Familien ein Auslandstudium finanzieren. Sie hoffen auf eine gute Zukunft ihrer Kinder.

Das Faktum, dass nach dem Abschluss immer weniger Studenten in ihrer erlernten Sprache arbeiten, zeigt zugleich, dass sich das chinesische Germanistikstudium in Richtung Allgemeinbildung entwickelt hat. Germanistik zählt inzwischen zu einem *bildenden* Fach, in dem die Studenten ihren Horizont zur Welt und zum Leben erweitern.

4 Freie Lehre und Forschung oder verschulte Universitäten?

Das Germanistikstudium in China hat im Vergleich zu einem Studium im Ausland seine Bonderheiten. In den Augen vieler ausländischer Professoren sind chinesische Universitäten „verschult". Obwohl das Leistungspunktesystem seit den letzten 10 Jahren aus dem Westen in die chinesischen Hochschulen eingeführt wurde, bezeichnen Fachleute das chinesische Leistungspunktessystem bei vielen germanistischen Fächern als „pseudo", weil den Studenten kaum echte Wahlfächer zur Verfügung stehen. Alle angebotenen Lehrveranstaltungen sind für das Studium obligatorisch!

Außerdem überwiegen in China bis heute einseitige Bewertungskriterien. Geprüft werden nur Theorien und Kenntnisse, die die Professoren und Dozenten ihren Studenten in Vorlesungen und Seminaren „eing etrichtert" haben. Studenten passen sich dem prüfungsorientierten Bildungsmuster an und legen nur geringen Wert auf die Entwicklung des freien und selbständigen Denkens. Sie nehmen die von ihren Lehrkräften vermittelten Kenntnisse passiv auf und speichern diese

Kenntnisse in ihr Gedächtnis ein. Sie pauken vor den Prüfungen für eine relativ akzeptable Note, um das Studium reibungslos abzuschließen. Kreative Gedanken und innovative Ideen sind für die Leistungen überflüssig. Von einer freien akademischen Atmosphäre kann überhaupt keine Rede sein.

Auch die Bewertungskriterien bezüglich der Lehrkraft spielen in einem solchen Bildungsmuster eine große Rolle. Seit den letzten zehn Jahren gilt an chinesischen Universitäten für die Bewertung von Dozenten und Professoren, dass die Zahl der Veröffentlichungen eine überwiegende Rolle spielt. Ob man einen höheren akademischen Titel erlangen kann, hängt davon ab, wie viele Publikationen man innerhalb eines gewissen Zeitraums vorzeigen kann. Dagegen spielt die Qualität der Lehre fast keine Rolle, weil nach Meinung vieler Experten dieser Bewertungsmaßstab subjektiv und deswegen „weich" ist. Das wiederum führt dazu, dass die Dozenten und Professoren sich enorme Zeit und Kraft nehmen, um in möglichst kurzer Zeit viele Publikationen vorzuweisen. Mit den Fragen, ob und wie der Unterricht dem Bildungsziel dienen soll, welche methodischen und didaktischen Prinzipien man bei der Unterrichtsplanung und - gestaltung berücksichtigen soll, setzen sich nur wenige Dozenten auseinander. Forschungen über Lehre und Unterricht gelten nach den jetzigen Bewertungskriterien als minderwertig und werden wenig geschätzt. Derartige Evaluierungskriterien bedrücken die Initiative und Leidenschaft vieler Lehrkräfte, die sich für Fremdsprachenmethodik und -didaktik und „Bildung" interessieren, was wiederum für die Ausbildung hochqualifizierter Fachkräfte vom Nachteil ist.

Eine Statistik der deutschen Abteitung der leitenden Kommission für fremdspachliche Fächer zeigt, dass 62% der Dozenten Pädagogik und Fremdsprachenmethodik nicht systematisch gelernt haben. Wiederum sind 48,2% der Studenten mit der Beherrschung der methodischen Kenntnisse ihrer Lehrer unzufrieden. 42,3% der Lehrer erkennen jedoch die Notwendigkeit, sich im Bereich der Methodik und Didaktik weiter fortzubilden. [1]

---

[1] Qian Minru/Wei Maoping/Wei Yuqing/Kong Deming, *Forschungsberichte über germanistische Fächer im gegenwärtigen China*, Shanghai, 2008, S. 25.

Die Ausbildung der chinesischen Lehrkräfte im Bereich der Methodik und Didaktik ist in den vergangenen dreißig Jahren völlig auf das Goethe-Institut und andere deutsche Institutionen angewiesen gewesen. Die Vernachlässigung der Methodik und Didaktik ist allerdings kein Einzelfall; viele Dozenten verwechseln zudem Fachkenntnisse und Lehrerfahrungen mit pädagogischen und didaktischen Kenntnissen. Ohne eine gewisse Mindest-Ausbildung im Fach Methodik und Didaktik gehabt zu haben, gehen die frisch gebackenenen Doktorinnen und Doktoren an die Arbeit. Sie imitieren die Didaktik ihrer eigenen Lehrer und kopieren ihre Unterrichtsmethode. Für die meisten ist Fremdsprachenmethodik und -didaktik keine eigenständige Disziplin! Dass Professoren sich über die Verschlechterung der Bildungsqualität und Verminderung der Zahl der Studentenelite beklagen, hat seine komplexen Gründe.

Das chinesische Germanistikstudium hat dank der Reform und Öffnung des Landes in den letzten dreißig Jahren eine Blütezeit erfahren. Doch hinter jeder Prosperität liegen „kitzelige" Probleme. Wie die alte chinesische Weisheit uns immer ermahnt hat: „Wer sich keine Gedanken über seine Zukunft macht, wird bestimmt von nahenden Sorgen überfallen". [1] Es ist höchste Zeit, sich Gedanken zu machen, wie sich das chinesische Germanistikstudium von rapider quantitativen Expansion in eine nachhaltige qualitative Entwicklung wandeln soll, denn es gibt sowohl im Chinesischen als auch im Deutschen die Redewendung: Eilemit Weile. Jetzt ist höchste Zeit, die Bildugsqualität zu verbessern und dazu die inneren Elemente unseres Germanistikstudiums zu kräftigen.

---

[1] Aus *Analekten von Konfuzius*, *Weiling-Herzog*, Im Chinesischen lautet die Weisheit:"子曰：人无远虑，必有近忧"——《论语・卫灵公》.

语言学问题研究

话语的同义素现象

摘 要 同义素现象(Isotopie)是法国语义学家 A.J.格雷马斯在义素分析的基础上提出的理论,其有助于我们描写话语的语义结构。

关键词 义素 同义素 德语学习 语言学

一 义素和同义素现象

"义素"(Sem/semantisches Merkmal)是可被确定的最小意义成分,有人将它比喻为"语义的原子",如德语词"Mann"包含着"有生命的""人类的""雄性的""成年的"等义素。由此可见,义素是一种深层的语义构成成分。

所谓"同义素现象"(Semrekurrenz),就是话语中的义素重复出现,即话语中至少有两个语词含有同一个义素,或者说同一个义素将至少两个语词联系起来。因为义素是一种分析性成分,所以同义素现象不体现于话语的表层。现在,我们来分析下面这段话语中的同义素现象:

Marder fuhr Porsche

Einen geradezu tierischen Hang zu Autos der Marke Porsche hat kürzlich ein Marder entwickelt, der laut Polizei "unberechtigt" in das abgesperrte Firmengelände einer Autovertriebsfirma eindrang. Er knabberte die Zündkabel eines Porsche 928 an, der Motor sprang an, das Fahrzeug setzte sich in Bewegung, da der erste Gang eingelegt war. Der

Porsche streifte zwei Personenwagen anderer Fabrikate，Überrollte ein Eisentor und prallte schließlich gegen eine Hausmauer. Als Polizeibeamte eintrafen，lief der Motor des Wagens noch.

Der vierbeinige Unfallverursacher entfernte sich ebenso unerlaubt wie er gekommen war，von der Unfallstelle.（Aus "PRESSE UND SPRACHE"，vom Oktober，1999）

在上面这段话语中，我们可以找出几组具有同义素的语词，其中的"Auto" "Porsche" "Autovertriebsfirma" "Zündkabel" "Motor" "anspringen" "Fahrzeug" "sich in Bewegung" "setzen" "Gang"和"Personenwagen"为一组，它们都含有"汽车"这一义素，由于此类语素的复现率最高，所以其被视为是主同义素层次，并凌驾于其他次同义素层次之上，如由"Marder" "anknabbern"和"vierbeinig"组成的"动物"同义素层次。这里应指出，"Gang"等语词本身还含有其他义素，它们在这段话语中之所以被划归为"汽车"这一同义素层次，主要应归功于"语境义素"（kontextuelles Merkmal）的作用。

上述分析表明，话语包含从属于多种同义素层次的语词，各层次在话语中相互交叉。因此，从语义学角度来看，话语是一种包含一个或若干同义素层次的结构。

二　同义素理论的作用

（一）同义素理论可以更确切地解释一词多义现象

单独一个语词往往有多义性，但是在存在上下文的情况下，它必须与周围的语词在义素方面保持和谐一致，即组成一个同义素层次。因此，从这个意义上来说，我们可以将一词多义现象视为是语词的一种能加入多种同义素层次的特性。止于语境的同义素层次是一种"单义化层次"（Monosemierungsebene）。在接受话语时，听者和读者首先要找出语词的单义化层次，否则他们就会产生理解错误。

上例中的"Marder"在《德汉词典》中的释义有：（1）[动]鼬科；（2）[转]贼，小偷。孤立地来看，"Marder"含有"人"和"动物"这两种截然不同的义素。即使在标题"Marder fuhr Porsche"中，我们也不知道"Marder"到底是指人还是指动物，而且似乎其指人的可能性要大一些，而读到第二句中的"anknabbern"时，"Marder"指动物的可能性增大了。直到第五句出现"vierbeinig"一词时,"Marder"指人的可能性才被排除,"貂"的含义才被最后确定下来。

通过上面的分析,我们可以得出:(1)从句法上来看,组成"汽车"同义素层次和"动物"同义素层次的语词数量不等,前者统括后者,后者只是一种局部性层次;(2)从语义上来看,两种层次的专指程度不同,"动物"义素是个大概念,而"汽车"义素比较具体、明确。话语中的那些因义素量最大而具有最强的专指性的层次被称作"专指层次"(Spezifikationsebene),这里的"汽车"同义素层次就是专指层次。

综上所述,如果要确定话语所指,那么我们首先要使话语的构成成分单义化,从而确定其所属的语境义素层次并使其获得话语意义。话语意义虽比词汇意义具体一些,但仍不明确,因此我们还得从归属于各单义化层次的语词中找出共同的义素,以组成专指层次,这样我们才能确定话语的所指。话语所指的功效大小取决于话语中的同义素层次的专指程度,而语义的专指程度又取决于组成同义素层次的语词数量,即同义素量。

(二) 同义素理论可以解释特殊语义结构的话语

这里所说的特殊语义结构,是指话语中的至少一个语词有多种(通过其若干语境义素)与其他同一(些)语词相联系的可能性,从而导致我们无法在话语中找出一个主义素,语词的单义化由此受阻。也就是说,在这样的话语中,两个或多个相互排斥的同义素层次被合并在一起。格雷马斯称这种现象为"复合同义素"(komplexe Isotopie),请见下例:

Der Fremde hatte einen langen Gang vor sich. Er wusste nicht, ob ihn dieser zu seinem Ziel führen würde.

"Gang"是个多义词,它在《德汉词典》中的释义有:(1)行走,走路;(2)出走办事;(3)一道工序;(4)(击剑的)回合;(5)传动装置;(6)一道菜;(7)通道,走廊;(8)(器官之间的)管道;(9)矿脉;(10)螺距。以同义素理论来分析,"Gang"与"lang""Ziel"以及"führen"共同构成一个"空间"同义素层次,这样虽然排斥了一些语义的可能性,但是"Gang"的单义化并未彻底实现,受话人仍可有两种理解此话语的方式:(1)这位外地人得走长长一段路,他不知道走完这段路是否就可以到达目的地;(2)这位外地人的面前是一条长长的通道,他不知道这个通道是否能引导他到达目的地。在这里，"Gang"有"走路"和"通道"两种语义，它们虽然都含有"空间"这一义素，但前者为"动态空间"，后者为"静态空间"，两者在话语中合二为一，复合同义素现象由此形成。

复合同义素现象的一个产生原因是，发话人说话语或写话语时没有意识到同一话语可能会产生多种理解方式。当受话人提出疑问且发话人扩展话语时，单义化层次才能从复合同义素现象中解脱出来。或者说，如果我们要改变复合同义素现象，以使话语所指明朗化，那么唯一的方法就是对现有的同义素层次进行句法扩张，即增加具有相应义素的语词或者限定语境。

另一种情况是，发话人有意识地使用复合同义素现象。在文字游戏以及一语双关的笑话、喜剧、讽刺等话语中，复合同义素是很常见的。这类话语交际的生效条件是受话人能够辨别话语中的复合话语结构。有些文学作品往往隐蔽其语义，若要理解这类作品，读者就得分析各个层次的复合结构，以弄清话语中的复合同义素成分之所指。

　　Und dann war da noch der Brite，der sein Geld gleich pfundweise ausgab.（Aus BUNTE，13. 12. 1990）

上面这则笑话就是利用了"Pfund"一词的两种语义，即货币单位"镑"和重量单位"磅"，对复合同义素的有意识使用使这句话妙趣横生。

参考文献：

Lektürekolleg zur Textlinguistik Band 1，von Kallmayer，Klein，Meyer-Hermann，Netzer，Siebert，1980.

关于词典长词条的思考

潘再平

摘　要　本文从长词条的概念定义、设立长词条的原则等内容出发,探究将大型德汉词典的长词条划分为释义结构和用法结构两大部分的可行性。

关键词　长词条　义项　释义结构　用法结构

一

对于词典编纂者来说,最殚精竭虑的工作莫过于长词条的编写;而对于词典使用者来说,一个词条后面那密密麻麻的长篇释义有如"迷宫"般令人望而生畏。作为词典编写者和多种德语词典的读者,笔者也有如上感受。这种情况说明,长词条的编写工作对于编者而言是何等艰辛,而一个既拥有丰富、实用的内容,又具备科学、醒目的指引手段的长词条结构对于词典吸引读者和提高使用价值来说又是多么重要。

读者使用词典的目的大多是为了查询在学习或工作中遇到的具体问题,很少有人会像教科书那样系统地学习词典,因此一部词典(主要是其中的长词条)的迅速检索功能之完善性乃是读者十分关注的问题。洋洋三十三卷的一套格里姆《德语词典》长期在德语词典大家族中占据着绝对权威的地位,但在如今的德国知识界中,真正将它用作工具书的人却是寥寥无几,因为它那往往长达数页的平铺直叙式的词条内容简直像一片大森林,让人晕头转向、如坠雾里,唯有耐心十足的学者或词典学家才始终是它的忠实读者。与其说格林姆的《德语词典》是工具书,毋宁说其是语言学经典巨著。即便德国的实用语文词典相当常用(如六卷本的杜登《德语大词典》或六卷本的克氏《现代德语词典》),其在德国大学生中的保有量也是极其有限的。在参观一位德国大学生的丰富藏书时，笔者为找不到哪怕一本德语词典而感到诧异，问其故，该生答曰词典难查。笔者再问"何以难查"，对方竟反问道："Warum muss ich Stecknadel im Heuhaufen suchen?"（我为什么要到草堆里去找别针呢?）。显然，这里的症结还是长词条。这种现象已经引起德国词典学家的充分关注，他们也开始重视在大学里开设语文词典应用课，以此普及词典学知识和拓宽语文词典的应用范围。这无疑是十分有益的一项工作，但可惜的是，德国词典学家还没有真正认识到长词条结构改革的重要性。

二

编者难编长词条，读者怕读长词条。然而，对于中型以上乃至大型的语文工具书来说，长词条又是无法被规避的。在这里，笔者想首先界定一下所谓的"长词条"之概念范围。当然，词条的长短总是相对的，一部中型词典的长词条可能只是大型词典的短词条，但是我们可以设想以读者的一般视觉-心理感受作为词条的长短标准。如果我们把词典的一页编排成三栏或两栏，那么占半栏及以上篇幅的词条可以被认定为中词条，占一栏及以上篇幅的词条可以被认定为长词条，占两栏及以上篇幅的词条则可以被认定为特长词条。本文的论述对象也包括中词条，但为了论述方便，本文将占半栏及以上篇幅的词条通称为长词条。

对于以德语为始发语的双语词典来说，长词条的设立原则主要有如下四条：

（1）词的多义性；

（2）词的功能特征；

（3）词的搭配特点；

（4）词在熟语中的作用。

如果一个词多侧面地反映了以上四个方面中的一个或多个，那么由该词所构成的词目之内容通常就应该能满足长词条的定义，否则我们就无法解释围绕这个词而产生的语言难点，也就难以完成词典排疑解难的使命。当然，这是针对中型以上乃至大型语文词典而言的。对于中型以下——尤其是小型词典——来说，上述的长词条在任何一个词条里都可能是多余的，甚至是犯忌讳的。

反之，如果一个词不具备以上四个方面的特点（即它是一个单义词；除了词义外，它没有其他句法功能；它只有单一的搭配形式；它没有或很少在熟语中被使用），那么该词原则上就不应该构成长词条，否则粗而不精的释义内容会降低词典的使用价值。

在德语词汇中,多义现象非常普遍。据统计,如果我们从约七万五千个德语的一般通用词汇中挑出八千个最常用词的话,其中就有五千个多义词,而在这八千个以外的那些同样属于一般通用词汇的六万多个词汇中,多义词的数量更庞大(只不过这一部分多义词的义素一般要比前一部分多义词的义素少一些而已)。而且,随着科学技术的发展和各领域、各学科间的交流的频繁化,词的多义化现象的影响力还在不断扩大。不少不久前还是单义的词,现在已经实现多义化了。在本世纪七十年代以前,"Katalysator"一词仅仅具有"催化剂"这一个含义,其只在化工领域内被使用。但是,到了本世纪八十年代初,随着汽车废气净化技术的发展,人们研制出一种废气净化装置,于是"Katalysator"一词被借用了过来。如今,除了原来的"催化剂"这一含义外,"Katalysator"又增添了一个新义,即"汽车废气过滤器"。类似"Katalysator"的例子可谓不胜枚举。

从各种德语词典的内容来看,长词条一般都出现在多义词下,而且一个词的义项越多,则其通常也越有可能满足长词条的构成条件。

按 1973 年的莱比锡版《词和用法》(德语用法词典)中的释义标准,如果我们对拥有十个以上义项的词进行一番观察的话,可以得到列表[*]如下:

每词义项数	词数	词类				词目 (括号内所注数字为所占栏数)
		动词	名词	形容词	不变词	
21	2	2				geben (2.8), ziehen (3.2)
18	1	1				kommen (5.5)
15	2	2				setzen (2.2), stehen (3.8)
14	3		1	1	1	Zug (2.2), scharf (1), zu (2.7)
13	3	2			1	gehen (3.5), machen (6.3), um (1.5)
12	5	3	1		1	absetzen (0.5), nehmen (3.2), stellen (2.1), Schlag (1), auf (1.2)

---

[*] 参见 1973 年的莱比锡版《词和用法》(德语用法词典),第 19 页,其中"栏数"一项系笔者所加。

续　表

每词义项数	词数	词类				词目 （括号内所注数字为所占栏数）
		动词	名词	形容词	不变词	
11	10	4		4	2	einschlagen (0.5), einziehen (0.5), lassen (3.5), schließen (0.8), groß (2.3), gut (3.2), hoch (1.4), klein (1.7), an (1), na (0.8)
10	13	8	2	1	2	anlegen (0.6), ansetzen (0.5), ausschlagen (0.5), führen (1.4), halten (2), sein (1.4), spielen (2.2), tun (1.9), Bau (0.5), Grund (1.4), hart (0.8), für (0.8), von (2.1)
	39	22	4	6	7	

　　我们从以上的统计表中可以看出，在《词和用法》中，39 个含十个及以上义项的词均为长词条。其中，最短的词条（"absetzen"等）占 0.5 栏，最长的词条（"machen"）占 6.3 栏，平均每个词条占 1.9 栏。在《词和用法》中，每个词条平均仅占 0.195 栏，上表中的长词条的平均长度几乎是整部词典的平均词条长度的十倍。

　　实际上，《词和用法》中的长词条当然远远不止这里被用作统计样本的 39 个词，因为含十个以下义素的多义词也可能是长词条。况且，词条的长短不仅取决于义素的多寡，还取决于上文已列出的其他三个因素。例如，"Auge"一词在《词和用法》中仅设三个含义，故其并未被列入上表，但其词条却占了 2.2 栏。"Auge"之所以必须是长词条，不仅因为它也是多义词，而且更主要的是因为它极其频繁地被使用于熟语之中，而在一部中型以上规模的语文词典中，这些熟语是必须被收录的。再如"machen"一词，它的义项数并不是表中最多的，但它的词条所占篇幅几乎是所有德语语文词典中最大的，原因就是上述第三条原则发挥了重要的作用。"mache"一词的搭配能力极强，其在口语中的用法尤其广泛，由它所组成的大量词组还具有惯用语的性质，若不加诠释——尤其对于外国人来说——其义难辨。

　　上表还表明，在长词条中，动词占比最大。总的来说，在各大词类的多义词中，动词多义词的义项一般都是比较丰富的，而且它们所表述的行为或状态往往必须借助足够的词例才能被交代清楚。正因为如此，虽然动词并不是德语中的最大词类，但在《德汉词典》（上海：译文出版社，1983 年）的 660 多个长词条中，其占有

220 多个词条。不难想象,在编纂一部大型的德汉词典的过程中,数倍于以上数字的动词将会进入长词条的行列,而其他词类的长词条数也将大幅度增加。

词典规模越大,长词条数量就越多,长词条的释义内容也就越多。为了提高词典的实用价值,我们必须着眼于长词条,以致力于为所编词典设计一个有利于读者检索的、科学的词条结构,否则读者在检索过程中会遭遇很大的麻烦。

三

在查阅长词条时,使用外语单语词典的读者恐怕多少都有一点像上文提到的那位德国大学生所说的"草堆觅针"的感觉。在中等长度以上的词条中,为了找到需要的信息,读者往往要花费很多时间。越是心急,越想图快,读者就越难如愿以偿,正所谓"欲速则不达"。读者倒不如花点耐心,"慢慢"往下查,这样反而可能较快见效。究其原因,笔者认为,我们平时熟悉的外语单词词典都是将所有词例分别编排在各自所属的语法分项和义项下,因此词条越长,各语法分项及义项间的间隔距离就越远。为了找到一个词或一个表达方式的含义,读者往往不得不从头到尾搜寻整个词条。如果读者要找的是一个词的词义,他当然不可能事先知道该词义属于第几个义项,所以读者只能从第一义项开始往下找,直至找到为止。由于各个义项相隔较远,并且读者在视觉上又受到大量词例和其他释义文字的干扰,再加上有时候义项标码不醒目(由于义项相隔太远,义项标码的醒目度也会相应减弱),因此读者的有效检索速度往往是缓慢的。如果读者要找的是一个表达方式的释义,那么他同样不可能事先知道这一表达方式属于哪一义项,他在通篇寻找时受其他无关词例及释义的干扰还会更大(因为读者所要寻找的表达方式往往不一定以完全相同的形式和长度出现在词条里,该表达方式可能是以相仿的形式出现在某一个词例里),因此读者可能需要更长的时间才能找到某个表达方式。

有些词典将成语(idiomatische Ausdrücke)用黑体字整体印出,或全部集中地列于所有义项的最后,或分别集中地列于所属义项的末尾。这是对长词条结构的一种改进,其可以为读者寻找成语提供方便,但此做法仍有很大的局限性。

"Unter anderem"(或"unter anderen")虽然不属于成语,但其也是一个固定词组,初学者一般都要查阅词典才能知其含义。笔者曾让一位德语专业的大三学生分别查阅克氏《现代德语词典》的"ander"条和杜登《德语大词典》的"unter"条。结果,该生查阅克氏词典时费时 2 分钟,查阅杜登词典时费时 8 分钟。但是,即使按正常速度从头到尾往下看，读者花费的时间也不过分别为半分钟和 3 分钟。学生之所以花费了数倍时间，原因是在面对长词条中那密密麻麻的文字时，他在心理上感到紧张，而且他也不知道该从何处入手去查阅词条，心里只想"一目十行"地迅速"捕捉"对象，结果是把整个词条"扫描"了几个往返后，他才终于"逮住"了曾经一再在自己眼皮底下逃脱的那个对象。

如果我们将以上这种现象称为"低效检索"的话，那么读者有时——尤其在特长词条中——甚至还会遭遇"无效检索"现象（即因错觉而最终查不到可以查到的信息）。"无效检索"和"低效检索"都会影响读者使用词典时的情绪，进而将影响词典的利用率和它的客观使用价值。以上现象更多地发生在读者查阅外语单词词典的过程中，而当读者在查阅外汉双语词典时，以上现象并非那样突出。这一方面是因为目前我们普遍使用的还是中型以下的外汉词典，与大型外语单语词典相比，长词条的弊端体现得并不明显；另一方面是因为外文与汉字在形体上存在着根本区别，这两种文字被混合在一本词典中（即一个词条中）的一个极大好处是，这种混合十分鲜明地为读者区分开了检索对象的性质。从这个角度看，双语词典"先天"就比单语词典更易于检索，难怪德国的一些词典学家总觉得《德汉词典》的编排特别醒目。笔者从这一点中得到一个启发，即为什么我们不能从语言的难点出发，将长词条编得更醒目、更易检索呢？

四

笔者试图将大型德汉词典的长词条划分为释义结构和用法结构两大部分（其他还有构词结构、分析结构、词源结构等若干部分，这里恕不赘述）。

（一）释义结构

释义结构的作用主要是交代作为词目词的词语本身可能具有的含义，并在必要时用适当的词例对其进行说明。与大多数双语词典和外语单语词典的词条结构相比，释义结构本身并没有原则性的不同，即词例按义项分配，但其也有独特之处：第一，由于此处的论述之着眼点是大词典，因此围绕词目本身的和词义所提供的辅助信息的项目数量与同一项目中的信息量要比中小型词典多一些；第二，在释义结构中，每一个义项只收一两个词例，最多不超过三个词例。第二点是主要的，其目的是尽量将一个长词条的释义结构控制在最小的篇幅之内。

释义结构的词例收入标准是：

（1）必须有助于读者了解词义。反过来说，如果一个词的词义已十分明确，其词例就不再被收入。

（2）必须是简洁明了的自由搭配式的句子。

（3）必须是完整句（完整句往往更能说明一些难解词义），这一部分词例可以被称为"义项词例"。

通过以上方法，我们使从一个长词条中被提炼出的这样一部分凝聚在一起，并用一种鲜明的符号将其与另一部分（即下述的用法结构）隔开，从而使它发挥相对简明的"释义词典"之作用。

（二）用法结构

用法结构的作用主要是交代词在语句中的含义及其正确用法。用法结构旨在告诉读者，一个词可以与哪些词搭配，以及该词将以何种形式与其他词搭配成一个词组或语句。词的这种搭配形式（或称之为用法）及其含义正是学生学习德语的主要难点。因此，我们可以将这一部分集中在另一个自成一体的结构（即用法结构）里，并用符号将其与前面的释义结构隔开，从而构造出前后两个相对独立的体系。

用法结构内的词例包括非自由搭配（固定搭配）、成语、惯用语（成语性谚语）、谚语以及常用的但不易理解的自由搭配（以上除惯用语和谚语外，尽量取非完整句）。这部分词例可被通称为"用法词例"。

用法结构的编排特点是：

（1）按其组合形式特点，将所有用法词例分别纳入以下几个项目名称，如〈与名词连用〉、〈与动词连用〉、〈与形容词连用〉、〈与副词连用〉、〈与代词连用〉、〈与连词连用〉、〈与介词连用〉、〈用作被动态〉、〈用作分词〉等。

（2）在同一项内（如在"〈与名词连用〉"项下），所有词例按与词目连用的名词的字母顺序排列，该名词就成为"提示词"并用斜黑体印出（故其也被称为"醒目词"）。

（3）在这些词例中，成语一律如同词目那样用正黑体印出。

（4）由于用法结构在编排上与释义结构完全分开，因此为了使法词例仍然与义项保持一定的联系，我们可以在每一个词例中的词目替代符号后注明它所属的义项标码。这样，释义结构和用法结构既是各自独立的两个体系，又能在语义上前后呼应。如果词条的前一部分被称为"释义词典"，那么其后一部分就相当于是"用法词典"了。

下面,笔者试举几个例子,以说明以上两个结构的用法。

(1) Noch war es hell genug, um das Rudel der Hirsche im Bestand zu erkennen.

一般来说,这句话的主要难点在于"Bestand"一词的词义。带着这个问题,读者可以撇开用法结构,并能在比较集中的释义结构中迅速地找到"树林"这个义项,以得到相应的词例的印证。

(2) Sie mussten ihre eisernen Bestände anbrechen.

针对这一句话,读者可能会有两种不同的需要。如果读者是有德语基础的,那么他立即会知道"eiserne Bestände"必定是一个成语或固定搭配,因此他明白自己应该在用法结构内查找,并且很快就能在"〈与形容词连用〉"下找到答案。如果读者是德语初学者,那么他也许会首先在释义结构中查阅"Bestand"的释义,但是他并不能如愿,因为没有一个释义可以和形容词"eisern"联系在一起(由于释义结构简明短小,读者在这里浪费的时间并不多)。但是,这一次挫折可以使初学德语的读者领悟到"eisern Bestände"是一个成语之类的词组,于是他可以按照如上方法在用法结构中找到答案。

(3) 再如上文已介绍过的"unter anderem"一例,不管是查阅"unter"条,还是查阅"ander"条,读者都无需花费很多时间就能在用法结构中找到答案。在"unter"条下,读者自然是查询"〈与形容词连用〉";在"ander"条下,读者无疑是查阅"〈与介词连用〉"。

为了将长词条的总体结构设计得有利于读者检索,我们尚需考虑一些细节体例上和字体上的安排,这里就暂不涉及了。

汉德语对比刍议

孙秀民

摘　要　本文梳理了语言对比的历史、目的和方法，阐述了汉德语对比在德语教学和翻译实践中的重要意义，总结了我国汉德语对比研究的发展现状。在此基础上，本文指出，汉德语对比研究应超越语言的形式层面，以加强对语言的交际功能之关注，并应在结合改革开放的时代背景的前提下，不断拓展语言对比研究的深度与广度。

关键词　语言对比　汉德语　外语学习

一　历史沿革

早在 1808 年，德国浪漫派诗人弗里德里希·史勒格耳就提出了"比较语法"这个概念，并借助此概念来比较具有亲属关系的语言，以追寻其历史渊源。史勒格耳认为，"比较语法将会向我们提供关于语言谱系的崭新的知识，正如比较解剖学曾给自然历史以光明一样"。十九世纪的欧洲语言学家广泛地研究印欧语系语言，并在此基础上建立了历史比较语言学，从而推动了语言科学的进一步发展。一百多年来，语言对比研究取得了长足的进步。我国的语言对比研究工作起步较晚，我国语言学界在 1976 年以后才开始注意国外的对比语言学研究，并就语言对比问题发表一些文章和出版一些专著。直到前几年，德语界才有组织地就汉德语言对比的研究展开讨论和交流。

二 为什么要比?

在学习外语时,学习者总会将其学习的语言与母语联系起来。美国语言学家罗伯特·拉多指出,"(学外语的)个人有这样一种倾向,即容易把自己的母语和本族文化的形式、意义与分布转移到外语和外族文化中去"。拉多此处提及的"转移"既包括"积极转移",也包括"消极转移"。

二十世纪六十年代初,我国外语教学盛行"听说领先法",认为学习外语是模仿和对刺激做出反应的过程,是一种感性的认识,因此学习者在学习外语时应排斥母语的干扰,否则其培养不出外语语感,也学不到地道的外语。"听说领先法"反对"对比方法",但几年的教学实践结果证明,这种做法失之偏颇。学习者虽能"流利"地讲外语,但其书面上的错误太多。与支持"听说领先法"的流派不同,我国的另一个外语教学流派偏重于理性认识,其认为学外语非采用对比翻译法不可,但实践同样证明,此方法也有不少缺陷。

笔者认为,从广义上来说,外语教学和翻译实践其实都是在有意或无意地对两种语言进行着对比。通过对比方法,我们能更好地认识到两种语言的本质和结构特点,从而找出它们之间的异同。有位国外的语言学家说过,用对比的方法阐述外语的语言体系具有巨大的教学法价值。我国有名的汉学家张志公指出,"对本国语和某种外语的比较研究,是产生教学那种外语的理论和方法的一个重要基础"。

翻译是两种语言的互相转换,译者必须找出最合理的和最佳的等值关系,因此翻译实际上是两种语言的对比过程。茅盾说过,在翻译时,他"一方面阅读外国文学,一方面却以本国语言进行思索[……]使自己的译文摆脱原文的语法和词汇的特殊性的拘束,使译文既是纯粹的祖国语言,而又忠实正确地表现了原著的意义和风格"。对语言诸要素之对比是手段,不是目的,对比的目的是就杂乱的语言现象展开挖掘,并综合表面上看不出来的一般客观规律,以指导翻译实践。

恩格斯说:"你只有将本族语言同其他的语言进行比较,你才能真正懂得自己的语言。"鲁迅先生的说法更加形象:"这简直好象艺术家在对我们用实物教授。[……]这确是极有益处的学习方法。"我国最早主张采用语言对比方法的吕叔湘先生说:"我相信,对中国学生最有用的帮助是让他认识英语和汉语的差别,在每一个具体问题——词形、词义、语法范畴、句子结构上,都可能用汉语的情况来跟英语进行比较,让他们通过这种比较得到更深刻的体会。"

三　怎样比?

　　汉语和德语分属两个语系。汉语属汉藏语系,是孤立语,其特征是词义丰富,形态缺乏,语法富有"朦胧性"和"弹性",因此语义及语义因素的支配功能成为汉语的主要关切。德语属印欧语系,是屈折语,其形态发达,德语的语言成分之间的依属关系之一致性使其语言形式成为一个有机系统。

　　这两种差异相当大的语言可以比较吗? 答案是肯定的。现实、语言和思维是在人类社会实践的基础上被辩证地统一起来的。语言和思维被不可分离地联系在一起,从根本上来说,这两者都是由现实决定的。思维是人脑反映现实的过程,思维又是借助语言这一中介来反映现实的,现实、语言和思维都是被反映者。由于人类的思维和对客观事物的认识能力是大同小异的,因此各民族的语言之间存在着思维与概念上的相似性,而这就是语言对比研究的基础。

　　怎样比呢? 是全面对比还是有选择性地进行对比呢? 就语法对比而言,笔者认为,有选择性地就某些语法现象进行对比更具实用性和可行性,因为外语学习者主要是想了解外语语法中的那些由于母语干扰而易出现混淆和难以掌握的部分,而不是想全面了解两种语言的语法。因此,我们必须将对比的重点放在两种语言的相异之处上,而不必进行全面铺开式的对比。英国著名的语言学家认为,"母语和第二语言之间的不同之处才是应该学习的东西",这样才能避免母语经常性的无意识干扰。

　　目前,国内有多种汉德语对比的方法。常规的对比方法主要有两种:一种是"结构对比法",即分析汉语与德语间的异同结构,并找出其中的规律;另一种是"语义对比法",即从语义方面对汉语和德语进行对比,以找出两种语言的特点,从而解决实质问题,因为结构对比不能指出同样存在于两种语言之间的现象的本质特点。不过,上述两种方法很难对某些语法现象进行对比,因为任何语言现象必然具有交际能力,于是"功能对比法"应运而生。由于一种语言的某一结构在另一种语言中无法找到它的对应主体,但其所表达的内容可通过另一种语言的表达方法来得到呈现,所以"翻译对比分析法"也渐渐占据主流地位,它是将译文作为比较出发点的。学习德语的中国人通常将德语作为出发点,其描写的重点偏向于德语,并且会着重注意中国人容易犯错误的地方。

四 几点看法

语言对比研究开拓了语言研究的新领域,其有助于外语教学和翻译实践的发展。汉语和德语的对比研究工作起步较晚,此领域内的论文和专著很少,研究成果也主要是对某些语法现象进行比较,解决不了复杂的语言问题。如果我们单纯地停留在语言的形式结构上,并仅从某种语法模式出发进行语言对比,那么语言的交际功能就为我们所忽视,对比也便沦为了对两种表态形式的单纯描写。因此,在语法分析对比的基础上,今后的对比研究应更加重视言语行为和语言成分的交际功能,因为对语法差异的单纯关注是远远不够的,语言的目的是为了交际。正如捷克语言学家依萨阡柯所言:"如果以为对比地阐述外语的特点就是我们的目的,那是极大的错误。应该知道,有哪些东西值得比较,因为机械地运用对比法可能会忽视语言中最主要的东西,忽视语言的整个体系。个别形式的对比什么价值也没有,充其量只不过是指出某些形式在两种语言中吻合或者不同而已,而这早已是老生常谈了。"

语言是随着社会的发展而发展的。语言与文化、社会、历史、风俗习惯以及国情民心是密切相关的,而两个民族的文化差异往往会体现在语言上,此处不再赘述。因此,在语言对比研究中,我们绝对不能忽视两个民族的社会、文化与历史背景。

目前,要求学汉语的外国人日益增多,因此汉德语对比的范围还应进一步被拓宽。对外汉语专业应重视汉德语的对比工作,但对比的描写重点应偏向于汉语。

随着我国改革进程的加快,大陆地区和港台地区的接触日益频繁。由于种种原因,大陆汉语和港台汉语也存在着些许差异,因此"汉汉语对比"也应被纳入语言对比研究的范畴之内。

现在,学习德语的人或多或少地掌握着第二外语或者正在学习第二外语,因此"外外对比"——德英或汉法的对比——对外语教学和翻译实践的开展也大有帮助。

跨文化交际与国别区域研究

我与中国改革开放后外语教育的四十年不解之缘

姜 锋

摘 要 外语教育是中国改革与发展的重要篇章,它折射出我国改革开放的辉煌历程。笔者讲述了自己在外语学习、外交实践以及教育工作过程中的难忘经历,勾勒出过去四十年我国外语教育的改革发展历程,并对当下上海外国语大学的人才培养和学科建设的发展情况进行剖析。

关键词 改革开放 外语教育 人才培养

回想起来,笔者与外语教育结缘多半是偶然,偶然中的必然是四十年前开始的改革开放,改革开放带给新中国的外语教育又一个春天。对于笔者而言,学外语改变了笔者的人生。

四十多年来,从学习外语到使将外语,从参与外语教育规划到教授外语,从将外语用作工作语言直到今天在上海外国语大学工作,笔者再次与外语教育改革产生了如此紧密的。在此过程中,笔者的直接体会是:首先,外语教育是国家政治大事,四十年来的外语教育之兴旺发达与新中国的发展息息相关。改革开放的大背景使学习外语不再仅仅是个人的语言技能提升手段,其更是国家开发人才资源和智力资源的重要抓手。外语学习受到全国上下的重视,此种重视体现在人才、教育等各项政策中。改革开放的总设计师邓小平对外语学习就高度关注,在他关心的国家派出留学生计划中,外语人才的培养占据显著位置。1979 年,国家计划公派出国留学生 3000 人,从学科分布上来看,理工科占 70%,社科类占 15%,语言类占 7%,科技与管理类占 4%,其他占 4%,语言类留学生的比重大到可以被单列出来。其次,外语教育是教育制度中的"特区",如早先在报考外语专业时,学生的数学分数不被计入高考总成绩。虽然剔除数学成绩的做法不符合全面教育理念,不利于人才智力的全面成长，但我们从中能够体会到当时国家急需外语人才的迫切心情，免计数学成绩的做法是为了让学生能够专心致志地学习外语并"快速成才"。

此外，我国外语教育的管理体系层级与机构体系化程度均相当高。教育部高教一司专设外语处，其负责综合规划和推进全国高等外语教育事业，中小学外语教育也有专人负责。二十世纪八十年代初，国家曾就成立外语司的事宜进行过讨论，这足见当时国家对外语教育的重视。经过多年发展，我国大中小学的外语教育已经相当普及。进入新世纪后，随着中国融入全球化的步伐不断加快，国家加强了英语以外的其他"非通用语种"的教育普及工作。另外值得一提的是，在学科体系设置方面，我国将"外国语言文学"单独设为一科，这在国际流行学科分类中是独特的，体现了外语教育在我国教育体系中的特殊地位，尽管这样的学科划分在如今看来有明显的局限性。

近四十年来，笔者的学习、成长和职业经历均与外语教育密不可分，以下笔者就以大学阶段的外语学习为起点，谈一些个人的经历和感受，其中蕴含着笔者对我国外语教育发展的粗浅思考，笔者愿与读者分享。

一 大学：作为专业的外语之学习

（一）"对德语不感兴趣，对德国的事感兴趣"

1980 年，笔者进入上海外国语学院德语系学习德语。虽然学习德语是笔者自己的选择，可是整个学习过程却让人高兴不起来。

和中学相比，环境变化太大，第一节课上已经有同学可以用德语打招呼了，而笔者却是地地道道的"零起点"，自己觉得和别人的差距很大。随后，学校安排了一个多月的语音训练，天天是德语，笔者没想到大学里的学习是这么枯燥无味，完全感觉不到生活现实和德语有什么关联，所以笔者认定自己并不是对德语感兴趣，而是对德国的事感兴趣。此后，笔者在德语上不愿多花精力，"自甘落后"，甚至开始怀疑学德语的选择是否正确。

与德语系不同的是，法语系那时几乎每周都放电影，这强烈地吸引着笔者。虽然看不懂，但笔者看得起劲，那城市的景象，那海边的男女人物、大楼、汽车、公路等，一幕幕的事物让笔者觉得神奇：有这样的世界吗？对法国和法语的关注从那个时候在笔者心中扎下了根，虽然至今笔者的法语水平还不到"半瓶子醋"，但心中对法国一直念念不忘。

另外,图书馆也令笔者着迷。那时的上外在图书供给方面已经很先进,图书馆对学生开放部分图书,学生可以自由到阅览室去阅读,但抢座位可不容易。没有座位,笔者就只好站着看书,站得时间长了就要走动,在书架之间边走边随手翻阅自己感兴趣的书,主要是英语著作,莎士比亚的作品就是笔者那时以这样的方式阅读的,还有英文版卡夫卡的《变形记》等也是如此。在德文的图书中,笔者印象最深的是一个德国人为高中生编写的读本,其内容是各类名著的选段,包括尼采的《查拉图斯特拉如是说》的节选,笔者现在还记得那篇选文很短,很刚劲,开头就是"Seht, ich lehre euch den Übermensch"。为了增进理解,再加上好奇心作祟,笔者找来一本介绍尼采的中文图书进行对比阅读,这本中文书将上面这段话译成了"看哪,我教你们超人",笔者觉得不够到位,更好的译法应该是"听着!我教你们超人!"后来,笔者和班上同学交流,一位同学主张翻译成"呔!我教尔等超人!",笔者暗自佩服这个"呔"字,这才叫霸气,如此才有超人的样子。还有一本德文书 Kleine Weltgeschichte der Philosophie(《世界哲学简史》)给笔者留下深刻印象,此书对世界历史每个时期的主要代表人物的学说进行了言简意赅的介绍,笔者从中第一次读到外国人介绍孔子的文字,这让来自孔子家乡的笔者深感亲切,笔者借助文本回到了家乡。与上面这本书形成对照的一本书是北京大学编写组于"文革"期间出版的《欧洲哲学简史》。可能也是出于为工农兵服务的需要,《欧洲哲学简史》的文字非常简练易懂,读起来不累。即便是黑格尔和康德的理论,《欧洲哲学简史》中的描述也很清晰,读者读时很快能把握大意。对于那时更热衷于功利阅读的笔者来说,《欧洲哲学简史》是非常合适的。看来,图书馆里没有座位也有好处,笔者得不断走动,不断换着书翻阅,这正合"涉猎"的意境了。那个时代,不少书是为工农兵大众写的,文字简单,叙事扼要,容易阅读,这样的书现在大概没人写了,读者也很少能读得到了。

在上世纪八十年代的校园里,同学们对西方哲学怀有浓厚的兴趣。大家默认的规则是,不谈点哲学就显示不出水平,所以西方当代哲学的书十分抢手。除了大家不得不去那里吃饭的食堂外,最能吸引学生的就要数校园里那间很小的书店了,学生们在先睹为快地翻阅新书、预订新书和期待订的书早日到货之间度过时间,生活很新鲜,很有期待。新书来了,读不读是一回事,但学生们总要先买下来,这本身就是谈话的资本,底线是要能说得出一两个基本流派、几个名字和几句名言,不然自己的品味就很难让人感受到了。德语系的男生们还因学了德语而有些骄傲,甚至目空一切,他们对其他系的人谈论尼采的行为感到不屑,认为这些不懂德语的人不可能明白德国哲学的奥妙,不会懂得"Übermensch"(超人)、"Macht"(权力)和"Wille zur Macht"(权力意志)的全部意义! 现在想来,那时少年气盛,但从另一方面来看,德语专业同学的专业认同度还是很高的。因为把力气花在了德语以外,所以笔者二年级的德语专业课考试竟然没有及格,这为笔者敲响了警钟,自己意识到了"对德语不感兴趣"是错的。要想毕业,要想回家在父母面前有个像样的交代,自己就得认真对待德语,不能再自甘落后了。努力很快就有了成效,笔者的德语起码不再是末流了,大致进入了方队的前三分之一。

(二)"美的事物也是或可能是危险的"

进入三年级后,学业开始变得有意思、有深度了,不再全是单纯地处理语言现象。张振环老师的精读课上来就讲荷马史诗《奥德赛》的故事节选,内容是奥德修斯在特洛伊之战以后凯旋回家的乘船过程中遇到了水妖。奥德修斯让随从们塞上耳朵,并把自己捆在桅杆上,不让大家沉溺于歌声,以避免船毁人亡。从语言角度处理完文本后,张老师让大家思考,奥德修斯为何让大家塞耳朵,为何把他自己绑在桅杆上,这说明了什么道理? 讨论最终落脚在一个辩证的结论上:歌声美妙,但可夺人性命,美的事物是或可能是危险的。这样的认识对于二十世纪八十年代初的青年人来说是很震撼的,笔者至今印象深刻。张老师在课上会讲许多课外内容,诸如俄狄浦斯的故事、弗洛伊德的俄狄浦斯情结理论、弗洛伊德的精神分析等,这些都与当时流行的西方哲学热潮相对应,并与学生们关心的问题相契合。第一次听到男孩子都有恋母情结时,笔者感到何等震撼! 以此为契机,笔者拜读了朱光潜先生的《变态心理学》,方才得知人们所说的变态的心理其实是正常和原本的心理,而被认为是正常心理现象的活动却深藏着不正常的动机,有着"Ich""Ego"和"Libido"的关联。既然读到了朱光潜先生,那肯定避不开《谈美书简》和《美学》,由此扩展开来,笔者近乎着迷一样地涉猎钱钟书、宗美华、李泽厚、蒋孔阳、朱狄等大家们的美学作品,并惊奇地发现他们的很多著作都深受德国的影响,钱先生的《管锥编》里甚有很多德文注释,这些让笔者深感亲切。对那些文本的阅读是笔者大学生活最难忘的内容、最深刻的部分,笔者以往那些关涉人和生活的观念在一个个被动摇、被更新,世界变得宽广与丰富起来,而且笔者觉得世界上的谜底是自己能解的,这是青春时代的乐观精神,而大学是激活这一精神的地方,对于很多年轻人来说甚至可能是唯一的地方。大学的课堂是直接的,其对人的影响又是间接的,每个人需要自己去加工消化。张老师引导笔者进入了思想的世界。印象中,德语系办公室主任木春老师开设的心理学选修课也很"时髦"。在介绍心理学基本概念的同时,木春老师还介绍过"爱情心理学",这自然也与弗洛伊德的学说密不可分。张老师和木老师的课相映成趣,共同回应了学生的生活现实,笔者很喜欢。读书是渴求知识,是体验生活,是与自己内心深处进行对话交流,是认识自己。

(三)"字典错了"

王志强老师的德国戏剧课也是笔者至今难以忘怀的。王老师那时刚从德国留学回来,上课声音宏亮,满怀激情。刚来上课的,王老师便和同学们发生了"争执"。争执的起因是一个介词搭配问题,有同学造句说"Ich habe keine Lust daran",王老师立刻纠正说应该是"Ich habe keine Lust dazu",那位同学不服气地说:"字典里就是用的'daran'""字典错了!"王老师毫不含糊地回答。大家现场翻《简明德汉字典》"对质",字典里白纸黑字地印着"daran"。"这个字典错了,要查原版字典。"王老师说。原版字典里的确是"dazu",我们也看到了其他不同用法。这次小小的辩论让笔者感悟到,被认为是标准或真理的字典也会出错,这动摇了笔者对权威的迷信。上王老师的课时,学生还要面对其他挑战,即上课没有课本,而是由老师根据进度发给学生复印的文本选段。老师上课没课本,这本身就很与众不同,这种事放到现在就是不合规了吧!而且,王老师给我们的德文文本很难,以亚里士多德《诗学》的悲剧篇为例,寥寥几页纸足足得让我们读几天。从古希腊的历史背景到悲喜剧的不同发展与特点,只有做了简单的知识铺垫之后,学生才能进入亚里士多德的悲剧理论。悲剧的要素是对情节的模仿,而不是人物,人物要服务于情节;情节制胜的关键是在观众中引起怜悯(eleos, Mitleid)和恐惧(Phobos, Furcht),并使观众在同情剧中人物遭遇的同时,也害怕自己遭受剧中人同样的命运,从而在怜悯和恐惧中达到净化(Catharsis, Reinigung)。总体上说,悲剧是引人向善的。至此,笔者明白了悲剧和喜剧的差别,甚至对悲剧怀有了崇高的敬意;笔者对喜剧却不以为然,觉得其是肤浅的。

(四)"记不清了"

紧接着,文本阅读就涉及到了莱辛的《拉奥孔》。现在想来,王老师这样的安排独具匠心,因为莱辛是亚里士多德悲剧理论的权威解读者和发展者,也是创作市民悲剧的实践者,其是以文学推动社会革命的先锋。可以说,莱辛是革命作家和理论家。莱辛的《拉奥孔》当然是复杂难解的，但他托物讽世的寓言故事却是"短小精悍"的，语言上的易懂性有助于我们阅读他的系统理论著作，对我们的德语学习也大有裨益。在图书馆里，笔者快餐式地读了几段莱辛的寓言故事，目的是初步了解他是何许人也。虽然寓言《猴子和狐狸》（*Der Affe und der Fuchs*）只有三句话，但其鲜明痛快地表明了莱辛的主张，即德国作家们不能跟在别人（主要是指法国的古典主义）身后进行模仿，而应该要独立自主。《拉奥孔》便是围绕此问题而展开的理论阐述。通过对《拉奥孔》的阅读和思考，笔者明白了绘画、雕塑等造型艺术的特点是题材在空间上的并列（Nebeneinander），文学的特点则是题材在时间上的先后持续（Aufeinander，Nacheinander），因此诗不可能，也不应该追求成为画，这对笔者在中学语文课上学得的"画中有诗，诗中有画"的观念造成了不小的冲击！这也是笔者第一次深刻地理解了不同文学种类之间的差别，并意识到这样的差别不仅仅是理论问题，其在莱辛所处的那个时代具有反抗的力量，是一场斗争。莱辛的《拉奥孔》还将笔者引向了温克尔曼，因为莱辛在书中批评温克尔曼"高贵的单纯，静穆的伟大"（edle Einfalt，stille Größe）的古典主义理论，反对文学创作中的"高大上"，要求文学人物有鲜明的个性。在上文提到的那本德国高中生读本里，笔者找到了温克尔曼的片段，其主题是关于模仿的，大意是讲希腊艺术高不可及，胜过罗马艺术，两者的差别是希腊人模仿自然，而罗马则专注于描绘人物形象，差不多是前者入于神，后者浮于形的意思，温克尔曼主张后人只有尽力模仿希腊方可达到极美的境地。书中选的那一段文字不长，但笔者并未完全明白，只是懂了个大概，这也是那时读书的功利习惯使然，浅尝辄止。有趣的是，仅仅读了一点温克尔曼，笔者就对莱辛产生了警觉，没有被他牵着鼻子走。莱辛反对温克尔曼，但我感到后者"高贵的单纯，静穆的伟大"是非常经典的审美理念，这也是我至今不忘的一句名言。2014年夏，即大学毕业三十年以后，笔者和家人参观梵蒂冈博物馆。当站在《拉奥孔》雕像前时，笔者和家人分享了自己曾经在大学里读到的知识和那时的感受。大学是阅读的地方，阅读不仅仅给了我们知识，阅读对人生的影响还在于它能够成为人生的一部分。在人生旅途的某个时刻，一些曾经在大学时代收获的零零碎碎的阅读体验会聚合成一个崭新的形象出现在我们面前，让我们兴奋不已，从而为因阅历累积而变得程式化的生活添加了新的活力。

在毕业三十年以后，笔者于2014年回到上外工作，在和王老师谈起当年读《拉奥孔》、温克尔曼和市民悲剧的情景与许多细节时，王老师疑惑地说："我不记得了。"老师们可能记不住课堂的细节了，而大学对人的影响正是在不知不觉之中产生的,其在无形之中塑造着一个个形象,这就是大学的魅力吧。

(五)"粮食风暴"

听杨寿国老师上翻译课就如同在听神奇的故事,正课上教了什么和学到了什么反而不一定能记住。杨老师在课堂上讲述自己翻译《阿登纳回忆录》的事,笔者至今记得很清楚。据说,翻译《阿登纳回忆录》是北京下达的紧急任务,因为回忆录里记述了阿登纳于 1955 年 9 月在莫斯科会见了苏联领导人赫鲁晓夫,赫鲁晓夫表示中国人不可信,且对苏联是个麻烦,他希望德国帮助苏联对付中国。这样的信息自然引起了北京的重视,所以北京方面要找人迅速将此书译成中文,供"内部参考"。那时,不少书是供内部参阅或批判的。我们这一代人的中苏斗争意识很强,知道很多苏联欺负中国的事,如 1960 年中苏关系决裂,苏联单方面撤走专家,撕毁合同,不讲信用。听了杨老师的讲述,笔者还是觉得吃惊,没想到在 1955 年中苏关系还在形式上亲如一家、中国外交一边倒的时候,苏联实际上已经不信任中国,甚至要让德国帮助它对付中国。将这件事与笔者当时正在读的霍布斯的"人对人是狼"的断言结合在一起进行理解也很有意思。笔者当时的印象是,苏联对中国的不信任由来已久,于是笔者更觉得杨老师他们能够承担北京直接下达的任务很了不起。此外,杨老师还讲到老校长姜椿芳在上外建校初期带领学生北上,到马列编译局翻译马恩列斯著作的事迹,其中像《反杜林论》等作品都有上外校友参与翻译定稿。这样的故事让学生们感受到了翻译的重要意义,甚至觉得翻译这件事很神圣。

杨老师上课不苟言笑,用语也是极为认真的,他告诫同学们翻译时要弄通原文。杨老师举例说,有一本德国小说 *Sturm auf Essen*,中文版书名被翻译成了《粮食风暴》,译者将城市名"Essen"望文生义地译成"粮食"(das Essen)了。这部小说描绘的是以埃森市为中心的鲁尔地区矿工在第一次世界大战之后闹革命的故事,小说的开头是到前线当兵打仗的工人们战后回到家乡,家人惊喜高兴,孩子们期盼着父亲带回了"神圣的面包"。这个情景的确和粮食有关,但译者不能因此就将书名翻译成《粮食风暴》! 这部小说中的故事主要发生在埃森市,这里有克虏伯等"反动派"的强霸,他们是工人闹革命的对象,小说的结尾大意是革命没有成功,大众还更在乎"粮食",吃饱肚子更重要。

在杨老师的翻译课上,我们在文本和故事中实际和具体地接触了与苏联和一战后的德国相关的生动知识。也许,杨老师只是随意讲了一些与课程相关的故事,但讲者无意,听者有心,杨老师的讲述激起了我们的好奇心和探索欲,这正是学生成长的途径。这应该就是老师"功夫在课外"的道理吧。翻译课是语言课，但又不仅仅是语言课，它让我们进入了语言所表达的生活世界；翻译课离我们很远，但又近在咫尺，令我们感同身受。

每个老师的课都像是一块马赛克，它们在学生的认知和想象中被一个个地拼构起来，从而形成学生自己的图像。尽管老师提供的材料是一样的，但经过学生的加工后，这些材料却变成了各色各样的图案，这是神奇的过程，也是大学丰富多彩的活力之写照。

（六）"偷听课"

笔者还特别想写写大学时偷听过的课，印象较深的有如下一些课程：

首先是笔者到英语系阶梯教室里听过"欧洲文学史"，其使笔者有机会系统了解英国、法国、俄罗斯和意大利的文学，这补上了因仅仅在德语系学德国文学而造成的短视，拓展了笔者的视野，由此激发出笔者阅读这些国家的经典文本之兴趣。"欧洲文学史"将欧洲文明史中的代表人物拉入了学生的生活景象之中，使学生能够与这些大家交流，不仅彼此之间产生了关联，学生也由此对欧洲的精神和人文历程有了大致的了解。"欧洲文学史"这门课程不在学校的教学大纲内，但其在笔者的大学生涯中留下了深刻的印记，可惜笔者不记得授课老师是谁了。英语系的讲座也很多，诸如英语系同学自己举办和讲述的"西方美术史"等，笔者记忆中的阶梯教室一直很热闹。

笔者还到音像中心听过一位叫哈桑的美国学者讲文学。笔者不知这位哈桑是何人，但听说是讲现代西方文学批评的，于是笔者马上就被吸引住了，想听他的讲座。那天的讲座好像是在录像，屋子不大，人也不多，笔者这位非英语专业的学生偷偷溜进去，乖乖地躲在后面听。印象中，哈桑很和蔼，他的语言出乎意料的简明清晰，似乎他说的话笔者都能听懂，但其实笔者只听懂了他的单个词句，总体上还是稀里糊涂的。事实上，听懂多少已经不再重要了，重要的是笔者去听了，而且学到了几个新的词，这样哪怕是听错了，也是有收获的。

那时，笔者常以"创造性误读"作为自己不求甚解的借口。笔者似乎听到哈桑教授讲到了文学批评中的解构问题，即把作品的相关要素拆开来观察分析是为了再组合起来以获得整体的印象。这种讲述作品分析的方法和途径令笔者感到新奇，觉得哈桑像语言医生一样在为各种句子做外科手术，他将句子打开来再缝合修复，这种想象持久地留存于笔者的脑海中。在翻阅相关书籍的过程中，笔者在德国格式塔心理学里居然找到了对应的理论。不同的是,后者认为人对事物的感觉是整体感觉,就像我们读书并不全是一字一字地读,而是成行地甚至"一目十行"地读。再如,在感觉一个人时,我们不是先去分别感觉其耳鼻喉面,然后再形成关于这个人的整体图像,而是上来就整体"扫描"这个人,感觉这个人。现在看来,这样的理解过于简单了,但那时笔者却为自己"发现"了新的关联和新的境界而兴奋不已。这和外语学习当然有关,笔者那时读到一个被用来反对语法教学法的故事:某人欲学会一门外语,在得知基本语法规则和词汇后,此人就以为自己会说这门语言了,但出乎他意料的是,他并不能讲那门语言。外语学习的关键是日积月累,这样才能在某个时刻"猛然顿悟"并上一个台阶,此后学习者会突然觉得自己不再跟着语言规则跑,不再总怕得罪它,而是可以"随心所欲"地组合语言,从而让语言跟着自己的意思走。

听余匡复教授讲德国文学是很享受、很难忘的经历。在给本科生上文学史时,余教授不是面面俱到,而是突出重点,他讲得很风趣,上来就从中世纪骑士诗人(吟游诗人、爱情诗人或恋歌)*Walter von der Vogelweide* 讲起:"Du bist mein, ich bin dein, dessen solltst du gewiss sein,du bist verschlossen,in meinem Herz, verloren ist das Schlüsselein,du musst für immer darinnen sein."爱情诗对年轻人当然有吸引力,其抑扬顿挫的音调朗朗上口,易记易诵。文学变得如此鲜活,岂能不让人喜欢!文学课最怕的是只讲理论,没有作品,教师应该首先让学生品读文本,然后再讲文学理论和历史。

(七)"罢课"

按规定,学生在进入三年级后要学习第二外语,而且大家都要学习英语。出乎意料的是,英语课十分简单,几位同学不得不和老师"交涉",但老师没有办法修改,原因是教学计划规定好了用什么教材,教什么内容,老师不可随意更改。交涉没有结果,学生只好"罢课",然后大家去参加了一个考试,从而争取到了英语免修。笔者的三外改学了法语,这是笔者自愿的,学不学由自己定,但因课程安排有冲突,学法语的事实际上就不了了之了。大学里没有学好法语,这是笔者感到很遗憾的事,自己不重视是主要原因,但学校在排课方面没有提供时间条件这一客观原因也是多少产生了一些影响的。为学生提供学习多语种的可能和条件,这至今仍是外语类专业面临的挑战。如何以学生和学习为中心地组织大学的活动和内容?这个问题至今还没能很有效地得到解决。

二 工作：参与外语教育规划

1984 年，大学毕业后的笔者被分配到教育部高教一司工作，在外语处工作了六年。现今回头看，那一段和外语教育的缘份让笔者很难忘：(1)适逢国家改革开放大业起步，政府最高决策层对外语教育高度重视，如国家先后召开了两次全国范围内的外语教育工作会议：一次是 1978 年的全国外语教育座谈会，国务院在会上提出，为早日实现四个现代化，国家要把外语教育抓上去，多快好省地培养各类外语人才；另一次是 1982 年的全国中学外语教育工作会议，教育部提出要对全国中学外语教育进行全面规划，统筹推进。刚到外语处时，笔者常听到这两个会议的内容，工作重点也是落实相应的事项。(2)国家最高教育行政机关设有专司外语教育的机构，高教一司外语处系统负责全国高校(以本科为主)各类外语教育事业的整体规划、政策指导、标准制订(如教学计划、教学大纲等)、学科专业布局(如新专业点审批)、学术组织(如各语种的教材编审组、教学研究会等)、重点措施(如教材编写、师资培训、考试评估等)实施等，其是外语教育事业的"司令部"。在笔者于该处工作的那段时间里，处长是蒋妙瑞，副处长是任丽春和董威利，工作人员有许宝发、曾耀德、倪肖琳和笔者，主管司领导是付克同志。当时，领导们还在讨论成立外语司的可能性，他们想把外语处主要负责"正规"高校本科外语教育事业的职能扩展到基础教育、继续教育、研究生教育等阶段，从而进一步统合各类外语教育，以提升外语教育的综合水平。当时的肯定观点认为，外语能力和计算机能力是横跨不同学科、专业和阶段的能力，两者应该实现系统规划、整体发展。不过，这一设想不符合此后国家机关精兵简政的大趋势，因此设立"外语司"的计划未能实现。到二十世纪九十年代，教育部外语处被撤销，外语教育的整体规划和布局的职权被逐级下放或由相关领域及行业的职能部门各自负责。(3)外语教育行政与外语院系互动密切。那时，外语教学的重镇包括北京外国语学院、上海外国语学院、广州外语学院、北京大学、清华大学、上海交通大学、同济大学等，这些学校的领导和专家是外语处的常客，笔者经常能看到胡孟浩、桂诗春和王福祥三位外语学院的院长，而且与季羡林、许国璋、李赋宁、刘和民、严宝瑜、杨惠中、祝彦、殷桐生、梁敏等学者的联系也十分密切。当时，笔者经常跟着领导骑自行车从北京西单(外语处)到魏公村(北京外国语学院)和中关村(北大与清华)找学者咨询及商议工作，时间晚了就住在北外学者家里，笔者曾在北外与北大的多位学者家里"蹭饭"和过夜。从本质上看,这样的"工作关系"是管理层与专业界的互动,但那时却没有丝毫的"官民"之分,大家是一个整体,像个大家庭。外语处没有什么"好处"给大家,委托的项目钱很少或根本没有钱,大家的参与几乎没有经济上的考量,大家对报酬和名份看得不像如今这么重。(4)彼时,各类制度和组织正在建立中,教育理念方法在变化中,各类教材资料在撰写中,各层师资在培训中,各种外语考试(包括四六级和四八级考试等)在筹备中。现在回头看看,那是改革开放后的外语教育创制时期,能有机会参与见证,笔者感到很幸运。

这里举两个笔者在外语处工作时的经历,以说明国家最高教育行政机关是很系统、很具体地在管理着外语教育,一个经历关于外国语言,另一个经历关于外国文学。

教育部系统组织外语教育的全过程,包括理念、理论、方法和主要措施,可谓"一竿子扎到底"。1984年8月,在到外语处工作几天后,笔者便平生头一次坐飞机到昆明筹办由西南片高校教师参加的大学英语研讨会。按当时的规定,只有县团级以上人员才有资格坐飞机出差,而笔者这个"新兵"居然可以坐飞机出公差,可见决策者对此次会议的重视程度。那时笔者才知道,大学英语就是公共英语,改称大学英语是为了提高非英语专业的英语教学之重要性,以改变其在大学的从属地位。树立大学英语的概念之做法在当时很难得。那时,大学英语有了自己的教学计划和教学大纲,从而为整个大学外语(即公共外语)的教育理念、模式、方法等奠定了基础。印象中,昆明会议有来自全国各地的两百多名大学英语老师参加,他们主要听专家们讲解新的大学英语教学的理论依据、方法和内容,并交流各自的经验。在这次会议上,笔者第一次密集地听到有关外语教学法的各个流派的介绍,如传统的语法教学法、听说法、情景教学法、功能交际法等。这是一系列培训活动的一部分,其在革新全国的外语教育理念方面发挥了很大的作用,促进了外语教学水平的提升。新方法提倡使用真实的语言交际材料,大量外语原版的内容由此进入了教育体系。借助于这些原版材料,在习得外语的同时,学生也能直接从文本中接触外部世界,从而打开视野。从这个意义上来说,外语教育是我国改革开放的直观组成部分和直接能力建设手段。那时,跨文化交际的概念已经被提出,其被认为是外语学科的重要内容。现在看来,这种观念也是受了英美的影响,即超越偏重语法的传统,以进入文化和生活领域,使语言直接被应用于交际。语言学习被嵌入英美日常及登入英美制度,学生在体验和感受英美现实生活的过程中习得语言,从而培育起与语言的亲切关联。从积极意义上来说,通过学习外语,中国民众看到了世界,开拓了眼界,外语学习为改革开放奠定了知识和认识基础。当时,英美两国的驻华使馆与文化教育机构均投入大量人力和财力来协助中国推进英语教育,英国文化委员会的工作人员有的也是外语处的常客,他们中的不少人是语言教育专家,甚至是国际应用语言学界的著名专家。二十世纪八十年代末,德国等国家的语言教育机构(如歌德学院)也进入中国,这些机构也高度重视与外语处的合作,希望"在体制内发挥作用"。

中德高校德语助教进修班就是教育部与德国外交部合作的政府项目,旨在系统培训德语教师的教学法能力。现在,高校外语教师参加的系统教学法培训少了,高校外语教师基本上是在实践中学,他们中的大多数人是语言文学专业出身,在任教前没有接受过系统的教学法训练。

外国文学研究的系统规划和推动工作被安排得很细致。1985 年秋,笔者被临时调到哲学社会科学规划工作小组工作,上班地点在北京大学勺园,笔者主要参与的是外国语言文学部分,其中一项工作是跟着武兆令和严宝瑜教授向学者征询意见(包括季羡林、朱光潜、罗大冈、冯至、绿原等),另一项工作是直接组织专家召开咨询会。虽然已过去三十多年,但当时不少工作内容至今仍有现实意义。

上海地区专家咨询会于 1986 年 3 月 21 日和 3 月 22 日两天在上海外国语学院三楼会议室召开,会议内容是为制订"七五"哲学社会科学科研规划出谋划策,国家教委没派人与会,而是调取会议记录和收集专家的意见。会议记录和专家意见由笔者整理并上报处、司领导。

会议由上外胡孟浩院长主持,参加会议的有袁晚禾、龙文佩、林珂、秦小孟、朱雯、余匡复、王长荣、廖鸿钧、朱威烈、倪蕊琴、朱逸森、吴克礼、刘犁、胡孟浩和谭晶华。笔者将部分专家发言作为史料摘录如下,以飨读者:

朱威烈:"阿拉伯文学在中国有很多空白要填补,然而这仅仅是停留在翻译方面,研究方面还做得很少。目前,我们要编阿拉伯文学史,还需要资料。现在阿拉伯文学再不抓的话,很可能在中国又要出现像"大熊猫"的现象。研究阿拉伯文化,目前肯定要赔钱的,但我们不能因为赔钱就不搞,还是要搞。现在我们已经派人出去学习,相信若干年后会有起色的。社会主义文明很重要,精神文明需要抓。谈到开放,不仅仅对第一世界和第二世界开放,对第三世界也要开放,特别是他们的文化。对此,出版发行部门要支持,要支持杂志的发行。这方面国家教委也要支持,要保证学术刊物的发行。对外国文学的研究介绍要同社会主义文明建设挂起钩来。"

谭晶华:"现在学生讲是'没有劲'的文学,这与我们的研究介绍不够有关。根据目前对日本文学研究的情况,'七五'期间要抓紧,过去我们对日本文学的介绍比较杂,以后可以系统地进行介绍。"

余匡复:"对外国文学史的教材编写很有必要,现在学生对这方面很感兴趣。针对外国文学的研究,当代比较文学的开展很重要。另一方面,资料工作也很重要,现在外国就对这方面很重视。要搞研究就要有资料。要写评撰就要多看作品和资料。同时,在研究中要有自己的东西,要有突破性的东西。现在外国对中国的文学很重视,搞老庄的有,搞'五四'文学的也有,搞当代的也有。因此,我们现在搞比较文学研究很重要。在搞这些工作的时候,教委要在物力、人力上给予支持。另一方面,学术讨论要给予充分自由,领导不要轻易在报上讲话。在文学讨论中,要有发表言论的自由,要有百花争艳、百家争鸣的气氛,错误的东西也可以发表出来,让大家讨论批评。"

朱逸森:"现在对外国文学的研究还很不够。这次由上面来牵头很有必要。至于外国文学的研究该怎样做,我认为评撰很重要。就我自己搞的苏俄文学来讲,现在国外研究很多,我们也用自己的人力、财力来进行更好的研究。我们可以抓住一个研究课题进行研究工作,以开拓新的研究局面,并在某一点上有突破。文学批评也很需要搞,现在我们的评论工作也搞得不够,原因就是没有新的突破。对外国文学史的研究也很重要,首先我们要编写出文学史的书,要搞好资料工作。要重视资料工作的收集,没有资料很难开展研究工作。要组织一定的力量。对去国外搞研究工作的人,回来时可以给一些钱,让他带些国外的资料回来。"

倪蕊琴:"在研究外国人的东西时,我们中国人要有自己的东西。研究外国文学,就是要立足于中国,在方法论上有所突破。在探讨新的方法论上,要担风险。我在学校教苏联文学,一讲苏联文学,学生们就要同中国的文学作品相结合来谈。因此,现在中国的'伤痕文学'已不讲了,现在只讲'转折时期的文学'。现在中国文学继承外国文学的东西已经比较多,因此这方面的研究很重要,这就是说现在很需要比较文学课题。现在科研经费很少,搞比较文学的人就更少,搞个比较文学课题的研究很不容易。苏联的文化对我们的影响比较大,因此苏联的东西很值得研究。现在西方对我们的古典文化比较感兴趣。至于外国文学史,我们也应该搞,但要细致地搞,这对现在的学生教学很有必要。这也需要一定的力量。师资问题,我们也要加紧培养,对于俄语来讲,现在三十岁以下的教师,俄语好的很少,因此对苏联文学的研究很需要青年一代。这个问题,我们以后要采取一些行政措施。另外,翻译作品现在很难被重视,一本书出来,订数很少,这方面也希望国家能采取一些措施。"

朱雯:"'六五'计划的成果还是很丰硕的,出版了几套丛书:一是'马克思主义理论丛书',二是'文艺丛书',三是'外国文学丛书'[……]但教材编写不足,'七五'规划中要加强,编写出质量高的外国文学史。另外,关于外国作家和作品的评论,我们做的也不多,是否进行规划,以对他们进行一定的研究,写出他们的传记和质量较高的评论文章,要使翻译过程同研究相结合。"

胡孟浩:"文科现在很穷,教委各方面要支持,也可以采取鼓励的办法,出些研究题目,哪个学校愿意承担,就多给一些经费。以后,高校文科单位分配资金,我认为上海方面也可以出一个人。"

这次座谈会的很多意见——诸如外国文学史(通史、断代史、国别史等)——被列入了规划,并得到了支持和推进。与现在竞争激烈的热闹场面不同,当年的课题是要我们去"求"着专家接手的,笔者就曾到北大西语系和北外去求过专家。

三 驻外:以外语为工作语言

1996年,笔者第二次被派到中国驻德国使馆教育处工作,任一等秘书外联组长,任期四年,主要工作之一是开展德国教育调研,并密切关注德国教育政策动态。那段时间,笔者印象很深的是,德国传统大学的汉学系经历着深刻变化:有的汉学系缩小了,如波恩大学汉学系;有的汉学系索性被取消了,如哥廷根大学汉学系;留下来的一些汉学系也被整合进当时流行的"区域学"或"中国学"(Regionalwissenschaften,Chinastudie)之中。而且,德国的外语教育包括语言和专业两大部分,语言是基础,其为专业学习服务,任务是使学生在语言的基础上获得相关国家的地理、文化、社会、政治和经济知识,以培养学生的理论、方法和实践素养。而且,德国的外语教育也强调对学生的就业能力的培养,这与我国大学的外语专业中的语言教学贯穿始终之做法很不同。在调研中,笔者曾以汉语为例,介绍了德国外语教育的特点,笔者特别强调我国的外语专业应该注意借鉴欧美大学的做法,要重视国别区域知识的传授。

2008年,笔者第三次到驻德使馆工作,任公使衔参赞。"外语教育情结"仍然让笔者格外关注德国的外语教育。笔者与多所德国大学合作,促进或推动其汉语和中国学专业的创办,包括协助他们开设汉语师范课程等,从而与德国的汉语界保持了十分密切的伙伴关系。此前,哥廷根大学停办汉学系曾让笔者很沮丧,但该校于2009年重开了中国学,其将重点放在历史和社会方向,笔者与该校校长 von

Figura 教授和副校长 Casper-Hehne 教授密切合作,以汉办名义提供了大力支持,并按协议资助了两个教席。汉办领导介绍,这是当时中方单一资助力度最大的一所外国大学。

第三次在德国工作期间,笔者还关注了欧洲大学开设"中国学"的情况。在专题报告中,笔者建议国家教育部门高度重视国外的中国学建设,并在国内高校推动中国学课程的开设,以加强与国外高校的学科合作。

四 再回母校:探索新时代的外语教育改革

2014 年 1 月 7 日,笔者遵教育部调派,从德国回到北京,1 月 8 日到上海,1 月 9 日被任命为上海外国语大学党委书记。笔者本科毕业于上外,现在又回到这里为母校服务,并能将跟随自己至今的外语教育情结融于实践之中。

在紧张深入的学习和调研之后,笔者认识到,作为独立的学科和专业,我们的外国语言文学系这三十多年来的变化不大。与笔者比较熟悉的德国大学外语教育和有所了解的东京外国语大学及韩国外国语大学的办学实际相比,我们对语言的重视有余,但对理论方法的培养不足,而且国别区域知识供给不够。我们需要立足于时代变化,着眼于国内与国际的理论和现实问题,在此基础上推动外语教育的改革发展,而学科和专业建设是其中的关键。欧美和日韩的外语专业结构改革应该是十五年前的事了。

经过反复研讨,上海外国语大学于 2016 年 7 月正式确定了将学校建成"国别区域全球知识领域特色鲜明的世界一流外国语大学"的办学目标,强调要培养"会语言、通国家、精领域"的"多语种 + "卓越国际化人才,学校着力探索专业特色型、多语复合型和战略拔尖型三大类人才培养模式,打破原来的单一化、标准化人才培养机制,以学生为中心,增加学生选择的自由度,提供个性化、自主化的培养方案,优化、充实课程设置,基于"多语种 + "卓越国际化人才的培养目标重新构建学生的知识结构。上海外国语大学还开设了用英文授课的中国学硕士学位课程,启动了多语种、跨学科、跨院系、国际合作的"国别区域特色研究生班"项目,希望以此为创新中国外语教育模式与培养具有新时代全球能力的人才做出应有的贡献。

在融合国内外丰富经验的基础上,面向未来地主动回应国家和社会的现实问题需要,以实现学科内外的创新发展,我国的外语学科确实还任重道远。

德国的中学历史教科书中的中国形象研究
——以巴登-符腾堡州为例

王志强　陈　富

摘　要　本文以德国的中学历史教科书为研究对象,重点关注其中有关中国历史的描述。通过对所选教科书中的描述中国历史之内容的梳理和分析,本文界定其对中国历史认知的取向,并在此基础上确定德国的中学历史教科书中的五种中国形象建构类型。本文旨在了解德国的中学所秉持的教育历史观和中国历史观,以促进中德人文交流,这也是本文的学术目的之所在。

关键词　中国形象　德国　中学历史教科书

中学历史教科书体现了一个国家的青少年历史观教育的大方向、大思路,而青少年历史观教育是事关国家文化战略的重大问题。作为文化传承和文化延续的重要载体,德国的中学历史教科书反映了德国特定时期的社会思潮、文化传统、民众心态等多种因素。同时,中学历史教科书也承载了塑造青少年整体世界形象观的重要功能。基于历史教科书的上述认知定位,对德国中学历史教科书中的中国形象之分析,不仅能够使我们的研究突破资料与语言的限制,还有助于我们进一步了解德国民众对中国的认知程度。

我国学术界对德国历史的关注之焦点在于历史事实,即以历史本体为研究对象,研究德国重大历史事件对德国本国的政治、经济、外交、文化等方面的影响。我国学术界对涉及他国关系的德国历史之研究多以德国与周边国家的关系为主题,对德国历史教科书的研究也主要体现为内容研究。[①]

[①] 有关该主题的研究,见李乐曾:《历史问题与联邦德国外交政策的选择——以德法、德波和德以关系为例》,载《德国研究》,2015年第2期,第4—16页;李乐曾:《德波关系纵论——兼评历史问题对 （转下页）

以德国的中学历史教科书中的中国形象为主题的研究数量较少。萧辉英指出,在上世纪八十年代末编写出版的历史教科书中,联邦德国客观叙述了帝国主义对中国的侵略及掠夺,并用大量篇幅介绍了中国共产党领导的中国人民革命斗争和社会主义建设,其对中国改革开放政策及其取得的成绩表示了赞赏,对中国的国际地位和影响也给予了积极评价。萧辉英认为,德国的历史教科书关于中国历史的叙述总体上缺乏第一手资料,一些提法还存在着明显的错误,对中国历史研究现状并不了解,并且对中国古代历史部分的介绍篇幅过少。[①] 吴悦旗对德国不同历史时期中的中国形象进行了分析,认为中国形象在德国历史中经历了从"遥远强盛的东方天堂""黑暗、愚昧、残酷的妖魔化中国""中国威胁论、崛起论"到如今的曲折的多维视角审视下的现代中国过程,其主要原因在于中德两国政治体制与意识形态的不同。在德国,中国一直被视为一个对立的"他者",中国形象的形成在很大程度上受到德国自身需要与中德关系发展之影响。[②]

德国的中学历史教科书虽然受到了国内学界的关注,但以德国的中学历史教科书中的中国形象为主题的研究仍数量较少。对德国的中学历史教科书中的中国形象之分析,以及对德国的中学历史教科书描述和传授中国历史的方式之关注,将有助于我们了解德国如何看待中国,将有益于我们知悉德国的中学如何通过历史教育来引导德国青少年认识中国。

一　德国的中学历史通识教育

德国的中学包括"文理中学"(Gymnasium)、"实科中学"(Realschule)、"普通中学"(Hauptschule)和"综合中学"(Gesamtschule)四种类型。传统的"文理中学"的学制为九年,学生年龄为 10—19 岁。"文理中学"的五年级至十年级属于中等教育初级阶段,十一年级至十三年级属于中等教育高级阶段,高级阶段是为此后的高等

(接上页)国际关系的影响》,载《德国研究》,2001 年第 2 期,第 24—29 页;孟钟捷:《如何培育健康的历史意识——试论德国历史教科书中的二战历史叙述》,载《世界历史》,2013 年第 3 期,第 56—66 页;孙文沛、阮一帆:《联邦德国历史教科书中"二战历史"叙述的变革》,载《德国研究》,第 2015 年第 3 期,第 95—105 页。因德国历史研究的具体主题和研究资料颇多,此处不一一列举。

① 萧辉英:《德国教科书中国史部分略析》,载《山东师范大学学报(社会科学版)》,1995 年第 3 期,第 56—59 页。

② 吴悦旗:《德国历史发展中的中国形象变迁》,载《语文学刊(外语教育教学)》,2015 年第 10 期,第 77—79 页。

教育做准备的。"实科中学"的学制为六年,学生年龄为 11—16 岁,其是一种既带有普通教育性质,又带有职业教育性质的新型学校,此类学校是为高中或双轨制职业教育做准备的。"普通中学"的学制为五年,学生年龄约为 11—15 岁,其主要面向双轨制职业教育和职业培训。"综合中学"诞生于二十世纪七十年代,此类学校取消了中等教育阶段中的普通教育与职业教育之分野,学生可以在普通教育与职业教育之间进行互转,这一灵活多样的学习体系替代了传统的学校分类方式,以更多地满足学生的修业需求。

德国联邦制决定了联邦州的中学教育形式之多样性特征。按照德国的《基本法》,德国实行联邦、联邦州和地方(县)三级行政治理机制。《基本法》第 36 条确定了联邦和联邦州的立法权限范围,联邦立法包括外交、国防、关税、司法、经济法、劳动法、土地法、涉外法等,联邦州立法则主要涉及教育领域与文化领域,各州拥有独立决定权。按此权限分工,德国各联邦州在教育、教学、教材等方面拥有较大的自主权。

基于联邦制这一国家性质,德国各联邦州在不同类型的学校开展不同方式的历史教育,但总体而言,上文所述的四类中学都开设有历史课,并通过相应的历史教材向学生普及与传授德国历史价值观,以实现培养中学生的历史观之目的。"文理中学"的历史课开设得最多,"实科中学"一般单独开设历史课程,"普通中学"将历史与社会科学合并成"社会科学与历史","综合中学"将历史、地理和社会学合称为"社会科学"。因教学内容和教学目标存在差异性,所以德国的各类学校开设历史课的方式和课时数也不尽相同。[①] 在德国,基础教育阶段(小学)没有专门的历史课。

根据德国的《中学社会科学/政治毕业考试统一要求》[②](以下简称为《要求》")之精神,历史教学的最终目的是通过历史学习来提高学生参与社会政治生活的能力。为此,学生需掌握历史学科知识和提高历史学科能力。《要求》明确界定了"能力"和"知识"之含义。在"能力"方面,学生需根据历史事件和过程,对历史时代进行定位,并借助史料来辨析、描述、分析和评估历史事实、历史事件与历史意

---

① 孙智昌:《德国中学历史课程、教科书和教学》,载《外国历史教学》,2000 年第 2 期,第 38—40 页。

② 德国联邦制国家的特点决定了德国没有中央性质的教育行政管理部门,教育领域的相关规定和要求是由德国文化部长联席会议来制定。具体到中学教育,联席会议制定针对中学各门学科考试的规定与毕业要求,该要求对中学教学起指引作用。涉及中学历史教育的纲领性文件为 *Einheitliche Prüfungsanforderung in der Abiturprüfung Sozialkunde/Politik*,此处直译为《中学社会科学/政治毕业考试统一要求》。

义;此外,学生还需要掌握相应的历史分析方法,并恰当地运用学科的有关概念,以区分、分析和评价原始史料及史学家的评述。在"知识"方面,按照德国各州的规定和教学计划,历史教学的范围包括古代、中世纪、近代、现代和当代五个历史时期,并以现代和当代为重点。近代历史的内容包括现代主权国家的产生和发展、从中世纪进入到现代、欧洲人发现和接触非欧洲文化时代等;现当代的历史事件主要包括革命性变革和解放运动、新型国家和社会制度的建立、国际政治运动中的对抗与合作、二十世纪的德国民主和威权、冷战时期的德国问题及两个德国的发展等。[1]通过历史教学,学生不仅应该掌握本国历史及世界历史,而且也应该学会评价和分析历史与现实的承接性关系。

　　基于上述德国历史教学的能力和知识期待、历史认知目的以及教育管理被纳入各州权限范围内之特点,本文选取巴登-符腾堡州相关中学的历史教材作为例证,罗列其中涉及中国的部分,以勾勒出德国的中学历史教科书中的中国形象。本文收集了共四套德国的中学历史教科书,总计 25 册,包括:恩斯特·柯莱特出版社(Ernst Klett Schulbuchverlag)出版的《历史与事件》(*Geschichte und Geschehen*),一套 8 册;施罗德尔出版社(Schroedel Verlag)出版的《历史时间》(*Zeit für Geschichte*),一套 7 册;康乃馨出版社(Cornelsen Verlag)出版的《历史论坛》(*Forum Geschichte*),一套 5 册;舍恩宁出版社(Schöningh Verlag)出版的《时间与人类》(*Zeiten und Menschen*),一套 5 册(见表 1)。

表 1　本文收集整理的教科书列表

序号	教科书名称(德文)	教科书名称(译文)	出版年份	适用年级
1	*Geschichte und Geschehen 1*	历史与事件(第一册)	2004	六年级
2	*Geschichte und Geschehen 2*	历史与事件(第二册)	2005	七年级
3	*Geschichte und Geschehen 3*	历史与事件(第三册)	2005	八年级
4	*Geschichte und Geschehen 4*	历史与事件(第四册)	2006	九年级
5	*Geschichte und Geschehen 5*	历史与事件(第五册)	2007	十年级
6	*Geschichte und Geschehen 11*	历史与事件(十一年级用)	2009	十一年级

[1] 阮一帆、傅安州:《德国文理中学高中历史课教学要求及其特点分析》,载《比较教育研究》,2002 年第 1 期,第 12—15 页。

序号	教科书名称（德文）	教科书名称（译文）	出版年份	适用年级
7	*Geschichte und Geschehen 12*	历史与事件（十二年级用）	2010	十二年级
8	*Geschichte und Geschehen Klasse 13*	历史与事件（十三年级用）	2003	十三年级
9	*Zeit für Geschichte Band 1*	历史时间（第一册）	2004	五/六年级
10	*Zeit für Geschichte Band 2*	历史时间（第二册）	2005	七年级
11	*Zeit für Geschichte Band 3*	历史时间（第三册）	2006	八年级
12	*Zeit für Geschichte Band 4*	历史时间（第四册）	2007	九年级
13	*Zeit für Geschichte Band 5*	历史时间（第五册）	2007	十年级
14	*Zeit für Geschichte 11*	历史时间（十一年级用）	2010	十一年级
15	*Zeit für Geschichte 12*	历史时间（十二年级用）	2011	十二年级
16	*Forum Geschichte Band 1*	历史论坛（第一册）	2004	六年级
17	*Forum Geschichte Band 2*	历史论坛（第二册）	2005	七年级
18	*Forum Geschichte Band 3*	历史论坛（第三册）	2006	八年级
19	*Forum Geschichte Band 4*	历史论坛（第四册）	2007	九年级
20	*Forum Geschichte Band 5*	历史论坛（第五册）	2008	十年级
21	*Zeiten und Menschen 1*	时间与人类（第一册）	2004	六年级
22	*Zeiten und Menschen 2*	时间与人类（第二册）	2005	七年级
23	*Zeiten und Menschen 3*	时间与人类（第三册）	2005	八年级
24	*Zeiten und Menschen 4*	时间与人类（第四册）	2006	九年级
25	*Zeiten und Menschen 5*	时间与人类（第五册）	2008	十年级

　　这25册历史教科书被应用于巴登-符腾堡州的中学历史教育，其面向中学阶段的各个年级。这四套教科书的编排虽有差异，但整体而言，四套教科书均采用了编年史的撰写方式，展现了人类古代史、德国国别史、近代世界史等历史时期和历史专题。在世界史方面，这四套教科书重点呈现了近代世界的发展历程，并论述了历史对当今世界的影响。

二　德国的中学历史教科书中的中国历史教育

综观本文所选的德国的中学历史教材,我们可以发现,有关中国历史的内容编排得较为分散,其叙述难度也因年级的不同而有所差异,但总体内容具有趋同性。中国历史的内容在各版本的教科书中的呈现方式略有差异,但有两点基本相同:第一,在某个历史时期或历史专题中,涉及中国的章节被单独设立,其详尽描述中国的历史,充分勾勒中国的发展历程,并且尤为关注中国近现代的重大事件,从而在全球史观框架下,通过对中国与世界(主要是欧美)联系之描述,全面展现了中国形象;第二,德国的历史教科书主要以专题史的方式对世界现和当代史进行叙述,如世界殖民史、冷战史等,而在专题叙事中,与中国相关的历史事件会被归纳进某一个特定的历史专题,中国的历史在其中不是叙事重点,而是被零散地放置在世界历史构架中进行描述,因此德国的历史教科书中的中国形象在一定程度上具有碎片化的特点。

在对上述 25 册教科书进行整体分析的基础上,本文选取了其中涵盖中国形象的内容较多的四册教科书,并就编写体系、涉及中国之章节、对中国特定历史事件的专门描述、相关补充材料及阅读材料等进行了研究,这四册教科书为《历史时间:从战后欧洲到二十一世纪的世界》(十二年级)[1]、《历史时间》(第三册,八年级)[2]、《历史论坛:从第一次世界大战结束至今》(第四册,九年级)[3]和《历史与事件》(十二年级)[4]。这四册教科书分别被用于巴登-符腾堡州的八年级、九年级和十二年级的学生,教学对象为正处于世界观与价值观的形成期和培养期的德国青少年。

在《历史时间:从战后欧洲到二十世纪的世界》(十二年级)中,介绍中国的内容集中出现于第七章第二节,其标题为"中国:新大国中心的形成"[5],该节重点讲述了中国近代以来的重大历史事件,并通过对这些事件的梳理和分析,展现了中国

[1] Anton Egner et al, *Zeit für Geschichte: von Europa der Nachkriegszeit zur Welt des 21. Jahrhunderts 12*, Braunschweig, 2011.

[2] Dorothea Becket al, *Zeit für Geschichte Band 3*, Braunschweig, 2006.

[3] Hans-Otto Regenhardt (Hrsg.), *Forum Geschichte: vom Ende des Ersten Weltkriegs bis zur Gegenwart Band 4*, Berlin, 2007.

[4] Michael Epkenhans et al, *Geschichte und Geschehen 12*, Stuttgart, 2010.

[5] Anton Egner et al, *Zeit für Geschichte: von Europa der Nachkriegszeit zur Welt des 21. Jahrhunderts 12*, Braunschweig, 2011, S. 280.

近代以来的历史进程和中国崛起的发展趋势。值得注意的是，在这一册教科书中，中国是除德国之外唯一被放在独立章节中进行详细介绍的国家，由此可见此书对中国的重视程度。

在关于"帝国主义扩张和第一次世界大战"①的章节中，《历史时间》(第三册，八年级)以次级目录的形式，将义和团运动安排为中国形象的叙事窗口，对义和团运动、外国入侵中国以及义和团运动爆发前的历史背景进行了重点介绍。自1880年起，列强在东亚地区的殖民竞争越来越激烈，他们将贪婪的目光首先投向中国。列强纷纷强行租下中国的沿海城市和港口，并在此建立贸易中心和军事基地，以巩固自己在中国的地位。甲午中日战争后，中国割让部分领土给日本，而德国也租借中国的港口城市青岛，并且致力于将其扩建成德国在中国的贸易中心和军事基地。②

《历史论坛：从第一次世界大战结束至今》(第四册，九年级)的第一章以"当代社会模式：美国和中国"为标题③，其中分别介绍了美国和中国。对中国历史事件之描述更多地聚焦于国共权力争夺，新中国的社会、政治、文化上的改革与革命，以及当代中国的政治局面。在中国近代以及新中国成立后的那段历史时期内，中国社会发生了很大的变化，实现了由封建帝制向新社会的转变，中国在改革、革命与战争的过程中逐渐觉醒。

在《历史与事件》(十二年级)的第七章"当代的焦点"④中，中国作为第一个例子被呈现出来。基于"中国——从古代中国到工业大国"这一定位，《历史与事件》(十二年级)以时间顺序对1800年至1949年的中国近代历史和共产党统治下的中国进行了较为详细的描述。

上文所述的四册教科书对中国历史的叙事以现代和当代中国为中心，虽然它们对中国历史事件的关注和认知取向在某些方面具有共性，但在中国历史知识的传授方式、阐释难度和叙述视角上，四册教科书因适用年级的不同而有所不同。如表2所示，1793年的英国使节马戛尔尼访华、鸦片战争、太平天国、义和团运动、八国联军侵华、孙中山的民族运动、五四运动、军阀混战、国共对峙、抗日战争、新中国

---

① Dorothea Beck et al, *Zeit für Geschichte Band 3*, Braunschweig, 2006, S. 216.

② Vgl. Dorothea Beck et al, *Zeit für Geschichte Band 3*, Braunschweig, 2006, S. 216.

③ Hans-Otto Regenhardt (Hrsg.), *Forum Geschichte: vom Ende des Ersten Weltkriegs bis zur Gegenwart Band 4*, Berlin, 2007, S. 16.

④ Michael Epkenhans et al, *Geschichte und Geschehen 12*, Stuttgart, 2010, S. 253.

成立、邓小平复出和改革开放、奥运会等受到格外的关注,时间跨度为 1793 年至 2008 年。

表 2　四册历史教科书的中国重要历史事件概览
本表为历史事件在四本教材中的收录情况,收录标记"＋",数字标记页码,未收录标记"－"。

教材名称 历史事件	《历史时间》 （十二年级）	《历史时间》 （第三册,八年级）	《历史与事件》 （十二年级）	《历史论坛》 （第四册,九年级）
英国使节马戛尔尼访华	＋,280	－	＋,253	
鸦片战争	＋,287	－	＋,254	
太平天国	－	＋,216	＋,254	
义和团运动	＋,289	＋,216	＋,255	
八国联军侵华	＋,289	＋,216		
孙中山的民族运动	＋,290		＋,255	＋,16
军阀混战	＋,290		＋,255	＋,16
国共对峙	＋,290,292	－	＋,256	＋,16,22
抗日战争	＋,290,292	－		＋,16
新中国成立	＋,290	－	＋,256	＋,17
社会主义建设	－		＋,256	＋18,20
大跃进	＋,292	－	＋,237	＋,18,21
文化大革命	＋,292		＋,237,257	＋,18,20,21,23
邓小平复出和改革开放	＋,292		＋,257	＋,24
五四运动	－	－	＋,237	－
2008 年北京奥运会	－	－	＋,257	－

德国的中学历史教科书对上文所述的中国历史事件的评价整体呈现为正面、中性和负面三种类型,对部分历史事件的评价则是正面与负面融为一体。从纵向看,德国的中学历史教科书对 1949 年以前的中国历史的描述主要围绕着中国 1793

年以来凸显的封闭和落后之特点、中国应对西方现代化的措施、中国百年屈辱史等,而对 1949 年至 1978 年的当代中国的描述则在很多方面带有意识形态色彩,德国的中学历史教科书过多关注冷战背景,强调苏联对中国的援助作用,并指出中国的计划经济体制效率低下。

此外,德国的中学历史教科书着重渲染了中国与西方之间存在着的不同意识形态和由其引发的冲突。

针对当代中国,德国的中学历史教科书聚焦中国改革开放所取得的经济发展成果,并用图表方式展现了中国经济三十多年来的飞速发展,同时对中国在经济发展过程中造成的环境问题提出批评。在强调中西方差异的同时,德国的中学历史教科书较少关注全球化背景下的中国与西方之间的共存与共赢机会,如中国加入世界贸易组织和融入经济全球化进程的作用与意义未得到应有的关注,有关中国的描述主要聚焦于政治制度。

三 四本历史教科书中的五类中国形象

如上所述,德国的中学历史教科书主要以年代为序,并通过专题叙事和支撑材料进行补充,其借助对中国相关历史事件的选择性取材和基于本我历史认知观与世界历史认知观的描述及比较,向德国中学生展示不同类型的中国形象。

整体而言,德国的中学历史教科书塑造的中国形象可被归纳为五大类型:专制封闭的近代中国、落后"野蛮"的近代中国、百年屈辱的近代中国、社会主义当代中国以及迅速崛起的当代中国。这些中国形象在德国的中学历史教科书中的呈现方式并非是孤立单薄的,而是相互衔接、互为佐证的。这些针对中国形象的描述部分符合事实,但从跨文化视角来看,德国的中学历史教科书中的中国形象塑造受德国的本我视角之影响,尤其是对中德历史文化、政治差异等方面的描述存在较大主观性。主观性体现在,德国的中学历史教科书往往从本我认知需求出发,将"他者"作为凸显自我中心地位的借镜。

(一) 专制封闭的近代中国

就针对近代中国历史的描述而言,四册德国的中学历史教科书都选择了 1793 年的英国使节马戛尔尼访华这一历史事件。通过对这一历史事件的陈述,德国的中学历史教科书描绘了乾隆皇帝治下的"天朝上国"。其中,乾隆对英国使臣的傲慢态度、清政府给英国国王的回复信函等集中体现了中国封建社会的专制与自负。对此,教科书《历史时间:从战后欧洲到二十一世纪的世界》(十二年级)给予了较为详实的分析。第一,关于中国的世界地位,"从乾隆皇帝回复英国国王的信中,可清晰看出,中国将自己视为世界的中心,名曰'中间之国'"①。第二,关于中国的地理位置及与周边的关系,"在领土上,中国相比周边国家,拥有着绝对优势",它们"都属于中国皇帝的藩属"②,中国拥有大国中心地位;第三,关于中国儒家文化,"儒家中国视自己为世界中心,皇帝即天子,其不仅是中国的领导者,而且是普天之下的统治者。这一世界观念也使中华帝国在面对其他帝国时有着天然的优越感"③。第四,关于中国的社会秩序,"孔子理想社会的基础是自然生成的等级秩序,是家长制的,其中心思想是保持对父亲的敬畏。君臣关系也是这种家庭范式的延伸,统治者是被统治者的父亲,国家即家天下,其天然地拥有绝对权威"④。

通过上述的梳理与分析,我们可以发现,德国的中学历史教科书谈到了从中国古代延续至近代的皇权、父权至上、父权制等社会基础结构。因中国地大物博,"1800年前后,很多东亚国家都对皇帝有进贡的义务。中国是当时世界上最强大、最富有的国家之一"⑤。但是,近代中国政治制度的封闭性和对近代外交的无知,也使近代中国与西方社会长期隔绝,其与欧洲国家缺少政治经贸往来。"这种拒绝出自一个'超级大国'的自信,即认为自己不需依靠欧洲。"⑥

西方主动接触中国,但此举遭到清朝皇帝的拒绝,后者以天朝上国的君主自居,并将西方使者的访华行为视为对中国的朝贡。马戛尔尼访华事件在上述四册教科书中均有被提及,且均被设定为叙述近代中国形象的起点。这种描述中国历史的方式试图突出中国对外部世界持抵触态度,从而向德国中学生传递一个"强势、傲慢"的中国形象。

继马戛尔尼出使中国之后,鸦片战争成为德国的中学历史教科书中重要的中国事件。在陈述鸦片战争爆发的原因方面,德国历史教科书给予了较为详尽的描

① Anton Egner et al, *Zeit für Geschichte:von Europa der Nachkriegszeit zur Welt des 21. Jahrhunderts 12*, Braunschweig, 2011, S. 280.

② Ebd. , S. 287.

③ Anton Egner et al, *Zeit für Geschichte:von Europa der Nachkriegszeit zur Welt des 21. Jahrhunderts 12*, Braunschweig, 2011, S. 280.

④ Ebd. , S. 282.

⑤ Michael Epkenhans et al, *Geschichte und Geschehen 12*, Stuttgart, 2010, S. 253.

⑥ Ebd.

述,"英国以鸦片代替银元作为支付手段,扭转英国对中国的贸易逆差"①。德国的中学历史教科书认为,中国的虎门销烟损害了中英贸易中的英国商人利益,作为受害一方的英国被迫以武力方式打开中国国门。这种叙述方式自觉或不自觉地将英国塑造为被动的形象。在对鸦片战争后签订的《南京条约》的叙述中,德国的中学历史教科书通过选择"所谓(sogenannt)的不平等条约"②这一话术之方式表达了其对"不平等"定性的不接受态度。在描述鸦片战争的过程中,德国的中学历史教科书附带了相应的文本支撑材料,并在此框架下提到了1997年的香港回归。

(二) 落后"野蛮"的近代中国

德国的中学历史教科书将鸦片战争视为中国同西方现代化国家交锋的开端。在描述鸦片战争的过程中,多本德国的中学历史教科书强调了英国对中国的军事优势,如《历史时间:从战后欧洲到二十一世纪的世界》(十二年级)中所述,"欧洲强国的优势在于武器的先进,这种优势也是欧洲社会全方位工业化和现代化的结果[……]以英国为代表的工业革命和社会生活现代化,从器物和制度两个层面形成对中国的优势"③。

作为反清运动,太平天国运动也引起了德国的中学历史教科书的关注,如《历史与事件》(十二年级)提到,"宗教寄托、反对满清王朝和寻求农村社会改革等因素,在中国引发了大规模的太平天国运动"④。德国的中学历史教科书特别关注太平天国运动所具有的基督教背景,并将之视为中国社会接触与应对西方的一种方式。

在有关"世界帝国主义扩张"的历史叙事中,部分德国的中学历史教科书采用单列章节的方式来表述义和团运动,并将它称为"拳击人起义"(Boxenaufstand)。《历史时间》(第三册,八年级)对义和团的名称之由来进行了解释:"义和团起初是个宗教团体,他们聚在一起练习几百年前的古老武术,借助这种独特的方式以达到聚众之目的。在欧洲,该武术被解读为拳术(Boxen)。"⑤总体而言,德国的中学历

---

① Anton Egner et al, *Zeit für Geschichte: von Europa der Nachkriegszeit zur Welt des 21. Jahrhunderts 12*, Braunschweig, 2011, S. 287.

② Ebd., S. 287.

③ Anton Egner et al, *Zeit für Geschichte: von Europa der Nachkriegszeit zur Welt des 21. Jahrhunderts 12*, Braunschweig, 2011, S. 289.

④ Michael Epkenhans et al, *Geschichte und Geschehen 12*, Stuttgart, 2010, S. 254.

⑤ Dorothea Beck et al, *Zeit für Geschichte Band 3*, Braunschweig, 2006, S. 216.

史教科书对义和团运动持反对态度,原因有二:第一,义和团运动的矛头指向西方人,而且在德国传教士被杀后,义和团企图以武力方式阻止基督教在中国的传播;第二,义和团为清政府的保守派所利用,以反对西方国家对中国的渗透,义和团运动从而演变为中国与整个西方国家和西方文明相互对抗的一场武力冲突。

与其他的中国反侵略历史事件相比,义和团运动尤其受到德国的中学历史教科书之关注,并成为德国接触中国历史的重要关节点。作为后起的殖民国家,德国领导下的八国联军通过镇压义和团运动而获取了自身的殖民利益。"联军包括英国(11500人)、德国(17000人)、奥匈帝国(400人)、意大利(2100人)、俄国(10000人)、日本(6400人)、法国(15000人)以及不受统帅统领的美国(4000人)。"[1]义和团运动也成为德国散布"黄祸论"的所谓事实根基。另外,德国的中学历史教科书将入侵中国的国家称为"西方强国"(westliche Großmächte),并强调八国联军对义和团运动的镇压是西方列强对义和团排外倾向的惩罚,以此淡化八国联军的侵略本质。针对义和团的反西方行为,《历史时间》(第三册,八年级)在表述中凸显了中国的"野蛮",并强调中国民众在对抗西方现代化过程中的无知:"义和团对抗外来入侵的队伍越来越壮大,他们残害白种人,杀害他们厌恶的、本应该受尊重的传教士,破坏基督教堂、铁路和电报设施。随后,他们进军首都北京,直逼使馆区。在此期间,德国外交使节克莱门斯·冯·克林德被害。"[2]德国的中学历史教科书视角下的义和团运动可以说是劣迹斑斑,人们"焚烧教堂和传教点,谋杀传教士和当地基督徒,破坏机器及科技设备,甚至迷信依靠神力护体抵挡现代武器"[3]。在支撑材料中,德国的中学历史教科书摘录了德国皇帝威廉二世与外交官的通信,其标题为"亚洲对抗欧洲?",这封信认为,德国公使被杀说明中国开始清除外国人,德皇要求军队立即集合兵力以做出反应。同时,德皇也提出要防止日本和俄国侵占中国,以保证欧洲掌握主动权。[4]欧洲列强将义和团对使馆区的进攻视为亚洲对欧洲的宣战,并以此作为八国联军进军中国的所谓正当理由。八国联军侵华战争以中国的失败而告终,中方签订了屈辱的《辛丑条约》,向各入侵国支付巨额赔款。同时,清政府还被要求彻底剿灭义和团残余势力,并派遣亲王至欧洲及日

---

① Dorothea Beck et al, *Zeit für Geschichte Band 3*, Braunschweig, 2006, S. 216.

② Dorothea Beck et al, *Zeit für Geschichte Band 3*, Braunschweig, 2006, S. 216.

③ Anton Egner et al, *Zeit für Geschichte: von Europa der Nachkriegszeit zur Welt des 21. Jahrhunderts 12*, Braunschweig, 2011, S. 289.

④ Dorothea Beck et al, *Zeit für Geschichte Band 3*, Braunschweig, 2006, S. 217.

本,以请求各国的原谅。美国则要求中国打开国门,允许外国进入中国市场,进行自由贸易①,这些要求进一步动摇了中国的帝制。

通过对鸦片战争、八国联军侵华等历史事件的叙述和评论,德国的中学历史教科书不同程度地刻画了落后的中国形象,并强调这一落后导致中国在历次与西方国家的对抗中总是面临失败的结局。但是,在与西方的冲突中,自身暴露出的落后性使中国逐渐觉醒,中国开始思考向西方学习,并利用来自西方的现代化成果,摆脱西方列强对中国的控制。②《历史时间》(第三册)强调,"各国纷纷入侵中国,国内的改革派应运而生"③。"为应对西方,针对中国社会各方面学习西方的问题,中国国内掀起了多次政治运动,这些政治运动拥有共同的目的,即推翻帝国主义统治。但是,各种政治运动的领导者的主要分歧在于,是否或者在多大程度上学习西方的现代化。"④中国反对西方侵略的斗争均被德国的中学历史教科书表述为落后国家和民众的盲目排外,被建构的落后"野蛮"的中国形象也由此得到强化。

(三) 百年屈辱的近代中国

本文认为,在德国的中学历史教科书中,中国的近代历史也被视为中国屈辱史。通过德国的中学历史教科书中的不同章节之描述,中国的近代屈辱史得到较为完整的再现。在外国列强对中国进行侵略扩张的背景下,近百年的中国近代屈辱史自鸦片战争开始,一直持续到二战结束。德国的中学历史教科书一方面描述了中国从泱泱大国沦为帝国主义列强附庸这一过程中产生的政治、经济和文化方面的心理落差,另一方面也再现了中国被动接受西方文明的历史。对此,《历史时间:从战后欧洲到二十一世纪的世界》(十二年级)如此描述,"自1839年起,西方帝国主义列强通过军事、经济和文化扩张,从根本上动摇了中国中心论"⑤,面对西方势力,中国传统的大国中心观逐渐动摇。中国自此逐步陷入半殖民地社会,成为帝国主义列强的瓜分对象。与此同时,这种屈辱历史观深深地留在了中国人的集

---

① Dorothea Beck et al, *Zeit für Geschichte Band 3*, Braunschweig, 2006,216.

② Vgl: Anton Egner et al, *Zeit für Geschichte: von Europa der Nachkriegszeit zur Welt des 21. Jahrhunderts 12*, Braunschweig, 2011, S. 290.

③ Dorothea Beck et al, *Zeit für Geschichte Band 3*, Braunschweig, 2006, S. 216.

④ Anton Egner et al, *Zeit für Geschichte: von Europa der Nachkriegszeit zur Welt des 21. Jahrhunderts 12*, Braunschweig, 2011, S. 289.

⑤ Ebd., S. 287.

体记忆里,使中国成为一个"非常具有历史意识的国家"①。《历史时间:从战后欧洲到二十一世纪的世界》(十二年级)强调,这种屈辱意识的影响一直持续到现在,"中国对这段屈辱史至今仍记忆犹新"②。

针对孙中山的民族运动,《历史时间:从战后欧洲到二十一世纪的世界》(十二年级)的表述是,"中国与西方产生冲突,西方企图将中国社会各领域置于欧洲价值和政治模式之中,因此在中国发生的众多政治运动之共同目的是摆脱西方列强的统治"③,如"孙中山面向西方的现代化方案旨在再次将西方逐出中国"④。德国的中学历史教科书认为,孙中山虽然推翻了清朝帝制,但他同时也开启了导致中国四分五裂的军阀混战时期。德国的中学历史教科书指出,军阀混战时期的中国经济凋敝、民不聊生,蒋介石领导的国民党与毛泽东领导的共产党彼此对立。德国的中学历史教科书对国民党的描述主要集中于北伐战争、抗日战争和内战,其强调蒋介石逐渐成为军事独裁者。蒋介石也欲开展土地改革,但因战争失败而未能实施。

中国共产党领导的中国抗日战争受到《历史论坛》(第四册,九年级)的格外关注,该教科书指出,共产党始终站在抗战前沿,赢得了民心。抗战之后,当国民党想再度掌握政权时,中国共产党已变得更加强大。《历史时间:从战后欧洲到二十一世纪的世界》(十二年级)认为,"西方列强对中国的不同改革理念持敌对态度。1931年的日本侵占满洲事件和1937年的中日战争爆发以后,中国在很长时间内都是孤军奋战。直到1941年末日本偷袭珍珠港后,中国才得以成为英美的盟国。但是,由于西方列强在欧洲战场上的失利,所以直到战争结束,中国获得的支持也是极其少的"⑤。二战后,中国因抗日战争的胜利而奠定了自己世界性大国的地位,"随着一系列'不平等条约'的废除,中国摆脱了帝国主义的压迫,重获国家主权。明显标志为,作为二战胜利国,中国重新取得联合国安理会常任理事国地位,并拥有一票否决权"⑥。

---

① Anton Egner et al, *Zeit für Geschichte: von Europa der Nachkriegszeit zur Welt des 21. Jahrhunderts 12*, Braunschweig, 2011, S. 280.

② Ebd., S. 287.

③ Anton Egner et al, *Zeit für Geschichte: von Europa der Nachkriegszeit zur Welt des 21. Jahrhunderts 12*, Braunschweig, 2011, S. 289.

④ Ebd., S. 290.

⑤ Anton Egner et al, *Zeit für Geschichte: von Europa der Nachkriegszeit zur Welt des 21. Jahrhunderts 12*, Braunschweig, 2011, S. 292.

⑥ Ebd., S. 292.

作为后起的殖民国家,德国介入中国的时间较晚。当德国充当东亚殖民急先锋角色时,义和团运动正好爆发,因此义和团运动在德国的中学历史教科书中的中国历史阐释部分所占的比重较大。作为德国的军事和贸易基地,胶州半岛被重点描述。第二次鸦片战争、抗日战争等其他的中国历史事件在相关的德国的中学历史教科书中虽有被述及,但与和德国相关的中国历史事件相比,对这些中国历史事件的描述尚显不足。

(四) 社会主义当代中国

针对社会主义新中国,如德国的中学历史教科书所示,编写者的关注重点是新中国选择的社会主义发展道路,意识形态因素被显著提及。在美苏冷战的叙述框架下,德国的中学历史教科书突显了苏联对新中国成立的影响。《历史论坛:从第一次世界大战结束至今》(第四册,九年级)指出,新中国成立后,"在苏联的支持下,中国的经济发展取得了极大成效,通货膨胀得到抑制,工业生产能力在第一个五年计划中得到提升"[1]。在毛泽东思想的指引下,中国进行了社会主义改造和建设。对此,德国的中学历史教科书将描述重点放在"大跃进"和"文化大革命"上,以此突出毛泽东思想对社会主义中国的影响。《历史论坛:从第一次世界大战结束至今》(十二年级用)提到,"新中国成立后,为了巩固政权,政府实行了土地改革和农业革命。毛泽东主张建立集体所有制,并于1956年采取相应措施实现集体制。几乎90%的农民都集中在各地的人民公社,公社有严格的等级制度、工作时间和工作指标"[2]。《历史论坛:从第一次世界大战结束至今》(十二年级用)通过上述内容来体现毛泽东的政治思想与治国理念。另外,《历史与事件》(十二年级)认为,在冷战框架下,在挑战苏联权威的过程中,中国走出了一条独立于苏联的社会主义道路,"在毛泽东的自主领导下,中国形成了独立的共产主义模式,在此框架下结束了对莫斯科的顺从[……]在赫鲁晓夫时代(1953—1964年),中苏之间爆发了冲突,北京拒绝赫鲁晓夫的经济高于阶级斗争的改革政策,反对赫鲁晓夫'和平共处'的外交政策"[3]。

在叙述当代中国的历史时,德国的中学历史教科书着重彰显中国的社会主义

---

[1] Hans-Otto Regenhardt (Hrsg.), *Forum Geschichte: vom Ende des Ersten Weltkriegs bis zur Gegenwart Band 4*, Berlin, 2007, S. 18.

[2] Hans-Otto Regenhardt (Hrsg.), *Forum Geschichte: vom Ende des Ersten Weltkriegs bis zur Gegenwart Band 4*, Berlin, 2007, S. 18.

[3] Michael Epkenhans et al, *Geschichte und Geschehen 12*, Stuttgart, 2010, S. 170 - 171.

制度,并通过专门章节,对新中国和当代中国进行描述。《历史与事件》(十二年级)强调中国对苏联模式的学习,"在新中国成立和中国共产党执政初期,中国工业、农业、官僚体制、军队和教育改革都面向苏联模式"[1]。

在对从新中国成立至改革开放这一历史发展阶段进行描述的过程中,德国的中学历史教科书更多地将重点放在"大跃进""文化大革命"等历史事件上,从而突出新中国的社会主义意识形态与毛泽东思想及其在社会主义建设中的主导地位。另外,《历史时间:从战后欧洲到二十一世纪的世界》(十二年级)指出,中国虽然取得巨大进步,但"中国崛起也存在很多内部隐患,如国企经营不善所致的经济危机、土壤污染、沙漠化、水资源短缺、环境污染等生态危机,以及腐败现象、经济犯罪和暴力事件、城乡差异等社会问题"[2]。当代中国的政治体制、中国的经济发展等也受到德国的中学历史教科书的格外关注。

(五)迅速崛起的当代中国

在描述当代中国时,德国的中学历史教科书将视角定位于中国的改革开放及其经济成就,其强调邓小平为当代中国经济的迅猛发展所做出的贡献。《历史时间:从战后欧洲到二十一世纪的世界》(十二年级)认为,邓小平的复出及其改革开放政策推动中国融入世界经济体系,通过学习西方和重视效率,中国取得了经济建设的巨大成就,并迅速成长为世界经济大国,"在短时间内,中国的经济迅速接近美国,并将在不远的将来成为世界上最大的经济体"[3]。另外,面对中国的崛起和中国经济的高速发展,德国的中学历史教科书强调中国的经济强国地位,并将中国定性为世界性大国。

除经济的快速发展外,德国的中学历史教科书凸显了中国的大国地位,其认为抗日战争的胜利奠定了中国的二战战胜国之地位。作为联合国安理会的常任理事国,中国拥有一票否决权,这也是中国成为世界性大国的重要体现。德国的中学历史教科书一再强调,中国拥有强大的政治力量,其对国际社会有着重要的影响。

---

[1] Michael Epkenhans et al, *Geschichte und Geschehen 12*, Stuttgart, 2010, S. 256.

[2] Anton Egner et al, *Zeit für Geschichte: von Europa der Nachkriegszeit zur Welt des 21. Jahrhunderts 12*, Braunschweig, 2011, S. 292.

[3] Anton Egner et al, *Zeit für Geschichte: von Europa der Nachkriegszeit zur Welt des 21. Jahrhunderts 12*, Braunschweig, 2011, S. 292.

德国的中学历史教科书还特别提到中国的军事力量,"中国还是核大国,拥有远程洲际导弹和世界上最庞大的军队"①。德国的中学历史教科书在谈到爆发于冷战期间的军事冲突时,中国的军事力量也被一一列举。抗美援朝战争被定性为"美国第一次未能以战胜者身份全身而退的大型战争"②。同时,德国的中学历史教科书也提到中国反对苏联及中苏关系破裂这段历史,"对于苏共而言,从长远来看,与北京的'分裂'意味着其在共产主义世界丧失领导权"③。通过对中国抗衡美国和挑战苏联的历史描述,德国的中学历史教科书在一定程度上向人们传递着大国身份下的中国国家形象。

关于中国的国际地位,如德国的中学历史教科书所指出的,大国形象与中国儒家文化有着内在的关系。如儒家学说倡导天地和谐,苍天赋予中国皇帝治理天下之权,并对"中国"的名称之含义进行了阐释。中国的历史性大国地位、中国的百年屈辱史给中国文化造成的反弹性效应、文化根基、历史意识等因素都被德国的中学历史教科书归纳为中国成为世界性大国的重要原因。通过对中国的经济、政治、军事、文化、国际关系等诸多方面进行描述,德国的中学历史教科书将中国的发展清晰地定性为"新大国中心的形成"④,由此塑造了中国的新兴大国形象。

四　跨文化视角下的中国国家形象建构之类型分析

国家形象建构与跨文化认知模式存在本质上的逻辑联系。在跨文化理解中,文化的本我性和他我性处于互动关系中,其通过本我性来理解他我文化,并通过他我性界定来反观本我文化。正是基于这一互动认知过程,他我文化理解也附有本我文化因素。跨文化认知的互动关系决定了跨文化理解包含着客观理解和主观理解两方面的内容,其中属于文化假设的客观因素涉及存在于相异文化间的不同文化性,它包括文化地点、时间差异,以及文化形式和内容的差异所引发的文化不同性与文化价值的不同性。文化观念、文化偏见、文化定势思维,以及对他我文化持

① Anton Egner et al, *Zeit für Geschichte：von Europa der Nachkriegszeit zur Welt des 21. Jahrhunderts 12*, Braunschweig, 2011, S. 292.

② Ebd.

③ Michael Epkenhans et al, *Geschichte und Geschehen 12*. Stuttgart 2010. S. 172.

④ Anton Egner et al, *Zeit für Geschichte：von Europa der Nachkriegszeit zur Welt des 21. Jahrhunderts 12*, Braunschweig, 2011, S. 280.

有的本我中心主义态度与优越感则构成了文化假设的主观因素。[①] 主观因素在不同程度上影响着人们对客观异文化的感知、体验和理解之方式。

因此,跨文化互动认知关系下形成的国家形象体现了国家形象的二重性,即主观国家形象和客观国家形象。客观国家形象以一国基本事实为根据,研究者多以数据为基础对其进行阐述和分析;而主观国家形象虽然也以一国国家实体为基础,但其受到认识主体的立场、观念、经历、价值观念等因素的影响,此影响主要体现在评价、理解和分析客观事实(客体)的过程中。因此,异域国家形象建构也会受到主观理解方式和理解前提的影响,其是他国认识主体视角下的主观国家形象。国家形象建构"建立在'异域形象作为文化他者'的理论假设之上,是本土社会文化无意识的象征,是特定时代本民族文化精神转喻到关于异域的想象中去,于是,异域经验就成了一种自我体验"[②]。

如本文所示,在叙述中国历史的过程中,被选定的德国的中学历史教科书更多地是以本我视角为出发点,将中国纳入本我的理解体系之中,即认识主体使客观事实与自己的认识相联系。此时,被反映的客体已经不是客体本身,而是认识主体通过客体所进行的主观自我反射。德国的中学历史教科书所选择的材料基本展现了客观的历史事实、信息和史料,但相应的评述却体现出主观国家形象。德国的中学历史教科书的选材主要以德国的历史观为指导,在内容的选择上依然倾向于那些有德国历史渊源的事件,如义和团运动等。鉴于当时德国处于发达国家行列,本文所分析的前三类中国国家形象似乎乏善可陈,德国通过建构封闭、落后、野蛮中国形象来塑造自我形象,以展现自身的西方大国之历史地位。第四类和第五类中国国家形象之建构虽然也带有一定的主观意识形态偏见,但德国的中学历史教科书所选的历史事件较为正面。基于跨文化认知互动之特点,德国在建构后两类中国形象时的认知视角在一定程度上印证了中国与德国在政治、经济、军事等方面的实力与地位之变化。

---

① 王志强:《跨文化诠释学视角下的跨文化接受:文化认知形式和认知假设》,载《德国研究》,2008 年第 1 期,第 47—54 页。

② 王寅生:《西方的中国形象》,北京:团结出版社,2015 年,第 15 页。

法西斯主义是封建专制制度在特定历史条件下的复辟

姚　宝

摘　要　从历史上看,在对法西斯主义产生的历史条件和思想根源进行研究的过程中,我国学界长期受苏联学者和领导人的定义之影响。法西斯主义的核心是极权主义,其实质是封建专制制度在现代资本主义工业化社会中的复辟。德、意、日三国由于没有进行彻底的资产阶级民主革命,所以封建专制制度残余在一定条件下得以死灰复燃,法西斯主义这种专制制度便应运而生。法西斯主义不是资本主义的产物,其恰恰是资本主义在欠发达状态下持续运作的必然结果。

关键词　法西斯主义　封建专制制度　复辟　极权主义

我国不少史学家将法西斯主义的产生、发展和灭亡与资本主义制度联系在一起,并将其说成是资本主义进入危机时期或者是资本主义发展至最高阶段之后的必然结果。这一理论的基础是国际共运的一些有名望的领导人为法西斯主义下的定义。例如,斯大林指出,法西斯上台"应当把它看做资产阶级软弱的表现,看做资产阶级已经不能用议会制度和资产阶级民主制度的旧方法来实行统治,因而不得不在对内政策上采用恐怖的管理办法"[①]。季米特洛夫在共产国际第七次大会的报告中指出,法西斯是"金融资本的极端反动、极端沙文主义、极端帝国主义分子的公开恐怖独裁"[②]。依据以上定义,我国不少史学家得出的结论是,法西斯主义的产生是垄断资产阶级在政治经济危机和无产阶级革命危机的双重打击下,主动放

[①]　[苏联]斯大林:《斯大林全集》(第13卷),中共中央马克思恩格斯列宁斯大林著作编译局编译,北京:人民出版社,1956年,第260页。
[②]　[保]季米特洛夫:《季米特洛夫选集》,高宗禹、李稼年、马清槐等译,北京:人民出版社,1953年,第41页。

弃议会民主制,改换政体以维持其统治的结果。近半个世纪以来,有关法西斯的定义、论点和结论基本上未被修改与补充过,其被原封不动地沿用到上世纪八十年代的历史教科书中。

　　然而,自第二次世界大战以来,世界上出现了一些重大历史事件,新法西斯主义又在某些国家蠢蠢欲动,世界政局动荡不定,特别是原来的两个主要法西斯国家——德国和日本——的经济实力迅速增长,坚挺的马克和日元不断升值,德货与日货充斥世界市场。上世纪九十年代,德国奇迹般地实现了统一,其民族主义情绪有所增长,而日本的右翼势力也日益猖獗。随着德国的统一和东欧形势的急剧变化,原战胜国和战败国之间、社会主义和资本主义之间形成对峙的旧的世界格局将逐渐被打破,新的世界格局正在形成之中。在形势发生关键性转折的时候,人们有理由担心,法西斯是否会在发达的资本主义国家——垄断资本与金融资本占统治地位的国家——以改头换面的方式重新出现。为此,我们有必要再次认真地研究法西斯主义产生的历史条件和思想根源。

　　法西斯在德、意、日三国的产生有其不同的历史、社会、经济和政治条件,但有一点是相同的,即在这三个国家内,资产阶级民主革命都很不彻底,封建残余势力十分强大,尤其是封建军国主义势力渗透到社会生活的各个领域。法西斯主义的核心是极权主义,其实质是封建专制制度在现代资本主义工业化社会中的复辟。资产阶级革命的宗旨是推翻封建专制制度(即帝王的极权统治),并建立三权分立的议会民主制,而议会民主制是一切极权主义的死敌。由于德、意、日三国没有进行彻底的资产阶级民主革命,所以封建专制制度残余在一定的条件下得以死灰复燃,不同形式的专制制度应运而生,法西斯主义仅仅是其中的一种。“作为一种统治形式,法西斯主义是极权主义的恐怖统治,这种统治形式之所以能够确立,既同帝国主义有紧密联系,也同封建主义有紧密的联系。法西斯主义的民族主义都具有封建的特征。”[①]一个国家的封建专制制度残余势力越强大,法西斯极权主义也就越容易在这个国家生根发芽。“因为日本民主制度中滞留的封建因素比德、意两国都浓厚,法西斯势力在合法或半合法的状态下即可上台执政,所以日本社会法西斯化不像这两国那样突然和明显[……]其实,这正好说明日本法西斯与封建传统联系紧密,能实现自然过渡。法西斯主义的日本式道路比德国式、意大利式道路更

---

① 许琳菲、丁建弘:《希特勒上台与德国法西斯专政的实质》,载《世界历史》,1985 年第 6 期,第 8 页。

有助于说明,它是资本主义不发达的产物。"[1]法西斯主义在资产阶级民主革命进行得较为彻底的英、法、美、瑞士等国始终没有站住脚,这些国家的资产阶级议会民主制与法西斯极权主义展开了一场殊死的斗争,并最终击败了法西斯。难道这些国家的金融资本有别于德、意、日吗? 非也,问题的实质不在于金融资本与法西斯的关系。"用苏联马克思主义观解释法西斯主义理论不能说明以下事实:法西斯主义在发达国家(如美国、英国和法国)——资本主义社会——无所作为;与之相反,它恰恰在那种社会制度和国家中得到发展——在那里,工业化前的社会现象还依旧被大量保存着,如意大利和德国。"[2]纳粹党与金融资本的关系可被划分成三个阶段:"1921 年至 1924 年是第一阶段,垄断资本与纳粹党此时有了初步接触和联系,但双方仍抱有疑虑;1925 年至 1929 年是第二阶段,垄断资本对法西斯运动的关注与重视程度显著增加,但双方仍保持着一定距离;1929 年的经济危机爆发至 1932 年底是第三阶段,纳粹党的所作所为已廓清了大资产阶级对它的怀疑,后者认定纳粹党是强有力的统治工具,因此其决定选择纳粹党作为其利益的维护者,并支持纳粹党上台。"[3]作为一种大规模的群众运动,法西斯一开始根本没有受到金融资本的扶植和支持,只是在发展成一支极为重要的、举足轻重的政治力量之后,其才引起金融资本的重视。"苏联马克思主义观的法西斯理论也没有充分考虑到以下事实:法西斯主义——这里指的是民族社会主义——只是当它在德国成为最强大的群众运动时,才受到资本家的青睐,有人认为,法西斯的群众性宣传之所以取得成就,是因为它的宣传机器得到了大资产阶级的财经资助。这种观点是十分荒谬的。"[4]法西斯主义的思想意识与资产阶级的议会民主制之间不存在什么必然的内在联系,与法西斯主义的思想意识有内在联系的恰恰是封建专制制度。封建制度的核心是专制,法西斯制度的核心也是专制,两者的共同点是极权。

极权主义的表现形式是多种多样的。在中世纪,极权主义表现为帝王将相的独裁统治;在现代工业化社会,极权主义表现为以"领袖原则"为依据的法西斯统治。现代社会的极权主义有许多表现形式,但万变不离其宗,其表现形式均具有单

---

① 朱学勤:《关于法西斯主义的阶级基础和产生的历史条件》,载《世界史研究动态》,1988 年第 5 期,第 12 页。

② [德]卡·迪·埃尔德曼:《民族社会主义统治时期的德国(1933—1939 年)》(第 20 卷),慕尼黑:德国袖珍书籍出版社,1980 年,第 68 页。

③ 沈永兴、武寅:《热烈的讨论、有益的切磋》,载《世界历史》,1985 年第 3 期,第 64 页。

④ [德]卡·迪·埃尔德曼:《民族社会主义统治时期的德国(1933—1939 年)》(第 20 卷),慕尼黑:德国袖珍书籍出版社,1980 年,第 68 页。

一性：一个国家、一个民族、一个领袖、一个政党……。现代社会的法西斯主义以及其他形式的极权主义均是封建专制制度在特定条件下的复辟。

封建专制制度之所以能在德、日、意三个现代工业化国家复辟，主要原因是资产阶级民主革命的不彻底性。日本的"大正民主"继承了十九世纪八十年代的旧宪法和基本国制。日本的宪法规定，天皇有至高无上的权力。资产阶级议会制实际上是嫁接了中世纪的君权神授论，而封建军国制亦在日本被保存了下来。在日本，军队不是对内阁负责，而是对天皇负责，军部实际上是独立于财阀内阁之外的第二个平行内阁。日本社会的封建武士道精神是军部与金融资本进行的分庭抗礼式的斗争中的强大支柱。日本军方不断暗杀财阀内阁及其政界领袖，日本社会的法西斯化由此得到强化。意大利也是一个有着大量封建残余的国家。十九世纪六十年代，意大利实现了统一，由此结束了长期的封建割据状态，并开始发展资本主义。从1870年至1922年，意大利采用了英国式的议会制，但其民主势力十分脆弱，农村的保守势力十分顽固。居民——特别是农民——对资产阶级的自由选举和议会制根本不感兴趣。直至1903年，意大利的选民人数还不到全国人口的9%，即使是投票人数最多的1904年选举，总票数亦不过占选民总数的60%。由于资产阶级的软弱，王室得以长期存在，并与当政的法西斯共存了二十多年。意大利的议会实际上处于瘫软状态，墨索里尼对议会无所顾忌，他公开说："我能够把这灰色的、猥琐的议场变成法西斯战斗队的野营所。"①

德国的封建专制制度更是根深蒂固。德国是个长期由封建诸侯统治的分裂国家。当英、法、美等国于十七世纪和十八世纪进行资产阶级革命并取得胜利的时候，德国还处于封建割据、四分五裂的状态。1789年的法国大革命和拿破仑的侵略战争为德国带来了资产阶级"博爱、平等、自由"的新思想和三权分立的议会制度，德国的封建专制势力第一次受到沉重打击。普鲁士的迅速崩溃使受爱国主义与启蒙思想熏陶的改革家斯泰因、哈尔登堡、沙恩荷尔斯特、格奈森瑙、克劳塞维茨等人认清了封建专制制度的腐朽性，他们致力于全面改革国家制度。例如，《十月敕令》给当时的封建农奴制度以致命打击，但这些改革措施遭到容克地主的拼死抵抗，因而未能被彻底贯彻。1815年至1848年，欧洲神圣同盟对拿破仑带来的资产阶级民主制度实施了猖狂的反扑，封建专制制度首先在普鲁士得到复辟。1848

---

① ［德］卡·迪·埃尔德曼：《民族社会主义统治时期的德国（1933—1939年）》（第20卷），慕尼黑：德国袖珍书籍出版社，1980年，第68页。

年,诞生于法国并席卷整个欧洲的资产阶级民主革命又一次震撼了德国的封建专制制度,但它在德国没有取得胜利,最后以德国资产阶级的妥协与失败而告终。"德国是个缺乏资产阶级民主传统和封建残余很浓厚的国家,1848 年的德国资产阶级的革命'不过是欧洲革命在一个落后的国家里的微弱回声'。"①1848 年革命失败后,资产阶级将注意力从政治转向经济。容克地主利用资产阶级的软弱性与妥协性来巩固和发展其封建势力。从十九世纪上半叶起,德国开始走上"普鲁士式道路",而封建专制制度通过自上而下的改革,以和平方式逐步过渡到资本主义。在和平过渡时期,通过对农奴的"赎买"政策,容克地主积累了大量资金并掠夺到大片土地,其开始从事资本主义农场式的经营。由于容克地主实现了资产阶级化,因此其身上的封建专制制度的烙印特别深。英、法等国则是通过暴力的资产阶级革命,自下而上地粉碎了封建地主和贵族的旧国家机器,从而最终完成了社会性质的转变。资产阶级革命进行得比较彻底的国家基本上由其代表人物掌权,而在普鲁士,掌权者仍是资产阶级化的容克地主和贵族。俾斯麦建立的第二帝国保存了旧的普鲁士国家机器,并使德国逐步普鲁士化。1871 年 1 月 18 日,德意志帝国的成立典礼在巴黎近郊的凡尔赛宫镜厅隆重举行,出席这一仪式的嘉宾主要是各邦封建诸侯、贵族和军人。"资产阶级议会也派了个代表团来祝贺,并献上皇冠,但与那些年高德彰的王公大臣们相比,其很不显眼。"②俾斯麦建立的第二帝国仍是一个"蒙着国会外衣、与封建附属物混在一起的"③容克资产阶级国家。俾斯麦对资产阶级采取的是蔑视和敌视态度,他在阐述德国统一纲领时说:"德国注意的不是普鲁士的自由主义,而是权力[……]"④1862 年,当普鲁士军队的改革方案遭到议会拒绝时,俾斯麦对议会实施突然袭击,他将议会束之高阁,从而顺利地解决了宪法之争。资产阶级议会仅仅是俾斯麦推行内外政策的工具。在第二帝国时期,德国的资产阶级虽然在经济上逐渐强大起来并成为巨人,但其在政治上仍然是侏儒,军政大权基本上还是被掌握在容克贵族手中,国家仍沿袭了封建专制主义的统治方式。"当德国在经济、政治方面赶上世界列强和工业国并名列前茅时,其在内政方面却仍保留了封建特权、东普鲁士容克地主政治影响和普鲁士——德国军事君主制——的强

---

① 沈永兴、武寅:《热烈的讨论、有益的切磋》,载《世界历史》,1985 年第 3 期,第 64 页。
② [德]迪特尔·拉夫:《德意志史》,慕尼黑:马克思·胡贝尔出版社,1985 年,第 151 页。
③ [德]马克思:《哥达纲领批判》,中共中央马克思恩格斯列宁斯大林著作编译局编译,北京:人民出版社,第 23 页。
④ 俾斯麦在召开于 1862 年 9 月 30 日的预算委员会上的讲话。

权官僚式的等级制度及其思想体系自上而下地被传授给了资产阶级,并以法律和思想意识之形式被固定下来。"①"第一次世界大战前,容克地主在经济方面占有大部分农村土地,在'农民解放'过程中,其建立了资本主义经营方式的容克庄园,仅易北河东部各省就约有 15000 个庄园,其残酷地剥削占全国总人口 20%—25% 的农民。此外,容克地主利用土地'赎买'资金来参与现代经济生活,他们向银行、工业和殖民地投资。在政治方面,据不完全统计,帝国 83% 的省长、50% 的县长和区长、总参谋部一半以上的将军和上校军官以及帝国 40% 的使节均由贵族担任。德意志各邦宫廷官吏几乎全部是贵族。此外,贵族还掌有立法权和执行权。在普鲁士两院中,上议院议员几乎全部是贵族。没有该院批准,不得颁布任何法律。由二级选举法产生的众议院 444 名议员中,有 120 名贵族,其中有 100 名土地贵族。贵族组成德意志保守党,成为控制众议院势力最大的一翼。该党利用在行政机构中占据的地位,决定着国家法令的执行。"②

德国资产阶级革命的不彻底性是由它本身所处的特殊的经济地位所决定的。容克地主的资产阶级化是德国资产阶级革命的不彻底性的重要标志之一。德国资产阶级——特别是小资产阶级——没有接受资本主义先进生产力和生产关系的深刻改造,这是德国资产阶级革命的不彻底性和妥协性之根源。德国的资本主义是在中世纪的行会制度上发展起来的。"由于德国资本主义是在根深蒂固的封建行会制度之基础上发展起来的,所以其轻工业等经济领域没有得到资本主义的充分改造,旧的经济生产形式并没有被完全消灭,德国仍然存在着为数众多的生产水平低下的小企业。这些企业在资本主义发展过程中非但没有被逐渐淘汰,反而有所增大[……]从二十世纪初开始,卡特尔成了德国全部经济生活的基础,德国被称为'卡特尔之国'。由此我们便可窥见德国经济生活中的大量小企业之存在,这种现象在资本主义世界非常突出。"③由于这些中小企业依然保留着旧的生产方式和生产关系,"随着大工业的发展,它们甚至觉察到,它们很快就会完全失去作为现代社会中一个独立部分的地位"④。为了在现代工业社会中求生,小资产阶级与垄断资

---

① [德]马丁·罗布斯查特:《夺权——民族社会主义工人党的兴起和魏玛共和国的崩溃》,载《德国历史(现代史)》,慕尼黑:德国袖珍书籍出版社,1984 年,第 67 页。

② 邸文:《试论德国十一月革命的性质》,载《德国史论文集》,北京:生活·读书·新知三联书店,1981 年,第 139 页。

③ 张继平、吴友法:《纳粹党的崛起与德国小资产阶级》,武汉大学历史系论文,1982 年 7 月,第 4 页和第 16 页。

④ [德]亨利·恩斯特:《希特勒政府欧洲的计划》,慕尼黑:德国袖珍书籍出版社 1935 年,第 32 页。

本和金融资本展开了斗争。在第二帝国时期,小资产阶级成立了许多类似中世纪行会组织的协会,而封建君主制的第二帝国也实施了一些保护小资产阶级的政策,如"中产阶级政策"。由于得到国家的保护和支持,小资产阶级心甘情愿地成为了第二帝国的封建容克地主的支持者和追随者。但是,到了魏玛共和国时期,情况发生了变化。德国垄断资产阶级与大百货公司得到了迅速发展,许多中小企业因此在竞争中纷纷破产。为了自身的生存,小资产阶级与金融资本斗争并要求建立一个公平的社会主义社会,这就是希特勒的民族社会主义的社会基础,德国的小资产阶级也由此成为了民族社会主义社会的支柱。从纳粹党成立的第一天起,希特勒就一直鼓吹"社会主义"。在发表于1920年的《二十五点纲领》中,不少条款是反对金融资本和工商资本的:第11条,取缔不劳而获的收入;第12条,没收一切战争利润;第13条,一切托拉斯国有化;第14条,要求参加大企业的分红;第17条,要求在农村实行土地改革,无代价地没收地主土地,废除地租,制止一切土地投机活动;第16条,要求建立并维护一个建全的中产阶级,将大百货商店收归国有,廉价租赁给小工商业者,要求国家和省区在收购货物时特别照顾一切小工商业者。纳粹党的初期纲领确实是代表了德国广大的小资产阶级的利益。这种小资产阶级的社会主义实质是反对资本主义现代化生产方式和生产关系,主张恢复或部分恢复以行会制为基础的封建小生产方式。德国的小资产阶级仇视并企图推翻代表金融资本和工商资本的魏玛共和国的资产阶级议会民主制,他们要求类似于第二帝国的那种强权政治向他们提供保护。因此,德国的小资产阶级非但不与封建专制势力进行斗争,反而站在民主和自由的对立面,支持代表他们利益的法西斯极权统治。在纳粹运动达到高潮时,德国的小资产阶级组织了"中等阶级战斗联盟",狂热地掀起一股"革命"浪潮,他们向现存金融资本开火,并且率领全副武装的冲锋队占领大商店、银行、公事房和政府机关,以此谋取接管资本和把银行信用政策变成小商人、小老板与手艺人反对社会其他阶级的武器。通过对小资产阶级原有的经济地位以及它与民族社会主义的关系之分析,我们可以发现,法西斯主义不是金融资本的必然产物,而是封建专制势力在现代社会中的复辟,是对资本主义现代化社会的反动。"可以想象,在经济危机的年代里,法西斯主义把打击垄断资产阶级公然写入他们的党纲,这将会产生多么巨大的煽动力量。[……]把这样一个党说成是垄断资产阶级的代表,无论与理论还是与事实,都难以吻合。"①

---

① 朱学勤:《关于法西斯主义的阶级基础和产生的历史条件》,载《世界史研究动态》,1988年第5期,第10页。

1918年,德国爆发了气势磅礴的"十一月革命",其推翻了帝制,结束了持续千年的封建专制制度,并建立了德国历史上第一个资产阶级共和国。但是,就"十一月革命"的实质而言,它是一次不彻底的、未完成的资产阶级民主革命,它没有能像英、法资产阶级那样,用革命的洪流荡涤、摧毁旧的国家机器,从而建立真正的资产阶级的议会民主制。相反,封建专制制度模式在共和国的旗帜下被改头换面地保存了下来。因此,魏玛共和国被称作"一个没有共和思想的共和国"。封建帝制虽被推翻,但帝制思想被原封不动地保存了下来。许多德国人将共和国看成是解决革命危机的权宜之计,他们对逝去的旧制度依依不舍。魏玛共和国的总统、总理和各部部长均被称为帝国总统、帝国首相和帝国部长。国号虽改,但国家之实质不变。1925年,忠君思想根深蒂固且梦想复辟帝制的原德意志帝国陆军总司令兴登堡当选为魏玛共和国总统,兴登堡在历史上被称为"无皇帝称号的皇帝"。随着兴登堡的当选,封建保皇势力开始向魏玛共和国的资产阶级民主制度展开猖狂反扑。这一斗争在1926年的"反对偿还诸侯财产"运动中达到了高峰。在"十一月革命"中被赶下台的各地王公诸侯——特别是普鲁士的容克地主、大公、伯爵和男爵们——纷纷要求国家偿还被剥夺的财产。德国虽然进行了全民投票,但表决结果没有达到法定的多数,王公贵族们因此又重新得到了大量的土地、金钱和财产。

由于1848年和1918年的两次资产阶级革命的失败,文化领域中的革命也无法顺利进行。普鲁士的封建专制主义和奴化教育以及第二帝国的强权政治继续渗透进魏玛共和国的各个社会领域,并腐蚀着新生共和国的整个肌体。在封建专制制度下,国家实行以帝王为中心的独裁体制;在法西斯制度下,国家实行以领袖为中心的独裁体制。两者无本质的区别。希特勒的"领袖原则"与普鲁士封建专制制度下的"君权神授"和"朕即国家"是一脉相承的。戈林大言不惭地宣称:"阿道夫·希特勒的意志与法律本来就是一个东西。"[1]戈培尔说得更为露骨,即为领袖服务,就是为上帝服务,领袖的意志就是上帝的意志。拥护者将领袖神化,以便肆无忌惮地、随心所欲地摆布与愚弄群众,从而巩固独裁统治。希特勒颁布的《授权法》《禁止成立新政党法》《国家新体制法》《国家领袖法》等废除了资产阶级民主制下的一切法律制度,希特勒集党、政、军权于一身。"这种集权于一身的'领袖原则'就是封建意识形态在新的历史条件下的再现。"[2]为了使"领袖原则"得到贯彻,希特勒继

---

① 蒋学模:《法西斯主义》,北京:中华书局,1949年,第43页。

② 肖汉森:《希特勒专政的特征及其形成的原因》,华中师院论文,1994年,第9页。

承了普鲁士封建奴化教育的衣钵,他首先抓思想和宣传阵地。从 1933 年夏季开始,纳粹党对一切新闻媒体实行严格的舆论导向控制,特别是对广播和报刊实行严格的控制与监督。"例如,每天的报刊发什么新闻、该写什么社论,甚至新闻标题该如何拟定,均由戈培尔及其助手向报界宣布。每天均通过'德国政府记者招待会'来发布新闻报导的方针,全国报刊的宣传口径完全一致,不许越雷池一步,谁若违反,刊物会被勒令停刊,编辑会被关进集中营。"①每当群众举行集会、国家筹办庆祝活动或希特勒发表演说时,学校、企业和机关必须集体收听广播。希特勒政府禁止民众收听外国广播,在战争期间,收听"敌台"者将被处以重刑。通过严格的舆论导向控制,希特勒隔绝了德国民众与外界之联系,德国民众根本无法知道事实真相。1933 年,希特勒政府颁布了关于高等学校科学培养大学生的法令和消除学校与高等学校超编的法令,这些法令清除了具有资产阶级自由民主思想的教师,从而强化了学校的政治思想工作。1933 年,希特勒政府在学校中建立了"希特勒青年团",并且组织了"阿道夫·希特勒学校",以进一步加强思想控制。彼时,德国学校的教育原则是培养和加强学生的政治信念和民族社会主义世界观,而不是重视智育教育。因此,德国学校把培养学生对党和领袖的忠诚放在首位。希特勒的《我的奋斗》成为德国学生必读的《圣经》。所有教师必须参加"民族社会主义教师联盟",以"实行思想上和政治上的一体化"。教室内必须悬挂希特勒肖像,学生必须高唱纳粹颂歌,手摇小卐字旗,在街上行走时必须行"希特勒注目礼"并高呼"希特勒万岁"。甚至许多日用品(如手绢、茶杯、餐具、工艺品等)都被画上了纳粹的卐字旗或领袖肖像。领袖被神化到无以复加的程度。这种奴化教育和思想垄断使许多德国的学生和青年思想僵化,从而走上法西斯道路。

法西斯在德、意、日三国上台的另一个共同原因是封建军国主义。日本的封建专制制度历史悠久,因此日本的军国主义传统是三国中最顽固的。"在二十世纪三十年代的日本学校里,除国语、外国史、古文及自然科学外,几乎是清一色的军国主义教育。1932 年春,180 万儿童进入了小学一年级,打开教科书就是:'开了,开了,樱花开了;前进吧,前进吧,士兵们前进吧。'[……]日本军队一直向底层社会敞开大门,军队成了日本下层群众摆脱贫困、出人头地的台阶。因此,日本军队要比德国军队具有更广泛的群众性,能迅速地吸收并集中民间游离的法西斯因素。有此条件,法西斯主义在日本就不必像德国、意大利那样先致力于群众运动,然后再向

---

① 朱忠武等:《德国现代史》,山东:山东大学出版社,1986 年,第 189 页和第 230 页。

军方、政界渗透,它可以一上来就与枪杆子集合在一起,运用军界力量去胁迫政界,
煽动群众运动。"

"日本的很多高级将领都是直接出面去组织法西斯团体。面对这样的军事法
西斯主义,人们当然更难抵抗。"①因此,日本是典型的军事法西斯主义国家。意大
利走的也是武力统一道路,其军人一直享受着中世纪骑士的殊荣。在墨索里尼的
早期党徒中,军人所占的比例畸高。德国的军国主义要追溯到普鲁士封建专制制
度,普鲁士的历代君主和国王均高度重视国防建设。在弗里德里希・威廉一世
(1713—1740 年)统治时期,普鲁士的军队规模已扩充到八万三千人,其实力仅次
于法、俄、奥,在欧洲各国中排第四位,而普鲁士的人口只有二百五十万人,在欧洲
各国中仅排第十二位。普鲁士每年的国库收入约七百万塔莱尔(德国旧时的一种
银币名),其中五百万被用于支付军事开支。威廉一世平时总喜欢穿军服,常和士
兵在一起,他亲自选拔的卫队身高均在 2 米以上。因此,人们给威廉一世起了个别
名——"士兵国王"。"普鲁士不是一个有军队的国家,而是一支有国家的军队。"②
弗里德里希二世(1740—1786 年)登基后,他继承了父亲的衣钵。"他(弗里德里希
二世)初登王位时,普鲁士军队近九万人,至 1786 年则达二十万之多,与奥地利军
队总数不相上下,但其居民总数只相当于奥地利的三分之一到四分之一。弗里德
里希把军队看得高于一切,不惜以全部工业收入供养军队,他的军费开支为一千三
百万塔莱尔,占国民收入的五分之四。"③普鲁士军官清一色由贵族担任,大多数军
官退役后被安排在中小学担任教员,他们将封建军国主义思想灌输给整个社会。
德国统一实际上就是全德国普鲁士化。俾斯麦秉承了普鲁士历代国王的旨意,执
行穷兵黩武政策,他在 1862 年 9 月 30 日的议会上竭力鼓吹用武力统一德国:"当
代的重大问题不是用说空话和多数派决议就能解决的,而必须用铁和血来解
决。"④俾斯麦用"铁和血"统一德国之方式埋下了德国军国主义肆无忌惮地发展的
祸根。

在"铁血政策"的基础上被建立起来的第二帝国继承并发展了普鲁士的封建军

---

① 朱学勤:《关于法西斯主义的阶级基础和产生的历史条件》,载《世界史研究动态》,1988 年第 5 期,第 11
页。
② [美]威廉・夏勒伊:《第三帝国的兴亡》(上册),北京:董乐山等译,世界知识出版社,1979 年,第 136 页。
③ 李兰琴:《弗里德里希二世》(腓特烈),载《外国历史名人传》(近代部分上册),北京:中国社会科学出版
社,1981 年,第 108 页。
④ 丁建弘:《俾斯麦》,载《外国历史名人传》(近代部分下册),北京:中国社会科学出版社,1982 年,第 108
页。

国主义传统。威廉二世将他的主要精力花费在了扩军备战和炫耀武力上，他常穿军服，有时每天要换几套，以显示他对军队的偏爱。威廉二世的演说常含有军国主义言词，如"全速前进！""我们时刻保持火药干燥！""谁阻挡我前进，我就把它碾得粉碎！"士兵精神成为衡量公民品质的标准，如"士兵是国家栋梁"成为脍炙人口的格言。国防军总参谋长泽克特将军直言不讳地说："形式改变，精神存在。"①在德国的军队中，容克地主的比例仅从帝国时期的 23% 降到 21.5%，仍有 50% 的将校级军衔为容克地主所把持。国防军成为对抗资产阶级共和国的右翼堡垒，它类似于日本的军阀内阁，被称为"国中之国"。希特勒对军官团的评价是："要是在革命的日子里，陆军没有站在我们一边，我们就不会有今天了。"②在上台后，希特勒严格控制国防军，并要求全体官兵向他个人宣誓效忠，誓词如下："我在上帝面前作此神圣的宣誓：我将无条件地服从德国国家和人民的元首、武装部队最高统帅阿道夫·希特勒；作为一个勇敢的军人，我愿意在任何时候为实行此誓言不惜牺牲生命。"③军队向个人宣督效忠只在封建专制制度下才有可能；在资产阶级议会民主制度下，军队只向国家、人民和议会宣誓效忠。

法西斯主义的思想根源也应被追溯到封建专制制度，特别是它的文化遗产。德国不少有名望的思想家、诗人和作家都未能摆脱封建思想和强权主义的束缚。"[……]十九世纪开始占优势的德国文化的主要支柱首先是斐希特和黑格尔，后来是特莱希克、尼采、理查德、瓦格纳，以及一批较为次要的人物[……]。这些人终于造成了德国在精神上与西方的分裂；这种分裂状态至今还没有被弥补过来。"④在承认物质世界的同时，康德又认为人所认识的世界只是一种主观感觉，人只有靠自身的天赋才能认识这个感觉世界。斐希特则认为，世界应以"自我"为中心，在他看来，拉丁民族——特别是法国人和犹太人——都是腐朽的种族，只有日耳曼人才有实现中兴的可能。斐希特还主张，德意志民族应由一批为数不多的社会精英来领导。黑格尔宣扬"国家就是一切"，国家对个人有至高无上的权力。与黑格尔一样，十九世纪的德国重要思想家和历史学家海因里希·冯·特莱希克也竭力宣扬国家是主宰一切的最高权力机构。特莱希克认为，人民与臣民在国家里不过是奴隶而已，他们的唯一职责是服从。特莱希克还认为，战争是人类的最高自我表现。尼采

① [德]保罗·汪戴尔：《德帝国主义与战争》，何名译，北京：世界知识出版社，1959 年，第 104 页。
② 同上，第 263 页。
③ [德]保罗·汪戴尔：《德帝国主义与战争》，何名译，北京：世界知识出版社，1959 年，第 323 页。
④ 同上，第 141—142 页。

则竭力鼓吹"超人哲学"。尼采预言,世界将由一批社会精英和超人来统治。希特勒认为自己就是尼采所预言的超人。在封建专制制度下,人民是群氓,封建帝王和诸侯们才是天才、社会精华和超人。普鲁士最为开明的国王弗里德里希二世曾说过:"国王是国家的第一仆人[……]国家做的一切应为人民,但人民不能参政。"德国最伟大的诗人和作家歌德也表示,立法人和执法人"不能听从人民"。

毋庸置疑,德、意、日三国法西斯的上台有其不同的社会、历史与政治背景,如德国的法西斯上台之背景包括《凡尔赛和约》、经济危机、工人运动的分裂等,并且各国法西斯的统治方式也各不相同,但三国的法西斯有一个共同点,即独裁专制,它与封建专制制度一脉相承,而资本主义制度是在与封建专制制度进行斗争的过程中产生的,其核心是三权分立的议会民主制。因此,法西斯主义只能在资产阶级民主革命不彻底、封建残余势力十分强大的国家中出现。一旦发生政治经济危机,这些国家的资产阶级的软弱性和妥协性就会表现出来,他们就有可能向残余的、死灰复燃的封建专制势力投降,从而使法西斯势力有机会上台。相反,在资产阶级民主革命进行得较为彻底的国家内,封建残余势力——特别是封建专制思想——基本上已被肃清,资产阶级议会民主制已经深入人民,个人或一党专政的意识形态在群众中已不复存在,法西斯主义在这些国家内失去了思想基础和群众基础,因此其不可能有机会上台。法西斯主义在德、意、日三国取得胜利,在英、法、美等国遭到失败——历史已经证实了以上论点。若要铲除法西斯主义的根基,那么资产阶级民主革命精神就必须被贯彻到底,以全面消除几百年乃至几千年的封建专制制度的流毒。

名利双收的德国教会

俞建平

摘　要　德国教会不仅具有极强的社会影响力,而且其财富亦位列各国之首。教会财富的来源和构成既受历史遗留的归还教产问题之影响,又与德国政府和教会间的关系密不可分。德国教会不仅间接享有全体公民缴纳的政府税收,还拥有举世无双的教会税制,教会本身也是众多企业的股份之占有者。有鉴于此,德国教会深刻影响着德国社会生活的各个方面,其在经济和社会慈善领域扮演着举足轻重的角色。

关键词　德国教会　德国政府　归还教产

德意志联邦共和国的教会势力强大,影响甚广。在德国,我们随处可见各类教堂,虽然它们大小不等、风格各异,但无不被装点得富丽堂皇、令人赞叹。在德国,与宗教有关的庆典活动名目繁多、无时不有。如此频繁地举行这样或那样的庆典无疑需要耗费大量的资金。然而,同教徒以不同方式和途径缴纳给教会的税款相比,这笔资金却微不足道。那么,德国教会怎么会有如此巨大的收入? 其又何以成为全球教会之首富呢? 本文试图从以下几个方面入手,揭示其中一些奥秘。

一　国家与教会之间纠缠不清的关系

到德国去过之后,不带偏见的人也许会想,德国的教会与国家会同宪法所规定的那样互不相干。然而,事实并非如此。在德国,国家与教会纠缠不清的现象极为严重,即使在宗教势力甚大的意大利或西班牙也难以见到以下现象:

联邦、州、市政府拨给教会的资金多达数十亿马克,而资金的流向几乎无人过问。在面对质疑时，一些部委的高官无法说明本部门到底给了教会多少钱，这些钱的用处是什么，以及谁拿了这些钱。

德国政府与教会之间的关系类似于债务人和债权人，因为现德国政府显然还在替二百年前或五百年前的那些没收教会财产的人偿还债务。

教会的建设基金并非仅仅来源于那些对教会感兴趣的人，基金中的很大一部分实际上是由地方政府提供的。由于德国的《基本法》确认了教会的征税权，所以公民就必须将一部分工资和所得税缴纳给教会。

一个声称自己在世界观方面保持中立的国家不仅征收教会税，而且扬言必要时将会通过司法程序解决问题。

教会内部的施政权被掌握在极少数人手里，巨额资金的管理和流动不受任何监督。

对于世界上的任何其他国家而言，以上这一切都是不可思议的。

二 所有的纳税人都间接缴纳"信仰税"

德国教会绝非仅仅只靠教会税来维持生存，其还从国家的总税款中获得相当可观的一笔收入。众所周知，总税款显然也包括那些与教会丝毫无关和不想再同教会有关的人所缴纳的那一份钱。

德国的教会事实上得到了德国每一个纳税人的资助，这源于法规、协议和一些特殊的法律条文之规定。按照这些规定，一些大教会（如天主教和基督教）享有获得国家经济资助的权利。这种所谓的国家资助款，其依据仅是《基本法》第140条中的一句话。

公用事业基金与"正常的"教会税理应是毫不相干的，而基金里的钱事实上却不为人知地持续流入教会。至于这些钱的具体用处与数额，那就更加无人知晓了。教会和政府有关机构必然也会尽一切可能掩盖事实。

笔者可以断言的是，没有哪一个德国纳税人能够摆脱这种间接的"信仰税"。

例如，军队里的教徒的灵魂净化工作由政府买单。仅1985年一年，联邦德国就为基督教士兵的"灵魂净化"工作筹集了4500万马克。在向教会中的地勤人员发放的工资和薪水中，流入两大教会的资金高达4200万。军队中的两位主教不仅各自能够领到18万马克的薪金，而且还能额外得到2.4万马克的"职务津贴"。

再如，在文物保护方面，修教堂、建教堂以及甚至是维护街头的塑像都与纳税人相关。巴符州某中等城市每年以"科研、文保"基金的名义拨款 20 万马克给两大教会作为基建补贴。1986 年,慕尼黑的州基金转给教会的资金总额高达一亿多马克,其中基督教约获得 2700 万马克,天主教约获得 8300 万马克。

德国教会也召开会议,这本应是教会内部的事,但这样一些教会活动也要寻求巨额社会补贴。1989 年在柏林召开的基督教会议便是典型的一例。为了召开这次基督教会议,德国教会从联邦政府和柏林市政府的税金中获得 2600 多万马克资助金,而它自己投入的经费却不足 300 万马克。

教会是如何成功地从联邦政府和各州政府那里搞到这么多钱的呢?国家之所以愿意拿出数额如此之大的一笔钱,原因是它继承了教会的某种遗产。这种遗产非但没有为国家带来任何好处,反而使国家背上了一笔债务。此事与德国政府于 1803 年没收教会财产——"教会财产世俗化"——不无关系。这笔债务也算是德国政府为百年前的过激行为赎罪吧。然而,德国教会却因祸得福,其昔日财产遭没收,如今反而得到加倍的赔偿。

三 举世无双的教会税制

德国教会的税收制度在世界上是绝无仅有的。很显然,税收制度是德国教会最行之有效的"创收"工具。德国征收教会税的法律依据主要是《基本法》,此法规定了德国教会有征收税款的权利。

大教会规定,教会税同所得税和工资税按一定比例相互关联。照此规定,大教会在 1990 年征集到的教会税约是工资税和所得税总和的 8.5%。德国国家财政局虽致力于征收教会税,但其实际得到的手续费大约只有教会税的 3.5%。德国的《基本法》并没有规定国家有为教会提供此项服务的义务。然而,德国政府却将代征教会税这项主要任务推给雇主。因此,雇主便从雇佣者那里扣除他们需要缴纳的教会税。凡是偷漏教会税的人将受到指控,并被采取抵押财产等强制性措施。所以,德国征集到的教会税能够以特种开支的名义被全部调走。这样,为了教会,德国每年实际上要损失掉数十亿马克的税收。

临时工或兼职工的工资税有时是被统一计算的。这样,即便当事人不参加任何教会,雇主同样也会从其收入中扣除教会税。通过这种方式,德国教会事实上也从非教会会员身上搜刮钱财。

近几十年来,德国教会一直抱怨收入越来越少,因此其不得不取消一些慈善活动。然而,这仅仅是德国教会在制造舆论而已。实际上,德国教会近几年的收入非但没因会员人数的持续下降而减少,反而呈猛增之势。

1987年,德国公民缴纳的教会税数额为123.1亿马克,其中的60.8亿马克归天主教所有。1990年,德国征收的教会税总额约为140亿。德国的教会人员的开支要比社会传闻得更高。1972年,埃森主教教区占用的教会税比例只有48%,而这一数字于1981年已升到81%。德国教会是一个庞大的服务性实体,因此其人员开支较高。例如,在不来梅、柏林等州的基督教教会里,人员开支要占各自财政经费的四分之三以上。

四 德国教会在经济上的霸主地位

德国于1974年发表的关于教会参与大工业活动的情况介绍一直未被否认,这就是说,德国教会拥有诸如巴斯夫、西门子、拜耳、宝马、曼内斯曼等大型股份公司的股份。尽管参股结构现在已有所变化,但德国教会在这方面的投资规模丝毫不会因此而产生改变。

此外,德国教会自办的公司也不计其数,如教会的住宅公司、银行、报社、啤酒厂、葡萄酒厂等。德国教会的地产业规模庞大,齐全的各种设施足以为教会带来数十亿的利润。德国的修道院也拥有难以估量的财富。按保守估计,德国教会的总资产约为30亿马克。

1967年,德国天主教拥有的全部农用土地面积估计为35亿平方米,相当于十一个像慕尼黑这么大的城市,其中约有77.5%的土地已被租让,每年的租金收入至少为4500万至5000万马克。德国基督教的土地资产虽不如天主教,但其总量也不能被低估,总面积大约为7亿平方米。在德国,基督教毕竟是继天主教之后的第二大私营土地拥有者。

德国教会的相当一部分资产是那些为宗教信仰和教会工作人员服务的楼宇建筑。德国教会目前的总资产估计有200亿马克,但是这个数字中并不包括另一笔极为重要的资产,即教会的艺术品,这些宝藏的价值估计达数十亿马克。

德国天主教在保险业也占有重要地位。根据有关资料,在影响德国保险业的各类资产中,德国教会资产的影响力大小排名第二。除购买保险公司的股份之外,科隆红衣主教心中的另一个计划就是自己开设一家医疗保险公司。这位宗教首领在宣传自己的计划时指出,经营这样的公司也许更为合算,"因为它无需为堕胎提供费用"。

五　教会的"慈善"

不少从事正常工作且缴纳各类税款的德国公民的运气似乎并不好,居住的地区也不对,"无宗教信仰的"孩子在许多地方难以入托,而原因仅仅是住地周围仅有的幼儿园归天主教所有。因此,德国的父母往往不得不出高价为孩子"买"一个入托名额。这种情况不胜枚举,也实在令人费解,因为德国幼儿园的经费不是由天主教提供的,而是由具有中立世界观的德国政府提供的。

尽管有些人对德国教会的高税收怀有不满情绪,但是他们往往会这么想,毕竟教会收入的绝大部分会被用于慈善事业,因此他们似乎也就从中得到了一些安慰。其实,这完全是一种误解。目前,在德国教会的收入中,被用于社会福利事业的资金比例微乎其微,天主教为9%,基督教仅为7%。

德国教会声称其在全德国开设了数十万家社会福利机构。诚然,德国许多地方的社会福利机构几乎都是由教会开设的,并且这些机构主要担负着照顾一些住在家中的老、弱、病、残者的任务。但是,德国教会只负担上述社会福利机构总开支的13%左右,大部分开支仍分别由州、市、医疗保险公司和个人承担。

然而,不可否认的是,无宗教信仰的人在医院、养老院和幼儿园所受到的待遇明显低人一等。像德国这样的将基本的社会福利机构也按宗教派别进行划分的国家只会给予与教会有关的公民以特权,这不仅对无宗教信仰的公民不公,而且也违背了《基本法》第三条第3款中的有关规定。

从本质上讲,我们从这里窥视到的德国教会的那种"慈善"是别人资助的,或者说是子虚乌有的,即使说其是"借花献佛"恐怕也一点都不过分。为了避免读者对一些真正的慈善行为产生误解,笔者在这里有必要说明,有不少神甫一直在从事着一种极不平凡的工作,他们关心和照顾那些信赖他们的人,也有不少修女承担着医院里的护理员之职责。有不少神职人员为自己的理想事业而献出毕生精力,但他们最终只能在老人院里孤苦伶仃地迎接自己的宿命,从而成为某种机器的牺牲品,而这种机器的精明之处无非是善于宣扬慈善和发财致富。

略谈瑞士的全民国防和直接民主

徐 烈

摘 要 瑞士的中立国身份和其"花园国家"之美誉可谓众所周知,但瑞士的国防和政治体制之特点却不为大多数人所知晓。本文概述了瑞士的全民国防和直接民主这两大制度体系。瑞士的全民国防以义务兵役制和民防法为基础,其广泛开展军训活动,并组织各类协会。瑞士的直接民主制度之基础是公民表决和公民倡议,其既具有积极正面的影响,也存在不少弊端。

关键词 瑞士 全民国防 直接民主 义务兵役制 民防法

一 瑞士的全民国防

瑞士被称为"世界花园",其首都伯尔尼被称为"欧洲花园"。在瑞士这座花园里,我们看到的是遍地盛开的鲜花,感受到的是一片宁静,如同身处世外桃源。但是,实际情况并非如此,用我们的话来说,瑞士是内紧外松,其外表安静详和,国内实行的却是全民国防,即全民皆兵的政策。

(一) 义务兵役制

根据《瑞士联邦宪法》和《兵役法》,凡年龄在 20 岁到 50 岁之间,且身体健康的瑞士男性公民,无论其从事什么职业,亦不分职位高低,都必须依法服兵役。各级政府官员,工商企业经理和职工,大中小学教授、教员和科技人员等都概莫能外。服役期一到,任何人都必须按时前往其所属的部队,不得请假或推迟。在学习期间的大学生也得先中断学习,待服役结束后再回校补课。在瑞士,一般公民要服役到

50 岁才能办理退役手续,但其立即又会被编入民防役,并一直服务到 60 岁为止,可以说瑞士男性终身是兵。拒绝服兵役者将被处以罚款或被判处刑罚。瑞士政府禁止一些品行不端者、非法党派或组织成员、罪犯等服役,但这些人必须缴纳军事税(人头税、财产税和所得税),拒交者将受到法律的制裁。女性公民则根据自愿原则到妇女辅助部队服役。服役期满后,瑞士公民可以将本人在部队使用的枪支、弹药等带回家自己保管,并必须参加居住地射击协会所规定的射击训练。

(二) 民防法

瑞士在 1959 年提出民防概念,并将其载入宪法。1962 年,瑞士正式颁布了《联邦民防法》。按照《联邦民防法》的规定,凡年龄在 30 岁至 60 岁的不适宜服兵役者和已退役者,有义务在民防服役。年满 60 岁者,如本人自愿,其仍可留在民防工作。16 岁的男青年和妇女均可自愿在民防服役。根据这一规定,全瑞士服民防役的人员数量可达 62 万左右,几乎占全国人口的十分之一。瑞士政府将民防看成是国家安全政策的组成部分,民防和军队有相同的战略必要性。

(三) 军训活动和民间协会

除了正常的军事训练外,瑞士军队还领导和组织服役期以外的公民自愿参加的国防体育活动(如滑雪赛、射击、投弹等),并且组织各种协会(如军官协会、骑兵协会、空军协会、工程兵协会、防空兵协会等)来研究讨论军事问题。在民间,瑞士的每个城镇都设有射击协会,还会举行 20 公里至 50 公里的全副武装的行军比赛,其目的是鼓励全体公民都参与军事训练。

瑞士是全世界闻名的中立国,但瑞士政府却认为当前的国际形势对瑞士的安全提出了挑战。在今天的国际环境下,一个国家必须在安全方面付出行动,否则其迟早会成为外国武力角逐的牺牲品。瑞士是小国,资源较匮乏,其一方面要抵御外来入侵,另一方面要全面动员所有公民参与军事训练。我们知道,一个小国只有通过自己的持久努力,才能保障自身的国防安全,而瑞士的全民国防向全世界释放了这样的信号,即谁入侵瑞士,谁就必然会付出高昂的代价。这就是瑞士全民国防的准则。

二 瑞士的直接民主

提起瑞士,人们就会想到梦寐以求的"富裕"、"花园之国"的美誉和"闻名于世的手表",这是一般人印象中的瑞士。但是,在进行深入了解后,人们就会发现瑞士的另一特点,即其实行着一套不同于其他资本主义国家的直接民主制度。这套直接民主制度的表现形式就是"公民表决"和"人民倡议"。除和其他国家公民一样享有选举权和被选举权外,瑞士公民还通过对国家内政和外交方面的一些重大问题行使表决权与倡议权来参与国家政治生活,并承担由此产生的责任。这种直接民主制度早在 1874 年就被载入了《瑞士联邦宪法》。

(一) 公民表决

公民表决亦被称为公民投票。根据《瑞士联邦宪法》的规定,全面或部分修改联邦宪法、通过与联邦宪法有关的法令,以及签订有效期在 15 年以上的国际条约或加入国际组织,都必须经过全国公民投票程序,并在公民及州的"双重多数"表决通过后方能生效。这项举措被称为"强制性公民表决"。各个州的表决也反映了公民在瑞士联邦制国家中所起的重要作用。

(二) 人民倡议

人民倡议包括联邦、州和市镇三级。若政党、团体和公民要求部分或全部修改宪法、在联邦宪法中增加新的条款或取消宪法中的某些条款,那么他们可以发起全国性的人民倡议。从倡议发起之日起,若提出倡议者在 18 个月内能征得 10 万人签名,则其可以向联邦办公厅递交人民倡议。联邦政府有义务受理提案,并在一年之内将其提交议会讨论。在讨论后,议会将原提案或另行提出的对案交付全国人民表决,提案在选民和各州的"双重多数"表决同意后才能通过。州和市镇一级涉及本地区事务的人民倡议征集签名的时间为三个月,法定签名人数视各地人口的多少而定。例如,日内瓦州有 36 万人,那么其必须征得 1 万人签名才能提出人民倡议,而日内瓦市有 16 万人,则其只要征得 4 千人签名即可以提出人民倡议,然后人民倡议将被提交给州或市镇的公民进行投票表决。

这就是瑞士实行直接民主的两种形式。《瑞士联邦宪法》还规定,在战争时期,联邦政府有权颁布法令而不用通过公民表决。如遇紧急情况,瑞士联邦政府在和平时期也可以颁布紧急法令而不用将其交付公民表决,但这类法令的有效期为一年,一年后如其被公民以投票表决形式否决,则法令不再有效。

依笔者之见,"直接民主"的优越性是在某种程度上可以保障公民的民主权利和吸纳民众对一些重大问题的意见,从而避免长官意志和少数人专断,且公民可以利用这种形式对政府的工作进行一定的监督。特别是在一些小城镇,这种监督作用体现得尤为明显。若没有公民直接投票,政府难成一事。

但是,任何事物都有它的两面性,这种"直接民主"也有其弊端。

第一,通过上述介绍,我们可以发现,这种选举方式繁琐费时,各级政府缺乏集中权限,因而决策缓慢。尤其是将一些全国性的重大问题交由全国公民投票表决,这似乎并非十分恰当和明智。1986年3月,瑞士酝酿多年的加入联合国之决定就被公民投票否决。当时,瑞士联邦政府和议会力主加入联合国——联合国总部及其国际组织位于日内瓦,实际上瑞士是在为联合国工作。但是,受限于狭隘的保守意识,60%多的瑞士民众对加入联合国持反对意见,故瑞士失去了对涉及自身利益的一些重大国际问题施加影响的权力。

第二,因为瑞士实行联邦、州和市镇三级政制,每个公民都有三重身份,所以他们对三级行政区的有关问题都得参加表决(如建学校、实现夏季时间等)。事无大小,都要实行投票。公民投票次数多,需要填写的选票有时多达十几张。最关键的是,投票都是在休息日进行的。久而久之,不少人产生了厌倦情绪,因此参加投票的人数日益减少,瑞士近年的投票率都在40%左右,最低时还不到35%。为了改变这种投票率低的状况,瑞士的有些州建议实行通信投票。

第三,人民倡议的发起需要通过广泛宣传来征集大量签名,这样做既费时又费力,而且提出倡议者要支付一笔相当可观的费用,所以一般的团体和个人是胜任不了的。再者,政府和议会对人民倡议大多持否定态度,政府也通过舆论宣传来鼓励公民对倡议投反对票,因为大多数公民对倡议的来龙去脉及其意义和利害关系搞不清,他们盲目性较大,易受舆论的影响。所以,人民倡议要获得通过是相当困难的。据说,自1874年以来,瑞士仅通过了38项人民倡议。1983年11月,瑞士通过了"关于对物价进行长期监督的人民倡议",其是自1920年以来首个战胜了联邦委员会的反对而获通过的人民倡议。该倡议能顺利通过可能是因为它关系到每个公民的切身利益。

综上所述,瑞士实行的直接民主有其积极的一面,也有其弊端,瑞士政府现在也在不断改进这种"直接民主"。

试析瑞典入欧后的政治组织形式之变化

沈赟璐

摘　要　在经过近半个世纪的考量后,瑞典于 1995 年 1 月 1 日正式加入欧盟。在加入欧盟之前,瑞典国内就有相当一批学者在讨论瑞典入欧的各种利弊得失。在登上欧盟的列车后,每个成员国都面临着前所未有的机遇与挑战。本文试图以瑞典的政治组织形式和政党形态为观察对象,讨论以下问题:瑞典的民主政治有无被欧盟削弱? 欧盟是否有助于改变瑞典政治中的权力格局? 瑞典的政党是否通过欧盟达到了与欧洲其他国家的政党趋同的状态? 今天的瑞典与其他欧洲国家有何不同?

关键词　瑞典　欧盟　政治组织形式　政党　变化

一　导论

(一) 背景提要

1995 年 1 月 1 日,瑞典正式加入欧盟,这是瑞典在经过了半个世纪的考量之后做出的一项决定。基于历史原因,瑞典习惯于将自己定位成一个中立国家。考虑到加入欧盟会对本国在处理社会福利与国家安全问题上造成较大的限制,故瑞典对欧盟成员国身份之获取一直持观望状态。1989 年,柏林墙的倒塌昭示着东西方两大冷战阵营的兵分瓦解,预示着瑞典的中立主义政策没有太大的实际意义;另外,1990 年的经济危机之爆发也让瑞典意识到,仅仅依靠自由贸易联盟或者经济区是无法使瑞典走出这场困境的。于是,瑞典政府于 1990 年 10 月将入欧盟事宜提上了议事日程。

从加入欧盟之日起算,瑞典迄今为止已走过 19 个年头。在对成为欧盟成员国后的瑞典的第一年状况的研究报道中,学者们认为瑞典这一年对欧洲政治所持的态度在很大程度上属于被动防御型。^①

刚进入欧盟的那几年,由于瑞典的各个党派在是否加入欧盟这个问题上意见不一,所以瑞典的各个政党对欧盟成员国身份都表现出相异甚至完全相反的态度。在政党的激烈辩论和斗争下,瑞典民众之间也产生了相当大的分歧。在此阶段中,瑞典仍将保护自己的传统政治态度和经济利益放在首要位置。为巩固和加强与波罗的海国家及周边地区的合作,瑞典非常支持欧盟东扩以及欧盟与北欧国家之间的合作框架。

这种疏远的态度导致瑞典对欧盟的两大议题——欧元与欧盟机构改革——做出了非常强烈的反应。自欧元于 1999 年 1 月 1 日发行开始,瑞典就一直扮演着局外人的角色。虽然瑞典表面上是由于未采用共同的汇率机制而不满足加入欧元区的条件,但实际则是因为在瑞典看来,这个共同货币项目不够安全,而且发行欧元也缺乏瑞典国内民众的支持。^② 针对欧盟的机构改革一事,瑞典非常犹豫不决,这是因为瑞典加入欧盟本就是基于实用主义和功利主义的考量,且相较于其他欧洲大陆国家,瑞典缺乏联邦政治的历史经验和理念传统。

2001 年,作为欧盟的轮值主席国,瑞典迎来了其在欧盟舞台上的表现机会。随着瑞典的右派政党于 2006 年上台执政,瑞典政府更是立下雄心壮志要成为欧盟中的核心成员。在《里斯本条约》被正式颁布实施之后,每个欧盟成员国都将进一步调整本国的宪法来迎合和适应新的规定。一条又一条新指令的颁布也促使瑞典不停地调整其政治制度和政治模式。除了修宪、立法和制定新目标外,一些新理念与新准则也悄悄地在瑞典活跃起来。这些正式或非正式的改变无疑对瑞典的政治产生了巨大的影响。

(二) 研究内容

作为一个跨国组织,欧盟对成员国的影响力体现在经济、政治、文化、军事等领

---

① Karl Magnus Johansson, *Sverige i EU*, Stockholm: SNS Förlag, 1999, S. 98.
② Stefan Hljelid, *Politiskt beslutsfattande och EMU. Slå till eller vänta och se?*, Lund: Studentlitteratur, 1999, S. 55 - 58.

域。但是,从欧盟本身的结构来看,我们可以发现,欧盟不能被简单地等同于邦联制的政治团体。在邦联制的政治联盟中,每个主权国家都拥有一张选票,而欧盟的最高决策机关——欧洲理事会及立法机构——欧盟理事会(原部长会议)目前采取的是多数代表制度,这意味着欧盟在一定程度上更接近于一个联邦制国家,如美国。与理事会联系的重任落在各成员国政府肩上,而非由国家议会承担;更重要的是,各成员国必须按期执行欧盟颁布的指令和条例,否则将被处以巨额罚款①。这就使瑞典产生了对民主及代表合法性的担忧。因此,本文的主要研究内容是,瑞典在加入欧盟之后,其民主政治所受到的影响。

(三) 研究方法

欧盟对瑞典国内政治的影响既是直接的又是间接的。② 欧盟计算机数据储存指令要求瑞典警方实现通讯数据及信息在欧盟内的共享,这就是一种直接的影响;而欧洲议会的选举则要求每个政党推选候选人参与竞选,这是一种间接的影响。哪怕各成员国面对的来自欧盟的要求和压力是相同的,但由于每个成员国现存的政治结构有所不同,而且政治变化的门槛也有高有低,因此每个成员国最终各自承受的压力其实是不尽相同的。从这一点来看,欧盟的创立也有可能非但没有使成员国达到同质化,反而使在欧盟的欧洲化影响下的各成员国为面对相同的外部压力而做出不同的反应,从而加剧了各成员国之间的异质化程度。

根据影响的强度,我们还可以判断出瑞典现有的政治体系(如机构、规章制度、政党等)与欧盟层次中的机构的一致性程度。如果欧盟的体系架构与瑞典国内的组织机构及法律规章非常匹配,那么欧盟对瑞典的影响和改变就会相对较小;反之,瑞典就需要进行大刀阔斧的修整。③ 但是,国家自身的"输出"能力也会影响到本国在获取新的成员身份后所受到的影响,如果瑞典能成功地将自己的民主理念和管理模式输出到欧盟的范围,那么它就不必在国内层次上再做出很多改变和牺牲。如果我们要研究欧盟对一个国家的政治体系造成了何种影响,以及此种影响

---

① 瑞典因逾期实施计算机数据储存指令而被罚巨款,参见 http://ceus. shisu. edu. cn/s/35/t/62/3f/e4/info16356. htm.

② Maarten P. Vink/Paolo Graziano, *Challenges of a New Research Agenda*, Europeanization: New Research Agendas, Basingstoke: Palgrave, 2006, S. 87.

③ Cowles/Maria Green/James Caporso/Thomas Risse, *Transforming Europe: Europeanization and Domestic Change*, Ithaca: Cornell University Press, 2003, S. 66 - 76.

在将来又会引起什么新的问题，那么方法论问题必须被审慎考虑。欧盟只是对瑞典或其他成员国的政治造成影响和干扰的行为体之一。此外，经济全球化与政治国家化也都是非常重要的因素，它们对某个成员国在欧盟中的作为也起着辅助作用或抑制作用。瑞典国内的因素（如人口发展趋势、价值体系的变迁等）也会影响瑞典的民主政治。

本文试图以瑞典的政治组织形式、行政部门和各大政党为切入点，以加入欧盟前后的瑞典的政治特点为比较对象，同时适当引入其他欧盟成员国的例子，以讨论瑞典在加入欧盟之后，其民主政治所受到的影响，并尝试回答以下问题：瑞典的民主政治有无被欧盟削弱？欧盟是否有助于改变瑞典政治中的权力格局？瑞典的政党是否通过欧盟达到了与欧洲其他国家的政党趋同的状态？今天的瑞典与其他欧洲国家有何不同？

二　瑞典的政治组织形式

（一）民主传统

瑞典是一个议会制国家，其皇室没有参政权，这在瑞典的基本法（相当于宪法）中得到明确阐述，基本法决定了瑞典的公共权力之行使方式。从历史上来看，虽然"议会"这一术语直到十六世纪才因德国的影响而在瑞典出现，但瑞典于 1435 年召开的阿尔伯格会议（Arboga möte）已经被视为是一种议会的萌芽形式[1]。究其原因，可能是瑞典的地理环境造就了瑞典的民主传统，这种地理环境因素论在中西方学界均有强大的后援团，如中国的辜正坤教授[2]和主权概念的创始人布丹[3]。瑞典国土林木茂盛，人口又相对稀疏，而且瑞典的各个地区之间也是难以相互通行和穿越的，于是农民们就有了优势。瑞典国王派来的税官只能够就领土保有一种零碎的、暂时的控制力，而农民们大可通过搬家或到森林深处开垦一片新的土地来逃避苛捐杂税。因此，在没有获得农民们的一致同意的情况下，瑞典国王很难进行实际的掌控和管理，而农民们的一致同意就是通过类似于议会形式的代表大会来实现的。

---

[1] Olof Petersson, *Svensk Politik*. Stockholm: Norstedts Juridik AB, 2007, S. 23.

[2] 辜正坤：《中西文化比较导论》，北京：北京大学出版社，2007 年，第 22 页。

[3] 徐大同：《西方政治思想史》，天津：天津教育出版社，2002 年，第 112 页。

（二）政体特点

在这样一个元老级的民主国家内，加入欧盟之前的瑞典的政治组织形式又有何特点呢？根据瑞典的"民主研究委员会"（Demokratirådet）每年发布的报告来看，瑞典的政治组织形式具有如下特点：行政权力较重，议会相对较弱；司法权力非常小；同时，在全球化浪潮的冲击之下，瑞典的立法权也并没有因国际合作而被大大削弱。[①]

瑞典的行政权力之所以比立法权与司法权更重，其根基在于瑞典的议会体系以及社会民主党派的政治统治。从议会体系来看，与总统制国家不同，议会制国家的政府是通过议会选举的方式被建立起来的，被选举出的政府本身就已为议会中的多数人所支持。在这种条件下，政府的新政策之实施往往会得到议会的支持。此外，在瑞典当前的八大议会党派中，社会民主党拥有的选民数最多，它曾在瑞典执政过相当长的一段时间。

瑞典的司法权力之小是相对于其他三权分立的国家而言的。例如，美国与德国的司法权力占据整个国家政治的中心地位，最高院可以监督审查并解释国家的法律，而瑞典的最高院则不具备上述的职权，它在政治生活中处于边缘地位。瑞典的司法委员会（Lagrådet）仅有向议会谏言献策的权力而已。在瑞典的政治界，人们常常会说瑞典的媒体而非司法部门才是真正的第三权力机关。

在全球化的冲击下，瑞典的立法权并未被大大削弱。在加入欧盟之前，瑞典于二十世纪六十年代初加入了欧洲自由贸易联盟，该联盟在二十世纪七十年代和欧洲共同体签订了自由贸易协议，在二十世纪八十年代谋求进入欧洲共同体市场，并在二十世纪九十年代签订了建立欧洲经济区的双边协议。我们从以上这一系列的举动中不难发现，瑞典始终将共同防务和外交政策看得很重，其对开发经济与贸易有着较浓厚的兴趣，这也是为什么瑞典迟迟不愿意加入欧盟，并且如今仍在欧元区门外徘徊的一大原因。在全球市场上，瑞典非常巧妙地把握着自己的底线。

（三）加入欧盟之后所受到的影响

（1）议会的立法权缩小：在加入欧盟之后，瑞典的政治组织形式的最明显的改变就是政府立法权的转移，即议会的立法权缩小。根据瑞典的基本法之规定，瑞典

---

① Jonas Tallberg, *Demokratirådets rapport 2010*, Stockholm: SNS Förlag, 2010, S. 45.

议会可以将"不动摇瑞典政治组织形式"的各领域之立法权移交至欧盟。^① 此外，瑞典的基本法还规定，在将立法权移交至欧盟之前，议会可以进行事前审核。例如，在签订《阿姆斯特丹条约》《尼斯条约》和《里斯本条约》之前，议会都拥有决定权。可是，经验表明，一项权力一旦被移交之后，其之后的发展情况可能比之前的设想要复杂很多。可惜的是，就权力移交之后如何对欧盟的操作和行为进行规范，瑞典的基本法中并没有明确规定。因此，至少在一些已被移交至欧盟的权力领域内，瑞典议会的地位被削弱了。

（2）政府决策权扩大：欧洲理事会以前被称为"部长会议"，作为欧盟的立法机构，其主要成员就是各个成员国的部长，而部长又是各国政府的主要组成人员。经过议会批准之后，瑞典将部分政策领域的立法权上交给了欧盟，而每个成员国必须遵守执行欧盟经成员国授权而颁布的各项政策。

图 1 对比了欧盟决策与成员国国内决策之过程，我们可以发现，只有瑞典政府才拥有和欧盟的立法部门——欧洲理事会——直接进行沟通与商谈的权力。与议会的弱化相反，瑞典政府的地位则被大大加强。换句话说，在加入欧盟之后，瑞典的议会与政府都被赋予了新的使命和权力，而瑞典议会的使命则弱于瑞典政府。

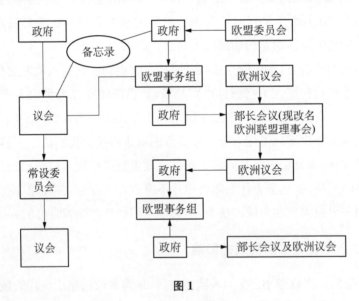

图 1

---

① *Regeringsformen*（瑞典基本法）SFS 1974，152，kap10，S. 5.

（3）议会下属的欧盟事务委员会的影响力有限：图1中的"欧盟事务组"其实就是瑞典议会下属的欧盟事务常务小组（下称"欧盟事务组"），其代表议会与政府商议有关欧盟的事务。因欧盟事务庞大繁琐，所以瑞典的议会需要精通各个领域的行家里手来参与磋商。通常，瑞典的议会倾向于挑选议会各常务委员会中的官员进入欧盟事务会。在磋商完毕之后，欧盟事务会的主席会将最后的建议汇报给政府代表，欧盟事务会并无权做出任何正式决定。① 但是，实际上，由于时间仓促和信息量不足，瑞典议会要想将具体问题真正传达到分管不同领域的常务委员会那里进行处理是不太可能的。因此，整个瑞典议会要充分参与决策实际上是不现实的。由此可见，瑞典议会下属的欧盟事务委员会的影响力也十分有限。

（4）最高院在新权力的使用上小心谨慎：在考量瑞典政治组织形式与欧盟之间的关系时，我们除了觉察到瑞典议会的权力受到限制之外，还应注意到瑞典最高院有权向欧洲法院提出初步裁决申请。初步裁决是欧洲法院作出的一种裁判，此种裁判乃基于欧盟各国法院的请求而作出，其主要内容是对欧盟的法律进行解释。此种裁判之所以会被称为初步裁决，原因是在各项关于欧盟法律的解释被作出或各种有关欧盟法律有效性的问题被解决后，各成员国法院仍需基于其国内程序对个别争端进行处理。通过初步裁决，瑞典最高院不仅要抵制可能违反国内立法的一些错误和漏洞，同时也要帮助欧盟检查其下达的这些指令与条约是否违背了欧盟自身所制定的法律。

非常可惜的是，瑞典最高院向欧洲法院提出的初步裁决申请之频率非常低。自1995年以来，欧洲法院收到的来自于成员国的初步裁决申请数平均每年在15起左右，而瑞典的申请数一直保持在5起至10起的范围内。既然申请的数量很少，那么质量又如何呢？根据瑞典学者的调查结果显示，瑞典最高院提出的初步裁决申请大多数都是针对条约或指令的合法性。② 我们可以发现，瑞典最高院对初步裁决申请所持的态度是非常小心谨慎的，而且瑞典最高院在初步裁决申请上的期望和目的也并不明确。对此，很重要的一个原因是，瑞典的政治生活中缺乏包括立宪主义、司法审讯、宪法法院等在内的诸多法律传统。

---

① Magnus Blomgren, *EU och Sverige-ett sammanlänkat statsskick. Riksdagen och EU*, Sweden: Liber AB, 2005, S. 39.

② Ulf Bernitzm, *Förhandsavgöranden av EU-domstolen: Svenska domstolars hållning och praxis. Rapport 2010：2*, Stockholm: Svenska intitutet för euroapolitiska studier, 2010, S. 168.

三、瑞典的政党

(一) 政党对瑞典的重要性

除了瑞典的政治组织形式之外,瑞典的民主政治中的最重要一环就是瑞典的政党。在瑞典的政治生活中,政党除了在瑞典的政治体系中占据举足轻重的地位之外,其影响力更是扩及地方和乡镇的代表大会。[①]

加入欧盟对瑞典的政党形态产生了什么样的影响呢? 我们从图 2 中可以看到,若瑞典的老百姓要想对欧盟委员会的行政措施施加影响,那么他们有两种选择:他们的选择之一是通过传统路线,将自己的诉求传达至部长理事会;他们的选择之二是利用因瑞典加入欧盟而出现的第二条路线,即通过欧洲议会来传达自身诉求。但是,无论选择何种路线,老百姓首先接触到的都必然是政党。根据奥地利学者的看法,被选举出的议员不仅要代表选民的利益,而且应该充当政党组织的代言人,这一说法并非没有争议,但其至少是有一定道理的。[②] 所以,选民对欧盟事务的干涉只有依靠政党才能实现,即通过政党来约束被选举出来的欧洲议会议员。

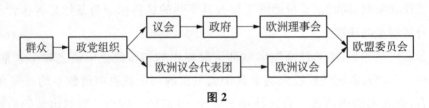

图 2

(二) 瑞典的政党体系之特点

从历史上来看,瑞典的政党体系具有以下几个特点:左右两大阵营分野较明确,鲜有党派改换阵营;两大阵营的内在一致性较高;瑞典的最大党派——社会民主党的统治时间相当长;瑞典的政党所扮演的更偏向于是一种民族运动领导者而非精英团体的角色。

---

① Jan Sundberg, *Parties as Organized Actors: The Transformation of the Scandinavian Three-front Parties*, Helsinki: Finnish Society of Sciences and Letters, 2003, S. 97 - 105.

② Wolfgang C. Müller, *Political Parties in Parliamentary Democracies: Making Delegation and Accountability Work*, in *European Journal of Political Research* 37, 2000, S. 9 - 33.

瑞典的政党阵营分野明确的主要原因是瑞典的各个政党的意识形态特征非常明显,瑞典的每个政党的意识形态都很固定。瑞典的政党形态是以社民党及其支持党左翼党和环境党为一方,以温和联合党、人民党、中间党、基民党和瑞典民主党为另一方(瑞典民主党为极右政党,其于 2010 年异军突起,并首次入议会席)。在加入欧盟之前,瑞典的这些党派往往都与北欧及全球的各类姐妹政党有交往和联系,但和入欧之后的合作相比,这些交流无疑是小巫见大巫。

瑞典政党两大阵营的内在一致性较高说明,瑞典的左派政党和右派政党在瑞典的主要政策及主张上都分别较为团结。其实,瑞典的左右两派政党的最大分歧点就在于军事结盟问题和福利政策问题。右派政党主张结盟、提倡低税收与低福利、支持发展资本化,而左派政党则主要以高福利与高税收为宣传标语。1994 年,即瑞典正式加入欧盟的前一年,瑞典政党对入欧的态度为:右派政党全部支持,左派政党(除社民党外)全部反对。[1]

瑞典社民党的长期统治为瑞典的政党体系注入了非常稳定的力量。从 1932 年至 1988 年,社民党坐冷板凳的时间只有 9 年。长期以来,社民党的选民数量一直是瑞典第二大政党——温和党的两倍以上,它因其自以为傲的福利体系而一直深受广大瑞典群众的支持和欢迎。2006 年,右派联盟上台,用当时的社民党主席莫娜·萨琳的话说:"这不仅是瑞典社会民主党执政生涯的终结,更是瑞典高福利体系的终结。"[2]

从历史传统来看,瑞典政党所扮演的角色更带有民族运动型政党的特点,其内部组织结构具有较高的民主性。比如,社会民主党的前身为工人阶级寻求政治影响的工会组织,于 1889 年正式成立;中间党的前身是农民党,诞生于农民运动的浪潮之中。从瑞典各政党的党史来看,大多数的瑞典党派都是非常大众性的政党,虽然政党的领导人在决策层面上有优先权,但他们本身只是拥有一种政治任务而已,瑞典各政党的主要特点与精英组织相去甚远。

(三) 加入欧盟之后所受到的影响

1. 政党体系趋于复杂化,但国内格局依然不变

自瑞典于 1995 年加入欧盟起,除瑞典民主党于 2010 年进入议会席之外,瑞典

---

① Nickolas Aylott, *EU och Sverige-ett sammanlänkat statsskick. De politiska partierna*, Sweden: Liber AB, 2005, S. 56 - 58.

② *Dagens Nyheter*, 12 Oct 2010.

的"七大政党、两大派别"的政治格局基本保持不变。但是，自从有了欧洲议会的选举之后，瑞典国内的一些小党派也开始崭露头角，如成立于2004年的六月运动党，该政党的意识形态就是强烈质疑欧盟并支持地方主义。在成立的那一年，六月运动党就被选入欧洲议会席，但其又于2009年被欧洲议会大选请出了议会席。成立于2006年的盗版党因推动反版权运动和个人隐私保护问题而在2009年的欧洲议会选举中仅获得了瑞典7.1%的选票，其在欧洲议会中将拥有1个席位。① 六月运动的失败也从侧面反映出，瑞典的选民们在选择一个真正有能力又值得信任的政党方面非常犹豫不决。

欧洲议会为许多小政党提供了除市级、省级和国家级议会大选之外的第四个政治平台。一个可以设想的结局是，通过欧洲议会，瑞典的政坛上将不停地涌现出一些小型政党，只是这些政党是否能利用欧洲议会的舞台，以争取在国内选举上有一席之地，这还是个未知数。目前，就瑞典自身来看，六月运动党无疑就是一个失败的例子。从整个欧盟来看，成功的小党派也非常少——法国和希腊的极右党以及德国的绿党。

2. 两大阵营内部曾经历不团结时期

如上文所述，在加入欧盟的问题上，瑞典的各个党派意见不一（见表1）。右派联盟中的中间党直到现在仍对入欧持反对态度。对欧盟问题的不同看法导致中间党更倾向于与左派的社会民主党共商合作事宜。当然，中间党与社会民主党的合作不仅仅是基于对入欧持不同看法这一个原因，它们之间的合作还取决于更重要的因素②，但中间党与右派中的其余三党的不和谐状态也是不容被忽视的。在左派政党内部，考虑到环境党和左翼党对欧盟成员国身份的消极态度，瑞典首相（社会民主党人）跃然·佩尔松于2002年参加竞选。③ 在1998年和2002年的大选之后，在与环境党和左翼党签署合作条约时，社民党在欧盟问题的表述上非常小心谨慎。

但是，从瑞典中央数据局发布的数据来看（见图3），瑞典民众从1996年开始便逐步接受了瑞典的欧盟成员国身份，这导致瑞典的政党在欧盟问题上慢慢地与民

---

① Jonas Tallberg, *Demokratirådets rapport 2010*, Stockholm: SNS Förlag, 2010, S. 100 – 108.

② Arvid Lagerkrantz, *Över blockgränsen. Samarbetet mellan centerpartiet och socialdemokraterna, 1995 - 1998*, Stockholm: Gidlunds, 2005, S. 76 – 77.

③ Nickolas Aylott, *Softer But Strong: Euroscepticism and Party Politics in Sweden in Paul Taggart and Aleks Szdzerbiak Opposing Europe? The Comparative Party Politics of Euroscepticism*, Volume I: *Case Studies and Country Surveys*, Oxford: Oxford University Press, 2008, S. 129.

众走在了一起,如环境党现今已接受瑞典的欧盟成员国身份。在2006年的瑞典大
选中,右派政党获胜,这从侧面反映出,欧盟事务已不再构成瑞典两大阵营内部的
主要矛盾或重要议题,两大阵营又重新趋于稳定。

表1　瑞典各政党对欧盟及欧元区的态度一览表

	欧盟成员国身份(1994年)	欧元区成员国身份(2002年)
左翼党	反对	反对
社会民主党	支持	支持
环境党	反对	反对
中间党	支持	反对
人民党	支持	支持
基督民主党	支持	支持
温和党	支持	支持

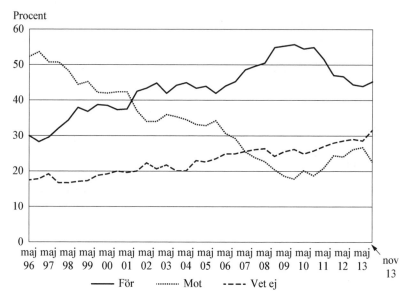

图3　1996年至2013年瑞典民众对欧盟成员国身份的支持率

(数据来源:瑞典中央数据局网站)

3. 社会民主党倒台,新政党崛起

2006年,右派阵营在瑞典大选中获胜,从而终结了多年来以社民党为首的左

派阵营的执政历史。这个选举结果是否和瑞典加入欧盟有关？在入欧一事上，社民党内部的政治精英之态度与党内的活动分子、党员以及选民有较大不同。为重新拉拢选民，社民党决定将欧盟问题与其他政治问题分开，以诱导反对瑞典加入欧盟的选民们积极参与全民公投。这一策略在 1994 年的时候取得了一定的成效，但 2003 年的欧元区问题使社民党内部产生严重分歧，并最终失去了选民的支持。[①] 虽然现今两大阵营又重新恢复稳定，但加入欧盟对瑞典规模比较大的党派确实造成了一定的破坏。

另外一个表现比较突出的政党则是 2010 年进入瑞典议会席的瑞典民主党。瑞典民主党暂时属于右派联盟，可是在意识形态上，它主张退出欧盟，因为该政党最核心的价值理念就是要建立比较健全的移民政策体系。瑞典民主党的标语"把瑞典还给我们"就是模仿了丹麦民族党的标语"把丹麦还给我们"。丹麦民族党在 1999 年的丹麦大选中登上了议会的舞台，当时的丹麦首相断言丹麦民族党肯定不成气候，可是现如今的丹麦民族党不仅成为了右派联盟的中流砥柱，而且一跃而成为丹麦举足轻重的政党之一，政府颁布的各项政策中无不显露着丹麦民族党的印迹。这一神话级的政治故事毋庸置疑地给了瑞典民主党极大的信心。从地理位置上看，斯科纳省是最靠近丹麦的一个瑞典省份，难怪那边的人能如此便捷与深入地吸收丹麦民族党的策略和建议。

4. 左右两派在欧盟中的合作加强

在国内的议会中，为争取自己的利益和表达选民们的意愿，各党派之间的竞争与分歧往往较大。但是，在加入欧盟之后，欧盟各组织在将讨论形成的决定汇报给各个成员国时，议会总是晚于该国政府收到该项决定。同时，成员国的各党派所代表的本质上是同一个国家的利益。因此，为了争取在欧盟的国家间磋商平台中获得更大的发言权，成员国的各党派倾向于合作，这在小国身上体现得尤为明显，瑞典是其中的代表。[②] 2001 年，瑞典担任欧盟的轮值主席国，瑞典的右派政党因此减少了对社民党政府的攻击和批评。[③] 但是，结合前文的三点论述——瑞典的政治

---

① Nickolas Aylott, *Lessons Learned*, *Lessons Forgotten*: *The Swedish Referendum om EMU of September 2003*, Government and Opposition Vol. 40, No. 4, 2005, S. 540 - 564.

② Hans Hegeland/Ingvar Mattson, *Another Link in the Chain*: *The Effects of EU Membership on Delegation and Accountability in Sweden*, in Torbjörn Bergman/Erik Damgaard, *Delegation and Accountability in European Integration*: *The Nordic Parliamentary Democracies and the European Union*, London: Frank Css, 2000, S. 34.

③ *Dagens Nyheter*, 5 May 2009.

格局仍然较稳定,内部也较为统一——来看,我们可以发现,瑞典的各个政党对待国内政治和欧盟政治的态度仍相当迥异。

5. 选民对欧洲议会持消极态度

除了被党员以高票选举出的议员之外,前去参加欧洲议会的党员人选都是由各党派自己进行严格控制的,所以这些欧洲议员的自主权并不大,他们更多地只是充当各党派的代表人而已。基于此种机制,瑞典选民要想在欧洲议会上传达自己的意愿是非常困难的。而且,在欧洲议会当差的议员们也难以在党内建立新的权力中心。相应地,瑞典选民参与欧洲议会选举的热情也非常匮乏,选票比例从来都没有超过国内大选的一半。以上现象或许能说明,瑞典群众对现存政党处理欧盟政治问题的方式和结果不甚满意,或者瑞典群众认为由各个政党来决定参加欧洲议会的人员似乎不够妥当。

6. 国内议会与欧洲议会存在差异

由于某些党派强烈反对瑞典加入欧盟(如环境党和中间党),而这些党派在欧洲议会中的席位比例要远远高于其在国内议会中的席位比例,这意味着一些对欧盟持怀疑态度的选民会将选票改投给这些对入欧事宜持怀疑态度的党派。[①] 值得注意的是,在国内大选中,瑞典七大政党的支持率并没有出现非常显著的变化。结合上述第五点,我们可以发现:一方面,瑞典选民对国内政党在欧洲议会上的表现不够满意;另一方面,瑞典的政党在对欧盟问题的处理上也仍处于摸索阶段。但是,与前文提及的消极防御阶段相比,本阶段(2001 年以后)的瑞典更积极主动地投身于欧盟事务,只是在目标和定位上仍不够清晰明确。

四　结论

(一) 瑞典的政治组织形式

自从加入欧盟之后,瑞典的政治组织形式发生的最正式的一项变化就体现在瑞典的基本法中。瑞典的基本法规定,经审查后,瑞典议会可以将立法权上交给欧盟。同时,基本法还规定,瑞典将遵守并服从欧盟的法律。基本法用短短几句话就使瑞典本身的政治组织形式为欧盟的政治组织形式所替代。由于欧盟的立法权主

---

① SCB(2009),Valmyndigheten(2009).

要集中在欧洲理事会的手中,而参与理事会的都是各国政府里的部长,所以瑞典议会的权力被大大削减,而政府的权力则相应增大。通过欧盟事务会,瑞典议会可以对政府的行为行使间接的控制权,但从为选民服务的角度看,瑞典议会的作用仍然非常有限。[①] 任职于欧盟各机构的政府官员需要切实有效的商榷权来保证瑞典在欧盟中的发言地位;同时,欧盟问题的处理需要更尖端的专业人才,而与政府相比,瑞典议会在此方面也无任何优势。

瑞典议会面临的最大问题是,在其立法权被移交之后,如何继续对欧盟的操作进行后续的监管。如今的后续监管权主要落在了瑞典最高院的手中,这让瑞典最高院取得了非常突出的地位,但瑞典最高院申请初步裁决的频率却非常低,这一方面是由于瑞典宪政主义传统的缺失,另一方面也体现了瑞典司法界人士并没有跟上入欧的步伐,他们对欧盟法律知识的熟悉程度仍不够高。从瑞典自身的角度来分析,出现以上问题的原因是,在加入欧盟之时,瑞典未仔细思考入欧的意义,而且在入欧之后,瑞典也一直未明确自己的身份定位,所以相比于一些入欧较早的国家,瑞典在应对欧盟之时略显措手不及。

(二) 瑞典的政党

在加入欧盟之后,瑞典在政党方面的最明显变化就是瑞典政坛上出现了一批小型政党,它们常常打着对欧盟持质疑态度的旗帜,以此赢得了相当一部分选民的青睐。不仅如此,一些老牌的政党也因反对欧盟的态度而在欧洲议会上获得了较高的选票。纵观瑞典的政党格局,尽管环境党和盗版党都在欧洲议会上取得了比较特殊的成绩,但除了瑞典民主党的增加以外,瑞典国内的议会状况基本没有很大的改变。

近些年来,原本非常反对瑞典入欧的政党(如环境党)也开始慢慢改变口气,两大阵营虽有过内部分化和阵营外合作的经历,但总体上来说,欧盟问题已不再构成党派的日常议题,也未导致选民的态度在国内大选中发生很大的转移。

在瑞典加入欧盟之后,瑞典各个政党的选民层次和阵营划分如今还是与1994年之前大致相同。值得注意的是欧洲议会议员的作用。从选举前的状况来看,欧洲议会议员的选举权基本上集中在各党派的领导层手中,但从民众选票中获取议

[①] Hans Hegeland, *Nationell EU-parlamentarism. Riksdagens arbete med EU-frågorna*, Stockholm: Santérus Academic Press, 2006, S. 33.

会席的难度也并非很高。从选举后的状况来看，相比于国内议会的议员，进入欧洲议会的议员在活动方面更为自由，他们更少受到党派的限制和约束，但这就对民主政治产生了消极影响。除此之外，欧洲议会自身的发展也将对各国政党的政治主张起到限制作用。

（三）建议

在加入欧盟之后，瑞典国内的那些主张退出欧盟的声音已渐渐淡去。对于瑞典来说，现在更重要的事是正视现实，正确应对这份机遇与挑战。不难看出，瑞典民众对欧盟内部的各个机构还十分陌生，他们虽然听说过诸如欧盟委员会、理事会等一些机构的名称，但他们并不知道这些机构的功能和作用是什么。

在鼓励媒体、政治家以及各个政党向大众传播欧盟知识的同时，笔者认为瑞典本身需要进行一些调整和改革。首先，议会本身不应过度依赖欧盟事务组，它应该抓住《里斯本条约》所提供的契机——议会对欧盟事务具有主动知情权而非仅被动等待政府官员前来汇报——加强与政府之间的联系，提高常务委员会的地位，将欧盟问题视为国内政治问题，而非政府所擅长的外交问题；第二，瑞典最高院应该更积极主动地发挥它在欧洲司法系统中的作用，通过与卢森堡的欧洲法院之合作，进一步影响欧盟的立法，并大力培养熟悉欧盟法律的司法人才；第三，为了起到替选民发声的作用，瑞典各政党应该充分利用欧洲议会议员的便利条件，将更多的欧盟政策和战略战术融入到讨论之中；最后，在瑞典加入欧盟之后，瑞典各政党间的争议反而有所下降，这不利于对欧盟问题的深度分析，如果政党意见趋同，那么有效的辩论也就无从谈起，选民们也就难以做出有价值的判断，议会的作用便不复存在。因此，瑞典各政党不应将欧盟问题从其他政治问题中分离出来，恰恰相反，它们应该更深入地思考与分析欧盟问题。

瑞典加入欧盟是双赢之举，而在新的身份下，瑞典面临的长期挑战是，明确代议制民主政体的责任，并建立更可靠的管控机制。

经济全球化背景下的瑞典福利制度所面临的挑战和机遇

王馨蕾

摘　要　随着我国改革开放进程的持续深化,建立一个健全的、具有中国特色的社会保障制度与社会福利体系在某种程度上已日益成为党和政府创新社会建设的重要目标之一。虽然相关研究领域也存在着类似"福利国家终结"这样的悲观论调,但福利国家一直是学术界和国民热议的话题。虽然"人民福利"曾为瑞典赢得了"福利之窗"的美名,但随着二十世纪七十年代的石油危机和全球化经济之冲击,瑞典国内经济疲软,福利预算赤字和国家财政赤字快速增长。面对着国际与国内的压力,瑞典政府逐渐反思"社会民主主义"福利模式过度去商品化的弊端并进行福利改革。从建立福利制度到逐步对其进行完善,瑞典在不断调整着相关举措,但又始终保持着自身福利制度框架及模式的基本稳定,这是国家发展压力、制度路径依赖、福利政治文化约束、政党自身发展等因素共同作用的结果。瑞典为我们带来的重要启示就是,福利制度有其制度理性,福利制度的创建与发展均需遵循一定的规律,尊重民意诉求、结合国情文化以及广泛达成福利共识是保持福利制度先进性的必然要求。本文旨在研究经济全球化背景下的瑞典福利制度所面临的挑战和机遇,并预测其改革与发展之前景。

关键词　瑞典　福利制度　经济全球化

过去十年来,随着我国改革开放进程的持续深化,建立一个健全的、具有中国特色的社会保障制度与社会福利体系在某种程度上已日益成为党和政府创新社会建设的重要目标之一。虽然相关研究领域也存在着类似"福利国家终结"这样的悲观论调,但福利国家一直是学术界与国民热议的话题,各路专家从不同学科视角出发,各显神通地对福利国家问题进行了全方位的分析。

自改革开放以来,中国将计划经济时代的"国家-单位保障制"全面转化为以多元参与和社会化为基本特征的"国家-社会保障制"。与注重制度理性和发展稳健性的发达国家的福利制度建设相比,我国的社会保障制度可以说是一个特例。在不远的未来,逐渐走向成熟的中国新型社会保障制度同样需要不断被调整与完善,以回应时代发展和形势变化所带来的新问题。因此,了解发达国家福利制度的调整过程和调整方式,有利于我国提升社会保障制度改革的经验与信心。

说到发达国家的福利制度,北欧国家瑞典应当是最有代表性的。瑞典的国土面积为 45 万平方公里,是北欧最大的国家,其于 1995 年加入欧盟。2014 年,瑞典的人均 GDP 为 61600 美元,世界排名第八位[1];同年,瑞典人的平均寿命为 81.4 岁,世界排名第九位[2]。2014 年,瑞典的总人口为 969 万,出生在瑞典境外的瑞典人口占总人口的 14.7%,GDP 总量约 37000 亿欧元。2016 年 7 月,瑞典的失业率为 6.3%,外来移民占总人口的 11.4%(其中伊拉克难民占 1%)。瑞典的人均工业产值和生活水平均居世界前列。同时,众所周知,瑞典被称为"福利国家的橱窗",它的福利制度具有悠久的历史,并受一套健全的法律保障措施之庇护。正是基于如上特点,体系完备、适用广泛的瑞典福利制度才会深受学者们的青睐。

二十世纪四十年代初,受战争的影响,瑞典福利制度的建设受阻,其发展基本处于停滞的状态。战后,社会民主党加快了福利制度建设的步伐。在莫勒倡导的"普遍制福利政策"的引领下,瑞典进行了广泛的福利制度改革,改革内容涉及老年年金、儿童津贴、医疗保健、房租补贴、普通教育、高教科研等诸多领域,由此普遍的社会福利制度被建立了起来,而这正是现代瑞典福利制度的原型。瑞典的福利制度既是瑞典社会民主党坚持社会主义的结果,又是瑞典国民为争取社会平等和自身利益而长期斗争的结果,它在缩小瑞典国民的生活水平差距、抑制财富不均现象、缓和社会矛盾等方面发挥了积极的作用。

同时,虽然"人民福利"曾为瑞典赢得了"福利之窗"的美名,但随着二十世纪七十年代的石油危机和全球化经济之冲击,瑞典国内经济疲软,福利预算赤字和国家财政赤字快速增长。面对着国际与国内的压力,瑞典政府逐渐反思"社会民主主义"福利模式过度去商品化的弊端并进行福利改革。从建立福利制度到逐步对其进行完善,瑞典一直在不断调整着相关举措,但又始终保持着自身福利制度框架和

---

[1] 国际货币基金组织(IMF：International Monetary Fund)：《2014 年世界人均 GDP 排名》,2015 年 4 月。

[2] 世界卫生组织(WHO：World Health Organization)：《2011 年世界各国平均寿命排名》,2012 年 5 月。

模式的基本稳定,这是国家发展压力、制度路径依赖、福利政治文化约束、政党自身发展等因素共同作用的结果。本文将分析这些挑战和机遇。

一 1980—2000 年瑞典经济模式所面临的危机

二战以后,以缓和国内的社会阶级矛盾为目的,瑞典政府推行了一系列包罗万象的社会福利政策,人民的生活水平得到大幅度提高,社会矛盾得到缓和。自从布雷顿森林体系于 1971 年被打破后,OPEC 的石油价格自 1973 年起大幅上涨、欧币汇率出现波动、工业下降、服务业增长……以上种种趋势都对斯堪的纳维亚地区的模式造成了不小的影响。规模过大的福利政策体系是一把双刃剑,其实瑞典的福利模式在二十世纪八十年代时已经遇到了危机。

首先,为了推行福利制度,瑞典的公共开支(即社会的税收和保险费)在不断增长。比如,早在 1980 年和 1981 年,瑞典的公共开支已经分别高达 3270.4 亿克朗和 3756.32 亿克朗。这笔巨巨大的公共开支会被瑞典政府用于三个方面:转移性支付(政府发放的各种津贴或救济金)、公共消费(医疗费用、教育费用和其他政府性开支)以及公共投资(建造新住宅和公共建筑,购买土地和建筑物)。其中,公共投资只占用公共开支的 10% 左右,其他 90% 的公共开支大部分被用于公共消费和转移性支付。

表 1　瑞典公共部门开支①

单位:百万克朗

年份	转移性支付	公共消费	公共投资	扣除余值	总额
1980	152287	152588	22691	−526	327040
1981	182327	169567	23787	−49	375632

据统计,与国民生产总值相比,瑞典的公共开支每年至少要吞掉三分之二以上的 GNP,这样的规模在西方福利国家中也是很罕见的。这说明瑞典社会的福利制度一直被建立在非常庞大的公共开支之上,而这笔开支将被转换成压在瑞典人民头上的高额税收和巨额社会保险费。1986 年,一群瑞典的劳工组织政策专家集体发表了一份报告,内容是从保证社会安全和平等的目的来看,瑞典的福利制度没有

---

① Ivar Johansson, *Svenska ekonomiska upptäck*, Uppsala, 1982, S. 168. 此表由笔者翻译制作。

继续增长的必要。劳工组织的这份报告其实可以说明，很多专家已经意识到了瑞典的福利制度是过于发达了，它吞噬了过多的公共开支。

公共开支的来源是瑞典人民的税收收入，因此瑞典的税收与税负相当沉重。据统计，1981年至1982年间，瑞典职工的平均年收入约为7.7万克朗，而当时的所得税率是60％，即中央和地方政府的税收已经占掉了职工年收入的60％。除了税收，每个瑞典人每年都要为自己参加的各项社会保险项目缴费，这也是瑞典国民肩负着的沉重经济负担。以1980年为例，中央政府代收的社会保险费总额是252亿克朗，地方政府监督着的各个保险部门收取的社会保险费总额是494亿克朗，两者共计746亿克朗。1980年，瑞典全年的税收与社会保险费总额已达到2588亿克朗。当时，瑞典的总人口数是830万，即平均下来，每个瑞典人每年要负担3.1万克朗的税收与社会保险费开支，这个数字占到了当年人均GNP的56％。在西方福利国家中，如此沉重的经济负担和税收负担是相当罕见的。在高福利的美好表象之下，瑞典民众其实正处在高税收、经济压力巨大的残酷现状之下。长此以往，高税收给瑞典的国民经济带来了严重的不良后果。

因高福利而迅速膨胀起来的巨额财政开支使瑞典政府的预算连年出现赤字。由于经济危机和国际竞争，越来越多的瑞典企业陷入困境，失业人口增多。为了维持就业和救济失业人口，瑞典政府不得不增加财政补贴和失业救济金，这又让财政情况进一步恶化，财政赤字越来越多。1970年至1980年间，瑞典的财政赤字增长了12倍，从32亿克朗增长到了429亿克朗，1981年更是增长到了663亿克朗。长期赤字使瑞典政府不得不大量借债，瑞典政府的国债从二十世纪七十年代初的1000亿克朗一直累积到1981年年底的2950亿克朗，人均负债3.5万克朗。瑞典这个高福利国家事实上也是一个高税收、高债务的国家。为了弥补财政赤字，政府不得不扩大货币发行量，然而这又导致了严重的通货膨胀，瑞典的通货膨胀率在1981年达到了10％以上。同时，通货膨胀又导致了物价上涨，从而影响到了广大人民群众的生活水平，瑞典的社会矛盾再次被激化。隆德大学经济系的一份研究报告清晰地显示了财政预算赤字与国民生产总值之比的不断提高，从1950年的3％提高到1960年的5％和1970年的7％，直至1980年的12％（见表2）。

表 2　公共开支、公共收入、赤字与 GNP 之比较(%) ①

年份	1950	1960	1970	1975	1980
公共开支占 GNP 的百分比	25%	33%	47%	57%	63%
公共收入占 GNP 的百分比	22%	28%	40%	48%	51%
赤字占 GNP 的百分比	3%	5%	7%	9%	12%

　　1985 年,瑞典社会民主党通过保证工会对工资实行限制、削减赤字等措施促进了经济的加速发展,降低了失业率和政府财政赤字,这一成就使社民党赢得了1985 年的竞选。到了 1988 年,社民党之前的占 GDP 总额 8% 的预算赤字已经不复存在,失业率也降到了 2%,贸易收支实现了顺差,一切看起来都很美好。然而,到了 1990 年,社民党政府遭遇经济危机,其没有办法履行之前许下的实行新一轮社会改革的承诺。1991 年,社民党因在选举中遭受了巨大的失败而不得不下台。此后,在保守党和其他几个少数党派的领导下,瑞典的经济状况持续恶化,失业率从 1990 年的 1.6% 上升到了 1993 年的 7.7%。1991 年、1992 年和 1993 年,瑞典的 GDP 均出现负增长。

　　为了应对经济难题,1991 年当选的保守党政府不得不对社会保障政策进行了大规模的削减,一是政府不再支付提前退休养老金,二是疾病津贴也被减少到原来的 80%,三是其他保险和津贴也被降低了。削减政策的实施确实起到了一些效果,然而失业保险项目依然出现赤字,失业率的上升直接导致了瑞典的经济衰退,而瑞典克朗的汇率波动使瑞典工资成本也在不断减少。

　　除了经济衰退之外,福利制度也造成了一些社会问题,其中之一就是"养懒汉"现象。上文提到,在高福利制度下,病假补贴和病孩家长补贴都高达瑞典职工工资的 90%,再考虑到较高的税收,因此一些瑞典人便以请病假为由消极怠工,而他们这样做所蒙受的经济损失却不大。举例来说,如果一个瑞典职工平均一天的收入是 600 克朗,但他请了病假或照顾病孩假,他纳税后的税收只减少 100 克朗,但他却多了一天休假时间,这样的现象在当时的瑞典社会比比皆是,社会生产由此遭受了不小的损失。值得一提的是,这样的"怠工"方式在瑞典的高福利制度下并不少见,这样低的出勤率给瑞典的生产率带来了比较消极的影响。在经济国际化和欧洲一体化的背景下,如果瑞典想要维持较高的国际竞争力,那么"养懒汉"问题的解

---

① Ekonomiska rapporten, *Den gränsen av skatten i Sverige*, Lund, 1981, S. 4. 此表由笔者翻译制作。

决已经是当务之急。

二　经济全球化背景下的瑞典福利制度所面临的挑战

约翰·格雷曾经如此定义经济全球化：由不受限的资本流动和不加束缚的自由贸易所促进的工业生产和新技术的世界扩展。[①] 经济全球化是世界各个国家和地区在生产、资源分配、消费等一系列活动中的趋向一体化的趋势，其使资源、信息、科技、商品、资本等在全世界范围内自由流动和快速聚合，从而形成世界各国和地区的经济互相包含、无法分割的局面。本节所说的经济全球化背景主要是指二十一世纪以来的最新产业革命——特别是信息技术革命——所引起的世界经济结构变化，其中包括跨国公司的全球发展战略、金融市场全球化等。

瑞典的福利制度主要是瑞典政府在本国范围内对国内的各项资源进行集中整合和再分配，而在经济全球化时代，各种生产资源和生产要素在全球范围内自由地跨国流动，这导致瑞典国内的福利制度也承受着越来越大的压力，并遭遇到不小的挑战。这些压力和挑战主要包括以下几个方面：

(一) 经济全球化背景下的瑞典福利制度被质疑不利于促进新兴产业的发展

与之前的以资本为重的产业时代不同，经济全球化更注重知识和技术，而世界范围内的技术人才对世界市场的竞争和分配之参与打破了瑞典国内原本的对国民的资源进行再分配的传统格局。在很多福利没有瑞典那么好的国家，拥有知识和技术的劳动者可以依靠自身的努力进行创业，他们摇身一变，从劳动者变成了小型公司所有人，但瑞典的这些小型的新兴产业公司并没有得到相应的支持。1975年以前，瑞典的养老保险是由企业和个人共同承担的，但在1975年以后，养老金全部由企业承担，并且瑞典人的病假和照顾病孩津贴高达原有工资的90%，失业救济金高达原有工资的80%，这些费用都是由企业承担的，这么高的税收和保险金对于新兴的小公司来说是很大的负担，而瑞典并没有相应的创业保护机制，因此新兴产业的创业积极性得不到国家的支持，从而降低了瑞典在经济全球化时代的产业创新能力。

---

① 左大培、裴小格：《现代市场经济的不同类型——结合历史与文化的全方位探讨》，北京：经济科学出版社，1996年，第12页。

（二）经济全球化背景下的瑞典福利制度的基础被动摇

经济全球化在上世纪后期蓬勃发展，众多企业可以在世界范围内寻找劳动力成本最低的工人。由于瑞典的工人工资相对较高，于是瑞典企业倾向于聘用劳动力成本较低的国家的工人，这就导致了瑞典失业率的升高，而瑞典政府不得不增加福利支出以保障失业工人的基本生活，并出台有效措施以尽快解决失业问题。在这个过程中，瑞典的资本家们并没有承担很大的责任，也没有遭受什么损失，他们甚至还因为劳动力成本的下降而获益颇多。瑞典的福利制度原先是被建立在政府、企业家和劳动者三方充分协作的基础之上的，而在经济全球化的背景下，稳固的三角基础受到了动摇，社会劳动力的充分就业再次成为困扰瑞典政府的大问题。

（三）经济全球化引起的结构性失业加重了瑞典福利制度的负担

在经济全球化背景下，一批以知识经济为核心要素的新兴产业应运而生，它们是知识密集型产业，不同于原本的工业化时代下的劳动密集型产业。劳动密集型产业容纳劳动力的空间非常大，而在新兴的知识密集型产业中，大批低技术型工人因缺乏相应的新技术而不被认可，这种工业结构的调整导致了大量的结构性失业，这些从传统的工业公司被解聘的工人与现在的新兴产业技术格格不入，因此社会上出现了一大批剩余劳动力。在瑞典的福利体系之下，这些剩余劳动力都要向瑞典劳动市场局申请领取至少一年的、数额不小的失业救济金，劳动市场局和相关部门还要绞尽脑汁地为这些剩余劳动力开设技术培训班，以争取解决剩余劳动力的再就业问题。这是信息科技革命所引发的消极后果之一，这类结构性失业问题加重了瑞典福利制度的负担。

（四）经济全球化使瑞典福利制度无法维持平等待遇

在经济全球化的背景下，社民党于上世纪七十年代提出的"公平、平等"待遇的口号已经无法实现了。瑞典的福利制度是工业时代的产物，其本身能够很好地适应工业化的特征，而在经济全球化的时代，一些新兴的知识经济产业的劳动者和新出现的灵活就业的劳动者无法被纳入传统的社会福利体系之中，这首先就违背了公平的原则，也证明了瑞典传统的社会福利制度已经僵化过时，其无法很好地适应经济全球化的时代特征。另外，如果瑞典继续沿用原本的社会福利体系，而没有将知识经济产业创造的就业岗位和产业财富也同样纳入社会再分配的体系之中，那么这种做法就违反了平等原则,很多人会借机将这些资源和财富纳入自己的腰包,且福利制度在此情况下又要额外承担社会保障的责任,这对于福利国家来说既是损失,也是风险。

(五)经济全球化缩减了福利国家的税收来源,挑战国家权威

福利制度是工业时代的产物,它本身适应的是闭合性的福利社会,维持制度资金来源的手段是本国的税收,而制度资金的保障对象也是本国的国民。在经济全球化快速发展的今天,信息传播便捷、交通发达、产业发展迅猛,甚至资本想要逃避纳税也比工业时代更加容易。企业的跨国流动性打破了民族国家的界限,导致了以瑞典为例的劳动成本较高的国家的失业人数增加,瑞典国内的税源已经不再充足。金融市场的全球化加速了资本流动,这样的流动性让资本很容易就能摆脱民族国家的税务部门之监控,从而导致福利国家税源的大量流失。与此同时,在全球化背景下,劳动力也能大规模地自由流动,这也使国家税务部门监管纳税人及其纳税情况的能力大大减弱。增加国家权威和提高税务监管能力已经是新时代下的以瑞典为代表的传统福利国家不可逃避的新任务。

(六)瑞典福利体系受到了跨国公司的挑战

在经济全球化背景下,大量跨国公司在瑞典开设子公司,而瑞典的经济也十分依赖于几个大型的跨国公司。目前,在外国人控股的企业内工作的瑞典人有 30 万,这个数字是 15 年前的两倍。前文提到,瑞典福利模式能够平稳、快速发展的一个基础就是企业、政府和劳动者三方的关系能够稳固,然而经济全球化背景下的跨国公司在瑞典的发展趋势让原本稳固的三方关系变得相当微妙。2004 年 10 月,美国通用公司宣布,由于在欧洲连续四年亏损近 20 亿美元,于是其在两年内要在欧洲削减 1.2 万个就业岗位以降低成本,还要关闭瑞典的萨博公司以削减支出。这一消息在瑞典引起轩然大波,瑞典萨博公司员工游行示威一个多星期以示抗议,瑞典政府不得不投资 3 亿美元来支持萨博公司的研究和员工培训,当时的瑞典首相佩尔松先生还约见通用公司高层,力求其不要关闭萨博公司。瑞典政府为了保证就业岗位充足和资本稳定而不得不向美国企业低头。面对美国企业的裁员,瑞典以政府干预的手段来维持社会稳定,并提供了 3 亿美元的经济救济,因为瑞典政府一向将国民的充分就业视为福利政策的重要内容,而这样的干预和救济给瑞典的福利体系造成了不小的压力。与瑞典相反的是,以美国企业为代表的跨国公司

并不会害怕裁员,也不会担心裁员所造成的失业会导致子公司所在的国家产生社会问题,跨国公司的这些行径对瑞典的福利体系提出了不小的挑战。

三　经济全球化为瑞典带来的机遇

上文提到,经济全球化对瑞典的福利制度提出了种种挑战,如结构性失业率升高、税务部门的征税能力下降、瑞典几十年来所追求的"公平、平等"的目标无法完成等。但是,福利制度和经济全球化并不是零和博弈过程中的对手,北欧小国瑞典的福利体系比许多大国都要完善得多,瑞典也正在努力实施改革以适应新环境。经济全球化除了对瑞典提出众多挑战之外,其也为瑞典带来许多机遇。

(一) 瑞典的福利体系为瑞典吸引了大量资本、人才和技术

瑞典的养老金制度规定,凡年满 65 周岁的公民在瑞典居住或就业满一年就可以享受养老金,比较基本的大众养老金甚至可以向在瑞典居住满三年的非瑞典公民提供,即一个年龄在 16—64 岁之间的非瑞典公民只要在瑞典工作或居住满三年就可以享受瑞典基本养老保险,其中的保险项目包括照料津贴、伤残养老金、妻子补助津贴、障碍津贴、老龄养老金、遗嘱养老金等。经济全球化促使资本、人员、技术与生产资料在全球范围内自由流动,而瑞典的高福利体制可以吸引许多高素质人才,随着这些人才一起被吸引来的还有高科技、丰富的管理经验和大量的资本。1975 年,瑞典议会确定了一个针对外来移民的目标:平等、自由和合作。平等就是瑞典要让所有合法的外来移民取得与瑞典国民一样的平等地位和权利,以保证外来移民不会受到歧视;自由就是所有外来移民能自主决定是否保留自己的本国语言和文化生活习惯而不会受到勉强;合作就是瑞典国民与外来移民之间要保持通力合作,双方不再有隔阂。①

可以预见的是,许多高科技和高素质的人才在经济全球化时代被吸引到瑞典之后会受到平等对待,他们不仅可以保留自己本国的语言和文化生活习惯,而且还能被容纳到瑞典的社会保障体系之中,从而不必担心自己年老之后的生活。在这样的条件下,这批外来移民会安心在瑞典工作、生活、养老,他们带来的大笔资金、物资、技术和管理经验也会一并被投入瑞典。这些外来移民会为瑞典的社会和经

---

① Dagmar Hellstam, *Minoriteter och invandrare*, Uppsala, S. 35.

济发展做出巨大贡献,并致力于实现瑞典的社会稳定和经济繁荣。

(二) 瑞典的公共部门获得大力发展

上文提到,在经济全球化背景下,瑞典出现了结构性失业率升高、税务部门征税能力下降等问题,而且瑞典政府对跨国企业的监管和征税工作也开展得不是很顺利,所以为了消除以上这些问题所造成的负面影响,瑞典政府已大力扶持公共部门,以此来稳定就业和推动经济发展。瑞典的教育、卫生等社会服务公共部门从上世纪起就已实现国有化,瑞典的公共部门在 GDP 中所占的份额在上世纪八十年代中期已达到 50%,这是因为瑞典的工业产值自二战以来不断下降,但其第三产业——服务业的产值却在不断上升。1999 年,瑞典的工业产值增加额占国民生产总值的 27.5%,而同年的服务业产值的增加额占国民生产总值的比例则上升到了70.5%。[①] 可见,与很多国家相比,瑞典的国有化程度并不高,但其公共部门在经济产值中所占的比重却很大。

二十世纪以来,瑞典政府渐渐意识到,公共部门是可以直接受到政府监管的,这样可以减少经济全球化带来的一些经济风险。不同于跨国公司,公共部门产出的经济效益可以被依法征税,将所征税收纳入福利体系也有利于维护社会稳定。在瑞典政府加大对公共部门的投入之后,新增加的就业岗位可以被用来解决经济全球化所引发的结构性失业问题,而公共部门一向是吸纳妇女工作者的先驱,因此妇女的就业率亦能得到提升。总之,经济全球化促使瑞典政府加大了扶持公共部门的力度,而公共部门的发展既稳定了社会经济,又吸收了剩余劳动力,从而减少了因高失业率而导致的巨额福利开支,进而维护了社会的稳定。

(三) 经济全球化为瑞典的企业和技术走向世界创造了机会

经济全球化也为瑞典的企业和技术走向世界创造了机会,瑞典的经济得以继续迅猛发展。瑞典一向是一个低调的国家,但它同时又是一个富有创新能力的国家,许多的科技发明都源自于瑞典却不为人知,如安全火柴、三点式汽车安全带、拉链、利乐包装等。瑞典人的创新能力是从小被培养起来的,因此许多的发明创造都在瑞典问世也是不足为奇的。在经济全球化的背景下,许多缺乏资金支持和不为人所知的发明发现都可以被迅速传播,它们很有可能就会受到关注从而影响世界。

---

① 顾俊礼:《福利国家论析——以欧洲为背景的比较研究》,北京:经济管理出版社,2002 年,第 222 页。

例如,瑞典的通讯业在上世纪九十年代迅速发展,它使瑞典的经济成为经济全球化浪潮中的先锋。据欧盟的一项调查研究显示,在高科技应用方面,瑞典和芬兰申请的专利数量远超欧美其他国家,而两国的研究开发支出在 GDP 中所占的比例也是欧美国家中最高的。

在经济全球化背景下,科技专利能够以最快、最好的方式被生产出来,从而造福瑞典和全世界。[①] 正因为有了高科技的助力,瑞典的经济才能保持着迅猛的发展模式。2000 年,瑞典的经济增长率为 4%,失业率下跌到 4%,通货膨胀率不到 1.5%,它是欧洲通货膨胀率第二低的国家。2003 年,瑞典的通货膨胀率保持在 1.4%。2017 年 3 月 30 日,瑞典的《哥德堡邮报》报道,瑞典国家经济研究所 (Institute of Economic Research, KI)预测,瑞典的经济增长速度超过预期,出口经济开始复苏,并成为经济增长的主要动力。2017 年,瑞典的经济增长率为 2.5%,预计此数字在 2018 年时将达到 2.1%。2017 年,瑞典的通胀率为 1.5%,预计此数字在 2018 年时将为 1.6%。

可见,在经济全球化背景下,瑞典虽然遭受到了一些冲击,但瑞典政府通过各种调整手段使瑞典继续保持活力。经济全球化并不能摧毁瑞典,也不会妨碍瑞典的福利制度继续为国民提供支持和帮助。

---

① 余永定、李向阳:《经济全球化与世界经济发展趋势》,北京:社会科学文献出版社,2002 年,第 26 页。

试析郭士立于在华传教活动中的身份建构与身份冲突

胡 凯 张翰轶

摘 要 在近代众多的来华传教士中,郭士立是最具争议性的一位。郭士立为在华传教事业做出颇多贡献,但他却受到同时代的其他传教士之指责。郭士立一方面是勤勉的福音传播者,另一方面却又是积极协助殖民国家侵略中国的施害者。本文尝试从身份建构与身份冲突的视角出发,对郭士立的在华传教活动进行分析和评价。

关键词 郭士立;传教士;身份建构;身份冲突

郭士立(Karl Friedrich August Gützlaff)是来华的第一位德籍路德宗传教士,他孑然一身前往中国,并将毕生精力投入到了在华传教工作中。郭士立是传教士,是外交家,也是语言天才和汉学家。郭士立行医送药,办学办报。然而,在对华鸦片贸易和鸦片战争中,异常活跃的郭士立也是殖民侵略者阵营中的重要成员。郭士立复杂、多元且不无内在矛盾的身份与行为令其饱受争议,也使其成为近代的来华传教士中最具传奇色彩的人物。

一 学界对郭士立的研究和建构主义身份理论

1803 年,郭士立出生在普鲁士东部波美拉尼亚的皮里茨(Pyritz)。1820 年,郭士立在普鲁士国王弗里德里希·威廉三世访问斯特丁(今什切青)时献诗,从而得到国王对其学业的资助。1821 年,郭士立进入柏林仁涅克神学院,后又加入荷兰传道会并接受传教训练。1827 年,郭士立来到东南亚传教。次年,郭士立脱离荷兰传道会,成为独立传教士。从 1831 年起,郭士立主要在中国活动,他通过各种方式拓展基督教的影响范围,并致力于译介与沟通中西文化,从而引起了西方各界对他的研究和关注。郭士立积极参与中英鸦片战争,他曾先后受雇于英国商行和香港殖民当局,后又创立福汉会,以向中国内地传播基督教。1849 年至 1850 年,郭士立在欧洲奔走,以鼓吹来华传教,并为福汉会宣传造势。重返柏林的郭士立引起了轰动,为他举办的欢迎会吸引了柏林科学界和艺术界的所有名流。其间,郭士立怂恿母国普鲁士前往中国攫取贸易与政治特权,但当时普鲁士因海外扩张的条件尚不成熟而未采纳此建议。[1] 然而,郭士立的宣传与普鲁士及德意志传教会(如巴陵会、巴色会、巴勉会等)决定来华传教有直接关系。"柏林中国传教总协会"(小巴陵会)和"柏林中国传教妇女协会"(巴陵女书会)也是在郭士立的影响下于 1850 年成立并在之后向中国派遣传教士的。[2]

作为新教在华传教史上的重要人物和德国新教在华传教事业的开路先锋,郭士立颇受中德两国学界的关注。其中,德国学界首重郭士立在新教——尤其是德国新教传教会——在华传教事业中的影响与贡献,如德国最著名的郭士立研究学者赫尔曼·施利特尔的《在华传教士卡尔·郭士立》[3]和《在华传教士卡尔·郭士立和他的母国基础》[4]、哈特穆特·沃尔拉文的《卡尔·弗里德里希·诺依曼(1793—1870 年)和卡尔·弗里德里希·奥古斯特·郭士立(1803—1851 年):两位十九世纪德国的中国通》[5]等论著都对郭士立的在华传教活动进行了传记式的整理与分析。此外,从跨文化视角解读郭士立在东亚地区活动的研究成果也比比皆是,如托拉夫·克莱恩和莱因哈特·策尔纳出版的论文集《卡尔·郭士立(1803 – 1851 年)和东亚基督教:文化间的传教士》[6]等。相比之下,中国学界虽有

---

① „Vizekonsul Staegemann, Hamburg, an Ministerium der Auswärtigen Angelegenheiten", 29. 8. 1850. v. d. Heydt an Ministerium der Auswärtigen Angelegenheiten, 4. 12. 1850, in Helmut Stoecker, *Deutschland und China im 19. Jahrhundert-Das Eindringen des deutschen Kapitalismus*, Berlin: Rütten & Loening, 1958, S. 43.

② 参见孙立新:《从中西文化关系角度看 19 世纪德国新教的中国传教》,载《文史哲》,2003 年第 5 期,第 40—47 页。

③ Herman Schlyter, *Karl Gützlaff als Missionar in China*, Lund: Gleerup, 1946.

④ Herman Schlyter, *Der China-Missionar Karl Gützlaff und seine Heimatbasis: Studien über das Interesse des Abendlandes an der Mission des China-Pioniers Karl Gützlaff und über seinen Einsatz als Missonserwecker*, Lund: Gleerup, 1976.

⑤ Hartmut Walravens, *Karl Friedrich Neumann (1793 – 1870) und Karl Friedrich August Gützlaff (1803 – 1851): zwei deutsche Chinakundige im 19. Jahrhundert*, Wiesbaden: Harrassowitz Verlag, 2001.

⑥ Thoralf Klein/Reinhard Zöllner(Hrsg.), *Karl Gützlaff (1803 –1851) und das Christentum in Ostasien: ein Missionar zwischen den Kulturen*, Nettetal: Steyer Verlag, 2005.

不少研究郭士立传教行为的专题式研究成果①,但中国学者的选题旨趣似乎更多地集中于郭士立除传教士以外的其他身份和活动,如基于殖民主义研究范式对其襄助鸦片贸易、充当间谍与殖民侵略者帮凶的行为进行批判②,又如基于现代化和跨文化范式对郭士立的办报、著书、翻译等文化活动进行研究。③

　　值得注意的是,中德两国学界都倾向于研究郭士立在某一特定方面的行动,并将与郭士立相联系的某种身份(如传教士、侵略者、译者等)视为相对独立的常量,重行为而轻动机,较少有学者对郭士立复杂多样的身份角色进行全面的梳理和动态的分析④,郭士立各种身份之间的关联与冲突则更非学界关注的重点。然而,十九世纪早期的来华传教士的多重身份之内在联系与矛盾所反映的,恰恰是他们当时所面临的在华宣教困境及他们的应对策略,是他们回应与改变中西交往范式的意愿。正如费正清所言:"像大多数创业情况一样,人员和其他资源都严重不足,所以要求这些人比在后来的发展情况下担任更复杂得多的任务。除此之外,传教士要完成吸收信徒的这一主要任务仍然存在着种种障碍,所以早期多得不成比例的传教士得担任世俗职务,这样又使传教士的身份模糊不清,如果说没有完全丧失这

① 如《郭士立与福汉会》(吴义雄:《郭士立与福汉会》,载吴义雄:《开端与进展:华南近代基督教史论集》,桂林:广西师范大学出版社,2011年,第54—71页)中对郭士立的传教活动及福汉会公案之论述,以及《郭士立的医药传教思想与实践》(张琳:《郭士立的医药传教思想与实践》,载《广州大学学报(社会科学版)》,2005年第5期,第16—19页)中对郭士立的医药传教策略之介绍与分析。

② 如《从马礼逊到司徒雷登——来华新教传教士评传》(顾长声:《从马礼逊到司徒雷登——来华新教传教士评传》,上海:上海人民出版社,1985年)、《历史不容篡改》(童轩:《历史不容篡改》,载《中国宗教》,2000年第5期,第40—45页)、《为英国侵华服务的德国传教士》(陈忠:《为英国侵华服务的德国传教士》,载《天风》,2002年第11期,第33页)等专著和论文对郭士立的间谍与殖民侵略者身份进行了揭露和批判。

③ 在这方面,有许多针对郭士立的文字创作和译介中文经典著作活动的研究成果,如《郭实腊〈贸易通志〉简论》(熊月之:《郭实腊〈贸易通志〉简论》,载《史林》,2009年第3期,第62—67页和第189页)、《郭实腊对〈红楼梦〉的误读——论〈红楼梦〉在英语世界的首次译界》(李海军、范武邱:《郭实腊对〈红楼梦〉的误读——论〈红楼梦〉在英语世界的首次译介》,载《山东外语教学》,2013年第3期,第100—103页)、《十九世纪西方人视野中的〈三国演义〉——以郭实腊的〈三国志评论〉为中心》(王燕:《十九世纪西方人视野中的〈三国演义〉——以郭实腊的〈三国志评论〉为中心》,载《中国文化研究》,2016年第4期,第155—166页)等。若我们进一步统计对郭士立创办的《东西洋考每月统计传》进行研究的成果,则数量将更多,此处不一一列举。

④ 《郭实猎评传》(陈虹:《郭实猎评传》,载《图书馆杂志》,2004年第5期,第72—75页)对郭士立的多重身份角色进行了分析与对比,文章对郭士立的各种身份与传教之间的关系虽有涉及,但碍于篇幅,论述并不深入。《郭实腊其人及其在早期对华传教活动中所扮演的角色和影响》(杨佳智:《郭实腊其人及其在早期对华传教活动中所扮演的角色和影响》,载中国基督教三自爱国运动委员会编:《传教运动与中国教会》,北京:宗教文化出版社,2007年,第86—130页)则对郭士立的传教活动进行了全景式的梳理与归纳,较为详细地列举了郭士立建构的多元身份以及与其身份相关联的行为。

种身份的话。"①换言之,针对郭士立等传教士的多重身份建构之内在关联与矛盾冲突所进行的分析,是客观解读他们行为的关键。

因此,本文选用亚历山大·温特的有关身份和利益之阐述来分析郭士立的在华传教活动。身份理论是以温特为代表的学者提出的社会建构主义理论之重要组成部分。社会建构主义是一种结构理论,它主张的体系结构是一种社会意义上的结构,此结构的最根本要素是特定社会环境中的行为体所具有的共同理解和期望,即共有知识或文化。温特认为,行为体和体系结构之间存在着互相建构的关系。一方面,行为体的主体间实践活动(互动)导致了共有知识(即结构)的形成;另一方面,结构建构了行为体的身份和利益。身份是行为体的存在状态,它植根于行为体的自我领悟。因为"这种自我领悟的内容常常依赖于其他行为体对一个行为体的再现与这个行为体的自我领悟这两者之间的一致",所以身份往往存在于行为体与他者的关系之中。利益以身份为先决条件,它是行为体的需求,"利益表示有助于解释行为的动机"。建构主义的特点在于它重视行为体的实践,并用发展的眼光审视体系结构与行为体之间互相建构的过程。建构主义不仅研究行为体的行为,而且更着眼于通过作为变量而非先验给定因素的身份和利益来分析行为体的行为选择。② 可见,如果我们欲对近代来华传教士的复杂多元的身份选择及其所导致的行为与中西交往范式(结构)之间的互动关系进行动态分析,那么建构主义的身份理论显然是相当合适的理论工具。

二 郭士立谋求准入的尝试和"中国人"身份的建构

对于传教士而言,中国既是神秘和魅力兼具的遥远国度,又是完全迥异于自身过往经验的全新工作地点。在人口稠密的中国,传教士必须"与文化和文明高度发达的人民打交道。基于数千年的历史,他们(中国人)对自身价值与才能意识强烈。尽管长久以来,他们(中国人)的国家和王朝不断衰落,但这正成为他们激烈地与新事物和他者隔绝的原因"③。面对由明清政府掌握话语权的体系结构以及不愿扩

---

① [美]费正清等编:《剑桥中国晚清史:1800—1911》(上卷),中国社会科学院历史研究所编译室译,北京:中国社会科学出版社,1985 年,第 534 页。

② 参见[美]亚历山大·温特:《国际政治的社会理论》,秦亚青译,上海:上海人民出版社,2008 年,第 161—178 页、第 220—228 页等。

③ Helmut Lehmann, *150 Jahre Berliner Mission*, Erlangen: Verlag der Ev.-Luth. Mission, 1974, S. 76.

展自我认同边界的传教对象，早期传教士主动寻求自己与中国人之间的利益交集，并建构与中国人的共有知识。利玛窦等耶稣会士因对中国社会-政治-文化系统的尊重、顺应和同化而赢得认同，他们通过合儒与补儒来发掘甚至创造中西文化的共性，以此缓解和规避传教所引致的冲突，而且他们与中国学者和官僚交好乃至接近皇帝，从而促使中西交往的体系结构向着有利于传教的方向改变。① "利玛窦规矩"的最大收益在于 1692 年的"容教令"之颁布和天主教的在华合法地位之取得。②这种被证明行之有效的行为模式，也成为郭士立谋求进入中国内地传教的基础。

被视为在华传教事业奠基人的范礼安（Alessandro Valignano）认为，欲往中国传教，"第一件必须做的事就是学习中国语言"③。在十九世纪早期的来华传教士中，郭士立的语言天赋过人。郭士立在东南亚华侨中学习汉语，环境条件相对宽松。根据郭士立的自述，他搭建了一间木板屋，收容了几名不良于行、无法自行离开的残疾华人，整天听他们以汉语交谈。而且，郭士立还跟着孩子们进书塾听课，进商店找人交谈，以实现在实践中学习。郭士立坚信，自己在中国的传教目标是否能成功实现，全然依赖于自己是否能掌握中国的语言。④

然而，郭士立并不满足于语言习得和习俗模仿。在郭士立看来，"中国化"不应被囿于表象的相似性，而是必须超越认同边界地为自己建构"中国人"的集体身份，"乃要成为中国人，始能盈取中国人"⑤。在东南亚传教期间，郭士立深入接触海外华侨。东印度公司广州商会大班林赛（Hugh Hamilton Lindsay）在写给英国议会的报告中称："通过在福建下层民众中的长期生活，郭士立无论在思想还是在语言方面都获得了一种特殊的认知，而这种认知是无法通过单纯的研习获得的。"⑥此外，郭士立在暹罗时便归宗于来自福建同安的郭氏家族，并取汉名"郭士立"（也被译

① 参见［美］邓恩：《利玛窦到汤若望：晚明的耶稣会士》，余三乐、石蓉译，上海：上海古籍出版社，2003 年，第 86—87 页。

② 参见冯尔康：《康熙帝第二次南巡优遇传教士·浙江禁教·容教令出台——从中国天主教史角度看康熙帝政治》，载《安徽大学学报（哲学社会科学版）》，2015 年第 1 期，第 1—14 页。

③ ［意］利玛窦、［比］金尼阁：《利玛窦中国札记》，何高济等译，桂林：广西师范大学出版社，2001 年，第 100 页。

④ Vgl. Carl. F. Gützlaff, *Vortrag in der Böhmischen Kirche am 1. Juni 1850. Die Mission in China-Vorträge*, *in Berlin erhalten*, Berlin: Wohlgemuth's Buchhandlung, 1850, Bd. 1, S. 6.

⑤ 李志刚：《基督教早期在华传教史》，转引自谭树林：《早期来华新教传教士与中国传统文化》，载《北方论丛》，1998 年第 4 期，第 101—105 页。

⑥ Winfried Scharlau（Hrsg.）, *Gützlaffs Bericht über drei Reisen in den Seeprovinzen Chinas: 1831 - 1833*, Hamburg: Abera Verlag, 1997, S. 25.

为"郭实腊"等）。由此，郭士立自认为他已经"入籍成为了天朝的臣民［……］被承认为这个庞大民族的成员"。值得注意的是，除了形式之外，郭士立十分注意自己在行为和思维方面的"入籍"。郭士立称："现在我应该完全适应中国人的习俗，甚至必须放弃阅读欧洲的书籍。"[①]此外，郭士立还以"爱汉者"为笔名，在传教报刊上发表有关其中国传教活动的报道。[②] 1850 年，在欧洲发表演讲时，郭士立甚至提到，"（中国已经成为）我的第二祖国，我真正的祖国"[③]。

对中国的了解和自身的"中国化"给了郭士立冒险前往中国的底气。自 1831 年起，郭士立多次挑战清政府的禁令，他往来于中国沿海探查情况，并伺机散发传教材料。郭士立的"中国人"身份之建构虽然谈不上成功，但并非没有成效。根据郭士立的记述，1831 年 8 月，当他初次沿中国海岸航行抵达山东时，有些当地人竟然视其为华侨。[④] 在天津逗留期间，来自福建的居民将郭士立视为同乡，更有一名官员在得知其来历后说："虽然在我们中间属于外来者，但他是真正的中国人。尽管有些人想阻止他去京城，但我却会给他护照，因为他从暹罗远道而来，阻碍他谒见'龙颜'是不合适的。"[⑤]诚然，此事的真实性存疑。毕竟，在洪仁辉事件中[⑥]，那位贸然代洪仁辉上奏的中国官员受到了降三级的处分。[⑦] 但是，郭士立的"中国化"努力在一定程度上削弱了洋人的类属身份带给中国传教对象的互动焦虑，并成为其在传教对象处寻求心理准入的基本筹码。

---

① Winfried Scharlau(Hrsg.), *Gützlaffs Bericht über drei Reisen in den Seeprovinzen Chinas：1831 - 1833*, a. a. O., S. 61.

② W. Oehler, *China und die christliche Mission in Geschichte und Gegenwart*, Stuttgart：Evangelischer Missionsverlag, 1925, S. 142.

③ Carl. F. Gützlaff, *Vortrag in der Dreifaltigkeitskirche am 30. Mai 1850. Die Mission in China：Vorträge, in Berlin gehalten*, Berlin：Wohlgemuth's Buchhandlung, 1850, Bd. 2, S. 11.

④ Winfried Scharlau(Hrsg.), *Gützlaffs Bericht über drei Reisen in den Seeprovinzen Chinas：1831 - 1833*, a. a. O. , S. 79.

⑤ Winfried Scharlau(Hrsg.), *Gützlaffs Bericht über drei Reisen in den Seeprovinzen Chinas：1831 - 1833*, a. a. O., S. 93 - 94.

⑥ 洪仁辉(James Flint)系英国人，供职于英国东印度公司，多次率船赴宁波通商。1757 年，乾隆颁谕将清朝与西洋商人的贸易活动限于广州一地。1759 年，洪仁辉违谕率船再往宁波。在遭中方阻止后，洪仁辉非但未返回广州，反而北上天津，请托中国官员转呈诉状，状告粤海关弊政并交涉"一口通商"一事。乾隆整饬了粤海关，却未理睬英方的开放其他港口之要求，而是将违禁的洪仁辉在澳门圈禁三年后驱逐回国。洪仁辉事件后，清政府进一步加强对在华洋人的管控，相继颁布了《防范外夷规条》(1759 年，即《防夷五事》)、《民夷交易章程》(1809 年)、《防范夷人章程八条》(1831 年)和《防夷新规八条》(1835 年)，以限制洋人的在华活动及洋人与华人的接触。

⑦ 王宏斌：《乾隆皇帝从未下令关闭江、浙、闽三海关》，载《史学月刊》，2011 年第 6 期，第 40—45 页。

　　郭士立的"中国化"努力并未停留在个人身份的建构上。当其他传教士还仅仅致力于自身的"中国化"之时,郭士立却已经在实践中国信徒的"传教士化",并开始思考在华传教工作的本土化问题。鉴于清政府的"禁教令"和对洋人在华活动的种种限制,赠送《圣经》及散发其他宣教印刷品几乎是十九世纪早期的来华传教士唯一能实施的、直接的传教行动。[①] 但是,问题在于,接受洋人印刷品的事一旦被查出,接受者就将受到严厉处罚,因而这种传教方式的效果并不理想。[②] 郭士立认为,从主观上看,中国人的心中存在着几乎无法被攻克的传教障碍,那是中国人对宗教的无所谓态度,对异域习俗的不信任,对异族的轻视和对先祖的骄傲。总体上说,中国人对所有他者都怀有厌恶感,这尤其体现在宗教方面。基于古老习惯的偶像崇拜令中国人对基督教充满不屑。[③] 从客观上看,"中华帝国很庞大,一个异族人到了那里就会被湮没,几乎没有人认识他,他的作用微乎其微。即使他(异族人)克服了语言的困难,他还是无法广泛地施加影响"[④]。所以,郭士立深信,要想传播主的福音,他就必须唤醒中国人自身的事主意识,"中国的皈依(基督教)只能通过中国人来实现"[⑤]。中国人"应将福音视为主的恩赐,而不是异族人的礼物抑或是来自异域的某种学说"。为此,宣教师必须在中国人之中产生。[⑥] 所以,郭士立创立了福汉会,以训练中国信徒进入内地传教。福汉会一改海外传教差会的模式,其由中国信徒自行管理,但实际权力当然仍为郭士立所掌握。据郭士立报告称,自1844年建会起算,福汉会的宣教师人数至1849年时已上升到130人,他们的布道工作之足迹遍布中国18个行省中的12个。[⑦] 郭士立自豪地表示:"现在,传教的不再是来自西方的异族人,而是来自他们(中国人)自己的人民。当我听到他们(中国

① 参见[美]赖德烈:《早期中美关系史(1784—1844)》,陈郁译,北京:商务印书馆,1963年,第89页。

② SLHK. Folio[A], *From Scott shao-chi Pan*: *AN APPRAISAL OF KARL (CHARLES) GUTZLAFF AND HIS MISSION-The First Lutheran Missionary to East-Asian Countries and China*, Minnesota, USA, 1968,转引自张琳:《郭士立的医药传教思想与实践》,载《广州大学学报(社会科学版)》,2005年第5期,第17页。

③ Carl. F. Gützlaff, *Vortrag in der Elisabeth-Kirche am 3. Juni 1850*, Die Mission in China:Vorträge, in Berlin gehalten, Berlin:Wohlgemuth's Buchhandlung, 1850, Bd. 3, S. 4 - 5,8.

④ Carl. F. Gützlaff, *Vortrag in der Elisabeth-Kirche am 3. Juni 1850*, Die Mission in China:Vorträge, in Berlin gehalten, a. a. O., S. 11 - 12.

⑤ Winfried Scharlau(Hrsg.), *Gützlaffs Bericht über drei Reisen in den Seeprovinzen Chinas*:*1831 - 1833*, a. a. O., S. 42.

⑥ Carl F. Gützlaff, *Chinesische Berichte*, *von der Mitte des Jahres 1841 bis zum Schluss des Jahres 1846*, Kassel, 1850, S. 256 - 257.

⑦ 参考吴义雄:《郭士立与福汉会》,载吴义雄:《开端与进展:华南近代基督教史论集》,桂林:广西师范大学出版社,2011年,第63—64页。

人)用他们自己的语言,充满力量和坚定信念地说:'耶稣啊,你为我们洗净了罪孽',我心中的感觉妙不可言。我觉得,中国获得拯救的时刻现在到来了。"①若将郭士立建构"中国人"身份的行为视为其对体系结构的适应性选择,那么他的传教本土化实践则是建构性地修正体系结构之尝试,此举的目的是使中国人对传教的认知从"受迫"转变为"自主",以合作取代对抗在此背景下逐渐成为中外双方有关传教的共有知识,原有的结构由此得到改变。虽然韩山文(Theodore Hamberg)等传教士之后揭露,福汉会的成绩多来自吹嘘与欺诈,郭士立对中国宣教士的甄别与管理也存在严重问题,福汉会的声誉因此一落千丈并随着郭士立的离世而崩溃解体,但福汉会对本土人士的基督教接受度之培育以及传教士对自身角色的定位认知与构建尝试——尽管不完全、不系统——却是后来的以"自养""自治"和"自传"为特征的本色化教会理论的萌芽与雏形,其也为基督教在中国的传播与发展模式之形成提供了有价值的思路。②

三 郭士立的身份建构之多样性和矛盾性

在当时的传教士中,凭借无视禁令的冒险,郭士立与中国人的接触最广泛、最深入。通过总结数次在航行途中散发基督教宣传资料的得失经验,郭士立发现,尽管清帝国闭关政策的执行漏洞百出,即使传教士的"中国化"已经卓有成效,但直接在中国传教依然是痴人说梦。从"礼仪之争"到雍正于1725年颁布的"禁教令"③,再到乾隆于1757年颁谕将西方与中国的交往囿于广州一隅④,清政府的一系列举措不仅剥夺了传教行为的合法性,而且在很大程度上阻断了华洋接触,这令马礼逊、郭士立等十九世纪早期东来的新教传教士身陷严重的身份焦虑和宣教困境。当时,传教士们尚不能借助西方殖民国家的强有力支持来彻底改变其所处的体系

① Carl. F. Gützlaff, *Vortrag in der Elisabeth-Kirche am 3. Juni 1850*, Die Mission in China: Vorträge, in Berlin gehalten, a. a. O., S. 8 - 9.
② 参见吴义雄:《自立与本色化——19世纪末20世纪初基督教对华传教战略之转变》,载《中山大学学报(社会科学版)》,2004年第6期,第124—132页。
③ 有传教士记述了"禁教令"的颁布对在华传教事业的巨大打击:"除了在北京的传教士以外,我们的所有传教士都被驱逐出中国。我们的教堂或者被拆毁,或者被移为他用。诏书已经颁布。诏书命令基督徒们放弃信仰,禁止中国人入基督教,违令者将受到严厉惩罚。"(朱静编译:《洋教士看中国朝廷——耶稣会传教士冯秉正神父给耶稣会某神父的信》,上海:上海人民出版社,1995年,第101页。)
④ 参见《清实录·高宗实录》(七),北京:中华书局,1986年,卷550,第1024页。

结构,因而他们必须建构其他具有合法性和可接受性的身份以进入中国,进而寻找重新启动传教互动活动的契机。

　　根据温特对身份的分类,传教士属于角色身份,其身份建构必须被建立在与反向身份者(即传教对象)成功互动的基础之上,否则无法被单方面构建。① 然而,为抵御西方文化的入侵以维护自身文化内核的稳定性,清政府从源头上抑制了能够使传教活动实现的互动之发生,甚至连教授洋人中文的中国人都要遭到严惩。② 所以,郭士立借助商行职员、翻译、医生、旅行者等各种身份掩饰其传教目的,以隐蔽地扩展基督教的影响。同时,郭士立又通过著书、办报等文字工作来沟通中西,以期建构共有知识,他还协助第二任妻子在澳门创办女校,该校的创办被视为近代中国女子教育的开端。郭士立在殖民政府的供职经历使他几乎尝试和体验了所有传教士可能建构的角色身份。通过分析接触对象对他所建构出的各种身份之反应,郭士立发现医生的身份在中国具有最高的接受度。相比之下,中国人对洋行职员、外国旅行者等身份仍有抗拒心理,而文字工作无法促成直接互动且收效缓慢。医生的身份和药品的持有不但能使郭士立获得与为数众多的中国人进行沟通交流的机会,而且能令其赢得中国人的尊重与信任,从而为进一步的布道宣教创造有利条件。在第一次冒险航行中,初抵天津一展医术的郭士立被尊称为"先生"并广受邀约,甚至连官员也来相询。由于就诊人数太多,为尽早求医问诊,来自福建的患者甚至称郭士立这位"同乡"是"我们的医生而不是你们的",并以此为由驱赶其他病人。在辽东,郭士立同样大受欢迎。③ 在夷人与夷物备遭轻慢的近代中国,中国人对郭士立的重视和推崇以及对西洋医术和药品的信任并不寻常。所以,郭士立表示:"我很高兴能有机会为这些可怜人做些好事,并通过这些行为向他们昭示我所从事的职业(传教士)与人为善的目的。"④郭士立建议:"每一位来中国的传教士

① 参见[美]亚历山大·温特:《国际政治的社会理论》,秦亚青译,上海:上海人民出版社,2008年,第222—224页。
② 清政府禁止中国人教授洋人中文。因此,马礼逊聘请的中文教师常备毒药,为在被发现时自戕以免受牢狱之灾。卫三畏的中文教师在授课时也必须扮作修番鞋的工匠,以应付检查与举告。(参见谭树林:《清代对来华外国人学习中文态度的演变》,载《历史教学(高校版)》,2007年第1期,第39—43页。)
③ Winfried Scharlau(Hrsg.), *Gützlaffs Bericht über drei Reisen in den Seeprovinzen Chinas:1831 - 1833*, a. a. O. , S. 91,95,101,140.
④ Winfried Scharlau(Hrsg.), *Gützlaffs Bericht über drei Reisen in den Seeprovinzen Chinas:1831 - 1833*, a. a. O. , S. 136.

都应熟悉眼科疾病的治疗。因为,在这里,眼疾患者比世界上任何其他地方都多。"[1]郭士立是最早将传教士身份与医生身份结合在一起,并使这种结合上升到在华传教策略高度的传教士。1835年,郭士立在《中国丛报》刊文,他由此成为系统论述在华传教策略的第一人。在郭士立提出的以散发《圣经》、办教会学校、文字出版和施医送药为核心的慈善活动中,传教士能在禁教的中国快速、直接、有效地开展与中国人的互动之关键,就是传教士身份与医生身份的融合。[2] 首先将郭士立的建议与设想付诸实施并取得上佳效果的,是创办于广州的第一所近代化医院"眼科医局"(广州博济医院前身)的美国美部会传教士伯驾(Peter Parker)。在驱除中国人对他者的偏见方面,伯驾这位旨在"用手术刀的刀尖挑开中国大门"的医疗传教士三个月的作为比多年的传教布道效果更佳。[3]

需要指出的是,郭士立等十九世纪早期的来华传教士所建构出的身份并不都能提高中国受众对传教士的接受度和认同感,其中亦不乏与传播福音和宣扬和平之宗旨相违背的身份。这种与传教初衷相矛盾的身份建构主要肇因于传教士对鸦片贸易和鸦片战争的参与。在传教士之中,郭士立与鸦片贸易和鸦片战争的关系最为密切。郭士立的第二次中国沿海之行搭乘的是"阿美士德号"商船,他的任务之一是帮助东印度公司侦查中国沿海的经济与军事情况。在开始自己的第三次中国沿海之行时,郭士立便接受了鸦片商贩查顿(William Jardine)的聘请,搭乘上了鸦片商船。其后,郭士立还多次与鸦片商贩合作,他是唯一公然与鸦片商贩沆瀣一气的传教士。在吸食鸦片和鸦片贸易问题上,传教士们总体上是持反对态度的。在1836年至1840年间,卫三畏等传教士在《中国丛报》上发表了48篇抨击鸦片贸易的文章。[4]郭士立在其著述中也流露出对吸食鸦片者的厌恶。[5] 传教士对鸦片的反对固然是受道德、良知和基督教教义之影响。但是,更重要的是,鸦片对中国人的荼毒令洋人的在华形象一落千丈,传教士也受到牵连而不再受中国人信任,在华传教事业的开展也受到阻碍。所以,郭士立与鸦片商贩的合作甚至为其他传教士所不齿,他搭

---

① Winfried Scharlau(Hrsg.), *Gützlaffs Bericht über drei Reisen in den Seeprovinzen Chinas*: *1831 - 1833*, a. a. O., S. 204.

② 参考张琳:《郭士立的医药传教思想与实践》,载《广州大学学报(社会科学报)》,2005年第5期,第18页。

③ Vgl. W. Oehler, *China und die christliche Mission in Geschichte und Gegenwart*, a. a. O., S. 152.

④ 丁光:《英国传教士慕雅德与中英鸦片贸易》,载《世界宗教研究》,2015年第4期,第113—121页。

⑤ 参见 Winfried Scharlau(Hrsg.), *Gützlaffs Bericht über drei Reisen in den Seeprovinzen Chinas*: *1831 - 1833*, a. a. O., S. 60;杨佳智:《郭实腊其人及其在早期对话传教活动中所扮演的角色和影响》,载中国基督教三自爱国运动委员会编:《传教运动与中国教会》,北京:宗教文化出版社,2007年,第107—108页。

乘鸦片商船传教的做法也被传教士们指责为"不名誉的、令人厌恶的"①。

鸦片战争期间,郭士立更是直接介入了中英冲突,而且他表现得尤为积极。鸦片战争爆发后,郭士立以英军翻译的身份参与了战争的全过程,他曾被英军任命为定海、宁波等地的地方官②,并参与了中英谈判及《南京条约》的起草与签订。之后,郭士立又受雇于英国殖民政府,他在香港地区的英国当局担任中文秘书。郭士立不遗余力地协助英国当局的行为,这与他的经历不无关系。郭士立的三任妻子都是英国人,在脱离荷兰布道会后,他本人也曾得到伦敦会的帮助。虽然郭士立未成为伦敦会的正式成员,但他确实与伦敦会关系密切。英国政府提供的职位令郭士立摆脱了依赖于鸦片贸易的窘境。③ 对于一位无法依赖差会和母国政府支持的独立传教士而言,英国当局为其提供职位的行为不仅或多或少地催生了郭士立的英伦情结,而且更赋予其英国政府雇员的身份,从而使其能更名正言顺地为英国当局辩护。然而,更重要的原因是,虽然郭士立对中国文化兴趣盎然且多有积极正面的评价,但在他看来,不以基督教为基础的中国文明是必须被拯救和改变的,因为"他们的灵魂是阴暗的,他们不理解最简单的宗教的真理[……]要想看看阴霾遮蔽大地、黑暗笼罩人民的景象,就必须来中国"④。郭士立认为,中国民众是乐意与洋人交往并接受基督教的,但"禁教令"违背了民意,也阻碍了基督教在中国的传播。⑤因此,郭士立"衷心希望有一些更有力的举措来开启与中国的自由往来"⑥。

---

① 杨佳智:《郭实腊其人及其在早期对话传教活动中所扮演的角色和影响》,载中国基督教三自爱国运动委员会编:《传教运动与中国教会》,北京:宗教文化出版社,2007年,第108页。
② 《定海县志》和《宁波市志》中都提到了鸦片战争期间的郭士立。《定海县志》称:"道光二十年(1840年),六月初九,英军委传教士、鸦片商郭士立任'知县',发布告,迫渔船、商贾领照纳税。"(定海县志编纂委员会编:《定海县志》,杭州:浙江人民出版社,1994年,第8页。)《宁波市志》则提到:"1841年10月13日,英舰、船8艘,兵700人犯府城。宁波知府邓廷彩,宁绍台道台鹿泽长及余步云等出城逃。宁波陷落。英军立普鲁士传教士郭士立为宁波'知事'。"(俞福海主编,宁波市地方志编纂委员会编:《宁波市志》[上],北京:中华书局出版社,1995年,第57页。)
③ 1834年12月,郭士立被任命为英国驻华商务监督的中文秘书兼翻译,他因此获得了一笔可观的年薪收入。(参见杨佳智:《郭实腊其人及其在早期对话传教活动中所扮演的角色和影响》,载中国基督教三自爱国运动委员会编:《传教运动与中国教会》,北京:宗教文化出版社,2007年,第106页。)
④ Carl. F. Gützlaff, *Vortrag in der Dreifaltigkeitskirche am 30. Mai 1850*, a. a. O., S. 11.
⑤ Winfried Scharlau(Hrsg.), *Gützlaffs Bericht über drei Reisen in den Seeprovinzen Chinas: 1831 - 1833*, a. a. O., S. 138,148.
⑥ Winfried Scharlau(Hrsg.), *Gützlaffs Bericht über drei Reisen in den Seeprovinzen Chinas: 1831 - 1833*, a. a. O., S. 104.

根据郭士立的经验,"装备精良的火炮比翻译嘴里的话更能撼动(中国)人(的)心"①。因此,中英之间的战争冲突是郭士立等候许久的良机。如果说郭士立在与鸦片商贩合作时仍犹豫地居于幕后,那么他在鸦片战争中则是急切地跳到前台,并毫不掩饰地将自己的被与战争捆绑在一起的多重身份展示在中国受众的面前。当这些身份与传教士身份产生联系时,各个身份之间的矛盾与冲突便清晰无误地浮现出来。

四 郭士立的身份冲突体验及其原因分析

十九世纪早期的来华传教士的身份构建之多样性和矛盾性在郭士立身上可谓展现得淋漓尽致。对于行为体而言,身份的多样性属于常态,行为体会根据所处的情景来选择激活何种身份。倘若彼此矛盾的身份被同时激活,则身份冲突将被引发。每一种身份都包含有反映行为体所需的利益成分。其中,主观利益是"行为体对怎样实现自我身份需求所实际持有的信念[……]这些信念构成了行为的直接动机"。行为体基于对身份意义与所包含的利益之重视程度来建构各种身份的等级结构,并形成身份冲突出现时的抉择机制。② 需要注意的是,对身份冲突的体验不仅来自于内部(即行为体的自我建构),也得自于外部(即他者对行为体行为的评判)。换言之,身份冲突的本质是利益冲突,其既表现为行为体内部的各种利益的排序倒错,也表现为行为体与他者之间的利益碰撞。

如前文所述,在东来的传教士所建构出的各种身份中,具有最高优先级的显然是传教士身份,其他身份皆服务于传教士身份的顺利建构。对于传教士而言,最重要的主观利益莫过于中国的基督教化,这是解析传教士身份冲突的自我体验与抉择之基础。即使是那些有助于推进传教事业的医疗、办学、办报、译书等工作的开展,中国内地会的缔造者戴德生(Hudson Taylor)依然强调,不可喧宾夺主、本末倒

---

① Winfried Scharlau(Hrsg.), *Gützlaffs Bericht über drei Reisen in den Seeprovinzen Chinas: 1831 – 1833*, a. a. O., S. 116.
② 参考[美]亚历山大·温特:《国际政治的社会理论》,秦亚青译,上海:上海人民出版社,2008 年,第 225—227 页。

置,世俗的事务必须"能使我们带人归主,才值得一做"①,更何况是会对福音传播造成伤害的身份与行为。所以,郭士立在传教与鸦片贸易相互纠葛问题上的身份冲突之自我体验是真实存在的,故而以其张扬的个性,他在著述中对此一节向来讳莫如深。但是,作为一名独立传教士,缺少支持的郭士立不得不自行解决经常性的财务危机。另一方面,郭士立的行动又不受差会约束,而只服从于自己的信念。正是因为将在华传教视为毕生事业,而且在与鸦片商贩的合作中看到了以此维持传教活动的必要性与可能性,性格中不乏冒险因子的郭士立才会选择赌上自己的名声,以换取商界有实力的朋友的支持以及传教工作所需要的资源。② 其他传教士之所以对郭士立大加谴责并与其划清界线,除了对基督教教义和道德的坚持之外,也是因为他们并未如郭士立那样体会到与鸦片商贩合作的迫切性,而仅仅关注到传教士与鸦片商贩的勾结可能对整体传教事业造成的负面影响。

然而,郭士立对身份冲突的自我体验及其与其他传教士在鸦片贸易问题上的分歧主要限于策略层面,而非信念层面。按照建构主义理论,主观利益是"对结果的偏好",而不是"对战略的偏好"。③ 作为一名狂热地醉心于中华归主的传教士,郭士立对身份冲突的体验与抉择莫不基于他强迫自己相信行为目标的神圣性会令行为体所采取的目标达成方式变得神圣化。④ 其实,当时的来华传教士多持此观点。传教利益至上也意味着"即使这种'利益'是以别国人民的被奴役为代价也在所不惜"⑤。所以,文化优越感、驯化使命感和基督教的排他性令郭士立与其他传教士做出了合理化与正义化鸦片战争之行为。传教士们强烈地渴望改变不利于传教的体系结构,同时他们也意识到,如果不借助外力,那么他们在中国建构有利于

① 在1874年2月的一封信中,戴德生明确地表明属灵工作的绝对优先地位:"如果医疗工作能吸引人接近我们,好叫我们把耶稣基督传于他们,那么医疗工作就会蒙祝福;但若是用医疗工作代替了福音的传讲,这将是极大的错误。如果我们用学校或教育代替圣灵的能力来改变人心,这将是极大的错误。如果我们的意念是人能借着教育的过程,而非借着重生的再造,来改变归正,这将是极大的错误。"(Dr. & Mr, Howard Taylor, *Hudson Taylor in Early Years*, New York, 1912, Vol. 2, p. 407,转引自顾卫民:《基督教与近代中国社会》,上海:上海人民出版社,1996年,第179页。)

② Winfried Scharlau(Hrsg.), *Gützlaffs Bericht über drei Reisen in den Seeprovinzen Chinas:1831 - 1833*, a. a. O., S. 26.

③ Robert Powell, *Anarchy in international relations theory:The neorealist-neoliberal debate*. 转引自[美]亚历山大·温特:《国际政治的社会理论》,秦亚青译,上海:上海人民出版社,2008年,第227页。

④ 参见 Winfried Scharlau(Hrsg.), *Gützlaffs Bericht über drei Reisen in den Seeprovinzen Chinas:1831 - 1833*, a. a. O., S. 8.

⑤ 杨佳智:《郭实腊其人及其在早期对话传教活动中所扮演的角色和影响》,载中国基督教三自爱国运动委员会编:《传教运动与中国教会》,北京:宗教文化出版社,2007年,第112页。

传教的共有知识之事业将举步维艰。虽然目标有差异,但在打开中国国门这一问题上,殖民国家、商贸集团和传教会的利益是一致的。"只要中国还在有力地抗拒西方的渗透,所有外国人的最高目标便只有一个。"① "龙要被废止,在这个辽阔的帝国里,基督将成为唯一的王和崇拜的对象"② 的叫嚣虽然出自积极鼓动殖民国家发动对华战争的郭士立之口,但其却代表了当时几乎所有来华传教士的共同悟知。面对战争手段与传播福音之间的矛盾,郭士立将全部罪责归咎于清政府:"传播福音的道路必须用枪炮来开启,这种想法是可怕的。所以,我彻底地厌恶现在这场战争。和平的设想是我唯一努力的方向。但是,中国当局的狡诈与无耻却令和平无法实现。"③因此,在协助西方殖民国家进行战争准备和发动战争时,郭士立等传教士反而不再有身份冲突的体验,因为经由这一划时代的事件,"数以百万计在主的尘世生涯后的十八个世纪里依然信奉异端的主的造物,现在终于为主的力量所感召,臣服在十字架下"④。至于那些在条约体系被建立起来之后才来到中国的传教士,他们面对的是不同的体系结构,他们因不必再受迫于鸦片战争之前的宣教困境而可以专行传教之事。因此,来华传教士们一方面不遗余力地谴责鸦片和鸦片贸易,另一方面却更积极地为改变体系结构的鸦片战争辩护,从而"饮水"而不"思源"地忽视了战争的诱因。

在鸦片战争的背景下,真正体验到传教士身份与侵略者帮凶身份之间的冲突的是作为他者的中国人民。如前文所述,以郭士立为代表的传教士对鸦片战争及其所引致的行为之认知是将作为他者与客体的中国人民的利益排除在外的。或者说,传教士们将中国的基督教化强加于中国人民之身,以使其成为后者的主观利益,并通过战争和条约体系来固化此种基督教化。因此,除了文化冲突之外,传教士和中国人民之间的矛盾又被掺杂进了不平等条约所带来的包括维护主权在内的根本利益对立。在身份冲突的外部体验方面,主观利益之间的严重错位与对立深化了中国人民对郭士立等传教士的多元身份之内在矛盾体验。所以,当时之人多认为郭士立的行径与其传教士的身份可谓南辕北辙,并质问他:"如果你们真是那

---

① [美]费正清等编:《剑桥中国晚清史:1800—1911》(上卷),中国社会科学院历史研究所编译室译,北京:中国社会科学出版社,1985年,第534页。

② 杨佳智:《郭实腊其人及其在早期对话传教活动中所扮演的角色和影响》,载中国基督教三自爱国运动委员会编:《传教运动与中国教会》,北京:宗教文化出版社,2007年,第97页

③ Carl F. Gützlaff, *Chinesische Berichte, von der Mitte des Jahres 1841 bis zum Schluss des Jahres 1846*, a. a. O. , S. 10 - 11.

④ Carl. F. Gützlaff, *Vortrag in der Elisabeth-Kirche am 3. Juni 1850*, a. a. O. , S. 5.

么希望和平,那为什么你们要到这里来呢?"①后世学者则视郭士立为间谍、损害中国核心利益的罪犯与帮凶。这种体验导致中国人民对传教士身份产生了强烈的排斥感,如阿礼国所言:"基督教会在中国的最大敌人,就是传教士自己和自称为保教者的西方列强。"② 这也正是晚清时期教案频仍的主要根源。

结语

郭士立多样化的身份建构经历,可谓近代在华传教士传教体验的集中表现与缩影。郭士立是个多面手,其身份涉及诸多行当与领域。同时,郭士立特立独行、无所顾忌的行为方式,更将传教士内在的身份矛盾与冲突推向了极致。不可否认,十九世纪早期的来华传教士无疑是执着而忘我的,他们不计名利,但目的十分明确。为传播福音,传教士们不遗余力,甚至可以不择手段。对于作为传教对象的中国人而言,来华传教士既真诚地行善,也虔敬地为恶。通过对以郭士立为代表的来华传教士的身份、利益、信念之解析,我们可以在当时的中西交往范式之体系结构下,对他们的行为动机和行为模式进行整体性的把握和更精确的解读,并就其行为给出客观的评价。

---

① 杨佳智:《郭实腊其人及其在早期对话传教活动中所扮演的角色和影响》,载中国基督教三自爱国运动委员会编:《传教运动与中国教会》,北京:宗教文化出版社,2007 年,第 110 页。

② 史式徽:《江南传教史》(第 2 卷),上海:上海译文出版社,1983 年,第 200—201 页,转引自李玉芳:《浅析基督教在近代中国传播受阻的原因》,载《宗教学研究》,2004 年第 2 期,第 131—136 页。

侨易路线：青年凯泽林的异文化漫游与哲学志向之形成

董琳璐

摘　要　凯泽林是二十世纪上半叶最知名的德国哲学家之一，他对西方文明的反思和他的感性哲学①主张得到那些在一战后遭遇信仰困扰的普罗大众以及迫切寻求解决战后文化危机方法的知识精英之肯定。凯泽林出生于俄国贵族家庭，他的思想则广泛受到俄罗斯（斯拉夫）、德国（日耳曼）、法国（罗曼）乃至中国文化之影响，这得益于凯泽林青年时代遍布欧洲几大国的旅行和他对异质文化的敏锐观察与思考。由于凯泽林的哲学志向之确立以及感性哲学观之初建与他的欧洲文化漫游路线高度契合，所以以叶隽先生的侨易学理论为工具，我们可以对凯泽林的成长背景、教育经历以及欧洲旅行路线进行梳理，从而就青年凯泽林的思想变化过程形成完整的认识链条。在此基础上，本文提出"侨易路线"的概念来解释侨易主体的侨易过程的连续性，"侨易路线"既延伸了"侨易现象"的内涵，又进一步拓展出"侨易线路"这一子概念，以对侨易主体的理论化做出阐释。"侨易路线""侨易线

---

① 这里的"感性哲学观"概念译自德语中的"Philosophie des Sinnes"。关于"Philosophie des Sinnes"与费尔巴哈（Feuerbach, Ludwig Andreas, 1804 – 1872 年）的感性哲学（Sinnliche Philosophie）之区别，据《东西方哲学大辞典》对"感性哲学"的解释，"Sinnliche Philosophie"是十九世纪的德国唯物主义哲学家费尔巴哈对自己的哲学之称谓。费尔巴哈认为，他在批判宗教和思辨哲学中建立的新哲学是人本学。人本学的任务是否定宗教与思辨哲学对自然和人的本质的非感性化（即精神化与理性化）。作为人本学的对象的人，乃是有意识的感性实体；被当作人的基础的自然，"它的基本特征就是感性"。从本体论上讲，自然本身具有可被感知的性质；从认识论上讲，感性即感觉、直观，它是认识的起点、基础和真理标准。因此，费尔巴哈宣称，与思辨哲学相反，他的新哲学是自觉地承认感性的真理性的，是"光明正大的感性哲学"。参见"人本学唯物主义"条，载蒋永福：《东西方哲学大辞典》，江西：江西人民出版社，2000 年。另可见马小彦主编：《欧洲哲学史辞典》，河南：河南大学出版社，1986 年，第 459—460 页。感性哲学（Sinnliche Philosophie）和感性哲学观（Philosophie des Sinnes）的产生背景是不同的，且感性哲学是费尔巴哈自称的，而感性哲学观是本文对凯泽林的哲学思想之总结，其重在强调凯泽林的哲学思想之感性思脉。虽然在内容上有相近甚至相承之处，但感性哲学和感性哲学观终是不同的概念。

路"和"观念侨易"从侨易主体的相异性角度提出了一种解读多重侨易过程的方法。

关键词 凯泽林 侨易路线 感性哲学

　　叶隽先生的侨易学理论为侨易现象下了这样的定义："侨易现象是物质现象与精神现象的结合。"①基于以上定义,发生了思想质变的留学侨易、移民侨易、游历侨易等就属于不同的侨易现象。同时,侨易现象又包括了单独的侨易事件和复杂的侨易个案,前者注重具体的事件发生过程,后者注重个体形成的过程。在侨易过程中,对侨易主体产生实质性影响的事件就是侨易事件②,而侨易现象的一个重要研究对象正是侨易事件。侨易事件因其独特性和研究价值而从历史环境以及个体形成过程中显现出来,同时其也表现出固化和静态的一面。在以个体形成过程为对象的侨易个案研究中,学者的关注点多集中于单独的侨易事件,对侨易过程的研究是围绕某一单独的侨易事件所进行的框建性定位,而不是链条性定位,即"一个完整的侨易过程,应该包括侨易前的准备工作、侨易进行中的完整居留以及侨易结束后的影响总结"③。这一视角下的侨易过程是一幅静态的历史风景画,而不是动态的、连贯的影像。"侨易现象无论是变与不变,它都有其动态性的必然"④,那么,如何凸显侨易事件或者侨易现象的动态性呢? 在《"理论旅行"亦或"观念侨易"——以萨义德与卢卡奇为中心的讨论》一文中,叶隽先生将思想观念视为侨易主体,以此追踪观念经过历史、地域、思想家等各种因素的改造后的变化轨迹,并提出"断链点续"的概念来解释观念侨易——理论旅行——中的思想轨迹链条。"理论旅行的要义,仍在于必须有一个旅行主体,有一个旅行过程,即主要经停的站点,甚至还需要安排一个终点。"⑤因为理论的生命力比作为一般侨易主体的人更强,所以观念侨易的时间更久,地理轨迹也更长,我们必须设置一个理论旅行路线,才能清楚地看出观念侨易的线路。那么,作为侨易主体的人是否也有其侨易路线或者线路呢? 答案是肯定的。第一,侨易现象的产生基础是地理位置的迁移,侨易路线有其物质层面的合理性;第二,个体侨易和观念侨易之间本来就存在着千丝万缕

---

① 叶隽:《变创与渐常:侨易学的观念》,北京:北京大学出版社,2014 年,第 89 页。

② 同上,第 117 页。

③ 同上,第 117 页。

④ 同上,第 95 页。

⑤ 叶隽:《"理论旅行"亦或"观念侨易"——以萨义德与卢卡奇为中心的讨论》,载叶隽主编:《侨易》(第一辑),北京:社会科学文献出版社,2014 年,第 264 页。

的联系,两者形成了一种"多重立体侨易过程"①,因此我们要引入"侨易路线"的概念②。何为路线呢? 路线,是从一地到另一地所经过的道路。③ 这里我们将侨易路线的行动主体限定为人(理论作为行动主体的情况将涉及下文引入的另一个相近的概念)。

  侨易路线是对侨易现象的延伸,侨易事件是侨易主体在固定的时间段内或者时间点上发生的侨易现象,其体现了侨易现象静止的一面,而侨易路线则将发生在侨易主体身上的多个侨易事件串联了起来,以体现侨易现象的动态性和侨易主体的运动轨迹(前提是侨易主体发生了连环侨易,且具备多个侨易事件),这样能够更加完整地体现侨易个案。侨易路线侧重于对发生在侨易主体身上的侨易事件进行链条式的梳理和总结。针对侧重于思想、理念和观点变化的侨易事件之链条,我们需要选取另一个词语来对其进行较为精确的描述。本文选择了"线路"一词,线路是电流、运动物体等经过的路线(line/route)④。"线路"和"路线"的意义相似又有所不同,线路强调了无意识的东西或者介质按照某种规律运动所呈现出的轨迹,其与思想及观念侨易有相应和之处,而路线则更多地强调了作为主体的人对运动轨迹的主观选择。侨易现象注重物质现象与精神现象的结合,侨易路线和侨易线路从不同侧面对侨易个案进行了解释,侨易路线侧重人,侨易线路侧重思想,理论旅行则彻底消解了人的主体性,并凸显了理论的主体性。侨易路线和侨易线路之引入有可能解决"多重侨易过程是如何发生交互作用的"这一问题。在观念侨易中,"不仅有观念作为意象因子的侨易过程,也必然涉及作为观念载体的具体人的个体的侨易过程,以及这些双重或者多重侨易过程是如何发生密集的交互作用的"⑤。下面,本文将对凯泽林青年时代的异文化漫游轨迹和哲学志向之确立过程进行追寻。在此过程中,本文将利用到"侨易路线""侨易线路"等与侨易学相关的理论和阐释方法。

<hr>

① 叶隽:《"理论旅行"亦或"观念侨易"——以萨义德与卢卡奇为中心的讨论》,载叶隽主编:《侨易》(第一辑),北京:社会科学文献出版社,2014年,第268页。
② "侨易路线"概念的提出和解释得益于叶隽先生的指导和启发,在此致谢!
③ 辞海编辑委员会编:《辞海》缩印本,上海:上海辞书出版社,1980年,第1968页。
④ 汉语词典在线查询,http://xh.5156edu.com/html5/83515.html,检索日期:2016年1月18日。
⑤ 叶隽:《"理论旅行"亦或"观念侨易"——以萨义德与卢卡奇为中心的讨论》,载叶隽主编:《侨易》(第一辑),北京:社会科学文献出版社,2014年,第272页。

一　侨出语境：历史、制度与天性

赫尔曼·凯泽林(Hermann Graf Keyserling，1880－1946 年)以其感性哲学观和展示异文化的世界旅行而闻名于二十世纪上半叶，他出生于波罗的海东岸的俄国贵族家庭，他的家族属于"波罗的海德国人"(Die Deutsch-Balten/Deutschbalten/Baltendeutsche，旧称"Balten")，这一族群起源于十三世纪的十字军东征中的一队德国骑士，他们在波罗的海东岸(利沃尼亚地区①)定居。在政治上，波罗的海德国人先后从属于东普鲁士、瑞典王国和俄罗斯帝国。十八世纪晚期，叶卡捷琳娜二世取消了波罗的海地区贵族的特权，波罗的海德国人对俄罗斯的政治影响逐渐减退了，而他们与日耳曼文化的天然亲近感被加强，这就导致了一个类似于今天的"异国的唐人街"②的现象，即这批波罗的海德国人的国别归属是俄罗斯，但是他们的思想文化和日常生活都残留着日耳曼文化的痕迹。

丹纳在《艺术哲学》中认为，物质文明和精神文明的性质面貌都取决于种族、环境和时代三大因素。③ 这个理论被用来分析个体的侨出语境当然也是合理的，凯泽林的家乡在地理上是俄罗斯与德国之间的通道，其在文化上既深受俄国东正教的神秘敏感气质之浸润，又受到日耳曼文化的秩序与理性之感染，而凯泽林的性格和思想也是如此。后来的研究者认为，凯泽林"汇聚了德国精神和俄国血脉"，并且"融合了斯拉夫民族的思维"④。十月革命之后，凯泽林远离故土、移居德国，他精神中的"斯拉夫民族"特征必然是幼年家庭教育的产物。凯泽林幼年时接受的是传统俄国贵族家庭的标准家教课程：拉丁语和希腊语，俄语、法语和德语，以及数学、历史、宗教、音乐和物理。在这些课程中，凯泽林最喜欢的是地质学和动物学，这一

---

① 利沃尼亚是中世纪后期的波罗的海东岸地区，即现在的爱沙尼亚与拉脱维亚的大部分领土的旧称。历史上，利沃尼亚曾先后由德国圣剑骑士团(通称"利沃尼亚骑士团")、丹麦、条顿骑士团、波兰立陶宛联邦、瑞典、俄罗斯帝国、德意志帝国、纳粹德国和苏联统治。凯泽林的家族居住在莱科庄园(Rayküll，现在属于爱沙尼亚)，占地 224 平方公里。十九世纪以降，莱科庄园一直是凯泽林家族的产业，直到爱沙尼亚于十月革命之后掀起了土地改革，该庄园被没收。

② 波罗的海地区的文化杂糅现象与唐人街现象的形成原因并不完全相同，后者代表了海外移民对固有文化身份的坚持和融入异国文化环境过程中的妥协，而前者是由于历史上的不同国家政权对波罗的海地区统治的不断更迭而造成的。

③ ［法］丹纳：《艺术哲学》，傅雷译，桂林：广西师范大学出版社，2000 年，第 30 页。

④ Ute Gahlings, *Hermann Graf Keyserling Ein Lebensbild*, Darmstadt：Justus von Liebig Verlag, 1996, S. 18.

点和他祖父是地质学家有关。凯泽林从小就决定要延续祖父的志业,他的大学专业也是地质学、动物学和化学,不出意外的话,他将会成为一名在俄国从事自然科学研究的科学家。凯泽林遗传了祖父直爽、强硬和果断的性格,他神思敏锐,但是脾气急躁。我们可以从凯泽林在大学时代参加兄弟会、酗酒斗殴,以及后来他甚至因为母亲再婚问题而同家庭疏远几年之久中看出他的以上这些性格特征。个人的天性会对人生选择与事业发展产生不可小觑的影响。

历史环境、民族性、制度和个人天性会对侨易主体产生全方位的影响,就青年凯泽林来说,制度影响主要体现在大学教育制度上,凯泽林的大学学业是在日内瓦大学和多帕特大学(旧称"Dorpat",今称"Tartu",译作"塔尔图",位于波罗的海地区,是欧洲最古老的大学之一,建校超过三百年,不但课程语言是德语,而且超过一半的教师来自德国)完成的。在1897年高中毕业之后,凯泽林就前往德国,他游历了莱比锡、耶拿、魏玛等地,这些城市都以德国现代大学而闻名。在十九世纪七十年代之后,普鲁士已经直接或者间接地控制了超过一半的德国大学的政策①,以使其符合十九世纪初的洪堡对大学制度改革之要求和德国工业化发展之需要。自德国的现代大学改革以来,大学对知识阶层的规训作用愈加明显,"譬如马克思曾在伯恩大学和柏林大学两地就读,最后在耶拿大学获得博士学位;俾斯麦则曾在哥廷根大学和柏林大学就读"②。到凯泽林游历德国的时候,德国的现代大学之风采和惯例都映入他的眼帘。虽然凯泽林因母亲的要求而先后在日内瓦大学和多帕特大学就读③,但是他在毕业之前还是选择到德国游学,如此做的一部分原因当然是德国的现代大学给凯泽林留下了深刻的印象,而更重要的原因还是凯泽林和母亲的矛盾使他迫切地想离开家庭,远走德国看起来是两全其美的选择,那里既有可以使他完成学业的优质大学,又能使他远离母亲的束缚以及逃避因母亲与一名家庭教师结婚而给他带来的社会压力。可以说,此时的凯泽林已经做好了进入侨易语境的准备,不管是先天的民族文化铺垫还是时代背景提供的就读现代大学之机会,乃至贵族家庭所自带的社交财富,这些都是凯泽林的侨易之铺垫。凯泽林的侨易路线早在海德堡之前就已初露端倪。海德堡是凯泽林侨易路线上的第一站,此处发

---

① Charles E. Mcclelland, *State, Society, and University in Germany 1700 - 1914*, London: Cambridge University Press, 1998, S. 235.

② 叶隽:《变创与渐常:侨易学的观念》,北京:北京大学出版社,2014年,第35页。

③ 凯泽林在日内瓦大学度过了1897年至1898年两个学期,并在多帕特大学待了两年左右(1898年至1900年)。

生了影响凯泽林思想的第一个侨易事件。

二　侨易线路：海德堡、维也纳、巴黎、柏林

　　首先需要说明的一点是，侨易路线是以侨易事件为线索而形成的链条，其不一定是地理旅行的线路。发生于凯泽林身上的侨易事件与其地理位置的迁移高度吻合，而与凯泽林产生交互作用的重要人物和社会事件也都是依据地域标准被划分出来的，因此侨易路线的形成在一定程度上受地理区位因素之影响。在某些案例中，城市的文化区位因素需要被纳入考量，如十九世纪的巴黎就因其非凡的文化向心力而吸引了越来越多的知识精英。区位因素的影响在凯泽林经历的侨易事件中体现得尤其明显。在海德堡期间，凯泽林结识了爱沙尼亚的生物学家雅各布（Jakob Johann von Uexküll，1864－1944年）、对俄外交家雨果（Hugo Graf Lerchenfeld，1871-1944年）以及瓦格纳的家人，并接触到了风行一时的张伯伦的作品《十九世纪的根基》（*Die Grundlagen des neunzehnten Jahrhunderts*，Bruckmann，1899）。张伯伦（Houston Stewart Chamberlain，1855－1927年）是瓦格纳的女婿，他对日耳曼民族的推崇和对德国文化的信奉应和了德国统一之后逐渐上升的民族主义思潮，这一观点也成为了当时的文化讨论热点，凯泽林对此很感兴趣。凯泽林的父辈好友、文化学者施罗德（Leopold von Schröder，1851－1920年）将凯泽林介绍给了当时在维也纳的张伯伦。张伯伦年长凯泽林二十五岁，他博学广识、性格刚硬，对于幼年丧父的凯泽林而言，与张伯伦的相识不仅仅意味着一份友谊，张伯伦在青年凯泽林身边扮演着亦师亦父的角色。张伯伦对凯泽林的影响不仅体现在思想交流上，也体现在人生抉择和社交好恶上。凯泽林于1901年初离开海德堡到奥地利维也纳大学注册入学，值得注意的是，他就读的专业并非地质学，而是哲学。这个决定关系着凯泽林的未来职业，也标志着凯泽林就此把哲学当作了自己新的研究志向。张伯伦帮助凯泽林构建了进入哲学研究的基础，他定期与凯泽林讨论哲学著作，并将自己收藏的康德作品赠予凯泽林。作为凯泽林早期的精神导师，张伯伦的重要地位得到了凯泽林以及他身边朋友的佐证，凯泽林自己说："同张伯伦的友情指引了我内心的独立。"[1]凯泽林的同乡哈纳克（Adolf von Harnack，1851-1930年）表示，张伯伦是凯泽林新生思想的助产师。

---

① Hermann Graf Keyserling，*Das Gefüge der Welt*，http://schuledesrades.org/palme/schule/gefuege/.

至 1902 年博士毕业时,凯泽林已经尝试写出了"半哲学半美学"(halb philosophischen u. halb ästhetischen Inhalts)的《世界的构造》(*Das Gefüge der Welt*)。凯泽林的第一本哲学著作《世界的构造》"建立了凯泽林哲学之路第一阶段的理论基础,带有强烈的康德认识论和批判哲学印记"[①],虽然书名体现了凯泽林的宏伟构思,但此书的内容还是对现象世界的浅尝辄止的归类以及借助康德批判思想所进行的梳理,此书实质上尚属于生涩的"戏仿"而非触及心灵的创作。尽管如此,通过《世界的构造》,凯泽林接触到了感性哲学观中的一个核心问题:生命的真实是什么? 在感性哲学观中,凯泽林一直在有意识地背离曾经的自然科学逻辑思维,并试图贴近神秘主义的感性思脉,这一点在他初期的思想和作品中体现得尤其明显,诸如"纯粹""生命""感性""本质""神造的""精神"[②]等词汇反复出现。显然,在终止自然科学研究旅途的同时,凯泽林也完全扔下了论证与演绎的包袱,他将神秘主义和生命力视为自己哲学研究的向导,并竭力在表达自己的想法时带上"哲学味"。在完成《世界的构造》的过程中,凯泽林一直和卡斯纳(Rudolf Kassner,1873 - 1959 年)来往频繁。除了张伯伦以外,另一位对凯泽林产生重大影响的人就是卡斯纳。作为一个游历与交友十分广泛的文化名人,卡斯纳和里尔克、霍夫曼斯塔尔等浪漫派作家关系密切,对僵硬的哲学思维和理性主义持反对态度,这潜移默化地影响着凯泽林。

凯泽林与卡斯纳的相识相交很大程度上要感谢玛丽侯爵夫人(Marie von Thurn und Taxis, 1855 - 1934 年)的沙龙。贵族是引领近代欧洲社会文化的主要力量,德国于十八世纪时盛行的"中国热"就起源于德国贵族对中国瓷器的收藏[③],即便"到二十世纪初,当英、法等国早已建立起资产阶级的统治时,德国仍然处于传统贵族的控制之下"[④]。维也纳也同样如此,在热衷于文化事业的贵族们举办的沙龙里,卡斯纳与凯泽林几乎每天都会见面,卡斯纳丰富多彩的阅历和充满活力的生活态度使凯泽林对生命的思考愈发贴近感性思路。张伯伦和卡斯纳的渊博知识以及长袖善舞的社交能力深刻地影响了凯泽林的思想和气质。"在两位良师益友的

---

① Ute Gahlings, *Hermann Graf Keyserling Ein Lebensbild*, Darmstadt: Justus von Liebig Verlag, 1996, S. 42. "Das Buch bildet thematisch den Anfang einer ersten Phase des philosophischen Weges, die Erkenntnistheoretisch und -kritisch im Sinne Kants geprägt ist."

② Hugo Vondran, *Kritik der Philosophie des Grafen Hermann Keyserling*, Erlangen, 1927, S. 14.

③ 参见陈从阳:《视线所窥永是东方:德意志帝国晚期和魏玛共和国时期的中国文化热》,载《西华师范大学学报(哲学社会科学版)》,2011 年第 6 期,第 55—60 页。

④ 邢来顺:《德国贵族文化史》,北京:人民文化出版社,2006 年,第 1 页。

影响下，凯泽林进一步开发了文化史和文化哲学的丰富矿藏"①，张伯伦触发了凯泽林的哲学思维，卡斯纳指明了凯泽林的思考方向，凯泽林由此完成了汲取康德的哲学思想和歌德的美学思想的第一本哲学著作《世界的构造》。《世界的构造》验证了凯泽林的哲学志向，也给了他莫大的信心，他有能力"开启进阶到形而上学的、哲学层面的真实的大门"②。在拿到博士学位后，凯泽林不顾雅各布、雨果等友人的劝阻，只身前往巴黎开始了他自由写作与游历的生涯。

在此之前，除了个性因素和主观意志因素外，凯泽林的地理位移轨迹主要是大学教育制度框架下的"规定动作"，他的学习进展和思想变化都与学业的落脚点息息相关。这当然体现了现代大学制度对知识阶层的规训。③ 大学毕业之后，凯泽林在巴黎、柏林（1903 年至 1906 年主要在巴黎，1906 年至 1908 年主要在柏林）、米兰和威尼斯的侨易路线则真正发乎于他的内心追寻和兴趣志向。凯泽林说："通往自我的捷径，是跋涉在环游世界的路上（Der kürzeste Weg zu sich selbst führt um die Welt herum）[……]'侨易学'的基本理念就是因'侨'而致'易'。"④凯泽林所言与侨易学的理念不谋而合，游历世界是物质位移，而自我的认识是精神的质变，"物质位移导致精神质变"⑤，这一点在凯泽林身上体现得尤为明显，他的每一次思想质变几乎都是在旅行中完成的。

凯泽林的思想变化以及其感性哲学观的形成与完善过程一直和凯泽林的个体旅行线路密切相关。特别是在巴黎的三年，凯泽林一人租住在旅馆里，他的日常活动就是参加文化沙龙、写书稿或者外出游览，他过得极为逍遥自在。当时，凯泽林主要得到了著名的文艺沙龙倡导者施勒尼茨伯爵夫人（Marie von Schleinitz, 1842 - 1912 年）的关照和祖父的故交好友、意大利画家沃尔科夫（Alexander Wolkow-Mouromtzow，1844 - 1928 年）的启发。施勒尼茨伯爵夫人是十九世纪后半叶德国柏林最知名的沙龙组织者，其沙龙带有强烈的法国文化色彩。身为瓦格纳的最大资助者，施勒尼茨伯爵夫人对当时的上流文化风尚起着重要影响，她甚至被称作普鲁士大公夫人（Grande Dame Preußens）。在巴黎期间（1903 年，施勒尼茨伯爵夫人

---

① Gunther Stephenson, *Das Lebenswerk Graf Keyserlings aus heutiger Sicht*, *Zeitschrift Religions- und Geistesgeschichte*, Jan 1,1981, S. 33.

② Ute Gahlings, *Hermann Graf Keyserling Ein Lebensbild*, Darmstadt: Justus von Liebig Verlag, 1996, S. 67. "die den Zugang zur metaphysischen Wirklichkeit eröffnet."

③ 参见张雪：《19 世纪德国现代大学及其与社会、国家关系研究》，华中师范大学博士论文，2012 年。

④ 叶隽：《变创与渐常：侨易学的观念》，北京：北京大学出版社，2014 年，第 19 页。

⑤ 同上，第 21 页。

和第二任丈夫迁回柏林），施勒尼茨伯爵夫人对凯泽林的哲学写作事业（彼时，凯泽林刚刚开始尝试专业哲学写作）一直颇感兴趣，凯泽林和他的表兄陶博是施勒尼茨伯爵夫人举办的沙龙的常客，沙龙的座上宾还包括威廉一世、威廉二世、俾斯麦等政治圈中的人物（因为施勒尼茨夫人的两任丈夫都是高官），以及李斯特家族、瓦格纳家族等。借助施勒尼茨夫人的社交网络，凯泽林结识了若干法国文化界和学术界的名士，其中就包括著名法国作家、诺贝尔文学奖得主纪德（André Gide，1869－1951 年），对二十世纪的意识流小说产生重要影响的后期法国象征主义代表作家杜雅尔丹（Édouard Dujardin，1861－1949 年），爱尔兰作家莫尔（George Augustus Moore，1851－1933 年），法国象征主义画家格鲁（Henri de Groux，1867－1930 年），以及同样和张伯伦分享友情的瑞士建筑师、舞台布景师和戏剧理论家阿皮亚（Adolphe Appia，1862－1928 年）。在巴黎居留的这段时间内，凯泽林并没有完成什么哲学大作，他主要是在体验法国文化，如建筑、文学、音乐、绘画等。凯泽林在德法文化交流中的作用是有目共睹的[1]，他极有可能是在此时意识到了文化游历对知识结构乃至思想塑造的重要作用，所以他在 1911 年决定通过世界范围的文化游历来充实自己的精神世界，而这一认识也体现了凯泽林的"侨易直觉"。如果没有这么多的旅行经验，我们很难想象凯泽林能够获得如此丰富的思想资源。

1908 年，在回到柏林之后，凯泽林逐渐回归了学术场域，他一方面和生命哲学家西美尔与柏格森来往，另一方面专心于汉堡自由大学的讲座和书稿整理工作。在此期间，凯泽林的地理上的位移不怎么明显，而他的精神却在潜移默化地发生质变，《永生》和《自然哲学导论》都是这一时期的作品。凯泽林不但在哲学创作上找到了自己的方向，而且也引发了学术圈的认同。在柏林的三年是凯泽林"厚积薄发"的一段时光。凯泽林是被张伯伦引上哲学之路的，他的哲学从业志向也是在张伯伦的极力劝诱下才形成的。然而，当凯泽林想以张伯伦赞不绝口的《世界的构造》一书来谋求哲学教职时，他的以"哲学为业"的理想却遭受了挫败。尽管有狄尔泰（Wilhelm Dilthey，1833－1911 年）和奥伊肯（Rudolf Christoph Eucken，1846－1926 年）两位生命哲学的代表人物支持并认可他的才华，但凯泽林还是没有得到执教资格。这次经历使凯泽林一方面远离了学院权威，另一方面开始反思自己从前的哲学学习和思考方式，并逐渐完成了《永生》（*Unsterblichkeit——eine Kritik der*

---

① Hugo Dyserinck, *Graf Hermann Keyserling und Frankreich. Ein Kapital deutsch-französischer Geistesbeziehungen im 20. Jahrhundert*, Bonn: Bouvier, 1970.

Beziehungen zwischen Naturgeschehen und menschlicher Vorstellungswelt）一
书。凯泽林重新捡起了他少年时思索过的问题，即死亡是什么，死亡之后的彼岸在
哪里，永生是否可能。凯泽林"将'信仰'作为批判永生信念的前提"[①]，他提出了
"向死而生"的看法，并认为死亡也是人的生命经历的一部分。《永生》的修辞和心
理倾向被张伯伦批评为"乔装的诡辩"，张伯伦和凯泽林在哲学观点上的分歧日益
增大。三年之后，张伯伦和凯泽林分道扬镳。张伯伦和凯泽林的性格都是火爆独
断的，凯泽林在年轻时还视张伯伦的意见为金玉良言，而此时他再听张伯伦的批评
却只觉逆耳和难受。张伯伦一直视凯泽林为后辈，因此他对凯泽林渐渐贴近其他
哲学流派的发展趋势难以容忍。在学术场域中，这种现象并不少见，"理论家又必
须维护自己的地位"[②]，张伯伦与凯泽林的分道殊途也是必然之事。此后，凯泽林
逐渐走近生命哲学，他和舍勒的老师——生命哲学家西美尔（Georg Simmel，1858
－1941年）交好，并开始和柏格森（Henri Bergson，1859－1941年）通信（自1907年
起，直至1911年两人在国际哲学大会上相识）。《永生》一书既得到了诸多生命哲
学家的认可，也开启了凯泽林的哲学家生涯。1907年秋季和1911年二月，凯泽林
两度在汉堡自由大学（Freie Universität Hamburg）举办系列讲座，讲座的内容是凯
泽 林 早 期 哲 学 思 想 的 代 表 作《自 然 哲 学 导 论》（*Prolegomena zur
Naturphilosophie*），此书就是凯泽林根据这一系列讲座的内容整理而成的，并在
1910年出版后引发了热烈反响。凯泽林的哲学家身份从此得到了认可，他获邀参
加波哥大国际哲学大会（Internationale Philosophenkongress in Bologna）并在会上
发言。在首次以哲学家身份亮相的场合下，凯泽林不负众望，他既展现了出众的演
说才能，也收获了意外惊喜：一位法国编辑希望翻译并出版他的讲稿。凯泽林经
由波哥大大会终于名声在外。在会议结束后不久，凯泽林即开始了世界之旅。[③]
到波哥大世界哲学大会为止，凯泽林青年时代的侨易线路以欧洲文化漫游为主线，
他完成了感性哲学观的初建；而凯泽林成熟时期的侨易线路则以世界之旅为起点，
并且中国传统文化占主导地位的异质文化因素对他的后期感性哲学观之完善起着

[①] Ute Gahlings, *Hermann Graf Keyserling Ein Lebensbild*, Darmstadt: Justus von Liebig Verlag, 1996,
S. 49.

[②] 叶隽：《"理论旅行"亦或"观念侨易"——以萨义德与卢卡奇为中心的讨论》，载叶隽主编：《侨易》（第一
辑），北京：社会科学文献出版社，2014年，第263页。

[③] Ute Gahlings, *Hermann Graf Keyserling Ein Lebensbild*, Darmstadt: Justus von Liebig Verlag, 1996,
S. 64—67.

重要作用①。凯泽林的中国观反映了感性哲学观的核心内容之一，其也是凯泽林的后期侨易路线的重要组成部分。

三 侨易线路：文化和哲学视域中的变化的感性哲学观

从海德堡出发，经维也纳与巴黎，然后回转到柏林，凯泽林青年时代的异文化漫游路线涵盖了欧洲内部的两大文化，即罗曼文化和日耳曼文化，他由此确立了哲学志向，并初步形成了自己的感性哲学观。凯泽林的感性哲学观之形成过程与异文化资源的浸润密不可分，他的"精神三变"有着自身独特的侨出语境——两种不同文化体对他的杂糅影响——尤其是凯泽林的感性哲学观之前期形成主要得益于他对斯拉夫文化、日耳曼文化乃至罗曼文化这几种文化体的亲身体验和思考。凯泽林在俄、德、法三国的地理位移中的思想收获是客观文化背景和主观文化选择的共同结果。凯泽林的著作也经常体现出各个民族鲜明的文化特色和历史印记，如斯拉夫民族的"总体气质是欧洲全民族中最丰富的"②，也就是独特的神秘与感性，既柔和又强硬，既细腻又粗犷的民族气质。凯泽林反思斯拉夫民族的感性气质的"过量"(ein Übermaß einseitiger Gefühlsbegabung)，而日耳曼民族在凯泽林眼里却饱受"理性泛滥"(Hypertrophie des Intellekts)之干扰。日耳曼文化崇尚秩序，其自认为担负了历史使命，因此具有民族优越感，而斯拉夫民族的感性气质主要体现在宗教优越感上③，其认为自己肩负了"弥赛亚"的使命。别尔嘉耶夫说："日耳曼精神[……]存在于路德新教之中，以强大的力量显示和落实在伟大的日耳曼唯心主义中，其既存在于康德与费希特那里，也存在于黑格尔与哈特曼那里。"④俄罗斯的精神生活总是受到流行于西欧的哲学思维之影响和控制⑤，而所谓流行于西欧的哲学思维，指的是十八世纪以来的以康德为代表的理性哲学。但是，若我们追溯到十七世纪和十八世纪，则法国是欧洲的思想和心灵之中心，巴黎更是欧洲的文化明

① 参见凯泽林：《另眼看共和：一个德国哲学家的中国日志》，刘姝、秦俊峰译，福州：福建教育出版社，2015年。
② Hermann Graf Keyserling, *Was uns not tut-was ich will*, Darmstadt: Otto Reichl Verlag, 1919, in Alfred Vierkandt, Hermann Graf Keyserling, *Was uns nottut-was ich will* (Book Review), Kant-Studien, vol. 28, Berlin: W. de Gruyter, 1923, S. 154.
③ 参见梁秋：《别尔嘉耶夫宗教哲学的现代性批判维度》，黑龙江大学博士论文，2012年。
④ ［俄］别尔嘉耶夫：《俄罗斯的命运》，汪剑钊译，北京：北京联合出版公司，2014年，第143页。
⑤ ［俄］别尔嘉耶夫：《俄罗斯的命运》，汪剑钊译，北京：北京联合出版公司，2014年，第15页。

珠，思想在这里碰撞，社会在这里发展，文明从这里传播向四方。从法国到德国，再从德国到俄罗斯，此条文化影响路径是清晰可辨的，"巴黎是活生生的存在，这一存在要比现代资产阶级的法国人更高尚和更出色。它（巴黎）的灵魂的面貌具有'不寻常'的体现，不是大多数欧洲城市所具有的那种面貌。这是唯一的现代的、新的城市，其中有着新的和现代的因素的美和魅力"①。歌德对巴黎的憧憬也更加证明了巴黎对有素养的知识阶层的文化吸引力："试想一想巴黎那样一个城市。一个大国的优秀人物都聚集在那里，每天互相来往，互相斗争，互相竞赛，互相学习和促进。那里有全世界各国最好的作品，无论是关于自然还是关于艺术的，每天都摆出来供人阅览；还试想一想在这样一个世界首都里，每走过一座桥或一个广场，就令人回想起过去的伟大事件，甚至每一条街的拐角都与某一历史事件有联系。"②凯泽林的那条从俄国到德国再旅居巴黎的侨易线路也符合文化向心力的规律，他一步步接近文化中心，并感受到了欧洲颇具代表性的几种文化气质，这些丰富的文化经历给予了凯泽林开放的眼光和包容的心态。经过对数个不同的文化体之比较，凯泽林认为，更完善的人类应该保持感性和理性的平衡，这是凯泽林感性哲学观所强调的核心之一。

当我们以历史的眼光来梳理二十世纪的哲学演进过程时，凯泽林的思想被概括为感性哲学观，其思想似乎主要是作为一个固定的理论范畴而存在的。侨易学方法之运用和"侨易线路"这一概念之引入能够使我们发现感性哲学观流变发展的特点，并有助于我们对影响感性哲学观拓展变化的因素进行梳理与分析。针对这一点，凯泽林自己也数次强调过，他认为自己的哲学思想的特殊之处在于流变，卓越之处也在于流变，固定的体系只能涵盖一个阶段或者一个范畴。因此，在其他流派的哲学家批评感性哲学缺乏完整的逻辑论述时，凯泽林不以为意。感性哲学观的理论流变之特点与凯泽林的个体侨易经验密切相关，他在侨易中学习哲学、思考哲学、著述哲学、修缮观点。然后，凯泽林再次重复上述步骤，以形成一个循环。最初的感性哲学观建基于康德的纯粹理性批判之上，如《世界的构造》（*Das Gefüge der Welt. Versuch einer kritischen Philosophie*，Bruckmann，München，1906），其之后又融入了对意志哲学的关注，如《误导者叔本华》（*Schopenhauer als Verbilder*，Eckardt，Leipzig，1910）。在世界之旅中，凯泽林更是将印度哲学、中

---

① ［俄］别尔嘉耶夫：《俄罗斯的命运》，汪剑钊译，北京：北京联合出版公司，2014年，第132页。
② ［德］艾克曼：《歌德谈话录1823—1832》，朱光潜译，北京：人民文学出版社，1978年，第140页。

国儒学和易学引入了自己的哲学世界。在《一个哲学家的旅行日记(两卷本)》(*Das Reisetagebuch eines Philosophen，zwei Bände*，Reichl，Darmstadt，1919)中,凯泽林栩栩如生地描绘了异文化世界的景象。在建立智慧学派的过程中,凯泽林于达姆施塔特接触到了众多生命哲学的代表人物,他逐渐将目光转向欧洲的文化危机和文化改革。例如,在《吾执汝需》(*Was uns not tut- was ich will*，Reichl，Darmstadt，1919)中,凯泽林将理性批判同根除文化危机结合起来,并提出"知性"(Intellekt)是人的生命力所在。暮年时分,由于对纳粹统治的不满和反对,凯泽林屡被警告和禁言。在 1933 年之后直至 1946 年去世,凯泽林花费了十多年时间整理自己的哲学思想,并留下了作为自己思想遗产的《人的批判》(*Kritik des Menschen*)手稿(包括《思想力批判》《历史批判》和《欲望批判》三部分)。盛年时期的凯泽林一直强调思想的流变,这一方面是由于自身的侨易经历之影响,另一方面也是由于理论本身迎合了时代需求,从而具备了旺盛的生命力。虽然暮年时期的凯泽林对理论的体系化总结并不成功,但是他的感性哲学是德国哲学乃至欧洲哲学发展链条上不可或缺的一环。凯泽林是半生旅居、终身侨易[①]的一位哲学家,"个体的物质位移和观念侨易是相互作用的,个体观念的形成与元观念之间是有剪不断理还乱的密切关系的"[②]。"一个多重立体侨易的过程,即一方面是相对线性的平面场景,在纵向的时间顺序中进行着无间断的断链点续,在横向的同时性上发生着场域博弈;另一方面在更为宏观的时空二元立体结构(甚至可以说是时空法的二元三维结构)中,发生着交叉系统里的万象迁变。"[③]自凯泽林这一个体确立起哲学志向开始,感性哲学观的理论侨易线路就不断演变,其不但能反映感性哲学观的理论建设、完善与变化,也能反映十九世纪末至二十世纪上半叶的交融着斯拉夫精神和日耳曼精神的"波罗的海地区文化"、以法国为代表的罗曼文化以及以德国为代表的日耳曼文化之间发生着的以凯泽林为载体的勾连。人、时、地三者构成了更加宏观的"时空二元立体结构",侨易线路的内涵超出了感性哲学观这一理论本身。

从侨易学的角度进行分析,短短几年内,凯泽林经历了若干重要的侨易事件,

[①] 在《变创与渐常:侨易学的观念》中,叶隽先生以活动类型为标准,对侨易现象进行了分类,如留学、传教、驻外、移民、游历等,见该书第 111—116 页。此处强调的是凯泽林经历的侨易事件多、侨易时间长、一生的思想几经质变,因此"终身侨易"一词侧重于彰显凯泽林及其理论的侨易内涵。

[②] 叶隽:《"理论旅行"亦或"观念侨易"——以萨义德与卢卡奇为中心的讨论》,载叶隽主编:《侨易》(第一辑),北京:社会科学文献出版社,2014 年,第 269 页。

[③] 叶隽:《"理论旅行"亦或"观念侨易"——以萨义德与卢卡奇为中心的讨论》,载叶隽主编:《侨易》(第一辑),北京:社会科学文献出版社,2014 年,第 268 页。

他的精神思想几经蜕变，并逐渐发展成熟。借助侨易学中的物质位移导致精神质变的基本原则，本文引入"侨易路线""侨易线路"等概念，以更加清晰地分析和解读凯泽林这一侨易个案。值得注意的是，作为理论术语的"侨易线路"已经涵盖了在案例中被使用的"侨易路线"和"侨易线路"。此处的"侨易线路"能将侨易主体经历的重要侨易事件串联起来，并用十字线性的眼光梳理节点之间的联系，其既突出了主体思想质变的时刻，也阐明了思想质变的前因后果，从而使我们可以从旅行空间线路的视角出发，纵向观察凯泽林周围不同时段的人和物。具体而言，在分析侨易线路时，我们要注意以下几点：第一，侨易线路是连接侨易事件的线路，其既重视侨易事件，也重视这些重要事件之间的关联和线索，也就是说，影响研究对象的重大侨易事件之间并非空无一物，社交契机、家庭变故、战争等大大小小的事件都是侨易线路需要捕捉的点，而线是由无数的点集成的，点动成线，如此我们才能比较完整地考察侨易线路的内容；第二，侨易线路具备时间性和空间性，即十字线性，每一个重要的侨易事件都不是在一瞬间发生的，因此我们不能在单一的时间维度下分析该侨易事件，而是要进行空间维度的发散，以将能够影响侨易事件发生的因素都纳入进来，并围绕侨易事件这个"点"，形成一个立体的空间，而这个空间就是侨易事件发生的"场"（Champ），研究对象的天性、所处的制度限制等场域因素与研究对象之间的联系平衡了这个"场"，进而导致了侨易事件的发生；第三，侨易现象和侨易线路的结合。对侨易现象的研究既不能单纯满足于验证历史事实以还原历史语境，也不能脱离研究对象而只谈文本精神。"侨易现象乃是在物质现象基础之上的精神现象，是兼容物器、文化层面的一种交域现象，是一种兼有两者的综合性现象。"[1]因此，我们不但要兼通物器的研究和文化的研究，体察对象的心理，关注其思想观念的"断链点续"过程，以抓住其思想的核心变化，而且还要借助"侨易线路"，对影响侨易主体的重大"侨易现象"进行线性梳理，从而补齐点到点之间的空白，并形成逻辑链条和空间观念。虽然对凯泽林的这一个案的分析运用了侨易学理论并发展了"侨易线路"的概念，但我们还需通过更加深入的案例研究来验证这一概念的内涵与适用性。

---

① 参见叶隽：《变创与渐常：侨易学的观念》，北京：北京大学出版社，2014年，第120页。

Kreditfinanzierung versus Anleihefinanzierung

蒋潞潞

摘 要 资金是企业发展的一个决定性因素,其被喻为企业的血液。资金的数量、类型、结构等直接影响着企业的运营,制约着企业可持续发展的可能性。由于规模较小,国内外的中小企业均不同程度地面临着难以获得银行及其他金融机构资金支持的问题。因此,本文从企业融资理论出发,对比分析了两种主要的融资方式——贷款融资与债券融资——在各个方面的异同与效用,如对企业资金结构的影响、融资谈判的难易程度、投资方的风险偏好、所获资金的使用限制等,以期为中小企业提供融资方式选择方面的参考。

关键词 企业融资 贷款 债券

1 Einleitung

Um sich am Markt etablieren zu können, müssen Unternehmungen über ausreichend liquide Mittel verfügen. Eine Kapitalbeschaffung kann dabei durch eine Vielzahl von Möglichkeiten der Eigen- und Fremdfinanzierung erfolgen. Die Eigenkapitalbeschaffung kann über den Kapitalmarkt z. B. durch einen Börsengang vorgenommen werden. Eine Fremdfinanzierung dagegen kann durch kurz-, mittel- oder langfristige Kreditaufnahme sowie Kreditsubstituten erfolgen. Unternehmensfinanzierung ist eine Frage nach der optimalen Zusammensetzung von Eigen- und Fremdkapital, wobei sich diese Arbeit auf die Optimierung der Fremdkapitalstruktur beschränkt.

Heutzutage bedienen sich immer mehr Unternehmen Alternativen zum traditionellen

Bankkredit, um sich unabhängig von den Banken Geld zu beschaffen. [1] Die Kapitalmarktfinanzierungen stellen sich dann als eine Art Substitute dar, die je nach Ausgestaltung eine bessere Flexibilität und kostengünstigere Refinanzierungsmöglichkeit bieten können.

In den letzten 30 Jahren sind die Finanzierungtransaktionen zunehmend vom Banksektor zum Kapitalmarkt gewandert. Zu Lasten von traditionellen Bankkrediten hat sich der Anteil von Unternehmensfinanzierungen, die in Anleihen und bzw. Commercial Paper vergeben wurde, massiv erhöht.

Vor allem in den USA ist der Trend, von Bankkrediten zu verbriefter Kreditfinanzierung, in den letzten 20 Jahren deutlich zu erkennen. [2] Zwar war der Trend hin zu Anleihenfinanzierung in den letzten Jahren auch in Deutschland zu beobachten, jedoch weist seine Entwicklungskurve im Vergleich zu den USA auf ein erhebliches Aufholpotential hin. Besonders für die mittelständischen Unternehmen ist der klassische Kredit von der Bank auch heute noch die wichtigste Form der langfristigen Unternehmensfinanzierung. [3]

Umfangreiche Literatur beschäftigt sich mit dem Vergleich der Besonderheiten, vor allem der vorteilhaften oder nachteiligen ökonomischen Konsequenzen beider Alternativen. Diese Arbeit konzentriert sich darauf, welche Rolle die Kredit- und Anleihefinanzierung für die Liquidations- oder Fortführungsentscheidung des Unternehmens spielen. Ein Modell wird zur Optimierung des Finanzierungsportfolios dargestellt, in dem die Liquidationsentscheidungen bzw. Wiederverhandlungsmöglichkeiten der bisherigen Verschuldung detailliert analysiert werden. Die vertragliche Machtverteilung zwischen dem Kapitalgeber und Kapitalnehmer zur Wiederverhandlung *ex post* hat nicht zu übersehende Anreizwirkungen auf die Auswahl der Investitionsprojekte *ex ante*.

---

[1] Vgl. M. Wahrenburg, *Der empirische Befund: Die Entwicklung der Anleihe- und Bankkreditmärkte und ihre Auswirkungen auf Unternehmen*, in *Bankkredit- oder Anleihefinanzierung. Neue Betriebswirtschaftliche Forschung*, vol 191, 1992, S. 1.

[2] Vgl. Gerold Permoser/Konrad Kontriner, *Anleihe als neue Formen der Kreditfinanzierung*, in Handbuch Finanzmanagement in der Praxis, Wiesbaden, 2004, S. 842.

[3] Vgl. M. Beier, *Langfristige Unternehmensfinanzierung, Bedarf, Deckung, Steuerung*, in *die Bibliothek der Wirtschaft*, Band 1, Landsberg, 1987, S. 43.

Der zweite Teil der Arbeit beschreibt das Grundmodell der
Finanzierungsplanung. Der dritte Teil untersucht den Liquidationsfall und
hauptsächlich die Wiederverhandlungsmöglichkeit zur Vermeidung der Liquidation,
während der vierte Teil auf die Auswahl der Investitionsprojekte bezüglich
unterschiedlicher Risiken eingeht. Zum Schluss wird eine zusammenfassende
Aussage zu der Stellung beider Alternativen in der Optimierung der
Finanzierungsstruktur gemacht.

2　Grundmodell der Finanzierungsplanung

2.1　Gegenüberstellung der Kredit- und Anleihefinanzierung in der optimalen Finanzierungsstruktur

Eine Studie von Myers（1977）hat gezeigt, dass manche hoch verschuldeten
Unternehmen doch weiterhin erfolgreich Refinanzierungen tätigen können, weil vor
allem ihre Kapitalgeber von den künftigen Zahlungsströmen profitieren können, während
manche Unternehmen, die schon ein gutes wirtschaftliches Entwicklungspotential
aufweisen, zur Liquidation gezwungen werden und latente Fortführungswerte verlieren.
In letzerem Fall kommt eine ineffiziente Liquidation zustande. Von Bedeutung ist die
Allokation der Verfügungsmacht über das Unternehmen innerhalb einer
Finanzierungsbeziehung. Bei der Zahlungsunfähigkeit des Schuldners erfolgt die
Übertragung der Verfügungsmacht von dem Unternehmen, hier dem Kapitalnehmer, zu
dem Kapitalgeber, in dieser Arbeit spezifisch gemeint, der Bank oder den
Anleihegläubigern. Aufgrund der Annahme, dass die Unternehmung nur von den
internen Spezialisten, nicht aber von irgendwelchen Außenseitern erfolgreich
fortgeführt werden kann, ist dann die Konsequenz der Machtübertragung zu den
Kapitalgebern logischerweise eine Liquidationsentscheidung.

Wenn ein Konkursverfahren mit Liquidation dazu führt, dass profitable
Investitionschancen in der Zukunft ungenutzt bleiben, können sich Kapitalnehmer
und -geber besser stellen, indem sie durch Wiederverhandlungen über die
bisherigen Finanzierungsbeziehungen den Konkurs vermeiden. Realistisch kann

auch noch neue Kreditvergabe hinzukommen.

Bankkredit- und Anleihefinanzierung zeigen bei den Wiederverhandlungen verschiedenste Charakteristika auf. Empirisch gesehen war in den dreißiger Jahren letzten Jahrhunderts die Verschuldung über Anleihen üblich und erschwerte Umschuldungsverhandlungen stark.[1] Verschiedene Begründungen lassen sich hier anführen:[2]

1) Die Anonymität der Anleihegläubiger macht es für das Unternehmen sehr schwierig, alle Gläubiger zur Verhandlung über die Reduktion der fälligen Verschuldungen zusammenzubringen. Außerdem verändert sich der Gläubigerstamm durch den freien Handel an der Börse kontinuierlich.

2) Unter den zahlreichen Gläubigern bestehen heterogene Intere-ssen und unterschiedliche Informationsstände. Je mehr Anleihe- gläubiger beteiligt sind, desto schwieriger wird es, zu einem übereinstimmten Ergebnis zu kommen. Es ist leicht vorstellbar, dass die Wahrscheinlichkeit einer Einigung mit zunehmender Gläubigeranzahl gegen Null tendiert.

3) Selbst wenn die Identität der Anleihegläubiger ermittelt würde, entstehen hohe Verhandlungskosten, da jeder einzelne von einem Forderungsverzicht überzeugt werden muss. Nachvollziehbar ist auch, dass die Verhandlungskosten mit zunehmender Gruppengröße so hoch sein können, dass sich die Fortführung des Unternehmens nicht mehr lohnt.

Im Vergleich zu öffentlich platzierten Finanzierung wie Unternehmens-anleihen, Commercial Papers etc, verursachen die privaten Kredite von den Kreditinstituten deutlich geringere Transaktionskosten in dem Wiederverhandlungsprozess und bieten bessere Möglichkeiten zur Koordination zwischen Kapitalnehmer und Kapitalgeber. Empirisch gesehen werden nicht selten Überbrückungskredite von der Bank zur

---

[1] Vgl. M. Wahrenburg, *Der empirische Befund: Die Entwicklung der Anleihe- und Bankkreditmärkte und ihre Auswirkungen auf Unternehmen*, in *Bankkredit- oder Anleihefinanzierung. Neue Betriebswirtschaftliche Forschung*, vol. 191, 1991, S. 106.

[2] Vgl. M. Wahrenburg, *Der empirische Befund: Die Entwicklung der Anleihe- und Bankkreditmärkte und ihre Auswirkungen auf Unternehmen*, in *Bankkredit- oder Anleihefinanzierung. Neue Betriebswirtschaftliche Forschung*, vol. 191, 1992, S. 124ff.

Überwindung vorläufiger Zahlungsunfähigkeit vergeben.

Darauf folgend stellt sich die Frage, warum sich Unternehmen jedoch über Anleihen finanzieren, wenn diese einen beträchtlichen Kostennachteil bezüglich Wiederverhandlungsbedarf – falls überhaupt möglich – im Vergleich zum Bankkredit in sich verbergen. In den meisten wirtschaftlichen Studien und dementsprechend konstituierten Modellen, die nach einem optimalen Finanzierungsportfolio mit Alternativen wie Kredit- und/oder Anleihefinanzierung suchen, wurde diese Frage leider nicht oder nur oberflächlich angesprochen. [1]

In dem anschließend aufzubauenden Modell wird darauf hingewiesen, dass das optimale Finanzierungskonzept auf der kombinierten Bank- und Bondfinanzierung basiert. [2] Ohne Anlehnung an Modelle würde man sich intuitiv vorstellen, dass kleine Unternehmen ausschließlich auf Bankkredite angewiesen sind, weil die Emissionskosten einer Unternehmensanleihe zu hoch für sie sind, während sich die Großunternehmen überwiegend über Unternehmensanleihen finanzieren, weil nun diese sichtbare Kostenvorteile gegenüber Bankkrediten aufweisen. [3] In der Tat ist dieses aber empirisch beobachtbar.

Im folgenden wird ein Modell beschrieben, in dem beide, Bankkredite und Unternehmensanleihen, in der optimalen Finanzierungsstruktur eines Unternehmens eine Rolle spielen, weil beide Alternativen mit jeweils unterschiedlichen Wiederverhandlungskosten verbunden sind. Zwar kann der Bankkredit das Problem der ineffizienten Liquidation durch die Wiederverhandlung *ex post* und den Forderungsverzicht beseitigen, aber gerade die Implikation der Wiederverhandlungsmöglichkeit bei dem Abschluss einer Finanzierungsbeziehung löst ein anderes Problem aus: die Auswahl der Investitionsprojekte von dem Unternehmen. Da sie *ex ante* wissen, dass die Banken bei einem Misserfolg der

---

① Vgl. E. Detragiache, *Public versus private Borrowing: A theory with implications for bankruptcy reform*, in: *Journal of Financial Intermediation*, Vol. 3, Issue 4, 1994, S. 328.

② Vgl. J. Kremer/K. Saßmann, *Kombinierte Bank- und Bondfinanzierungen*, in *Jahrbuch Unternehmensfinanzierung*, Frankfurt, 2005, S. 24.

③ Vgl. E. Detragiache, *Public versus private Borrowing: A theory with implications for bankruptcy reform*, in *Journal of Financial Intermediation*, Vol. 3, Issue 4, 1994, S. 328.

getätigten Investition u. U. bereit sind, auf die fälligen Kreditforderungen zu verzichten, werden die riskanteren Projekte von den Unternehmern bevorzugt, weil diese Projekte die Erwartungswerte der unternehmenseigenen Investitionsrückflüsse steigern und die Auszahlungen an die Kapitalgeber reduzieren können. Die Neigung zum riskanten Projekt wird gefördert. Dank der höheren Kosten der Wiederverhandlung mit den Anleihegläubigern verringern sich die auf die Unternehmenseigentümer anfallenden Einkünfte, und damit wird der Umfang der Auswahl von den riskanten Projekten eingegrenzt, weil nun nur solche Projekte mit relativ hohen Renditen in Frage kommen.

Kurz gesagt, erleichtern die Bankkredite die Wiederverhandlungen und reduzieren somit die Verluste der Fortführungswerte (sog. Going-Concern-Value) durch ineffiziente Liquidationen, während die Anleihefinanzierung riskante Projektauswahl verhindert. Die beiden Alternativen wirken komplementär.

In dem aufzubauenden Modell wird dann nach der First-Best-Lösung gesucht, d. h. ohne Verlust der Going-Concern-Value durch ineffiziente Liquidation und auch ohne Gläubigerschädigung durch suboptimale Projektauswahl.

2.2 Grundmodell

Wir betrachten hier eine Volkswirtschaft, in der sich alle risikoneutral verhalten, vor allem die beiden Parteien Kapitalnehmer (Unternehmen) und Kapitalgeber (Bank). Unter der Konkurrenz auf dem Kapitalmarkt wird zur Vereinfachung angenommen, dass der sichere Zinssatz Null beträgt, was gleichzeitig bedeutet, dass die Bank von dem Unternehmen eine Rückzahlungsrendite von Null verlangt, wobei das Unternehmen Kredite zur Finanzierung seiner Investitionsprojekte benötigt. Der zeitliche Ablauf der Finanzierungsbeziehungen wird in der folgenden Abbildung veranschaulicht.

Abb. 1 Zeitablauf des Modells

Quelle: eigene Darstellung

In t_0 entscheidet sich das Unternehmen zwischen zwei Projekten, einem sicheren und einem riskanten. Beide bedürfen denselben Investitionsbetrag I_0 in Zeitpunkt t_0. und erbringen in folgenden Perioden unterschiedliche Rückflüsse R_{sicher} bzw. $R_{riskant}$. Die Höhe der jeweiligen Rückflüsse wird noch von den wechselhaften Umweltsituationen mitbestimmten Eintrittswahrscheinlichkeiten beeinflusst. Schließlich unterstellen wir, dass das sichere Projekt einen höheren Erwartungswert von den Rückflüssen aufweist als der riskante. Optimal wird man sich in t_0 für das erste entscheiden.

In Zeitpunkt t_1 kann das Unternehmen wieder Entscheidungen treffen, ob das Projekt mit einer neuen Investition in Höhe von I_1 fortgeführt oder schon liquidiert wird. Die zweite Annahme betrifft den Liquidationserlös L, der kleiner ist als der Erwartungswert der künftigen Rückflüsse bei Fortführung des Projekts.

Weitere wichtige Annahmen lauten, dass aufgrund der Informationsasy-mmetrie zwischen beiden Parteien die Projektrückflüsse zwar beobachtbar für beide Seiten sind, aber nicht verifizierbar für die Kapitalgeber. Die Entscheidung des Kapitalnehmers über das sichere oder riskante Projekt ist dem Kapitalgeber auch unbekannt. Diese Annahmen implizieren die potentiale Projektumwandlung (Asset Substitution) von dem Kapitalnehmer, was im vierten Teil der Arbeit näher besprochen wird.

Zuletzt wird angenommen, dass die privaten Bankkredite mit geringen Kosten neu verhandelt werden können, während die öffentlich emittierten Unternehmensanleihen im Gegenteil nicht wiederverhandelbar sind. In der Realität ist jedoch bei dieser Art Finanzierung, beispielsweise Bonds, Commercial Paper, Trade Credit etc. die Möglichkeit zur Wiederverhandlung und Schuldenumwandlung nicht einfach auszuschließen. [1] Trotz dieser strikten Einschränkung durch die Modellannahme spielt die Anleihefinanzierung nach wie vor eine wichtige Rolle in dem optimalen Finanzierungsportfolio hinsichtlich der Verhinderung von Asset Substitution.

---

[1] Vgl. E. Detragiache, *Public versus private Borrowing: A theory with implications for bankruptcy reform*, in *Journal of Financial Intermediation*, Vol. 3, Issue 4, 1994, S. 333.

3 Die Wiederverhandlung der Finanzierungsbeziehungen in t_1

In Zeitpunkt t_1 wird der Kreditvertrag mit der Bank nachverhandelt. D wird als die vereinbarte Auszahlung einschließlich Zinsen und Tilgung an die Bank definiert, und B als dieselbe an die Anleihegläubiger. Beide, Bank und Anleihegläubiger, haben die Priorität vor den Unternehmenseigentümern, die danach über Residualgewinn verfügen. Der Finanzierungsvertrag berechtigt den Kapitalgeber, das Unternehmen zum Insolvenzverfahren aufzufordern, wenn die vereinbarten Zahlungen ausfallen. Die Nachverhandlung zwischen dem Kapitalnehmer und Kapitalgeber hingegen setzt keine Zahlungsunfähigkeit voraus, sondern ist (theoretisch) jederzeit durchführbar.

3.1 Interpretation über Verfügungsmacht

Laut Wahrenburgs (1992) Auffassung ist das Ergebnis der Verhandlung davon abhängig, wie stark die Verhandlungsmacht beider Parteien ist.[1] Ein neuer Parameter x wird hier eingeführt, der für die Verhandlungsmacht spricht. Nimmt x den Wert 0 an, so hat das Unternehmen alle Macht. Ein Take-it-or-leave-it-Angebot vom Kapitalnehmer kommt zustande. Umgekehrt kennzeichnet der Wert 1 von x, dass die Bank über Vollmacht verfügt und ihrerseits ein Take-it-or-leave-it-Angebot macht.

Bei $x = 0$ bietet das Unternehmen der Bank einen neuen Vertrag, bei dem die Bank indifferent zwischen Annahme des neuen Vertrags und Ablehnung des Angebots mit einer anschließenden Auslösung des Insolvenzverfahrens ist. Je nach der Zahlungsfähigkeit des Unternehmens in t_1 nach dem Insolvenzverfahren, sprich nach der Liquidation, befindet sich die Auszahlung von der Bank in einem Intervall von $[0, D]$. Mit anderen Worten hat die Bank einen Verlust in t_1 von $[-D, 0]$,

---

[1] Vgl. M. Wahrenburg, *Der empirische Befund: Die Entwicklung der Anleihe- und Bankkreditmärkte und ihre Auswirkungen auf Unternehmen*, in *Bankkredit- oder Anleihefinanzierung. Neue Betriebswirtschaftliche Forschung*, vol. 191, 1992, S. 121.

wenn sie den neuen Vertrag ablehnt.

Das neue Vertragsangebot für den Folgekredit enthält genau die Konditionen, wie sie unter Bankkonkurrenz in der ersten Periode zustande kommen. D. h. der neue Kredit führt zu einem erwarteten Gewinn von Null und berührt den alten Kredit nicht. Die Erwartung von der in t_2 fälligen Rückzahlung des neuen Kredit befindet sich wie bei alten Konditionen in $[0, D]$, der Verlust des alten Kredits beträgt wegen des Forderungsverzichts, den ein neuer Vertragsabschluss mit sich bringt, $-D$. Die totalen Rückflüsse an die Bank über zwei Perioden ergeben sich dann per Saldo zwischen $[-D, 0]$, was also unverändert und dem Fall der Ablehnung entspricht. Die Bank hat deswegen kaum eine Präferenz zur Annahme des Vertragsangebots, da ihr beide Alternativen gleichwertig sind.

In dem anderen Extremfall liegt alle Verhandlungsmacht bei der Bank, die ihr Take-it-or-leave-it-Angebot macht. Die Bank wird einen Kreditvertrag mit einem Rückzahlungsbetrag in Höhe von D' vorschlagen, der ihren Gewinn maximieren kann, wenn das Unternehmen dieses Angebot akzeptiert und sich für die Folgeinvestition einsetzt. Da D' verständlicherweise mit steigender Verhandlungsmacht der Bank zunimmt, ist der Residualgewinn für das Unternehmen größer, wenn es sich bei einer verhandlungsschwächeren Bank finanziert.

3.2 Interpretation über Rückzahlungsbeträge

Analog wird hier auch D' als der Totalrückzahlungsbetrag in t_2 für den zu vereinbarenden neuen Kredit benannt. Wir gehen davon aus, dass das Unternehmen von dem Standpunkt des Kapitalnehmers aus den ersten Schritt macht und D' im Zusammenhang mit dem Forderungsverzicht der Bank in Höhe des alten Kredits vorschlägt. Die Bank reagiert, indem sie das annimmt oder ablehnt. Eine Annahme wird dann zu einer sog. „erfolgreichen Wiederverhandlung" (successful renegotiation) führen, während die Ablehnung der Bank dem Unternehmen eine Entscheidung zwischen sofortiger Rückzahlung nach der alten Kreditvereinbarung und Ausfall der Rückzahlung konfrontiert, wobei die letztere Alternative das Insolvenzverfahren auslöst und eine Liquidation zur Folge resultiert.

Ähnlich wie bei der Interpretation von Wahrenburg ist hier impliziert angenommen, dass die Verhandlungsmacht allein auf der Seite des Kapitalnehmers liegt und ein Take-it-or-leave-it-Angebot von ihm ausgeht. Um die optimale Entscheidung beider Seiten zu analysieren, spalten wir das ganze in Teilfragen. R_1 ist der Rückfluss des Projekts in t_1, R_2 in t_2, wobei R_1 zu dem Zeitpunkt der Wiederverhandlung in t_1 bereits bekannt für alle Beteiligten ist und R_2 sich aufgrund der unsicheren künftigen Umweltsituationen nur schätzen lässt. Wie im Grundmodell schon angeführt, ist der Liquidationswert L in t_1 auch bekannt.

i $R_1 + E(R_2) \geqslant D + B$ (1)

Übersteigt die Summe von dem heutigen Rückfluss und dem Erwartungswert des Folgerückflusses die vereinbarten Auszahlungen an alle Kapitalgeber, sprich hier die Bank und Anleihegläubiger, so ist die beste Lösung des Unternehmens die sofortige Rückzahlung der Schulden in t_1, weil die Gläubiger genauso gut wissen wie das Unternehmen, dass die vertraglich vereinbarte Auszahlung vollkommen erfolgen wird. Für die Gläubiger ist dann rational, alle D' unter $D' < D$ abzulehnen.

ii $R_1 + E(R_2) \leqslant D + B$ (2)

In dem Fall wird eine Liquidation zustande kommen, wenn die Bank die Schuldenumwandlung ablehnt. Was ist dann die optimale Lösung für die Bank?

Nach der Liquidation erhält die Bank eine Rückzahlung von min $[D, L]$. Falls $D < L$, wird der Kreditvertrag im Liquidationsfall auch noch erfüllt, so dass die Bank keinen Anreiz zu Wiederverhandlungsrunden sieht.

Falls $D > L$, wendet sich die Bank zu Überlegungen, alle D' zu akzeptieren, solange $D' \geqslant L$. Es besteht hier das Risiko, dass ein erzwungenes Liquidationsverfahren die ursprüngliche Vereinbarung zwischen Bank und Unternehmen jedoch nicht halten kann. Das Interesse an Wiederverhandlungen ist erweckt. Als Seniorgläubiger ist die Bank berechtigt, vorerst Anspruch auf den Liquidationserlös zu erheben, um seine Kreditforderungen an das Unternehmen zu erfüllen. Bei $D' \geqslant L$ hat die Bank die Chance, seine Auszahlung vom Unternehmen zu maximieren, indem sie den ganzen L in Anspruch nimmt.

Das Unternehmen will natürlich auch von der Fortführung des Projekts profitieren und noch etwas für sich behalten. Es versucht, den Betrag von D'

optimal auszuwählen, so dass dieser weder abgelehnt noch zum eigenen Nachteil angenommen wird. Alle D' werden bei $D \leqslant \max [L, R_1 + E(R_2) - B^{①}]$ abgelehnt. D. h. wenn die vereinbarte Auszahlung an die Bank kleiner ist als der Liquidationserlös oder kleiner ist als ihre erwartete Auszahlung bei der Projektfortführung, ist eine Wiederverhandlung für die Bank uninteressant. Alle D' werden bei $D \geqslant \max [L, R_1 + E(R_2) - B]$ von der Bank toleriert, solange $D' \geqslant L$ hält. Für das Unternehmen ist es dann rational, D' so niedrig wie möglich, bis auf L zu senken.

Bisher wird noch kaum Rücksicht auf Anleihegläubiger und ihren Zahlungsanspruch genommen. Da die Annahme der Nichtnachverhandel-barkeit der Anleihefinanzierung gilt, ist das Unternehmen in jedem Fall verpflichtet, B zu bezahlen. Die Strategie der Auswahl von D'-Größe ist erst dann optimal bzw. durchsetzbar, wenn

$$B \leqslant R_1 + E(R_2) - L \tag{3}$$

gilt. Das bedeutet, dass die Verbindlichkeit vom Unternehmen an Anleihegläubiger ausreichend gering sein muss, damit das Unternehmen nach der Erfüllung aller Zahlungsverpflichtung keinen negativen Rückfluss bekommt. Sonst ist das Unternehmen nicht in der Lage, einen D' höher als L zu offerieren, so dass die Wiederverhandlung scheitern wird.

iii Zwischenfazit

Betrachtet man in Zeitpunkt t_1, dass das Unternehmen zahlungsfähig bleibt, nämlich $D + B \leqslant R_1 + E(R_2)$, sind die Rückflüsse gemäß den ursprünglichen Vereinbarungen an die Kapitalgeber auszuführen und das Investitionsprojekt wird fortgeführt.

Falls $D + B \geqslant R_1 + E(R_2)$ und eine von den beiden Bedingungen $D < L$ und $B > R_1 + E(R_2) - L$ erfüllt wird, gerät das Unternehmen in Zahlungsunfähigkeit und wird zur Liquidation gezwungen.

In allen anderen Fällen ist die Bank bereit, Wiederverhandlungsprozesse durchzuführen und einen neuen Rückzahlungsbetrag in Höhe von $D = L$ zu vereinbaren. Das Investitionsprojekt wird dann auch weiter betrieben.

---

① Abgeleitet von Ungleichung (1)

4 Auswahl der Investitionsprojekte in t_0

4.1 Neigung zum riskanten Projekt

Wie bereits angesprochen, bietet die Existenz der Wiederverhandlung eine Möglichkeit, dass das Unternehmen weiter geführt werden kann und einen positiven Residualüberschuss aus dem Going-Concern-Value erzielt, auch wenn u. U. die Kapitalgeber nicht befriedigt werden. Aufgrund der beschränkten Verbindlichkeiten werden die Verluste des Unternehmens beim Scheitern des Projekts in einer „schlechten" Umweltsituation auch limitiert. Das führt dazu, dass die Unternehmen aus Sicht der Eigengewinnmaximierung statt der Gemeinsamgewinnmaximierung dazu neigen, die riskanteren Projekte auszuwählen.

4.2 "Social cost of asset substitution" als Indikator

Wir definieren Δ als die Differenz zwischen den Erwartungswerten des Cash Flow aus den sicheren und riskanten Projekten. Diese Differenz wird auch als „ social cost of asset substitution " bezeichnet und interpretiert die Opportunitätskosten der Projektumwandlung von dem sicheren Projekt zum riskanten.

Dabei muss auf zwei verschiedene Standpunkte Rücksicht genommen werden, einmal aus Sicht des Gesamtnutzens und einmal aus Sicht des Eigennutzens für das Unternehmen selbst. Hinter Δ birgt sich der Gesamtnutzen, der bei der Projektauswahl des Unternehmens zwar relevant, aber nicht eindeutig entscheidend ist, weil für das Unternehmen eher der Eigennutzen entscheidend ist.

Auf der Suche nach der optimalen Finanzierungsstruktur und deren Wohlfahrtseffekt sind eine Menge Einflussparameter zu berücksichtigen, z. B. der Rückfluss des Projekts nach der ersten Periode (R_1), der Investitionsbetrag I_1, der Fortführungswert des Unternehmens (F), der Liquidationserlös (L), die Eintrittswahrscheinlichkeiten (p) von verschiedenen Umweltsituationen (U) usw. Im folgenden wird der Zusammenhang von den obigen Parametern mit der Δ − Größe analysiert. Zwei Hilfswerte α und   werden eingeführt, die bestimmte Funktionen von den zusammenwirkenden Parametern

$$\alpha = f\ (p,\ I_1,\ F,\ L,\ U)$$
$$\beta = g\ (p,\ I_1,\ F,\ L,\ U)^{①}$$

sind. Unter den beibehaltenen Annahmen vom letzten Textteil und der genauen Gestaltung beider Funktionen gelangt man zu einem Schluss:

$$\beta > \alpha > 0^{②}$$

Unter dieser Bedingung sind dann drei Intervalle abzugrenzen, in die die Δ - Größe hineinfällt und entsprechend verschiedene Aussagen liefert.

i   Wenn Δ ≥ β, ist allein durch Bankkredite die First-Best-Lösung der Projektfinanzierung gewährleistet. Ohne die Restriktionsfunktion von der Anleihefinanzierung bei Auswahl der riskanten Projekte wird das Unternehmen von sich aus auch das sichere Projekt bevorzugen.

Um diese Aussage zu verstehen, muss ein bestimmter Zusammenhang zwischen Δ und B (Rückzahlung an Anleihegläubiger) aufgezeigt werden: bei kleinem Δ muss der Betrag B groß genug sein, um den Kreditnehmer von dem riskanten Projekt abzuhalten. Die Anleihefinanzierung, deren Wiederverhandlungsmöglichkeit ausgeschlossen wird, behindert das Unternehmen beim Streben nach der Eigennutzenmaximierung durch riskante Investition. Je größer der Anteil der Anleihefinanzierung in der Finanzierungsstruktur ist, desto weniger attraktiv sind für das Unternehmen riskante Projekte. Bei einem großen Δ hingegen genügt bereits ein kleiner Anleiheanteil, um Unternehmen von riskanten Projekten abzuhalten. Ein MLRP- Verhältnis besteht zwischen den „ social cost of asset substitution" und der Menge von Anleiheschuldverschreibungen. ③

Es lässt sich mathematisch beweisen, dass die Ungleichung Δ≥ eingehalten wird, wenn B = 0. Ökonomisch sagt das aus, dass das Unternehmen in dem Fall keine

---

① Die genauen Gestaltungen der jeweiligen Funktionen werden hier nicht näher betrachtet.
② Die schrittweise mathematische Ableitung und der Beweis der Aussage wird hier nicht durchgeführt.
③ Monotone likelihood ratio property (MLRP) beschreibt die Eigenschaft, dass das Wahrscheinlichkeitsverhältnis f (π) fällt, wenn π zunimmt.

Anleihe emittieren muss, weil die Kreditgeber davon überzeugt sind, dass das sichere Projekt auf jeden Fall gewählt wird. Im Gegenteil muss das Unternehmen Anleihen ins Finanzierungskonzept aufnehmen, um sich mit sicheren Projekten zu binden.

ii   Wenn $\alpha < \Delta < \beta$, wird die First-Best-Lösung der Investition erst dann gefunden, wenn in t_0 beide, Kredit- und Anleihefinanzierung, ins Finanzierungsporfolio einbezogen werden.

Ein angemessener Umfang von Anleihefinanzierung soll emittiert werden, um dem Unternehmen die Entscheidung für risikoreiche Projekte zu erschweren.

iii   Wenn $\Delta < \alpha$, die Gesamtrückflüsse aus dem Projekt sind nicht mehr optimal.

In dem Fall liegt die einzige Chance, die Asset Substitution für das Unternehmen unattraktiv zu machen, darin, dass der Umfang der Anleihefinanzierung erhöht wird. So sind die unverhandelbaren Zahlungsverpflichtungen des Unternehmens in schlechteren Situationen gestiegen. Dies hat aber möglicherweise die Konsequenz von einer ineffizienten Liquidation bei Zahlungsunfähigkeit des Unternehmens, was wiederum den Verlust von Going-Concern-Value resultiert. Deswegen ist es fraglich, ob es sich noch lohnt, die sozialen, also gesamtwirtschaftlichen Kosten von Δ, die durch eine Projektumwandlung verursacht werden, zu vermeiden, mit der Folge, dass ein Verlust von Going-Concern-Value in der Folgeperiode vorherzusehen ist. Das Ganze ist dann nicht mehr optimal, wenn Δ dem Verlust des erwarteten Going-Concern-Value unterliegt. Darüber hinaus kann so eine Strategie in dieser Hinsicht auch noch nicht zweckmäßig wirken, weil die größere Eintrittswahrschinlichkeit der Liquidation die *ex ante* zu vereinbarende Verzinsung der Schulden zwischen Kapitalnehmer und Kapitalgeber durchschnittlich steigern wird.[1] Bei einem teureren Finanzierungsplan ist für das Unternehmen ein riskantes Projekt ggf. wieder vorteilhafter geworden.

Ein kritischer Punktwert von Δ lässt sich bestimmen, bei dem sich die Social cost of asset substitution und die Going-Concern-Value ausgleichen. Wir definieren

---

[1] Vgl. E. Detragiache, *Public versus private Borrowing: A theory with implications for bankruptcy reform*, in, *Journal of Financial Intermediation (1994)*, Vol. 3, Issue 4, 1994, S. 338.

ihn als γ. Wenn $\gamma < \Delta < \alpha$, emittiert der Kapitalnehmer genügend Unternehmensanleihe, so dass eine ineffiziente Liquidation in schlechter Situation veranlasst werden kann. Aber dafür wird die Investition in ein sicheres Projekt in t_0 garantiert. Im übrigen Fall wird das riskante Projekt getätigt.

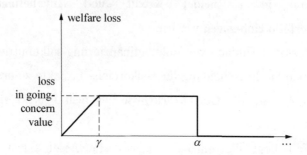

Quelle In Anlehnung an E. Detragiache (1994), S. 339
Abb. 2 The welfare loss for different values of the cost of asset substitution

In der obigen Graphik werden die Zusammenhänge zwischen Δ und den entsprechenden Wohlfahrtseffekten veranschaulicht.

4.3 Zwischenfazit

Die bisherige Analyse weist darauf hin, dass die optimale Finanzierungsstruktur durch gleichzeitige Inanspruchnahme von Bankkrediten und Unternehmensanleihen erreicht werden kann. Zwar ist die Emission einer Unternehmensanleihe häufig mit hohen Transaktionskosten verbunden, Unternehmen sollten aber nicht völlig auf diese Finanzierungsalternative verzichten, auch wenn sie den Finanzierungsbedarf lediglich durch Bankkredite decken können. In Deutschland werden Kreditinstitute in die Emission einer Unternehmens- anleihe gesetzgemäß eingeschaltet. Die Transaktionskosten der Emission beziehen sich vor allem auf die Begebungskosten, beispielsweise die Konsortialkosten, Besicherungskosten und Gebühren. [1] Auf der anderen Seite wird die Bankfinanzierung auch immer beansprucht, selbst wenn bei einer Anleihefinanzierung die Emissionskosten mit der niedrigeren Verzinsung

---

[1] Vgl. G. Wöhe/J. Bilstein, *Grundzüge der Unternehmensfinanzierung*, Verlag Franz Vahlen München, 1998, S. 176ff.

ausgeglichen werden können.

5 Zusammenfassung

Das dargestellte Modell basiert auf der Grundannahme, dass die Bankkredite leichter wiederverhandelt werden können als die Unternehmensanleihen. In der Praxis aber wird beobachtet, dass die Umschuldungsangebote der Unternehmen häufig akzeptiert werden von den Anleihegläubigern. [1] In den USA stehen die in finanzielle Schwierigkeiten geratenen Unternehmen unter dem gesetzlichen Schutz von „Chapter 11 of Bankruptcy Code", der die entwicklungsfähigen Unternehmen vor der ineffizienten Liquidation schützt und die Reorganisation und Fortführung der Unternehmung fördert. Diese Unternehmen können eine Reorganisation unter der Beaufsichtigung des Gerichts beantragen und durchsetzen, was aber mit Kosten verbunden ist.

In dem Modell werden die Kreditfinanzierung durch die Bank und die Anleihefinanzierung bei dem Publikum lediglich durch den Wieder- verhandlungsaufwand unterschieden. Weitere relevante Parameter wie Liquidität, Emissionskosten, Teilbarkeit der Investition und Finanzierung sowie Monitoringkosten der Bank als Finanzintermediäre, werden vernachlässigt. Würden diese auch ins Modell eingebaut, würde das Modell aussagefähiger. Ein anderer Mangel dieses Modell liegt darin, dass noch Intervalle existieren, in denen die Entscheidung über Kredit- oder Anleihefinanzierung keinen Unterschied macht, was wiederum die Aussagefähigkeit reduziert.

Allerdings wird in dem Modell nachgewiesen, dass die optimale Finanzierungsstruktur sowohl aus Kredit- als auch der Anleihefinanzierung besteht. Die großen Unternehmen, für die die Anleiheemission oft günstiger als private Bankkredite sind, holen sich jedoch Bankkredite ein, um den Verlust des Going-Concern-Value in niedrigen Cash-Flow-Situationen zu vermeiden. Bei kleineren

---

[1] Vgl. E. Detragiache, *Public versus private Borrowing: A theory with implications for bankruptcy reform*, in *Journal of Financial Intermediation*, Vol. 3, Issue 4, 1994, S. 333.

Unternehmen, für die die hohen Fixkosten der Anleiheemission in der Praxis eine Schranke für Kapitalmarktaktivitäten bilden, könnte durch Einbezug einer Anleihefinanzierung die Risikoneigung bei der Projektauswahl reduziert werden. Junge Unternehmen benötigen insbesondere die Monitoringleistungen durch die Bank. [1]

Die Manager der Unternehmen sehen sich bei der Entscheidung über die Finanzierung mittels Bankkrediten oder mittels Unternehmensanleihen mit einer Reihe offenen Fragen konfrontiert. Es gibt kein allgemeines Rezept, mit dem die Entscheidung-Kreditfinanzierung versus Anleihefinanzierung-endgültig beantwortet werden kann. Letztendlich müssen die Unternehmen in der engen Zusammenarbeit mit ihren Hausbanken maßgeschneiderte optimale Finanzierungskonzepte für sich selbst abwickeln und umsetzen.

---

[1] Vgl. D. Diamand, *Monitoring and reputation*: *The choice between bank loans and privately placed debt*, in *Journal Political Economics*, Vol. 99, 1991, S. 690.

Wettbewerb und Regulierung im Mobilfunkmarkt Chinas vor dem Hintergrund der 5G-Einführung

周 方

摘 要 5G 技术的推出对于中国移动通信市场而言是巨大的挑战。在通信业管理方面,西方国家有着大量的实践经验。中国监管部门可以借鉴海外做法,并在此基础上确定监管框架和推行法律治理。一个责任明确的独立监管机构非常重要。此外,中国监管部门还要推行"网业分离",以进一步促进标准间和标准内的两种模式之竞争,并在必要情况下采用"不对称监管模式"。

关键词 移动通信市场监管 5G 网业分离 标准间竞争与标准内竞争 不对称监管

1 Einleitung

Die Einführung der fünften Mobilfunkgeneration (5G) steht vor der Tür. Bereits im Mai 2018 hat Großbritannien mit der Versteigerung der 5G-Frequenzen angefangen. Die Frequenzen in China werden auch bald vergeben. Dieser neue Standard des Mobilfunks ermöglicht nicht nur deutlich höhere Datenübertragungsraten, sondern bringt auch weitere fundamentale Verbesserungen mit sich, die den gesamten Mobilfunkmarkt verändern werden.

2 Entwicklung des Mobilfunkmarkts Chinas

Der Mobilfunkmarkt Chinas hat sich seit über zwei Jahrzehnten zu einem äußerst dynamischen, innovationsgetriebenen Markt entwickelt. Die Anzahl von Mobilfunk-Switchs ist von 51000 im Jahr 1990 auf 241,2 Mio. im Jahr 2017 gestiegen. Die durchschnittliche jährliche Wachstumsrate betrug 49%. Ende 2017 belief sich die Anzahl der Mobilfunknutzer in China auf 1,417 Milliarden und die Penetrationsrate erreichte 102,50/100. Auf dem Mobilfunkmarkt sind drei Netzbetreiber, die zugleich auch Dienstanbieter sind, etabliert. China Mobile besitzt trotz einer Schwächung immerhin einen wesentlich höheren Marktanteil als seine Konkurrenten.

Tab. 1 Entwicklung der Nutzeranzahl der Netzbetreiber im Mobilfunkmarkt Chinas

	China Mobile	China Unicom	China Telecom
Kumulierte Anzahl von Nutzern (Mio.) Ende Okt. 2018	919	312	297
Zuwachs der 4G-Nutzer im Okt. 2018 (Mio.)	5,08	2,04	3,26

Ein wesentliches Merkmal im Chinas Mobilfunkmarkt besteht darin, dass der mobile Datenverkehr rasch wächst. Im Jahr 2017 stieg der mobile Datenverkehr im Vergleich zum Vorjahr um 162,7% auf 24,6 Mrd. GB. Das lässt sich darauf zurückzuführen, dass die angewandte 4G-Technologie schnelle Datenübertragungsgeschwindigkeiten ermöglicht und somit neue Bedürfnisse aktiviert hat. Die fünfte Generation des Mobilfunks soll bis zu 10 Gigabit pro Sekunde schnell sein. Das wäre bis zu 100-mal schneller als das heute gebräuchliche 4G. Daher stehen die Anbieter des Mobilfunks vor großer Herausforderung, um sich der Nachfrage der Nutzer anzupassen und Marktanteile zu gewinnen. Die Wahrscheinlichkeit, dass die Marktstruktur auch dadurch verändert wird, ist hoch.

3　Rolle der Regulierung im Licht der 5G-Einführung

Daher stellt sich die Frage, wie sich der Wettbewerb im Mobilfunkmarkt entwickeln und welche Rolle die Regulierung in diesem Prozess spielen sollte.

Für den Wettbewerb im Mobilfunkmarkt sind vor allem die Ansätze Hayeks und Schumpeters von zentraler Bedeutung. Hayek sieht den Wettbewerb als ein Entdeckungsverfahren, einen evolutionären Prozess von Versuch, Modifikation und Auswahl. Wettbewerb veranlasst die Marktteilnehmer, ihre individuellen Fähigkeiten und ihr spezifisches Wissen intensiv einzusetzen und möglichst schnell möglichst viel neues Wissen zu erwerben und zum Einsatz zu bringen. Schumpeter betont die dynamische Dimension des Wettbewerbs: Innovationen, in Form neuer Produkte, neuer Prozesse oder neuer Organisationsformen, sind die Triebfeder wirtschaftlichen Wachstums.

Es ist zu erkennen, dass neben dem technologischen Wandel auch die Notwendigkeit für eine Reform in den Regulierungsmaßnahmen besteht, damit der Wettbewerb in diesem Markt funktionieren kann. Hierbei muss beachtet werden, dass der Netzzugang mit Innovations- und Investitionsanreizen verbunden wird. Die Regulierung sollte sich konsequent auf die Förderung der Effizienz des Marktes fokussieren. Insbesondere in China existieren noch hohe Marktzutrittsschranken, so dass der Markt eine oligopolistische Struktur aufweist. Es wäre sinnvoll, im Hintergrund der 5G-Einführung die Regulierungsrahmen hinsichtlich der folgenden drei Punkte zu verbessern, um Wettbewerb langfristig zu sichern.

3.1　Trennung der Netzinfrastruktur von den netzgebundenen Diensten

Als Erstes sollte die Netzinfrastruktur von den netzgebundenen Diensten getrennt werden. Mobilfunknetze dienen der Übermittlung von Sprache sowie Daten und gelten als spezifische Investition. Sie können die Kosten bei einem Marktaustritt schwer rückgängig gemacht werden. Die neuen Anbieter müssen deswegen die Austrittskosten und die Rentabilität des Markteintritts über die aktuellen Preise des etablierten Anbieters beurteilen. Der Zugang zur Netzinfrastruktur, z. B. zu den Mobilfunkbasisstationen, stellt eine notwendige Voraussetzung für das Angebot auf den entsprechenden Märkten dar, d. h. die Mobilfunkmärkte sind der jeweiligen Netzinfrastruktur nachgelagert. Sobald ein Unternehmen die Marktnachfrage aufgrund seiner Größenvorteile am kostengünstigsten beliefern kann und zugleich in seiner Infrastruktur sunk costs darstellt, hat dieses Unternehmen aus der Regulierungssicht eine Marktmacht, die als „

monopolistischer Bottleneck" bezeichnet ist und wettbewerbspolitisch zu bekämpfen ist.

Das Investitionsvolumen für den 5G-Aufbau wird enorm. Nach Angaben haben die drei großen Mobilfunkbetreiber bereits 800 Mrd. Yuan für 4G-Netze ausgegeben. Vermutlich werden 5G-Basisstationen in der Zukunft doppelt so viel wie 4G-Basisstationen sein. Das bedeutet, dass die Betreiber wesentlich mehr Geld in den Bau von 5G-Netze investieren müssen. Somit weist der Markt besonders hohe sunk costs auf und der Zutritt des neuen Wettbewerbers wäre daher kaum möglich.

Mit dem Liberalisierungsprozess im chinesischen Mobilfunkmarkt wurden seit Jahren immer mehr Diskussionen über die Trennung von Netz und Betrieb bzw. Netz und Diensten in Gang gesetzt. Dabei ging es im Wesentlichen darum, dass die Netzinfrastruktur nicht im Eigentum derselben Unternehmen verbleiben soll. Wenn ein neues Unternehmen keinen Zugang zur entsprechenden Netzwerkinfrastruktur erhält, kann es gar keine Kunden bedienen. Um sektorspezifische Marktmacht zu regulieren und damit einhergehend Wettbewerbseinschränkungen zu vermeiden, sind entsprechende Regulierungen erforderlich.

Trotz vieler Schwierigkeiten sollte man die Netzinfrastruktur und Dienste entkoppeln, damit neue Anbieter in den Markt der Mobiltelefondienste eindrängen können und es durch Wettbewerb zum Vorteil der Konsumenten führen kann. Aufgrund der jetzigen Marktstruktur ist es aber unrealistisch, aufgrund der Interessen- und Ressourceprobleme nicht auf einmal den Netzzugang freigeben, sondern man muss stufenweise vorgehen, um den derzeitigen Wandel in der Technologie und der Marktstruktur reibungslos zu gestalten.

3.2 Inter-Standard-Wettbewerb und Intra-Standard-Wettbewerb

Zweitens sollte man langfristig sowohl den Inter-Standard-Wettbewerb als auch Intra-Standard-Wettbewerb fördern. Zweifellos bietet der heute angekündigte 5G-Standard eine technisch hochwertige Lösung. Aber wenn ein Unternehmen nur eine Technologie verbreitet und damit Standard etablieren kann, können sich viele Wettbewerbsvorteile für sich sowie eine Quasi-Monopolstellung schaffen. Der einzige Standard und die damit verbundenen Netzeffekte können zu einem technologischen Lock-in führen, weshalb der eingeschlagene technologische Pfad nur schwer verlassen werden kann.

Um sich am Inter-Standard-Wettbewerb beteiligen zu können, müssen die Anbieter der Mobilfunkdienste und Hersteller der Mobilfunkinfrastruktur noch den Zugang zu den Standardtechnologien haben. Der Zugang ist mal offener und mal geschlossener, wobei dies stark davon abhängt, wie die Lizenzen vergeben werden können. Diese Lizenzen sind einerseits auf Patente andererseits auf staatliche Genehmigungen zurückzuführen.

Wenn mehrere Unternehmen Technologien mit gleichen Kompatibilitätsstandards anbieten, setzt die zweite Wettbewerbsphase ein, die durch einen Intra-Standard-Wettbewerb gekennzeichnet ist. In diesem Fall konkurrieren die Unternehmen anhand von Kostenvorteilen oder qualitativer Differenzierungsmöglichkeiten, d. h. mittels der bekannten Wettbewerbsstrategien.

Dabei ist es notwendig, beim Wechseln des Anbieters die Mitnahme der Rufnummer zu ermöglichen. Die Marktmacht des Mobilfunkanbieters hat große Einflüsse auf den Intra-Standard-Wettbewerb: Wenn sich ein Konsument bereits im Lock-in von Mobilfunknetz China Mobile befinden, kann dessen Netzbetreiber einen höheren Preis verlangen, weil er damit rechnen kann, dass der Kunde möglicherweise nicht in das Netz von China Telecom wechselt, solange der Preisaufschlag kleiner als die Wechselkosten zum Konkurrenten ist. Wenn die Mitnahme der Rufnummer kostenfrei oder zu einem geringen Preis möglich wäre, würden die Wechselkosten erheblich sinken. Die Konsumenten können dann den Betreiber selbstständig auswählen, ohne Stress zu haben. Sie bleiben unter der bisherigen Nummer erreichbar. Das ist nicht nur im Privatleben sehr praktisch, sondern auch im Geschäftsbereich. Der Aufwand, sämtliche elektronische Daten wie z. B. Online-Banking, Alipay, We-Chat usw. zu ändern, wird vermieden.

3.3 asymmetrische Regulierung

Drittens ist auf der operativen Ebene erforderlich, eine asymmetrische Regulierung durchzuführen, die als eine Sonderregelung für marktbeherrschende Unternehmen mit dem Ziel, dass die neu eintretenden Wettbewerber unterstützt werden, verstanden. Die Marktmacht der etablierten Anbieter erschwert den

Newcomer，Netzumfang und Netzqualität zu verbessern und sogar überhaupt in den Markt einzutreten.

Durch eine Art der asymmetrischen Regulierung kann das Problem gelöst werden. Die Erfahrungen der Industrieländer haben gezeigt，dass allgemeine Wettbewerbsrechte für den Mobilfunkmarkt noch nicht ausreichend sind. Eine asymmetrische Regulierung könnte dabei den Wettbewerb fördern，weil die Marktmacht der etablierten Anbieter so stark war，dass es für die anderen potentiellen Konkurrenten unmöglich wäre，ohne eine spezifische Regulierung auf dem Markt zu etablieren. Deshalb muss es die zentrale Aufgabe der staatlichen Regulierung sein，diese Quasi-Monopolstellung des dominanten Anbieters zu kontrollieren und den Mobilfunkmarkt zu öffnen und einen chancengleichen Wettbewerb zu sichern.

In Zukunft müssen Anbieter andere Konkurrenten informieren，wenn er den Bau einer neuen Anlage beschließt，so dass sich die Konkurrenten entscheiden können，ob sie an dem Bau teilnehmen wollen. Die Beteiligungskosten sollten von den Aufsichtsbehörden genehmigt werden. Die asymmetrische Regulierung kann auch dazu beitragen，dass die gemeinsame Nutzung der Infrastruktur und der Entwicklung anderer die Netzbetreiber ermöglicht werden.

Darüber hinaus muss man bei der Regulierung einige weitere Aspekte z. B. Eigentumsrechte，Synergieeffekte und Transaktionskosten，Dynamik des Sektors berücksichtigt werden. Beispielsweise fällt bei den Transaktionskosten eventuell zusätzlicher Aufwand wegen zunehmender Verträge，Personalkosten und natürlich auch der Kosten der Koordinations- und Regulierungstätigkeiten usw.

4　Schluss

Die 5G-Einführung stellen den Mobilfunkmarkt Chinas großen Herausforderungen. Von den Regulierungspraxen aus dem Ausland können chinesische Behörden lernen，indem vor allem ein ordnungskonformer Rechtsrahmen herausgearbeitet und streng umgesetzt wird. Darüber hinaus ist eine unabhängige Regulierungsbehörde, der klare Zuständigkeit zugeordnet ist，von großer Bedeutung. Regulierungsbehörden sollten die Marktentwicklung beobachten und auf Wettbewerbsverstöße reagieren. Die Grundprinzipien der Trennung der Netzinfrastruktur von den netzgebundenen Diensten, Förderung der Inter-Standard- und Intra-Standard-Wettbewerbe sowie nötige asymmetrische Regulierungen sollen von Regulierungsbehörde angenommen werden. Die einzelnen Eingriffe sind dabei möglichst zu vermeiden, solange der Zugang zum Markt nicht durch Marktmacht beschränkt wird.

Literatur:

J. Bauer, *Platforms, systems competition, and innovation: Reassessing the foundations of communications policy*, Telecommunications Policy, 2014.

F. A. von Hayek, *Der Wettbewerb als Entdeckungsverfahren*, in Internationales Institut " Österreichische Schule der Nationalökonomie " (Hrsg.), *Die Österreichische Schule der Nationalökonomie. Texte-Band II von Hayek bis White*, Wien: Manz'sche Verlags- und Universitätsbuchhandlung, 1968, S. 119 – 137.

G. Knieps, *Zur Regulierung monopolistischer Bottlenecks*, Zeitschrift für Wirtschaftspolitik, 48. Jhrg. /Heft 3, 1999, S. 297 – 304.

G. Knieps, *Wettbewerbsökonomie: Regulierungstheorie, Industrieökonomie, Wettbewerbspolitik*, 2008.

J. Krancke/M. Vidal, *Von der Relais- zur App-Ökonomie: Perspektiven für Wettbewerb und Regulierung in der Telekommunikation*, Vierteljahrshefte zur Wirtschaftsforschung, Berlin: Duncker & Humblot, 2012.

J. Kruse, *Entwicklung des Mobilfunk-Wettbewerbs und Regulierungsperspektiven*, in *Mobilfunk zwischen Wettbewerb und Regulierung*, HFM-Schriftenreihe Bd. 6, 2004, München.

P. Oberender, *Ordnungsökonomik- quo vadis*, in W. Gitter, Diesseits und jenseits von Geldangebot und Geldnachfrage, Baden-Baden, 1996, S. 75 – 84.

J. A. Schumpeter, *Capitalism, Socialism and Democracy*, New York: Harper, 1942.

F. Zhou, *Notwendigkeiten, Möglichkeiten und Grenzen einer staatlichen Regulierung im Mobilfunkmarkt Chinas*, Schriften zur Nationalökonomie,

Verl. PCO，Bayreuth，2009.

Internetquellen：

www. stats. gov. cn

www. bundesnetzagentur. de

www. miit. gov. cn

www. chinaunicom. com. hk

www. chinamobileltd. com

图书在版编目(CIP)数据

悠悠我思:西索德语研究七十掠影/陈壮鹰,谢建文主编.——
上海:上海三联书店,2020.7
ISBN 978 - 7 - 5426 - 6889 - 9

Ⅰ.①悠… Ⅱ.①陈…②谢… Ⅲ.①德语—教学研究—文集
Ⅳ.①H339.3 - 53

中国版本图书馆 CIP 数据核字(2019)第 262428 号

悠悠我思

——西索德语研究七十掠影

主 编/陈壮鹰 谢建文
顾 问/姜 锋

责任编辑/职 烨 宋寅悦
装帧设计/一本好书
监 制/姚 军
责任校对/张大伟 王凌霄

出版发行/上海三联书店
(200030)中国上海市漕溪北路 331 号 A 座 6 楼
邮购电话/021 - 22895540
印 刷/上海展强印刷有限公司

版 次/2020 年 7 月第 1 版
印 次/2020 年 7 月第 1 次印刷
开 本/710×1000 1/16
字 数/500 千字
印 张/29.5
书 号/ISBN 978 - 7 - 5426 - 6889 - 9/H·84
定 价/98.00 元

敬启读者,如发现本书有印装质量问题,请与印刷厂联系 021 - 66366565